RooM to DReaM

David Lynch und Kristine McKenna

TRAUMWELTEN

EIN LEBEN

Aus dem Amerikanischen von Robert Brack,
Daniel Müller, Wulf Dorn und Stephan Glietsch

Die Originalausgabe erschien 2018 unter dem Titel *Room to Dream*
bei Random House, an imprint and division of Penguin Random House LLC,
New York

Der Verlag weist ausdrücklich darauf hin, dass im Text enthaltene externe Links vom Verlag nur bis zum Zeitpunkt der Buchveröffentlichung eingesehen werden konnten. Auf spätere Veränderungen hat der Verlag keinerlei Einfluss.
Eine Haftung des Verlags ist daher ausgeschlossen.

Unter www.heyne-encore.de finden Sie das komplette Encore-Programm.

Weitere News unter www.heyne-encore.de/facebook

Verlagsgruppe Random House FSC® N001967

Copyright © 2018 by David Lynch and Kristine McKenna
Copyright © 2018 der deutschsprachigen Ausgabe
by Wilhelm Heyne Verlag, München, in der Verlagsgruppe
Random House GmbH, Neumarkter Str. 28, 81673 München
Redaktion: Lars Zwieckies
Umschlaggestaltung: Nele Schütz Design, München
unter Verwendung der Originalvorlage von David Lynch
Satz: Satzwerk Huber, Germering
Druck und Bindung: GGP Media GmbH, Pößneck
Printed in Germany

ISBN: 978-3-453-27084-8

Für Seine Heiligkeit Maharishi Mahesh Yogi
und
die globale Familie

INHALT

9   *Einleitung*

15   *Amerikanisches Idyll*

53   *Künstlerleben*

89   *Lächelnde Leichensäcke*

129 *Spike*

189 *Der junge Amerikaner*

239 *Wie hypnotisiert*

283 *Eine Vorstadtromanze, nur anders*

339 *In Plastikfolie gewickelt*

399 *Wie man die Liebe in der Hölle findet*

427 *Leute steigen auf, und dann fallen sie wieder herunter*

463	Tür an Tür mit der Dunkelheit
501	Blitzlichtgewitter und ein Mädchen
543	Eine Scheibe Irgendwas
563	Das glücklichste Happy End von allen
607	Im Studio
651	Mein Scheit verwandelt sich in Gold
697	Danksagung
699	Filmografie
717	Ausstellungen
723	Quellen
725	Anmerkungen
733	Fotonachweise und Bildunterschriften
733	Register
733	Über die Autoren

EINLEITUNG

Als wir uns vor einigen Jahren dazu entschlossen, gemeinsam *Traumwelten* zu schreiben, wollten wir zwei Dinge erreichen. Das erste Ziel war, so dicht wie möglich an eine definitive Biografie heranzukommen; das bedeutete, dass alle Fakten, Personen und Daten korrekt wiedergegeben werden mussten und es sich um verlässliche Informanten handelte. Zweitens wollten wir, dass die Stimme der Person, um die es geht, eine besondere Rolle in der Erzählung spielt.

Um das zu erreichen, entschieden wir uns für eine Vorgehensweise, die manche seltsam finden mögen. Wir hoffen dennoch, dass der Leser einen bestimmten Rhythmus darin erkennen kann. Das Prinzip war, dass einer von uns (Kristine) zunächst ein Kapitel verfasste und dabei die üblichen Regeln des Schreibens einer Biografie beachtete. Das beinhaltete auch die Recherche und die Interviews mit über hundert Menschen – Familienmitgliedern, Freunden, Ex-Ehefrauen, Mitarbeitern, Schauspielern und Produzenten. Dann nahm der andere (David) sich dieses Kapitel vor, korrigierte Fehler und Unstimmigkeiten und schrieb sein eigenes Kommentarkapitel dazu. Dabei benutzte er die Erinnerungen der anderen, um seine eigenen zutage zu fördern. Was Sie hier also vor sich haben, ist vor allem ein Dialog zwischen einer Person und seiner eigenen Biografie.

Wir haben keine Grundregeln festgelegt, und nichts wurde zum Tabu erklärt, als wir uns an die Arbeit machten. Die vielen Menschen, die freundlicherweise bereit waren, sich interviewen zu lassen, konnten ihre Version der Geschehnisse so darstellen, wie sie es für richtig hielten. Das Buch soll keine Exegese der Filme oder Kunstwerke liefern, die ebenfalls Teil der Geschichte sind. Material hierzu ist an anderer Stelle reichlich vorhanden. Dieses Buch ist eine Chronik dessen, was passiert ist, und liefert keine Erklärungen dazu, was es bedeuten könnte.

Gegen Ende unserer Zusammenarbeit hatten wir beide den gleichen Gedanken: Das Buch kam uns sehr kurz vor und schien nur an der Oberfläche der Geschichte zu kratzen. Das menschliche Bewusstsein ist viel zu groß, um zwischen zwei Buchdeckeln Platz zu finden, und jedes Erlebnis hat viel zu viele Facetten, um allen gerecht zu werden. Wir wollten etwas Definitives abliefern, aber es ist doch nur ein flüchtiger Blick geworden.

– DAVID LYNCH & KRISTINE MCKENNA

AMERIKANISCHES IDYLL

David Lynchs Mutter war ein Stadtmensch. Sein Vater stammte vom Land. Das ist ein guter Ausgangspunkt für diese Geschichte, denn es ist eine Geschichte über Dualität. »Alles ist heikel und empfindlich, die ganze Menschheit, und die Welt ist unvollkommen«, hat Lynch festgestellt, und dies ist eine zentrale Erkenntnis in Bezug auf alles, was er geschaffen hat.[1] Wir leben in einem Reich der Gegensätze, an einem Ort, wo Gut und Böse, Geist und Materie, Glaube und Vernunft, unschuldige Liebe und fleischliche Lust in einem unsicheren Waffenstillstand nebeneinander existieren. Lynchs Arbeit bewegt sich in jenem komplizierten Bereich, wo das Schöne und das Verkommene miteinander kollidieren.

Lynchs Mutter Edwina Sundholm entstammte einer Familie finnischer Einwanderer und wuchs in Brooklyn auf, mitten im Rauch und Schmutz der Großstadt, im Dunst von Öl und Benzin, wo die Natur längst überlistet und ausgemerzt worden war. Diese Dinge gehören als integrale Bestandteile zu Lynchs Persönlichkeit und seiner Weltsicht. Sein Urgroßvater väterlicherseits besaß ein Stück Land im Weizenanbaugebiet in der Nähe von Colfax im Staat Washington. Dessen Sohn Austin Lynch wurde dort im Jahr 1884 geboren. Holzmühlen und majestätische Bäume, der Geruch von frisch gemähtem Gras, nächtliche Sternenhimmel, wie sie nur außerhalb der großen Städte zu sehen sind – all das gehört ebenfalls zu Lynch.

David Lynchs Großvater baute Weizen an, genau wie sein Vater. Nachdem sie sich auf einer Beerdigung kennengelernt hatten, heirateten Austin und Maude Sullivan, ein Mädchen aus St. Maries, Idaho. »Maude war sehr gebildet und forderte unseren Vater ziemlich heraus«, sagt Lynchs Schwester Martha Levacy über ihre Großmutter, die als Lehrerin in einer Ein-Klassen-Schule arbeitete. Diese Schule stand auf einem Grundstück in Highwood, Montana, das ihr und ihrem Ehemann gehörte.[2]

Austin und Maude Lynch hatten drei Kinder: David Lynchs Vater Donald war das zweite und wurde am 4. Dezember 1915 in einem Haus ohne fließendes Wasser und Elektrizität geboren. »Er wohnte an einem trostlosen Ort und liebte Bäume, weil es in der Prärie keine Bäume gab«, erzählt Davids Bruder John. »Er war so sehr darauf erpicht, kein Farmer in der Prärie zu sein, dass er in die Forstwirtschaft ging.«[3]

Donald Lynch machte gerade seinen Abschluss in Insektenkunde an der Duke University in Durham, North Carolina, als er dort 1939 Edwina Sundholm kennenlernte. Sie studierte Deutsch und Englisch. Die beiden trafen sich zufällig auf einem Spaziergang durch den Wald, und sie war beeindruckt, weil er so höflich war, einen niedrigen Zweig hochzuhalten, damit sie darunter hindurchgehen konnte. Am 16. Januar 1945 heirateten sie in einer Marinekapelle auf Mare Island in Kalifornien, dreiundzwanzig Meilen nördlich von San Francisco. Kurz darauf bekam Donald einen Job als Forscher beim Department of Agriculture in Missoula, Montana. Nachdem sie sich dort niedergelassen hatten, gründeten sie eine Familie.

David Keith Lynch war ihr erstes Kind. Er wurde am 20. Januar 1946 in Missoula geboren und war zwei Monate alt, als die Familie nach Sandpoint, Idaho umzog. Dort verbrachten sie zwei Jahre, in denen Donald für das Department of Agriculture arbeitete. Sie wohnten noch in Sandpoint, als 1948 Davids jüngerer Bruder John geboren wurde. Doch auch er kam in Missoula zur Welt: Edwina

Lynch – genannt Sunny – ging dorthin zurück, um ihr zweites Kind zu bekommen. Etwas später in diesem Jahr zog die Familie nach Spokane, Washington, wo 1949 Martha geboren wurde. Das Jahr 1954 verbrachte die Familie in Durham, während Donald sein Studium in Duke beendete. Kurz kehrten sie nach Spokane zurück und ließen sich dann 1955 in Boise, Idaho nieder, wo sie bis 1960 blieben. An diesem Ort verbrachte David Lynch die wichtigsten Jahre seiner Kindheit.

Die Phase nach dem Ende des Zweiten Weltkriegs war eine großartige Zeit für Kinder in den Vereinigten Staaten. Der Koreakrieg endete 1953, der farblose Präsident Dwight Eisenhower residierte für zwei Wahlperioden von 1953 bis 1961 im Weißen Haus, die Umwelt war noch intakt, und so wie es aussah, musste man sich allgemein nicht besonders viele Sorgen machen. Obwohl Boise die Hauptstadt des Staates Idaho war, glich sie damals eher einer Kleinstadt, und die Mittelstandskinder wuchsen mit einem Ausmaß an Freiheit auf, das heute unvorstellbar ist. Verabredungen zum Spielen gab es nicht, die Kids zogen einfach mit ihren Freunden durch die Straßen des Viertels und probierten sich aus. Das war die Kindheit von David Lynch.

»Die Kindheit war eine magische Zeit für uns, vor allem im Sommer. Meine einprägsamsten Erinnerungen an David stammen aus dem Sommer«, erzählt Mark Smith, der damals einer seiner engsten Freunde war. »Unsere Hintertür und die von Davids Familie waren knapp zehn Meter voneinander entfernt. Nach dem Frühstück rannten wir einfach nach draußen und spielten den ganzen Tag zusammen. In der Nachbarschaft gab es brachliegende Grundstücke. Wir nahmen die Schaufeln unserer Väter und bauten unterirdische Forts, um uns dann hineinzulegen. Wir waren damals in dem Alter, in dem Jungs gern Krieg spielen.«[4]

Lynchs Eltern hatten jeweils zwei Geschwister, die bis auf eins alle verheiratet waren und Kinder hatten. Die Familie bestand also aus vielen Tanten und Onkeln, Cousins und Cousinen, und alle kamen gelegentlich im Haus von Lynchs Großeltern mütterlicherseits in Brooklyn zusammen. »Tante Lily und Onkel Ed waren warmherzige, gesellige Menschen, und ihr Haus an der Fourteenth Street war unser Anlaufpunkt. Lily besaß einen riesigen Tisch, der den größten Teil der Küche einnahm, und dort saßen wir dann«, erinnert sich Lynchs Cousine Elena Zegarelli. »Wenn Edwina und Don mit den Kindern vorbeikamen, war das ein großes Ereignis, zu dem Lily ein großes Abendessen bereitete, um alle willkommen zu heißen.«[5]

Lynchs Eltern waren in jeder Hinsicht besondere Menschen. »Unsere Eltern ließen uns Dinge tun, die total verrückt waren und die man heutzutage nicht mehr zulassen würde«, sagt John Lynch. »Sie waren sehr tolerant und übten niemals Zwang auf uns aus.« David Lynchs erste Frau Peggy Reavey ergänzt: »Manches, was mir David über seine Eltern erzählt hat, klang sehr außergewöhnlich. Zum Beispiel, dass sie es immer sehr ernst nahmen, wenn eins ihrer Kinder eine Idee hatte, was es tun oder lernen wollte. Sie hatten eine kleine Werkstatt, wo sie alles Mögliche ausprobierten und ständig die Frage auftauchte: Wie kann das funktionieren? Sie dachten sich etwas aus und realisierten es in kürzester Zeit. Es war außergewöhnlich intensiv.«

»Davids Eltern unterstützten ihre Kinder dabei, die Menschen zu sein, die sie waren«, fügt Reavey hinzu. »Aber Davids Vater legte auch Wert auf gutes Benehmen. Man behandelte niemanden schlecht, und wenn man etwas Falsches tat, dann machte man es wieder gut – in dieser Hinsicht war er sehr streng. David hat sehr hohe Ansprüche, wenn es um Handwerkliches geht, und ich bin sicher, dass das auch etwas mit seinem Vater zu tun hat.«[6]

Lynchs Jugendfreund Gordon Templeton erinnert sich an Lynchs Mutter als »großartige Hausfrau, die die Kleider für ihre Kinder selbst nähte«.[7] Lynchs Eltern waren sehr ineinander verliebt und zeigten es auch. »Sie umarmten und küssten sich zum Abschied«, sagt Martha Levacy. Lynchs Mutter unterschrieb ihre Briefe manchmal mit »Sunny« und malte eine Sonne neben ihren Namen. Neben den von Don malte sie einen Baum. Sie waren strenggläubige Presbyterianer. »Das war ein sehr wichtiger Teil unserer Jugend«, sagt John Lynch. »Wir gingen immer zur Sonntagsschule. Die Smiths von nebenan waren da völlig anders. An Sonntagen stiegen sie in ihr Thunderbird-Cabrio und machten einen Ausflug zum Skifahren, wobei Mr. Smith eine Zigarette rauchte. Unsere Familie hingegen setzte sich in den Pontiac und fuhr zur Kirche. David meinte, die Smiths seien cool und unsere Familie spießig.«

Davids Tochter Jennifer Lynch erinnert sich an ihre Großmutter als »streng und hochanständig und sehr aktiv in der Kirchengemeinde. Sunny hatte aber auch viel Sinn für Humor und liebte ihre Kinder. Ich hatte nie den Eindruck, dass David bevorzugt wurde, aber er war definitiv derjenige, um den sie sich die meisten Sorgen machte. Mein Vater liebte seine Eltern sehr, auch wenn er ihre Tugendhaftigkeit ablehnte, den weiß gestrichenen Gartenzaun und all das. Er hat romantische Erinnerungen daran, aber er hasste es auch, denn er wollte Zigaretten rauchen und das Leben eines Künstlers führen. Stattdessen gingen sie in die Kirche. Alles war perfekt und ruhig und gut. Das machte ihn wahnsinnig«.[8]

Die Lynchs wohnten in einer Sackgasse. In der direkten Nachbarschaft lebten mehrere gleichaltrige Jungs, die alle Freunde wurden. »Wir waren zu acht«, sagt Templeton. »Da waren Willard ›Winks‹ Burns, Gary Gans, Riley ›Riles‹ Cutler, ich, Mark und Randy Smith sowie David und John Lynch, und wir waren wie Brüder. Wir lasen begeistert *Mad*, fuhren viel Fahrrad, gingen im Sommer ins Schwimmbad und trafen die Mädchen, die wir kannten, und hörten Musik. Wir hatten viele Freiheiten – bis abends um zehn Uhr waren wir mit den Fahrrädern unterwegs, fuhren mit dem Bus in die Stadt und kümmerten uns umeinander. Alle mochten David. Er war freundlich, gesellig, unprätentiös, loyal und hilfsbereit.«

Lynch schien ein aufgeweckter Junge zu sein, der nach etwas ganz Besonderem lechzte, was im Boise der Fünfzigerjahre jedoch kaum zu kriegen war. Er sprach davon, sich als Kind danach gesehnt zu haben, »dass etwas Außergewöhnliches passieren würde«. Das Fernsehen brachte andere Welten in die Wohnzimmer der Amerikaner, wodurch auch der einzigartige Charakter der Dörfer und Städte im ganzen Land relativiert wurde. Man kann sich vorstellen, dass ein sensibler Junge wie David die grundlegenden Veränderungen gespürt haben muss, die das Land prägen sollten. Gleichzeitig war er aber ein typisches Kind seiner Zeit und als solches auch engagiertes Mitglied bei den Pfadfindern. Sogar als Erwachsener gab er gelegentlich noch mit seinem Rang als Eagle Scout an, dem höchsten, den ein Pfadfinder erreichen kann.

»Wir waren zusammen beim Troop 99«, erzählt Mark Smith. »Wir machten diese ganzen Aktivitäten mit – Schwimmen, Knoten binden –, und eine davon war ein nächtliches Survivalcamp, wo man uns erklärte, welche essbaren Dinge man im Wald finden kann. Wie man ein Eichhörnchen fängt und zubereitet und so weiter. Wir nahmen an einer ganzen Reihe von Unterrichtsstunden teil, um so etwas zu lernen, und dann gingen wir in die Berge, um zu überleben. Bevor wir losgingen, kauften wir so viele Süßigkeiten wie nur möglich. Nach einer Stunde hatten wir alles aufgegessen. Dann kamen wir an einen See und erhielten den Auftrag, Fische zu fangen – was keiner von uns konnte –, und bei Einbruch der Dunkelheit glaubten wir, wir müssten verhungern. Irgendwann bemerkten wir ein Flugzeug, das über uns kreiste und schließlich einen Fallschirm mit einer Kiste abwarf. Das war richtig dramatisch. Die Kiste war voll mit Sachen wie Eipulver. Wir haben alle überlebt.«

Lynch besaß von Kindheit an eine besondere Begabung zum Zeichnen, und sein künstlerisches Talent wurde schon früh erkannt. Seine Mutter weigerte sich, ihm Ausmalbücher zu geben, weil sie glaubte, die würden seine Fantasie einschränken. Sein Vater brachte jede Menge Zeichen- und Malpapier von der Arbeit mit, sodass Lynch genug Material hatte und ermuntert wurde, alles Mögliche auszuprobieren, wenn er sich zum Zeichnen hinsetzte. »Der Krieg war gerade zu Ende, und es gab eine Menge übrig gebliebene Armeeausrüstung, also zeichnete ich Schusswaffen und Messer«, erinnert sich Lynch. »Dann kamen Flugzeuge, Bomber und Kampfflugzeuge dazu, die ›Flying Tigers‹-Fliegerstaffel und wassergekühlte Maschinengewehre der Marke Browning.«[9]

Martha Levacy erinnert sich: »Die meisten trugen damals einfarbige T-Shirts, und David fing an, die Hemden nach den Wünschen seiner Kunden mit Magic Markers zu gestalten. Alle in der Nachbarschaft kauften welche. Ich erinnere mich noch, dass Mr. Smith, unser Nachbar, eins für einen Freund kaufte, der schon vierzig war. David beschrieb es mit dem Spruch ›Das Leben beginnt mit 40‹ und malte dazu das Bild eines Mannes, der eine hübsche Frau anstarrt.«

Lynch war ein begabter, charismatischer Junge, der »definitiv eine große Anziehungskraft auf andere hatte«, sagt Smith. »Er war beliebt, und ich kann mir lebhaft vorstellen, wie er die Dreharbeiten zu einem Film leitet – er war immer voller Tatendrang und hatte viele Freunde, weil er wusste, wie man die Leute zum Lachen bringt. Ich erinnere mich, wie wir damals in der fünften Klasse waren, am Bordstein saßen und uns Sachen aus *Mad* vorlasen. Als ich die erste Episode von *Twin Peaks* sah, erkannte ich genau diesen Sinn für Humor darin.« Lynchs Schwester stimmt dem zu: »Eine Menge Humor aus dieser Zeit findet sich in Davids Arbeiten.«

In der siebten Klasse war Lynch Klassensprecher und spielte Trompete in der Bigband der Schule. Wie alle gesunden Menschen in Boise fuhr er Ski und ging schwimmen. In beidem war er ziemlich gut, sagt seine Schwester. Außerdem spielte er Baseball in der Little League. Und er mochte das Kino. »Wenn er einen Film gesehen hatte, den er noch nicht kannte, kam er nach Hause und erzählte ihn mir bis ins kleinste Detail nach«, sagt John Lynch. »Ich erinnere mich an einen, den er besonders mochte: *Der Mann, der Liberty Valance erschoss*. Er konnte gar nicht mehr aufhören, darüber zu reden.« Der erste Film, an den Lynch sich erinnert, war *Wait Till the Sun Shines, Nellie*, ein düsteres Drama von Regisseur Henry King aus dem Jahr 1952. »Ich sah den Film zusammen mit meinen Eltern in einem Drive-in-Kino und erinnere mich noch gut an die Szene, in der ein Mann auf dem Friseurstuhl sitzend umgebracht wird, und an eine andere, in der ein kleines Mädchen mit einem Knopf spielt«, sagt Lynch. »Und plötzlich merken ihre Eltern, dass er ihr im Hals stecken geblieben ist. Ich weiß noch, dass mir das damals große Angst gemacht hat.«

Angesichts der Arbeiten, die Lynch später produzieren sollte, überrascht es nicht, dass seine Kindheitserinnerungen von einer Mischung aus Dunkelheit und Licht geprägt sind. Vielleicht hat die Arbeit seines Vaters mit kranken Bäumen auf ihn abgefärbt und ihm eine besondere Sensibilität für das verliehen, was er einmal als »den unbändigen Schmerz und Zerfall« bezeichnet hat, der unter der Oberfläche der meisten Dinge lauert. Lynch war stets fasziniert von dem unmittelbaren Verfall, der allem Neuen von Anfang an innewohnt. Und er fand es zutiefst beunruhigend. Auch die Reisen zu den Verwandten in New York machten ihm Angst, weil vieles, was ihm dort begegnete, ihn grundlegend verunsicherte. »Die Dinge, die mich aufregten, waren nichts im Vergleich zu den Gefühlen, die sie bei mir auslösten«, sagt er. »Ich glaube, die Menschen können Angst empfinden, auch wenn sie nicht wissen, wovor sie sich konkret fürchten. Manchmal geht man in ein Zimmer und spürt sofort, dass etwas nicht stimmt. Wenn ich nach New York kam, legte sich dieses Gefühl über mich wie eine Decke. Ist man in der Natur unterwegs, hat man eine andere Art von Angst, aber auch da gibt es die Angst. Auf dem Land können schlimme Dinge passieren.«

Ein Bild mit dem Titel *Boise, Idaho*, das Lynch 1988 malte, beschäftigt sich mit diesen Erinnerungen. Im unteren rechten Viertel eines schwarzen Feldes sind die Umrisse des Staates zu sehen, die von kleinen Buchstaben gebildet werden, welche den Namen des Bildes ergeben. Vier senkrechte Linien durchstechen das schwarze Feld, und ein bedrohlicher Tornado nähert sich vom linken Bildrand her der Staatsgrenze. Es ist ein höchst verstörendes Bild.

Ganz offensichtlich blieben Lynchs düstere Gedankengänge seinen Spielkameraden in Boise verborgen. Smith sagt: »Wenn dieses schwarze Auto in *Mulholland Drive* den Berg hinauffährt, dann weiß man, dass etwas Schreckliches passieren wird. Aber das hat nichts mit dem David zu tun, den wir als Kind kannten. Diese Düsternis in seinen Werken überrascht mich, und ich weiß nicht, woher sie kommt.«

1960, als Lynch vierzehn Jahre alt war, wurde sein Vater nach Alexandria, Virginia versetzt. Die Familie zog ein weiteres Mal um. Smith erinnert sich: »Als Davids Familie wegzog, war es, als würde jemand die Glühbirne in der Straßenlaterne ausdrehen. Davids Familie besaß einen Pontiac, und das Symbol der Marke war der Kopf eines Indianers, der als Figur auf der Motorhaube thronte. Die Nase ihrer Indianerfigur war abgebrochen, weshalb wir den Wagen ›Häuptling Gebrochene Nase‹ nannten. Vor ihrer Abreise verkauften sie das Auto an meine Eltern.« Gordon Templeton erinnert sich noch an den Tag, an dem die Lynchs wegzogen: »Sie reisten mit dem Zug, und wir fuhren alle mit den Fahrrädern zum Bahnhof, um uns zu verabschieden. Es war ein trauriger Tag.«

Obwohl Lynch die Zeit auf der Highschool in Alexandria durchaus genoss, sind ihm die Erinnerungen an seine Kindheit in Boise noch immer eine Herzensangelegenheit. »Denke ich an Boise, dann sehe ich diesen typischen chromglänzenden Optimismus der Fünfzigerjahre«, sagt er. Nachdem die Lynchs fortgezogen waren, verließen auch andere die Stadt. John Lynch erinnert sich noch daran, wie David einmal sagte: »Das war der Moment, als die Musik aufhörte zu spielen.«

Kurz zuvor hatte für Lynch das Ende der Kindheit begonnen. Er erinnert sich noch, wie verzweifelt er war, als er erfuhr, dass er Elvis' ersten Auftritt in der *Ed Sullivan Show* verpasst hatte, und wie er sich immer ernsthafter für Mädchen interessierte. »David fing an, mit einem sehr hübschen Mädchen auszugehen«, sagt Smith. »Sie waren total verliebt.« Lynchs Schwester erinnert sich, dass David

»immer eine Freundin hatte, schon als er noch ziemlich jung war. Auf der Junior Highschool erzählte er mir mal, dass er auf einem Ausflug in der siebten Klasse mit jedem einzelnen Mädchen geknutscht hatte«.

Lynch kehrte nach Boise zurück, nachdem er die neunte Klasse in Virginia beendet hatte, und verbrachte im Sommer einige Wochen bei verschiedenen Freunden. »Als er zurückkam, hatte er sich verändert«, erinnert sich Smith. »Er war erwachsener geworden und zog sich anders an. Er hatte einen ganz speziellen Kleidungsstil, mit schwarzer Hose und schwarzem Hemd, was bei uns absolut unüblich war. Er war sehr selbstbewusst, und als er uns Geschichten über seine Erlebnisse in Washington, D.C. erzählte, waren wir schwer beeindruckt. Er hatte sich eine Weltläufigkeit angeeignet, die mir sagte, dass mein Freund mich hinter sich gelassen hatte.«

»Nach der Zeit an der Highschool kehrte David nicht wieder nach Boise zurück, und der Kontakt brach ab«, fährt Smith fort. »Meine jüngste Tochter ist Fotografin und lebt in L.A. 2010 arbeitete sie als Assistentin für einen Fotografen, der ihr eines Tages mitteilte: ›Heute fotografieren wir David Lynch.‹ In einer Pause zwischen den Aufnahmen ging sie zu ihm und sagte: ›Mr. Lynch, ich glaube, Sie kennen meinen Vater, Mark Smith aus Boise.‹ Und David sagte: ›Im Ernst?‹ Das nächste Mal, als ich zu meiner Tochter fuhr, besuchte ich ihn zu Hause. Ich hatte ihn seit der Highschool nicht mehr gesehen. Er umarmte mich, und als er mich den Leuten in seinem Büro vorstellte, sagte er: ›Das hier ist Mark, mein Bruder.‹ David ist sehr loyal und hält den Kontakt zu meiner Tochter. Für mich als Vater ist es toll, dass er dort ist. Ich wünschte, er würde immer noch in meiner Nachbarschaft wohnen.«

Die Fünfzigerjahre haben Lynch nie losgelassen. Mütter in Hemdblusenkleidern aus Baumwolle, die lächelnd den frisch gebackenen Kuchen aus dem Ofen ziehen; breitschultrige Väter in Sporthemden beim Grillen im Garten oder in Anzügen auf dem Weg ins Büro; die allgegenwärtigen Zigaretten – in den Fünfzigern rauchte jeder; der klassische Rock'n'Roll; Kellnerinnen im Diner mit kleinen Häubchen auf dem Kopf; Mädchen mit Kniestrümpfen und Schnallenschuhen, Pullovern und karierten Faltenröcken – all das gehört zum ästhetischen Vokabular von Lynch. Das wichtigste Merkmal dieser Epoche aber, das er sich erhalten hat, ist der Geist der Zeit: Die glänzende Fassade von Unschuld und Tugend, die dunklen Kräfte, die darunter lauern, und die verdeckte Laszivität, die diese Jahre erfüllte – all das sind die Eckpunkte seiner Kunst.

»Die Gegend, in der *Blue Velvet* gedreht wurde, sieht unserem Viertel in Boise sehr ähnlich. Einen halben Straßenzug entfernt von unserem Haus stand auch so ein grässliches Mietshaus wie das im Film«, sagt John Lynch. Die Eröffnungssequenz von *Blue Velvet* mit den typischen Vignetten einer amerikanischen Idylle stammt aus *Good Times on Our Street*, einem Kinderbuch, das David nie vergessen hat. »Die Spritztour mit dem gestohlenen Auto in *Blue Velvet* basiert ebenfalls auf einer wahren Boise-Begebenheit. David und ein paar seiner Freunde landeten eines Tages im Auto eines älteren Jungen, der damit angab, er würde mit hundert Sachen den Capitol Boulevard entlangbrettern. Ich denke, das war ganz schön beängstigend, mit diesem verrückten älteren Jungen in einem gestohlenen Auto so gefährlich schnell zu fahren. Eine solche Erinnerung vergisst man nicht. David lässt viele seiner Jugenderlebnisse in seine Werke einfließen.«

Tatsächlich bezieht sich Lynch in seiner Arbeit auf seine Kindheit. Aber was ihn als Künstler antreibt, lässt sich nicht auf eine so simple Gleichung reduzieren. Man kann die Kindheit eines Menschen sezieren, um den Schlüssel zu der Person zu finden, zu der er herangewachsen ist, aber zumeist gibt es kein entscheidendes Erlebnis, kein »Rosebud«. Wir entwickeln etwas, das in uns angelegt ist. Lynch besaß von Anfang an diese ungewöhnliche Fähigkeit, sich sehr für etwas zu begeistern, und das Bedürfnis, verzaubert zu werden. Schon immer war er selbstbewusst und kreativ. Er war keiner von den Jungs, die ein T-Shirt mit einem nichtssagenden Aufdruck kauften. Er war der Junge, der es anfertigte. »David war der geborene Anführer«, sagt sein Bruder John.

Es ist nett von meinem Bruder, mich als geborenen Anführer zu bezeichnen, aber ich war bloß ein ganz normaler Junge. Ich hatte tolle Freunde und machte mir keine Gedanken darüber, ob ich beliebt war oder nicht. Ich hatte auch nie das Gefühl, anders zu sein.

Man kann meinen Großvater mütterlicherseits, Großvater Sundholm, als einen Mann der Arbeiterklasse bezeichnen. In seiner Holzwerkstatt im Keller hatte er fantastische Werkzeuge und extra für seine Zwecke angefertigte Holzkisten mit eingebauten Verschlusssystemen. Unter meinen New Yorker Verwandten gab es sehr talentierte Schreiner, die in ihren Geschäften an der Fifth Avenue Möbel anfertigten. Als kleiner Junge bin ich zusammen mit meiner Mutter im Zug dorthin gefahren, um meine Großeltern zu besuchen. Ich erinnere mich daran, wie mein Großvater mich einmal im Winter herumführte und ich offenbar eine Menge redete. Ich unterhielt mich auch mit dem Mann, der den Zeitungskiosk im Prospect Park hatte, und ich glaube, ich konnte auch pfeifen. Ich war ein glückliches Kind.

Kurz nach meiner Geburt zogen wir nach Sandport, Idaho. Ich erinnere mich nur noch daran, wie ich dort mit dem kleinen Dicky Smith in unserer Schlammkuhle hockte. Es war eine kleine Grube unter einem Baum, das Wasser kam aus dem Gartenschlauch. Ich erinnere mich, dass ich mit Schlammbrocken spielte und mich wie im siebten Himmel fühlte. Die wichtigsten Dinge in meiner Kindheit geschahen in Boise, aber ich mochte Spokane, Washington auch gern. Spokane hatte einen unglaublich blauen Himmel. In der Nähe muss es einen Stützpunkt der Air Force gegeben haben, denn es flogen ständig große Flugzeuge durch den weiten Himmel, ganz langsam, denn es waren Propellerflugzeuge. Ich liebte es, Sachen zu basteln. Am Anfang habe ich vor allem Holzgewehre hergestellt. Ich sägte sie aus einem Stück Holz, und sie waren noch ziemlich grobschlächtig. Zeichnen mochte ich auch gerne.

In Spokane hatte ich einen Freund namens Bobby, der in einem Haus am Ende des Blocks wohnte, wo auch ein großes Mietshaus stand. Einmal, im Winter, bin ich in meinem Schneeanzug zu ihm gegangen. Wahrscheinlich war ich noch im Kindergartenalter. Ich trug einen Schneeanzug, und mein Freund Bobby hatte auch einen an, und wir liefen draußen in der klirrenden Kälte herum. Das Mietshaus lag etwas zurückgesetzt von der Straße. Ein Korridor führte zu den Wohnungstüren. Wir sahen, dass eine der Eingangstüren offen stand. Wir gingen rein und stellten fest, dass niemand zu Hause war. Irgendwie kamen wir auf die Idee, Schneebälle zu machen und sie in die Schubladen zu legen – in alle Schubladen, die wir finden konnten. Besonders große Schneebälle, die ungefähr einen halben Meter dick waren, legten wir aufs Bett. Auch in die anderen Zimmer trugen wir Schneebälle. Dann holten wir Handtücher aus dem Badezimmer und breiteten sie auf der Straße aus. Die vorbeifahrenden Autos wurden zuerst langsamer, aber dann sagten sich die Fahrer wahrscheinlich »Scheiß drauf« und fuhren darüber. Wir schauten mehreren Autos dabei zu und machten noch mehr Schneebälle. Irgendwann gingen wir nach Hause. Später saß ich im Esszimmer, und das Telefon klingelte. Ich dachte mir nichts dabei. Damals klingelten Telefone nur selten, aber ich ahnte trotzdem nichts Böses. Wahrscheinlich ging meine Mutter ran und übergab meinem Vater den Hörer. Als ich ihn auf eine bestimmte Art reden hörte, bekam ich langsam ein ungutes Gefühl. Ich glaube, mein armer Vater musste eine

Menge für den entstandenen Schaden bezahlen. Warum wir das taten? Gute Frage ...

Von Spokane aus ging es dann für ein Jahr nach North Carolina, wo mein Vater sein Studium beendete. Ich war noch klein, und als ich den Song »Three Coins in the Fountain« hörte, schaute ich auf und sah plötzlich dieses monumentale Gebäude der Duke University mit dem Brunnen davor. Es war 1954, die Sonne schien, und der Anblick des Brunnens, untermalt von diesem Lied, war unglaublich.

Meine Großeltern Sundholm wohnten in einem hübschen Sandsteingebäude an der 14th Street. Mein Großvater kümmerte sich außerdem noch um ein Haus an der Seventh Avenue. Ich glaube, im Erdgeschoss befanden sich Geschäfte, aber es war auch ein Wohnhaus. Den Bewohnern war es untersagt zu kochen. Als ich einmal mit meinem Großvater durch das Gebäude ging, stand eine Tür offen, und wir sahen, wie ein Mann sich ein Ei auf dem Bügeleisen briet. Not macht erfinderisch. Als ich älter wurde, fuhr ich nicht mehr so gern nach New York. Alles dort machte mir Angst. Die U-Bahnen fand ich total unwirklich. Unter die Erde zu steigen, wo es so eigenartig roch und der Tunnelwind die Züge ankündigte, der Lärm – es gab einiges an New York, das mir große Angst machte.

Die Eltern meines Vaters, Austin und Maude Lynch, lebten in Highwood, Montana und bauten Weizen an. Mein Großvater war ein richtiger Cowboy. Ich schaute ihm gern beim Rauchen zu. Ich wollte auch rauchen, und sein Beispiel verstärkte den Drang noch. Mein Vater rauchte Pfeife, als ich klein war, aber dann bekam er eine Lungenentzündung und hörte damit auf. Seine Pfeifen lagen immer noch herum, und ich nahm sie mir und tat so, als würde ich rauchen. Meine Eltern wickelten Klebeband um die Mundstücke, weil sie Angst hatten, sie könnten giftig sein. Aber ich durfte die Pfeifen benutzen. Manche waren geschwungen, manche gerade, und ich fand sie großartig. Mit dem richtigen Rauchen fing ich sehr früh an.

Meine Großeltern hatten also eine Ranch. Die nächstliegende größere Stadt war Fort Benton. Irgendwann in den Fünfzigern zogen sie nach Hamilton, Montana, wo sie eine Farm mit einem Bauernhaus und ziemlich viel Land übernahmen. Das war echtes Landleben. Sie hatten ein Pferd namens Pinkeye, auf dem ich reiten durfte. Ich erinnere mich noch, wie Pinkeye am Fluss den Kopf senkte, um zu trinken, und ich mich festklammern musste, damit ich nicht über den Hals ins Wasser rutschte. Man konnte aus dem Haus treten und mit dem Gewehr herumballern, ohne Angst haben zu müssen, man könnte jemanden treffen. Als ich klein war, mochte ich Bäume und fühlte mich der Natur sehr verbunden. Das war meine Welt. Wenn wir mit der Familie übers Land fuhren, hielten wir oft irgendwo an, mein Vater baute das Zelt auf, und wir kampierten dort. Wir stiegen nie in Motels ab. Damals gab es überall am Straßenrand solche Lagerplätze, aber das ist längst vorbei. Auf der Ranch musste man alles selbst reparieren, weshalb es Werkzeuge für jeden Zweck gab. Auch mein Vater hatte eine eigene Werkstatt. Er war Handwerker und reparierte Musikinstrumente. Er hat sogar zehn oder elf Geigen gebaut.

Projekte! Das Wort »Projekt« bedeutete für alle in der Familie etwas Aufregendes. Wenn man eine Idee für ein Projekt hatte, suchte man sich die entsprechenden Werkzeuge zusammen. Werkzeuge waren das Tollste! Dass es Leute gab, die Geräte erfanden, um andere Geräte zu perfektionieren, war einfach großartig! Es stimmt, was Peggy sagt: Meine Eltern nahmen es immer sehr ernst, wenn ich etwas bauen wollte.

Mom und Dad waren sehr lieb und warmherzig, genau wie ihre eigenen Eltern. Alle mochten sie, denn sie waren immer sehr fair. Das ist etwas, worüber man nicht weiter nachdenkt, aber wenn man Erzählungen von anderen hört, merkt man plötzlich, wie viel Glück man selber hatte. Mein Vater war ein echtes Original. Wenn er gekonnt hätte, wäre er wahrscheinlich für immer im Wald verschwunden. Einmal bin ich mit ihm auf die Hirschjagd gegangen. Jagen war ein natürlicher Bestandteil der Welt, in der mein Vater aufgewachsen war. Alle hatten Gewehre und gingen auf die Jagd. Aber er war kein bedenkenloser Jäger. Wenn er ein Tier erlegte, dann aßen wir es auch. Wir hatten eine gemietete Tiefkühltruhe im Keller, und ab und zu gingen wir runter und holten ein Stück Fleisch heraus. Zum Abendessen gab es oft Hirschfleisch, was ich überhaupt nicht mochte. Ich habe nie einen Hirsch geschossen, und ich bin froh darüber.

Einmal, als ich ungefähr zehn Jahre alt war, gingen wir Hirsche jagen. Wir fuhren aus Boise hinaus und erreichten einen zweispurigen Highway. Das einzige Licht kam von den Scheinwerfern der Autos, ansonsten war es stockdunkel. Das kann man sich heutzutage kaum noch vorstellen, weil es fast gar keine Straßen mehr ohne Beleuchtung gibt. Jedenfalls nicht in Amerika. Aber diese Straße war stockfinster. Wir fuhren über eine kurvige Strecke in die Berge, als ein Stachelschwein die Straße überquerte. Mein Vater hasste Stachelschweine, weil sie die Spitzen der Bäume abfressen, die dann absterben. Er versuchte es zu überfahren, aber das Tier gelangte auf die andere Seite. Er bremste scharf, und der Wagen kam quietschend zum Stehen. Er öffnete das Handschuhfach, holte seine .32er heraus und sagte: »Los komm, Dave!« Wir rannten über die Straße und folgten dem Tier den steinigen Berghang hinauf. Wegen des Gerölls rutschen wir ständig ab. Oben auf dem Kamm standen drei Bäume, und das Stachelschwein kletterte auf einen von ihnen. Wir warfen Steine in die Bäume, um herauszufinden, auf welchem es saß. Dann kletterte mein Vater den Baum hoch und rief: »Dave! Wirf einen Stein, damit es sich bewegt. Ich kann's nicht sehen.« Also warf ich einen Stein, und er schrie: »Nein! Nicht auf mich!« Ich warf weitere Steine, er hörte, wo es entlanglief und – Peng! Peng! Peng! – schon fiel es herunter. Wir stiegen wieder ins Auto und gingen auf Hirschjagd. Auf dem Rückweg hielten wir erneut dort an und stellten fest, dass das Stachelschwein mit Fliegen bedeckt war. Ich nahm ein paar seiner Stacheln mit.

Ich ging in die zweite Klasse in Durham, North Carolina, und meine Lehrerin war Mrs. Crabtree. Mein Vater studierte in Durham für seinen Doktortitel in Forstwirtschaft, weshalb er jeden Abend am Küchentisch saß und lernte. Ich saß bei ihm und lernte ebenfalls. Ich war der einzige Schüler, der in allen Fächern die Bestnote A hatte. Meine Freundin Alice Bauer hatte ein paar Bs und war damit auf dem zweiten Platz. Eines Abends saß ich mit meinem Vater am Küchentisch und lernte, als ich hörte, wie er mit meiner Mutter über eine Maus sprach, die sich in der Küche befand. Am Sonntag ging meine Mutter mit meinem Bruder und meiner Schwester in die Kirche, während mein Vater zu Hause blieb, um die Maus loszuwerden. Als ich ihm half, den Herd zu verschieben, schoss die kleine Maus darunter hervor, flitzte durchs Wohnzimmer und sprang schließlich in einen Kleiderschrank. Mein Vater nahm einen Baseballschläger und schlug auf die Klamotten ein, bis die kleine blutige Maus herausfiel.

Idaho City war einmal der größte Ort im Staat Idaho gewesen. Aber zu der Zeit, als wir nach Boise zogen, lebten dort im Sommer noch ungefähr hundert, im Winter fünfzig Personen. In Boise befand sich das Forschungszentrum mit dem schönen Namen Boise Basin Experimental Forest. Mein Vater war der Leiter des Instituts. Der Begriff »experimental« ist wirklich wunderschön. Ich liebe ihn einfach. Sie führten dort Versuche zu Erosion, Insekten oder Krankheiten durch und erforschten, wie man Bäume widerstandsfähiger machen könnte. Alle Gebäude waren weiß und hatten eine grüne Holzverkleidung. Im Innenhof gab es Pfosten, auf denen sich kleine Holzhäuschen befanden. Sie sahen aus wie Vogelhäuschen und hatten kleine Türen. Dahinter steckten Apparaturen zur Messung der Luftfeuchtigkeit oder der Temperatur. Sie waren sehr hübsch und ebenfalls grün verkleidet wie die großen Gebäude. In den Büros standen Schränke mit flachen Schubladen, in denen Insekten auf Nadeln aufgespießt waren. Außerdem gab es Treibhäuser, in denen Pflanzen gezogen wurden. Im Wald wiederum waren Bäume mit Anhängern gekennzeichnet, weil mit ihnen spezielle Experimente durchgeführt wurden.

Damals habe ich Backenhörnchen geschossen. Mein Vater fuhr mich oft mit dem Pick-up der Forschungsstation in den Wald. Ich liebte diese Fahrzeuge, sie waren grün und fuhren wunderbar ruhig. Ich ließ mich irgendwo absetzen und nahm meine Flinte Kaliber .22 und ein bisschen Proviant mit. Am Abend holte er mich an der gleichen Stelle wieder ab. Ich durfte so viele Backenhörnchen schießen, wie ich wollte, weil es viel zu viele von ihnen gab. Vögel hingegen durfte ich nicht schießen. Einmal allerdings flatterte ein Vogel aus einer Baumkrone, und ich legte an und schoss. Ich hätte nie gedacht, dass ich ihn treffen würde, aber ich muss ihn wohl ziemlich gut erwischt haben. Die Federn flogen in alle Richtungen, er fiel in den Bach und trieb davon.

In Boise wohnten wir am Circle Drive direkt neben den Smiths. Die Familie bestand aus Mr. und Mrs. Smith, den vier Jungs Mark, Randy, Denny und Greg, und der Großmutter, die sie Nana nannten. Sie kümmerte sich um den Garten. Wenn sie draußen war, hörte man das leise Klimpern von Eiswürfeln im Glas. Sie trug immer Gartenhandschuhe, den Drink in der einen und den kleinen Spaten in der anderen Hand. Sie bekam den Pontiac, den meine Eltern den Smiths verkauften. Sie war nicht völlig taub, aber so schwerhörig, dass sie beim Anlassen immer Vollgas gab, um zu hören, ob der Motor lief. Wenn es nebenan in der Garage laut dröhnte, wussten wir, dass Nana losfuhr. Am Sonntag gingen die Leute in Boise zum Gottesdienst. Die Smiths fuhren in ihrem Ford Kombi zur Episkopalkirche, und Mr. und Mrs. Smith hatten auf dem Vordersitz immer eine Stange Zigaretten in Griffweite. Nicht bloß ein paar Packungen. Eine ganze Stange.

Kinder genossen damals viele Freiheiten. Wir waren ständig unterwegs und verbrachten keinen Tag im Haus. Stattdessen stromerten wir umher und machten, was uns gerade einfiel, es war großartig. Es ist wirklich schade, dass Kinder heutzutage nicht mehr so frei aufwachsen. Wie konnten wir das bloß zulassen? Einen Fernsehapparat bekamen wir erst, als ich schon in der dritten Klasse war. Als Kind sah ich ein bisschen fern, aber nicht sehr viel. Die einzige Sendung, die ich wirklich mochte, war *Perry Mason*. Das Fernsehen bewirkte damals schon, was das Internet heute noch verstärkt: Es machte alles gleich.

Das ist eine ganz wichtige Eigenschaft der Fünfziger, die niemals wiederkehren wird: Die Orte unterschieden sich voneinander. In Boise zogen sich Männer und Frauen auf eine ganz bestimmte Art an, und wenn man nach Virginia ging, kleideten sich die Menschen dort ganz anders. In New York City war der Kleidungsstil wieder ein anderer, und dort hörte man auch nicht dieselbe Musik. In Queens sahen die Mädchen aus, wie man es noch nie zuvor gesehen hatte! Und in Brooklyn war alles schon wieder völlig anders! Es gibt da dieses berühmte Foto von Diane Arbus. Darauf ist ein Paar mit einem Baby abgebildet, und die Frau trägt eine spezielle, üppige Frisur. So etwas hätte es in Boise oder Virginia nie gegeben. Und dann die Musik. Die Musik eines Ortes, das Aussehen der Mädchen und die Art, wie sie redeten – das alles fügte sich zu einem bestimmten Bild zusammen. Ihre jeweilige Welt war einzigartig und lud dazu ein, mehr über sie herausfinden zu wollen. Diese Unterschiede sind heute weitgehend verschwunden. Zwar gibt es noch kleinere Abweichungen, zum Beispiel bei den Hipstern, aber die Hipster in einer anderen Stadt sehen genauso aus wie die in deiner eigenen.

Ich hatte schon sehr früh Freundinnen, und sie alle waren toll. Bereits im Kindergarten tauschte ich mit einem Mädchen die Decke. So was machte man damals im Kindergarten, wenn man eine Freundin hatte. In der vierten Klasse hatte ich eine Freundin namens Carol Cluff, die in der fünften Klasse die Freundin meines Kumpels Riley Cutler wurde. Sie sind noch immer miteinander verheiratet. Mein Sohn Riley wurde nach ihm benannt. In der fünften und sechsten Klasse war ich mit Judy Puttman zusammen, und danach hatte ich alle zwei Wochen eine neue Freundin. Ich habe immer noch ein Foto, auf dem ich mit Jane Johnson zu sehen bin, während wir uns bei einer Kellerparty in Boise küssen. Ihr Vater war Arzt, und wir haben uns zusammen medizinische Bücher angesehen.

An einen Kuss kann ich mich noch besonders gut erinnern. Eines Tages zog der Chef meines Vaters, Mr. Packard, mit seiner Familie nach Boise. Sie wohnten in der Forschungsstation. Eine Tochter von ihm hieß Sue. Sie war wunderschön und in meinem Alter. Sie brachte ihren Freund mit. Die beiden hatten Sex miteinander. Ich war weit davon entfernt, Sex zu haben, und völlig sprachlos, als sie mir ganz arglos davon berichteten. Eines Tages schnappte ich mir Sue ohne ihren Freund, und wir ließen die Stadt hinter uns. Im Ponderosa Pine Forest liegen die Kiefernnadeln ungefähr zwei Fuß hoch auf dem Boden, der deshalb unglaublich weich ist. Wir rannten zwischen den Bäumen herum, warfen uns auf den Boden und küssten uns lange. Es war traumhaft. Das war eine Art Kuss, der immer tiefer und tiefer geht, und er fachte etwas in mir an.

Ich erinnere mich vor allem an die Sommer, denn im Winter mussten wir zur Schule gehen. Menschen verdrängen die Schulzeit, weil sie grässlich ist. Ich erinnere mich kaum an meine Klassenzimmer, und schon gar nicht an den Unterricht, bis auf die Kunststunden. Obwohl ich einen sehr konservativen Lehrer hatte, begann ich eines Tages mich für Kunst zu begeistern. Trotzdem gefiel es mir draußen in der freien Natur viel besser.

Zum Skifahren fuhren wir über kurvige Straßen ins achtzehn Meilen entfernte Bogus Basin. Dort gab es richtig guten Schnee, viel besseren als in Sun Valley. Das Skigebiet war recht klein, aber als Kind kommt einem alles viel größer vor. Im Sommer konnte man sich dort eine Dauerkarte für den Winter verdienen, indem man mit anpackte und Buschwerk beseitigte oder Ähnliches. Einmal fanden wir dort im Sommer eine tote aufgedunsene Kuh am Ufer eines Flusses. Wir hatten Spitzhacken dabei und dachten, wir könnten sie damit zum Explodieren bringen. Die Hacke hatte eine Art Klinge und auf der anderen Seite eine Spitze. Wir wollten die Spitze in die Kuh schlagen, aber als wir es versuchten, flog die ganze Hacke weg – was ziemlich gefährlich war. Die Kuh furzte, wenn man ganz fest zuschlug, und verbreitete einen fauligen Gestank, weil sie schon verwest war, aber wir schafften es nicht, sie zum Explodieren zu bringen. Irgendwann gaben wir auf. Ich weiß nicht, warum wir sie unbedingt explodieren lassen wollten. Na ja, Kinder probieren halt gerne mal was aus.

Auf der Piste gab es keinen Sessellift, sondern einen Schlepplift, mit dem man zur Bergspitze gezogen wurde. Im Sommer, wenn der Schnee geschmolzen war, konnte man an der Stelle, wo die Leute für den Lift Schlange standen, interessante Dinge finden. Kleingeld, Fünf-Dollar-Scheine – Geld zu finden war wunderbar. Einmal fand ich auf dem Weg zum Ski-Bus im fünfzehn Zentimeter hohen Schnee ein dickes blaues Portemonnaie. Darin steckte eine ganze Rolle kanadisches Geld, mit dem man auch in den USA bezahlen konnte. Ich gab an diesem Tag während des Skifahrens einiges davon aus. In der Hütte auf dem Gipfel gab es Plundergebäck. Wahrscheinlich habe ich meinen Freunden welches gekauft. Den Rest des Geldes nahm ich mit nach Hause, und mein Vater ließ mich eine Anzeige in die Zeitung setzen, um den Besitzer zu finden. Da sich niemand meldete, konnte ich es behalten.

Eine meiner Lehrerinnen in der vierten Klasse hieß Mrs. Fordyce, und wir nannten sie Mrs. Four-Eyes. Mein Platz war in der dritten oder vierten Reihe. Hinter mir saß ein Mädchen, das ein Armband trug und an sich herumrieb. Sie konnte einfach nicht damit aufhören. Ich ahnte irgendwie, was sie da machte, wusste aber nichts Genaues. Solche Dinge kriegt man in diesem Alter erst nach und nach heraus. Judy Puttnam, meine Freundin in der sechsten Klasse, hatte eine Freundin namens Tina Schwartz. Eines Tages mussten die Mädchen alle in einen gesonderten Raum treten. Als sie wieder herauskamen, war ich sehr neugierig. Was ging hier vor? Am Nachmittag besuchte ich Judy, und wir gingen zu Tina. Die sagte dann: »Ich zeig euch, was sie uns beigebracht haben.« Dann holte sie einen Tampon hervor, hockte sich hin und erklärte mir, was man damit machte. Das war ein großes Ereignis.

Die Pubertät begann damals viel später. In der sechsten Klasse gab es Gerüchte über einen Jungen, der sich schon rasierte und größer war als die anderen. Man erzählte sich, er würde auf der Toilette was mit seinem Penis machen und dann würde eine weiße Flüssigkeit herauskommen. Ich dachte: Wie bitte, das gibt's doch gar nicht. Aber irgendwas sagte mir, dass es stimmte. Ich vergleiche das gern mit dem Transzendentalen in der Meditation. Du glaubst nicht an Erleuchtung, aber irgendwas sagt dir, dass es sie doch gibt. Hier war es so ähnlich. Ich nahm mir vor, es am Abend selbst auszuprobieren. Es dauerte ewig. Zuerst passierte gar nichts. Und dann war da plötzlich dieses Gefühl, und ich dachte: Wo kommt denn das auf einmal her? Wahnsinn! Die Geschichte stimmte also. Es war unglaublich. Ich fühlte mich, als hätte ich das Feuer entdeckt. Es war wie Meditation. Man lernt eine bestimmte Technik, und siehe da, alles verändert sich, und etwas ganz Neues tut sich auf. Es ist real.

Ich erinnere mich auch noch, wie ich den Rock'n'Roll entdeckte. Musik bringt einen zum Träumen und erzeugt bestimmte Gefühle. Als ich ihn das erste Mal hörte, war das eine kraftvolle Erfahrung. Die Musik hat sich seit der Geburt des Rock'n'Roll verändert. Aber das ist nichts im Vergleich zu dem Moment, als der Rock'n'Roll in die Welt kam, denn so etwas hatte es vorher noch nie gegeben. Diese Musik schien aus dem Nichts zu kommen. Es gab schon den Rhythm and Blues, aber den hörten wir uns nicht an, auch keinen Jazz, außer Brubeck. 1959 veröffentlichte das Dave Brubeck Quartet »Blue Rondo à la Turk«, und ich drehte total durch. Mr. Smith hatte das Album, und ich hörte es mir immer wieder bei ihnen an und verfiel dieser Musik.

Film war kein großes Thema im Boise der Fünfziger. Ich weiß noch, wie ich *Vom Winde verweht* im Sommer in einem Open-Air-Kino gesehen habe – das war schön. Ich erinnere mich nicht, ob ich mich mit meinem Bruder über Filme unterhielt. Und ich erinnere mich auch nicht an das erste Mal, als ich *Der Zauberer von Oz* sah, aber der Film hat mich sehr beeindruckt. Da bin ich natürlich nicht allein. Er hat viele Leute beeindruckt.

Das Kleinstadtleben in den Fünfzigern, das war etwas ganz Eigenes, und es ist wichtig, diese Stimmung einzufangen. Sie war irgendwie träumerisch. Die Atmosphäre damals war natürlich nicht durchweg positiv. Ich wusste immer, dass hinter der Fassade einiges vor sich ging. Wenn ich nach Einbruch der Dunkelheit mit meinem Fahrrad herumfuhr, waren viele Fenster hell erleuchtet und verbreiteten einen warmen Glanz. Die meisten Leute, die dort wohnten, kannte ich. In anderen Häusern war das Licht eher schwach, in manchen sogar kaum zu sehen. Die Leute, die dort wohnten, kannte ich nicht. Mein Gefühl sagte mir, dass in diesen Häusern etwas vor sich ging, das nichts mit Glück zu tun hatte. Ich machte mir nicht besonders viele Gedanken darüber, aber ich wusste, dass hinter den Türen und Fenstern Dinge passierten.

Eines Abends war ich mit meinem Bruder unterwegs. Wir kamen ans Ende der Straße. Heutzutage ist abends alles hell erleuchtet, aber in den Fünfzigern waren die Laternen in Kleinstädten wie Boise viel schwächer. Alles war dunkler, und das verlieh den Nächten etwas Magisches. Als wir am Ende der Straße ankamen, geschah etwas Unglaubliches: Eine nackte Frau mit weißer Haut erschien vor uns. Vielleicht lag es am Licht und der Art und Weise, wie sie aus der Dunkelheit auftauchte, aber es sah aus, als hätte ihre Haut die Farbe von Milch. Und ihr Mund war blutig. Sie wankte merklich, war in ziemlich schlechter Verfassung und splitternackt. Ich hatte so etwas noch nie gesehen. Sie kam auf uns zu, schien uns aber gar nicht zu bemerken. Mein Bruder fing an zu weinen, während sie sich auf den Bordstein setzte. Ich wollte ihr helfen, aber ich war noch jung und wusste nicht, was ich tun sollte. Vielleicht habe ich sie ja etwas gefragt: Geht es Ihnen gut? Stimmt etwas nicht? Doch sie sagte nichts. Sie war verängstigt, weil jemand sie verprügelt hatte. Aber obwohl sie völlig traumatisiert war, sah sie wunderschön aus.

Ich traf mich nicht immer mit meinen Freunden, wenn ich das Haus am Parke Circle Drive verließ. Einmal, an einem recht trüben Tag, lief ich nach draußen, vermutlich war es noch ziemlich frühmorgens.

Das Haus neben den Smiths gehörte der Familie Yontz. Ihre Rasenstücke gingen ineinander über, und zwischen den beiden Häusern war nur wenig Platz. Auf der einen Seite wurden die Grundstücke von Sträuchern, auf der anderen von einem Zaun abgegrenzt, und es gab ein Tor, das in eine Sackgasse führte. Auf der uns zugewandten Seite des Tors saß ein Junge, den ich noch nie vorher gesehen hatte, und weinte. Ich ging zu ihm und fragte: »Ist alles okay?« Aber er antwortete nicht. Also trat ich näher an ihn heran und fragte ihn, was denn passiert sei. Er sagte: »Mein Vater ist gestorben.« Er weinte so sehr, dass er die Worte kaum herausbrachte. Es machte mich unendlich traurig. Ich setzte mich für eine Weile zu ihm, merkte aber, dass ich ihm nicht helfen konnte. Für ein Kind ist der Tod weit weg und etwas sehr Abstraktes. Wenn man jung ist, denkt man nicht viel darüber nach, aber ich spürte genau, dass diesem Jungen etwas Schreckliches widerfahren war.

Weiter oben an der Vista Avenue gab es viele kleine Läden, die allerlei Krimskrams und Haushaltswaren verkauften. Dort besorgten wir uns verschiedene Sachen, um eine Bombe zu basteln. Wir hatten herausgefunden, wie man Rohrbomben konstruiert. In Riley Cutlers Keller bauten wir dann drei davon. Sie waren sehr stark. Riley zündete eine von ihnen ganz allein am Bewässerungskanal und erzählte uns, es sei unglaublich gewesen. Die zweite warf ich vor die Tür von Willard Burns' Haus. Wir spielten alle Baseball und waren gut trainiert. Ich warf das Ding in hohem Bogen, und es fiel auf den Boden, explodierte aber nicht. Also warf ich es erneut, und dieses Mal krachte es gewaltig. Das Rohr zerbarst in tausend Stücke und riss eine Latte von Gordy Templetons Zaun am Nachbargrundstück ab. Gordy war gerade auf dem Klo und kam rausgerannt, ohne die Hose richtig hochgezogen zu haben. In der Hand hielt er die Klopapierrolle. Jetzt wurde uns klar, wie gefährlich es war, und dass wir jemand anderen oder uns selbst hätten umbringen können. Also warfen wir die letzte Bombe in einen leeren Swimmingpool, wo sie explodieren konnte, ohne jemanden zu verletzen.

Es gab einen Riesenknall, als sie detonierte, und wir machten uns aus dem Staub. Gordy und ich liefen in die eine, die Übrigen in die andere Richtung. Ich begleitete Gordy nach Hause. Das Wohnzimmer der Templetons hatte ein breites Panoramafenster zur Straße. Wir saßen auf dem Sofa, und Mrs. Templeton machte Thunfischsandwiches und Pommes frites, was ich zu Hause nie bekam. Auch keine Süßigkeiten, bis auf Haferkekse mit Rosinen. Alles musste gesund sein. Wie auch immer, wir aßen gerade unsere Sandwiches, als wir sahen, wie draußen ein riesiger Polizist in schwarzer Uniform mit Goldtressen auf einem gigantischen Motorrad vorbeiglitt. Er hielt an, klemmte sich den Helm unter den Arm, ging zur Tür und klingelte. Wir mussten mit aufs Revier. Ich war damals Klassensprecher der siebten Klasse und wurde dazu verdonnert, einen Aufsatz für die Polizei zu schreiben. Thema: »Aufgaben und Pflichten von Anführern«.

Ich geriet auch wegen anderer Dinge in Schwierigkeiten. Meine Schwester Martha war noch in der Grundschule, als ich in die Junior High kam. Auf dem Weg zum Unterricht kam sie an unserer Schule vorbei. Ich redete ihr ein, sie solle im Vorbeigehen den Mittelfinger ausstrecken, denn das sei ein freundlicher Gruß. Ich weiß nicht, ob sie es jemals getan hat, aber sie fragte meinen Vater danach, der sehr wütend wurde. Ein anderes Mal klaute ein Junge seinem Vater ein paar Patronen vom Kaliber .22 und gab mir einige davon. Diese Patronen haben ein hübsches Gewicht und sehen aus wie kleine Schmuckstücke. Ich bewahrte sie eine Weile auf, bis mir der Gedanke kam, ich könnte vielleicht deswegen Ärger kriegen. Also wickelte ich sie in Zeitungspapier, steckte sie in eine Tüte und warf sie in den Müll. Im Winter verbrannte meine Mutter manchmal Abfall im Kamin. Sie zündete die Tüte an, und kurz darauf flogen die Kugeln durchs Wohnzimmer. Das brachte mir neuen Ärger ein.

Einmal, als wir ein Badminton-Turnier hinter dem Haus der Smiths veranstalteten, hörten wir eine gigantische Explosion und rannten zur Straße. An deren Ende sahen wir Rauch aufsteigen. Wir gingen hin und trafen dort auf einen älteren Jungen namens Jody

Masters. Er hatte aus einem Rohr eine Rakete gebaut und sie versehentlich gezündet. Die Explosion hatte ihm den Fuß abgerissen. Seine Mutter, die gerade schwanger war, kam heraus und sah ihren Ältesten auf dem Boden liegen. Er versuchte aufzustehen, aber sein Fuß hing nur noch an den Sehnen und war von einer Pfütze aus Blut und abgebrannten Streichholzköpfen umgeben. Der Fuß konnte angenäht werden und kam wieder in Ordnung. Damals wurden in Boise wirklich verdammt viele Bomben gebaut.

Als ich die achte Klasse beendet hatte, zogen wir von Boise nach Alexandria, Virginia. Ich war unendlich traurig deswegen, es war das Ende einer Ära für mich. Mein Bruder hat recht: Es war der Moment, als die Musik aufhörte zu spielen. In den Sommerferien nach der neunten Klasse fuhr ich dann mit meiner Mutter, meiner Schwester und meinem Bruder im Zug zu Besuch nach Boise.

In diesem Sommer starb mein Großvater Lynch, und ich war der Letzte, der ihn lebend sah. Sein Bein war amputiert worden und nie richtig verheilt, weil die Arterien sich verhärtet hatten. Er wohnte in einem normalen Haus zusammen mit fünf oder sechs anderen Patienten, die betreut werden mussten. Meine Mutter und meine Großmutter besuchten ihn täglich, aber an diesem einen Tag hatten sie keine Zeit und baten mich, nach ihm zu sehen. Ich verbrachte den Tag im Schwimmbad, und irgendwann fiel mir ein, dass ich ihn ja besuchen sollte. Also lieh ich mir von einem Jungen ein Fahrrad und radelte zur Shoshone Street. Er saß in seinem Rollstuhl im Vorgarten, um frische Luft zu schnappen. Ich setzte mich zu ihm, und wir unterhielten uns richtig gut. Ich weiß nicht mehr, worüber. Kann sein, dass ich ihn über die alten Zeiten ausfragte. Manchmal saßen wir auch eine Weile schweigend da. Ich fand es schön, so bei ihm zu sitzen. Dann sagte er: »Na, Dave, dann geh ich jetzt wohl mal wieder rein.« Und ich sagte: »Okay, Großvater«, schwang mich aufs Fahrrad und fuhr davon. Im Wegfahren sah ich noch, wie die Schwester rauskam, um ihn zu holen, dann wurde mir die Sicht von einer grünen Garagenwand genommen.

Ich fuhr zu Carol Robinson. Ihr Cousin Jim Baratt hatte eine Bombe gebaut, so groß wie ein Basketball, die er jetzt in die Luft jagen wollte. Er setzte die Bombe auf den frisch gemähten Rasen im Garten. Das Gras roch wunderbar. Ich habe so was schon lange nicht mehr gerochen und frage mich, ob hier in L.A. überhaupt irgendwo Rasen gemäht wird. Wie auch immer, Jim nahm eine Waschschüssel aus Porzellan, die ungefähr fünfundvierzig Zentimeter Durchmesser hatte, und setzte sie auf die Bombe. Dann zündete er das Ding, worauf die Schüssel mehr als sechzig Meter weit durch die Luft flog. Dreck spritzte in alle Richtungen. Rauch stieg ein paar Meter hoch auf. Es sah großartig aus.

Nach einer Weile hörte ich Sirenen und bekam Angst vor der Polizei. Also fuhr ich schnell zum Schwimmbad, um dem Jungen das geliehene Fahrrad zurückzugeben. Als ich kurz darauf vor dem Haus meiner Großeltern ankam, stand meine Mutter vor der Tür. Sie lief aufs Auto zu, sah mich und gestikulierte. Ich rannte zu ihr und fragte, was los sei. Sie antwortete: »Dein Großvater.« Ich fuhr sie in Windeseile zum Krankenhaus, in das sie ihn gebracht hatten, parkte in der zweiten Reihe, und meine Mutter ging rein. Eine Viertelstunde später kam sie wieder heraus. Ich wusste sofort, dass etwas passiert war. Sie stieg ein und sagte: »Dein Großvater ist tot.«

Fünfzehn Minuten bevor es passierte, war ich noch bei ihm gewesen. Als er sagte: »Na, Dave, dann geh ich jetzt wohl mal wieder rein«, hatte er anscheinend gemerkt, dass etwas mit ihm nicht stimmte, aber er wollte es mir gegenüber nicht zugeben. Am Abend saß ich bei meiner Großmutter, und sie wollte ganz genau wissen, worüber wir gesprochen hatten. Später, als ich zwei und zwei zusammenzählte, wurde mir klar, dass die Sirenen nichts mit der Bombe zu tun gehabt hatten, sondern dass es der Krankenwagen für meinen Großvater gewesen war. Ich mochte meine Großeltern sehr gern, alle vier, und er war der erste von ihnen, den ich verlor. Sein Tod hat mich schwer getroffen.

Viel später, 1992, kehrte ich noch mal nach Boise zurück, um Nachforschungen über ein Mädchen anzustellen, das in den Siebzigern

Selbstmord begangen hatte. Allerdings fing die Geschichte schon viel früher an. Als ich nach der achten Klasse aus Boise wegzog, war ich mit Jane Johnson zusammen. Die neunte Klasse war meine schlimmste Zeit, also schrieb ich ihr oft, und die Beziehung blieb intakt. Als wir dann im darauffolgenden Sommer nach Boise zurückkehrten, trennten wir uns schon nach zwei Wochen. Während meines Aufenthalts fing ich was mit einem anderen Mädchen an, und als ich wieder in Alexandria war, schrieb ich ihr. Wir schrieben uns jahrelang, und damals waren Briefe wirklich umfangreich.

Im Sommer nach meinem Highschool-Abschluss fuhr ich mit dem Greyhound-Bus zu meiner Oma. Der Bus hatte einen starken Motor, der viel Lärm machte, und der Fahrer fuhr mit siebzig bis achtzig Meilen über die zweispurigen Landstraßen. Der größte Teil der Strecke führte durch Steppengebiet. Ich erinnere mich an einen Mann im Bus, der wie ein Cowboy aussah. Er hatte einen Cowboyhut auf, jede Menge Schweißflecken, und sein ledriges Gesicht war von tiefen Furchen durchzogen. Er hatte stahlblaue Augen und schaute die ganze Fahrt über aus dem Fenster. Ein Cowboy vom alten Schlag. In Boise angekommen, ging ich zum Haus meiner Großmutter, die jetzt mit Mrs. Foudray zusammenwohnte. Die alten Damen waren ganz vernarrt in mich, weil ich so hübsch war. Es war toll.

Meine Großmutter gab mir ihren Wagen, und ich fuhr zu diesem luxuriösen Hotel, wo das Mädchen arbeitete, dem ich immer schrieb. Das Gebäude war irgendwie fremdartig und düster, und sie arbeitete an der Eisbar. Ich fragte sie, ob sie mit mir am Abend ins Drive-in fahren wollte. Sie war einverstanden. Damals gab es überall solche Drive-in-Kinos, es war großartig. Also fuhren wir hin und fingen an zu knutschen. Sie erzählte mir einiges von sich, und ich merkte, dass sie ganz schön schräg drauf war. Nach mir hatte sie recht eigenartige Freunde, wahrscheinlich weil die normalen Jungs Angst vor ihr hatten. Ich weiß noch, wie sie zu mir sagte: »Die meisten Leute wissen überhaupt nicht, was sie im Leben tun wollen. Du hast wirklich

Glück, dass du weißt, was du tun willst.« Ich glaube, ihr Leben lief damals schon aus dem Ruder.

Wir schrieben uns weiterhin – tatsächlich schrieb ich ihr und zwei weiteren Mädchen sogar noch, als ich Peggy geheiratet hatte. Ich hatte jahrelang drei Brieffreundinnen, und eines Tages sagte Peggy zu mir: »David, du bist jetzt verheiratet, du musst aufhören, diesen Mädchen zu schreiben.« Peggy war nicht besonders eifersüchtig, aber sie bestand darauf: »Schreib ihnen einen netten Brief, dann werden sie es schon verstehen.« Als wäre ich ein kleiner Junge. Ich hörte auf, ihnen zu schreiben.

Viele Jahre später, 1991, als ich gerade *Twin Peaks – Der Film* drehte, ging ich in der Mittagspause immer in meinen Wohnwagen, um zu meditieren. Einmal, als ich gerade fertig war und die Tür öffnete, sagte jemand vom Filmteam: »Da ist ein Mann namens Dick Hamm, der behauptet, dich zu kennen.« Ich konnte das kaum glauben. Ich war mit ihm zur Grundschule gegangen und hatte ihn seit Jahrzehnten nicht mehr gesehen. Er war mit seiner Frau aus New York City gekommen, und ich freute mich, ihn zu sehen. Ich fragte ihn, ob er was von dem Mädchen gehört hätte, mit dem ich im Drive-in war. Er sagte, sie sei tot. »Ist in den Kanal gesprungen und hat sich umgebracht.« Ich fragte mich, was dahintersteckte. Was war mit ihr geschehen? Nach der Fertigstellung des Films fuhr ich nach Boise, um das herauszufinden. Ich recherchierte in der Bibliothek, las Zeitungsartikel über den Vorfall und den Polizeibericht.

Sie hatte einen älteren Mann geheiratet, den ihr Bruder und ihr Vater ablehnten. Und sie hatte eine Affäre mit einem prominenten Bürger der Stadt gehabt. An einem Freitagabend machte dieser Mann mit ihr Schluss. Sie war völlig verzweifelt. Sie konnte ihre Traurigkeit nicht verbergen, also ahnte ihr Ehemann womöglich etwas. Am folgenden Sonntag veranstaltete ein Nachbar einen Brunch, und sie und ihr Mann gingen separat hin. Es heißt, ihr Ehemann sei irgendwann nach Hause gegangen. Kurz darauf sei sie ebenfalls heimgekommen, habe einen Revolver vom Kaliber .22 aus dem Schlafzimmer geholt und sei in die Waschküche gegangen. Dort habe sie sich die Waffe an die Brust gesetzt und abgedrückt. Dann sei sie aus dem Haus getaumelt und auf dem Rasen zusammengebrochen. Ich fragte mich, wieso sie nach draußen gerannt war, wenn sie doch Selbstmord verüben wollte.

Was die Polizei betrifft, so vermute ich, dass sie einen Wink von dem Mann bekam, mit dem sie eine Affäre hatte: Das ist eindeutig Selbstmord, stochert nicht zu tief drin herum, sonst komme ich in Schwierigkeiten. Macht keinen Quatsch, Jungs, kehrt es einfach unter den Teppich. Ich ging dann zur Polizeidienststelle und versuchte sie auszutricksen: »Ich suche nach einer Story für einen Film. Haben hier in der Gegend irgendwelche Mädchen Selbstmord begangen?« Aber es funktionierte nicht, weil sie diese Geschichte niemals erwähnen würden. Zwar bekam ich die Genehmigung, ein Foto vom Tatort anzusehen, und füllte eine Menge Formulare aus, die ich einreichte. Aber plötzlich hieß es dann: »Tut uns leid, die Unterlagen aus diesem Jahr wurden vernichtet.« Ich kannte dieses Mädchen seit meiner Kindheit, und ich kann mir nicht erklären, warum ihr Leben sich so entwickelt hat.

Aber ich weiß, dass vieles von dem, was uns ausmacht, schon feststeht, wenn wir auf die Welt kommen. Wir sind schon mehr als einmal hier gewesen und wiedergeboren worden. Ein Naturgesetz lautet: Du erntest, was du gesät hast. Wenn wir in ein Leben eintreten, werden wir irgendwann auch von unserer Vergangenheit heimgesucht. Stellen Sie sich einen Baseball vor, den Sie weggeschlagen haben. Er kommt erst wieder zurück, wenn er gegen etwas geprallt ist. Je mehr leeren Raum es gibt, umso länger dauert es, aber irgendwann kommt er zu dem zurück, der ihn in Bewegung gesetzt hat.

Ich glaube, das Schicksal spielt eine große Rolle in unserem Leben, denn es gibt keine Erklärung dafür, warum bestimmte Dinge passieren und andere nicht. Wie kam es, dass ich ein Stipendium für unabhängige Filmemacher erhielt und das Center for Advanced Film Studies im American Film Institute besuchen konnte? Wieso begegnet man bestimmten Personen und verliebt sich in sie? Warum lernt man viele andere Leute nie kennen? Vieles ist schon festgelegt, und obwohl Eltern und Freunde einen gewissen Einfluss ausüben, ist man doch von Beginn an der, der man ist. Meine Kinder sind alle sehr verschieden und kamen schon als kleine Persönlichkeiten auf die Welt. Man lernt sie gut kennen und lieben, aber man hat nicht viel Einfluss darauf, welchen Weg sie einschlagen. Manche Dinge sind vorherbestimmt. Aber auch Kindheitserlebnisse prägen den Menschen, und meine Jugend in Boise war sehr wichtig für mich.

Der letzte Abend in Boise im August 1960. Zwischen unserer Auffahrt und der von den Smiths lag ein dreieckiges Rasenstück. Mein Vater, mein Bruder, meine Schwester und ich standen auf diesem Rasen, um uns von den Nachbarjungen Mark, Denny, Randy und Greg zu verabschieden. Plötzlich kam Mr. Smith dazu, und ich sah, wie er mit meinen Vater sprach und seine Hand schüttelte. Ich sah zu und spürte den Ernst der Situation, die große Bedeutung dieses letzten Abends. In all den Jahren, in denen wir direkt neben den Smiths lebten, hatte ich kein einziges Mal unter vier Augen mit Mr. Smith gesprochen, aber jetzt kam er auf mich zu. Er gab mir die Hand zum Abschied. Wahrscheinlich sagte er so etwas wie »Wir werden dich vermissen, Dave«, aber ich hörte gar nicht hin. Mir kamen die Tränen. Ich merkte, wie wichtig die Familie Smith für mich war, und wie wichtig alle meine Freunde in Boise waren. Ich spürte, wie tief diese Verbundenheit ging. Es war mehr als nur Traurigkeit. Und dann sah ich die Dunkelheit des Unbekannten, das mich am nächsten Tag erwarten würde. Ich schaute Mr. Smith durch einen Tränenschleier an und brachte kein Wort heraus. Es war definitiv das Ende eines goldenen Zeitalters.

The Art Life

KÜNSTLERLEBEN

Alexandria war völlig anders. Größer und nur sieben Meilen von Washington, D.C. entfernt, gehörte es zum Einzugsgebiet der Hauptstadt. Hier wohnten Tausende von Regierungsangestellten. In den frühen Sechzigern hatte Alexandria fünfmal so viele Einwohner wie Boise, aber Lynch schien nicht besonders beeindruckt zu sein von der großen Welt, in die er hier eintrat. »Nach allem, was ich hörte, war David auf der Highschool so was wie ein Star und bei allen sehr beliebt«, sagt Peggy Reavey. »Das war wohl von Anfang an der Fall.«

Welchen Kurs Lynch in seinem weiteren Leben einschlagen würde, entschied sich, als er sich mit Toby Keeler anfreundete. »Ich lernte David auf dem Rasen im Vorgarten seiner Freundin Linda Styles kennen. Dabei war ich zunächst einmal von ihr und weniger von ihm beeindruckt«, sagt Keeler, der sich sofort daranmachte, ihm das Mädchen auszuspannen. »David lebte in einem anderen Viertel. Da man in Alexandria aber schon mit fünfzehn Jahren Auto fahren durfte, kam er immer mit dem Wagen seiner Eltern zu ihr, einem Chevy Impala mit Seitenflügeln. Ich konnte ihn auf Anhieb gut leiden. Er war einer der nettesten Menschen auf diesem Planeten. Wir haben jahrelang Witze darüber gemacht, dass ich ihm die Freundin ausgespannt habe. Wir waren Mitglieder einer Burschenschaft, deren geheimer Code ›Vertrauen bis in den Tod‹ lautete.

Trotzdem war David nicht der Typ, der ständig auf Burschenschaftspartys ging.«[1]

Lynch und Keeler wurden gute Freunde. Den entscheidenden Einfluss übte Tobys Vater Bushnell Keeler aus. »Bush machte großen Eindruck auf David, denn er hatte den Mut besessen, alles aufzugeben, um sich ein Atelier einzurichten und sein Leben der Kunst zu widmen«, berichtet Toby Keeler. »David sagte einmal, in seinem Kopf sei eine Bombe explodiert, als er hörte, was Bushnell beruflich machte. ›Sie sind Künstler? So was geht?‹«

Bushnells jüngerer Bruder David erinnert sich an seinen Bruder als »einen Menschen mit großen Stimmungsschwankungen. Er hatte am Dartmouth College einen Abschluss in Betriebswirtschaft gemacht und ein Mädchen aus einer wohlhabenden Familie aus Cleveland geheiratet. Er stieg als Nachwuchsführungskraft in die Berufswelt ein und hatte Erfolg, aber er mochte es nicht. Also zog er mit seiner Familie nach Alexandria, um weiterzustudieren und eine diplomatische Karriere anzustreben. Nach zwei Jahren merkte er, dass ihm das auch nicht gefiel. Er hatte etwas Rebellisches an sich, provozierte gern und nahm mal Beruhigungsmittel, mal Aufputschmittel, was auch nicht half. Schließlich wurde ihm klar, dass er Künstler werden musste, und das tat er dann auch. Seine Ehe überlebte diese Entscheidung nicht«.

»Bushnell hatte etwas erkannt, was sonst niemand ahnte, nämlich, dass David wirklich und ernsthaft ein Künstler werden wollte«, fährt David Keeler fort. »Er sah, dass David in einem Stadium war, in dem er neue Anregungen brauchte. Und die bekam er offenbar nicht von seinen Eltern. Bush war voll und ganz auf seiner Seite. David war oft bei ihm zu Gast und bekam sogar einen Platz in seinem Atelier zum Arbeiten.«[2]

Lynchs Begeisterung für die Kunst nahm zu, als er im ersten Jahr an der Highschool Jack Fisk kennenlernte. Die Freundschaft zwischen David und dem mittlerweile hochangesehenen Filmausstatter und Regisseur dauert bis zum heutigen Tag an. Fisk, der damals den Namen Jhon Luton trug, war ein großer, gut aussehender Junge. Er stammte aus Canton, Illinois und war das mittlere von drei Kindern. Seine Schwester Susan war vier Jahre älter, seine Schwester Mary ein Jahr jünger als er. Nachdem Fisks Vater bei einem Flugzeugabsturz ums Leben gekommen war, heiratete seine Mutter Charles Luton, der Fertigungsanlagen baute, weshalb die Familie öfter umziehen musste. (Später nahmen Fisk und seine Schwester Mary wieder ihren Geburtsnamen an.) Fisk ging als Junge auf eine katholische Militärschule. Die Familie lebte unter anderem in Kalamazoo, Michigan, in Richmond, Virginia und im pakistanischen Lahore. Als Fisk vierzehn Jahre alt war, ließen sie sich in Alexandria nieder.

»David und ich kamen zusammen, weil wir uns für Malerei interessierten«, sagt Fisk. »Ich erinnere mich noch, wie er im Eingangsbereich des Schulgebäudes stand und sich vorstellte. Er erzählte mir, er sei schon im zweiten Jahr. Aber ich wusste, dass er noch in der ersten Klasse war. Wir amüsieren uns heute noch darüber, dass er mich damals angelogen hat. Ich hatte einen Job im Soda-Ausschank in Herter's Drug Store. Er bewarb sich als Fahrer und lieferte dann mit einem Jeep Medikamente aus.«[3]

Dank dieses Jobs kam Lynch überall in der Stadt herum. Dabei fiel er durchaus auf. Der Künstler Clark Fox, der mit Lynch auf die Highschool ging, erinnert sich: »Ich trug damals Zeitungen aus, und ungefähr zwei Jahre, bevor wir uns kennenlernten, sah ich diesen Typen mit kleinen Tütchen in der Hand, der an Haustüren klopfte. Er passte nirgendwo hin. Wenn man damals lange Haare hatte, war es nicht einfach. David hatte besonders lange Haare und kam trotzdem nie in Schwierigkeiten. Er war sehr blass und trug immer Sakko und Krawatte, wenn er für den Drugstore arbeitete. Er stach ziemlich heraus.«[4]

Fisk hatte eine sehr turbulente Kindheit gehabt, im Gegensatz zu Lynch. Sie hatten ganz verschiedene Temperamente, aber sie begeisterten sich beide für Kunst. Das führte sie zusammen. »Da ich ziemlich oft umziehen musste, war ich eher ein Einzelgänger. Aber zu David fand man schnell einen Draht. Alle mochten ihn«, sagt Fisk. »Wenn David etwas sagt, dann will man zuhören. So war es immer schon. Er war auch von Anfang an ein Exzentriker. Wir gingen auf eine konservative Schule mit Burschenschaften. Jeder war in so einer Vereinigung, ich allerdings nicht. Alle Jungs trugen Baumwollhemden mit Madrasmuster und Khakihosen. David bewarb sich damals für das Amt des Schulschatzmeisters. Sein Werbeslogan war ›Save with Dave‹. Auf der Versammlung, wo die Kandidaten sich vorstellten, trug er einen Seersucker-Anzug und Tennisschuhe. Das mag heute vielleicht normal wirken, aber damals wäre es niemandem im Traum eingefallen, Tennisschuhe zu einem Anzug zu tragen.«

Lynch gewann die Wahl und wurde Schatzmeister. Aber ungefähr zur gleichen Zeit begann seine Begeisterung für die Malerei, alles andere in seinem Leben zu überschatten. »Er hatte bald kein Interesse mehr an solchen Posten«, erinnert sich Fisk. »Ich weiß nicht, ob er abgesetzt wurde oder zurücktrat, jedenfalls war er nicht lange im Amt.«

Rebellion ist eine typische Erscheinung des Teenageralters. Doch Lynchs Aufsässigkeit war anders, denn er rebellierte nicht aus Prinzip, sondern weil er etwas außerhalb der Schule entdeckt hatte, das ihm wichtiger war als alles andere. »Es war damals ziemlich ungewöhnlich, dass jemand in Davids Alter sich für Ölmalerei interessierte«, sagt John Lynch. »Unsere Eltern waren deswegen völlig aufgelöst. In der neunten Klasse begann er, aufsässig zu werden. Zwar geriet er nie in echte Schwierigkeiten, wenn er auf Partys ging oder sich mit anderen zum Trinken traf, aber im ersten Jahr in Alexandria schlich er sich manchmal von zu Hause weg und wurde aufgegriffen. Und dann war da noch die Sache mit dem Essen. Meine Mutter kochte die üblichen Sachen, aber für David war das alles zu normal. Er sagte: ›Euer Essen ist zu ordentlich!‹ In Boise hatte David sich ernsthaft bei den Pfadfindern engagiert, aber als wir nach Virginia zogen, war er plötzlich dagegen. Mein Vater überredete ihn, weiterzumachen, um den Rang eines Eagle Scouts zu erreichen. David tat es wohl vor allem ihm zuliebe.«

Lynch verabschiedete sich an seinem fünfzehnten Geburtstag endgültig von den Pfadfindern. Vorher wurde er gemeinsam mit einer Handvoll anderer Eagle Scouts dazu auserwählt, der Amtseinführung von John F. Kennedy beizuwohnen. Er erinnert sich noch, wie Kennedy, Dwight Eisenhower, Lyndon B. Johnson und Richard Nixon in Limousinen direkt vor ihm vorbeifuhren.

Das war zweifellos beeindruckend, aber Lynch dachte über ganz andere Dinge nach, wie Martha Levacy erzählt: »Kurz nachdem wir nach Alexandria gezogen waren, wollte David nur noch malen, und ich war die Vermittlerin im Konflikt mit unseren Eltern. Ich sprach mit ihm über das, was ihnen Sorgen machte, und übermittelte seine Sichtweise, um auf diese Weise für Frieden zu sorgen. Unsere Eltern waren sehr umgänglich. David ließ es nie an Respekt vermissen, sodass es keine schlimmen Auseinandersetzungen gab. Aber sie waren unterschiedlicher Ansicht«.

Seine Cousine Elena Zegarelli beschreibt Lynchs Eltern als »sehr schlichte, konservative und religiöse Menschen. Sunny war eine hübsche Frau mit einer sanften, wohlklingenden Stimme, aber sie war sehr streng. Ich weiß noch, wie wir mit der ganzen Familie in einem Restaurant in Brooklyn saßen und den Geburtstag unserer Urgroßmutter Hermina feierten. David war damals sechzehn, alle tranken Wein und waren in Feierlaune. Seine Mutter aber verbot ihm, Wein zu trinken. Wenn man sich Davids Arbeiten anschaut, kann man kaum glauben, dass er aus so einer Familie kommt. Ich vermute, dass es genau diese Spießigkeit war, die ihn dazu brachte, in eine andere Richtung zu gehen.«

Trotz der Widerstände, auf die er zu Hause stieß, verfolgte Lynch seinen Plan. »Als wir uns kennenlernten, hatte David schon einen Raum bei Bushnell Keeler gemietet«, erinnert sich Fisk. »Er fragte mich, ob ich das Atelier mit ihm teilen wollte. Es war ziemlich klein, aber ich nahm das Angebot an. Es kostete ungefähr fünfundzwanzig Dollar pro Monat. Ab und zu kam Bushnell herein und sah sich unsere Arbeit an. Bushnell hatte David mit dem Buch *The Art Spirit* (dt.: »*The Art Spirit. Der Weg zur Kunst*«) von Robert Henri bekannt gemacht. David zeigte es mir, las daraus vor, und wir diskutierten darüber. Es war großartig, sich mit den Ideen dieses Malers zu beschäftigen. Plötzlich fühlte man sich nicht mehr so allein. Durch Henris Buch lernten wir Künstler wie Van Gogh und Modigliani kennen sowie andere französische Maler der Zwanzigerjahre, die wir spannend fanden.«

Robert Henri, Mitbegründer und einflussreiches Mitglied der Ashcan School of American Art, forderte einen harten, ungeschminkten Realismus und wurde von seinen Schülern, darunter Edward Hopper, George Bellows und Stuart Davis, verehrt. Sein 1923 veröffentlichtes Buch ist eine konzentrierte Zusammenfassung seiner Lehren und hatte großen Einfluss auf Lynch. Die Sprache wirkt heute etwas angestaubt, aber die Leidenschaft, die sich darin ausdrückt, ist zeitlos. Es ist ein bemerkenswertes Buch mit einer ganz einfachen Botschaft: Erlaube dir, dich so frei und vollständig wie möglich auszudrücken, vertraue darauf, dass es sich lohnt, und glaube daran, dass du es tun kannst.

Im Frühjahr 1962, als er sechzehn Jahre alt war, entschied David, dass es an der Zeit war, bei Bushnell Keeler auszuziehen, um sich ein eigenes Atelier einzurichten. Seine Eltern waren einverstanden und gaben etwas für die Miete dazu. »Das hat sie große Überwindung gekostet«, sagt Levacy. Und John Lynch erinnert sich: »Bushnell erklärte unseren Eltern, dass David ein eigenes Studio brauchte, und sagte: ›David meint es ernst. Er wird das Studio nutzen, um ernsthaft zu malen.‹ David suchte sich einen Job, damit er seinen Anteil bezahlen konnte. Die Räume waren recht günstig. Damals war das Old Town genannte Viertel in Alexandria ziemlich heruntergekommen (heute ist es eine hochpreisige Gegend mit teuren Boutiquen und Coffeeshops). Dort gab es Straßenzüge mit zweihundert

Jahre alten, heruntergekommenen Backsteinhäusern. Der Raum, den David und Jack mieteten, befand sich in einem besonders maroden Gebäude. Sie hatten einen Loft im zweiten Stock, den man über schmale, knarrende Stufen erreichte. Ab und zu wurden dort auch Partys veranstaltet. Doch die beiden nutzten den Raum wirklich als Atelier. David ging jeden Abend dorthin und blieb bis spät in die Nacht. Ansonsten hatte er Ausgehverbot, und es gab einen elektrischen Wecker, dessen Stecker er herausziehen sollte, wenn er nach Hause kam, damit unsere Eltern wussten, wie spät es gewesen war. Trotzdem hatte er immer Schwierigkeiten, morgens aus dem Bett zu kommen, und Dad musste manchmal einen nassen Waschlappen zu Hilfe nehmen. David hasste das.«

Während ihrer Zeit an der Highschool nahmen Fisk und Lynch an Seminaren der Corcoran School of Art in Washington, D.C. teil und entfremdeten sich immer mehr von ihrer Schule. »In meinem Zeugnis stand, dass ich den Kunstunterricht versäumt hätte. Und ich glaube, David hatte auch schlechte Noten in Kunst, dabei malten wir die ganze Zeit«, sagt Fisk. »Wir hatten viele verschiedene Ateliers. Ich erinnere mich noch an das in der Cameron Street, wo es uns gelang, das gesamte Gebäude zu mieten. Einen Raum strichen wir schwarz an. Dorthin gingen wir, um nachzudenken. Als ich David kennenlernte, malte er Straßenszenen aus Paris mit Temperafarbe auf Karton, die sehr hübsch waren. Eines Tages kam er dann mit einem Ölgemälde an, auf dem ein Schiff im Hafen zu sehen war. Er trug die Farbe damals sehr dick auf, und eine Motte war dagegengeflogen und festgeklebt. Mit ihren zappelnden Flügeln hatte sie ein hübsches Muster in den Himmel gemalt. Ich weiß noch, wie begeistert er war, dass der Tod sich in seinem Bild verewigt hatte.«

»Stilistisch gingen wir beide in verschiedene Richtungen«, fährt Fisk fort. »Aber wir spornten uns gegenseitig an. Meine Arbeiten wurden immer abstrakter, und Davids Gemälde immer düsterer. Er malte nächtliche Hafenszenen, sterbende Tiere, sehr bedrückende Bilder. Dabei war er immer fröhlich und aufgeschlossen. Seine

Faszination für die dunklen Dinge des Lebens ist eins der Rätsel, die er uns aufgibt.«

Lynchs Eltern verstanden das alles nicht. »David konnte das Kapitol mit allen Details zeichnen, er machte Zeichnungen von den Häusern unserer Großeltern, die perfekt waren«, sagte Levacy. »Ich weiß noch, wie meine Mutter sagte: ›Warum malst du nicht mal etwas, das schön aussieht, so wie früher?‹« Lynch fand den Mut, sich der Normalität zu widersetzen. Das brachte ihn zu Hause in Schwierigkeiten. Manches an ihm änderte sich jedoch nicht. Lynch ist von Grund auf ein freundlicher Mensch, was sich zum Beispiel im Verhältnis zu seinem jüngeren Bruder zeigte. »Als Schüler teilte ich mir mit David ein Zimmer. Wir stritten uns ab und zu, aber er half mir auch«, erzählt John Lynch. »Er war sehr beliebt, und anstatt sich für seinen kleinen Bruder zu schämen, nahm er mich mit, damit ich seine Freunde kennenlernte. Meine Freunde schlossen sich dann ihrer Clique an, jedenfalls die, die auch etwas eigen waren.«

In den Sechzigerjahren, als Lynch ein Teenager war, erlebte der amerikanische Film eine ziemliche Flaute. Die sozialen Umbrüche, die dem US-Kino neues Leben einhauchen sollten, standen noch bevor. Die Studios produzierten vor allem romantische Komödien mit Doris Day, Musicals mit Elvis Presley oder aufgedonnerte Historienschinken. Aber es war auch die große Zeit des ausländischen Films: Man konnte die Meisterwerke von Regisseuren wie Pier Paolo Pasolini, Roman Polanski, Federico Fellini, Michelangelo Antonioni, Luis Buñuel, Alfred Hitchcock, Jean-Luc Godard, François Truffaut und Ingmar Bergman sehen. Stanley Kubrick war einer der wenigen amerikanischen Filmemacher, die neues Terrain eroberten. Lynch hegt große Bewunderung für dessen Verfilmung von Vladimir Nabokovs Roman *Lolita*. Aber er erinnert sich auch noch gern an *Die Sommerinsel* von Delmer Daves mit Sandra Dee und Troy Donahue. Obwohl sein Bruder davon überzeugt ist, dass Lynch sich damals Filme von Bergman und Fellini ansah, kann David sich an keinen davon erinnern.

Lynchs wichtigste Freundin während seiner Zeit als Teenager war Judy Westerman. Sie wurden zum süßesten Pärchen der Schule gewählt. Es gibt ein Foto im Jahrbuch, wo die beiden auf einem Tandem sitzen. »David hatte eine richtig normale Freundin, aber er traf sich auch mit einigen der ›anrüchigeren‹ Mädchen«, sagt Clark Fox. »Von diesen ›tollen Tussis‹ hat er oft gesprochen. Auch wenn er sich nie in Details erging, war mir klar, dass sie ganz schön wild waren. Die wilde Seite des Lebens faszinierte ihn.«

Fisk erinnert sich, dass »David und Judy sich sehr nahestanden. Aber es war keine körperliche Beziehung. Er war kein Frauenheld, er war von ihnen fasziniert«. Als Lynch Fisks jüngere Schwester Mary kennenlernte, fühlten sie sich nicht sofort zueinander hingezogen, aber beide erinnern sich noch an ihr erstes Zusammentreffen. »Ich war vierzehn oder fünfzehn, als ich David zum ersten Mal sah«, erinnert sich Mary Fisk, die 1977 Davids zweite Frau wurde. »Ich saß im Wohnzimmer, und Jack kam mit David rein und sagte: ›Das ist meine Schwester Mary.‹ Wir hatten eine Messingvase, in der Zigaretten steckten. Ich glaube, das hat ihn ein bisschen schockiert, denn bei ihnen zu Hause durfte nicht geraucht werden. Ich weiß nicht, warum, aber aus irgendeinem Grund hat er mich immer mit Zigaretten in Zusammenhang gebracht – das hat er oft gesagt. David war damals mit Judy Westerman zusammen, aber er war in Nancy Briggs verliebt«, fährt Mary Fisk fort. »Ich verknallte mich im Sommer vor der achten Klasse in ihn und war total hingerissen – er hat eine besondere Begabung, Menschen für sich einzunehmen. Wir verabredeten uns ein paarmal, aber es war nichts Ernstes, weil wir beide mit anderen zusammen waren. Das war der Sommer, nachdem David und Jack die Highschool abgeschlossen hatten. Danach gingen wir alle verschiedener Wege.«[5]

Lynch machte im Juni 1964 seinen Highschool-Abschluss. Drei Monate später zog die Familie wegen der Arbeit seines Vaters nach Walnut Creek in Kalifornien. Lynch ging nach Boston an die Kunsthochschule. Gleichzeitig begann Jack Fisk sein Studium an der

Cooper Union, einer privaten Universität in Manhattan. Das war eine exzellente Schule und ist es immer noch – damals gehörten Ad Reinhardt und Josef Albers zu den Lehrenden –, aber Fisk hörte nach einem Jahr auf und ging nach Boston, um sich wieder mit Lynch zusammenzutun. »Ich war schockiert, als ich seine Wohnung betrat, denn sie war vollgestellt mit Gemälden, die alle ganz verschieden waren«, sagt Fisk. »Sie waren orange und schwarz, was für Davids Verhältnisse sehr hell war. Ich war beeindruckt, wie viel er geschaffen hatte. Ich weiß noch, wie ich dachte: ›Meine Güte, der hat ja echt gearbeitet.‹ Ein Grund war, dass er nicht zur Kunsthochschule ging, sondern zu Hause blieb. Den Unterricht empfand er als Ablenkung.«

Es ist interessant, Fisks und Lynchs Herangehensweise mit den Entwicklungen der damaligen Kunstszene von Manhattan zu vergleichen, in der zur gleichen Zeit bahnbrechende Dinge passierten. Die große Zeit des Abstrakten Expressionismus war vorbei. Das Ende der Moderne bot das Spielfeld für die Pop Art, die jetzt an vorderster Front stand und die Sichtweise auf die Kunstgeschichte entscheidend prägte. Robert Rauschenberg und Jasper Johns gingen neue Wege, um die Kluft zwischen Kunst und Alltagsleben zu überwinden. Konzeptualismus und Minimalismus waren auf dem Vormarsch. Von Boston war man mit dem Zug ziemlich schnell in Manhattan, wo Fisk wohnte. Aber für das, was außerhalb ihrer Ateliers passierte, hatten Fisk und Lynch nur marginales Interesse. Sie folgten weiterhin der Leitlinie von Robert Henri, anstatt *Artforum* zu lesen. Für sie war Kunst eine edle Verpflichtung, welche Disziplin, Einsamkeit und extremen Eigensinn verlangte. Der kühle Sarkasmus der Pop Art und die Cocktailpartys der New Yorker Kunstschickeria passten nicht zu ihrer Weltsicht. Sie waren Romantiker im ursprünglichen Sinn des Wortes und bewegten sich auf einer ganz anderen Flugbahn.

Am Ende des zweiten Semesters in Boston waren Lynchs Noten im Keller, und nachdem er in den Fächern »Skulptur« und »Design«

durchgefallen war, verließ er die Kunsthochschule. Boston zu verlassen war allerdings nicht so einfach. »Er hatte sein Apartment mit Ölfarbe ruiniert. Der Vermieter verlangte Schadensersatz, also engagierte mein Vater einen Anwalt, um einen Deal auszuhandeln«, berichtet John Lynch. »Dad hätte es nie ausgesprochen, aber er war sehr wütend, und ich glaube, auch sehr enttäuscht von David.«

Was nun? Der Bruder von Bushnell Keeler hatte ein Reisebüro in Boston und konnte Freiflüge für Fisk und Lynch organisieren. Im Gegenzug mussten sie eine Gruppe Mädchen am Flughafen in Empfang nehmen und zum Flugzeug bringen. Im Frühjahr 1965 flogen die beiden nach Europa, um an der Internationalen Sommerakademie für Bildende Kunst in Salzburg teilzunehmen, die in der Festung Hohensalzburg stattfand. Sie war als »Schule des Sehens« im Jahr 1953 von dem österreichischen Expressionisten Oskar Kokoschka gegründet worden, in der Stadt, die auch der Handlungsort des blitzsauberen Kino-Musicals *The Sound of Music* ist. Lynch erinnert sich: »Ich wusste ziemlich bald, dass ich dort nicht arbeiten wollte.« Sie kamen zwei Wochen vor Beginn der Sommerakademie in Salzburg an und konnten sich mit der Stadt überhaupt nicht anfreunden. Sie wussten dort nichts mit sich anzufangen. »Wir hatten zusammen ungefähr zweihundertfünfzig Dollar. David liebte Coca-Cola, die einen Dollar kostete, und Marlboro-Zigaretten, die pro Packung auch einen Dollar kosteten. Ich schaute mit Schrecken zu, wie unser Geld dahinschwand«, erzählt Fisk. Sie hielten zwei Wochen durch.

»Als ich wieder nach Hause kam, gab mir mein Stiefvater tausend Dollar, was damals sehr viel Geld war, und ich bewarb mich an der Pennsylvania Academy of the Fine Arts. Damals wurden viele zum Vietnamkrieg eingezogen, und wenn man Student war, konnte man einen Aufschub erwirken«, erzählt Fisk weiter. »Ich ging also nach Philadelphia, wurde aber nicht zugelassen, weil ich den Antrag zu spät eingereicht hatte. Ich bekam dann einen Job beim *Philadelphia Inquirer*, um Anzeigen für die Fernsehbeilage zu prüfen. Ein oder zwei Wochen später weitete Präsident Johnson den Krieg aus, und es wurden noch mehr Leute eingezogen. Da meldete sich die Kunsthochschule bei mir und nahm mich doch an. Ich mietete ein kleines Zimmer für dreißig Dollar an der Twenty-first, Ecke Cherry Street.«

Für Lynch war es nicht so einfach. »Seine Eltern waren wütend, weil er nicht studierte. Sie erklärten ihm, er sei nun auf sich allein gestellt«, erinnert sich Peggy Reavey. »Er verbrachte den Rest des Jahres 1965 in Alexandria und hielt sich mit schlechten Jobs über Wasser. Es war ziemlich hart für ihn. Ich glaube, das war der Zeitpunkt, als er eingezogen werden sollte. Er kam aber irgendwie darum herum, ich glaube wegen Magenproblemen. Er hatte ziemlich oft Magenprobleme, als er jung war.« (Tatsächlich war es ein Rückenleiden, das ihn vor dem Militärdienst bewahrte.)

Als Lynch aus Europa zurückkehrte und wieder nach Alexandria ging, nahmen die Keelers ihn auf. Er machte sich ein bisschen im Haushalt nützlich und strich unter anderem das Badezimmer im ersten Stock, wofür er »eine Ewigkeit brauchte«, wie Toby Keeler erzählt. »Er benutzte einen drei Zentimeter breiten Pinsel. Ein winziges Pinselchen. Er brauchte drei Tage für das Bad, vermutlich einen Tag allein für den Heizkörper! Er pinselte jede Ritze aus und strich das Ding wahrscheinlich penibler an, als es im Neuzustand ausgesehen hatte. Er brauchte eine Ewigkeit! Meine Mutter muss noch heute lachen, wenn sie an David und das Badezimmer denkt.«[6] Eines Abends, als die Keelers Gäste zum Abendessen hatten, erklärte Bushnell: »David hat sich entschlossen auszuziehen und will sich eine eigene Wohnung suchen.« Lynch wusste bis dahin noch gar nichts davon, aber Keeler war der Meinung, er sollte auf eigenen Füßen stehen und sich mit Gleichgesinnten zusammenschließen.

»David verschlang alles an Kunst, was er finden konnte«, sagt David Keeler. »Und er schien immer gut gelaunt zu sein. Er benutzte schräge Begriffe wie ›nifty‹ (schick). Sein Lieblingsausdruck war ›swingin' enough‹ (genau so läuft's). Wenn Bush ihm vorschlug, dies oder das auszuprobieren, dann sagte David: ›Okay, genau so läuft's, Bushnell!‹ Trotzdem glaube ich, dass er damals ziemlich orientierungslos war. Er musste dringend Geld verdienen, um die Miete für seine neue Wohnung bezahlen zu können. Also verschaffte ich ihm einen Job als Blaupausen-Kopierer in einer Baufirma, wo ich als technischer Zeichner arbeitete. David arbeitete ganz allein im Blaupausenraum und experimentierte gern mit den Materialien. Ab und zu kam er zu meinem Schreibtisch und sagte: ›Hey, Dave! Was hältst du davon? Schau dir das mal an!‹ Er verbrachte sehr viel Zeit mit anderen Dingen als seiner Arbeit. Ich weiß gar nicht mehr, wer von uns beiden zuerst gefeuert wurde. Es war auch sehr schwer, David morgens aus dem Bett zu kriegen«, fährt Keeler fort. »Auf dem Weg zur Arbeit ging ich immer bei ihm vorbei und rief zu seinem Fenster hoch: ›Lynch! Steh auf! Du kommst zu spät!‹ Er wohnte in einem Haus, das einem Mann namens Michelangelo Aloca gehörte. Er war doppelseitig gelähmt, ein riesiger Kerl, sehr kräftig, mit einem einschüchternden Blick.«

Nachdem er seinen Job bei der Baufirma verloren hatte, wurde Lynch von Aloca engagiert, um in seinem Laden für Bilderrahmen zu arbeiten. Diesen Job verlor er, als er einen der Rahmen zerkratzte. Dann gab Aloca ihm den Posten des Hausmeisters. Er machte das Beste daraus, aber es war eine schwierige Zeit, und Lynch war froh, als er erneut Fisk über den Weg lief. »Eines Tages fuhr ich nach Alexandria und traf auf David, der in einer Kunsthandlung den Boden fegte. David ist ein großer Kehrmeister«, sagt Fisk. »Er fegt immer noch gern und ist stolz darauf. Damals allerdings wurde er sehr schlecht bezahlt. Er wohnte in einem Apartment, das mit billigen Sachen sehr schön dekoriert war – ich erinnere mich noch an seine orangefarbenen Vorhänge. Aber sein Leben stagnierte. Ich schlug ihm vor, mit nach Philly zu kommen. Dort schaute er sich die Kunstakademie an und schrieb sich ein.«

Lynch zog Ende des Jahres nach Philadelphia und ließ Alexandria hinter sich, aber nicht ohne Spuren zu hinterlassen. Fisks Mutter war die Verwalterin des Hauses, in dem die Familie Lynch gewohnt hatte. Dort hatte er in seinem Zimmer die Decke bemalt. »Nachdem sie ausgezogen waren, gab es große Probleme, dieses Deckengemälde zu übermalen«, berichtet sie. »David hatte Preußischblau verwendet, eine seiner Lieblingsfarben, und die kam immer wieder durch.«

Das Jahr in der neunten Klasse war das Schlimmste meines Lebens. Meine Freunde in Boise fehlten mir, die Atmosphäre, das Licht und der Geruch. Virginia kam mir sehr düster vor. Die Natur außerhalb der Stadt gefiel mir überhaupt nicht, die Wälder waren völlig anders als die in der Nähe von Boise. Außerdem tat ich mich mit einigen ziemlich üblen Typen zusammen. Einer von ihnen, der Anführer, verhielt sich eher wie ein Erwachsener. Er war ein Charmeur und sah aus wie der junge Rock Hudson. Er klaute das Auto eines Nachbarn, lud ein paar Leute ein und fuhr dann mit uns um zwei oder drei Uhr morgens mit hundertzwanzig Meilen pro Stunde nach Washington, D.C., wo wir in irgendwelche Kramläden und Kneipen gingen. Ich fühlte mich von diesem Typen angezogen, weil ich mein eigenes Leben nicht mochte. Ich fand es spannend, abseitige Dinge zu tun. Es gefiel mir und auch wieder nicht. Eines Tages kam er zu uns nach Hause, mit einer Zigarette hinter dem Ohr und einem Päckchen im aufgerollten Ärmel seines T-Shirts. Als meine Eltern ihn sahen, waren sie nicht gerade glücklich. Sie dachten wahrscheinlich: Der arme Dave ist auf die schiefe Bahn geraten ...

Dieser Typ hatte viele Freundinnen, und ich glaube, dass er die Schule abgebrochen hatte. Nach der neunten Klasse verbrachte ich die Sommerferien in Boise. Als ich wieder nach Alexandria zurückkam, war er fort. Eines Tages um die Mittagszeit ging ich raus auf den Parkplatz, wahrscheinlich zur Raucherecke. Da fuhr er in einem schicken Cabriolet vorbei, neben sich ein Mädchen. Es sah perfekt aus. Mr. Cool hatte alles im Griff. Ich habe keine Ahnung, was aus ihm geworden ist.

Mein Schlafzimmer lag im ersten Stock und hatte ein Fenster zum Innenhof. Von dort konnte ich runterklettern und mich nachts davonstehlen. Aber am nächsten Tag musste ich natürlich zur Schule. Einmal kam ich morgens zurück, legte mich hin, und schon ging der Wecker los. Es war idiotisch, und meine Eltern wussten auch, dass ich mich nachts wegschlich, aber sie hatten keine Ahnung, was ich machte. Ich war nicht total wild drauf, betrank mich aber ein paarmal ganz gewaltig. Einmal mit Gin, den ich in mich reinkippte, während ich den Mädchen erzählte, es sei Wasser. Ich landete dann in Russell Kefauvers Vorgarten. Dort wachte ich auf und sah einen Holzpfosten mit einer Nummer darauf. Ich starrte die Nummer an, merkte, dass ich auf dem Rücken in einem Vorgarten lag und dass es der von Russel war. Keine Ahnung, wie ich nach Hause kam.

Meine Eltern machten sich Sorgen um mich. Damals gab es in Zeitschriften diese Zeichen-Wettbewerbe. Man sollte einen bestimmten Gegenstand zeichnen. Ich wollte einfach mal ausprobieren, ob ich das konnte, und schickte das Ergebnis ein. Eines Abends tauchte ein Mann bei uns auf und erzählte meinen Eltern, meine Zeichnung sei so gut, dass ich ein Stipendium gewonnen hätte. Ich war oben in meinem Zimmer und hörte, wie sie sich mit dem Mann unterhielten. Das war irgendwie nett. Sie wollten mir helfen, mein Leben in den Griff zu bekommen.

In meiner Jugend glaubte ich auf meine eigene Art an Gott. Ich dachte nicht viel darüber nach, aber ich wusste, dass da etwas war, das die Sache am Laufen hielt. An einem Sonntagmorgen, als ich vierzehn war, entschied ich, dass es mir nichts brachte, in die Kirche zu gehen. Im Rückblick weiß ich, dass ich da schon auf dem Weg zu Maharishi war. Als ich an *Eraserhead* arbeitete, fielen mir Fotos von indischen Meistern in die Hände, und ich dachte: Dieses Gesicht sieht aus, als wüsste es mehr über die Welt als ich. Könnte es sein, dass es so etwas wie Erleuchtung gibt? Gibt es das wirklich, oder ist das nur so ein indischer Aberglaube? Heute weiß ich, dass es das wirklich gibt. Wie auch immer, ich hörte jedenfalls auf, in die Kirche zu gehen.

Wie in jeder Schule waren auch an der Hammond High School die Sportler besonders beliebt. Außerdem gab es einige Burschenschaften. Deren Mitglieder waren nicht unbedingt üble Typen, aber sie interessierten sich nicht für Sport, sondern für andere Dinge. Ich war Mitglied einer solchen Burschenschaft. Lester Grossman war unser Präsident, und er war ziemlich einzigartig. Er arbeitete nachmittags in einem Schuhladen, wo er jeden Abend einen Schuhanzieher mitgehen ließ. Wenn er nach Hause kam, warf er das Mitbringsel in seinem Zimmer auf den Boden zu den anderen. Er hatte einen Riesenhaufen davon. Ein Verwandter überließ uns einen Stapel Glühbirnen für wenig Geld, und wir zogen von Haustür zu Haustür, um sie zu verkaufen. Sie gingen weg wie warme Semmeln, und wir verdienten eine Menge Geld. Damit schmissen wir dann eine Riesenparty. Nicht nur für unsere Schule, sondern für alle Highschools in der Umgebung von Washington, D.C. Wir buchten eine Band namens Hot Nuts, nahmen Eintritt und verdienten richtig viel Geld. So viel, dass wir eine Woche Urlaub in Virginia Beach machen konnten. Die Burschenschaft bezahlte die Miete für die Ferienhäuser, die Abendessen, und gab uns noch ein Taschengeld obendrauf. Ich war während meiner ganzen Schulzeit in einer Burschenschaft. Damals wurden Engtanzfeten in Partykellern veranstaltet, an denen ich auch teilnahm. Kino bedeutete mir zu dieser Zeit überhaupt nichts. Ich bekam nur was davon mit, wenn ich ins Drive-in fuhr, aber da ging's mehr ums Fummeln. Ein paarmal bin ich auch in einem richtigen Kino gewesen, aber das fand ich langweilig. Dort war es kalt und dunkel, und draußen tobte das Leben. Man konnte so viele andere Dinge unternehmen.

Ich kleide mich heute noch genauso wie damals. Auf der Highschool war mir nicht bewusst, dass ich einen eigenen Stil hatte. Meine Klamotten kaufte ich bei Penney's. Ich trug gerne Khakihosen, dazu ein Sakko und eine Krawatte – darin fühlte ich mich wohl. Lange Zeit hatte ich genau drei Krawatten, besser gesagt zwei Fliegen und eine normale Krawatte. Die Fliegen band ich aber nicht, sondern knotete sie einfach nur zusammen. Ich hatte auch damals schon den obersten Hemdknopf immer geschlossen, weil ich kalte Luft am Schlüsselbein nicht mochte. Genauso wenig, dass jemand mich dort berührte. Das machte mich ganz verrückt, keine Ahnung, warum. Vielleicht ist das ja der wahre Grund, warum ich Krawatten trage – um meinen Hals zu schützen.

Jack Fisk lernte ich in der Schule kennen. Wir wurden Freunde, weil wir uns beide für Kunst interessierten. Was mir bis heute an Jack gefällt, ist sein Arbeitsethos. Wenn er arbeitet, ist er mit großem Ernst bei der Sache, das ist beeindruckend. Ich habe einen Heidenrespekt vor ihm. Und weil wir schon in unserer Jugend zusammenkamen, sind wir immer noch befreundet. Ich spreche manchmal monatelang nicht mit ihm, aber er ist trotzdem mein bester Freund. Ich erinnere mich auch noch gut an seine Schwester Mary. Sie sah verdammt gut aus und gefiel mir. Wir gingen eine Zeit lang miteinander aus und haben rumgeknutscht. Ich glaube, das hat Jack ganz schön genervt.

Linda Styles war meine Freundin im ersten Jahr in der Oberstufe. Sie war klein und zierlich und konnte ganz schön dramatisch werden. Wir gingen immer in ihren Keller, um zu fummeln. Ihre Eltern waren in Ordnung – der Vater war in der Navy und ihre Mutter immer sehr nett, ich durfte sogar bei ihnen rauchen. Damals hat sich niemand daran gestört, wenn geraucht wurde. Linda ist später mit Mr. Cool zusammen gewesen, und wahrscheinlich hat er sie gevögelt. Ich kam erst mit achtzehn dazu, im Sommer, nachdem ich mit der Highschool ferig war. Mag sein, dass das spät war, aber das war normal damals. Es war eine andere Zeit. Nach Linda Styles ging ich mit anderen Mädchen. Ich mochte einen bestimmten Typ von Brünetten am liebsten, die so aussahen wie Bibliothekarinnen. Äußerlich spießig, aber innen brodelte es ...

Am längsten war ich mit Judy Westerman zusammen, in die ich unglaublich verknallt war. Sie sah ein bisschen aus wie Paula Prentiss. War ich ihr immer treu? Nein. Ja und nein. Ich traf mich auch mit anderen Mädchen, mit denen ich mehr machte, denn Judy war sehr katholisch. Wahrscheinlich sind wir bei unseren ersten Verabredungen weiter gegangen als später, als sie Kommunionsunterricht bekam und herausfand, was ihr alles verboten war. Wirklich am Boden zerstört war ich nur wegen eines einzigen Mädchens. Sie hieß Nancy Briggs und war die Freundin meines Freundes Charlie Smith. Ich weiß gar nicht, ob er ahnte, dass ich in seine Freundin verliebt war. Leider war sie nicht in mich verliebt. Während meines ersten Jahres auf dem College in Boston war ich total verrückt nach ihr.

Als ich damals in den Weihnachtsferien nach Virginia zurückkam, war ich völlig verzweifelt. David Keeler meinte: »Warum lädst du sie nicht einfach zum Abendessen ein und wartest ab, was passiert?« Also rief ich sie an, und wir fuhren zu McDonald's. Wir gingen mit dem Essen zurück zum Auto, und ich fragte sie, ob sie mich liebte. Sie sagte Nein, und das war's dann. Ich schleppte das ziemlich lange mit mir herum und träumte sogar von ihr. Warum ausgerechnet Nancy Briggs? Ich liebte sie eben, und wer weiß schon, warum man sich in jemanden verliebt? Es passierte überhaupt nichts, aber ich konnte sie nie vergessen. Als die Dreharbeiten für *Blue Velvet* beendet waren, befand ich mich in Wilmington, und mit einem Mal kam mir der Gedanke, ich könnte Nancy Briggs anrufen. Ich schaffte es, ihre Nummer zu ergattern, und rief an. Kaum hatte ich ihre Stimme gehört, da war der Bann auch schon gebrochen. Der Traum wurde durch die Realität ersetzt. Aber der Traum war viel mächtiger gewesen. Es ist wirklich erstaunlich, was unser Gehirn leistet. Warum verzehrt man sich jahrelang nach einem Menschen? Gute Frage ...

Ende der Fünfzigerjahre veränderte sich vieles in Amerika, und die Veränderungen, die ich in Virginia bemerkte, fanden auch in Boise statt. Nach dem Attentat auf Kennedy wurde es richtig übel. Ich erinnere mich noch gut an diesen Tag. Ich war gerade damit beschäftigt, ganz allein einen gläsernen Schaukasten neben dem Haupteingang für den Kunstunterricht zu dekorieren, als aus dem nebenliegenden Schulbüro eine Radiomeldung zu mir drang, in der es um den Präsidenten ging. Sie sprachen nicht davon, dass er tot war, aber es hieß, er sei im Krankenhaus, und schon ging das ganze Gerede los. Als ich mit dem Dekorieren fertig war, kam eine Frau und sagte, ich solle sofort in mein Klassenzimmer gehen. Kaum war ich dort, kam die Durchsage, der weitere Unterricht an diesem Tag würde ausfallen. Ich brachte Judy nach Hause. Sie weinte so sehr, dass sie nicht mehr sprechen konnte. Kennedy war katholisch gewesen wie sie auch, und sie hatte ihn sehr verehrt. Sie wohnte in einem Miethaus im zweiten Stock. Wir gingen hinauf zu ihrer Mutter. Judy ließ mich los, lief an ihrer Mutter vorbei und verschwand in ihrem Zimmer, das sie vier Tage lang nicht mehr verließ.

Zu diesem Zeitpunkt stellte sich noch nicht die Frage, wer Kennedy wirklich umgebracht hatte, aber man wurde misstrauisch. Man fragte sich, wer ein Motiv gehabt haben könnte. Lyndon B. Johnson lebte in Texas, und dort war der Mord passiert. LBJ wollte Präsident werden, seit er ein Dreikäsehoch war. Es hieß, er sei der einflussreichste Senator gewesen, den es je gegeben hatte. Warum also sollte er sich mit der Rolle des Vizepräsidenten begnügen? Die Präsidentschaft war zum Greifen nah, und ich glaube, dass er Kennedy verabscheute. Nach meiner Theorie hatte er die Sache organisiert, um sich ins Amt zu bringen.

In der achten Klasse begann ich mich für Naturwissenschaften zu interessieren. In der Neunten schrieb ich mich dann für alle naturwissenschaftlichen Fächer ein, die möglich waren. Heute kann ich das kaum noch glauben. Vier Jahre lang nur Naturwissenschaft! In der Neunten lernte ich aber auch Toby Keeler kennen, der mir erzählte, sein Vater sei Maler – kein Anstreicher, sondern ein Kunstmaler! –, und auf einmal explodierte eine Bombe in meinem Kopf. Die einzelnen Elemente, die in meinem Gehirn herumschwirrten, kamen zusammen und entfalteten die Wirkung einer Wasserstoffbombe. Von nun an wusste ich, was ich tun wollte. Trotzdem musste ich weiter zur Schule gehen, und die Highschool war wirklich schlimm. Jeden Tag so viele Stunden in diesem Gebäude zu verbringen kam mir wie Zeitverschwendung vor. Ich habe genau drei Erinnerungen an die Highschool, und keine davon ist positiv. Ich weiß noch, wie ich Sam Johnson anbettelte, er solle mir was vorsagen, aber er weigerte sich. Dabei hatte ich alles getan, um mir den Stoff einzubläuen. Ich konnte mir viele Dinge einfach nicht merken. Und ich konnte die Wahl der naturwissenschaftlichen Fächer nicht rückgängig machen. Ich wurde aus der Schülervertretung ausgeschlossen, weil ich in Physik durchgefallen war und mich weigerte, weiter den Unterricht zu besuchen. Ich ging zum Schulbüro und bat sie, mich vom Physikunterricht zu befreien, weil ich sowieso nie etwas mit Physik machen würde. Aber sie meinten nur: »David, es gibt Dinge im Leben, die muss man tun, ob man will oder nicht.« Mein kleiner Bruder beschäftigte sich bereits als Kind mit Elektronik und hat dann auch diesen Weg eingeschlagen. Ich glaube, man weiß schon sehr früh, welche Richtung man einschlagen will. Sie sollten uns erlauben, die Schule zu verlassen und uns auf das zu konzentrieren, was uns wirklich liegt, verdammt noch mal! Ich hätte die ganze Zeit, die ich in der Schule dahinvegetieren musste, malen können. Und ich erinnere mich an nichts. Rein gar nichts! An keine verdammte Einzelheit, die sie mir in der Schule eingetrichtert haben.

Am Wochenende, nachdem ich ihn kennengelernt hatte, zeigte Toby Keeler mir das Atelier seines Vaters. Es befand sich in Georgetown und war einfach großartig. Bushnell Keeler führte das Leben eines Künstlers und malte die ganze Zeit. Sein Atelier in Georgetown sah ich nur einmal. Anschließend zog er nach Alexandria und mietete ein ganzes Haus. Ich wollte auch ein Atelier haben, und er bot mir einen Raum an. Ich sprach mit meinem Vater, der sagte: »Ich zahle die Hälfte der Miete, wenn du dir einen Job suchst und die andere Hälfte bezahlst.« So kam ich an den Job in Herter's Drug

Store und musste Medikamente in einem rot-weißen Jeep ausfahren. Es war ein offener Wagen mit Gangschaltung. Kaum zu glauben, dass ich das wirklich gemacht habe. Es war eine verantwortungsvolle Aufgabe: Ich musste die Adresse eines Kunden finden und die Medikamente dort abliefern. An den Wochenenden kümmerte ich mich manchmal auch um den Tabakverkauf im Laden. Bushnell machte damals Skulpturen, auf die ich mich setzte, um zu zeichnen. Er hatte auch immer Kaffee parat. Ein Typ namens Bill Lay mietete den Raum mit mir zusammen, tauchte aber nie auf.

Schließlich fing Jack an, in meinem Raum zu arbeiten, und irgendwann wurde es eng. Wir fanden ein eigenes Atelier über einem Schuhladen. Unsere Vermieterin Mrs. Marciette hatte keine Zähne mehr und beklagte sich ständig bei uns: »Ich lasse doch nicht die ganze Nacht über das Licht brennen für zwei Herumtreiber wie euch. Wieso hab ich mich bloß darauf eingelassen?« Sie war immer in der Nähe. Wenn ich beim Reinkommen das Licht einschaltete, waren für eine Millisekunde Millionen von Küchenschaben zu sehen, die blitzschnell verschwanden. Die ganze Etage wimmelte von Schaben, aber immerhin hatte jeder von uns ein eigenes Zimmer, und es gab sogar eine Küche. Dort zu malen war großartig.

Im Dachgeschoss über uns wohnte ein Typ, der Radio genannt wurde. Er hatte einen Buckel und stieg immer über die steile Hintertreppe nach oben. Seine Tür war mit einem Vorhängeschloss gesichert. Auch er hatte nicht mehr besonders viele Zähne, und in seinem Zimmer lagen gut fünfzig Pornoheftchen herum. Zum Essen briet er sich immer Steaks – sonst nichts – auf einer Herdplatte und trank dazu billigen Schnaps. Er arbeitete für einen Zirkus. Seine Aufgabe war es, vorab in die nächste Stadt zu fahren, um mit prominenten Unternehmern zu telefonieren, um sie zu einer Spende für bedürftige Kinder zu überreden, die den Zirkus besuchen wollten. Der Zirkus mietete dann in der jeweiligen Stadt ein Zimmer an, stellte zwölf Telefone rein und engagierte Leute zum Telefonieren. Es war ein Höllenlärm. Sie organisierten Geld, damit eine Busladung armer

Kinder in den Zirkus gehen konnte, und behielten das übrige Geld. Radio hatte diesen Spitznamen, weil man ihn am Telefon nicht mehr ausschalten konnte. Jack und ich hatten auch ein Telefon, und eines Abends kam er runter und bat uns, es benutzen zu dürfen. Es war ein Telefon mit Wählscheibe und stand auf einem Tisch. Er setzte sich hin und wählte eine Nummer. So schnell, wie ich noch nie jemanden eine Nummer wählen sah. Und schon hatte er jemanden an der Strippe und fing an, mit salbungsvoller Stimme auf ihn einzureden. Wenn man die Augen schloss, klang es, als würde ein hochintelligenter Heiliger sprechen, der sich für diese armen Kinder einsetzte. Radio war unglaublich.

Neben Mrs. Marciette wohnte Frankie Welch, eine Frau, die aussah wie Doris Day mit braunen Haaren. Die Gegend lag direkt neben dem Rathaus, war aber ziemlich heruntergekommen, und Frankie Welch war die Erste, die dort hingezogen war. Sie besaß einen Laden für teure Designerkleidung. Sie entwarf auch selbst und durfte später sogar Kleider für Betty Ford anfertigen. Als sie mitbekam, dass wir Künstler waren, brachte sie mir bei, meine Bilder mit dem Pinsel zu signieren. Es sah ziemlich cool aus. Leider warf Mrs. Marciette uns dann hinaus. Wir waren oft bis spät in die Nacht dort, und sie musste die Stromrechnung bezahlen. Außerdem war überall auf dem Fußboden Farbe. Wir hatten es nicht für nötig gehalten, besonders viel Rücksicht zu nehmen. Nicht dass wir den Ort absichtlich verwüstet hätten wie wild gewordene Rockstars, aber wenn man malt, gibt es nun mal jede Menge Flecken. Nachdem wir ausgezogen waren, sah ich Radio noch einmal in der Stadt, als er mit einem abgenutzten Koffer zum Bus ging, um in den nächsten Ort zu fahren.

Während meiner Highschool-Zeit ging ich einmal zum Arzt, weil ich Magenkrämpfe hatte. Ich war sowieso empfindlich und lebte ein ungesundes Leben voller Widersprüche. Ich hatte das Atelier, meine Familie und die Burschenschaft und wollte alles getrennt halten. Ich lud nie Freunde zu mir nach Hause ein und erzählte meinen Eltern nicht besonders viel. Ich wusste, wie ich mich zu Hause benehmen musste, und das war ganz anders als in der Burschenschaft, und das wiederum ganz anders als das Leben im Atelier. Ich war immer sehr angespannt und nervös, weil meine verschiedenen Lebensweisen nicht zueinanderpassten.

Ich hatte keine Ahnung von der New Yorker Kunstszene. Es kam mir nicht in den Sinn, dort aufs College zu gehen. Ich weiß nicht, warum ich mir die Boston Museum School ausgesucht habe. Wahrscheinlich nur deshalb, weil ich nach Boston wollte, und »Museum School« irgendwie gut klang. Trotzdem schaffte ich es kaum hinzugehen, weil ich Angst davor hatte, die Wohnung zu verlassen. Ich litt an Agoraphobie und leide auch heute noch ein bisschen daran. Mein Vater wollte, dass ich mir einen Mitbewohner suchte, weil die Wohnung teuer war. Also hängte ich in der Schule eine Anzeige ans Schwarze Brett, und ein gewisser Peter Blankfield meldete sich bei mir. Er änderte später seinen Namen in Peter Wolf und wurde der Sänger der J. Geils Band. Er kam einfach auf mich zu und sagte: »Ich würde gern bei dir wohnen.« Und ich sagte: »Prima.« Damit war die Sache beschlossen.

Ein anderer Freund von mir, Peter Laffin, hatte einen Pick-up-Truck. Damit sind wir losgefahren, um in Brooklyn oder in der Bronx Peters Sachen zu holen. Sie rauchten Dope, was ich noch nie gemacht hatte, weshalb ich schon vom Passivrauchen im Auto total high wurde. Sie wussten, wie Marihuana wirkte, aber ich wusste es nicht. Sie sagten: »Hey, David, ein Donut wäre jetzt doch genau das Richtige, oder?« Und ich sagte: »Ich muss unbedingt sofort einen Donut haben.« Wir kauften uns eine Packung mit vierundzwanzig Donuts. Ich war so gierig, dass ich einen ganzen Berg Puderzucker inhalierte. Man muss wirklich vorsichtig sein.

Dann war ich an der Reihe zu fahren. Wir fuhren den Freeway entlang, und es war sehr ruhig. Bis jemand sagte: »David.« Dann war es wieder ruhig. Bis jemand lauter sagte: »David! Du hast auf dem Freeway angehalten!« Ich war völlig gebannt von diesen

Strichen auf der Straße, die immer langsamer und langsamer wurden. Das hatte mir gefallen, also war ich immer langsamer gefahren, bis ich schließlich angehalten hatte. Es war ein achtspuriger Freeway, Autos flogen nur so vorbei, und ich hatte mitten in der Nacht darauf angehalten! Es war dermaßen gefährlich!

Aus irgendeinem Grund machten wir dann noch halt bei jemandem, dessen Wohnung von bunten Glühbirnen beleuchtet wurde wie an Weihnachten. Die meisten waren rot. In seinem Wohnzimmer stand ein riesiges Motorrad, vollkommen auseinandergebaut. Sonst gab es nur noch ein paar Stühle. Es sah aus, als wären wir direkt in der Hölle gelandet. Als wir in Peters Haus angekommen waren, gingen wir in den Keller. Dort legte ich meine Hände zusammen und sah zu, wie sie sich mit dunklem Wasser füllten. Auf der Oberfläche schwamm das Gesicht von Nancy Briggs. Ich schaute sie nur an. Das war das erste Mal, dass ich Marihuana geraucht hatte. Am nächsten Morgen luden wir Peters Sachen ein und besuchten Jack, der mir erzählte, einige Studenten an seiner Uni würden Heroin nehmen. Bei einer Party in Jacks Haus sah ich dann einen Jungen in einem Seidenhemd, der zusammengerollt dalag. Er war auf Heroin. Damals waren mehr und mehr Hippies zu sehen. Ich sah nicht auf sie herab, aber das alles kam mir eher wie eine Mode vor. Viele von ihnen aßen Rosinen und Nüsse und zogen sich an, als kämen sie aus Indien. Sie behaupteten, sie würden meditieren, daran hatte ich damals allerdings kein Interesse.

Nach ein paar Monaten warf ich Peter wieder raus. Das passierte nach einem Dylan-Konzert, bei dem ich auf einmal wieder neben dem Mädchen saß, von dem ich mich gerade getrennt hatte. Ich war völlig verwundert. Ganz offensichtlich hatten wir uns irgendwann verabredet, gemeinsam hinzugehen. Dann trennten wir uns, ich ging allein hin, und plötzlich saß sie neben mir! Ich weiß noch, wie ich dachte, dass das wirklich ein unglaublich verrückter Zufall war. Ich war total high. Wir hatten ziemlich schlechte Sitze, weit hinten in einem gigantischen Saal. Das war 1964, und Dylan hatte keine Band, sondern stand ganz allein auf der Bühne und sah unglaublich klein aus. Ich hielt Daumen und Zeigefinger hoch, schaute hindurch und versuchte, seine Jeans zu vermessen. Dann sagte ich zu dem Mädchen: »Seine Jeans sind nur ein sechzehntel Inch groß!« Dann maß ich seine Gitarre und sagte: »Seine Gitarre ist auch nur ein sechzehntel Inch groß!« Das kam mir geradezu magisch vor. Ich wurde unglaublich paranoid. Schließlich gab es eine Pause. Ich lief nach draußen, wo es kühl und frisch war, und dachte: »Gott sei Dank, ich bin draußen.« Dann ging ich nach Hause. Später kam Peter mit ein paar Freunden und sagte: »Was? Du kannst doch Dylan nicht einfach hängen lassen!« Und ich sagte: »Ich hab ihn aber hängen lassen. Und du kannst jetzt auf der Stelle hier verschwinden.« Ich warf sie alle raus.

Ich weiß noch, wie ich Dylan zum ersten Mal im Autoradio gehört hatte, als ich mit meinem Bruder unterwegs war. Wir lachten uns kaputt. Es war »Blowin' in the Wind«, und er sang es richtig cool. Aber eben ziemlich komisch cool.

Die Boston Museum School besuchte ich nur zwei Semester lang. In der zweiten Hälfte ging ich nicht mal mehr hin. Der einzige interessante Kurs war der zum Thema Skulptur, der im Dachgeschoss des Museums stattfand. Der Raum war ungefähr neun Meter breit, aber über dreißig Meter lang und hatte unglaublich hohe Decken mit Oberlichtern, die über die ganze Länge verliefen. Es gab große Kisten mit Arbeitsmaterial wie Gips und Lehm. Dort lernte ich, Abgüsse zu machen. Der Lehrer hieß Jonfried Georg Birkschneider. Wenn er seinen Gehaltsscheck bekam, reichte er ihn gleich weiter an eine Bar in Boston, wo er sich an einem dreißig Meter langen Tresen aus dunklem Holz volllaufen ließ. Seine Freundin hieß Natalie. Nach dem ersten Semester fuhr ich über Weihnachten nach Alexandria und ließ ihn und Natalie in meine Wohnung einziehen. Als ich zurückkam, entschied ich, dass sie bleiben konnten. Sie wohnten dann noch einige Monate bei mir. In einem Zimmer malte ich, er und Natalie übernahmen das andere. Dort saß er eigentlich nur herum, aber das machte mir nichts aus. Durch ihn entdeckte ich Moxie, eine Art Cola, die in Boston getrunken wird. Ich mochte sie überhaupt nicht, bis ich herausfand, dass man die Flaschen in die Tiefkühltruhe legen musste. Beim Einfrieren sprang dann der Korken ab, und heraus kam Softeis, das verdammt gut schmeckte. Es war eine Art Moxie-Slush. Was aus Jonfried Georg Birkschneider geworden ist, weiß ich nicht.

Ich verließ die Uni und ging mit Jack nach Europa. Weil es nun mal der Traum eines jeden amerikanischen Künstlers ist, dort hinzureisen. Die Sache war allerdings ziemlich unausgegoren. Ich war der Einzige mit Geld in der Tasche, dabei hätte Jack sicherlich welches bekommen, wenn er sich die Mühe gemacht hätte, nach Hause zu schreiben. Trotzdem hatten wir eine ganz schöne Zeit dort. Die einzige Stadt, die wir nicht mochten, war Salzburg. Und als uns das klar geworden war, ließen wir uns einfach treiben. Wir hatten keinen Plan. Von Salzburg ging es nach Paris, wo wir ein oder zwei Tage verbrachten. Von dort nahmen wir den echten Orientexpress, der noch elektrifiziert war, fuhren nach Venedig und von dort aus dann mit Dampfloks bis runter nach Athen, wo wir mitten in der Nacht ankamen. Als wir am nächsten Morgen aufwachten, bemerkte ich Eidechsen unter der Decke und an den Wänden meines Zimmers. Nach Athen wollte ich, weil Nancy Briggs' Vater dorthin versetzt worden war und zwei Monate später hinziehen würde. Dann wäre Nancy natürlich auch mitgekommen. Wir blieben aber bloß einen Tag. Ich merkte plötzlich, dass ich siebentausend Meilen von dem Ort entfernt war, an dem ich sein wollte, und sehnte mich zurück. Ich glaube, Jack ging es genauso.

Leider war uns zu diesem Zeitpunkt das Geld ausgegangen. Auf dem Rückweg nach Paris trafen wir im Zug vier junge Lehrerinnen und konnten in Erfahrung bringen, wo sie absteigen wollten. Als wir dort ankamen, schickte Mary Jack ein Flugticket nach Hause. Ich hatte leider keins. Bevor er abreiste, gingen wir noch zu der Adresse, die die Lehrerinnen uns gegeben hatten, aber sie waren nicht da. Wir suchten uns ein Straßencafé, wo ich eine Cola bestellte und Jack mein letztes Geld für das Taxi zum Flughafen gab. Ich blieb sitzen, trank die Cola aus und ging noch mal zu ihrer Wohnung. Jetzt waren sie da. Sie ließen mich duschen und gaben mir zwanzig Dollar. Ich konnte meine Eltern nicht erreichen, weil sie im Urlaub waren. Deshalb rief ich meinen Großvater an und holte ihn um vier Uhr morgens aus dem Bett. Er schickte mir ganz schnell das Geld. Ich flog zurück und besuchte ihn in Brooklyn. Als ich dort ankam, hatte ich ganz viele europäische Münzen in der Tasche, die ich ihm schenkte. Nach seinem Tod fand man ein kleines Portemonnaie mit den Münzen und einem Stück Papier darin, auf dem stand: »Diese Münzen hat David mir aus Europa mitgebracht.« Ich bewahre sie immer noch auf.

Die Zeit nach meiner Rückkehr war merkwürdig. Meine Eltern waren ziemlich aufgebracht, als sie hörten, dass ich in Salzburg kein Seminar besucht hatte. Als ich nach Alexandria zurückkam, zog ich lieber bei den Keelers ein. Bushnell und seine Frau waren verreist, aber Toby war da. Als er mich sah, war er total geschockt. Ich hatte mich für drei Jahre verabschiedet und stand nach zwei Wochen schon wieder vor seiner Tür. Wenig später suchte ich mir eine eigene Wohnung. Ich mag es, Wohnungen einzurichten. Es ist beinahe so wie Malen. Für mich muss eine Wohnung ein Ort sein, wo man sich wohlfühlt und arbeiten kann. Das hat was mit dem Kopf zu tun. Es ist wie eine Installation.

Michelangelo Aloca, der in den Fünfzigern als Action-Painter gearbeitet hatte und nun einen Laden für Bilderrahmen betrieb, gab mir einen Job. Er war ein bemerkenswerter Mensch. Sein Kopf war riesig, er trug einen langen Vollbart und hatte einen monströsen Oberkörper, aber seine Beine waren so kurz wie die eines Dreijährigen. Er saß im Rollstuhl, hatte aber trotzdem viel Kraft. Einmal, als wir im Auto unterwegs waren, kamen wir an schweren T-Trägern aus Stahl vorbei. Er stieg aus, packte einen davon, hob ihn hoch und warf ihn zu Boden. Er war völlig verrückt. Seine Frau war sehr hübsch, und er hatte auch ein hübsches Kind. Den Job in seinem Laden verlor ich ziemlich bald, aber er gab mir einen Posten als Hausmeister und Putzhilfe. Eines Tages fragte er, ob ich mir fünf Dollar dazuverdienen wollte. Klar wollte ich. Ich sollte die Toilette in einer gerade frei gewordenen Wohnung sauber machen. Die Schüssel war bis zum Rand gefüllt mit rötlich-braunem Schmutzwasser. Ich machte sie blitzsauber. Man hätte daraus essen können.

Eines Tages ging ich zu Mike Aloca, als er gerade Besuch von einem Schwarzen hatte. Nachdem der gegangen war, fragte Mike: »Willst du einen Gratis-Fernseher?« Klar wollte ich. Er sagte: »Nimm das Geld hier und die Pistole und fahr zu diesem Typen. Der bringt dich zu den Geräten.« Ich nahm Charlie Smith und noch jemanden mit, und wir fuhren nach Washington. Der Typ dort lotste uns zu einem Laden und ging rein. Wenig später kam er zurück und sagte: »Die rücken die Geräte nicht raus. Die wollen erst das Geld haben.« Wir lehnten das ab, und er ging wieder rein und kam ohne Geräte raus. Wir blieben hart. Er ging noch mal rein und kam schließlich mit einem Fernseher raus. Wir gingen das Risiko ein und gaben ihm das Geld. Er ging rein und kam nicht mehr zurück. Wir saßen da, mit einer Knarre unter dem Vordersitz und wussten nicht weiter. Glücklicherweise lachte Mike nur darüber, als wir ihm davon erzählten. Aber manchmal konnte er einem schon Angst einjagen. Einmal machte er mir Vorhaltungen, weil ich meinen ganzen Lohn für Farbe ausgab. Anscheinend habe ich krank ausgesehen, jedenfalls verlangte er von mir, dass ich mir etwas zu essen kaufte. Also besorgte ich Milch, Erdnussbutter und einen Laib Brot und zeigte es ihm. »Gut gemacht«, sagte er daraufhin.

Ich wurde bei jedem Job gefeuert, den ich annahm. Einmal wurde ich von einem Künstler in Alexandria angeheuert, der rote, blaue und gelbe Kreise auf Plexiglas malte. Er hatte einen kleinen Laden, in dem ich arbeitete. Es kam aber nie jemand. Ab und zu nahm ich mir ein bisschen Kleingeld aus der Kasse, um eine Cola zu kaufen. Eines Tages kam Jack dort vorbei und teilte mir mit, er würde zur Navy gehen. Offenbar hat er sich aber schnell wieder umentschieden, denn kurz darauf fing er ein Studium an der Academy of the Fine Arts in Philadelphia an. Er war da oben, und ich da unten.

Bushnell wusste, dass es nichts brachte, wenn ich in Alexandria blieb, zumal Jack nach Philadelphia gegangen war. Also entschloss er sich, mir das Leben zur Hölle zu machen. Er und sein Bruder gingen mir plötzlich aus dem Weg. Ich verstand nicht, warum, und war zutiefst verletzt. Aber dann schrieb Bushnell einen Brief an die Kunsthochschule, in dem er mich über den grünen Klee lobte. Er machte mir klar, dass ich Künstler werden musste, und überließ mir einen Atelierraum. Durch ihn kam ich auf den richtigen Weg. Er half mir in vielerlei Hinsicht. Er und seine Frau haben mir auch vom American Film Institute erzählt. Als sie hörten, dass ich zwei Kurzfilme gemacht hatte, erzählten sie mir von den Stipendien, die das AFI vergab. Bushnell war einer der wichtigsten Menschen in meinem Leben.

Obwohl er mir sehr oft half, war meine Zeit als Teenager nicht besonders angenehm. Als Heranwachsender ist man euphorisch und aufgeregt, hängt aber gleichzeitig in diesem Gefängnis namens Highschool fest. Es ist eine Qual.

SmiLing BaGs of DeATH

LÄCHELNDE LEICHENSÄCKE

In den Sechzigerjahren war Philadelphia völlig heruntergekommen. Nach dem Zweiten Weltkrieg fehlten Wohnungen, gleichzeitig zogen immer mehr Afroamerikaner in die Stadt, was bewirkte, dass die Weißen sich stückweise zurückzogen. Von den Fünfzigern an bis in die Siebzigerjahre nahm die Bevölkerung beständig ab. Die Beziehungen zwischen den Schwarzen und den Weißen waren sehr angespannt, und als in den Sechzigern die Black Muslims, Black Nationalists und eine militante Gruppierung der NAACP in Philadelphia Schlüsselrollen bei der Gründung der Black-Power-Bewegung spielten, verschärften sich diese Spannungen dramatisch. Die Feindschaft zwischen verschiedenen Gruppen wie den Hippies, Studentenaktivisten, Polizisten, Drogendealern und Mitgliedern der afroamerikanischen und irisch-katholischen Gemeinden kochte immer wieder hoch und führte zu gewalttätigen Auseinandersetzungen auf den Straßen.

Eine der ersten Rassenunruhen in der Zeit der Bürgerrechtsbewegung brach eineinhalb Jahre vor Lynchs Ankunft in der Stadt aus. Dabei wurden zweihundertfünfundzwanzig Läden beschädigt oder verwüstet. Viele davon blieben für immer geschlossen. Belebte Geschäftsstraßen verwandelten sich in leere Straßenzüge mit kaputten Fenstern und zertrümmerten Läden. Eine ausufernde Drogenszene trug dazu bei, die Gewalt in der Stadt zu befördern, und die allgemeine Armut demoralisierte die Bewohner. Die schmutzige und gefährliche Umgebung war der ideale Nährboden für Lynchs Fantasie. »Philadelphia war eine beängstigende Stadt«, sagt Jack Fisk. »Hier lernte David eine Welt kennen, die regelrecht verkommen war.«

Die Pennsylvania Academy of the Fine Arts lag mitten in der Stadt und wirkte wie eine demilitarisierte Zone. »Es gab eine Menge Auseinandersetzungen und viel Angst in der Stadt, und die Kunsthochschule war wie eine Oase«, erinnert sich Lynchs Mitstudent Bruce Samuelson.[1] Die Academy war die älteste Kunsthochschule im Staat und befand sich in einem reich verzierten viktorianischen Gebäude. Als Lynch damals dort studierte, galt sie als eine sehr konservative Uni, aber das war genau der richtige Ausgangspunkt für ihn.

»David zog zu mir in das kleine Zimmer, das ich gemietet hatte«, sagt Fisk. »Er kam im November 1965 in die Stadt, und wir hausten dort zusammen, bis im Januar der Unterricht begann. Im Zimmer gab es zwei Sofas, auf denen wir schliefen. Ich hatte eine ganze Menge toter Pflanzen gesammelt, die überall herumstanden. David liebte tote Pflanzen. An Neujahr mieteten wir dann ein ganzes Haus für fünfundvierzig Dollar im Monat. Es lag gegenüber vom Friedhof in einem unsicheren Gewerbegebiet. Alle hatten Schiss, wenn sie uns besuchten. David trug immer einen mit Nägeln beschlagenen Stock bei sich, wenn er rausging, für den Fall, dass er angegriffen wurde. Eines Tages wurde er von einem Polizisten angehalten, der einen Blick auf den Stock warf und sagte: ›Das ist gut, den solltest du immer bei dir haben.‹ Wir arbeiteten nachts, schliefen tagsüber und hatten nicht viel mit den Dozenten zu tun – wir malten die ganze Zeit.«

Lynch und Fisk gingen nicht sehr oft zur Uni, schlossen sich aber schon bald einer Gruppe von gleichgesinnten Studenten an. »David und Jack konnten andere motivieren. Sie wurden schnell Mitglieder unserer Gruppe«, erinnert sich der Künstler Eo Omwake. »Wir waren die Außenseiter, die herumexperimentierten. Es gab ungefähr ein Dutzend von uns, ein intimer Zirkel, und alle ermutigten sich gegenseitig. Wir pflegten einen entbehrungsreichen Lebensstil, wir waren die Bohème.«[2]

Zu der Gruppe gehörte auch die Malerin Virginia Maitland, die sich an Lynch als einen »gestelzt wirkenden Typen« erinnert, »der viel Kaffee trank und jede Menge Zigaretten rauchte. Er war so geradlinig, dass es schon wieder exzentrisch wirkte. Normalerweise war er mit Jack zusammen, der so groß wie Abraham Lincoln und eher ein Hippie war. Und Jacks Hund Five war auch immer dabei. Sie bildeten ein interessantes Paar.«[3]

»David trug immer Khakihosen mit Oxford-Schuhen und dicken Wollsocken«, erzählt Klassenkamerad James Harvard. »Wir wurden Freunde, weil mir seine Begeisterung für die Arbeit gefiel. Wenn David sich etwas vorgenommen hatte, dann zog er es konsequent durch. Philadelphia war damals ein ziemlich hartes Pflaster, und wir kamen alle gerade so durch. Nachts waren wir nicht oft unterwegs, weil es zu gefährlich war. Wir waren auf eine andere Art schräg, auch David. Einmal trafen wir uns bei mir, um die Beatles zu hören, und er trommelte die ganze Zeit auf einer Fünf-Pfund-Dose mit Kartoffelchips herum.«[4]

Samuelson war schwer beeindruckt von der »feinsinnigen Art, in der David sich ausdrückte – und auch von seiner Krawatte. Damals trug niemand außer den Lehrern Krawatten. Ich weiß noch, wie wir uns das erste Mal trafen. Als ich mich zum Gehen wandte, wurde mir plötzlich klar, dass irgendwas nicht stimmte. Ich drehte mich noch mal zu ihm um und sah, dass er zwei Krawatten trug. Er wollte damit keine Aufmerksamkeit auf sich ziehen. Die beiden Krawatten waren einfach Teil seiner Persönlichkeit.«

Fünf Monate bevor Lynch an der Academy anfing, begann Peggy Lentz Reavey mit ihrem Studium. Sie war die Tochter eines erfolgreichen Anwalts und ging nach der Highschool direkt zur Kunsthochschule. Als sie Lynch zum ersten Mal traf, wohnte sie noch im

Studentenwohnheim auf dem Campus. »Er ist mir sofort aufgefallen«, erinnert sie sich. »Er saß in der Cafeteria, und ich dachte, der ist aber hübsch. Er war damals ziemlich durch den Wind, und seine Hemden hatten Löcher, wodurch er sehr verletzlich wirkte. Er hatte etwas Engelhaftes an sich, was ein Mädchen dazu brachte, sich um ihn kümmern zu wollen.«

Reavey und Lynch waren noch anderweitig gebunden und einige Monate lang einfach nur befreundet. »Wir aßen zusammen zu Mittag und unterhielten uns. Ich weiß noch, dass er am Anfang recht schwerfällig reagierte, weil das, was mich am Leben und an der Kunst interessierte, ihm nicht viel sagte. Ich hatte bis dahin immer gedacht, Künstler wären auf der Highschool eher Einzelgänger, und nun erzählte mir dieser verträumte Kerl, er sei in einer Burschenschaft gewesen. Er hatte eine Menge verrückter Geschichten auf Lager – von Skiausflügen mit der Klasse, Kaninchenjagden, der Wüste in der Nähe von Boise und der Farm seines Großvaters. Das war alles vollkommen fremd für mich und witzig! Wir kamen aus verschiedenen Welten. Ich hatte eine Schallplatte mit gregorianischen Chorälen, die ich ihm vorspielte. Er war total abgestoßen: ›Peg! So was kannst du dir doch nicht anhören, das ist ja total deprimierend.‹ Tatsächlich war er ziemlich depressiv, als wir uns kennenlernten.«

Omwake stimmt dem zu: »Als David dort beim Friedhof wohnte, durchlebte er gerade eine ziemlich depressive Phase, glaube ich. Er schlief manchmal achtzehn Stunden am Tag. Einmal besuchte ich die beiden und unterhielt mich mit Jack, als David plötzlich aufwachte. Er kam schlurfend aus seinem Zimmer, trank vier oder fünf Gläser Cola, redete ein bisschen und ging wieder ins Bett. Er schlief andauernd.«

Wenn er wach war, muss Lynch allerdings sehr produktiv gewesen sein, denn er kam in der Kunsthochschule gut voran. Nach fünf Monaten wurde er im Zusammenhang mit einem Wettbewerb lobend erwähnt. Er hatte eine Multimedia-Skulptur gebaut, die aus einem Kugellager bestand, das eine Kettenreaktion in Gang setzte. Eine Glühbirne und ein Knallkörper waren ebenfalls Teil der Skulptur. »Die Kunsthochschule war eine der wenigen, auf denen man noch eine klassische Ausbildung bekam. Aber David verbrachte nicht viel Zeit damit, Stillleben oder Ähnliches zu zeichnen«, erzählt Virginia Maitland. »Er stieg ziemlich schnell in die höheren Klassen auf. Es gab dort große Atelierräume für die fortgeschrittenen Studenten, und wir arbeiteten zu fünft oder zu sechst in einem Raum. Ich weiß noch, dass ich es sehr inspirierend fand, David bei der Arbeit zuzuschauen.«

Lynch verfügte bereits über große technische Fähigkeiten, als er an der Kunsthochschule anfing. Doch er hatte noch nicht diese einzigartige Ausdrucksweise gefunden, die sein späteres Werk kennzeichnet. In seinem ersten Studienjahr experimentierte er mit verschiedenen Stilen. Während dieser Zeit entstanden detailreiche surreale Porträtzeichnungen, die sehr fremdartig wirken: ein Mann mit einer blutigen Nase; ein anderer, der sich übergibt; einer mit einem angeknacksten Schädel; Figuren, die Lynch selbst als »mechanische Frauen« bezeichnete und bei denen menschliche Körper mit Maschinenteilen kombiniert wurden; sowie sehr fein gearbeitete erotische Zeichnungen, die an die Arbeiten des deutschen Künstlers Hans Bellmer erinnern. Sie sind alle mit großer Kunstfertigkeit ausgeführt, aber Lynchs ganz persönlicher Ausdruck ist noch nicht vorhanden.

Im Jahr 1967 schließlich malte er *The Bride*, ein eins achtzig mal eins achtzig großes Porträt einer gespenstischen Gestalt in einem Brautkleid. »Mit dem Bild tauchte er tief in Dunkelheit und Angst ein«, sagt Reavey dazu. Für sie stellt es seinen künstlerischen Durchbruch dar, aber niemand weiß mehr, wo es abgeblieben ist. »Es war ganz großartig gemalt, der weiße Stoff des Brautkleids hob sich sehr fein von dem dunklen Hintergrund ab, und sie greift mit ihrer Skeletthand unter das Kleid, um ihr Kind abzutreiben. Der Fötus war nur angedeutet, es war nicht blutrünstig ... sondern sehr subtil gestaltet. Ein großartiges Bild.«

Lynch und Fisk lebten bis zum April 1967 gegenüber dem Friedhof, dann zogen sie in ein Haus in einer irisch-katholischen Gegend an der Aspen Street mit der Nummer 2429. Es war ein typisches »Vater, Sohn und Heiliger Geist«-Haus, eins der vielen dreistöckigen Gebäude, die hier die Straße säumten. Fisk bewohnte den zweiten, Lynch den dritten Stock, im Erdgeschoss befanden sich Küche und Wohnzimmer. Reavey wohnte in einem Apartment, das man von dort aus mit dem Bus erreichen konnte. Das war der Zeitpunkt, als sie ein Paar wurden. »Er bestand darauf, es ›Freundschaft mit Sex‹ zu nennen, aber ich war ganz schön verliebt«, erinnert sich Reavey. Sie war häufig zu Gast bei Lynch und Fisk, bis dieser ein paar Monate später in einen nahe gelegenen Loft über einem Laden für Autoteile umzog.

»David und Jack waren unglaublich witzig. Wenn man mit den beiden zusammen war, wurde die ganze Zeit gelacht«, sagt Reavey. »David fuhr immer mit dem Fahrrad neben mir her, wenn wir von der Uni nach Hause gingen. Eines Tages fanden wir einen verletzten Vogel auf dem Bürgersteig. David nahm ihn mit zu sich nach Hause. Der Vogel starb, und David verbrachte die halbe Nacht damit, das Tier zu kochen, um das Fleisch abzuziehen, bis nur noch das Skelett übrig blieb. David und Jack hatten eine schwarze Katze namens Zero. Am nächsten Morgen, als wir Kaffee tranken, hörten wir, wie sie die Knochen zerknackte und auffraß. Jack lachte sich kaputt darüber. Davids Lieblingslokal war der Coffeeshop in einem Drugstore an der Cherry Street. Alle, die dort arbeiteten, kannten uns«, erzählt Reavey weiter. »David scherzte mit den Kellnerinnen herum. Ganz besonders mochte er Paul, den älteren Herrn hinter der Kasse. Paul hatte weiße Haare, eine Brille und trug eine Krawatte. Er unterhielt sich mit David jedes Mal über seinen Fernsehapparat. Wie er losgegangen war, um ihn zu kaufen, und was für ein tolles Gerät er da erstanden hätte. Das Gespräch endete immer mit dem in großem Ernst ausgesprochenen Satz: ›Und, Dave ... ich habe wirklich einen unglaublich guten Empfang.‹ David spricht heute noch gern von Paul und seinem unglaublich guten Empfang.«

Das zentrale Ereignis im kreativen Werdegang von David Lynch fand im Frühjahr 1967 statt. Als er an einem Gemälde arbeitete, auf dem eine Gestalt inmitten von dunkelgrünem Blattwerk steht, bemerkte er etwas, das er als »einen Windhauch« beschrieb, und sah, wie sich die Oberfläche der Farbe bewegte. Als wäre es eine Botschaft aus dem Äther gewesen, kam ihm auf einmal die Idee für ein sich bewegendes Gemälde.

Er überlegte, ob er an einem Film von Bruce Samuelson mitarbeiten sollte, der damals ziemlich effektvolle, lebendige Gemälde des menschlichen Körpers anfertigte. Aber nach einer Weile verwarfen sie ihre gemeinsame Idee. Lynch wollte genau die Sache weiterverfolgen, auf die er gestoßen worden war, und mietete eine Photorama-Kamera. Damit drehte er *Six Men Getting Sick*, einen einminütigen Animationsfilm, der sich sechsmal wiederholt und auf einen extra dafür angefertigten ein Meter achtzig mal drei Meter großen Bildschirm projiziert wurde. Er kostete zweihundert Dollar und wurde in einem leeren Zimmer eines Hotels gedreht, das der Kunsthochschule gehörte.

Der Film kombiniert drei Gesichter aus Gips und Fiberglas mit drei projizierten Gesichtern – Lynch machte zwei Abgüsse von Fisks Gesicht, der wiederum einen Abguss von Lynchs Gesicht machte. Zu diesem Zeitpunkt experimentierte Lynch mit verschiedenen Materialien, und Reavy erzählt: »David hatte vor *Six Men Getting Sick* noch nie Polyesterharz benutzt, und die erste Portion, die er vermischte, ging sofort in Flammen auf.«

Die Körper aller sechs Figuren bewegen sich kaum und sitzen auf roten Kugeln, die ihre Bäuche darstellen sollen. Die animierten Bäuche füllen sich mit einer farbigen Flüssigkeit, bis die Gesichter explodieren und weiße Farbe verspritzen, die auf eine violette Fläche tröpfelt. Während des ganzen Films sind durchgehend Sirenen zu hören, und das Wort »sick« flammt immer wieder auf, während Hände verzweifelt winken. Der Film wurde mit dem Dr. William S. Biddle Cadwalader Memorial Prize der Hochschule ausgezeichnet, den Lynch sich mit dem Maler Noel Mahaffey teilte. H. Barton Wasserman, ein Mitschüler, war so beeindruckt von dem Film, dass er Lynch beauftragte, eine ähnliche Filminstallation für seine Wohnung herzustellen.

»David bemalte mich mit grellroter Acrylfarbe, die höllisch brannte, und kombinierte das Ganze mit einem Duschkopf«, erinnert sich Reavey. »Mitten in der Nacht fiel ihm ein, dass er einen Duschkopf mit Schlauch bräuchte. Also ging er raus und kam nach einer Weile mit einem Duschkopf und einem Schlauch zurück. So was kam öfter vor bei ihm.«

Lynch brauchte zwei Monate, um den zwei Minuten und fünfundzwanzig Sekunden langen Film zu drehen. Als er den Film zum Entwickeln einschickte, stellte sich heraus, dass die Kamera kaputt gewesen und auf dem Film nichts zu sehen war. »Er schlug die Hände vor das Gesicht und weinte zwei Minuten lang«, erzählt Reavey. »Dann sagte er ›scheiß drauf‹ und ließ die Kamera reparieren. Er war immer sehr diszipliniert.« Das Projekt wurde abgeblasen, aber Wasserman überließ Lynch den Rest des Geldes, das er dafür vorgesehen hatte.

Im August 1967 stellte Reavey fest, dass sie schwanger war. Als einen Monat später der Unterricht wieder begann, verließ Lynch die Academy. In einem Brief an die Schulleitung begründete er seine Entscheidung: »Ich werde im Herbst mein Studium nicht mehr aufnehmen, aber ich werde ab und zu mal vorbeikommen, um eine Cola zu trinken. Ich habe leider nicht genug Geld, und mein Arzt sagt, ich sei allergisch gegen Ölfarbe. Ich bekomme ein Magengeschwür und Bandwürmer zusätzlich zu meinen Magenkrämpfen. Ich habe keine Kraft mehr, meiner Arbeit an der Kunsthochschule gewissenhaft nachzugehen. Herzliche Grüße, David. PS: Ich werde stattdessen Filme machen.«[5]

Ende des Jahres verließ auch Reavey die Schule. »David sagte: ›Lass uns heiraten. Wir werden sowieso irgendwann heiraten, also können wir es auch gleich tun‹«, erinnert sich Reavey. »Ich traute mich nicht, meinen Eltern zu erzählen, dass ich schwanger war. Wir taten es dann aber doch, und zum Glück waren sie von David total begeistert. Wir heirateten am 7. Januar 1968 in der Kirche meiner Eltern«, fährt sie fort. »Sie hatte gerade einen neuen Pfarrer bekommen, der einfach großartig war. Hey, ihr liebt euch, das ist doch super! Ich war schon im sechsten Monat und trug ein weißes Kleid, das bis zum Boden reichte. Die Zeremonie war sehr formell. Wir fanden sie beide sehr lustig. Meine Eltern hatten ihre Freunde eingeladen, und es war ihnen unangenehm. Ich fühlte mich schlecht deswegen, aber wir konnten nicht anders. Anschließend gab es eine Feier im Haus meiner Eltern mit einem Büfett und Champagner. Alle unsere Künstlerfreunde kamen, der Champagner floss in Strömen, und es wurde eine richtig wilde Party. Wir fuhren nicht in die Flitterwochen, aber sie buchten uns ein Zimmer für eine Nacht im Chestnut Hotel, das heute sehr hübsch ist, damals aber ganz schön heruntergekommen war. Dort schliefen wir in einem ziemlich schäbigen Zimmer, aber wir waren glücklich und hatten eine Menge Spaß.«

Mit dem restlichen Geld, das Wasserman ihm überlassen hatte, sowie finanzieller Unterstützung von seinem Vater machte Lynch sich an die Arbeit zu seinem zweiten Film mit dem Titel *The Alphabet*. In dem vierminütigen Film spielt Reavey die Hauptrolle. Die Idee dazu stammte ebenfalls von Reavey, die ihre Nichte einmal dabei beobachtet hatte, wie sie im Schlaf das Alphabet vor sich hinsagte. Der Film beginnt mit Reavey, die in einem weißen Nachthemd auf einem Bett mit weißen Laken inmitten eines leeren schwarzen Raums liegt. Dann werden die realen Bilder von Animationen abgelöst. Die gezeichneten Bilder werden von einem

Soundtrack begleitet, der damit beginnt, dass ein paar Kinder »A, B, C« singen. Der Gesang geht in einen männlichen Bariton über (Lynchs Freund Robert Chadwick), der ein sinnloses Lied singt; ein weinendes Baby und eine Mutter, die es zu beruhigen versucht; und Reavey, die das gesamte Alphabet aufsagt. Lynch beschreibt das Werk als »einen Albtraum über die Angst, die mit dem Lernen verbunden ist«.

Es ist ein bezaubernder Film mit einem bedrohlichen Unterton, der damit endet, dass die Frau Blut spuckt, während sie sich auf dem Bett windet. »Die erste richtige Aufführung fand in einem Kino namens Band Box statt«, erinnert sich Reavey. »Der Film fing an, aber der Ton war ausgestellt. Lynch stand auf und rief: »Film anhalten!«, dann rannte er in den Vorführraum. Reavey lief hinter ihm her. Reaveys Eltern waren extra gekommen, um sich den Film anzusehen. »Es war ein Albtraum«, erinnert sich Lynch.

»Davids Arbeit war der Mittelpunkt unseres Lebens. Wenn er einen Film beendet hatte, sprach er sofort wieder davon, einen weiteren zu drehen«, erzählt Reavey. »Ich zweifelte nicht daran, dass er mich liebte, aber er sagte: ›Die Arbeit ist das Wichtigste und geht vor.‹ So war das nun mal bei ihm. Ich war sehr in seine Arbeiten einbezogen. Wir diskutierten auch über ästhetische Fragen. Ich weiß noch, wie ich ihm zusah, völlig verblüfft war und sagte: ›Meine Güte! Du bist wirklich ein Genie!‹ Das sagte ich oft, und ich glaube, es stimmt auch. Er hat damals schon unglaublich originelle Dinge gemacht.«

Reavey hatte 1967 einen Job im Buchladen des Philadelphia Museum of Art und arbeitete dort, bis die Wehen schließlich einsetzten. Jennifer Chambers Lynch wurde am 7. April 1968 geboren. »David war total begeistert von Jen«, erinnert sich Reavey. »Aber es machte ihm schwer zu schaffen, dass sie nachts immer schrie. Das konnte er nicht ertragen. Schlaf war sehr wichtig für ihn, und ihn aufzuwecken war absolut kein Spaß. Er hatte Magenprobleme und morgens immer Schmerzen. Aber Jen war toll und eigentlich ein pflegeleichtes Kind. Lange Zeit war sie der Mittelpunkt meines Lebens – wir machten alles zu dritt und waren eine glückliche Familie.«

Reaveys Vater schenkte dem Paar zur Hochzeit zweitausend Dollar, und Lynchs Eltern schossen auch etwas dazu, damit sie sich ein Haus kaufen konnten. »Hausnummer 2416 an der Ecke Poplar und Ringgold«, sagt Reavey. »Mit Erkerfenstern im Schlafzimmer, in das unser Bett gerade so reinpasste, und mit Blick auf die ukrainisch-katholische Kirche. Draußen gab es viele Bäume. In diesem Haus konnten wir viel machen, aber es hatte auch seine Nachteile. Wir rissen das Linoleum vom Boden, fanden aber nie die Zeit, die Holzbohlen abzuschleifen. Sie waren teilweise ganz schön angefressen. Wenn ich in der Küche etwas verschüttete, wurde es vom Holz einfach aufgesaugt. Davids Mutter besuchte uns dort kurz vor unserer Abreise nach Kalifornien und sagte: ›Peggy, du wirst diesen Fußboden noch vermissen.‹ Sie hatte einen wunderbar trockenen Humor. Einmal schaute sie mich an und sagte: ›Peggy, wir machen uns schon seit Jahren Sorgen um dich. Davids Ehefrau ...‹ Sie konnte wirklich witzig sein, und Don hatte auch Sinn für Humor. Mit Davids Eltern war es immer sehr lustig.«

Das Leben als Ehefrau von Lynch war interessant und spannend. Die gewalttätige Atmosphäre in Philadelphia allerdings war ziemlich belastend. Sie war dort aufgewachsen und der Ansicht, dass es nicht rauer zuging als in den anderen Großstädten im Nordosten in den Sechzigerjahren. Sie gibt allerdings zu, »dass ich es nicht mochte, wenn jemand vor unserem Haus herumballerte. Trotzdem bin ich jeden Tag rausgegangen und mit dem Kinderwagen überall in der Stadt herumgelaufen, um beispielsweise einen Film zu besorgen oder was wir sonst so brauchten. Ich hatte keine Angst, aber manchmal konnte es schon unheimlich werden. Eines Abends, während David weg war, sah ich ein Gesicht vor dem Fenster im zweiten Stock. Als David nach Hause kam, hörten wir, wie jemand heruntersprang. Am nächsten Tag borgte David sich eine Schrotflinte, und wir saßen den ganzen Abend auf unserem Sofa aus blauem Samt – nach dem David sich immer noch zurücksehnt –, und er hielt das Gewehr in der Hand. Ein anderes Mal lagen wir im Bett und hörten, wie jemand unten die Haustür aufzubrechen versuchte, was ihm schließlich auch gelang. Wir hatten einen Paradesäbel unter dem Bett, den mein Vater uns überlassen hatte. David zog seine Boxershorts verkehrt herum an, schnappte sich den Säbel, rannte zum Treppenabsatz und brüllte: ›Raus hier! Verdammt noch mal!‹ Es war eine ziemlich heruntergekommene Gegend, und es gab andauernd solche Vorfälle.«

Lynch hatte keinen Job, als seine Tochter geboren wurde. Er suchte auch keinen. Aber eines Tages boten Rodger LaPelle und Christine McGinnis, Absolventen der Kunsthochschule, die Davids Arbeiten schon von Anfang an schätzten, ihm einen Job als Drucker in ihrem Laden an, wo sie Radierungen herstellten. McGinnis' Mutter Dorothy arbeitete ebenfalls dort. LaPelle erinnert sich,»dass wir jeden Mittag zusammen aßen und ausschweifend über Kunst diskutierten«.[6]

Die besten Gemälde aus seiner Zeit in Philadelphia entstanden in den letzten zwei Jahren, die Lynch dort verbrachte. Er hatte eine Ausstellung mit Werken von Francis Bacon gesehen, die von November bis Dezember 1968 in der Marlborough-Gerson Gallery in New York stattfand, und war davon sehr beeindruckt. Damit war er nicht allein, wie Maitland erzählt: »Die meisten von uns wurden damals von Bacon beeinflusst, und bei David machte sich das deutlich bemerkbar.« Bacon ist in den Gemälden, die Lynch damals fertigstellte, zweifellos sehr präsent, aber sein Einfluss ordnet sich Lynchs Ideen unter.

Wie bei Bacon sind auch die frühen Bilder von Lynch vor allem Porträts. Sie bestehen aus einfachen vertikalen und horizontalen Linien, die die Leinwände in eine Bühne verwandeln, auf der sich allerhand merkwürdige Begebenheiten ereignen. Auf Lynchs

Bildern sind diese Begebenheiten die Personen selbst. Erschreckende Kreaturen, die aus der lehmigen Erde zu wachsen scheinen, ein unfassbares Konglomerat aus menschlichen Gliedmaßen, tierischen Formen und organischem Gewächs, in dem die üblichen Grenzen, welche die verschiedenen Spezies voneinander trennen, verschwunden sind. Sie stellen alles Lebendige als Teil eines einzigen Energiefeldes dar. Isoliert inmitten einer schwarzen Umgebung, wirken diese Figuren oft so, als würden sie sich durch eine düstere Landschaft bewegen, die voller Gefahren ist. *Flying Bird with Cigarette Butts* (1968) zum Beispiel zeigt eine Gestalt, die in einem schwarzen Himmel schwebt, mit einem Sprössling, der an Bändern an ihrem Bauch hängt. In *Gardenback* (1968–70) scheint ein Adler auf menschliche Beine transplantiert worden zu sein. Pflanzenteile sprießen aus dem rundlichen Rücken der Gestalt, die im Profil voranschreitet und eine brustartige Rundung am unteren Rücken hat.

Diese visionären Gemälde fertigte David Lynch in den späten Sechzigern an, und auch wenn sich immer das neueste Album der Beatles auf dem Plattenspieler drehte, interessierte er sich nicht für die Entwicklungen in der damaligen Gegenkultur. »David nahm keine Drogen – er brauchte sie nicht«, erinnert sich Reavey. »Ein Freund überließ uns mal einen Klumpen Haschisch und gab uns den Tipp, etwas davon zu rauchen und anschließend Sex zu haben. Wir wussten nicht genau, was wir tun sollten, also rauchten wir alles davon, während wir auf dem blauen Samtsofa saßen. Danach waren wir so fertig, dass wir es kaum die Treppe hoch schafften. Alkohol spielte auch keine große Rolle bei uns. Mein Vater mixte gern ein Getränk, das er ›Lynch Special‹ nannte. Es bestand aus Wodka und Bitter Lemon, und David mochte es gern. Aber das war auch schon alles.«

»Ich habe David nie wirklich betrunken erlebt, außer auf meiner Hochzeitsfeier, als alle völlig blau waren«, erzählt Maitland. »Später beklagte sich meine Mutter bei mir: ›Dein Freund David hat mein schönes gelbes Sofa als Trampolin benutzt!‹ Das war höchstwahrscheinlich das einzige Mal, dass David so betrunken war.«

Ermuntert von Bushnell Keeler, bewarb Lynch sich beim American Film Institute in Los Angeles um eine Filmförderung in Höhe von 7500 Dollar und reichte *The Alphabet* ein, zusammen mit einem neuen Drehbuch, das er geschrieben hatte. Es trug den Titel *The Grandmother* und erzählt von einem einsamen Jungen, der ständig von seinen grausamen Eltern geschlagen wird, weil er ins Bett macht. Über vierunddreißig Minuten wird gezeigt, wie der Junge erfolgreich versucht, eine liebenswerte Großmutter zu pflanzen und großzuziehen. Lynchs Arbeitskollegin Dorothy McGinnis spielte die Großmutter, Richard White, ein Kind aus der Nachbarschaft, den Jungen, Robert Chadwick und Virginia Maitland verkörperten die Eltern.

Lynch und Reavey verwandelten den zweiten Stock ihres Hauses in ein Filmset. Reavey erinnert sich noch, dass sie darüber nachdachten, wie sie den Raum schwarz anmalen und trotzdem seine Konturen bewahren könnten. »Schließlich entschlossen wir uns, Kreide an den Stellen zu benutzen, wo die Deckenbalken auf die Wände trafen.«

Um das Set aufbauen zu können, mussten auch einige Wände entfernt werden. »Das war eine ziemliche Drecksarbeit. Ich habe kleine Plastiktüten mit Schutt gefüllt und sie runter zur Straße getragen, damit sie abtransportiert werden konnten. Große Tüten wären zu schwer gewesen, also nahmen wir kleine, die Griffe hatten, welche wie Hasenohren aussahen. Eines Tages schauten wir aus dem Fenster, als die Männer von der Müllabfuhr kamen. David konnte sich nicht mehr einkriegen vor Lachen, weil wir die ganze Straße entlang kleine Tüten aufgereiht hatten, die aussahen wie eine Kaninchenhorde.«

Maitland erzählt, dass Reavey zu ihr kam, um sie zu fragen, ob sie an dem Film mitarbeiten wollte. »Peggy sagte: ›Möchtest du mitmachen? Er zahlt dir dreihundert Dollar.‹ Ich erinnere mich noch gut daran, wie kahl es in ihrem Haus war, nachdem er alles vorbereitet hatte. David verlangte von uns, dass wir Gummibänder um die Gesichter legten, damit wir fremdartig aussahen, und bemalte unsere Gesichter komplett weiß. Es gibt eine Szene, in der Bob und ich bis zum Hals in der Erde stecken. David suchte dafür nach einer Stelle, wo er tiefe Löcher ausheben konnte. Also drehten wir diese Szene im Haus von Eo Omakes Eltern in Chadds Ford, Pennsylvania. David grub die Löcher, und wir stellten uns hinein. Dann schaufelte er Erde auf uns. Ich weiß noch, wie ich irgendwann dachte, dass ich nun wirklich ein bisschen *zu lange* in der Erde stecke. Aber das ist eben das, was David so großartig macht – er war damals schon ein unglaublich guter Regisseur. Er brachte einen dazu, alles für ihn zu tun. Immer auf die allerfreundlichste Art.«

Ein wichtiges Element des Films kam ins Spiel, als Lynch Alan Splet kennenlernte, einen freischaffenden Klangkünstler. »David und Al zusammen, das war cool, da hat es sofort klick! gemacht«, sagt Reavey. »Al war ein ziemlich exzentrischer, aber freundlicher Typ, der als Angestellter für die Schmidt's Brauerei gearbeitet hatte. Er hatte eine besondere Begabung, Klänge zu erzeugen, und eine gewisse Ähnlichkeit mit Vincent van Gogh – roter Bart, rotes Haar, lebhafte Augen. Er war dünn wie ein Faden und blind wie ein Maulwurf, weshalb er nicht Auto fahren konnte und überall zu Fuß hinging, was ihm nichts ausmachte. Er kleidete sich total uncool und trug immer diese billigen kurzärmeligen Hemden. Außerdem war er ein begnadeter Cellist. Als er bei uns in L.A. wohnte, kamen wir manchmal nach Hause, wo er laut klassische Musik hörte und dazu dirigierte.«

Lynch stellte fest, dass in den gängigen Klangbibliotheken keine Töne existierten, die seinen Ideen für *The Grandmother* entsprachen. Also produzierte er zusammen mit Splet eigene Klangeffekte. Sie erarbeiteten einen unkonventionellen Soundtrack, der dem

Film eine ganz besondere Qualität verleiht. 1969, als der Film fast fertig war, kam Toni Vellani, der Direktor des American Film Institute, mit dem Zug von Washington nach Philadelphia, um ihn sich vorführen zu lassen. Er war total begeistert davon und versprach, sich darum zu kümmern, dass Lynch zum Herbstsemester 1970 eine Einladung ans Center for Advanced Film Studies des AFI bekommen würde. »Ich weiß noch, wie David regungslos dasaß und die Broschüre des Filminstituts anstarrte«, erinnert sich Reavey.

Vellani hielt Wort, und Lynch schrieb am 20. November 1969 in einem Brief an seine Eltern: »Wir fühlen uns, als wäre ein Wunder geschehen. Ich werde wahrscheinlich die nächsten Monate damit verbringen, mich an den Gedanken zu gewöhnen, dass es wirklich wahr ist. Und dann, nach Weihnachten, heißt es für Peggy und mich: ›Kamera läuft.‹«

Philadelphia hatte seine seltsame Magie entfaltet und auf Lynch übertragen, der hier Dinge sah, die ihm vorher fremd gewesen waren. Willkürliche Gewalt, rassistische Vorurteile und das bizarre Verhalten, das oftmals mit dem Elend einhergeht – das alles hatte er in den Straßen dieser Stadt gesehen, und es hatte sein Weltbild erschüttert. Das Chaos von Philadelphia war das absolute Gegenteil der geordneten und optimistischen Welt, in der er aufgewachsen war. Und diese beiden Extreme würden von nun an immer wiederkehrende Themen seiner Kunst sein.

Nun war der Boden bereitet für die Agonie und Ekstase von *Eraserhead*. Lynch machte sich auf den Weg nach Los Angeles, wo er die Bedingungen vorfand, um seine Filmidee zu realisieren. »Wir verkauften das Haus für achttausend Dollar, als wir weggingen«, sagt Reavey. »Wenn wir uns heute treffen, reden wir immer noch über das Haus und das blaue Samtsofa, das wir bei Goodwill gekauft hatten. David gerät immer ins Schwärmen, wenn er von den Goodwill-Sachen spricht. Dann sagt er: ›Dieses Sofa hat uns zwanzig Dollar gekostet!‹ Aus irgendeinem Grund saß Jack an dem Tag, bevor wir aufbrachen, im Knast und konnte uns nicht beim Tragen helfen. David beklagt sich heute noch darüber, dass wir das Sofa nicht mitgenommen haben.«

Ich wusste nichts über die politischen oder sozialen Verhältnisse in Philadelphia, bevor ich dort hinzog. Nicht dass es mir egal gewesen wäre, ich wusste einfach nichts davon, weil ich mich nicht mit Politik beschäftigte. Ich glaube, ich bin damals nicht mal zur Wahl gegangen. Ich wurde an der Kunsthochschule angenommen, stieg in den Bus und fuhr hin. Es war eine schicksalhafte Fügung. Jack und ich gingen nicht zu den Kursen – der einzige Grund, warum wir uns dort einschrieben, war, dass wir nach Gleichgesinnten suchten, die wir auch fanden. Alle Studenten, mit denen ich dort zu tun hatte, beschäftigten sich ernsthaft mit Malerei. Es waren alles tolle Leute. In Boston war das nicht so, dort hatten sie es nicht wirklich ernst gemeint.

Meine Eltern unterstützten mich während der Zeit auf der Academy, und mein Vater hat mich nie verstoßen. Es stimmt allerdings, wenn Peggy und Eo Omwake sagen, dass ich ein wenig depressiv war, als ich nach Philadelphia kam. Es war keine richtige Depression, eher eine melancholische Phase, und es hatte nichts mit der Stadt zu tun. Ich fühlte mich verloren. Ich hatte meinen Weg noch nicht gefunden und machte mir wahrscheinlich Sorgen deswegen.

Ich zog Ende 1965 dorthin und wohnte mit Jack in seinem kleinen Zimmer. Als ich ankam, hatte er einen kleinen Hund namens Five. Der ganze Raum war mit Zeitungspapier ausgelegt, weil Jack gerade versuchte, den Hund stubenrein zu machen. Wenn man herumlief, raschelte das Papier. Five war ein lieber Hund, und John hatte ihn viele Jahre lang. Nebenan befand sich ein Lokal namens Famous Diner, betrieben von Pete und Mom. Beide waren sehr groß, und Mom hatte extrem gelbe Haare. Sie sah aus wie die Frau auf der Mehlpackung – diese Kellnerin mit der blauen Schürze. Das Lokal war in einem Eisenbahnwaggon untergebracht, hatte einen sehr langen Tresen und Sitznischen an der gegenüberliegenden Wand. Es war einfach großartig. Man konnte dort schon um halb sechs Uhr morgens Donuts mit Marmeladenfüllung bekommen.

Die Wohnung von Jack war so klein, dass wir etwas anderes suchen mussten. Wir zogen am Neujahrstag in ein Haus an der Ecke 13th und Wood. Ich erinnere mich noch sehr gut daran. Wir fingen um ein Uhr nachts mit dem Umzug an und benutzten einen Einkaufswagen dafür. Wir packten Jacks Matratze und seinen ganzen Kram rein und zogen los. Ich brauchte nur eine Tasche für meine Habseligkeiten. Unterwegs trafen wir auf ein Brautpaar, das uns fragte: »Wieso zieht ihr am Neujahrstag um? Braucht ihr Geld?« Und ich rief zurück: »Nein, wir sind reich!« Ich weiß nicht, warum ich das sagte, aber ich fühlte mich reich.

Unsere Wohnung war ein ehemaliger Laden mit Toilette und Waschbecken im hinteren Teil. Es gab keine Dusche und kein warmes Wasser. Jack organisierte einen Kaffeekocher aus Edelstahl, in dem wir Wasser heißmachen konnten. Er zog in den ersten Stock und ich in den zweiten, den ich mir mit Richard Childers teilte. Mein Schlafzimmer befand sich unterm Dach. Das Fenster darin war kaputt, also verschloss ich die Öffnung mit einem Brett. Ich pinkelte in einen alten Kochtopf, den ich dann im Garten entleerte. Die Wände hatten sehr viele Risse. Also ging ich in eine Telefonzelle und riss sämtliche weißen Seiten aus dem Telefonbuch heraus, nur die weißen Seiten, die gelben wollte ich nicht. Dann rührte ich Kleister an und tapezierte das ganze Zimmer damit, es sah richtig gut aus. Ich hatte einen elektrischen Heizkörper. Eines Morgens kam Jack

Havard zu mir, um mich abzuholen, weil wir zusammen zur Hochschule wollten. Er stellte fest, dass das Brett aus dem Fenster gefallen war und jede Menge Neuschnee auf dem Fußboden lag. Und mein Kissen hatte beinahe schon Feuer gefangen, weil der Heizkörper so dicht neben meinem Bett stand. Womöglich hat er mir das Leben gerettet.

James hatte es wirklich drauf. Er war älter, ein großer Künstler und arbeitete ununterbrochen. Wissen Sie, was ein »malerischer Ansatz« ist? Er hatte einen. Alles, was er anfasste, wurde sofort diesem Ansatz unterworfen. Er war sehr erfolgreich. Einmal fuhren wir zu sechst oder siebt nach New York, weil James in Uptown eine große Ausstellung hatte. Am Ende der Vernissage waren wir alle betrunken und mussten nach Downtown. Ich weiß nicht, ob ich wirklich gefahren bin, aber ich erinnere mich daran, als wäre ich gefahren. Es war ein oder zwei Uhr morgens, und wir hatten die ganze Strecke über grüne Welle. Es war unglaublich.

Virginia Maitland ist auch eine sehr gute Malerin geworden, aber damals nahm ich sie mehr als Partygirl wahr. Eines Tages ging sie die Straße entlang und traf an der Ecke auf einen jungen Mann, der Vogelstimmen nachmachte. Sie nahm ihn mit nach Hause, und er zwitscherte in ihrem Wohnzimmer. Das gefiel ihr so gut, dass sie ihn bei sich behielt. Das war Bob Chadwick. Er war Maschinist, und sein Chef war total begeistert von ihm, denn er hatte immer alles im Griff. Er arbeitete an einer zwölf Meter langen Apparatur mit Tausenden von Zahnrädern, mit der komplizierte Schnitte durchgeführt wurden. Bob war der Einzige, der sich mit dieser Maschine auskannte. Er wusste intuitiv, wie man bestimmte Dinge anpacken musste. Er war kein Künstler, aber im Umgang mit Maschinen war er einer.

Unsere Nachbarschaft war ziemlich seltsam. Wir wohnten neben dem Diner, das von Pop und seinem Sohn Andy betrieben wurde. Dort lernte ich einen Typen kennen, der im Leichenschauhaus arbeitete, und der sagte: »Wenn du mal vorbeikommen willst, sag einfach Bescheid, du musst nur um Mitternacht an der Tür klingeln.« Also ging ich eines Nachts rüber und klingelte. Er machte auf und führte mich in einen kleinen Vorraum. Dort gab es einen Automaten für Zigaretten, einen für Süßigkeiten und alte Kacheln aus den Vierzigern auf dem Fußboden, außerdem eine Rezeption mit einem Sofa. Von da ging es durch eine Tür in einen Korridor, der nach hinten führte. Er machte sie auf und sagte: »Geh ruhig rein, und fühl dich wie zu Hause.« Niemand arbeitete dort, ich war also ganz allein. Es gab verschiedene Räume, die unterschiedlich ausgestattet waren. Ich ging in den Kühlraum, wo die Leichen aufbewahrt wurden. Sie lagen in Regalen, die wie Hochbetten aussahen. Es waren Unfall- oder Gewaltopfer, sie hatten Verletzungen oder Schnittwunden. Keine blutenden Wunden, aber offene Stellen. Ich verbrachte eine ganze Weile dort, dachte über jede einzelne Leiche nach und fragte mich, was sie wohl erlebt hatte. Ich war nicht beunruhigt, nur interessiert. Es gab auch einen Raum für Körperteile, sowohl von Erwachsenen als auch von kleinen Kindern, aber es war nichts dort, was mir Angst gemacht hätte.

Eines Tages, als ich auf dem Weg zum White Tower war, um dort zu Mittag zu essen, sah ich die lächelnden Leichensäcke. Wenn man die Straße an der Rückseite des Leichenschauhauses entlangging, konnte man die Säcke aus Kunststoff sehen, die dort aufgehängt waren. Sie wurden ausgespült, und das Wasser, vermischt mit Körpersäften, tropfte heraus. In der Mitte waren sie leicht eingedellt und hingen herab. Es sah aus, als würden sie lächeln. Lächelnde Leichensäcke.

Ich muss mich wohl ziemlich verändert haben und war recht schmuddelig geworden. Eines Tages fuhr ich mit Jack zusammen nach Pennsylvania, um ein paar Gemälde hinzubringen. Judy Westermann ging dort zur Uni und war in einer Studentinnen-Vereinigung aktiv. Ich dachte, es wäre doch toll, sie bei dieser Gelegenheit mal zu besuchen. Also fuhren wir hin, lieferten die Gemälde ab und fuhren dann weiter zu ihrem Wohnheim. Dort war es unglaublich sauber. Ich kam von der Kunsthochschule und sah aus wie ein

Gammler. Die Mädchen schauten mich alle erstaunt an. Sie sagten Judy Bescheid, und sie hat sich wahrscheinlich für mich geschämt. Ich glaube, irgendjemand sagte: »Was ist denn das für ein Penner da drüben?« Aber Judy kam runter, und wir hatten ein nettes Gespräch. Sie kannte mich ja. Aber ihre Kommilitoninnen fanden mich verdächtig. Das war das letzte Mal, dass ich Judy gesehen habe.

Einmal veranstalteten wir in unserem Haus eine Party, und es waren einige hundert Leute da. Irgendwann kam jemand zu mir und sagte: »David, dieser Typ hat eine Pistole, wir müssen sie ihm wegnehmen und verstecken.« Der Kerl hatte sich über jemanden geärgert. Wir nahmen ihm die Waffe weg und versteckten sie auf der Toilette. Ich bin mit Schusswaffen aufgewachsen und fühle mich wohl in ihrer Nähe. Es waren viele Kunststudenten da, aber auch andere Leute, es war eine gute Mischung. Unter den Gästen war auch ein Mädchen, das einen recht schlichten Eindruck machte, aber total sexy war. Es muss wohl im Winter gewesen sein, denn alle hatten ihre Mäntel auf mein Bett oben unterm Dach gelegt. Wenn jemand sich verabschiedete, ging ich hoch und holte die Mäntel. Einmal kam ich oben an, und dieses Mädchen lag mit heruntergezogenen Hosen auf einem Pelzmantel. Offenbar hatte sich jemand an ihr vergangen. Sie war total betrunken. Ich half ihr hoch und zog sie an. Auch so etwas passierte also auf dieser Party.

Es war ziemlich voll. Irgendwann tauchten die Bullen auf und sagten, jemand hätte sich beschwert, und alle sollten jetzt bitte nach Hause gehen. Die meisten gingen daraufhin, aber ungefähr fünfzehn Personen blieben. Ein Typ spielte leise auf der Akustikgitarre, es war sehr entspannt. Da kamen die Bullen wieder und sagten: »Wir haben doch gesagt, alle sollen hier verschwinden.« Ein Mädchen namens Olivia, die wahrscheinlich ziemlich betrunken war, trat vor die Polizisten, zeigte ihnen den Finger und sagte: »Warum fickt ihr euch nicht selbst.« Daraufhin hieß es: »Okay, alle kommen jetzt mit auf die Wache.« Vor dem Haus stand schon ein Transporter bereit, und wir stiegen alle ein. Beim Verhör fanden sie heraus, dass Jack und ich die Mieter des Hauses waren. Also wurden wir in Gewahrsam genommen, weil wir für den Krawall verantwortlich waren. Olivia kam in den Frauentrakt. In unserem Trakt befanden sich zwei Transvestiten – einer, der sich Cookie nannte, in unserer Zelle, ein anderer ein Stück weiter am Ende des Flurs. Sie redeten die ganze Nacht miteinander. Außerdem saßen ein Mörder, der sich die Liege gesichert hatte, sowie mindestens sechs weitere Personen in der Zelle. Am nächsten Morgen wurden wir dem Haftrichter vorgeführt. Dann kamen ein paar Kunststudenten und holten uns gegen Kaution raus.

Wir kamen nach Philadelphia, bevor die Hippies auf die Polizisten losgingen, die sie »Pigs« nannten. Am Anfang hatten die Cops nichts gegen uns, obwohl wir ein bisschen merkwürdig aussahen. Das änderte sich dann, weil die Situation im ganzen Land sich änderte. Richard hatte einen Truck. Eines Abends fuhren wir damit ins Kino. Auf dem Rückweg schaute er in den Rückspiegel. Hinter uns war ein Bulle. Wir näherten uns einer Kreuzung. Als die Ampel gelb wurde, hielt Richard an, was dem Cop anscheinend den Eindruck vermittelte, wir wären nervös. Bei Grün fuhren wir wieder los. Als wir in der Mitte der Kreuzung angelangt waren, gingen das Blaulicht an und die Sirene los. »Rechts ranfahren!« Richard hielt vor einer hohen Mauer an. Der Bulle baute sich vor unserem Truck im Scheinwerferlicht auf, legte die Hand auf seine Waffe und sagte: »Raus aus dem Wagen!« Wir stiegen aus, und er brüllte: »Hände gegen die Wand!« Wir legten die Hände gegen die Wand, und er begann, Richard abzutasten. Da er Richard durchsuchte und nicht mich, nahm ich die Hände herunter. Schon stieß er mich gegen die Mauer und schrie wieder: »Hände gegen die Wand!« Dann kam ein Transporter mit zwanzig weiteren Cops, und sie brachten uns in einem rollenden Metallkäfig zur Polizeistation. Wir hörten, wie einer von ihnen über Funk zwei Personenbeschreibungen durchgab und sahen einander verwundert an, als wir feststellten, dass wir gemeint waren. Auf der Wache wurden wir einem alten Mann mit einer blutigen Bandage am Kopf vorgeführt. Er schaute uns an und sagte: »Nein, das sind sie nicht.«

Daraufhin ließen sie uns gehen. Sie hatten mich echt nervös gemacht.

Es gibt ein Zitat von mir, das besagt, ich würde nächtliche Gestalten im Garten mögen. Aber eigentlich mag ich Gärten nicht, bis auf eine bestimmte Sorte. Ich habe einmal ein Bild von einem Garten mit Elektromotoren gemalt, die Öl pumpten – so was mag ich, die Kombination von Mensch und Natur. Deshalb liebe ich alte Fabriken. Geräte, Öl, die ganze Mechanik, riesige knirschende Anlagen, die geschmolzenes Metall ausgießen, Feuer, Kohle und Rauch, Gusseisen, raue Flächen, Lärm – all das gibt es nicht mehr, heutzutage ist alles ruhig und sauber. Ein ganzer Lebensbereich ist verschwunden, aber das war der Teil von Philadelphia, den ich liebte. Ich mochte auch das Innere der Häuser in Philadelphia, das dunkle Holz, Räume mit speziellen Proportionen und dieses ganz bestimmte Grün. Es war so ein Kotzgrün mit ein bisschen Weiß darin. Diese Farbe wurde in den ärmeren Gegenden häufig verwendet. Eine Farbe, die sich irgendwie alt anfühlt.

Ich weiß nicht, ob ich bei *Six Men Getting Sick* eine Idee hatte, ich fing einfach an. Ich hörte mich um und fand einen Laden namens Photorama, wo die 16mm-Kameras billiger waren als anderswo. Es wirkte alles ein wenig anrüchig, aber ich konnte mir eine Bell-and-Howell-Kamera mit Handbetrieb leihen, die drei Objektive hatte. Es war eine schöne Kamera. Ich drehte den Film in diesem alten Hotel, das der Kunsthochschule gehörte. Die Zimmer dort waren leer und arg heruntergekommen, aber die Korridore waren mit orientalischen Teppichen ausgelegt, hatten Messinglampen und hübsche Sofas und Stühle. Ich baute eine Art Leinwand, die ich auf einen Radiator aufbockte, und stellte die Kamera auf der anderen Seite des Raums auf eine Kommode, die ich im Flur entdeckt hatte. Die Kommode nagelte ich auf dem Fußboden fest, damit die Kamera nicht verrutschte.

Keine Ahnung, wie ich auf die Kombination von Skulptur und Leinwand gekommen bin. Ich kann mich übrigens nicht erinnern, dass das Polyesterharz in Flammen aufgegangen ist, aber es ist sehr heiß geworden und hat wahnsinnig gequalmt. Man rührt es in Papiergefäßen an, und es gefiel mir, wenn es richtig heiß wurde. Das Papier wurde dann braun und rauchte. Es erhitzte sich so sehr, dass es knisterte, und dann sah man die Dämpfe aufsteigen. Als der Film fertig war, baute ich ein Gerüst, mit dessen Hilfe ich den Film nach oben zur Decke und dann wieder hinunter zum Projektor ziehen konnte. Außerdem benutzte ich ein Tonbandgerät, das eine Sirene in Endlosschleife abspielte. Es war eine Kombination aus Malerei und Plastik. Die anderen Studenten erlaubten mir, pro Stunde fünfzehn Minuten lang das Licht auszuschalten. Das war wirklich nett.

Bart Wasserman war ein ehemaliger Student der Academy, dessen Eltern gestorben waren und ihm eine Menge Geld hinterlassen hatten. Nachdem er *Six Men Getting Sick* gesehen hatte, bot er mir tausend Dollar für eine Filminstallation in seinem Haus. Ich arbeitete zwei Monate daran, aber als der Film entwickelt wurde, war nichts zu sehen. Alle behaupteten, ich sei sehr wütend gewesen, als der Film nichts wurde, also wird es wohl stimmen. Aber ich hatte sofort eine neue Idee für einen Film mit realen Aufnahmen und Animation. Ich dachte sofort: Das ist die Gelegenheit. Es muss einen Grund geben, warum das alles so gekommen ist, vielleicht lässt Bart mich ja diesen Film machen. Ich rief ihn an, und er sagte: »David, ich tue das gern, ich will nur eine Kopie davon haben, wenn er fertig ist.« Später traf ich Barts Frau im französischen Burgund, wohin sie gezogen war, und sie sagte mir, Bart hätte in seinem ganzen Leben nie etwas Uneigennütziges getan, außer für mich. Der Film, der nichts geworden war, wurde für mich schließlich zur großen Chance. Es hätte nicht besser laufen können. Ich hätte niemals ein Stipendium des AFI bekommen, wenn das nicht passiert wäre.

Mit dem Rest von Barts Geld realisierte ich *The Alphabet*. Darin geht es um die Schule und das Lernen, und wie beides einem das Leben zur Hölle machen kann. Als mir zum ersten Mal der Gedanke zu diesem Film kam, hörte ich einen Windhauch und sah, wie sich etwas bewegte. Der Klang war genauso wichtig wie das Bild – also machte ich einen Film, in dem sich Bild und Ton synchron fortbewegen. Ich musste viele verschiedene Klänge für *The Alphabet* aufnehmen. Also ging ich in dieses Labor namens Calvin de Frenes, wo ich mir ein Uher-Tonbandgerät auslieh. Ein deutsches Fabrikat von sehr guter Qualität. Ich nahm zahlreiche Töne auf, bis ich merkte, dass es kaputt war und die Aufnahmen verzerrte – es klang großartig! Ich ging wieder hin, erklärte ihnen, dass es kaputt sei, und bekam es umsonst, zusammen mit den ganzen tollen Geräuschen. Dann ging ich damit zu Bob Column, der bei Calvin de Frenes arbeitete und ein Vierspur-Mischpult hatte. Gemeinsam mischten wir alles ab. Das Abmischen und Synchronisieren war die reine Magie.

Bevor ich mit Peggy zusammenkam, hatte ich kurze Beziehungen mit anderen. Ich war eine Weile mit einem Mädchen namens Lorraine zusammen. Sie studierte Kunst und wohnte bei ihrer Mutter in der Vorstadt von Philadelphia. Sie sah aus wie eine Italienerin und war sehr witzig. Wenn wir ihre Mutter besuchten, gingen wir zusammen in den Keller, machten die Kühltruhe auf und holten für jeden ein TV-Dinner heraus, die ihre Mutter dann warm machte. Man musste sie einfach nur in den Backofen stellen, und schon hatte man ein Essen fertig! Und es schmeckte gut! Lorraine und ihre Mutter waren immer zu Späßen aufgelegt. Lorraine heiratete später Doug Randall, der die Standfotos für *The Grandmother* gemacht hatte. Eine Weile war ich mit einem Mädchen namens Margo zusammen, und mit einem anderen, das Sheila hieß. Olivia, das Mädchen, das verhaftet wurde, hatte ich auch sehr gern, aber sie war nicht meine Freundin. Olivia, Jack und ich waren so ähnlich wie die Hauptfiguren in *Jules und Jim* – wir unternahmen sehr viel gemeinsam.

Peggy war meine erste große Liebe. Ich liebte auch Judy Westermann und Nancy Briggs, aber sie hatten keine Ahnung, was ich im Atelier so trieb und waren für ein anderes Leben gemacht. Peggy kannte sich in meinem Bereich aus, konnte sich dafür begeistern und war mein größter Fan. Ich konnte nicht tippen, also tippte Peggy meine Drehbücher ab. Sie war einfach unglaublich. Zuerst waren wir nur befreundet und saßen im Drugstore in der Nähe der Akademie und unterhielten uns. Das war einfach toll.

Eines Tages erzählte sie mir, sie sei schwanger. Eins kam zum anderen, und wir heirateten. Das Einzige, was ich noch von unserer Hochzeit in Erinnerung habe, ist, dass Jack zu diesem Anlass ein Taxifahrerhemd trug. Ich liebte Peggy, aber ich bin nicht sicher, ob wir auch geheiratet hätten, wenn sie nicht schwanger geworden wäre. Das Künstlerleben verträgt sich nicht mit der Ehe. Kaum zu glauben, dass ich dieser Ansicht bin, denn ich habe immerhin vier Mal geheiratet. Wie auch immer, einige Monate später wurde Jennifer geboren. Damals durften die Väter nicht mit in den Kreißsaal. Als ich fragte, ob ich hineindürfte, schaute der Arzt mich schräg an. »Ich will mal sehen, wie Sie sich so halten.« Er nahm Peggy Blut ab und stellte fest, dass ich nicht ohnmächtig wurde. Dann musste sie sich übergeben, aber das machte mir auch nichts aus. Also durfte ich mit reinkommen. Ich wusch mir gründlich die Hände und war dabei. Es war schön. Ich wollte es einfach nur sehen. Ein Kind zu haben brachte mich nicht dazu, meinen Lebensstil zu ändern und seriös zu werden. Es war ... nicht direkt so, als hätte man einen Hund, es war einfach noch eine andere Art von Textur im Haus. Babys brauchen Spielzeuge, und da konnte ich etwas beitragen. Wir hatten gehört, dass Babys Sachen mögen, die sich bewegen. Also nahm ich mir eine Streichholzschachtel, bog alle Hölzer in verschiedene Richtungen und knotete sie an einen Faden. Dieses Arme-Leute-Mobile hing dann vor Jens Gesicht und drehte sich. Ich glaube, es hat ihren IQ deutlich angehoben. Sie ist nämlich verdammt intelligent geworden!

Für mich war die Arbeit immer das Wichtigste. Heutzutage gibt es Väter, die viel Zeit mit ihren Kindern verbringen, sich in der Schule engagieren und so weiter. Aber das gab es in meiner Generation noch nicht. Mein Vater und meine Mutter kamen nie zu unseren

Baseballspielen. Undenkbar! Das war unser Ding! Heute sind die Eltern ständig dabei und feuern die Kids an. Es ist einfach lächerlich.

Kurz vor Jennifers Geburt sagte Peggy zu mir: »Du musst unbedingt Phyllis und Clayton besuchen. Sie haben ein richtig tolles Haus.« Also fuhr ich mit dem Fahrrad zu ihnen. Sie waren Künstler und lebten in einem riesigen Gebäude. Beide malten, und jeder hatte eine eigene Etage zum Arbeiten. Sie führten mich herum, und ich sagte: »Ihr habt echt Glück, das ist großartig hier.« Phyllis sagte: »Das Haus nebenan ist zu verkaufen.« Ich ging rüber und schaute es mir an. Es lag an einer Ecke und war noch größer als ihr Haus. Auf einem Schild stand der Name der Immobilienfirma. Also fuhr ich weiter zu Osakow Realty und stellte mich bei einer netten dicken Frau vor, die fragte, was sie für mich tun könnte. »Wie viel kostet das Haus Nummer 2416 an der Poplar Street?«, fragte ich. Sie antwortete: »Nun, David, da will ich gerne mal nachschauen.« Sie schlug ein Buch auf und sagte: »Das Haus hat zwölf Zimmer, drei Stockwerke, zwei Erkerfenster, einen Kamin, einen Keller, Ölheizung und einen Garten mit einem Baum. Es kostet dreitausendfünfhundert Dollar bei einer Anzahlung von sechshundert.« Ich sagte: »Ich kaufe das Haus«, und das taten wir dann auch. Es lag direkt an der Grenze zwischen dem ukrainischen und dem schwarzen Viertel, und es herrschte eine sehr gewalttätige Atmosphäre. Aber es war einfach der perfekte Ort, um *The Grandmother* zu produzieren. Peggy und ich liebten dieses Haus. Bevor wir es kauften, war es ein Versammlungsort der Kommunisten gewesen. Unter dem Linoleum lagen jede Menge kommunistische Zeitungen. Das Haus hatte einen Fußboden aus Weichholz, weshalb sie ihn mit Zeitungspapier ausgelegt und Linoleum darüber gezogen hatten. Das Linoleum war sehr alt, also rissen wir es raus und warfen es weg. Eines Tages arbeitete ich gerade im vorderen Zimmer, als ich ein Geräusch hörte. Es klang, als würde sich eine Flutwelle nähern. Ich zog die Jalousien hoch, schaute hinaus und sah Tausende von marschierenden

Menschen auf der Straße. Ich war wie vom Donner gerührt. Das war der Tag, an dem Martin Luther King ermordet wurde.

Wir gingen nicht oft ins Kino. Manchmal ging ich ins Band Box, ein Arthouse-Kino, wo ich zum ersten Mal die Filme der Nouvelle Vague sah. Aber ich war nicht sehr oft dort. Selbst als ich mitten in meiner eigenen Filmproduktion steckte, dachte ich nicht, dass ich etwas mit dieser Welt zu tun hätte. Nie im Leben! Mein Freund Charlie Williams war Poet, und als er *The Alphabet* sah, fragte ich ihn: »Ist das ein Kunstfilm?« Und er sagte: »Ja, David.« Ich hatte keine Ahnung. Ich mochte *Bonnie und Clyde*, aber das ist nicht der Grund, warum ich irgendwann anfing, einen Stetson im Panamastil zu tragen. Ich trug ihn bloß, weil ich ihn bei Goodwill gefunden hatte. Wenn man diese Hüte abnimmt, kneift man die Krempe vorn zusammen, sodass sie irgendwann zerknickt. Die Hüte, die ich mir kaufte, waren alle schon alt. Deshalb brach das Stroh, und sie hatten ziemlich bald ein Loch. Es gibt viele Bilder von mir mit Hüten, die ein Loch haben. Ich hatte zwei oder drei davon und trug sie sehr gern.

Das Goodwill in Philadelphia war unglaublich. Wenn man zum Beispiel ein Hemd brauchte, ging man die Girard Avenue runter bis zur Broad Street zu Goodwill. Dort hatten sie stapelweise Hemden. Alle sauber und gebügelt. Manche waren sogar gestärkt. Fast wie neu! Ich suchte mir drei Stück aus und ging zur Kasse: Wieviel kosten die? *Dreißig Cent*. Ich war damals fasziniert von medizinischen Lampen, und bei Goodwill gab es Lampen mit allen erdenklichen Befestigungsmöglichkeiten und Extras. Wir hatten fünfzehn davon in unserem Wohnzimmer. Ich ließ sie in Philadelphia zurück, weil Jack uns nicht beim Beladen des Trucks für den Umzug nach Los Angeles helfen konnte. In dem Pornoladen, in dem er arbeitete, hatte es eine Razzia gegeben, und er saß im Knast. Nur mein Bruder, Peggy und ich waren dabei. Deshalb mussten wir einige Sachen zurücklassen.

Als Peggy und ich zusammenzogen, zog Jack in einen Loft über einem Laden für Autoteile. Der Laden gehörte einem Mann namens

Baker, der aus Trinidad stammte. Alle mochten ihn. Er hatte regelrechte Gummibeine und konnte aus der Hocke hochspringen. Außerdem hatte er die perfekte Statur für einen Automechaniker. Eines Tages führte er mich an den aufgebockten Autos vorbei in den Hinterhof, um mir etwas zu zeigen, das unter einer staubigen Plane verborgen war. Er zog die Plane weg und sagte: »Ich würde dir gerne diesen Wagen überlassen. Es ist ein Volkswagen Baujahr 1966, der kaum gefahren wurde. Totalschaden bei einem Auffahrunfall, aber ich kann das wieder hinkriegen und ihn dir für sechshundert Dollar verkaufen.« Ich fand das großartig. Er reparierte ihn, und er sah aus wie neu – er roch sogar neu! Er fuhr ruhig und gleichmäßig, ein Traumauto in tadellosem Zustand. Ich liebte diesen Wagen. Wenn ich mir oben im Badezimmer im zweiten Stock die Zähne putzte und aus dem Fenster schaute, sah ich ihn unten vor dem Haus stehen und freute mich jedes Mal. Eines Tages putzte ich mir die Zähne, blickte nach unten und fragte mich, wo ich den Wagen geparkt hatte. Nun, mein erstes Auto war mir gestohlen worden. Also schaffte ich mir ein zweites an. Am Ende der Straße, in der Peggys Eltern wohnten, gab es eine Tankstelle. Peggys Vater ging mit mir dorthin, und wir fragten nach Gebrauchtwagen. So kam ich an einen Ford Falcon Kombi, ebenfalls ein Traumauto. Mit Dreigang-Lenkradschaltung. Es war der einfachste Ford, den man damals kriegen konnte. Er hatte eine Heizung und ein Radio, sonst nichts. Aber Winterreifen hinten, mit denen man praktisch überall hinfahren konnte. Ich liebte dieses Auto.

Es dauerte eine Weile, bis die Nummernschilder per Post kamen, also entschloss ich mich, zur Überbrückung ein eigenes Kennzeichen zu basteln. Das machte Spaß. Ich schnitt ein Stück Pappe in der passenden Form aus, das ungefähr so dick war wie ein Nummernschild. Dann ging ich zu einem anderen Wagen und maß die Größe der Buchstaben aus, schaute mir die Farbgebung an und ahmte eine neonfarbene Registrierungsplakette nach. Das Problem war, dass die Nummernschilder, die mir als Vorbild gedient hatten, entweder nur Ziffern oder nur Buchstaben gehabt hatten. So hatte ich nicht erkannt, dass Ziffern und Buchstaben verschiedene Größen hatten. Ein junger Cop bemerkte die Fälschung und kam mit seinen Kollegen zu uns. Peggy weinte, denn das war ein ernstes Vergehen! Später kamen sie wieder und wollten das gefälschte Nummernschild für ihr Polizeimuseum haben. Ich hatte richtig gute Arbeit geleistet! Das war das erste Mal, dass ein Museum eine meiner Arbeiten erwarb.

Eines Abends kam ich vom Kino nach Hause und ging nach oben, um Peggy von dem Film zu erzählen. Aber sie starrte nur nach draußen, weil sie jemanden vor dem Fenster gesehen hatte. Ich ging nach unten zum Telefon, und in diesem Moment rief unsere Nachbarin Phyllis an. Sie fing sofort an, wie ein Wasserfall zu reden, bis ich sie unterbrach und sagte: »Hör mal, da klettert gerade einer an unserer Hauswand hoch. Ich muss die Polizei rufen. Das ist ein Einbrecher.« Und noch während ich mit ihr sprach, beobachtete ich, wie sich draußen ein Rohr durch die Luft bewegte und hörte splitterndes Glas. Dann sah ich eine Person vor dem Fenster und hörte, wie eine weitere sich im Keller zu schaffen machte. Es waren also zwei. Ich kann mich nicht daran erinnern, dass ich am nächsten Abend mit einer Waffe auf dem Sofa saß, wie Peggy erzählt – ich glaube nicht, dass wir ein Gewehr hatten. Aber solche Sachen sind damals dort passiert, ja. Ein anderes Mal, als ich tief und fest geschlafen hatte, wurde ich geweckt und sah dicht vor mir Peggys Gesicht: »David, da ist jemand im Haus!« Ich stand auf, zog meine Unterhose verkehrt herum an, griff unter das Bett und holte den Paradesäbel hervor, den Peggys Vater uns mal geschenkt hatte. Dann ging ich zur Treppe und rief: »Raus mit euch, verdammt noch mal!« Unten standen zwei schwarze Pärchen und starrten mich an, als wäre ich total verrückt geworden. Sie waren reingekommen, um miteinander zu schlafen oder eine Party zu feiern, weil sie dachten, das Haus stünde leer. Sie sagten: »Hier wohnt doch gar keiner.« Und ich sagte: »Doch! Ich, verdammt noch mal!«

Als Jen geboren wurde, ging ich von der Kunsthochschule ab und schrieb der Verwaltung zum Abschied diesen dämlichen Brief. Dann bekam ich einen Job bei Christine McGinnis und Rodger LaPelle. Beide waren Maler, aber um Geld zu verdienen, fertigte Christine Gravuren mit Tiermotiven an. Ihre Mutter Dorothy, die Flash genannt wurde, war für den Druck verantwortlich und konnte Unterstützung gebrauchen. Es war der perfekte Job für mich. Wir arbeiteten zusammen, vor uns stand ein Fernsehapparat, hinter uns die Handpresse, daneben waren ein paar Becken. Zuerst wurde die Platte mit Druckerschwärze bestrichen, dann faltete man eine von diesen alten Nylonsocken, die Roger irgendwo besorgte, und rieb alles damit glatt. Anschließend wurde auf Papier von besonders hoher Qualität gedruckt. Als ich im Laden arbeitete, machte Rodger mir einen Vorschlag:»David, ich zahle dir fünfundzwanzig Dollar, wenn du am Wochenende malst und ich die Bilder behalten darf, die du machst.« Sogar als ich nach L.A. gezogen war, schickte er mir noch Papier und Bleistifte, damit ich für ihn zeichnete, und zahlte dafür. Rodger war und ist ein echter Freund von Künstlern.

Eines Tages stieß ich bei Photorama auf diese Bolex-Kamera mit einer sehr schönen Ledertasche für hundertfünfzig Dollar, die ich unbedingt haben wollte. Leider konnten sie sie nicht für mich zurücklegen.»Wenn jemand sie haben will, müssen wir sie verkaufen. Aber wenn du morgen früh das Geld zusammen hast, und sie ist noch hier, kannst du sie haben.« Ich geriet in Panik, weil ich nicht wollte, dass jemand sie mir wegschnappte. Damals hatte ich Schwierigkeiten, morgens aufzuwachen. Also nahm ich zusammen mit Jack und seiner Freundin Wendy Amphetamine. Wir blieben die ganze Nacht wach. Als der Laden öffnete, war ich rechtzeitig da und kaufte die Kamera.

Ich habe ein paar richtig gute Bilder unter dem Einfluss von Amphetamin gemalt. Damals gingen die Frauen zum Arzt und bekamen Diätpillen verschrieben. Jede Menge davon. Sie kamen nach Hause und hatten säckeweise Pillen dabei! Ich hatte nichts gegen Drogen, sie waren mir bloß nicht wichtig. Einmal wollte ich mit Jack zu Timothy Learys Farm in Millbrook reisen, um Acid zu nehmen. Aber nach ein paar Tagen hatte die Idee ihre Faszination verloren. Wir waren nicht auf dem Konzert in Woodstock, aber wir waren bei anderer Gelegenheit dort, im Winter. Wir hatten gehört, dass es da einen Einsiedler geben sollte, und den wollten wir uns anschauen. Niemand bekam ihn je zu Gesicht. Er hatte sich eine Unterkunft in einem Hügel aus Steinen und Erde gebaut und Zweige hineingesteckt, an denen Bänder flatterten. Ich denke, er hatte ein paar Gucklöcher, um rechtzeitig zu bemerken, wenn sich jemand näherte. Wir sahen ihn nicht, aber wir spürten, dass er da war.

Ich weiß nicht, wie ich auf die Idee zu *The Grandmother* kam. Es gibt darin diese Szene, in der Virginia Maitland und Bob Chadwick aus Löchern im Boden herauskommen. Ich kann nicht erklären, warum ich das so wollte – es musste eben sein. Es sollte nicht realistisch wirken, aber eine bestimmte Wirkung haben. Also grub ich diese Löcher, und sie mussten hineinsteigen. Zu Beginn der Szene sieht man nur Blätter und Büsche. Dann kriechen auf einmal diese Personen heraus. Bob und Ginger haben das großartig gemacht. Sie waren nicht komplett vergraben, größtenteils mussten sie sich aus Blättern befreien. Dann kommt Richard White aus seinem Loch heraus, und die beiden bellen ihn an. Das Bellen ist in verzerrten Nahaufnahmen zu sehen. Ich habe mit Stop-Motion-Animation gearbeitet, aber ich weiß nicht mehr, wie ich das gemacht habe. Ich hatte ganz einfache Geräte, aber sie genügten mir. Ich sage immer, Filmemachen ist bloß gesunder Menschenverstand. Wenn man erst mal weiß, wie es aussehen soll, weiß man auch, wie man es hinbekommt. Peggy sagt, eins habe sich aus dem anderen ergeben, und das stimmt auch. Irgendwie fiel mir alles zu.

Als es darum ging, einen Soundtrack für *The Grandmother* zu erstellen, fuhr ich zur Klangabteilung bei Calvin de Frenes, und Bob sagte zu mir: »David, wir haben so viel zu tun, dass ich einen Assistenten einstellen musste. Du kannst mit ihm arbeiten, er heißt Alan Splet.« Das gefiel mir gar nicht. Ich schaute mir den Kerl an: Er war blass, extrem dünn und trug einen uralten, schwarz glänzenden

Anzug sowie eine Brille mit superdicken Gläsern. Als ich ihm die Hand schüttelte, spürte ich, wie seine Knochen klapperten. Das war Al. Ich erzählte ihm, welche Klänge ich mir vorstellte, und er spielte mir einige Aufnahmen vor. Aber sie gefielen mir nicht. Er machte weiter, doch nichts passte. Das ging eine ganze Weile so, bis er sagte: »Weißt du was, wir fertigen die Klänge selbst an.« Anschließend produzierten wir dreiundsechzig Tage lang, neun Stunden am Tag Geräusche. Zum Beispiel dieses typische Großmutter-Pfeifen. Bei Calvin de Frenes hatten sie kein Hallgerät. Also besorgte Al ein Luftrohr von einer Klimaanlage, das zehn oder zwölf Meter lang war. Wir gingen an einen Ort, wo er das Mikrofon an das eine Ende hielt, während ich in das andere pfiff. Wegen des Hohlraums hatte sich der Klang des Pfiffs verlängert, als er auf der anderen Seite ankam. Anschließend spielte Al die Aufnahme wieder am einen Ende des Rohrs ab und nahm sie am anderen Ende auf. Jetzt war der Halleffekt verdoppelt. Das wiederholten wir so lange, bis es so klang, wie wir es uns vorgestellt hatten. Wir produzierten jeden einzelnen Klang selbst, und es machte uns einen Riesenspaß. Dann ging ich wieder zu Calvin de Frenes und mischte alles zusammen. Bob Column erklärte mir dann sehr ernst: »David, erstens: Du darfst diesen Film erst mitnehmen, wenn du deine Rechnung bezahlt hast. Und zweitens: Wenn sie dir die Kosten pro Stunde berechnen, dann wird es eine gigantische Rechnung. Wenn sie aber pro Zehn-Minuten-Spule abrechnen, dann kommt dir das sehr entgegen.« Er sprach dann mit seinen Chefs, und ich konnte die günstigere Methode wählen.

Damals musste man ein Budget angeben, wenn man eine Förderung beim AFI beantragte. Ich hatte geschrieben, mein Film würde 7.119 Dollar kosten. Am Ende kostete er 7.200. Ich weiß nicht, wie ich das geschafft hatte, aber es war so. Die Förderungssumme betrug 5.000 Dollar, und nun fehlten mir noch 2.200 Dollar, um den Film bei Calvin de Frenes auszulösen. Also kam Toni Vellani per Zug aus Washington, ich holte ihn am Bahnhof ab und zeigte ihm den Film.

Darauf sagte er: »Du kriegst dein Geld.« Als ich ihn dann zurück zum Bahnhof fuhr, meinte er: »Du solltest dich am Center for Advanced Film Studies in Los Angeles bewerben.« Das klang so, als würde man jemandem erklären, er hätte gerade fünfhundert Milliarden Dollar gewonnen! Mehr als das! Das klang so, als hätte mir jemand gesagt: Du wirst ewig leben!

SPIKE

Als Lynch 1970 Philadelphia verließ, um am American Film Institute in Los Angeles zu studieren, war es für ihn, als würde er aus einem dunklen Zimmer ins grelle Sonnenlicht treten. Damals befand sich das AFI im Greystone Mansion, einem riesigen Gebäude im Tudor-Revival-Stil mit fünfzig Räumen, das 1928 von dem Ölbaron Edward Doheny erbaut worden war und auf einem achtzehn Acre großen Grundstück stand. 1965 war es von der Gemeinde Beverly Hills gekauft worden, um einen Abriss zu verhindern. Zwischen 1969 und 1981 wurde es zum symbolischen Preis von einem Dollar pro Jahr an das AFI verpachtet – in der Hoffnung, dass die Schule das Gebäude restaurieren und das Grundstück in Ordnung halten würde. Das American Film Institute wurde 1965 von George Stevens, Jr. gegründet und stand von 1968 bis 1977 unter der Leitung von Toni Vellani. Diese beiden waren es, die Lynchs Talent erkannten und ihn an die Schule holten.

Kurz bevor David nach Westen aufbrach, hatte John Lynch sein Studium an der Cal Poly San Luis Obispo beendet und konnte seinem Bruder beim Umzug helfen. In einem gemieteten gelben Lieferwagen von Hertz ging es nach Los Angeles. »Im letzten Moment gesellte sich noch Jack Fisk mit seinem Hund dazu. Wir fuhren also zu dritt mit einem Hund nach Kalifornien und hatten eine Menge Spaß dabei«, erinnert sich John Lynch.

Vellani und Stevens waren so beeindruckt von Alan Splets Soundtrack für *The Grandmother*, dass sie ihn zum Chef des Sound Department am AFI machten. Splet war im Juli umgezogen und hatte sich bereits in L.A. eingelebt, als Lynch Ende August nachkam, um bei ihm zu wohnen. Nach zwei Wochen hatte Lynch sich halbwegs in der neuen Umgebung eingerichtet und fuhr mit seinem Bruder nach Berkeley – wo seine Eltern vorübergehend lebten –, um Peggy und Jennifer abzuholen.

»Davids Vater sagte uns eine monatliche Unterstützung von zweihundertfünfzig Dollar für die nächsten zwei Jahre zu. So lange sollte es dauern, bis man einen Abschluss am AFI erlangte. Die Miete für unser Haus betrug zweihundertzwanzig Dollar«, erinnert sich Reavey. »Es war nicht sehr groß, hatte aber viele kleine Zimmer. Wir mussten letztlich nur achtzig Dollar zahlen, weil wir viele Leute zur Untermiete aufnahmen.« Das Haus lag zwischen zwei dreistöckigen Mietshäusern. »Aus einem davon dröhnte einmal stundenlang ›I'll Be There‹ von The Jackson Five«, erzählt Reavey. »Wir kauften uns irgendwo eine Waschmaschine, die wir auf der Veranda hinter dem Haus aufstellten. Einen Trockner hatten wir nicht, also hing fast immer Wäsche draußen an der Leine.«

Fisks Schwester Mary gehörte Anfang der Siebziger auch mehr oder weniger dazu. Sie wollte in der Nähe ihres Bruders leben, der kurz nach Lynch ebenfalls in die Stadt gezogen war. Nachdem sie ihre Ausbildung als Stewardess für Pan American Airways beendet hatte, zog sie in das Haus direkt neben ihnen.

Lynch begann sein Film-Studium am 25. September und war Teil der ersten Abschlussklasse des AFI, zu der auch die Filmemacher Terrence Malick, Caleb Deschanel, Tim Hunter und Paul Schrader gehörten. Damals bestand der Lehrplan vor allem daraus, sich Filme anzusehen und darüber zu diskutieren. Besonders wichtig waren die Kurse zur Filmanalyse, die von dem tschechoslowakischen Filmemacher Frank Daniel gegeben wurden. George Stevens hatte ihn 1968 nach Kalifornien eingeladen, nachdem die Sowjets in die

Tschechoslowakei einmarschiert waren. Viele Absolventen des AFI haben Daniel als prägenden Einfluss für ihr Schaffen bezeichnet. Er war es auch, der das »Sequencing Paradigm« für Drehbuchautoren erfand, nach dem siebzig Elemente für die Szenenabfolge eines Films festgelegt werden, die auf Karteikarten notiert und in eine sinnvolle Ordnung gebracht werden. Wenn man das getan hat, hat man ein fertiges Drehbuch. Diese einfache Methode kam Lynch sehr entgegen.

Das AFI war eine lockere Institution mit viel Freiraum, aber dort zu studieren konnte dennoch anstrengend sein. Die Studenten wurden aufgefordert, einen ganz eigenen Weg einzuschlagen. Lynch quälte sich das erste Jahr damit herum, herauszufinden, in welche Richtung er gehen wollte. »Er arbeitete am Drehbuch von *Gardenback*, einem Film über Untreue. Er war von einem Gemälde inspiriert, das er in Philadelphia angefertigt hatte«, erzählt Reavey. »Aber es war keine Herzensangelegenheit für ihn. Deshalb kam er nicht voran.«

Frank Daniel und Caleb Deschanel fanden *Gardenback* großartig und zeigten das Drehbuch einem Produzenten von Twentieth Century Fox. Dieser bot Lynch fünfzigtausend Dollar, wenn er das Vierzig-Seiten-Treatment auf Spielfilmlänge erweiterte. Lynch arbeitete mit Daniel, Vellani und dem Drehbuchautor Gill Dennis daran, aber als sie das Drehbuch fertig hatten, war sein Interesse an diesem Projekt erlahmt. Im Frühjahr 1971 verwarf er es endgültig.

Im Sommer nahm die Idee zu *Eraserhead* allmählich Gestalt an. Lynch sagte einmal dazu: »*Eraserhead* habe ich nicht erdacht, sondern erfühlt.« Wer sich einmal tief in diesen Film versenkt hat, wird verstehen, was er damit meinte. Es wurde viel über den abseitigen Humor des Films diskutiert, aber sich nur auf die komischen Aspekte zu konzentrieren wäre eine zu oberflächliche Lesart dieses vielschichtigen Werkes. Es ist ein meisterhafter Film, der völlig ohne Filter operiert. *Eraserhead* ist das pure Es. Die Geschichte ist ziemlich einfach: Ein junger Mann namens Henry Spencer lebt in einer tristen, postindustriell-dystopischen Welt und lernt ein Mädchen namens Mary kennen, die schwanger wird. Henry ist besessen von der Angst, das Kind könnte missgebildet zur Welt kommen. Er sehnt sich nach Erlösung von dieser Horrorvorstellung. Henry erlebt das Mysterium der Erotik, dann den Tod des Kindes, bis schließlich eine göttliche Macht eingreift und seine Qualen beendet. In gewisser Weise ist es eine Geschichte über die Erfahrung von Gnade.

Lynchs Drehbücher sind direkt und klar geschrieben. Das Skript für *Eraserhead* hat die strenge Form und Genauigkeit eines Beckett-Dramas. Es umfasst nur einundzwanzig Seiten, kommt mit einem Minimum an Regieanweisungen aus und konzentriert sich auf plastische Beschreibungen. Die Atmosphäre des Films – eindringlich und düster – stand für Lynch ganz offensichtlich an allererster Stelle. Die erste Hälfte des Films entspricht dem Skript noch fast Wort für Wort; in der zweiten Hälfte allerdings weicht er deutlich vom Drehbuch ab. Lynchs ursprüngliche Version endete damit, dass Henry von dem dämonischen Baby verschlungen wird. Im Film passiert das nicht mehr, stattdessen wird im dritten Akt eine neue weibliche Figur eingeführt, die das Ende der Geschichte bestimmt. In den fünf Jahren während der Produktion von *Eraserhead* machte Lynch eine spirituelle Erweckungserfahrung, was den Film offenbar beeinflusste.

»*Eraserhead* handelt von Karma«, sagt Jack Fisk, der die Rolle des Man in the Planet übernahm. »Als wir daran arbeiteten, war mir das nicht so klar, aber der Man in the Planet tut Dinge, die das Karma symbolisieren. Der Film hat sehr viele spirituelle Aspekte, obwohl David ihn gedreht hat, bevor er zu meditieren begann. David war immer schon so und ist im Laufe der Zeit noch spiritueller geworden.«

Lynch selbst beschrieb *Eraserhead* einmal als »meinen spirituellsten Film, auch wenn das keinem aufgefallen ist. Dazu kam es, weil ich die ganze Zeit so ein bestimmtes Gefühl hatte, aber nicht wusste, worum es sich handelte. Also nahm ich mir die Bibel und las darin, immer weiter und weiter, bis ich zu diesem Satz kam und erkannte: Genau das ist es. Ich weiß aber nicht mehr, welcher Satz das war.«

Als Lynch im September 1971 ans AFI zurückkehrte, stellte er fest, dass er Klassen zugewiesen worden war, in denen auch Erstsemester saßen. Er war wütend und wollte schon aufhören, als er eine begeisterte Rückmeldung zu *Eraserhead* bekam und damit weitermachen konnte. Also blieb er. Die Finanzierung des Films musste in die Wege geleitet werden, aber in finanziellen Dingen herrschte damals am AFI ein ziemliches Durcheinander. Im Vorjahr hatte die Schule dem Studenten Stanton Kaye eine ziemlich große Summe zur Verfügung gestellt, damit er seinen Film *In Pursuit of Treasure* fertigstellen konnte, den ersten Kinofilm, dessen Produktion das AFI in Angriff genommen hatte. Doch der Film wurde nie fertiggestellt und galt als kompletter Fehlschlag. Dementsprechend ablehnend stand man im AFI der Idee gegenüber, einen weiteren langen Film eines Studenten zu finanzieren. Lynchs Projekt aber stellte kein Problem dar, denn sein minimalistisches Skript schien eher für einen Kurzfilm geschrieben zu sein. Also bewilligte die Schule zehntausend Dollar für den Film, der Ende 1971 dann tatsächlich in die Phase der Vorproduktion gehen konnte.

Unterhalb des Hauptgebäudes lagen auf dem Grundstück des AFI noch einige verlassene Gebäude – Wohnungen für die Bediensteten, Garagen, ein Treibhaus und Stallungen. Diese verfallenden Gebäude nahm Lynch nun in Besitz und baute sich darin ein kleines Studio auf, das er in den kommenden vier Jahren benutzte. Es gab einen Kameraraum, ein Badezimmer, ein Esszimmer, einen Schnittbereich, eine Requisite und einen großen Loft, wo die Sets aufgebaut wurden. Auch private Bereiche waren vorhanden. Die Schule erlaubte Lynch, ihre Geräte zu benutzen, und ließ ihn in Ruhe seinen Film produzieren.

Bei der Zusammenstellung des Personals und der Crew griff Lynch auf Freunde zurück, denen er vertraute. Er bat Splet, Fisk und Herb Cardwell, einen Kameramann, der bei Calvin de Frenes gearbeitet hatte, ihm bei den Dreharbeiten zu helfen. Mit Doreen Small als Produktionsleiterin kam ein weiteres wichtiges Crewmitglied dazu. Sie stammte aus New York, war 1971 nach Kalifornien gekommen, um Freunde im Topanga Canyon zu besuchen, und hatte sich ein Haus im Laurel Canyon gemietet. Kurz nachdem sie eingezogen war, erwähnte ihr Vermieter, James Newport, dass er Assistent von Jack Fisk sei, der gerade den Blaxploitation-Film *Cool Breeze* drehte, und sie Unterstützung bräuchten. »Meine Aufgabe war es, Requisiten und Kostüme zu beschaffen. Eines Tages sagte Jack dann, er hätte einen Freund am AFI, der Hilfe benötigte. Er fragte mich, ob ich mal mit David sprechen wollte. Also traf ich mich mit David«, sagt Small. »Er trug drei Halstücher, einen Panamahut und ein blaues Oxford-Hemd mit kurzen Ärmeln, ausgebeulte Khakihosen und Arbeitsstiefel. Er war ziemlich hübsch, und es war sofort klar, dass er ein einzigartiger Mensch war – jeder, der ihn kennenlernte, merkte das sofort. Er fragte, ob ich die Produktionsleitung übernehmen könnte, und ich sagte: Klar kann ich das. Außerdem suchte er noch ein Skriptgirl und wollte wissen, ob ich das auch übernehmen könnte. Ich sagte: sicher. Also kaufte er mir eine Stoppuhr, damit ich mich um die Continuity kümmern konnte.«[1]

Kurz nach ihrem Treffen mit Lynch ging Small auf eine Party in Topanga und wurde Charlotte Stewart vorgestellt, die damals eine ziemlich bekannte Fernsehschauspielerin war. Die beiden entschlossen sich, gemeinsam eine Wohnung zu mieten, und lebten die nächsten zwei Jahre zusammen. »Doreen wusste, dass David eine Schauspielerin für seinen Film brauchte, und lud ihn zum Abendessen ein«, erinnert sich Stewart. »Wir wohnten in einer abgelegenen Gegend. Als ich die Tür aufmachte, stand da dieser ehrgeizig wirkende junge Mann vor mir, neben ihm seine Frau Peggy. Er hatte einen Sack mit Weizenkörnern dabei, den er mir überreichte. Ich dankte ihm und fragte mich, was ich damit anfangen sollte. Wahrscheinlich dachte er, die leben auf dem Land, vielleicht wollen sie ja Getreide anbauen. Beim Abendessen stellte sich dann heraus, dass er sehr nett war. Er wirkte sehr jung. Das Drehbuch zu *Eraserhead* hatte er mitgebracht. Ich blätterte es durch und verstand kein Wort. Offenbar ging es um ein junges Paar und ein Baby, das nicht wirklich ein Baby war. Es gab nicht viele Dialoge, und ich dachte, das ist doch super, dafür brauche ich bloß ein paar Wochen.«[2]

Lynch suchte noch jemanden für die männliche Hauptrolle, als er Catherine Coulson und Jack Nance kennenlernte. Coulson war mit ihrer Familie von Illinois nach Kalifornien gekommen, als ihr Vater die Leitung eines Radiosenders in Riverside übernahm. Im Alter von vier Jahren debütierte sie dort als Radiosprecherin, in einer Sendung mit dem Titel *Frühstück mit den Coulsons*. Sie studierte Kunstgeschichte am Scripps College in Caremont und stellte nach dem Wechsel auf die San Francisco State University fest, dass sie sich eher für Theater interessierte. 1967 waren einige Schauspieler des Dallas Theater Center als Artists in Residence an der San Francisco State, darunter auch der Schauspieler Jack Nance. Coulson und Nance wurden ein Paar und schlossen sich nach ihrer Heirat in La Jolla im Jahr 1968 der Theatergruppe Circus an. Sie war von David Lindeman gegründet worden, der 1971 auch kurz am AFI studierte. Lindemann erwähnte Lynch gegenüber, dass Nance vielleicht der richtige Schauspieler für die Rolle des Henry Spencer sein könnte. Lynch stimmte zu.

Einige Schauspieler für die kleineren Rollen in *Eraserhead* wurden von Coulson vorgeschlagen, andere – darunter Judith Roberts (Beautiful Girl Across the Hall), Allen Joseph (Mr. X) und Jeanne Bates (Mrs. X) – waren Mitglieder des Theater West. Bates war eine altgediente Film- und Fernsehschauspielerin und schon über fünfzig, als sie für *Eraserhead* verpflichtet wurde. Lynch machte sich dennoch Sorgen, sie könnte zu hübsch für die Rolle sein, weshalb er ihr Gesicht mit einem Leberfleck versah, aus dem ein einzelnes Haar spross. Wie die meisten Menschen war auch Bates gleich bei der ersten Begegnung von Lynch begeistert. »Ich weiß noch, wie

Jeanne ganz brav dasaß und sich von David diesen hässlichen Leberfleck ins Gesicht machen ließ«, erinnert sich Small. »David arbeitete mit erfahrenen Schauspielern, die ihm von Anfang an bedingungslos vertrauten, weil sie dachten, er sei ein Genie.«

Die Besetzung des Films war ziemlich schnell erledigt. Die Umgebung zu schaffen, in der er gedreht werden sollte, beanspruchte wesentlich mehr Zeit, und hier kam Lynchs Genialität voll zum Tragen. Henrys Welt wurde größtenteils aus Sperrmüll erbaut, und es ist erstaunlich, wie viel Lynch mit dem bescheidenen Ausgangsmaterial erreichte. Alles wurde mehrfach verwendet, um akribisch konstruierte Sets zu bauen, die einen Hausflur, eine Theaterbühne, eine Bleistiftfabrik, eine Vorstadtwohnung, ein Büro und eine Veranda darstellten. Lynch und Splet dämmten die Sets mit Decken und Fiberglas-Isolationsmaterial, das in Leinensäcke gestopft wurde. Technische Geräte für spezielle Aufnahmen wurden nach Bedarf angemietet. In Eraserhead gibt es einige sehr komplizierte Special Effects, und viele technische Probleme konnten nur durch spontane Anrufe bei Experten in den Filmstudios gelöst werden. Lynch ist ein praktisch veranlagter Mensch, der es liebt, Probleme anzugehen. Vieles lernte er durch Versuch und Irrtum.

Auf der Suche nach Kleidern und Ausstattungsobjekten klapperte Doreen Small Flohmärkte und Secondhandläden ab. Coulson und Nance spendierten ihre Wohnzimmereinrichtung für die Ausstattung des Hausflurs vor Henrys Wohnung. Eine besonders ergiebige Quelle war Coulsons Tante Margit Fellegi Laszlo, die in einer Villa mit siebzehn Zimmern in Beverly Hills wohnte. Die Designerin der Bademoden-Marke Cole of California hatte den ganzen Keller voller nützlicher Dinge. Für Coulson und Lynch war es eine echte Fundgrube. »Dort fanden wir den Befeuchter für das Baby«, erinnert sich Coulson.[3]

Auf der Liste der Requisiten für *Eraserhead* standen noch wesentlich seltsamere Dinge als ein Baby-Befeuchter. »David wollte eine Hündin mit kleinen Welpen. Also rief ich bei Tierärzten an und fragte nach Hundebesitzern mit frisch geborenen Welpen. Diese sprach ich dann an und fragte sie, ob sie uns die Tiere leihen könnten«, erinnert sich Small. »Um an Nabelschnüre zu kommen, log ich die Krankenhäuser an und erzählte ihnen, wir bräuchten sie lediglich für den Hintergrund einer Szene. Die Nabelschnüre im Film sind wirklich echt, wir hatten fünf oder sechs Stück davon. Jack nannte sie ›Nibbelschnüre‹. Ich musste manchmal ganz schön seltsame Dinge beschaffen.«

Das Baby in *Eraserhead* – das von Nance auf den Namen »Spike« getauft wurde – war die schwierigste Requisite. Lynch fing Monate vor Drehbeginn an, daran zu arbeiten. Weder er noch die Mitglieder der Crew oder die Schauspieler haben jemals verraten, wie er das Baby gemacht hat. Für den Film wurden außerdem zwei sehr große Objekte benötigt – ein Planet und ein Babykopf –, die aus verschiedenen Materialien gefertigt wurden. Der »riesige Babykopf«, wie sie ihn damals nannten, wurde in Lynchs Garten zusammengebaut, was einige Monate dauerte. »Er lag da eine ganze Weile herum, und die Nachbarn nannten ihn ›das große Ei‹«, erinnert sich Reavey.

Als Vorbereitung auf die Dreharbeiten zeigte Lynch Schauspielern und Crew *Sunset Boulevard* und *A Place in the Sun*. In beiden Filmen sind die Schwarz-Weiß-Bilder besonders satt und reichhaltig, und Small erinnert sich, dass »er uns sein Konzept von Schwärze nahebringen wollte. Außerdem schickte er uns zu einem Typen namens James, der in einem Canyon wohnte und unsere Horoskope machte«.

Die Dreharbeiten begannen am 29. Mai 1972. Die erste Szene auf dem Drehplan war das Abendessen von Henry mit Marys Eltern Mr. und Mrs. X. »Ich konnte gar nicht glauben, wie lange alles in dieser ersten Nacht dauerte«, erinnert sich Charlotte Stewart. »Der Grund dafür war, dass David alles selbst machen wollte, wirklich *alles*. Er musste das Licht einrichten und auch die Hühnchen für das

Abendessen zubereiten. Ich weiß noch, wie ich dachte: Um Himmels willen, das wird der Junge nie schaffen, er hat ja überhaupt nicht verstanden, dass in diesem Geschäft immer Zeitknappheit herrscht. Ich fühlte mich total schlecht deswegen.«

Die Dreharbeiten gingen extrem langsam, aber stetig weiter. Nach einem Jahr erklärte Kameramann Herb Cardwell, er müsse sich einen Job suchen, um Geld zu verdienen, und verließ das Set. Seinen Platz nahm Fred Elmes aus East Orange in New Jersey ein. Elmes hatte Fotografie am Rochester Institute of Technology studiert und sich im Fachbereich Film an der New York University eingeschrieben. Dann hörte er vom AFI und machte sich auf den Weg an die Westküste.

Elmes begann sein Studium dort im Herbst 1972 und erinnert sich: »Ein paar Monate nach meiner Ankunft sagte Toni Vellani: ›Wir haben da einen Filmemacher, der einen Kameramann braucht. Du solltest mal mit ihm reden.‹ Ich traf mich mit David, der mir ein paar Szenen vorführte. Ich hatte keine Ahnung, was ich da sah, war aber völlig gefesselt. Es waren großartige Schwarz-Weiß-Bilder, und die Ausstattung war eigenartig und wunderschön zugleich. Auch die Darstellungen faszinierten mich. Alles war total überwältigend, also konnte ich nicht Nein sagen. Eine der größten Herausforderungen war es, diesen schwarzen Film so auszuleuchten, dass man etwas sehen konnte.«[4]

Tatsächlich wurde der Film fast ausschließlich nachts gedreht. Das war aus atmosphärischen Gründen notwendig. Aber es lag auch daran, dass es am AFI nur nachts ruhig genug war, um arbeiten zu können. »Wir drehten die ganze Nacht lang«, sagt Coulson. »Zu einem bestimmten Zeitpunkt sagte Alan Splet dann immer: ›Vögel, ich kann die Vögel hören.‹ Dann wussten wir, dass es an der Zeit war, aufzuhören.«

»Der Film konnte gar nicht dunkel genug sein«, sagt Elmes, der zwei Wochen lang mit Cardwell zusammenarbeitete, um auf den Stand der Dinge gebracht zu werden. »Wenn ich mir mit David die

Aufnahmen des jeweiligen Tages anschaute, dann sagte er: ›Da ist ein Detail im Schatten, das nicht dort sein sollte. Wir müssen die Szene noch dunkler machen.‹ Ich war mit David einer Meinung, dass die Stimmung, die man erzeugt, das Wichtigste ist. Ja, es gibt auch das Drehbuch und die Schauspieler, aber die Stimmung und das Gefühl für das Licht sind das, was einen Film lebendig macht. Bei *Eraserhead* erzählte David die Geschichte fast ausschließlich über die Stimmung und das Aussehen der Dinge.«

Die meisten Außenaufnahmen, darunter auch die Eröffnungsszene, wurden unter einer Brücke in L.A. gedreht. Coulson erinnert sich: »Wir arbeiteten ziemlich hastig da draußen, weil wir keine Genehmigung hatten. Es war ganz schön stressig, machte aber trotzdem Spaß.«

»Menschen arbeiten gern für David«, sagt Reavey. »Man muss ihm nur eine Tasse Kaffee bringen, und schon fühlt man sich, als hätte man etwas Großartiges geleistet. Es ist großartig! Und ich glaube, so fühlt er sich auch. Er liebt es, sich für etwas zu begeistern.«

»David hat eine charismatische Persönlichkeit«, sagt Elmes. »Wir alle haben uns richtig reingekniet. Natürlich war es Davids Film, aber er war dankbar für jeden Beitrag. Und ohne groß darüber nachzudenken, legte er die Messlatte für alle ein Stückchen höher. Er zeichnete zum Beispiel die ganze Zeit, und dabei zuzuschauen war inspirierend. Es brachte uns dazu, härter zu arbeiten und immer wieder Neues auszuprobieren.«

Während er an *Eraserhead* arbeitete, hatte Lynch keine Zeit, um im Atelier zu malen. Trotzdem hörte er nicht damit auf, weiterhin Kunst zu produzieren. Jede leere Fläche genügte ihm bereits als Ausgangsmaterial. Er stellte gleichzeitig mehrere Kunstwerke fertig, darunter eine Serie von Bildern auf Streichholzschachteln, Servietten und billigen Notizzetteln. Die Materialien waren sehr einfach, aber das Ergebnis ist kein bloßes Gekritzel. Dafür ist es viel zu ausgefeilt und durchdacht.

Diese Streichholzschachtel-Miniaturen wirken wie kleine Universen, obwohl sie so winzig sind. Eine andere Serie besteht aus obsessiv wirkenden Mustern und funktioniert ganz anders: Das dichte Gewirr der Linien scheint zu implodieren und ist subtil Angst einflößend. Die Servietten-Zeichnungen bestehen aus seltsamen Formen in Rot, Schwarz und Gelb, die über weißen Feldern schweben. Sie sehen *beinahe* so aus, als würden sie etwas darstellen, sind aber reine geometrische Abstraktionen. Dann wiederum gibt es Zeichnungen, die ganz klar als Vorbereitung auf *Eraserhead* entstanden. Darunter ein Porträt von Henry, der einen Haufen Schmutz auf einem Nachttisch anstarrt, sowie das Bild des Babys neben einem vulkanartigen Hügel, aus dem ein einzelner Ast herausragt. Und eine Skizze des Babys, nachdem sein weißer Verband aufgeschnitten wurde – sie hat eine lyrische Qualität, die der entsprechenden, recht grausigen Szene im Film abgeht.

Lynch wusste immer, was für *Eraserhead* richtig war. Aber er ermunterte seine Mitarbeiter auch, eigene Ideen einzubringen, und freute sich über gute Einfälle von anderen. Am Abend, als die Dreharbeiten begannen, hatte Charlotte Stewart die Aufgabe, Nances Haar zu stylen. Sie fing an, es wie besessen zurückzukämmen. Alle, die dabei zusahen, mussten lachen. Aber als Lynch hereinkam, genügte ein Blick, und er sagte: »Genau so muss es sein.« Henry Spencers berühmte Frisur entstand also ganz zufällig.

Auch Stewarts Herangehensweise an ihre Rolle erschien Lynch völlig korrekt. »Ich fragte David, ob es in Ordnung wäre, wenn ich mein eigenes Kleid schneidern würde. Denn Mary kam mir wie eine Frau vor, die ihre Kleider selber macht. Nur kann sie es nicht wirklich gut, weshalb sie nicht richtig passen. Wir wollten, dass das Oberteil falsch geschnitten ist, damit man sieht, wie der Träger ihres BHs herunterrutscht«, erinnert sich Stewart. »Mary hat kein Selbstvertrauen, deshalb hält sie sich immer so krumm. Außerdem hat sie eine Ohrenentzündung. Vor jedem Dreh malte David mir eine feucht aussehende Infektion auf das Ohr. Man konnte sie nie sehen, aber wir wussten, dass sie da war.

Ich habe keine Ahnung, wieso David glaubte, ich sei die Richtige für diese Rolle. David besetzt die Schauspieler auf eigenartige Weise. Er kümmert sich nicht um deinen Hintergrund und lässt niemanden vorsprechen. Er trifft sich mit dir, redet mit dir über Holz oder irgendwas anderes und findet dann das, was er braucht. So wie er damals mit den Schauspielern bei *Eraserhead* gearbeitet hat, so macht er es heute noch«, sagt Stewart, die auch in allen drei Staffeln von *Twin Peaks* zu sehen ist. »Er baut ein sehr persönliches Verhältnis zu dir auf und gibt dir nie Anweisungen, wenn andere zuhören. Er kommt ganz leise zu dir und flüstert dir etwas ins Ohr. Sein Regiestil ist sehr vertraulich.«

Lynch legt großen Wert auf Proben, und auch wenn Henry Spencer nicht viel zu tun scheint, waren große Anstrengungen nötig, um diesen Effekt zu vermitteln. Lynch choreografierte Henrys Bewegungen so akribisch, dass schon die einfachste Geste mit Bedeutung aufgeladen wurde. Auf die Zusammenarbeit mit Lynch angesprochen, erinnert Nance sich an »lange, eigenartige Gespräche, Strategiesitzungen, bei denen sich alles nach und nach von ganz allein ergab. Henry zu spielen fiel mir nicht schwer. Es war, als würde ich einen gut passenden Anzug anziehen, um mir seinen Charakter überzustülpen. Ich zog das Jackett und die Krawatte an, und schon war Henry da«.[5]

Die Besetzung von *Eraserhead* war sehr klein, aber die Crew war noch kleiner. Sehr oft bestand sie nur aus Coulson. »Ich machte alles, angefangen beim Zusammenrollen von Papier, womit der fahrende Aufzug simuliert werden sollte, bis hin zum Schieben des Kamerawagens«, sagt Coulson, die damals als Kellnerin jobbte und oft ihr Trinkgeld oder Essen für die Produktion spendierte. »Fred war mein Mentor, und er zeigte mir, wie man Standfotos macht und was eine Kameraassistentin zu tun hat. Ich war außerdem der Kurier zum Labor, in dem der Film entwickelt wurde. Wir mussten den

Film zu einem bestimmten Zeitpunkt abgegeben haben. Also setzte ich mich nach dem Dreh in den VW Käfer und raste mitten in der Nacht zur Seward Street, um ihn Mars Baumgarten zu übergeben, diesem wunderbaren Menschen, der dort die Nachtschicht schob. Da wir sehr lange arbeiteten, mussten wir vor Ort essen. Ich briet alles mit einer Pfanne auf einer einzigen Herdplatte. Es gab fast immer das Gleiche, weil David nur ganz bestimmte Dinge mochte. Damals war das gegrillter Käse oder Sandwiches mit Eiersalat.«

Die Arbeit an *Eraserhead* beherrschte Lynchs Leben vollkommen, aber er blieb auch 1972 eng mit seiner Familie verbunden. »Wir hatten einen runden Eichentisch im Esszimmer. An meinem Geburtstag besorgten David und Jen ganz viel Lehm, den sie auf dem Tisch zu einem Berg auftürmten, mit Höhlen, Ecken und Nischen darin, in die sie kleine Figuren stellten«, erinnert sich Reavey. »Ich fand das toll. Wir mussten dann im Wohnzimmer essen, weil niemand den Berg abtragen wollte. Er blieb monatelang dort.«

Gelegentlich gab es auch ein bisschen Ablenkung, aber im Haushalt der Familie Lynch hatte *Eraserhead* von Anfang an allerhöchste Priorität. »Vielleicht ist das ja ein Beweis für das Talent meines Vaters als Regisseur. Er überzeugte uns davon, dass *Eraserhead* so etwas wie ein geheimes Glücksversprechen war, das er mit uns teilte«, sagt Jennifer. »Ich war sehr oft am Set, der Film ist ein Teil meiner Kindheit. Ich fand das toll und merkte gar nicht, dass meine Kindheit sich von anderen wesentlich unterschied, bis ich zehn oder elf Jahre alt war. Ich hatte nie das Gefühl, mein Vater könnte ein Spinner sein, ich war immer stolz auf ihn. Immer.«

Lynch wollte seine Schauspieler und die Crew korrekt behandeln und zahlte ihnen in den ersten zwei Jahren fünfundzwanzig Dollar pro Woche. (Als der Film sich der Fertigstellung näherte, musste er die Honorare auf 12,50 $ reduzieren.) Es war ein bescheidener Lohn, aber Lynch zehrte noch im Frühjahr 1973 von dem Geld, welches das AFI ihm gegeben hatte. Er durfte weiterhin die technischen Geräte der Filmschule benutzen, konnte aber auf keine weitere finanzielle Unterstützung hoffen, weshalb die Dreharbeiten immer wieder unterbrochen werden mussten.

»David versuchte die ganze Zeit, mehr Geld für den Film aufzutreiben, und ich gab ihm welches, nachdem ich *Badlands* gedreht hatte«, erzählt Fisk, der 1973 als Filmausstatter bei Malicks Filmdebüt mitgewirkt hatte. (Lynch und Splet hatten ihn Malick vorgestellt.) »Ich war es gewohnt, hundert Dollar pro Woche zu verdienen, und jetzt hatte ich plötzlich viel mehr zur Verfügung. Es war einfach da. Über mehrere Jahre habe ich David ungefähr viertausend Dollar gegeben und alles wieder zurückbekommen, sogar mehr als das.«

Sissy Spacek spielte in *Badlands* die weibliche Hauptrolle. Bei den Dreharbeiten lernte sie Fisk kennen, heiratete ihn ein Jahr später und wurde von ihm in die Welt von *Eraserhead* eingeführt. »Als ich Jack bei den Dreharbeiten begegnete, erzählte er mir von seinem Freund David. Als wir wieder in L.A. waren, besuchten wir ihn«, erinnert sich Spacek. »Wir gingen mitten in der Nacht hin, und alles war sehr geheimnisvoll. David wohnte praktisch in den Stallungen des AFI, wo er nachts drehte und tagsüber schlief, nachdem seine Mitarbeiter ihn dort eingeschlossen hatten. Man musste ein bestimmtes Klopfsignal geben und einen Schlüssel haben. Es war, als würde man Fort Knox betreten.

Jack war der erste richtige Künstler, den ich kennenlernte«, fährt Spacek fort. »Er hat mich diesen vielen hochtalentierten Leuten vorgestellt, und eben auch David. Ich bin heute noch dankbar, dass ich ihnen zu einem Zeitpunkt begegnete, als sie mich positiv beeinflussen konnten. David und Jack gehen voll und ganz in ihrer Kunst auf, und sie würden sich niemals verkaufen. Sie wollen unbedingt, etwas Besonderes schaffen.«[6]

Fisks Schwester Mary war an die Ostküste zurückgekehrt und kam 1973 wieder nach L.A. Sie war damals kurzzeitig verheiratet und lebte sechs Monate lang im Laurel Canyon, trennte sich dann von ihrem Ehemann und kehrte anschließend wieder an die Ostküste zurück. Während ihrer Zeit in L.A. arbeitete sie für Nash Publishing und verschaffte Reavey dort einen Job als Rezeptionistin.

Wenn die Dreharbeiten unterbrochen werden mussten, übernahm Lynch diverse Jobs, um mit dem Geld wieder ein Stückchen weiterzumachen. Der unregelmäßige Drehplan und die äußerst gründliche Arbeitsweise von Lynch verlangten der Crew einige Geduld ab. Alle mussten ständig in Bereitschaft sein oder warten, bis er alle Details am Set seinen Vorstellungen entsprechend arrangiert hatte.

»Wir saßen ziemlich viel herum. Deshalb war Jack Nance auch die ideale Besetzung für Henry. Er konnte sehr lange einfach nur herumsitzen«, sagt Stewart. »David war die ganze Zeit damit beschäftigt, Requisiten zu basteln oder aufzubauen. Catherine erledigte alles, was David ihr auftrug, während Jack und ich herumsaßen und warteten. Aber niemand wurde ungeduldig. Wir alle wurden gute Freunde.«

Ungefähr ein Jahr nach Drehbeginn wohnte Doreen Small am Set von *Eraserhead*. »Von Topanga aus dauerte es ziemlich lange bis nach L.A.«, erinnert sie sich. »Ich fing eine Beziehung mit David an – eines Tages im Musikraum passierte es. Es war sehr intensiv. Mein Vater starb während der Dreharbeiten, und meine Mutter zog nach Santa Monica. David war manchmal bei uns zu Gast. Wir verstanden uns sehr gut, und meine Mutter kaufte Kleider oder Arbeitsmaterial für David.«

Das wirkte sich natürlich negativ auf Lynchs Familienleben aus. »In Philadelphia war ich ein Teil von allem gewesen, was David tat, aber in L.A. änderte sich das«, erinnert sich Reavey. »Ich gehörte nicht mehr dazu. Ständig schwirrten diese Assistentinnen um ihn herum, und für mich war kein Platz mehr. Als meine Schwester nach L.A. kam und das Set besuchte, sagte sie hinterher zu mir: ›Die sind alle verknallt in ihn.‹ Und ich sagte: ›Ist das nicht toll?‹ Ich war wirklich naiv.«

Es war eine aufreibende Zeit für Lynch. Er drehte einen Film, an den er mit ganzer Leidenschaft glaubte, hatte aber ständig Geldprobleme. Darüber hinaus wurde sein Privatleben kompliziert. Tatsächlich war sein Leben ganz grundlegend aus dem Gleichgewicht geraten, und das hatte nichts mit Geld oder Liebe zu tun. Lynchs Eltern zogen 1973 nach Riverside, weshalb seine Schwester Martha Levacy öfter in Südkalifornien zu Besuch war. Sie sollte eine zentrale Rolle bei dem Ereignis spielen, das seinen Blick auf die Welt veränderte.

Die Geschichte begann 1972, als Levacy im Sun Valley eine Ausbildung zur Skilehrerin machte. Eines Morgens stand eine Trainingseinheit am Berggipfel auf ihrem Plan. »Ich fuhr im Sessellift nach oben, und neben mir saß ein freundlicher, junger Mann«, erinnert sie sich. »Ich wunderte mich, wie wach er schon so früh am Morgen war. Er erzählte mir von der tiefen Entspannung, die er dank der Transzendentalen Meditation erfahren habe. Die ganze Fahrt über schwärmte er davon. Ich begann zu meditieren, und es wurde ein wichtiger Teil meines Lebens.«[7]

Kurz nachdem Levacy zu meditieren begonnen hatte, telefonierte sie mit Lynch, und er hatte das Gefühl, dass etwas Neues in ihrer Stimme mitschwang. Er fragte sie, was los sei. Also erzählte sie ihm von TM und wies ihn auf das Spiritual Regeneration Movement Center hin. »Das war genau der richtige Ort für David, um voranzukommen«, sagt sie. »Er wäre nicht von jeder spirituellen Bewegung begeistert gewesen, aber diese passte perfekt zu ihm. Er war sofort davon eingenommen und fing am 1. Juli 1973 mit dem Meditieren an. David hatte mir schon vorher erzählt, dass er oft über das große Ganze nachdachte. Die Idee von TM, dass es so etwas wie Erleuchtung gibt, fiel bei ihm auf fruchtbaren Boden.«

Das Zentrum wurde von Charlie Lutes geleitet, der einer der Ersten gewesen war, die sich dem Meditationsprogramm von Maharishi Mahesh Yogi angeschlossen hatten. Das Programm beinhaltet einfache Übungen, die es dem Meditierenden ermöglichen, tief in sein Inneres einzudringen, und basiert auf der vedischen Tradition. Nachdem er 1959 TM in Amerika eingeführt hatte, gründete Maharishi zusammen mit Lutes Hunderte von Meditationszentren in der ganzen Welt. Das erste amerikanische entstand in Santa Monica, wo Lutes' Vorträge in den Siebzigerjahren ein großes Publikum anzogen. Lynch nahm regelmäßig daran teil. »Charlie Lutes war wie ein Bruder für Maharishi und wurde für David zu einer Schlüsselfigur«, erzählt Levacy. »Er wurde ein enger Vertrauter von Charlie und seiner Frau Helen.«

Alle, die Lynch kannten, waren erstaunt, wie sehr das Meditieren ihn veränderte. »Bevor er damit anfing, war er ein sehr düsterer Mensch«, erinnert sich Small. »Das Meditieren beruhigte ihn, stimmte ihn positiv und erleuchtete ihn. Es war, als wäre eine schwere Last von ihm gefallen.«

Nachdem er zwei Jahre lang jede wache Minute seiner Arbeit an *Eraserhead* gewidmet hatte, nahm er sich nun Zeit für die Meditation. »Wir gingen alle hin, als Maharishi in der Merv Griffin Show auftreten sollte«, erzählt Levacy. »Catherine kam mit David, der einen eleganten Blazer und ein weißes Hemd trug. Als sie eintraten, sagte jemand: ›He, ihr beiden, hier entlang!‹ Sie wurden in die erste Reihe geführt – wahrscheinlich wegen ihres Aussehens. Und so landete David ganz vorne. Das war natürlich ein Ereignis.«

Lynch machte zu dieser Zeit einige Zeichnungen, die seinen Wandel dokumentieren. In *Infusing the Being* stehen zwei dunkle, baumähnliche Formen nebeneinander. Am Fuß der linken Form ist ein farbiges Prisma zu erkennen, die rechte hat Farben am Sockel und in der Krone. Bilder, in denen es offenbar um Wachstum geht, zeigen etwas, das unter der Erde liegt und danach drängt, an die Oberfläche zu kommen. Außerdem gibt es unbetitelte Arbeiten, die erkennbare Formen wie Bäume und Wolken mit abstrakten Mustern kombinieren und das Gefühl vermitteln, eine gewölbte Kathedrale zu betreten.

»Ich war fünf, als mein Vater anfing zu meditieren, und ich merkte deutlich, dass sich etwas in ihm veränderte«, erinnert sich

Jennifer Lynch. »Es wurde weniger geschrien. Aber er war auch weniger zu Hause.«

Die Meditation brachte ein notwendiges Element in Lynchs Leben, vergrößerte aber die Kluft zwischen ihm und seiner Ehefrau. »David verehrte Charlie Lutes, der ein netter Mensch war, aber ihre Gesprächsthemen interessierten mich nicht«, erzählt Reavey. »David verstand nicht, wieso ich mich nicht für Meditation begeistern wollte. Er brauchte Spiritualität, aber ich wollte lieber ausgehen und Spaß haben.«

Mary Fisk kehrte in dieser Zeit an die Ostküste zurück, um für Senator Herman Talmadge in Washington zu arbeiten. »Eines Abends telefonierte ich mit Jack, und plötzlich war David am anderen Ende und sprach über Meditation. Das war der Moment, als wir anfingen, miteinander zu reden«, sagt Fisk, die am Ende des Jahres wieder nach Los Angeles zog.

Lynch nahm sie mit ins Zentrum für Spirituelle Erneuerung, das sie von nun an regelmäßig besuchte. »Charlie Lutes war ein dynamischer, gut aussehender, einfühlsamer Mann, der die Energie in einem Raum verändern konnte«, erinnert sich Fisk. »Die Beatles nannten ihn Captain Kundalini – er war ein sehr charismatischer Mensch.

Die Meditation veränderte David, und er wurde zurückhaltender. Er hörte mit dem Rauchen auf und aß kein Fleisch mehr«, fährt Fisk fort. »Er erzählte mir, er sei monatelang herumgelaufen und habe das Bild einer riesigen Zigarette im Kopf gehabt. Er konnte nicht aufhören, daran zu denken, aber er gab das Rauchen auf. Er kleidete sich auch anders. Die Zeit der zwei Krawatten und der mottenzerfressenen Hüte war vorbei. Wenn er ins Zentrum ging, zog er sich ordentlich an.«

Während dieser Zeit ging seine Ehe endgültig in die Brüche. »Eines Tages kam ich von der Arbeit nach Hause, und David war schon da«, erinnert sich Reavey. »Ich sagte: ›Vielleicht sollten wir uns trennen.‹ Er sagte: ›Du liebst mich nicht mehr so wie früher, stimmt's?‹ Womit er meinte, dass auch er mich nicht mehr so sehr liebte. Ich sagte: ›Anscheinend nicht.‹ Ich war an einem Punkt angekommen, wo ich nicht mehr fasziniert davon war, wie seine Gedanken funktionierten. Ich wollte mehr Zeit für mich selbst haben. Im Kopf eines anderen zu leben kann ziemlich klaustrophobisch werden. Und überhaupt, was hätte ich tun sollen? Um meine Ehe kämpfen? Ich hätte es ja nicht bloß mit einer Frau aus der Nachbarschaft aufnehmen müssen, sondern mit ganz vielen Frauen und Hollywood noch dazu.«

In dieser Zeit lebte Lynch nur noch nachts. Kurz nach der Trennung von Reavey nahm er einen Job als Zeitungsausträger an und verdiente 48,50 Dollar pro Woche, indem er das *Wall Street Journal* verteilte. Levacy begleitete ihn einmal auf seiner mitternächtlichen Tour und war beeindruckt: »Er hatte alles durchorganisiert. Die Zeitungen stapelten sich auf dem Beifahrersitz, und ich saß auf dem Rücksitz des VWs, weil er beide Fenster frei haben musste. Er kannte die Route wie seine Westentasche und warf die Zeitungen aus dem Fenster, als gelte es, eine Kunstform daraus zu machen. Einige Fenster versuchte er auf eine bestimmte Art zu treffen, weil dann im Haus ein Licht anging.«

Im Mai 1974 wurden die Dreharbeiten zu *Eraserhead* wieder aufgenommen und auch im darauffolgenden Jahr sporadisch fortgeführt. Ungefähr zur gleichen Zeit verließ Splet L.A. und verbrachte ein paar Monate in Findhorn, einer utopischen Kommune in Nordschottland, deren Gründer Peter Caddy und Dorothy Maclean behaupteten, Kontakt zu Naturgeistern aufgenommen zu haben. Kurz nachdem Splet gegangen war, zog Doreen Small nach Santa Barbara, und für Lynch wurde es schwieriger. Zwar konnte George Stevens mit Sid Solow, dem Chef des Labors der Consolidated Film Industries, die Abmachung treffen, Lynchs Film umsonst zu entwickeln, aber das AFI zog langsam die Filmausrüstung ein. Und wie üblich fehlte das Geld. »Eines Tages sagte David: ›Ich glaube, wir müssen

aufhören‹«, erinnert sich Elmes. »Catherine, Jack und ich schauten uns an und sagten: ›David, wir können nicht aufhören, der Film ist noch nicht fertig. Wir müssen uns was überlegen.‹«
Also machten sie weiter. Eines Tages saß Lynch im Esszimmer und zeichnete. Plötzlich nahm eine Figur auf seinem Zeichenblock Gestalt an, die später als Lady in the Radiator (Frau im Heizkörper) ein wichtiger Teil des Films werden sollte. Damit hatte Lynch die Figur gefunden, mit deren Hilfe Henrys Geschichte zu Ende erzählt werden konnte. Zu seiner großen Freude stellte er fest, dass der Heizkörper, der bereits Teil des Sets war, hervorragend zu seiner Idee passte. Die Sängerin Laurel Near spielte dann die Frau, die an einem warmen, geschützten Ort lebt und Einheit und Hoffnung symbolisiert. Durch ihr Auftauchen änderte sich die Dramaturgie des Films, der nun ein optimistisches Ende fand. Die Frau im Heizkörper, eine Blondine mit großen Augen und grotesk vergrößerten Wangen, benötigte jede Menge Make-up, und David verbrachte Stunden damit, es aufzutragen. Er schrieb außerdem einen Songtext mit dem Titel »In Heaven« für die Figur, den sein Freund Peter Ivers vertonte. Ivers sang den Song dann auch; es ist seine Stimme, die im Film zu hören ist.

Die regelmäßigen Pausen in der Produktion nutzte Lynch dazu, weiteres Geld aufzutreiben – zweifellos eine der unangenehmsten Aufgaben eines Filmemachers. Aber manchmal machte es sogar Spaß. 1974 musste die Leitung des AFI entscheiden, ob man zukünftig Videobänder von Ampex oder Sony für die Regiearbeiten der Schule verwenden wollte. Also erhielt Elmes den Auftrag, Vergleichsaufnahmen anzufertigen. Lynch bekam das mit und schlug Elmes vor, ihm eine Szene dafür zu liefern. Er schrieb das Skript für einen Kurzfilm mit dem Titel *The Amputee*, und Coulson war bereit, die Hauptrolle zu übernehmen. »David spielt darin einen Arzt, der die Stümpfe eines Amputierten verbindet. Außerdem schrieb er einen Monolog für den Amputierten, den ich als Voiceover sprechen sollte«, erinnert sich Coulson. »Wir drehten den Film zweimal auf verschiedenem Material in einem der vielen leeren Zimmer des riesigen Greystone-Hauses. Fred führte ihn dann der AFI-Leitung vor. Als der Film vorbei war, rief jemand: ›Lynch! Da hatte doch Lynch seine Hände im Spiel!‹«

Ende 1974 wurde Lynchs Ehe offiziell geschieden. »Ich ging zu einer Rechtsberatung und musste fünfzig Dollar für die nötigen Formulare bezahlen. Dann begleitete mich eine Freundin zum Gericht, wo ich sie einreichte«, erinnert sich Reavey an die bemerkenswert freundschaftliche Scheidung von Lynch. »Meine Eltern vergötterten David und waren total aufgelöst, als wir uns trennten. Ich liebte Davids Eltern, aber trotz der Versuche, den Kontakt zwischen uns aufrechtzuerhalten, war es ein großer Verlust für mich.« Jennifer Lynch meint dazu: »Für mich war es eine sehr schmerzliche Erfahrung, als meine Eltern sich scheiden ließen. Ich hasste es.«

Lynch wohnte zum Zeitpunkt der Scheidung auf dem Set von *Eraserhead*, musste die Gebäude des AFI aber Ende 1974 verlassen und zog in einen Bungalow an der Rosewood Avenue in West Hollywood. »Er hatte einen hübschen Garten mit einem Palisadenzaun und einem großen Orangenbaum, auf dem viele Papageien saßen. Es waren immer sehr viele Papageien da«, erzählt Mary Fisk von dem Haus, das fünfundachtzig Dollar pro Monat kostete. »David baute Oberlichter ein und konstruierte ein Regal für die Küche, auf dem man Essen zubereiten konnte. Einen Ausguss gab es nicht. Aber wenn man nur Thunfisch-Sandwiches isst, braucht man sowieso keine Küche. Ich weiß noch, dass Jen die Wochenenden bei David verbrachte. Er hatte nur wenig Geld und konnte kaum für sich selbst sorgen, geschweige denn für ein Kind.«

»Wenn ich bei Dad war, kümmerte er sich nicht auf konventionelle Art um mich«, erinnert sich Jennifer Lynch. »Wir machten Erwachsenensachen. Wir trugen Zeitungen aus und spazierten auf Ölfeldern herum. Wir unterhielten uns über alles Mögliche, suchten in Müllcontainern nach interessanten Sachen und aßen bei Bob's. Es war toll. Als *Eraserhead* im Nuart gezeigt wurde, nahmen wir bei

Bob's sämtliche Speisekarten aus den Plastikständern und schrieben auf die leere Rückseite: ›Seht euch *Eraserhead* an!‹ Dann steckten wir sie wieder in den Ständer. Als er in der Rosewood Avenue wohnte, ernährte Dad sich vor allem von Pollen, Sojabohnen und Ginseng. Wenn er seine Vitamine einnahm, bekam ich auch immer eine kleine Dosis. Er ist damals total darauf abgefahren.

Ich wusste nicht, wie arm wir waren, bis ich neun Jahre alt war«, erzählt sie weiter. »Als mein Vater an der Rosewood wohnte, lud ich einmal eine Freundin übers Wochenende zu uns ein. Mary Fisk nahm uns mit nach Disneyland, wir bauten mit David ein Puppenhaus und gingen zum Bowling. Es war ein richtig tolles Wochenende. Aber Sonntag wurde ich krank und konnte am Montag nicht zur Schule gehen. Als ich am Dienstagmorgen wieder dort war, sagten alle zu mir: ›Sherry hat gesagt, du wohnst in einer Garage.‹ Ich habe dann sehr lange niemanden mehr zu mir eingeladen.«

Lynch ist ein Gewohnheitstier. Damals gewöhnte er sich ein Ritual an, das er für die kommenden acht Jahre beibehielt: Jeden Tag um halb drei ging er zu Bob's Big Boy, um dort mehrere Tassen Kaffee und einen Schoko-Milchshake zu trinken. Wenn jemand ihn sprechen wollte, fand das Treffen meist bei Bob's statt. (Er ging auch in andere Coffeeshops, darunter Du-par's im San Fernando Valley, Ben Frank's auf dem Sunset Boulevard und Nibblers am Wilshire Boulevard.)

Ein paar Monate nach Lynchs Umzug kam Splet aus Schottland zurück. Nun wurde die Doppelgarage neben dem Bungalow an der Rosewood Avenue in ein Postproduction-Studio umfunktioniert, und Splet zog dort ein. Vom Sommer 1975 bis Anfang 1976 schnitt Lynch den Film, während Splet sich um die Tonspur kümmerte. Während dieser acht Monate intensiver Arbeit wurde *Eraserhead* zu einem Meisterwerk. Der Soundtrack erzeugt eine beinahe unerträgliche Spannung. Die verschiedenen Klangschichten – das bedrohliche Bellen eines Hundes, das Pfeifen eines Zuges in der Ferne, das Zischen einer hektisch arbeitenden Maschine, der hallende

Raum, der das Gefühl von Einsamkeit erzeugt — sind so komplex, dass man die Augen schließen und den Film allein durchs Hören erleben könnte. »David und Alan benutzten industrielle Klänge, um den Stimmungen und den Gefühlen im Film Ausdruck zu verleihen«, sagt Elmes dazu. »Es ist eine geniale Klangcollage.«

Mary Fisk wohnte während dieser Zeit nicht weit von Lynchs Bungalow entfernt, und die beiden trafen sich regelmäßig. »David und Alan hatten abgesprochen, dass es keine Frauengeschichten geben durfte, bis der Film fertig war«, erinnert sich Fisk. »Aber David und ich aßen jeden Tag zusammen zu Mittag, was er Alan nicht erzählte. David traf sich zur gleichen Zeit auch mit Martha Bonner, einer Freundin von uns aus dem Meditationszentrum. Zwei Jahre lang konnte er sich nicht zwischen uns entscheiden. Er verschwieg mir nicht, dass er sich zu Martha hingezogen fühlte. Sie wiederum wusste, dass er sich mit mir traf und dass er ein schwieriger Mensch war, und so wurde das mit den beiden nichts.«

Trotz ihrer unsicheren Beziehung war Fisk fest von der Qualität von *Eraserhead* überzeugt und überredete Chuck Hamel, einen Freund der Familie, dazu, zehntausend Dollar in den Film zu investieren. Das Geld reichte aus, um die Arbeit zu beenden, und nachdem Splet den Soundtrack fertig hatte, konnte Lynch den Film schneiden. Als es so weit war, lud er die Schauspieler und die Crew ins Hamburger Hamlet ein, ein heute nicht mehr existierendes Restaurant am Sunset Boulevard. Alle waren völlig überrascht, als er ihnen eröffnete, jeder der vierzehn Anwesenden würde einen bestimmten Prozentsatz von den künftigen Einnahmen des Films bekommen. Er schrieb die vertragliche Vereinbarung auf Servietten, und »ein paar Jahre später bekamen wir alle Schecks per Post geschickt«, erzählt Coulson. »Es ist erstaunlich, dass er das wirklich getan hat.« Alle Teilhaber bekommen auch heute noch jährlich einen Scheck.

Die inoffizielle Premiere von *Eraserhead* für die Schauspieler und die Crew fand im Vorführraum des AFI statt und dauerte eine

Stunde und fünfzig Minuten. »Als David uns den Film zeigte, kam es mir wie eine Ewigkeit vor«, erinnert sich Stewart. »Hinterher fragte er mich, was ich davon hielt, und ich sagte: ›David, das war, als hätte man Zahnschmerzen – es tat furchtbar weh.‹ Es war verdammt anstrengend, bis zum Ende sitzen zu bleiben.« Lynch hörte sich an, was sein innerer Zirkel zu sagen hatte, war aber noch nicht bereit, den Film zu kürzen.

Als Lynch noch mit dem Schnitt beschäftigt war, besuchten einige Repräsentanten des Filmfestivals von Cannes das AFI und waren begeistert von den Aufnahmen, die ihnen vorgeführt wurden. Lynch nahm sich daraufhin vor, *Eraserhead* nach Cannes zu bringen. Das ließ sich leider nicht verwirklichen, und auch das New York Film Festival lehnte *Eraserhead* ab. Es war keine gute Zeit für Lynch. »Ich weiß noch, wie ich ihn nach unserer Scheidung einmal im Bob's zum Mittagessen traf«, erzählt Reavey. »Damals sagte er: ›Ich bin bereit, richtig einzusteigen. Ich habe keine Lust, der ewige Außenseiter zu sein.‹ Wegen seiner düsteren Veranlagung war er eher für den Underground geeignet, aber als er in Hollywood Fuß fasste, wollte er nicht als Verrückter abgestempelt werden. Er wollte große Projekte verwirklichen – und so sollte es auch kommen. Es würde mir überhaupt nicht gefallen, wenn Leute wie David in unserer Welt keine Chance hätten, ihre Ideen zu verwirklichen.«

Als die Los Angeles International Film Exposition (Filmex) Filme prüfte, die für das Programm im Jahr 1976 infrage kämen, war Lynch zu demoralisiert, um *Eraserhead* einzureichen. Fisk drängte jedoch darauf. Der Film wurde schließlich akzeptiert und auf dem Festival zum ersten Mal der Öffentlichkeit vorgeführt. *Variety* schrieb eine hässliche Kritik, aber es war sehr erhellend für Lynch, den Film zusammen mit dem Publikum anzusehen. Er merkte, dass es besser wäre, ihn zu kürzen. Also montierte er ihn neu und schnitt zwanzig Minuten heraus. Vier wichtige Szenen fielen der Schere zum Opfer, darunter die, in der Henry im Flur seiner Wohnung auf ein Möbelstück einschlägt, sowie die, in der Coulson und ihr Freund

V. Phipps-Wilson mit Stromkabeln ans Bett gebunden und von einem Mann mit einem elektrischen Gerät bedroht werden. Lynch mochte diese Szenen sehr, sah aber ein, dass sie den Film nach unten zogen und herausgenommen werden mussten.

In New York hörte Ben Barenholtz von *Eraserhead* und forderte eine Kopie an. Barenholtz produzierte und vertrieb Independent-Filme und war seit Langem eine Schlüsselfigur der Underground-Szene. Er war der Begründer der Mitternachtsvorstellungen, die es provokanten Filmemachern ermöglichten, ihre Filme vorzuführen, obwohl sie keinen Vertrieb gefunden hatten. Seinetwegen fanden Filme wie *Pink Flamingos* von John Waters ihr Publikum, und dank seiner Unterstützung wurde auch *Eraserhead* bekannt. Seine Vertriebsfirma Libra Films war bereit, den Film ins Programm zu nehmen. Sie schickten Fred Baker nach L.A., um mit Lynch einen Vertrag abzuschließen. Der Deal wurde mit Handschlag in Schwab's Pharmacy besiegelt, einem Treffpunkt der Filmszene, der auch in *Sunset Boulevard* eine Rolle spielt und für Lynch eine besondere Bedeutung hatte.

Während *Eraserhead* langsam seinen Weg in die Welt fand, blieb Lynchs Privatleben weiterhin chaotisch. »Eines Tages, kurz nachdem Ben sich entschlossen hatte, *Eraserhead* zu kaufen, erklärte David mir, er wolle weiterhin mit Martha Bonner zusammen sein«, erzählt Fisk. »Dabei waren wir gerade zusammengezogen. Also sagte ich: ›Prima, dann gehe ich jetzt zurück nach Virginia.‹ Und das tat ich dann auch. Drei Tage später rief David mich an und machte mir einen Heiratsantrag. Meine Mutter war dagegen, weil er kein Geld hatte, und mein Bruder wollte es auch nicht. Er nahm mich beiseite und sagte: ›David ist ziemlich speziell, Mary. Die Ehe wird nicht lange halten.‹ Aber das war mir egal. David hat unglaublich viel Liebe in sich, und wenn man mit ihm zusammen ist, dann fühlt man sich, als wäre man der wichtigste Mensch auf der ganzen Welt. Der Klang seiner Stimme und seine Zuneigung genügen schon, um sich wie etwas Besonderes zu fühlen.«

Am 21. Juni 1977 wurde die Ehe von Lynch und Fisk mit einer kleinen Zeremonie in einer Kirche in Riverside besiegelt, die Lynchs Eltern regelmäßig besuchten. »Wir heirateten an einem Dienstag. Davids Vater hatte dafür gesorgt, dass die Dekoration der Sonntagsmesse aufgehoben wurde, also gab es viele Blumen. Außerdem hatte er den Organisten engagiert«, sagt Fisk. »Es war eine ganz traditionelle Eheschließung. Danach fuhren wir in die Flitterwochen, die aus einer Nacht in Big Bear bestanden.«

Sechzehn Tage später meldete Lynch ein Treatment bei der Writers Guild an, aus dem sein nächster Film mit dem Titel *Ronnie Rocket* hervorgehen sollte. Dann machte er sich zusammen mit Fisk auf den Weg nach New York. Dort wohnte Lynch drei Monate lang in der Wohnung von Barenholtz, während er im Labor an einer verbesserten Kopie für den Vertrieb von *Eraserhead* arbeitete. Barenholtz kaufte die Rechte an der Musik von Fats Waller, die entscheidend zur Stimmung des Films beiträgt, und alles war auf einem guten Weg. Die offizielle Premiere fand im Cinema Village in Manhattan statt. Die Einladung dazu sah aus wie eine Geburtsanzeige.

Dass er einen Vertrieb gefunden hatte, änderte nichts an Lynchs finanziellen Problemen. Nachdem er New York verlassen hatte, verbrachte er einige Zeit in Riverside, wo er mit seinem Vater ein Haus umbaute, um es weiterzuverkaufen. Während er dort war, arbeitete Fisk in der Immobilienverwaltung von Coldwell Banker und besuchte ihn an den Wochenenden. »Nachdem wir geheiratet hatten, wohnten wir immer mal wieder bei Davids Eltern«, erzählt sie. »Abends kam er mit seinem Vater von den Renovierungsarbeiten zurück, und seine Mutter rannte aus dem Haus, um beide zu umarmen. Sie mögen sich alle sehr. Der Verkauf des umgebauten Hauses brachte einen Gewinn von siebentausend Dollar, die David bekam. Seine Eltern machten sich Sorgen um ihn, weil sie nicht glauben konnten, dass seine Träume sich jemals verwirklichen würden. Trotzdem hatten sie ihm geholfen, *The Grandmother* zu finanzieren. Es ist wirklich außergewöhnlich, dass sie die Arbeit ihres Sohnes unterstützten, obwohl sie nichts damit anfangen konnten.«

Ende 1977 befand Lynch sich finanziell noch immer in der Krise. Also verwandelte er sein Postproduction-Studio in eine Werkstatt und begann mit dem, was er seine »Hüttenbauphase« nannte. Das Wort trifft es genau: Er baute Hütten und übernahm Tischlerarbeiten. Trotz der trüben Aussichten ließ er sich nicht entmutigen. »Er stand unter Strom«, sagt Mary Fisk. »Er hatte den Film zu Ende gebracht, ihn auf dem Festival gezeigt und damit Aufsehen erregt. Wenn ich morgens aufwachte, lag David lächelnd neben mir, bereit, dem Tag ins Auge zu sehen. Vor allem war er bereit für das nächste Projekt.

Unsere privaten Aktivitäten spielten sich vor allem rund um das Meditationszentrum ab«, fährt sie fort. »Wir gingen jeden Freitagabend hin, und die Leute dort wurden unsere Freunde. Wir trafen uns mit ihnen und gingen ins Kino. David und ich sahen uns zwar eine Menge Filme an, mit dem Filmgeschäft selbst aber hatten wir nichts zu tun.«

Inzwischen wurde *Eraserhead* durch Mund-zu-Mund-Propaganda immer bekannter. Bald schon sollte er ins Programm des Nuart, eines Kinos in Los Angeles, aufgenommen und vier Jahre lang dort aufgeführt werden. Der Film erschien genau zur richtigen Zeit, als sich in L.A. ein hippes Publikum bildete, das seine Besonderheit zu würdigen wusste. Damals fanden viele radikale Performances statt, Punkrock nahm Fahrt auf, und ausgefallene Magazine wie *Wet*, *Slash* oder *L.A. Reader* feierten experimentelle Kunstwerke. Die Underground-Kultur boomte. Leute aus dieser Szene stellten das Publikum im Nuart und hießen Lynch als einen der Ihren willkommen. John Waters ermunterte seine Fans, sich *Eraserhead* anzuschauen, Stanley Kubrick äußerte sich lobend, und Lynchs Name war in aller Munde.

Trotzdem war er immer noch ein Außenseiter. Aber sein Leben hatte sich grundlegend verändert. Die Meditation gab ihm Halt, er hatte eine neue Frau – und einen Film vollendet, der genau so geworden war, wie er es sich vorgestellt hatte. »Bei *Eraserhead* konnte ich tatsächlich meine ursprüngliche Intention verwirklichen«, sagte Lynch einmal, »und zwar bis zu dem Punkt, wo der Eindruck entsteht, dass das, was zu sehen ist, viel eher in meinem Kopf stattfindet als auf der Leinwand.« Und schließlich hatte er es geschafft, dass eine Handvoll Insider aus der Filmbranche und Tausende von Kinogängern verstanden, was er mit diesem Film sagen wollte.

»David erreicht wesentlich mehr Menschen, als man erwarten würde. Irgendetwas an seinen Visionen bringt die Leute dazu, sich damit zu identifizieren«, erklärt Jack Fisk. »Als ich *Eraserhead* zum ersten Mal bei einer Mitternachtsvorstellung im Nuart sah, war das Publikum völlig gebannt und kannte die Dialoge auswendig. Und ich dachte: Meine Güte, er hat es wirklich geschafft, für dieses Zeug ein Publikum zu finden!«

Jack, sein Hund Five und mein Bruder John begleiteten mich auf meiner Fahrt von Philadelphia nach Westen. Es war eine sehr schöne Reise. Ich weiß noch, wie wir in dieses riesige Tal hinunterfuhren. Als wir den Bergkamm passierten, war der Himmel so weit, dass wir vier verschiedene Wetterarten zur gleichen Zeit sehen konnten. In einem Teil des Himmels schien die Sonne, in einem anderen tobte gerade ein schwerer Sturm. Wir fuhren dreißig Stunden durch bis Oklahoma City, wo wir bei meiner Tante und meinem Onkel übernachteten. Am nächsten Tag fuhren wir, so lange es ging, weiter und hielten dann irgendwo in New Mexico am Straßenrand an. Es war eine mondlose Nacht, und wir gingen irgendwo ins Gebüsch, um zu schlafen. Es war sehr ruhig, aber dann wurde es plötzlich laut, und wir bemerkten ein Pferd, das an einem Strauch angebunden war. Als wir morgens aufwachten, fuhren Indianer in Pick-up-Trucks in einem Kreis um uns herum. Wir waren in einem Reservat gelandet, und sie fragten sich wahrscheinlich, was wir auf ihrem Land verloren hatten. Ich kann es ihnen nicht verdenken. Wir hatten gar nicht bemerkt, dass wir uns in einem Reservat befanden.

Am dritten Tag kamen wir nach Mitternacht in L.A. an. Wir fuhren den Sunset Boulevard entlang, bogen beim Whisky a Go Go ab und kamen zu Al Splets Wohnung, wo wir den Rest der Nacht verbrachten. Am nächsten Morgen wachte ich auf und bemerkte, was für ein Licht dort herrschte. Ich wäre beinahe umgefahren worden, weil ich mitten auf dem San Vicente Boulevard stand und nicht glauben konnte, wie großartig das Licht war! Ich war sofort in diese Stadt verliebt. Wer wäre das nicht? Und als ich da draußen stand und das Licht bewunderte, sah ich ein Schild vor der Hausnummer 950, auf dem »zu vermieten« stand. Es dauerte nur ein paar Stunden, und ich hatte das Haus für zweihundertzwanzig Dollar pro Monat gemietet.

Ich hatte meinen Ford Falcon in Philadelphia verkauft und brauchte einen neuen Wagen. Also ging ich mit Jack und John zum Santa Monica Boulevard, wo wir die Daumen hochhielten. Eine Schauspielerin nahm uns mit und sagte, es gäbe eine Menge Gebrauchtwagenhändler in Santa Monica, und sie könnte uns dorthin bringen. Wir klapperten dann einige Läden ab, bis mein Bruder einen VW Käfer, Baujahr 1959, entdeckte, ihn genauer inspizierte und für gut befand. Ich hatte gerade auf dem Bellevue Film Festival einen Preis für *The Grandmother* in Höhe von hundertfünfzig Dollar gewonnen und gab das Geld für den Wagen aus, der ungefähr zweihundert kostete. Ich brauchte noch eine Versicherung, und auf der anderen Straßenseite war ein Büro der State Farm. Ich stieg eine Holztreppe hinauf in den zweiten Stock, wo ein netter Angestellter sich darum kümmerte. Ich hatte an nur einem Tag ein Haus und ein Auto mit Versicherung erworben. Es war ziemlich surreal. In diesem Haus wohnten abwechselnd sehr viele Leute mit uns zusammen – Herb Cadwell, Al Splet, mein Bruder, und Jack Fisk lebte auch eine Weile dort. Damals machte es mir nichts aus, so viele Leute um mich zu haben. Heute wäre das schon eher ein Problem.

Als ich mit Jack und meinem Bruder zum AFI ging und dieses riesige Gebäude zum ersten Mal sah, konnte ich es kaum glauben. Ich war sehr glücklich, dort sein zu dürfen. Zu diesem Zeitpunkt wollte ich *Gardenback* drehen und hatte ein vierzigseitiges Skript dafür geschrieben. Als ich Caleb Deschanel kennenlernte, gab ich es ihm zu lesen, und es gefiel ihm. Er dachte, es sei so eine Art

Gruselfilm und zeigte es einem Produzenten, der Low-Budget-Horrorfilme herstellte. Dieser Typ sagte: »Ich würde das gern machen und gebe euch fünfzigtausend Dollar, aber ihr müsst das Skript auf hundert bis hundertzwanzig Seiten erweitern.« Das gefiel mir überhaupt nicht. Die ganze Geschichte stand schon da. Dennoch verbrachte ich das erste Studienjahr damit, mich mit Frank Daniel und einem Studenten namens Gill Dennis zu treffen, um das Skript mit schwülstigen Dialogen aufzublasen, die mir zuwider waren. Die ganze Zeit dachte ich mir: Willst du das wirklich tun? Ich hatte nämlich schon ein paar Ideen für *Eraserhead* im Kopf.

Im ersten Studienjahr am AFI kam Toni Vellani eines Tages zu mir und sagte: »Ich möchte dir Roberto Rossellini vorstellen.« Wir trafen uns in Tonis Büro und schüttelten einander die Hand. Dann setzten wir uns hin, unterhielten uns und verstanden uns prächtig. Er sagte zu Toni, dass er mich gern als Austauschschüler an seiner Filmschule Centro di Sperimentale di Cinematografia in Rom haben würde. Es gab sogar eine Meldung in *Variety*, dass ich dorthin gehen würde. Aber dann ging Rossellinis Schule den Bach runter. Es war Schicksal. Es sollte nicht sein. Aber es war trotzdem nett, ihn kennenzulernen.

Ich brauchte Geld, und Toni gab mir den Tipp, ein Praktikum bei Ed Parone zu machen, der gerade das Theaterstück *Major Barbara* im Mark Taper Forum inszenierte. Ich übernahm den Job, der vor allem darin bestand, Ed Parone Kaffee zu bringen. Die Hauptrollen spielten David Birney und Blythe Danner, und es war das Debüt von Richard Dreyfuss, der alle an die Wand spielte. Ich mochte weder das Stück noch den Regisseur. Er war nicht sehr freundlich zu mir. Vielleicht hat ihm der Kaffee nicht geschmeckt, keine Ahnung. Ich war schlecht gelaunt und hatte kein Interesse am Theater. Aber Blythe Danner war sehr nett.

Toni wusste, dass ich handwerklich begabt war, und besorgte mir einen Job in Utah, wo ich an der Ausstattung für den Film *In Pursuit of Treasure* von Stanton Kaye mitarbeiten sollte. Bevor ich hinfuhr, hörte ich Gerüchte über Stanton Kaye, den man angeblich dazu zwingen musste, Regie zu führen. Er sei nie pünktlich und würde sich um nichts kümmern – ihm sei alles egal. Ich fuhr nach Utah und fing an, Requisiten für den Film zu bauen – aztekische Götter und Goldbarren und anderes Zeug, das ich mir ausdachte. Ich arbeitete in einem Kellerraum mit einem Mann namens Happy zusammen. Happy kam vom Zirkus und war Schausteller. Sonst war niemand da. Ich sollte eigentlich bloß eine Woche dort sein, und nach der zweiten Woche hatte ich keine Lust mehr. Also sagte ich: »Happ, mein Freund Jack kann das genauso gut.« So kam Jack dorthin und lernte eine Menge Leute kennen, die seine Arbeit toll fanden, und es öffneten sich einige Türen für ihn. Ich glaube, für Jack war es ein Wendepunkt.

Am ersten Tag meines zweiten Studienjahres kam ich ins AFI und stellte fest, dass man mich in die Klassen der Erstsemester eingeteilt hatte. Als sei ich durchgefallen. Und damit wäre das ganze vergangene Jahr umsonst gewesen. Ich wurde unglaublich wütend und stürmte durch den Flur. Als Gill mich sah und meinen Gesichtsausdruck bemerkte, rief er: »Halt, David, warte!« Er rannte hinter mir her, aber ich lief direkt in Franks Büro, vorbei an Mierka, seiner Assistentin, trat ein und rief: »Ich gehe!« Dann stürmte ich wieder hinaus und ging zu Alan, der sofort sagte: »Ich gehe auch!« Wir gingen zu Hamburger Hamlet, nörgelten und schimpften und tranken Kaffee. Als ich ein paar Stunden später nach Hause kam, fragte Peggy: »Was ist denn los? Die Hochschule hat angerufen. Sie sind total schockiert, weil du aufhören willst.« Also ging ich noch mal zu Frank, der sagte: »Wenn du wirklich gehen willst, haben wir was falsch gemacht. Also was willst du tun?« Ich sagte, ich wolle *Eraserhead* machen. Er antwortete: »Dann machst du jetzt *Eraserhead*.«

Als ich mit der Arbeit an dem Film anfing, ging ich nicht mehr zum Unterricht. Ab und zu schaute ich mir dort aber einen Film an. Der Vorführer des großen Saals im AFI war ein Filmfreak, der das Abseitige liebte. Wenn er mir einen Film empfahl, dann wusste ich, es würde etwas ganz Besonderes sein. Einmal zeigt er mir *Le sang des bêtes* (*Das Blut der Tiere*), einen kurzen Dokumentarfilm von Georges Franju. Darin ist ein Liebespaar zu sehen, das in einer kleinen französischen Stadt die Straße entlangläuft, sowie ein Schlachthaus mit gepflastertem Innenhof, dicken Ketten und Geräten aus Stahl. Ein Pferd wird herausgeführt, aus seinen Nüstern kommt dampfender Atem. Sie setzen ihm so ein Ding am Kopf an, es macht bumm!, und das Pferd stürzt zu Boden. Ihm werden Ketten um die Beine gelegt, mit denen man es hochzieht, dann wird es in Windeseile gehäutet. Blut läuft durch einen Rost, dann Schnitt, und wir sehen wieder das Liebespaar. Das war ziemlich beeindruckend.

Nun suchte ich Schauspieler für *Eraserhead*, und da fiel mir ein Theaterdirektor namens David Lindemann ein, der mal Student am AFI gewesen war. Ihm beschrieb ich die Rolle von Henry und fragte ihn, ob er Schauspieler kenne, die das spielen könnten, worauf er mir zwei nannte. Einer davon war Jack Nance, und ich traf mich mit ihm. Bei *Eraserhead* war es so, dass ich jeden Schauspieler sofort beim ersten Treffen engagierte. Ich hätte nicht wahllos jeden genommen, aber sie waren einfach alle perfekt.

Die Doheny-Villa lag auf einem Hügel und bestand aus einem Erdgeschoss und einem Stockwerk darüber; unterhalb des Erdgeschosses war noch ein Kellergeschoss mit Räumen, die in Büros umgewandelt worden waren. Dort befanden sich auch eine Kegelbahn und eine Waschküche. Weil Sonnenlicht gut für die Wäsche ist, gab es noch eine Grube, die von der Straße nicht eingesehen werden konnte. Sie hatte ungefähr fünf Meter hohe Wände und war nur zum Wäscheaufhängen gedacht. Es war eine hübsche Grube mit Betonwänden und kleinen Stufen, die hinunterführten. Dort baute ich die Bühne für die Frau im Heizkörper. Sie stand da eine ganze Weile, weil ich sehr viel Zeit brauchte, um sie fertigzustellen. Wahrscheinlich, weil mir das Geld fehlte.

Ich traf mich jedenfalls mit Jack Nance in einem der Büros im Keller. Als er eintrat, war er ziemlich schlecht gelaunt und nicht wirklich in der Stimmung für einen blödsinnigen Studentenfilm. Wir setzten uns und redeten, aber es war ziemlich angespannt und lief nicht gut. Als wir fertig waren, begleitete ich ihn nach draußen. Wir gingen wortlos über den Flur, durch ein paar Türen und dann auf den Parkplatz. Als wir draußen waren, fiel Jacks Blick auf ein Auto, und er sagte: »Das ist ein toller Dachgepäckträger.« Und ich sagte: »Danke.« Woraufhin er fragte: »Das ist deiner? Meine Güte!« Plötzlich war er eine ganz andere Person. Und da fingen wir an, über Henry zu sprechen, und ich sagte: »Henry hat einen verwirrten Gesichtsausdruck.« Und Jack blickte verwirrt. Dann sagte ich: »Nein, das ist es nicht, er sieht eher verloren aus.« Jack schaute verloren. Daraufhin sagte ich: »Nein, das ist es auch nicht. Vielleicht ist er eher verwundert«, und er setzte eine verwunderte Miene auf. Ich sagte wieder Nein, packte ihn an den Schultern und sagte: »Sei einfach mal total ausdruckslos.« Sein Gesicht verlor jeden Ausdruck, und ich rief: »Jack, das ist es!« Danach erzählte Jack jedem: »Henry ist total ausdruckslos.« Ich nahm ihn mit nach Hause und stellte ihn Peggy vor, die hinter seinem Rücken den Daumen hochhielt. Dann gingen wir wieder ins AFI. Jack war in jeder Hinsicht die perfekte Wahl. Ich habe oft darüber nachgedacht, wer sonst für die Rolle in Frage gekommen wäre. Bei allen Menschen, die ich auf der ganzen Welt traf, habe ich mir diese Frage gestellt. Aber es hätte keinen anderen gegeben. Es war Schicksal. Jack war der ideale Schauspieler dafür, und wie Charlotte ganz richtig sagte, machte es ihm nichts aus, zu warten. Er saß da und dachte über alles Mögliche nach und kümmerte sich nicht um das, was um ihn herum vorging.

Als ich Jack kennenlernte, hatte er so eine Art Afrofrisur. Wir wollten nicht, dass seine Haare wie frisch geschnitten aussahen. Also ließ ich eine Woche vor Drehbeginn einen Friseur in unser Studio im Stall kommen, der mit Jack auf den Heuboden ging, um ihm die Haare zu schneiden. Ich wollte sie an den Seiten kurz und oben lang haben – genau so, das war ganz wichtig. Aus irgendeinem Grund ist das etwas, das ich immer schon gemocht habe. Jacks Haarschnitt war sehr wichtig, aber erst am ersten Drehtag, als Charlotte ihn kämmte, wurde es die Frisur, die es sein sollte. Die Haare standen viel höher, als ich jemals gedacht hätte. Also hat sie einen wichtigen Beitrag bei der Erschaffung von Henrys Figur geleistet.

Am östlichen Ende des Sunset Boulevard gab es dieses unglaubliche Studio, das geschlossen wurde. Als ich davon hörte, mietete ich einen Lastwagen, fuhr an einem trüben Tag dorthin und stellte fest, dass sie alles loswerden wollten. Wir stapelten die Sachen vier Meter hoch auf die Ladefläche: Kulissen, Fässer mit Nägeln, Draht, neun mal zwölf Meter große schwarze Hintergründe, den Heizkörper, der in Henrys Zimmer steht – viele verschiedene Sachen. Als ich nach dem Preis fragte, sagte der Typ:»Hundert Mäuse.« Ich konnte das komplette Filmset aus diesen Sachen bauen. Im gleichen Straßenabschnitt gab es ein Teppichgeschäft, das aussah wie eine alte Tankstelle oder eine Autowerkstatt. Es war mit Stuck verputzt, hatte ein verblichenes Ladenschild, und drinnen war es dunkel und sehr staubig. Überall stapelten sich Teppiche auf dem schmutzigen Fußboden. Man konnte sie umklappen und sich ansehen, und wenn man einen gefunden hatte, der interessant war, kamen diese Typen aus der Dunkelheit, rollten die oberen Teppiche zurück und zogen den heraus, der dir gefiel. Wenn du ihn nicht haben wolltest, warfen sie ihn oben auf den Stapel, dass der Staub aufwirbelte. Ich habe dort alle Teppiche gekauft, die im Film verwendet wurden. Die Tonbänder bekamen wir kistenweise umsonst bei Warner Bros. In den Kisten lagen zahllose benutzte Tonspuren, die weggeworfen wurden. Wir packten sie auf den Rücksitz des VWs. Man kann sie wiederbenutzen, wenn man sie in einem Degaußer entmagnetisiert. Al hat das gemacht. Ich wollte lieber nicht zu nah an dieses Ding rangehen, weil es ein riesiger Magnet ist. Man stellt die Bänder in den Degaußer und muss das Gerät in eine bestimmte Richtung drehen, dann werden sie entmagnetisiert, und man kann sie erneut bespielen.

Die Stallungsgebäude im AFI wurden von niemandem benutzt. Ich konnte mich dort einrichten und hatte vier Jahre lang ein ziemlich weitläufiges Studio. Ein paar Leute aus der Filmhochschule kamen am ersten Abend der Dreharbeiten, um zuzuschauen. Danach kamen sie nie wieder. Ich hatte großes Glück, ich fühlte mich wie im siebten Himmel. Im ersten Jahr waren nur die Schauspieler dort – Doreen Small, Catherine Coulson, Herb Cardwell und Fred, als er die Aufgabe von Herb übernahm – und ich. Al gesellte sich dazu, wenn wir Originalton aufnahmen, aber sonst niemand. Die ganze Zeit. Vier Jahre lang schaute nur manchmal am Wochenende jemand vorbei, um zu helfen, aber sonst war ausschließlich die Crew da. Direkt vor Ort. Das war's.

Die Mitarbeit von Doreen Small an *Eraserhead* war unverzichtbar, sie hat Großartiges geleistet. Ich habe aber nie jemanden in eine bestimmte Richtung gedrängt. Manche Leute sagen zum Beispiel: »David hat mich dazu gebracht, Transzendentale Meditation zu machen.« Aber man kann Menschen nicht zu so etwas zwingen. Sie müssen es wirklich wollen.

Alan Splet hatte mir von diesem Typen namens James Farrell erzählt, der in einem kleinen Haus in Silver Lake wohnte, mit einem freien Platz davor, wo man parken konnte. Ich bin also zu James gefahren, der Astrologe ist, aber auch ein Medium, ein sehr spezieller Mensch. Er war ein ganz besonderes Medium und hielt magische Sitzungen ab. Man ging zu ihm, begrüßte seine Frau, die dann den Raum verließ, damit er mit seiner Sitzung beginnen konnte. Ich hatte damals kein Geld, aber ich bin oft bei ihm gewesen, weil er kaum etwas berechnete. Damals war alles viel günstiger.

Viele Jahre später, als wir gerade *Dune* drehten, wollte ich mit ihm reden. Er lebte jetzt in einer Wohnung in Century City im Westen von L.A. Als er die Tür aufmachte, sah er beinahe aus, als würde er schweben. Er sagte: »David, ich bin schwul geworden!« Er war total glücklich, dass er schwul war. Ich fand das okay, und er machte eine Sitzung für mich. Ich fragte ihn wegen der Frauen, mit denen ich mich traf, um Rat, und er meinte: »David, die kennen sich alle.«

Womit er meinte, dass es bei Mädchen eine äußere Hülle gibt und einen Teil, der viel mehr weiß. So wie er das sagte, fand ich es logisch. Frauen sind in vielerlei Hinsicht weiter entwickelt, weil sie Mütter sind, und dieses Mutter-Ding ist sehr wichtig. Maharishi sagte einmal, Mütter sind für die Kinder zehnmal wichtiger als Väter. Wenn Frauen die Welt regieren würden, wären wir dem Frieden einen großen Schritt näher.

Ungefähr fünf Jahre danach saß ich mit Mark Frost in einer Nische bei Du-par's am Ventura Boulevard. Leute kamen und gingen, und auf einmal bemerkte ich einen Mann, der zusammen mit einer Frau vorbeilief. Ich sah nur eine Hose, einen rosa-orangefarbenen Sweater und ein bisschen von seinem bräunlich-rosigen Kopf. Ich saß also da, unterhielt mich mit Mark, und plötzlich fiel der Groschen. Ich drehte mich um, er drehte sich um, und ich sagte: »James?« Und er sagte: »David?« Ich ging zu ihm und sprach mit ihm und merkte, dass etwas nicht stimmte. Seine Haut hatte eine rötliche Farbe angenommen. Später hörte ich dann, dass er an Aids gestorben ist. Er war ein großartiger Astrologe, ein unglaubliches Medium und ein guter Mensch.

In unserem Essraum in den Stallungen legte ich Wagners *Tannhäuser* und *Tristan und Isolde* auf und hörte Musik, während die Sonne unterging. Bis es ganz dunkel war und wir mit den Dreharbeiten anfangen konnten. Ich drehte die Lautstärke ganz weit auf, auch bei der *Mondscheinsonate*, gespielt von Vladimir Horowitz. Meine Güte, wie er das spielte, ganz langsam! Ich habe gehört, dass er die Fähigkeit besaß, einen Ton auf dem Klavier in hundert verschiedenen Intensitäten zu spielen, vom leisesten Hauch bis zu donnernder Wucht. In seinen Interpretationen steckt unglaublich viel Seele. Und Beethoven hat dieses verdammte Stück komponiert, als er taub war! Unglaublich. Captain Beefheart war auch ein großartiger Musiker. Damals hörte ich mir sein Album *Trout Mask Replica* sehr oft an. Meine Mitarbeiter trafen so gegen sechs Uhr ein. Während wir auf sie warteten, saßen Jack und ich im Esszimmer und hörten Musik.

Wir befanden uns im exklusivsten Teil von Beverly Hills, saßen da, schauten ins Grüne, während die Sonne unterging, rauchten Zigaretten und drehten die Anlage voll auf.

Während des ersten Jahres der Dreharbeiten verlor ich nach und nach den Anschluss an meine Familie. Das war keine Absicht, ich arbeitete eben die ganze Zeit. Mit Peggy habe ich mich immer sehr gut verstanden, und es gab keinen Streit zu Hause, sie ist ja selbst Künstlerin. Als ich ihr zusammen mit Jennifer an ihrem Geburtstag diese Skulptur aus Lehm auf dem Esszimmertisch aufbaute, war sie begeistert. Wir schleppten eimerweise Lehm und Erde ins Esszimmer und bauten eine einen Meter hohe Skulptur, die den ganzen Tisch einnahm. Wie viele Ehefrauen hätten so was ertragen? Nur eine! Alle anderen wären ausgerastet! Sie hätten sich darüber beschwert, dass der Tisch ruiniert wurde. Aber Peg war hin und weg. Sie ist eine großartige Frau und ließ mich mein Künstlerleben führen. Allerdings durfte sie lange Zeit nur die zweite Geige spielen, und das hat sie deprimiert, denke ich. Für sie war es keine gute Zeit.

Nach einem Jahr Dreharbeiten an *Eraserhead* hatte ich mein Geld aufgebraucht, und Herb stieg aus, was ich durchaus verstehen konnte. Herb war ein interessanter Mensch. Er war Pilot und konnte gleichzeitig in drei verschiedene Richtungen denken. Außerdem war er ein großartiger Maschinenbauer. Eines Tages schlug er Peggy und mir vor, mit ihm für einen Tag in die Wüste zu fliegen, was wir großartig fanden. Als wir zurückkamen und er das Flugzeug ausrollen ließ, wünschte er den Leuten im Tower über Funk eine gute Nacht. Die Art, wie er es sagte, elektrisierte mich, und ich hatte das Gefühl, dass Herb in einem anderen Leben ein Langstrecken-Weltraumpilot gewesen sein musste. Er sagte ihnen auf eine so wundervolle Art Gute Nacht, dass es klang, als würde er es schon seit Milliarden von Jahren tun.

Einmal machten Herb und Al eine Spritztour mit dem Flugzeug nach Osten. Al war praktisch blind, aber er sollte navigieren. Sie flogen los, und ihr erstes Ziel war Pocatello, Idaho. Als sie in der

Luft waren, nahm Herb Kontakt zu dem kleinen Flughafen dort oben auf, und der Typ sagte: »Ich habe hier einen Mietwagen für euch, die Schlüssel stecken. Vergesst nicht, das Licht auszuschalten und abzuschließen, wenn ihr ihn zurückgebracht habt.« Herb stellte das Flugzeug ab, sie stiegen in den Mietwagen und machten sich auf den Weg in die Stadt. Sie fuhren über eine zweispurige Landstraße, es war Nacht, und Herb fing an zu reden. Und während er redete, änderte sich seine Stimmlage, wurde immer höher, und er kam von der Straße ab. Al rief: »Herb!« Der lenkte dann den Wagen zurück auf die Straße und redete weiter. Wieder änderte sich seine Stimmlage, wurde noch höher, und er kam erneut von der Fahrbahn ab, dann verließ er sie komplett. Seine Stimme war jetzt noch viel höher. Al schrie ihn an, Herb kam wieder zu sich und lenkte den Wagen zurück auf die Straße. Alles war wieder in Ordnung. Wer weiß, was es damit auf sich hatte.

Manchmal waren wir um zwei oder drei Uhr morgens mit einer Einstellung fertig, und es war zu spät, mit einer neuen anzufangen. Dann gingen wir. Herb wohnte bei uns, aber er kam nicht mit nach Hause. Niemand wusste, wo er dann hinfuhr, aber um neun Uhr morgens parkte sein Wagen wieder in unserer Auffahrt. Er kam rein, sagte kein Wort, und man wusste, dass man besser nicht fragte. Jen erinnert sich noch, dass Herb sich so früh morgens immer ganz langsam bewegte. Er war nicht missgelaunt, aber auch nicht fröhlich. Er hatte ein Geheimversteck mit Schoko-Frühstücksriegeln, die niemand antasten durfte. Jen hätte liebend gern einen gegessen, aber ich glaube nicht, dass er ihr je einen abgegeben hat.

Als Herb bei Calvin de Frenes angestellt war, musste man manchmal eine besondere Genehmigung haben, um an bestimmten Filmen arbeiten zu dürfen, weil sie etwas mit der Regierung zu tun hatten. Herb hatte diese Genehmigung, weshalb viele dachten, er würde für die CIA arbeiten. Eines Tages bekam er den Auftrag, 16mm-Filmprojektionen für Flugzeuge zu entwerfen, und musste dafür aus irgendeinem Grund nach London. Er flog mit ein paar anderen Typen hin, die ihn irgendwie interessant fanden. Eines Morgens waren sie in der Nähe vom Flughafen Gatwick verabredet. Sie warteten auf ihn, aber er kam nicht. Sie riefen in seinem Hotelzimmer an, aber er ging nicht ans Telefon. Also baten sie den Hotelmanager, in Herbs Zimmer nachzuschauen, und dort wurde er tot auf dem Bett liegend aufgefunden. Bei der Autopsie in London konnte keine Todesursache gefunden werden. Seine Mutter, die ein Bestattungsinstitut in North Carolina hatte, ließ ebenfalls eine Autopsie durchführen, aber auch dabei blieb die Todesursache ein Rätsel. Das war Herb.

Fred Elmes kam zu uns, nachdem Herb gegangen war, und der Film veränderte sich, während wir daran arbeiteten. Ich zeichnete die ganze Zeit. Eines Tages saß ich im Esszimmer und stellte fest, dass ich eine kleine weibliche Figur gezeichnet hatte. Ich schaute sie mir genauer an, und das war der Moment, als die Frau im Heizkörper geboren wurde. Ich weiß nicht, ob ich den Text für »In Heaven« schon hatte, aber die Figur war nun da, und ich wusste, dass sie im Heizkörper lebte, wo es schön warm war. Ich rannte in Henrys Zimmer, weil ich vergessen hatte, wie der Heizkörper dort aussah. Tatsächlich habe ich nie wieder einen Heizkörper gesehen, der dieses kleine Fach hat, in dem jemand leben konnte. Kaum zu glauben. Solche Dinge ergeben sich einfach wie von selbst, und man kann sich ihnen nicht verschließen. Die letzte Einstellung mit der Frau im Heizkörper ist wunderbar, weil das Gerät einfach weiß ausbrennt. Verglüht.

Wenn wir ein Set außerhalb der Stallungen aufbauen mussten, ging das nur am Wochenende von Freitag bis Sonntag. Am Montag, wenn die Gärtner kamen, musste alles wieder verschwunden sein, weil wir ihnen nicht in die Quere kommen durften. Die Szene mit der Ankunft auf dem Planeten drehten wir dort, wo das Feuerholz des AFI gestapelt war. Den Fötus, der im Weltraum schwebt, nahmen wir in meiner Garage auf. Die Szenen mit dem schwebenden Henry und der Oberfläche des Planeten drehten wir in Freds Wohnzimmer. Ich fertigte dieses Riesending bei mir zu Hause an und brachte es zu ihm. Daraufhin konstruierte er eine wunderbare Kameraschiene, die in einem steilen Winkel nach unten führte. Auf diese Weise näherten wir uns dem Planeten, machten einen Schnitt und bewegten uns dann über die Oberfläche. Fred manipulierte den Stromzähler in seinem Haus, damit die Rechnung überschaubar blieb, obwohl überall dicke Kabel herumlagen. Wegen der Special Effects mussten wir uns Rat holen und sprachen mit Leuten, die C-Filme produzierten – nicht B-Filme, C-Filme. Es waren sehr interessante Typen darunter, die uns viel dazu sagen konnten. Ich lernte dabei vor allem, dass man mit gesundem Menschenverstand alle Effekte selbst herstellen kann.

Ich baute den Planeten so, dass er an einer bestimmten Stelle zerbrechen konnte. Um das zu erreichen, wollte ich ein Katapult konstruieren und damit einen Brocken des Planeten, den ich mit Blei oder Stahl beschwert hatte, auf den Planeten abfeuern. Beim Aufprall sollte der Planet zerbersten. Al hatte eine vollkommen andere Idee für ein Katapult, von der ich glaubte, sie würde nicht funktionieren. Er dachte dasselbe von meiner Idee. Deshalb bauten wir zwei verschiedene Katapulte – und beide brachten es nicht. Schließlich warf ich den Brocken einfach so darauf, aber nur die Hälfte des vorgesehenen Stücks brach ab. Also warf ich noch einen weiteren Brocken. Das funktionierte prima, denn nun hatte ich zwei Explosionen anstatt nur einer.

Viele Dinge mussten wir wiederholen. Zum Beispiel die Szene mit der schönen Nachbarin. Herb leuchtete die Szene mit kleinen grellen Lichtpfützen aus, aber Judith sah in diesem Licht nicht hübsch genug aus, und es erzeugte nicht die richtige Stimmung. Herb versuchte es anders, und jetzt wirkte es wie ein sanfter Windhauch von tiefschwarzem Licht. Es war einfach schön.

An einem Wochenende drehten wir das, was ich die Szene mit den Münzen nannte. Dafür räumte ich mein Bankkonto leer und bekam sechzig Dollar in Zehn-Cent-Stücken. Die Szene ging auf einen Traum von mir zurück, in dem eine schmutzige Backsteinwand vorkam. Ich kratzte an der Oberfläche und entdeckte etwas Silbriges, kratzte weiter und stellte fest, dass in der Mauer reihenweise Münzen steckten. Man konnte sie einfach ausgraben. Es war unglaublich. In der Filmszene schaut Henry aus dem Fenster und beobachtet ein paar Kinder, die die Münzen finden. Dann kommen Erwachsene dazu, jagen sie weg und fangen an, sich um das Geld zu streiten. Ich besorgte also jede Menge Erde und Rohre und legte einen Teich mit schmutzigem öligem Wasser an. Dann mussten wir die Kamera so aufstellen, dass der Winkel suggerierte, jemand würde von oben auf das Geschehen hinabschauen. Es dauerte furchtbar lange, bis wir die ganzen schweren Sachen oben auf den Hügel geschleppt hatten, und wir hatten bloß drei Tage Zeit, um die Szene zu drehen. Ich weiß noch, wie Jack zu mir sagte: »Lynch, das kriegt doch sowieso keiner mit«. In gewisser Weise stimmt das natürlich. Vieles, was in Filmen vor sich geht, wird von den Zuschauern überhaupt nicht bemerkt. Man kann erzählen, was man will, aber man kann nicht die Erfahrung des direkten Erlebens vermitteln. So ist es auch, wenn man von einem Traum erzählt. Den Traum selbst kann man nicht weitergeben.

Wir drehten die Szene, von der nur ein kleiner Teil in den Film aufgenommen wurde. Jack hatte in dieser Nacht einiges getrunken. Als wir fertig waren, nahm Catherine mich beiseite und sagte: »David, Jack steckt sich die Geldstücke in die Tasche.« Daraufhin ging ich zu ihm und sagte, er solle sie wieder rausrücken, worauf er meinte: »Na klar, Lynch, du willst alles haben!« Das traf mich tief. In dieser Nacht entschied ich, die Mitarbeiter am Gewinn zu beteiligen, weil sie die ganze Zeit zu mir gestanden hatten. Genau in dieser Nacht war das.

Jack war sauer auf Catherine, weil sie ihn verpfiffen hatte, und schrie sie an: »Geh doch in deinen Stall, du Pferdegesicht!« Catherine war größer als er, holte aus und schlug ihm mit der Faust ins Gesicht. Ihr Ring riss seine Nase auf, und er brach zusammen. Dann ging sie. Ich sagte zu Jack: »Lass uns einen Kaffee trinken.« Wir fuhren zu Copper Penny und hatten noch ein richtig gutes Gespräch.

Bevor ich mit TM begann, war ich ein Suchender und hatte mich mit verschiedenen Formen der Meditation beschäftigt. Al interessierte sich für Gurdjieff und Ouspensky, aber die ließen mich kalt. Ab und zu hatten wir heftige Auseinandersetzungen deswegen. Al trank damals nicht, weil er es sich nicht leisten konnte, aber wenn er was getrunken hatte, dann wurde er schnell streitsüchtig. Es kam oft vor, dass er wütend nach Hause ging. Die Streitgespräche waren trotzdem sehr ergiebig.

Peggys Vater las sehr viel und gab mir eines Tages ein Buch über Zen-Buddhismus. Es war das einzige Buch, das er mir je gab. Ich las es durch, und eine Woche später machten wir zu zweit einen Spaziergang durch den Wald. Dabei sagte er zu mir: »In dem Buch heißt es, das Leben ist eine Illusion. Verstehst du, was damit gemeint ist?« Und ich sagte: »Ja, ich denke schon.« Das war die Wahrheit. Er war ein interessanter Mensch. Als wir in Philadelphia wohnten, gingen wir sonntags zu Peggys Eltern zum Abendessen. Das war noch bevor ich ein Auto hatte, weshalb ich mit dem Zug zur Arbeit fahren musste. Eines Sonntagabends sagte Peggys Vater zu mir: »Okay, Mittwochmorgen, wenn du zum Bahnhof kommst, gehst du auf Bahnsteig neun. Mein Zug kommt dort an, wenn deiner noch nicht abgefahren ist. Versteck dich hinter dem Zug, und genau um 9.07 Uhr kommst du hervor, winkst und gehst weg. Ich tue das Gleiche. Lass uns mal die Uhren vergleichen.« Es sollte am Mittwoch sein, also musste ich mir die Instruktionen zwei Tage lang merken. Dann kam der Mittwoch. Ich gehe also zum Bahnhof, verstecke mich hinter dem Zug, warte und warte, noch zwanzig Sekunden, ich warte weiter, fünf, vier, drei, zwei, eins, ich gehe los und sehe, wie er auf der anderen Seite hinter einem anderen Zug auftaucht, winkt und weggeht. Das war alles. Es fühlte sich gut an, denn ich hatte ihn nicht im Stich gelassen.

Ich war auf der Suche nach etwas. Eines Tages telefonierte ich mit meiner Schwester, und sie erzählte mir etwas über Transzendentale Meditation. Daraufhin sagte ich: »Ein Mantra! Ich brauche ein

Mantra.« Nach dem Gespräch sagte ich zu Catherine: »Willst du mit mir meditieren?« Sie fand, das sei eine gute Idee. Ich bat sie, herauszufinden, wo man das tun könnte. Sie telefonierte herum und landete schließlich bei der Spirituellen Erneuerungsbewegung. In L.A. gab es damals die Students International Meditation Society und das Spiritual Regeneration Movement. Meine Schwester hat recht, wenn sie sagt, dass die Spirituelle Erneuerungsbewegung genau das Richtige für mich war. Charlie Lutes hielt damals die Einführungsvorträge. Er war der perfekte Ansprechpartner für mich, weil er sich für die spirituelle Seite der Meditation im Gegensatz zur wissenschaftlichen interessierte. Ich danke Charlie und Helen von ganzem Herzen für das, was sie mir beigebracht haben. Charlie sah, dass ich kaputte Hemden trug und gab mir seine alten, die keine Löcher hatten. Sie kümmerten sich ein bisschen um mich.

Charlie war ein begeisterter Anhänger von Maharishi und am Anfang so was wie seine rechte Hand. Bevor er sich mit Maharishi zusammentat, hatte er alles Mögliche ausprobiert. Manchmal erzählte er sehr merkwürdige Geschichten. Zum Beispiel, dass er von Aliens entführt worden war, die mit ihm in wenigen Minuten von L.A. nach Washington und wieder zurück flogen. Eines Abends nach einem Vortrag sagte er zu mir: »Hast du ihn gesehen?« Ich fragte: »Wen?« Er sagte: »Da war ein riesiger Engel hinten im Raum.« Er war total durchgeknallt und nahm alles auf einer ganz anderen Frequenz wahr. Bevor er mit Helen nach Scottsdale ging, fuhren sie nach Vlodrop, um Maharishi zu besuchen. Der sagte zu Charlie: »Komm her, und bleib bei mir.« Aber Charlie sagte: »Wir müssen uns um unsere Hunde kümmern.« Woraufhin Maharishi lediglich eine geringschätzige Handbewegung machte. Viele Leute aus dem Umkreis von Maharishi waren böse auf Charlie, Maharishi selbst aber nicht. Er wurde niemals wütend.

Ich interessierte mich überhaupt nicht für Meditation, als die Beatles damit anfingen. Dann aber war es, als hätte jemand einen Schalter umgelegt, und ich konnte gar nicht genug davon kriegen.

Alles in mir veränderte sich, als ich damit anfing. Zwei Wochen nachdem ich zu meditieren begonnen hatte, fragte Peggy: »Was ist denn los mit dir?« Ich verstand gar nicht, was sie meinte, und sie sagte: »Wo ist deine Wut geblieben?« Ich war damals morgens immer unglaublich schlecht gelaunt. Wenn ich nicht sofort meine Schale mit Müsli bekam, machte ich Peggy das Leben zur Hölle. Wenn sie merkte, dass ich aufstand, rannte sie zum Sun Bee Market und wieder zurück, um das Müsli zu besorgen. Ich war damals nicht besonders glücklich, und sie musste es ausbaden. Irgendwann habe ich mal Doreen Small etwas gezeigt, das ich geschrieben hatte, bevor ich mit dem Meditieren anfing. Sie war total geschockt, weil es so wütend klang. Mit der Meditation verschwand diese Wut.

In der Zeit vor dem Meditieren machte ich mir Sorgen, ich könnte dadurch meine Ausdrucksfähigkeit verlieren, das Feuer, das in mir brannte. Aber es stellte sich heraus, dass die Meditation das Feuer noch anfachte, und dass das Glück, das sie erzeugte, meine Ausdruckskraft verstärkte. Viele glauben, Wut führe zu Kreativität. Aber Wut ist Schwäche, sie vergiftet dich und deine Umgebung. Sie ist nicht gesund, schon gar nicht für eine Beziehung.

Nachdem Peggy und ich uns getrennt hatten, zog ich in die Stallungen, und dort war es großartig. Ich schloss mich in Henrys Zimmer ein und schlief dort auch. Irgendwann musste ich raus und zog in einen Bungalow an der Rosewood Avenue.

Mein Vermieter hieß Edmund Horn, und mein Haus lag hinter seinem. In *Eraserhead* gibt es eine Szene mit einem Obdachlosen auf einer Wartebank an der Bushaltestelle. Er trägt Edmunds Pullover. Edmund war um die sechzig, als ich ihn kennenlernte. In den Dreißigerjahren war er als Konzertpianist mit einem Gershwin-Repertoire durch die Welt gereist. Er war homosexuell und ging davon aus, dass er hundert Jahre alt werden würde. Kinder hatte er keine, also schaffte er sich Immobilien an. Ihm gehörten zahlreiche Häuser in West Hollywood. Er war Multimillionär, interessierte sich aber nicht für Geld. Seine Kleider waren ziemlich schäbig, er sah aus wie ein

Obdachloser. In anderen Dingen war er ziemlich pingelig und konnte sehr unangenehm werden, wenn er schlecht gelaunt war. Aber ich kam prima mit ihm aus. Er tolerierte alles, was ich tat, und ich vermute, er hielt mich für einen guten Mieter, weil ich manchmal kleinere Sachen für ihn erledigte. Ich habe eine ganze Menge Durchlauferhitzer in seinen Häusern eingebaut, was mir sogar Spaß machte. Als ich Zeitungen austrug, hatte ich immer ein paar Exemplare übrig, die ich auf seine Veranda legte, damit er sie lesen konnte.

Er hatte einen VW, der vor dem Haus parkte, einen Kühlschrankkarton auf dem Dach und platte Reifen hatte. Er fuhr nie damit, er ging überall zu Fuß hin und sammelte Regenwasser in Porzellanschüsseln. Das Wasser verwendete er dann zum Beispiel, wenn er sich die Unterarme rasierte. In seinem Haus gab es nur alte Sachen, zumeist aus den Zwanzigern. Von der Decke hing eine Vierzig-Watt-Glühbirne. Am Abend schaltete er den Fernseher ein, der dann die einzige Lichtquelle in der Wohnung war. Er war sehr sparsam. Eines nachts hörte ich lautes Pochen in seinem Haus, ging raus und horchte. Er schlug mit den Fäusten gegen die Wände und schrie aus voller Seele: »Hilf mir!« Er wollte aber nicht, dass ihm wirklich jemand half. Er rief den Kosmos um Hilfe an.

Wenn man ein Haus mietet, bekommt man normalerweise auch eine Garage dazu, bei Edmund war das nicht der Fall. Ich fragte ihn, wieso ich die Garage nicht benutzen konnte. Nun, weil sich darin Kartons befanden. Er liebte Kartons. Seine Lieblingskartons waren gewachste Obstkisten. Die Kartons waren nicht zusammengefaltet, sondern bis unter die Decke aufeinandergestapelt. Ich überredete ihn dazu, dass er mich ihm eine neue Garage bauen ließ, damit ich die schon vorhandene übernehmen konnte, die sehr groß war. Er war einverstanden. Aber als die neue Garage fertig war, erhöhte er meine Miete, und sämtliche Kartons mussten aus der alten in die neue getragen werden. Dann baute ich eine L-förmige Hütte mit Giebeldach im Hof und eine zweite, in der ich meine Geräte aufbewahren konnte. Ich stellte eine Tischkreissäge in den Hof, sprühte sie mit WD-40 ein, damit sie nicht rostete, und legte Segeltuch darüber. Die Postproduktion von *Eraserhead* erledigte ich in Edmunds alter Garage. Ich hatte einen ziemlich alten Moviola-Filmbetrachter, der aber schon einen Sichtschirm hatte, mit dessen Hilfe ich den Film schnitt. Ich hatte also einen behelfsmäßigen Schneidetisch, einen Synchronizer, und die Filme lagen alle auf einem Regal.

Noch während ich an dem Film arbeitete, ging Al nach Findhorn, was mir schwer zu schaffen machte. Al war ein spezieller Typ und ein echter Draufgänger. Wenn er sich für eine Sache entschied, dann zog er sie auch durch. Fein, aber ich wollte, dass er mir bei *Eraserhead* half. Er ging trotzdem. Ich glaube, es gefiel ihm dort auch eine ganze Weile, aber nach ein paar Monaten kam er zurück, worüber ich sehr froh war. Nach seiner Rückkehr wohnte er in meiner Garage und aß dort seine Salate. Mit dem Salat war es bei ihm wie mit allen anderen Sachen. Sie anzurichten und aufzuessen war für ihn eine hingebungsvolle Angelegenheit. Sein Arbeitsplatz war ein Tisch auf der einen Seite der Garage, und obwohl wir nur wenige Geräte hatten, gelang es ihm, einen Soundtrack zu basteln. Jeden Morgen tat er das, was wir »das Augeneinsetzen« nannten. Es lief immer nach dem gleichen Schema ab. Er nahm sich ein Papiertuch und faltete es auf eine bestimmte Art zusammen. Dann stellte er eine flache Schale mit einer Flüssigkeit vor sich hin und daneben das kleine Gefäß, in dem er seine Kontaktlinsen aufbewahrte. Er nahm eine davon heraus, bewegte sie blitzschnell durch die Flüssigkeit, setzte sie ein und tupfte sich die Finger mit dem Papiertuch ab. Dann wiederholte er alles mit der anderen Linse.

Im Hauptgebäude des AFI gab es einen Raum, der Großer Saal genannt wurde und ursprünglich als Ballsaal gedacht war. Das AFI hatte einen schrägen Boden eingezogen, eine Leinwand installiert und auf einem Balkon, der ursprünglich für das Orchester vorgesehen war, einen Vorführraum eingerichtet. Darunter stand noch ein Mischpult. Der Saal hatte einen Kronleuchter, der vor der Vorführung in der Decke verschwand und dabei gedimmt wurde, das machte schon was her. Eines Tages waren Al und ich gerade mit dem Abmischen beschäftigt, als ein paar Leute hereinkamen. Ich wollte nicht, dass man uns zusah und bat sie zu gehen, aber jemand erklärte mir: »Diese Herrschaften kommen aus Cannes. Wäre es möglich, ihnen etwas vorzuführen? Das könnte nützlich für dich sein, David.« Normalerweise hätte ich abgelehnt, doch ich sagte, na schön, aber nur ein kleines Stückchen. Ich konnte niemanden erkennen und sah nur ein paar Gestalten mit Baskenmützen. Sie schauten sich ungefähr fünf oder sieben Minuten an. Später wurde mir erzählt, sie hätten gesagt, ich hätte sogar Buñuel übertroffen und sollte den Film nach New York schicken, wo sie eine Vorauswahl für Cannes treffen wollten.

Und so kam mir die Idee, den Film nach Cannes zu bringen. Al sagte: »Wenn du das schaffen willst, dann müssen wir rund um die Uhr arbeiten, und du musst aufhören, zu Bob's zu gehen.« Das war hart. Ich durfte keine Milchshakes mehr trinken. Al tat es leid, und eines Tages schlug er vor, eine Pause zu machen und zu Hamburger Hamlet zu gehen. Dort tranken wir Kaffee, und ich bemerkte einen holländischen Apfelkuchen in einer Vitrine. Ich bestellte mir ein Stück, das sehr gut schmeckte, aber auch sehr teuer war. Eine Wiederholung war nicht drin. Dann entdeckte ich im Supermarkt einen ganzen Apfelkuchen, der nur wenig mehr kostete als dieses eine Stück. Ich kaufte ihn, las die Zubereitungsanweisung durch und schob ihn in den Ofen. Dann schnitt ich mir ein Stück ab, packte es in Alufolie, versteckte es unter meiner Jacke und lief damit zu Hamburger Hamlet. Dort bestellten wir Kaffee, und ich aß heimlich meinen Kuchen dazu. Der Film wurde rechtzeitig für Cannes fertig.

Ich ging damals oft zu Du-par's am Farmers Market, wo es diese großen, graublauen Einkaufwagen aus Holz mit zwei Rädern gab. Ich fand heraus, wo das Büro des Marktleiters war. Dort stieg ich die Holzstufen hinauf in den zweiten oder dritten Stock des Gebäudes, wo er mich empfing. Ich sagte: »Ich habe vierundzwanzig Filmrollen, die nach New York transportiert werden müssen. Könnte ich einen von diesen Einkaufswagen dafür ausleihen?« Er sagte: »Hör mal, Kumpel, die Dinger werden ständig geklaut, und keiner fragt vorher. Ich find's toll, dass du gefragt hast. Du kannst gern einen mitnehmen. Und viel Glück noch.« Ich hatte zwölf Rollen mit Bildmaterial und zwölf Rollen mit Tonaufnahmen, die ich alle in diesen schweren Wagen packte. Ich verschnürte das Ding mit Klebeband und gab es als Gepäck auf. Dann hob ich mein ganzes Geld von der Bank ab und kaufte mir ein Ticket für einen Nachtflug. Ich war richtig krank, als ich hinflog, hatte eine schwere Erkältung und Fieber. Die Schwester der Frau im Heizkörper wohnte dort und lud mich zum Frühstück ein. Dann rief sie mir ein Taxi, und ich fuhr nach Downtown in dieses Kino. Dort schleppte ich den Film rein, und dieser Typ sagte: »Pack alles da hin. Die anderen Filme kommen noch vorher dran.« Dabei deutete er auf eine lange Reihe mit Filmdosen. Ich ging weg, besorgte mir Kaffee und Donuts und lief den ganzen Tag lang vor dem Kino auf und ab. Am späten Nachmittag legte der Vorführer dann endlich meinen Film ein. Ich blieb vor der Tür stehen und horchte – der Film schien unglaublich lang zu sein. Schließlich sagte er: »Okay, das war's«, und ich packte alles wieder ein und machte mich auf den Heimweg.

Ungefähr eine Woche später stellte sich heraus, dass überhaupt niemand im Vorführsaal gesessen hatte, der Film war ohne Publikum gelaufen. Das deprimierte mich sehr. Anschließend reichte ich ihn beim New York Film Festival ein, und er wurde auch dort abgelehnt. Beim Filmex wollte ich ihn dann gar nicht mehr einreichen, aber Mary Fisk sagte: »Ich fahre dich hin, und du wirst ihn dort abgeben.« Also lud ich den Film ein, wir fuhren hin, und ich war richtig schlecht drauf. Dort angekommen, trug ich den Film rein und sagte: »Abgelehnt von Cannes, abgelehnt vom New York Film Festival, und Sie werden ihn wahrscheinlich auch ablehnen. Aber hier ist er erst mal.« Und der Typ sagte: »Immer mit der Ruhe, Kumpel. Wir haben unsere eigenen Regeln. Uns ist es egal, ob er irgendwo abgelehnt wurde.« Und dann wurde er in der Mitternachtsvorstellung des Filmex gezeigt.

Ich hatte gedacht, der Film sei fertig, als er vom Filmex angenommen wurde, aber während der Vorstellung wurde mir klar, dass er gekürzt werden musste. Er wurde in einem riesigen Saal gezeigt, und sie sagten zu mir: »David, setz dich auf diesen Stuhl hier hinten. Fühlst du den Knopf unter dem Sitz? Jedes Mal, wenn du darauf drückst, wird der Ton um ein Dezibel lauter.« Ich setzte mich hin, und der Film begann sehr leise. Also drückte ich dreimal auf den Knopf. Er war immer noch leise, und ich drückte wieder darauf, aber er war immer noch nicht laut genug. Wahrscheinlich habe ich noch ein paarmal daraufgedrückt. Schließlich war es so laut, dass den Leuten in der ersten Reihe beinahe der Kopf wegflog, als Henry in der Szene in Marys Haus das Messer auf den Teller legt. Ich ging raus und lief für den Rest der Vorführung in der Lobby auf und ab. Später fuhr Fred mich nach Hause, und ich sagte zu ihm: »Fred, ich werde den Film kürzen.« Und er antwortete: »Tu das nicht.« Ich sagte: »Ich weiß genau, was ich wegschneiden muss, und das werde ich auch tun.« Ich blieb die ganze Nacht auf und machte mir Notizen. Ich wollte den Film nicht wahllos kürzen, ich machte mir viele Gedanken darüber, beging allerdings den Fehler, den Composite Print dafür zu benutzen. Es war kein Versehen, ich wusste ja, dass ich diese Urfassung zerschnitt, aber es war trotzdem dumm. Bei der Vorführung auf der Filmex war der Film zwanzig Minuten länger – eine Stunde und fünfzig Minuten. Jetzt dauert er nur noch eine Stunde und dreißig Minuten.

Ein junger Typ, der mit Filmverleih zu tun hatte, sah *Eraserhead* und dachte, dass Ben Barenholtz sich eigentlich dafür interessieren müsste. Also machte er ihn darauf aufmerksam. Ben ist ein echtes Original. Er ist ein seriöser Geschäftsmann, macht Geschäfte mit Kunst und hat die Mitternachtsvorführungen ins Leben gerufen. Er sagte zu mir: »Ich werde nicht viel Werbung reinstecken, aber ich garantiere dir, dass die Leute in zwei Monaten auf der Straße Schlange stehen werden.« Und so kam es dann auch.

Nach meiner Scheidung von Peggy wohnte Mary bei Jack und Sissy in Topanga. Sie kümmerten sich nicht sehr um sie, und sie war recht unglücklich. So kamen wir zusammen, und eins führte zum anderen. Ich liebte sie, und wir heirateten.

Gleich nach der Hochzeit fuhren Mary und ich nach New York, um den Film fertigzustellen. Mary war nur eine Woche dort – sie hatte bald genug von der Stadt –, doch ich verbrachte den Sommer in Bens Apartment und arbeitete im Precision Lab an meinem Film. Vielleicht gibt es ja auch Filmlabore, wo die Leute eher Künstler sind, diese hier jedenfalls machten eher den Eindruck von Lastwagenfahrern. Sie waren einfach gestrickt und konnten nicht glauben, dass ich den Film wirklich so dunkel haben wollte. Also machten sie ihn nicht dunkel. Sie behaupteten, es ginge nicht dunkler. Ich bestand darauf, und sie machten ihn ein kleines bisschen dunkler. Daraufhin verlangte ich, sie sollten ihn noch dunkler machen. Sie zogen das Negativ immer wieder durch, und es dauerte zwei Monate, bis die Kopie endlich so dunkel war, wie ich sie haben wollte. Es wurden furchtbar viele Kopien gemacht, was wirklich nicht nötig gewesen wäre. Schließlich war ich zufrieden, und der Film wurde im Cinema Village uraufgeführt. Ich ging nicht zur Premiere, aber es gab Vorabpräsentationen am Donnerstag und am Freitag, die vor allem von geladenen Gästen besucht wurden. Samstag war dann der erste öffentliche Termin. Soweit ich gehört habe, waren am ersten Abend sechsundzwanzig Leute da, am zweiten vierundzwanzig.

Als der Film in die Kinos kam, hatte ich immer noch kein Geld. Also flog ich zurück nach L.A., quartierte mich bei meinen Eltern in Riverside ein und half meinem Vater beim Bauen eines Hauses. Ich war nicht demoralisiert, überhaupt nicht! Ich war dankbar, dass der Film fertig war und vertrieben wurde. Ich würde es nicht unbedingt einen großen Erfolg nennen, aber das ist alles relativ. Wenn man in finanziellen Kategorien denkt, dann ist *Der weiße Hai* ein Erfolg. Legt man einen anderen Maßstab an, nämlich dass man etwas geschaffen und einen Ort gefunden hat, an dem Menschen es sich ansehen können, dann war das ein großer Erfolg für mich. Ich arbeitete also Tag für Tag mit meinem Vater, und wenn wir abends nach Hause kamen, hatte meine Mutter das Abendessen für uns gekocht. Wir aßen zusammen, dann entschuldigte ich mich und ging in mein Zimmer, legte mich ins Bett und schrieb zehn Seiten des Skripts für *Ronnie Rocket, or the Absurd Mystery of the Strange Forces of Existence*. Ich konnte nicht einschlafen, bevor ich nicht zehn Seiten geschrieben hatte, weil ich die ganze Geschichte bereits im Kopf hatte. Wenn man damals mit dem Zug von Washington nach New York reiste, fuhr man durch das *Ronnie Rocket*-Gebiet. Das war noch bevor überall Graffiti zu sehen waren. Es gab dort alte Fabriken, die noch nicht völlig heruntergekommen waren, und Viertel, die man um diese Fabriken herum angelegt hatte. Es war einfach schön. Und dann ist das alles einfach verschwunden. Die Welt, die ich aus dem Zugfenster sah, gibt es nicht mehr. Mit *Eraserhead* verdiente ich kein Geld, aber ich mochte diese Welt, die ich gesehen hatte, und dachte darüber nach, wie ich *Ronnie Rocket* realisieren könnte.

The Young American

DER JUNGE AMERIKANER

Obwohl es so schien, als hätte Lynch ein Publikum für seine Arbeiten gefunden, war sein nächstes Drehbuch, *Ronnie Rocket*, nur schwer an den Mann zu bringen. Die Eröffnungsszene – eine lodernde Flammenwand, die auf einer Theaterbühne dreißig Meter in die Höhe schießt – ist exemplarisch für den weiteren Verlauf. In der Story gibt es derart viele surreale Elemente, dass es in den späten Siebzigerjahren, als das Thema Computeranimation noch in den Kinderschuhen steckte, nahezu unmöglich gewesen wäre, sie alle auf Film zu bannen: ein Vogel mit gebrochenem Genick, der Rückwärtssaltos schlägt; Elektrokabel, die wie zischende Schlangen durch die Gegend kriechen; romantische Liebesszenen, die zu Explosionen im Himmel führen und Luftschlangen auf die Erde herabregnen lassen; ein sprechendes Schwein, das auf seinen Hinterfüßen läuft.

Ronnie Rocket ist in einem Land angesiedelt, in dem »schwarze Wolken über eine dunkle, von Ruß bedeckte Stadt hinweggrasen«, was sowohl an Philadelphia als auch an *Eraserhead* erinnert. Der erzählerische Ansatz von *Ronnie Rocket* unterscheidet sich jedoch stark vom narrativen Minimalismus in *Eraserhead*, da sich im neuen Drehbuch zwei komplexe Erzählstränge ineinander verweben. Einer dieser Erzählstränge folgt einem Detective, der sich in eine verbotene Zone, die Innenstadt, begibt. Er verfolgt einen Bösewicht, der die gesamte Elektrizität unter seine Kontrolle gebracht und umgepolt hat, sodass sie für Dunkelheit statt für Licht sorgt. Der zweite Erzählstrang handelt von den traurigen Erlebnissen eines Sechzehnjährigen, einer Art Frankenstein-Monster, das unter elektrizitätsinduzierten Anfällen leidet. Lynch selbst erklärt, dass der Film viel mit der Geburt des Rock'n'Roll zu tun hat — Ronnie Rocket wird zu einem Rockstar, der aus Gewinnsucht Dritter ausgebeutet wird, sich aber trotz allem nicht korrumpieren lässt. Das zentrale Thema im Skript ist jedoch die omnipräsente Elektrizität: Sie schlägt aus elektrischen Kabeln, schießt aus den Fingerspitzen der Figuren, knistert und tanzt auf den Bahnoberleitungen, die sich wie ein Netz über die Stadt spannen. In das Skript eingewoben finden sich Elemente, die in Lynchs Werk immer wieder auftreten: sonderbare sexuelle Begegnungen, eine dysfunktionale Familie, extravagante Akte handfester Gewalt.

All diese unterschiedlichen Elemente werden im Skript zu einer Parabel für die spirituellen Glaubensgrundsätze zusammengeführt, die zentral in Lynchs Leben geworden waren. So taucht in der Story ein weiser Mann auf und macht dem Detective klar, wie wichtig es ist, das Bewusstsein zu bewahren. Es zu verlieren bedeutet in *Ronnie Rocket* nämlich den Tod — Liebe und Schmerz sind die Elemente, mit denen die Figuren das Bewusstsein bewahren können. Das wiederkehrende Motiv des Kreises — der Detective sucht ein Nachtlokal namens Circle Club auf und erfährt, dass »die Dinge immer wiederkommen« und »das Leben ein Donut ist« — spielt auf den Kreislauf von Karma und Wiedergeburt an. Der Film endet mit dem Bild einer vierarmigen Figur, die auf einem Seerosenblatt tanzt und nach einem goldenen Ei greift. Der heilige Text des Hinduismus, die Veden, berichtet, dass das materielle Universum, das dem Geist des Brahma entstammt, ein goldenes Ei ist, das wie ein Traum in den Gewässern des göttlichen Bewusstseins schwimmt.

Lynch zufolge geht es in *Ronnie Rocket* um Kohle, Öl und Elektrizität. Zudem ist das Skript aber auch eine wundersame, in dunklen

Humor gewandete Geschichte der Erleuchtung, die, in gewisser Weise überraschend, hier und dort sogar auf Interesse stieß. Einige Monate nach dem Kinostart von *Eraserhead* erhielt Lynch einen Anruf von Marty Michelson, einem Agenten der William Morris Agency. Michelson meldete Interesse an, Lynch als Agent zu vertreten, und versuchte darüber hinaus eine Finanzierung für *Ronnie Rocket* aufzutreiben, was ihm aber nicht gelang.

An diesem Punkt trat Stuart Cornfeld auf den Plan, der Lynch zu dessen nächstem Filmprojekt führte: *Der Elefantenmensch*. Cornfeld stammte aus Los Angeles, hatte am AFI Filmproduktion studiert und dort wichtige Kontakte geknüpft, unter anderem mit Teilnehmerinnen des am AFI angebotenen Regieworkshops für Frauen. Für eine davon, die Schauspielerin Anne Bancroft, die zu dieser Zeit ebenfalls am AFI studierte, produzierte Cornfeld einen halbstündigen Kurzfilm. Nachdem Bancroft mit Cornfeld an einem zweiten Kurzfilm namens *Fatso* gearbeitet hatte, machte sie ihn zum Produzenten ihres auf *Fatso* basierenden Langfilm-Regiedebüts.

Zu Cornfelds Abschlussklasse gehörte 1976 auch der Regisseur Martin Brest, der Cornfeld empfahl, sich *Eraserhead* im Nuart anzusehen. »Ich fand den Streifen fantastisch«, erinnert sich Cornfeld. »David knackte gewissermaßen den Code für das Drehen eines düsteren Films, denn er ist in der Lage, eine wirklich finstere Geschichte zu erzählen, dem Ganzen aber eine transzendente Note zu verpassen. Er erschafft diese furchterregenden Löcher, in die du beim Schauen seiner Filme hineinfällst. Normalerweise würdest du bei jedem dieser Stürze sofort ausflippen, aber trotzdem ist es irgendwie okay, denn seinen Arbeiten liegt eine gewisse Ruhe zugrunde. *Eraserhead* hat mich jedenfalls total umgehauen.

Ich wusste, dass David am AFI studiert hatte«, erklärt Cornfeld weiter, »also besorgte ich mir von der Filmschule seine Nummer und rief ihn an. ›Dein Film ist fantastisch‹, sagte ich ihm. ›Was treibst du gerade?‹ Das war der Anfang. Wir verabredeten uns dann in einem Café namens Nibblers und trafen uns fortan öfter. Damals war David ziemlich arm und wohnte auf der Rosewood Ave. Ich weiß noch, wie wir kurz nach unserem Kennenlernen mal zu ihm gingen. Er hatte einen einzelnen Kinolautsprecher, diesen Voice of the Theatre, und legte mir ›96 Tears‹ auf. Von da an aßen wir einmal die Woche gemeinsam zu Mittag. Es war immer sehr lustig mit ihm; er hatte einfach die richtige Art Humor. Ich mag diese düsteren Humanistentypen.

Er gab mir das Skript für *Ronnie Rocket*. Ich fand es unglaublich und reichte es an die entsprechenden Leute weiter, konnte es aber nirgendwo unterbringen. David hatte bereits mit *Eraserhead* Ablehnung durch das Mainstream-Hollywood erleben müssen. Ich sagte ihm: ›David, das Wichtigste ist jetzt, dass du einen zweiten Film zuwege bringst.‹«[1] In der Folgezeit begann Lynch die Möglichkeit zu erwägen, das Skript eines anderen Drehbuchautors zu verfilmen.

Anne Bancroft stellte Cornfeld dann ihrem Ehemann Mel Brooks vor, der Cornfeld als Assistenten für seinen 1977er Erfolgsfilm *High Anxiety (Mel Brooks' Höhenkoller)* engagierte. Der erste Regieassistent bei diesem Film war ein junger Berufsanfänger namens Jonathan Sanger, ein gebürtiger New Yorker, der 1976 nach Los Angeles gezogen war. Sein Freund, der Filmemacher Barry Levinson, hatte ihm Mel Brooks vorgestellt, der Sanger dann für *High Anxiety* anheuerte. Durch die gemeinsame Arbeit am Set dieses Films freundeten sich Cornfeld und Sanger an.

Die Sage um die Entstehung von *Der Elefantenmensch* begann mit Sangers Babysitterin Kathleen Prilliman. Diese bat Sanger, ein Skript zu lesen, das ihr Freund Chris De Vore zusammen mit seinem Bekannten Eric Bergren geschrieben hatte, als beide noch Filmstudenten in Nordkalifornien gewesen waren. De Vore und Bergren hatten ihre Laufbahn mit dem Wunsch begonnen, Schauspieler zu werden, wandten sich dann aber dem Drehbuchschreiben zu, als sie ein Buch namens *Very Special People* entdeckten, das auch ein Kapitel über den historischen Elefantenmenschen enthielt.

Der 1862 im englischen Leicester geborene Joseph Merrick war mit verschiedenen Leiden geschlagen und erhielt aufgrund seiner schweren körperlichen Deformationen den Namen »Elefantenmensch«. Unter brutalen Bedingungen musste er als Sideshow-Freak in einer Zirkusschaubude für Menschen mit Missbildungen auftreten. Später wurde er im London Hospital aufgenommen, wo er von Dr. Frederick Treves gepflegt und beschützt wurde, bis er im Alter von siebenundzwanzig Jahren starb. (In seinem Buch *The Elephant Man: A Study in Human Dignity* aus dem Jahr 1923 gibt Treves den Vornamen von Merrick fälschlicherweise mit John anstatt mit Joseph an.)

»Ich war verzaubert von dem Skript«, sagt Sanger. »Für tausend Dollar sicherte ich mir eine einjährige Option auf das Drehbuch. Die beiden verkauften es mir unter der Bedingung, als Autoren weiterhin Teil des Projekts zu sein.«[2] Auch Cornfeld war von dem Drehbuch begeistert und rief nach der Lektüre sofort Sanger an. »Ich kenne den passenden Regisseur für diesen Film«, sagte er ihm. Anschließend telefonierte er mit Lynch: »David, du musst unbedingt dieses Skript lesen.«

Der Elefantenmensch ist eine dunkle, romantische Geschichte und war genau der richtige Stoff, um Lynchs Fantasie anzuregen. Als Sanger und Lynch sich eine Woche später im Bob's trafen, berichtete Lynch von seiner Begeisterung für das Drehbuch und fragte, ob der Regieposten schon vergeben sei. »David erklärte, wie er sich den Film vorstellte«, berichtet Sanger, »und da ich *Eraserhead* kannte, war ich der Meinung, dass er das Zeug dazu hatte.« De Vore und Bergren teilten diese Meinung, nachdem sie sich *Eraserhead* angesehen hatten. »Wir dachten: ›Wow, mit diesem Typen könnte der Film wirklich etwas werden‹«, berichtet De Vore. »Als wir David im Bob's in Century City trafen, waren wir überzeugt davon, dass seine wilden Vorstellungen und Ideen genau das waren, was wir für den Stoff haben wollten.«[3]

Mit Lynch als Regisseur im Hinterkopf boten Cornfeld und Sanger das Drehbuch sechs Filmstudios an, waren jedoch nicht ausreichend gut vernetzt, um es bei Entscheidungsträgern unterzubringen, die dem Projekt grünes Licht hätten geben können. An diesem Punkt kam Brooks ins Spiel.»Ich gab das Skript Mels Sekretärin Randy Auerbach. Die schob es dann Mel unter, der es übers Wochenende las«, sagt Sanger.»Am Montagmorgen rief Mel mich an, weil mein Name auf dem Skript stand. Er sagte: ›Ich glaube, wir sollten uns mal unterhalten. Dieses Drehbuch ist wirklich faszinierend.‹ Am nächsten Tag traf ich mich mit Mel und dessen Anwalt im Beverly Hills Hotel. Er sagte: ›Lass uns die Sache durchziehen.‹ Ich konnte es gar nicht richtig glauben.«

Brooks war gerade mit dem Aufbau einer Produktionsfirma namens Brooksfilms beschäftigt, um auch andere Filme außer Komödien – auf denen der Fokus seiner bestehenden Produktionsfirma Crossbow Productions lag – machen zu können.»Eigentlich war ich schon immer ein verkappter Intellektueller, ein Typ, der Nikolai Gogol und Thomas Hardy verehrt. Ich wurde jedoch schon früh auf die Rolle des Clowns festgenagelt und kannte fortan meinen Platz«, erklärt Brooks.»Das hielt mich jedoch nicht davon ab, auch ernsthafte Filme produzieren zu wollen. Solange ich den Namen Mel Brooks aus dieser Sache raushielt, würde es funktionieren.«[4]

Brooks war der Meinung, dass *Der Elefantenmensch* ein wunderbares Projekt für den Regisseur Alan Parker wäre, aber Cornfeld sagte ihm:»Nein, David Lynch muss das machen. Das ist unser Mann.« Brooks erklärte sich bereit, Lynch zu treffen.»Als David in mein Büro bei Twentieth Century Fox kam, sah er aus wie James Stewart, der die Hauptrolle in einem Film über Charles Lindbergh spielt«, erinnert sich Brooks.»Er trug eine Fliegerjacke aus Leder und ein weißes, bis oben hin zugeknöpftes Hemd. Dazu kam eine eher ländlich wirkende Frisur, seine direkte Art und dieser verrückte Midwestern-Akzent. Als wir über das Drehbuch sprachen, sagte er: ›Ich denke, das ist eine wirklich herzerwärmende Geschichte.‹ Und das hat mich irgendwie beeindruckt. Wir unterhielten uns dann noch eine ganze Weile über dieses und jenes. Als er gegangen war, sagte ich: ›Das ist der richtige Mann für den Job. Ich muss mich mit keinen anderen Regisseuren mehr treffen.‹«

Cornfeld empfahl Brooks, sich *Eraserhead* anzusehen, bevor er Lynch definitiv zusagte. Brooks folgte dem Rat und schaute sich zusammen mit Sanger in einer Privatvorführung den Film im Darryl F. Zanuck Theater an, einem Kinosaal im Keller des Gebäudekomplexes von Twentieth Century Fox. Lynch und Cornfeld warteten derweil draußen. Nach der Vorführung war sich Brooks sicher und gab Lynch den Job.

Brooks gefiel *Eraserhead* vor allem,»weil alles symbolisch ist, aber es ist echt«. Als er Sanger und Cornfeld mitteilte, wem er das Projekt anbieten wollte, erwiderte Cornfeld, dass sie es bereits bei diesen Adressen probiert hatten, jedoch ohne Erfolg.»Mel meinte: ›Kann sein, dass die *euch* abgesagt haben‹«, erinnert sich Cornfeld.»›Bei mir traut sich keiner, mit einer Ablehnung zu kommen. Irgendwer von denen wird mich anrufen, um mir zu sagen, wie toll er das Projekt findet.‹ Er hatte natürlich recht. Das Skript ging mit David als geplantem Regisseur raus. Kurz darauf meldeten sich Paramount und Columbia zurück.«

Zu dieser Zeit waren Jeff Katzenberg und Michael Eisner die Chefs von Paramount. Letzterem gab Brooks das Drehbuch.»Ich sagte ihm: ›Lies es, bitte‹«, erinnert sich Brooks.»Kurz darauf rief mich Michael an und sagte: ›Dieses Skript ist großartig, ich will den Film machen.‹« (Die Filmkritikerin Pauline Kael prüfte damals Manuskripte für Paramount und ermutigte Eisner, das Projekt anzunehmen. Später schickte sie eine Mitteilung an De Vore und Bergren und wies die beiden Autoren darauf hin, dass ihr Drehbuch Merricks Sexualität außer Acht ließe.)

Obwohl Lynch berichtet, dass das Originaldrehbuch für *Der Elefantenmensch* bereits sehr gut war, wurde es stark überarbeitet. Das ursprüngliche Manuskript von Bergren und De Vore war zweihundert Seiten lang, sodass zuerst einmal die Story gestrafft werden musste.

Cornfeld, der ausführende Produzent des Films, erinnert sich: »David und Mel waren die treibenden Kräfte hinter der Überarbeitung. Besonders Mel brachte viele Ideen und Vorschläge in das Drehbuch ein.« Dem stimmt Sanger zu: »Mel leistete wichtige Beiträge bei der Überarbeitung und machte die Story insgesamt dramatischer. Der Film wich dann zwar von der Realität ab, aber Mel meinte: ›Es ist nicht so wichtig, was wirklich passiert ist. Wir müssen schauen, dass die Story auf emotionaler Ebene als Film funktioniert.‹«

Lynch, De Vore und Bergren wurden gegenüber von Brooks' Büro bei Fox einquartiert und besprachen sich während der zweimonatigen Überarbeitungsphase jeweils zum Ende der Arbeitswoche. »Die drei lasen laut vor, was sie geschrieben hatten, und Mel machte dazu Anmerkungen und Kommentare«, erklärt Sanger, der den Film produzierte. »Mel schoss einfach los und machte einen Vorschlag nach dem anderen. So arbeitete er nämlich auch bei den Komödien. Manchmal funktionierten seine Ideen nicht so gut, manchmal traf er genau ins Schwarze. Mel ist ein sehr cleverer Kerl.«

Als das Startkapital für den Film gesichert war, entwickelte sich die Besetzung der Rolle des Elefantenmenschen zu einer der Top-Prioritäten des Teams. Verschiedene Namen kamen auf den Tisch. Ein großer Filmstar – unter anderen war Dustin Hoffman im Gespräch – hätte zwar die weitere Finanzierung erleichtert, wäre aber sicherlich nicht so einfach in der Rolle des Elefantenmenschen aufgegangen. »Wir hörten von John Hurts Leistung in *Wie man sein Leben lebt* und schauten uns den Film an. Mel und ich waren beeindruckt«, sagt Sanger. »David wollte Jack Nance für die Rolle des Merrick haben, aber Mel meinte, David müsse mit einem Schauspieler arbeiten, der ihn fordere und aus seiner Komfortzone herauszwinge. Mit Jack wäre das nicht passiert, also sprachen wir uns für John Hurt als Merrick aus.«

Hurt war zu dieser Zeit in Montana mit den Dreharbeiten zu Michael Ciminos *Heaven's Gate* beschäftigt, kam aber Anfang 1979 für die Academy Awards nach Los Angeles, da er für seine Arbeit in *12 Uhr nachts – Midnight Express* für den Oscar für den besten Nebendarsteller nominiert war. »Mel rief Johns Manager an und bat um ein Treffen mit dessen Klienten«, berichtet Sanger. »Mel hatte dann die Idee, überlebensgroße Fotoabzüge des echten Elefantenmenschen herzustellen und in seinem Büro an die Wände zu hängen. Er plante das Treffen mit Hurt von A bis Z durch. Mel meinte: ›Okay, hier wird John sitzen. Also hängen wir die Bilder dort drüben auf. Aber wir werden nichts zu den Fotos sagen, sondern einfach über den Film reden.‹

Als alle eingetroffen waren und sich gesetzt hatten, begann Mel den Film vorzustellen. Wir konnten sehen, wie Johns Blick zu den aufgehängten Bildern wanderte«, fährt Sanger fort. »John verhielt sich sehr höflich und zurückhaltend, während sein Manager dauernd Sachen sagte wie: ›Oh, das klingt aber interessant.‹ Mit einem Mal unterbrach ihn John jedoch und sagte: ›Ich will diesen Film machen.‹ Daraufhin stand David auf, ging zu John hinüber und schüttelte ihm die Hand. Die beiden hatten sofort einen ganz besonderen Draht zueinander. David hatte irgendetwas an sich, das eine starke Faszination auf John ausübte. Sie sind zwar sehr unterschiedlich, aber David ist eine unheimlich einnehmende Person – man kann ihm einfach nicht widerstehen. Von Anfang an hatten die zwei eine enge Beziehung zueinander.«

Die Vorbereitungen zu dem Film nahmen schnell Fahrt auf. Lynch stürzte sich voller Enthusiasmus in die Arbeit. »Er liebte dieses Projekt. Die Story berührte irgendetwas in ihm und stachelte ihn an, aber die Realität einer Hollywood-Filmproduktion war etwas vollkommen Neues für ihn«, erklärt Mary Fisk. »Alles lief so viel schneller ab; es war ein regelrechtes Trommelfeuer an zu erledigenden Aufgaben. Mein Bruder war sich nicht sicher, ob ein Künstler wie David all dem gewachsen wäre.«

Lynch hingegen schien niemals daran zu zweifeln, diese Aufgabe bewältigen und den Film drehen zu können. Er kennt keine Furcht, wenn es um Kunst geht, und plante anfänglich sogar, bei *Der Elefantenmensch* genauso praktisch und in Details involviert zu arbeiten wie bei *Eraserhead*. »David machte es zur Bedingung, sich selbst um die Maske kümmern zu dürfen«, erinnert sich Brooks. »Ich sagte ihm, dass ich bereits bei einigen Filmen Regie geführt hatte und wusste, wie beschäftigt man als Regisseur ist. Trotzdem wollte ich es auf einen Versuch ankommen lassen.« Kurz nachdem Hurt zum Set von *Heaven's Gate* zurückgekehrt war, reisten die Lynchs nach Montana, wo David einen Ganzkörper-Gipsabdruck des Schauspielers anfertigte. »Die Herstellung dieses Gipsabdrucks war eine wahre Qual«, erinnert sich Mary Fisk. »John war komplett mit Gips überzogen und atmete durch Strohhalme, die man ihm in die Nase gesteckt hatte. Er hat das Ganze jedoch ohne großes Murren ertragen.«

Mit einer überarbeiteten Version des Drehbuchs und der Zusage des Hauptdarstellers in der Tasche reisten Lynch, Sanger und Brooks nach London, um mit der Vorproduktion zu beginnen. »Kurz nach unserer Ankunft schlug das Wetter um, und es wurde sehr kalt«, erinnert sich Brooks. »Also kaufte ich David einen blauen Mantel, den er dann an jedem einzelnen Drehtag trug.«

Nachdem sie in London angekommen waren, fuhr das Trio nach Wembley, ein unscheinbarer Stadtteil fünfundvierzig Autominuten nordwestlich vom Zentrum. Zu der Zeit von Lynchs Besuch hatte der einstmals blühende Industriestandort außer seinem bekannten Fußballstadion nicht mehr viel vorzuweisen. Doch in Wembley befanden sich die Lee Studios, ein kurz zuvor umgestalteter Fernsehstudiokomplex unter der Leitung der Brüder John und Benny Lee, der gut zu dem Projekt passte. Im Vergleich mit den großen drei Londoner Filmstudios Shepperton, Elstree und Pinewood war es ein eher bescheidenes Studio – und genau das gab den Ausschlag, denn Produktionsleiter Terry Clegg sah es als einen Vorteil, in den Lee Studios nicht mit größeren Produktionen um Aufmerksamkeit und Leistungen der Studiobetreiber konkurrieren zu müssen. Bevor er nach Los Angeles zurückkehrte, verbrachte Brooks während der ersten drei Drehtage jeweils eine halbe Stunde am Set und zeigte sich dabei »nicht nur gut gelaunt und zugewandt, er unterstützte uns auch, wo er nur konnte«, wie Lynch sich erinnert. »Er meinte, er hätte in seinem Leben ebenfalls einige Chancen bekommen und wollte nun jüngeren Menschen helfen, die gerade am Anfang standen.«

Mit Ausnahme von Anne Bancroft und John Hurt fand das gesamte Casting in London statt und wurde von Casting Director Maggie Cartier geleitet. Anthony Hopkins bekam die Hauptrolle des Frederick Treves, Sir John Gielgud und Dame Wendy Hiller sprachen für Nebenrollen vor. »Ich war überrascht, dass Leute dieses Kalibers sich die Zeit für ein Treffen nahmen, aber sie machten es gern«, berichtet Sanger. »Wendy Hiller war einfach reizend. John Gielgud war ein liebenswerter, zurückhaltender Schauspieler mit einer wunderschönen Stimme und einer perfekten Artikulation. Er mochte seine Rolle und war zu jeder Zeit sehr entgegenkommend. ›Was immer *du* willst‹ lautete sein Motto. David meinte, die Arbeit mit John sei fantastisch, weil man bei ihm einfach nur bestellen musste. Man bat ihn um eine Nuance mehr von diesem oder jenem, und John lieferte genau das, was man als Regisseur brauchte. David war äußerst beeindruckt von Johns handwerklichen Fähigkeiten.«

Der Schauspieler Freddie Jones, der später in weiteren Lynch-Filmen wie *Dune – Der Wüstenplanet* und *Wild at Heart – Die Geschichte von Sailor und Lula* mitspielen sollte, war nicht so leicht zu besetzen. »David mochte ihn von Anfang an. Freddie ist ein verträumter, ungewöhnlicher Mann und passte perfekt in Davids Welt«, erklärt Sanger. »Aber Freddie meinte, dass seine Rolle zu einseitig angelegt sei und nicht darauf reduziert werden sollte, dauernd nur diese wehrlose Kreatur zu misshandeln. Es war jedoch keine komplette Absage, und so meinte David zu ihm: ›Du gefällst mir, Freddie. Lass mich das Drehbuch noch mal aus der Perspektive dieser

Figur unter die Lupe nehmen.‹ Anschließend stimmte David zu, dass die Gefühle der Figur für den Elefantenmenschen komplexer sein sollten. Freddies Anregungen sind also definitiv in das endgültige Drehbuch mit eingeflossen.«

In zwei Szenen des Films treten sogenannte Carnival Freaks auf, Menschen mit Miss- und Fehlbildungen, wie sie in den Zirkusschaubuden des viktorianischen Zeitalters häufig anzutreffen waren – eine schwierige Aufgabe für das Castingteam. Die Popularität dieser Freak-Shows nahm ab Ende des 19. Jahrhunderts stetig ab. In den Fünfzigerjahren war diese Unterhaltungsform fast vollständig verschwunden. Hinzu kam, dass die medizinischen Fortschritte des 20. Jahrhunderts das Auftreten bizarrer körperlicher Deformationen, das zentrale Element der Freak-Shows, stark reduzierten. »Maggie Cartier platzierte eine Anzeige in einer Londoner Zeitung, in der es hieß: ›Lebende menschliche Freaks gesucht!‹«, berichtet Sanger. »Und Junge, was bekamen wir dafür Ärger!«

Seit der Zeit von Elisabeth I. findet in England jährlich die Nottingham Goose Fair statt, ein riesiger Jahrmarkt, zu dessen Hauptattraktionen auch eine Freak-Show zählte. In der Vorproduktionsphase des Films erfuhr Lynch, dass eine zum Jahrmarkt gehörige Person als Agent für ein siamesisches Zwillingspaar tätig war. »David war sehr interessiert an dieser Sache«, erinnert sich Sanger. »Also riefen wir den Kerl an, und er sagte: ›Ja, ich habe die Zwillinge, und ich manage sie.‹ Daraufhin fuhren David und ich hoch zu dieser Goose Fair, die sich als ziemlich abgehalfterte Ansammlung schäbiger Wohnwagen entpuppte. Als wir an den Wagen des Managers klopften, öffnete uns ein fetter Typ in einem verdreckten T-Shirt und bat uns herein. Das ganze Ambiente schien direkt aus Davids Träumen zu stammen. Der Typ meinte dann zu seiner Frau: ›Liebling, geh und hol die Zwillinge‹, woraufhin sie zum Ende des Wohnwagens ging und mit einem großen Glasgefäß wiederkam. Darin schwamm eingelegt in Formaldehyd der Embryo eines toten Zwillingspaars. David war ziemlich enttäuscht.«

Cartier machte in London eine Agentur namens Ugly ausfindig, welche ihr die im Film auftretenden kleinwüchsigen Menschen und den Riesen vermittelte. Lynch und seine künstlerische Abteilung erschufen die anderen Figuren der Freak-Show. Der Großneffe des echten Frederick Treves bekam einen Cameo-Auftritt als Stadtrat, und auch die Drehbuchautoren De Vore und Bergren sind im Film zu sehen. »Wir tauchen kurz in der ersten Szene des Films auf«, berichtet De Vore, »als Spielleute mit einem Leierkasten. David hat zusammen mit dem Artdirector Bob Cartwright dieses einzigartige Instrument gebaut, das wir da spielen. Im Grunde war es eine Drehorgel, aber David hatte dem Ganzen ein ziemlich sonderbares Detail hinzugefügt: Oben auf dem Apparat prangte eine Art Urinbeutel.«

Während der Dreharbeiten wohnten Fisk und Lynch in einem kleinen Haus in Wembley, dessen Garage Lynch in ein Atelier verwandelte, um in der zwölfwöchigen Vorproduktion an Make-up und Maske für den Elefantenmenschen zu arbeiten. »David war der verrückte Wissenschaftler, der allein und zurückgezogen in seiner Garage arbeitete. Niemand wusste, was da drinnen vor sich ging«, erinnert sich Sanger.

Es gab jedoch eine Person, für die das Zutritt-verboten-Schild nicht galt. »Ich war für eine kurze Zeit am Set von *Der Elefantenmensch*«, erinnert sich Jennifer Lynch. »Während mein Dad an der Maske arbeitete, war ich sein Kopfmodell. Das ist eine sehr eindrückliche Erinnerung für mich: dieses warme, drückende Gefühl auf dem Gesicht und die Strohhalme in der Nase, durch die ich atmete. Ich weiß noch, wie er bei der Arbeit redete und diese Geräusche machte, zum Beispiel diese Sache mit den Lippen, wenn er laut nachdenkt. Ich war eine Art Mitwisserin, beteiligt an seinem Arbeitsprozess. Das war ein schönes Gefühl.«

Weniger schön war der Tag, an dem Lynch das Ergebnis seinen Kollegen vorführte. »Er hatte eine Art Skulptur von der echten Person erschaffen, aber im Grunde war es eine Maske«, berichtet

Sanger. »Da er nicht direkt an John hatte arbeiten können, konnte man nun diese Maske unmöglich an Johns Gesicht anpassen. Es war offensichtlich, dass es nicht funktionieren würde, und das war eine niederschmetternde Erkenntnis für David.«

Als der Film im Kasten war, beichtete Lynch seinem Produzenten Sanger, nach diesem Erlebnis daran gedacht zu haben, sich ins Flugzeug zu setzen und dem Projekt den Rücken zu kehren, da er das Gefühl gehabt hatte, versagt zu haben. »David war der Meinung, alles anpacken und schaffen zu können, denn er hatte sein ganzes Leben über einzigartige und besondere Dinge getan«, erklärt Fisk. »Aber so talentiert David auch als Künstler sein mag, so besaß er doch nicht das nötige Wissen für diese Aufgabe. Als klar war, dass die Maske noch einmal gemacht werden musste, organisierten David und Jonathan den Zeitplan so, dass zuerst die Szenen ohne John Hurt gedreht wurden. Sie brachten es zwar irgendwie fertig, das Problem mit der Maske zu umgehen, aber David nahm die Sache trotzdem unheimlich mit. Drei Nächte lang saß er aufrecht im Bett und war einfach nur erschüttert. David wirkt immer so gefasst und unbeeindruckt von Unwägbarkeiten, aber manchmal trügt der Schein. Kurz nach dem Maskenfiasko rief Mel an und sagte: ›David, ich wollte dich wissen lassen, dass wir zu tausend Prozent hinter dir stehen.‹ Das half ihm. Mel war großartig und unterstützte David sehr.«

Hopkins war für die Dreharbeiten zu *Jahreszeiten einer Ehe* mit Bo Derek gebucht und musste das Set zu einem bestimmten Zeitpunkt verlassen. Es gab also keine Zeit für große Diskussionen bezüglich der Maske. Sanger griff zum Telefonhörer und rief Chris Tucker an. Der 1946 im englischen Hertford geborene Tucker hatte 1974 seine Karriere als Opernsänger gegen die eines Maskenbildners eingetauscht. Tucker erklärte, dass er für diesen Job die Totenmaske von Joseph Merrick brauchte, den originalen Gipsabdruck von Kopf und Schultern des Elefantenmenschen. Diese war jedoch Teil der Dauerausstellung der Royal London Hospital Museum and

Archives. Lynch und Sanger machten sich auf den Weg, um mit dem Chefkurator des Museums, Percy Nunn, zu sprechen. »Anfänglich war er komplett desinteressiert«, erinnert sich Sanger. »Er hielt den Film wohl für eine Art Sakrileg. Aber nachdem er mit David gesprochen hatte, erkannte er, dass sein Gegenüber im Grunde gute Absichten hatte. Trotzdem war ich zu diesem Zeitpunkt sicher, dass er uns nie im Leben Merricks Totenmaske leihen würde – bis zum heutigen Tag kommt es mir wie ein Wunder vor, dass er es dann doch getan hat. Das Ding war das Herzstück ihrer Ausstellung, und David spazierte da einfach rein und fragte: ›Könnten wir uns das mal ausleihen?‹ Es war eine reichlich naive Frage, aber David wickelte den Mann dann um den Finger.«

Mit dem Gipsabdruck wurde Tuckers Arbeit zwar einfacher, trotzdem war es noch ein langer Prozess. Die Herstellung der Kopfmaske allein beanspruchte acht Wochen und erforderte eine Kombination aus fünfzehn verschiedenen und sich gegenseitig überlappenden Schichten Weichschaum. Hinzu kam, dass diese Schichten nur einmal benutzt werden konnten, sodass Tucker jeden Tag einen neuen Satz in seinem Werkstattofen herstellen musste. Auch das Anlegen der Maske war sehr aufwendig: John Hurt kam um fünf Uhr früh ans Set und saß dann sieben Stunden in der Maske. In dieser Zeit konnte er nichts essen und schlürfte nur ab und zu mal einen Mix aus rohen Eiern und Orangensaft. Nach der Maske stand er von mittags bis zehn Uhr abends vor der Kamera – eine enorme Belastung, die der Grund dafür war, dass er nur jeden zweiten Tag drehen konnte.

»Zum Glück lachten weder die Schauspieler noch die Crew, als sie die Maske zum ersten Mal sahen«, erinnert sich Hurt. »Bei meinem Anblick verstummten sie komplett. Man hätte eine Stecknadel fallen hören können. Das gab David, der zu dieser Zeit noch ein sehr junger Regisseur war, das nötige Selbstvertrauen. In diesem Moment wussten wir, dass wir an etwas Besonderem dran waren.«[5]

Die Dreharbeiten begannen im September 1979 und zogen sich bis Anfang 1980 hin. Lynch wollte auf einer großen Leinwand arbeiten, und so drehte er im Breitbildformat, das im Allgemeinen für Western und Monumentalfilme verwendet wird. Die Stimmung einer Stadt wie London zu der Zeit nach der Industriellen Revolution beschwört eigenartigerweise Erinnerungen an die Welten von *Eraserhead* und *Ronnie Rocket* herauf: Auch sie enthalten jede Menge Ruß, Schmutz und Rauch – ein Milieu, dessen dramatische Wirkung Lynch meisterhaft in Szene zu setzen vermag. Als Kameramann des Films fungierte der zweifache Oscar-Preisträger Freddie Francis, der die Bildsprache der British-New-Wave-Filme der Sechzigerjahre durch seine Arbeit an diversen Schwarz-Weiß-Klassikern dieser Zeit maßgeblich geprägt hatte. Das von Lynch festgelegte Breitbildformat bot Francis jede Menge Raum, um mit Licht und Schatten zu experimentieren.

Der Großteil von Merricks Geschichte spielt im Royal London Hospital, in dem er die letzten Jahre seines Lebens verbrachte. Dreharbeiten waren dort jedoch unmöglich – einerseits wegen des laufenden Krankenhausbetriebs, andererseits, weil die typischen Merkmale der viktorianischen Epoche in diesem Gebäude bereits zu großen Teilen entfernt worden waren. Gedreht wurde stattdessen im Eastern Hospital im Londoner Stadtteil Homerton, bei dem es sich um ein 1867 eröffnetes Krankenhaus handelte, das zum Zeitpunkt der Dreharbeiten gerade seinen Betrieb einschränkte. Im Jahr 1982 wurde die Einrichtung schließlich komplett geschlossen und das Gebäude kurz darauf abgerissen. Aus diesem Grund gab es darin zur Zeit der Dreharbeiten komplett unbenutzte Krankenstationen, die perfekt Lynchs Vision des London Hospital der viktorianischen Ära entsprachen. Einige Szenen spielen im Londoner East End, wo sich die schrecklichsten Armensiedlungen der viktorianischen Epoche befunden hatten. Zur Zeit der Filmarbeiten existierten dort sogar noch kurze Straßenstücke mit der abgewetzten Pflastersteinoberfläche des 19. Jahrhunderts, die mittlerweile aber längst verschwunden sind. Lynch sagt, dass es nach 1980 praktisch unmöglich gewesen wäre, *Der Elefantenmensch* in England zu drehen. Wie es aussah, war er gerade zur rechten Zeit gekommen.

Lynch liebte die klare, glänzende Welt des Krankenhauses mit ihren Gaslampen und Gusskaminen, den blanken Parkettböden und dem fein gearbeiteten Holzgebälk. Durch den Kontrast mit der Dunkelheit und dem Dreck der viktorianischen Fabrikanlagen schien es ein für seine ästhetischen Vorstellungen nahezu maßgeschneidertes Setting zu sein. Es dauerte jedoch eine Weile, bis die Filmcrew Lynchs Vision verstand. »Relativ früh schon kritisierte man David dafür, dass bei ihm alles zu dunkel war«, berichtet Sanger. »Bob Cartwright, der Artdirector unter Stuart Craig, meinte: ›Wir rackern hier ohne Unterlass, und im Endeffekt sieht man nichts davon.‹ David hatte jedoch sehr klare Vorstellungen davon, was er wollte, und wenn er die entsprechenden Entscheidungen fällte, wusste er, wie das Endresultat aussehen würde.«

»David hatte am Set einen autoritären Stil und gab viele Anweisungen«, erinnert sich Brooks, »aber hinter dieser Fassade steckte die kindliche Freude darüber, dass er einen Film drehte. Er verhielt sich wie ein Erwachsener, aber das Kind in ihm drehte den Film.«

Bei *Der Elefantenmensch* zeigte Lynch, dass er ein Schauspieler-Regisseur war, der auf die Darsteller einging. Er arbeitete größtenteils gut mit den klassisch ausgebildeten Schauspielern des Projekts zusammen. Ein Sonderfall war Hopkins, der bei diesem Film eine der großen Vorstellungen seiner Karriere ablieferte. »Es gibt eine Szene, bei der Anthony Hopkins' Augen feucht werden und eine große Träne herabtropft. David hat diesen Moment perfekt eingefangen. Beleuchtung, Perspektive – es stimmt einfach alles«, berichtet Brooks. »Obwohl alle Welt grundsätzlich sofort von David angetan war, gab es ein paar Aufstände. John Hurt unterstützte David jedoch in allen Belangen. Auch John Gielgud und Wendy Hiller verhielten sich wie absolute Profis. Wenn du ein Gefreiter bist und ein Offizier an dir vorbeigeht, dann salutierst du. David war der Regisseur, also salutierten sie. Mit Anthony Hopkins war es anders. Er versuchte zwar nicht, David feuern zu lassen, aber er beschwerte sich und sagte Sachen wie: ›Ich glaube nicht, dass David wirklich begreift, was hier zu tun ist.‹«

Sanger dazu: »Hopkins war zwar nicht offen feindselig, aber er war distanziert. Eines Tages rief er mich in seine Garderobe und sagte: ›Warum darf dieser Kerl überhaupt Regie bei einem Film führen? Was hat der denn schon geleistet? Er hat einen mickrigen Film gemacht. Ich verstehe das einfach nicht.‹ Hopkins war also nicht glücklich. Am Set selbst gab es jedoch nur einmal ein Problem. Dabei ging es um die Szene, in der Treves seinen Patienten Merrick mit nach Hause bringt, um ihn seiner Frau vorzustellen. Dabei kommt Hopkins durch die Eingangstür und betritt einen Flur mit einem Spiegel an der Wand. David wollte, dass Hopkins nach dem Eintreten in den Spiegel schaut, aber Hopkins weigerte sich. Er meinte: ›So etwas würde meine Figur nicht machen.‹ David versuchte, Hopkins mit seiner direkten Art davon zu überzeugen, dass dieser Blick in den Spiegel keinesfalls unlogisch wäre, aber Hopkins blieb hart. Irgendwann lenkte David ein und sagte: ›Okay, wir ändern die Szene.‹ Danach wurde das Thema nicht mehr erwähnt. Am Ende des Tages sagte mir David jedoch, dass er nur noch Filme machen würde, bei denen er die Charaktere selbst erschafft, denn er wollte sich nie wieder sagen lassen müssen, welche Handlungen zu einer Figur passen und welche nicht.«

Fisk ergänzt: »Es war nicht leicht, diesen Film zu machen. Es schien, als stünde David die ganze Zeit über auf dem Prüfstand. Viele sahen in ihm einen Jungspund aus Montana, der plötzlich bei diesem Film Regie führte und Darstellern wie John Gielgud und Wendy Hiller Anweisungen gab. Die beiden werden sich wahrscheinlich gefragt haben: ›Wer ist dieser junge Amerikaner überhaupt?‹ Sie waren am Ende ihrer Schauspielerkarrieren angelangt und überlegten sicherlich, ob sie ihre Laufbahn so beenden wollten. Ich habe ein Foto von John Hurt als Elefantenmensch, auf das John Gielgud geschrieben hatte: ›Ich hoffe nur, es ist die Sache wert.‹

Es war hart für David«, fährt Fisk fort. »Aber er kam trotzdem jeden Morgen um fünf Uhr zur Arbeit. Er hatte einen wundervollen Fahrer, mit dem er sich auf dem Weg zum Studio Kaffee und Croissants gönnte. Es gab viele Aspekte an der Arbeit zu diesem Film, die er liebte. David genießt normalerweise das Leben. Aber bei diesem Projekt hatten alle lange Arbeitstage. Es gab nur einen freien Tag in der Woche, das war der Sonntag. Und an diesen Sonntagen glitt David in einen nahezu katatonischen Zustand ab.«

Während ihrer Zeit am Set merkte Jennifer Lynch, dass ihr »Dad mit allerlei Irrsinn zu tun hatte und gegen einige Darsteller ankämpfen musste, die glaubten, erfahrener und cleverer zu sein als er. Ich weiß, dass besonders Hopkins nicht nett zu ihm war und sich sogar später dafür entschuldigt hat, aber ich hatte nie den Eindruck, dass Dad sich gestresst fühlte. Wenn ich an diese Zeit zurückdenke, beeindruckt mich vor allem, wie wundervoll er die ganze Sache bewältigt hat, denn er schien keinesfalls verärgert oder genervt. Er ist einfach toll damit umgegangen«.

»David wurde im Laufe des Films kompetenter«, erinnert sich John Hurt. »Da stand er nun, mitten in England, dieser sehr junge Mann, den niemand kannte. Anfangs waren die Leute ihm gegenüber skeptisch und verhielten sich ziemlich respektlos. Am Ende war das nicht mehr so. Wenn er erst mal eine Idee hat, ist David sehr entschlossen und lässt sich nicht so leicht von seinem Ziel abbringen.«[6]

Wie immer lebte Lynch während der Dreharbeiten eher bescheiden. Zu Mittag aß er nur ein Käsesandwich und sparte genug von seiner Tagespauschale, um sich bei seiner Rückkehr nach Los Angeles ein Auto zu kaufen. Das Set hielt er eher geschlossen, es gab nur wenige Besucher. »David teilte mir klar mit, dass er mich nicht am Set wollte und sein kreatives Leben lieber von unserer Beziehung getrennt hielt«, erklärt Mary Fisk. »Für mich war das in Ordnung. Trotzdem kam er abends nach Hause und erzählte mir, was den Tag über geschehen war. Ich war also sein Resonanzboden, wenn er einen brauchte.«

Kurz nach ihrer Ankunft in London legten sich Fisk und Lynch einen Hund zu. »David mochte Jack Russell Terrier, und so bin ich zu einem Züchter gegangen und habe einen besorgt«, erinnert sie sich. »Wir nannten ihn Sparky. Er war ziemlich durchgedreht, aber David verstand sich bestens mit ihm. Sparky war meines Wissens der einzige Hund, zu dem David jemals so etwas wie eine Beziehung aufgebaut hat. Er spielte Spiele mit ihm, die Sparky tatsächlich verstand. Später wollte er ihn in *Blue Velvet* dabeihaben. Schließlich tauchte Sparky tatsächlich in einer Szene am Filmanfang auf.«

Während Lynch arbeitete, war Fisk in dem für sie fremden Land größtenteils auf sich allein gestellt. In der Vorproduktionsphase wurde sie mit Zwillingen schwanger. »David freute sich sehr darüber. Er meinte: ›Wir werden sie Pete und Repeat nennen‹«, berichtet Fisk. Es war jedoch eine schwierige Schwangerschaft, bei der Fisk während des ersten Trimesters drei Wochen im Krankenhaus verbringen musste. »David kam mich jeden zweiten Abend besuchen und saß bei mir im Krankenhaus, nachdem sie den ganzen Tag gedreht hatten. Er schaffte es immer erst gegen zehn Uhr abends, lange nach Ende der Besuchszeit, aber die Schwestern mochten ihn so sehr, dass sie ihn trotzdem zu mir ließen. Mel half uns sehr und bezahlte die Krankenhausrechnungen – er war einfach wunderbar.« Nachdem Fisk aus dem Krankenhaus entlassen worden war, reiste Lynchs Mutter an, um sie zu unterstützen. Drei Wochen später hatte Fisk eine Fehlgeburt.

Kurz vor der Endphase der Dreharbeiten fand Lynch eine Autostunde außerhalb von London eine Location, die seiner Meinung nach gut als Kulisse einer in Belgien angesiedelten Szene funktionieren konnte. Vor Ort zu drehen wäre zu teuer gewesen, sodass

Stuart Craig eine Möglichkeit erarbeitete, diese Location in einem Studio nachzubauen. Das von ihm entworfene Set war allerdings zu groß für die Studios in Wembley. Zufälligerweise hatten die Lee-Brüder jedoch gerade die Shepperton Studios erworben, einen sehr viel größeren Studiokomplex am anderen Ende von London, der auch für die Postproduktion des Films geeignet war. Also richteten sich Fisk und Lynch in einer Wohnung im Südwest-Londoner Stadtteil Twickenham ein, und die gesamte Produktion zog nach Shepperton, wo der Film auch fertiggestellt wurde.

In dem Studiokomplex in Shepperton gab es sieben Studios (heute sind es fünfzehn), die bei Lynchs Ankunft komplett von anderen Filmproduktionen belegt waren. Auch Julien Temples *Absolute Beginners – Junge Helden* wurde dort gerade vorbereitet und nahm eine Menge Platz in Beschlag, unter anderem ein großes Außenset. »David und ich mussten weit von unseren Büros entfernt parken, da wir nun die Jungs von dem kleinen Film waren, die sich hinten anzustellen hatten«, erklärt Sanger.

In dieser finalen Phase der Dreharbeiten kam Alan Splet nach Shepperton. Zusammen mit Lynch begann er am Ton zu arbeiten – zurückgezogen und ohne sich mit der bereits bestehenden Soundcrew des Films abzusprechen oder zu beraten. »Die Soundleute wussten nicht, warum Alan da war, denn zu diesem Zeitpunkt dürfte nur den wenigsten klar gewesen sein, was Sounddesign überhaupt war. Es gab damals nicht viele Sounddesigner bei Filmen. Alan war einer der Pioniere in diesem Bereich«, berichtet Sanger über Splet, der bei der Oscar-Verleihung 1980 mit dem Special Achievement Award für seine Tonbearbeitung bei *Der schwarze Hengst* von Carroll Ballard ausgezeichnet wurde.

Fisk erinnert sich: »Als sich die Dreharbeiten dem Ende näherten, hatte David das Gefühl, der Film würde versanden. Ich kannte seine Vorstellungen genau, da wir ja die ganze Zeit darüber sprachen, und so beschloss er, dass ich mir einen Rohschnitt ansehen sollte. Einige der Mitwirkenden hörten von diesem Screening und kamen dann dazu. Danach rief einer von ihnen David an, um ihm zu sagen, dass er den Film hasste. Er wollte seinen Namen aus den Credits streichen lassen und meinte, dass David ein unglaubliches Stück Mist produziert hatte. David nahm sich das Ganze sehr zu Herzen, und ich musste ihn wieder aufbauen.

Während David noch mit dem Schneiden des Films beschäftigt war, hatten die Leute vom britischen Vertrieb EMI Films bereits eine Version ohne ihn erstellt. Sie benachrichtigten Mel, dass sie eine geschnittene Fassung des Films hatten, die er sich ansehen könne«, fährt Fisk fort. »Mel antwortete: ›Ich werde mir das nicht ansehen, was ihr da fabriziert habt. Wir nehmen Davids Schnitt. Punkt.‹ Wenn du nicht aufpasst, zermalmen dich die Studio-Leute. Sie hätten auch David zermalmt, aber Mel setzte sich unheimlich für ihn ein.«

Der erste Schnitt des Films brachte es auf fast drei Stunden und wurde für die endgültige Version auf zwei Stunden und sechs Minuten gekürzt. »Es gab da eine Menge von Einstellungen mit Leuten auf langen Fluren oder atmosphärischen Bildern, die rausgeschnitten wurden«, berichtet Cornfeld. »Der Großteil der Aufnahmen landete jedoch im Film. Mel hatte zwar das Recht auf den Endschnitt, trat es aber an David ab. Er versuchte seinen Namen weitestgehend aus dem Projekt herauszuhalten, um zu vermeiden, dass dieser beim Publikum Erwartungen an den Inhalt weckte.«

Lynchs Vorstellung von Entspannung besteht darin, etwas Neues zu produzieren. Als Fisk nach ihrer Fehlgeburt zur weiteren medizinischen Versorgung in die USA zurückkehrte, kam Lynch die Idee zu einem Projekt nur für sich selbst. Am Tag von Fisks Abreise ging er in einen Londoner Fischladen und kaufte eine Makrele. Zu Hause angekommen, zerlegte er sie, ordnete die Einzelteile und beschriftete diese sorgfältig, um eine problemlose Wiederzusammensetzung zu ermöglichen. Als er fertig war, fotografierte er das Arrangement. »Was normale Menschen als grotesk ansehen, hat nichts Groteskes für mich«, kommentiert Lynch. »Ich bin besessen von der Beschaffenheit der Dinge. Wir sind von derart viel Plastik umgeben, dass ich ständig auf der Suche nach neuen Materialien und Oberflächenstrukturen bin.« Das Projekt mit der zerlegten Makrele erhielt den Namen *Fish Kit* und verfügte über eine Anleitung: »Fertigen Fisch ins Wasser setzen und füttern.« Es war der Auftakt zu einer Serie, die später auch ein *Chicken Kit* und ein *Duck Kit* umfassen sollte. Lynch besorgte sich außerdem sechs tote Mäuse für ein *Mouse Kit*, fand aber nie die Zeit für dieses Projekt. Am Ende ließ er sie im Gefrierfach seiner Unterkunft in Wilmington, North Carolina zurück, in der er während der Dreharbeiten für *Blue Velvet* wohnte. Er hatte Pläne, auch größere Tiere für seine Kits zu zerlegen, bekam aber nie die Möglichkeit dazu.

Filmemacher sind auch Fotografen, denn das Fotografieren ist ein wichtiger Teil der Drehortsuche. Während der Entstehung von *Der Elefantenmensch* begann Lynch sich aktiv mit Fotografie zu befassen. Die Fotografien, die er in den letzten achtunddreißig Jahren gemacht hat, haben zwei wiederkehrende Motive: Frauen und verlassene Fabrikanlagen. Wenn über Lynchs große Faszination für die Kraft und Erhabenheit von Maschinen berichtet wird, dann muss man wissen, dass England der Ort war, an dem sich sein besonderes Interesse an Industrieruinen entwickelte. »Ich hatte gehört, dass die größten Fabriken im Norden von England zu finden waren, also organisierte ich einen Ausflug mit Freddie Francis. Allerdings merkte ich schnell, dass ich wohl ein paar Jahre zu spät dran war«, erinnert sich Lynch. »Wo wir auch hinfuhren, die Fabriken waren alle schon abgerissen. Es war letztlich ein sehr frustrierender Trip.«[7]

Als Fisk im Frühsommer 1980 nach London zurückkehrte, lief die Postproduktion noch. »Er hatte nicht mehr so starken Druck, was seine Arbeit betraf. Wir fanden sogar die Zeit, gemeinsam zu Hause zu malen«, erinnert sie sich. »Wir nahmen uns dann eine Woche frei und fuhren nach Paris, was wirklich fantastisch war. Die erste Nacht dort war jedoch schrecklich. Da David ein

Pfennigfuchser ist, hatte ich ständig Angst, zu viel Geld auszugeben. Ich buchte also ein eher preiswertes Hotel, das er aber grauenhaft fand. Mir selbst kam die Gegend gar nicht so übel vor, aber David meinte: ›Ich bleibe im Zimmer!‹«

Mit einer Vorführkopie des Films in der Tasche kehrte Lynch im September 1980 nach Los Angeles zurück. Kurz darauf begann die Werbung dafür. Lynch und Fisk lebten noch in dem Bungalow an der Rosewood Avenue, als am Sunset Boulevard die Plakate für *Der Elefantenmensch* aufgehängt wurden. »Als wir nach Hause kamen, schien es anfänglich so, als hätte sich nicht viel verändert«, erinnert sich Fisk. »Die Aufmerksamkeit für David und seine Arbeit explodierte erst, nachdem der Film im Oktober angelaufen war. Fürs Erste war alles so wie vor unserer Abreise.«

Lynch besitzt die beeindruckende Fähigkeit, mehrere Dinge auf einmal zu tun, und spielte kurz nach seiner Rückkehr in dem Film *Herzschläge* mit, der von dem Regisseur John Byrum verfilmten Autobiografie Carolyn Cassadys. Die Hauptrolle in diesem Film hatte Lynchs Freundin Sissy Spacek. Lynch spielte in dem Streifen einen Künstler und fertigte auch die im Film gezeigten Bilder an.

Zudem begann er sich noch intensiver mit der Fotografie zu beschäftigen und machte eine Reihe von Aufnahmen an einer stillgelegten Erdölförderanlage im Herzen von Los Angeles. Die Anlage selbst war ein sonderbares Relikt einer vergangenen Zeit, die dort entstandenen Bilder eine Art Blaupause für Lynchs spätere Fotoarbeiten. Seine Aufnahmen industrieller Motive weisen eine klassische Komposition auf und sind eher konventionell, verfügen gleichzeitig jedoch über eine unbeschreibliche Weichheit. Sie scheinen fast auf Samt gedruckt zu sein. Das Weiß in ihnen ist nie klar oder grell, alles verfließt zu einem Grau. Diese frühen Fotografien aus Los Angeles zeigen aufgewickelte Schläuche, Rohre, Armaturen und große Tanks, deren akkurat ausgerichtete Nietenreihen so elegant wie handgemachte Stickereien auf einem Hemd wirken. Zwanzig

Jahre später sollte Lynch im polnischen Łódź die Fabriken seiner Träume finden. Die Wurzeln der dort entstandenen Bilder sind in den Aufnahmen zu sehen, die er 1980 in Los Angeles machte.

Während der Kinostart von *Der Elefantenmensch* näher rückte, suchte Lynch sich anderweitige Beschäftigungen. »David ging nicht zur Teampremiere, denn er war das reinste Nervenbündel. Aber ich ging hin und saß neben Jeremy Irons, einem guten Freund von John Hurt«, erinnert sich Fisk.

Auch der offiziellen Premiere des Films blieb Lynch fern. »David war zu nervös, um zur Premiere zu kommen. Er blieb stattdessen zu Hause und spielte den Babysitter für meinen sechs Monate alten Sohn Andrew, während ich mit unseren Eltern und unseren beiden Tanten Margaret und Nonie, den Schwestern unseres Dads, zur Premiere ging«, berichtet Martha Levacy. »David hatte uns nicht viel darüber erzählt, sodass wir keine rechte Vorstellung hatten, was uns erwartete. Es war ein unglaublicher Film, der uns alle tief beeindruckte. Nicht nur uns verschlug es die Sprache, auch das Publikum war wie gebannt.«

Der Film lief am 3. Oktober 1980 an und heimste acht Oscar-Nominierungen in den Kategorien Bester Film, Beste Regie, Bester Hauptdarsteller, Bestes adaptiertes Drehbuch, Bester Schnitt, Beste Filmmusik, Bestes Szenenbild und Bestes Kostümdesign ein. »Ich weiß noch, wie Charlie Lutes meinte: ›Für David wird sich jetzt eine völlig neue Welt eröffnen‹«, erinnert sich Levacy. »Und tatsächlich änderte sich sein Leben grundlegend nach *Der Elefantenmensch*.«

Die Veränderungen kamen schnell. »Jack und ich hatten schon immer gewusst, wie cool David war, aber nach *Der Elefantenmensch* mussten wir ihn mit dem Rest der Welt teilen«, erinnert sich Sissy Spacek. »Wenn man einmal mit David gearbeitet hat, will man wieder mit ihm arbeiten und noch einmal diese Flamme spüren, denn David gibt sich voll und ganz dem kreativen Prozess hin. Manchmal fühlt sich das an, als pflüge man ein Feld um, ein anderes Mal, als säße man in einem Raketenschiff. Es ist immer aufregend, und du kannst sicher sein, dass David dich auf eine unglaubliche Reise mitnehmen wird.«

Mary Fisk stellt heraus, wie begeistert Lynch über die Oscar-Nominierungen war. »Als wir noch in dem Haus an der Rosewood wohnten, hatten wir einen Einkaufswagen, mit dem ich oft auf einen Markt gegenüber einem exklusiven Restaurant namens Chasen's ging«, berichtet sie. »Nachdem ich den Einkauf erledigt hatte, für den mir pro Woche dreißig Dollar zur Verfügung standen, fuhr ich die Lebensmittel nach Hause. Eines Abends schaute ich rüber zum Chasen's und sah, wie dort gerade eine große Limousine vorfuhr, aus der dann Diahann Carroll und Cary Grant ausstiegen. Das wirkte ziemlich glamourös. Ungefähr ein Jahr später fuhren David und ich in einer großen Limousine beim Chasen's vor, um zu einer Party für Davids Film zu gehen, zu der all die Manager, Schauspieler, Autoren und Produzenten kamen, die an *Der Elefantenmensch* beteiligt waren. David hatte immer schon große Träume gehabt, aber ich habe noch nie erlebt, dass die Träume eines Menschen in dem Maße wahr wurden, wie es bei ihm der Fall war. Es war der sprichwörtliche Aufstieg vom Tellerwäscher zum Millionär. David wusste immer, dass er eines Tages berühmt sein würde. Das war wie eine Vision, die er von sich und seinem Leben hatte.«

Lynchs Karriere hatte zum Ende des Jahres gehörig Fahrt aufgenommen, als Fisk wieder schwanger wurde. »Vor unserer Hochzeit hatte ich David gesagt, dass ich eine Familie wollte«, berichtet Fisk. »Er meinte dazu: ›Wenn ich mal fünfundsiebzigtausend im Jahr verdiene, werden wir Kinder haben.‹ Damals hatte er jedoch noch nicht mal einen Job, sodass ein derartiger Jahresverdienst sehr weit in der Zukunft lag. Mit *Der Elefantenmensch* verdiente er aber genau diesen Betrag, also sprach ich das Thema ein paar Monate später wieder an. ›Falls Sissy ein Baby bekommt, kannst du auch eins haben‹, sagte er und dachte wahrscheinlich, dass sie niemals schwanger werden würde, weil sie sich auf ihre Arbeit konzentrierte. Als Sissy dann im Oktober 1981 doch schwanger wurde, sperrte sich David immer noch. Ich beschloss irgendwann, mich sterilisieren zu lassen, und besorgte mir einen Termin für den Eingriff. Diese Vorstellung gefiel David allerdings ganz und gar nicht, und so sagte er am 28. Dezember zu mir: ›Pass auf, wir werden heute Nacht miteinander schlafen, und wenn du schwanger wirst, dann soll es so sein.‹ Und ich wurde tatsächlich schwanger.«

Nun war es an der Zeit, dem winzigen Haus an der Rosewood Avenue Lebewohl zu sagen. Lynch und Fisk begaben sich auf die Suche nach einem Eigenheim und kauften Anfang 1982 für 105.000 Dollar ein kleines Haus in Granada Hills. »David gefiel es nicht im Valley, aber in Los Angeles konnten wir uns nichts leisten«, erzählt Fisk. »Wir freundeten uns mit Jonathan Sanger und dessen Frau an, die im benachbarten Stadtteil Northridge lebten. Außerdem wohnten Charlie und Helen Lutes sowie ein paar unserer meditierenden Freunde im Valley, sodass auch wir dann dort landeten.«

Levacy beschreibt die Neuerwerbung der Lynchs als »nett, aber ziemlich gewöhnlich und ganz und gar nicht das Haus, das David sich ausgesucht hätte, wäre es nur nach ihm gegangen. Er wusste jedoch, dass Mary viel daran lag, und ich habe ihn nie wegen der Sache klagen hören. Im Endeffekt erwarteten sie ja ein Kind, sodass es eine sehr verantwortungsvolle Entscheidung von ihm war, dieses Haus zu kaufen. Er tat es für Mary. Es wirkte jedoch nicht wie der richtige Ort für ihn«.

Lynch und Fisk blieben nicht lang in Granada Hills. Das Interesse der Hollywood-Elite führte zu einem wahren Wirbelsturm an Aufmerksamkeit, der Lynch aus dem San Fernando Valley riss und kurzzeitig vom Kurs abbrachte. Auch wenn die meisten Studios und Produzenten, die Lynch hofierten, in Wirklichkeit nicht recht wussten, was sie mit ihm anfangen sollten, herrschte Einigkeit darüber, dass der Mann einzigartig und außerordentlich begabt war.

»David ist wirklich eine Art Genie, da gibt es keinen Zweifel«, fasst Mel Brooks zusammen. »Er versteht die menschliche Psyche, die Gefühlswelt und das menschliche Herz. Er ist allerdings auch komplett verkorkst und bringt das emotionale und sexuelle Durcheinander in seinem eigenen Kopf stets in seine Arbeit ein, um uns mit den gleichen Gefühlen zu konfrontieren, die auch ihm zu schaffen machen. Das gelingt ihm wirklich vortrefflich, und zwar in jedem seiner Filme. Ich liebe den Kerl, und ich bin ihm dankbar dafür, dass er den wahrscheinlich besten Film gedreht hat, der je von Brooksfilms produziert wurde.«

Bushnell Keeler hat eine ungeheuer bedeutsame Rolle in meinem Leben gespielt. Er ist eine dieser wichtigen Personen, von denen jeder ein paar in seinem Leben hat. Eine weitere dieser wichtigen Personen für mich war Stuart Cornfeld. Als ich eines Tages nach Hause kam, meinte Mary Fisk zu mir: »Ein Mann namens Stuart Cornfeld hat angerufen.« Der Name hatte irgendetwas Besonderes, und so lief ich im Haus herum und wiederholte ihn ständig. »Stuart Cornfeld hat angerufen, Stuart Cornfeld hat angerufen.« Kurz darauf rief er noch einmal an. Als ich mich am Telefon meldete, sagte er: »Du bist ein gottverdammtes Genie, Mann!« Das fühlte sich ziemlich gut an. Er wollte mich zum Mittagessen einladen. Wir gingen dann ins Nibblers, wo er mir seine Hilfe anbot, um *Ronnie Rocket* auf den Weg zu bringen. Stuart hatte einen großartigen Sinn für Humor und war voller Energie – ein Kerl, der Projekte voranbringt. Das gefiel mir.

Bevor ich Stuart kennenlernte, unterstützte mich ein Kerl namens Marty Michelson. Er mochte *Eraserhead* und war für eine kurze Zeit mein Agent, aber irgendwie führten seine Bemühungen zu nichts. Es gab genau ein Meeting mit einem Filmstudio zum Thema *Ronnie Rocket*, wo ich bei dem Kerl vorsprach, der *Car Wash – Der ausgeflippte Waschsalon* produziert hatte. Er sagte: »Na, mein Bester, was hast du anzubieten?« Ich antwortete: »Ich habe einen Film namens

Ronnie Rocket.« Da er wissen wollte, worum es in dem Film ging, erklärte ich es ihm: »Es geht um einen Mann, der gerade mal einen Meter groß ist, eine rote Schmalztollenfrisur hat und sich ständig mit 60-Hertz-Wechselstrom aufladen muss.« Darauf meinte mein Gegenüber: »Du findest ja sicher selbst raus, oder?«

Da es mit *Ronnie Rocket* nicht voranging, war es keine sonderlich abwegige Idee, das Skript eines anderen Drehbuchautors umzusetzen. Ich war verheiratet und arbeitslos und wollte eigentlich lieber Hütten bauen. Zu dieser Zeit schlug ich mich mit kleinen Jobs durch und arbeitete an dem einen oder anderen Kunstprojekt, wenn das Geld es zuließ. Geld interessierte mich jedoch nicht sonderlich, und tatsächlich war es so, dass Mary mich aushielt. Sie war eine großartige Chefsekretärin und konnte im Handumdrehen eine Anstellung finden. Sie hatte eine unheimlich selbstbewusste Ausstrahlung und war fantastisch in ihrem Job. Wenn sie sich morgens auf den Weg zu ihrer Arbeit in der Businesswelt machte, sah sie einfach hinreißend aus. Ich hingegen blieb zu Hause wie ein Penner. Ich kann mich nicht mehr erinnern, was genau ich damals den ganzen Tag lang trieb. Wahrscheinlich dachte ich nur über *Ronnie Rocket* nach. Irgendwann sagte meine Schwiegermutter zu Mary: »Aus *Ronnie Rocket* wird nichts mehr. Besser, du machst ihm mal Feuer unterm Hintern. Vielleicht könnte er als Regisseur das Drehbuch eines anderen Autors umsetzen?«

Ich hatte diese Möglichkeit natürlich auch schon in Erwägung gezogen und rief dann irgendwann Stuart wegen der Sache an. »Stuart«, sagte ich, »kennst du irgendwelche Filme, bei denen ich die Regie übernehmen könnte?« Er antwortete: »David, mir fallen auf Anhieb vier Filme ein, bei denen du Regie führen könntest. Treffen wir uns im Nibblers.« Also ging ich ins Nibblers, setzte mich zu ihm an den Tisch und sagte: »Okay, Stuart, schieß los.« Er meinte: »Das erste Projekt, an das ich gedacht habe, heißt *Der Elefantenmensch*.« Er hatte kaum zu Ende gesprochen, da ging eine Wasserstoffbombe in meinem Gehirn hoch. »Volltreffer. Das ist es.« Es war, als wäre die Gewissheit über diesen Titel aus einer weit zurückliegenden Vergangenheit zu mir gekommen. Ich war mir absolut sicher und hörte gar nicht mehr zu, was Stuart noch anzubieten hatte. »Es gibt schon ein Drehbuch«, sagte er, und ich erwiderte: »Dann will ich es lesen.«

Jonathan Sanger hatte das Skript gekauft. Stuart kannte ihn von einem gemeinsamen Projekt der beiden für Mel Brooks, der gerade dabei war, seine Produktionsfirma Brooksfilms aufzubauen. Stuart schob Mels Frau Anne Bancroft das Drehbuch zu, und da sie es toll fand, gab sie es an Mel weiter. Auch Mel fand das Skript großartig und meinte: »Das wird der erste Streifen für Brooksfilms.« Daraufhin trommelte er alle Beteiligten zu einem Treffen zusammen, bei dem er mit dem Finger auf jeden einzelnen dieser Jungs zeigte und meinte: »Du bist dabei.« Dann fragte er: »Und wer ist dieser David Lynch?« Sie antworteten ihm: »Das ist der Typ, der diesen Film *Eraserhead* gemacht hat.« Er darauf: »Dann will ich ihn sehen.« Nach dem Treffen riefen sie mich an und sagten: »Mel will sich erst mal *Eraserhead* anschauen, bevor er dir den Job gibt.« Ich antwortete nur: »War schön mit euch zu arbeiten, Jungs.« Denn ich hatte das Gefühl, dass der Plan damit gestorben war. Sie sagten: »Mel wird sich den Film noch heute Nachmittag anschauen. Am besten kommst du später dazu, um mit ihm zu sprechen.« Jedenfalls saß ich dann da in dieser Lobby vor dem Kinosaal und wartete. Plötzlich fliegen die Türen auf, Mel stürmt auf mich zu, umarmt mich und sagt: »Du bist ja ein Wahnsinniger! Ich liebe dich, Mann.« Es war wirklich großartig.

Chris und Eric hatten ein gutes Drehbuch geliefert, das die Essenz des Elefantenmenschen einfing, aber es gab keine Dramatik in der Story. Mel, der schlaue Fuchs, meinte dann, dass es überarbeitet werden musste. Plötzlich hatte ich einen Job als Drehbuchautor und machte mich mit Chris und Eric an die Überarbeitung des Skripts. An diesem Punkt hatte ich bereits Zeitungen ausgetragen und ähnliche Jobs gemacht, um über die Runden zu kommen, und brachte es auf ganze fünfzig Dollar die Woche. Jetzt verdiente ich mit einem

Mal zweihundert Dollar die Woche mit so einer tollen Sache wie Drehbuchschreiben! Meine Schwiegermutter war glücklich. Zudem schien mir der Job ein Kinderspiel. Vorerst war ich also ein gemachter Mann. Wir arbeiteten in einem Büro auf dem Fox-Gelände und aßen in der Studio-Cafeteria zu Mittag. Es war, als wäre ich mit einem Schlag im Filmgeschäft gelandet.

Mel hatte einen großen Anteil an der Überarbeitung des Drehbuchs. Ich mag ja eher die abstrakteren Elemente, aber es war offensichtlich, dass wir etwas Spannung im Skript brauchten. Ich weiß nicht genau, wessen Idee es war, aber der Nachtportier, die Bar und die Prostituierten wurden in das Drehbuch eingebaut, um eine Art Gegengewicht zum Elefantenmenschen zu schaffen. Da keiner von uns Maschine schreiben konnte, notierten Chris und Eric alle Ideen und Änderungen handschriftlich, während derjenige ohne Stift derweil jonglierte. Die beiden hatten stets ein paar Jonglierbälle dabei und übten die ganze Zeit. Auch ich lernte damals das Jonglieren.

Zu diesem Zeitpunkt in meinem Leben war ich noch nicht allzu viel geflogen, aber dann ging es mit einem Mal los. Zuerst flog ich mit Jonathan nach London. Auf dem Weg legten wir einen Stopp in New York ein, um uns mit einem Kameramann zusammenzusetzen, der dort gerade an Billy Friedkins Film *Cruising* arbeitete und für *Der Elefantenmensch* im Gespräch war. Wir kommen also in New York an und besuchen erst mal eine wohlhabende Freundin von Jonathan, die mit einem dieser Nachrichtenmoderatoren aus dem Fernsehen verheiratet ist und am Central Park West in Manhattan wohnt. Am Gebäude angelangt, begrüßt uns ein Portier, und wir fahren mit diesem wunderschönen alten Holzfahrstuhl hoch zu ihrer Wohnung. Das Ding hält aber nicht auf dem Flur, sondern setzt uns direkt in einem gigantischen Apartment ab. Da nimmt uns ein Butler in Empfang und führt uns durch ein paar Räume, deren Wände mit dunkelgrünem, braunem und violettfarbenem Veloursleder behangen sind. Schließlich kommen wir in ein Wohnzimmer mit einem riesigen

Fenster, von dem aus man den ganzen Central Park überblicken kann. Der Butler bringt Horsd'œuvres und Wein, und wir unterhalten uns und trinken. Das war das erste Mal, dass ich mit einem derartigen Reichtum in Berührung kam. Unten im Central Park dreht Billy Friedkin derweil *Cruising* mit dem Kameramann, mit dem wir uns unterhalten wollen. Eigentlich sollten wir runtergehen, aber ich will gar nicht, denn ich mag es nicht, die Sets anderer Leute zu besuchen. Irgendwann gehen wir doch runter, aber ich warte im Central Park, der erbärmlich nach Urin stinkt, während Jonathan zum Set geht. Komplett unbeleuchtete Wege, Uringestank, eine durch und durch finstere Atmosphäre – ich hasste es. New York machte mir eine Heidenangst. Es fehlte nicht viel, und ich hätte eine Panikattacke bekommen. Soweit ich mich erinnern kann, setzten wir uns tatsächlich mit dem Kameramann zusammen. Er war ein netter Kerl, wollte aber keine Zusage machen. Am nächsten Tag stiegen wir in die Concorde.

Drei Stunden und zwanzig Minuten später landeten wir in London. Es war immer noch hell draußen, denn es war Sommer, und so spazierten wir noch eine Weile durch die Gegend. Als wir im Hotel ankamen, erwartete uns Stuart bereits. Wir setzten uns mit ihm zusammen und unterhielten uns. Plötzlich sagte Stuart: »Mel wird rüberkommen. Er ist sich nicht sicher, ob David die emotionalen Feinheiten in diesem Film herausarbeiten kann.« Ich sagte nur: »Wie bitte?« Dann stand ich auf und verschwand. »Das muss ich mir nicht antun.« Ich ging auf mein Zimmer, konnte aber nicht schlafen. Ich bekam einen Fieberschub und schwitzte die ganze Nacht über wie verrückt. Die Sache machte mich fertig. Am nächsten Morgen duschte ich, zog mich an und meditierte. Dann ging ich runter und hatte den festen Vorsatz, nach Hause zu fahren, wenn sich niemand bei mir entschuldigen oder die Angelegenheit in Ordnung bringen würde. Als die Fahrstuhltür aufging, stand Stuart vor mir und meinte: »Tut mir leid, David. Mel vertraut dir zu hundert Prozent.« Ich habe keine Ahnung, warum Stuart am Vortag diesen Kommentar gemacht hatte, aber so ungefähr lief es während der gesamten Produktion. Ich musste mich ständig beweisen.

Ich hätte liebend gern Jack Nance für die Rolle des Elefantenmenschen gehabt, aber ich wusste ziemlich früh, dass daraus nichts werden würde. So wie Dennis Hopper Frank Booth war, war John Hurt der Elefantenmensch. Es war quasi Bestimmung, dass er diese Rolle spielte, und ich kann mich nicht erinnern, dass wir noch andere Schauspieler für den Part in Betracht zogen.

Ich hatte mir vorgenommen, die Maske für den Elefantenmenschen selbst zu machen, aber nach meiner Ankunft in London geschahen ein paar merkwürdige Dinge. Das Haus in Wembley, in dem wir wohnten, hatte eine Garage, in der ich mit Glyzerin, Babypuder, Latex und anderen Materialien an der Maske arbeitete. Das Haus war klein und sehr britisch eingerichtet, mit allem Schnickschnack, der dazugehört. Eines Tages ging ich durch das Speisezimmer und hatte plötzlich ein Déjà-vu. Normalerweise denkt man bei Déjà-vus ja: »Oh, das ist schon einmal passiert.« Mein Déjà-vu an jenem Tag war sehr eigenartig und drehte sich um die Zukunft! Als es vorbei war, sagte ich zu mir selbst: »Die Maske des Elefantenmenschen wird ein Reinfall.« Ich sagte das, weil ich es gesehen hatte – ich hatte die Zukunft gesehen. Man kann nämlich sehr wohl in die Zukunft gehen. Es ist nicht einfach und lässt sich nicht erzwingen, aber es kann passieren. Zu diesem Zeitpunkt war die Arbeit an der Maske schon ziemlich weit fortgeschritten. Als wir sie dann an John Hurt ausprobierten, konnte er sich darunter nicht mehr bewegen. »Wackerer Versuch, David«, sagte er.

Als Kennedy ermordet wurde, durchlebte das Land vier dunkle Tage. Meine vier dunklen Tage begannen nach der Sache mit der Maske. Wenn ich wach war, konnte ich es nicht ausstehen, wach zu sein. Wenn ich schlief, waren es nichts als Albträume. Ich dachte, es wäre besser, mich umzubringen, denn ich konnte es kaum in meinem Körper aushalten. Es war eine derart überwältigende Erfahrung, dass ich mich fragte, wie überhaupt jemand ein solches Martyrium in seinem Körper ertragen konnte. Die anderen brachten dann Chris Tucker ins Spiel, der einen Heidenspaß daran hatte, über mich zu lästern und alle Welt wissen zu lassen, was für ein Witz ich doch war, und dass er die Karre aus dem Dreck ziehen würde. Es war grauenhaft, und ich war verdammt noch mal mit den Nerven am Ende. Mel meinte: »Ich komme rüber und will mit David sprechen.« Vier Tage später war Mel in London. Als wir uns trafen, lächelte er mich an und sagte: »David, dein Job ist es, bei diesem Film Regie zu führen. Du hättest dir das mit der Maske nicht aufhalsen sollen. Das ist viel zu viel. Gott sei Dank haben wir jetzt Chris Tucker.« Und das war's dann zu diesem Thema.

In London gab es zu dieser Zeit noch Straßen, auf denen man sich fühlte, als befände man sich im 19. Jahrhundert. Die Leute auf den Bürgersteigen, ihre Gesichter, ihre Kleidung, die Atmosphäre – es war, als könnte jeden Moment Sherlock Holmes aus einem der Häuser treten, ein Pferdewagen um die Ecke biegen oder Jack the Ripper aus einer Gasse hervorspringen. Es war unglaublich. Zwei Jahre nach Beendigung des Films rief mich unser großartiger Kameramann Freddie Francis an und erzählte mir, dass nahezu alle Locations aus *Der Elefantenmensch* verschwunden waren. Kurz nach Drehende fegte eine Sanierungswelle über London hinweg und veränderte die Stadt für immer.

Wir hatten großartige Darsteller für diesen Film. Ursprünglich sollte Alan Bates die Rolle des Frederick Treves übernehmen, aber aus irgendeinem Grund kam das nicht zustande. Mels Wahl fiel dann auf Anthony Hopkins. Den Chefarzt des Krankenhauses spielte John Gielgud, sehr wahrscheinlich einer der elegantesten Männer aller Zeiten. Er rauchte Zigaretten, aber an seiner Kleidung war nie auch nur ein Krümelchen Asche zu entdecken. Sogar der Qualm schien von ihm wegzuziehen! Die Zigaretten, die er rauchte, hatten eine ovale Form und wurden eigens für ihn in einem Fachgeschäft in London hergestellt.

Söhne und Liebhaber war ein Film, den ich sehr mochte und der in gewisser Weise das Feeling von *Der Elefantenmensch* einfing. Er wurde in Schwarz-Weiß gedreht. Dean Stockwell hat mir in diesem Streifen sehr gefallen. Dame Wendy Hiller, die in unserem Film Mrs. Mothershead spielen sollte, war auch dabei gewesen. Irgendwann ging ich jedenfalls am Set in dieses Zimmer und traf dort Dame Wendy Hiller. Sie schaute mich an, packte mich am Nacken und führte mich in dem Zimmer umher. »Ich weiß nichts über Sie, junger Mann, aber ich werde Sie ganz bestimmt im Auge behalten«, sagte sie. Sie ist mittlerweile gestorben, Gott hab sie selig, ich mochte sie sehr. Freddie Jones mochte ich auch. Mit ihm war ich sofort auf einer Wellenlänge. Es gibt Menschen, die dir ein tolles Gefühl vermitteln. Freddie ist einer dieser Menschen. Er ist so lustig, und ich bin wahnsinnig gerne in seiner Nähe. Freddie sollte auch in *INLAND EMPIRE* mitspielen. Er war für den Part vorgesehen, den dann Harry Dean Stanton bekommen hat. Gerade, als Freddie auf dem Weg zu uns nach Los Angeles war, brach er auf dem Flughafen zusammen. Ich erhielt nur einen Anruf, in dem man mir mitteilte, dass Freddie nicht kommen könnte und sich in ärztlicher Behandlung befände. Ich wusste noch nicht mal, was genau passiert war, aber Freddie war ein standhafter Kerl und hielt durch.

Während unserer Zeit in London fanden wir heraus, dass Mary mit Zwillingen schwanger war. In *Ronnie Rocket* gibt es zwei Charaktere namens Bob und Dan, nach denen ich die beiden benennen wollte. Sie sollten auf Hochglanz polierte, schwarze Schuhe tragen und nach hinten gekämmte Gelfrisuren haben – adrette kleine Burschen eben. Ich war ziemlich enthusiastisch wegen der Sache, aber als ich eines Abends nach Hause kam, blutete Mary. Wir fuhren dann zu diesem katholischen Krankenhaus in Wimbledon. Gott allein weiß, warum wir ausgerechnet dahin fuhren, denn es war ein ziemlich weiter Weg von Wembley. Ich weiß nicht genau, wie lange wir am Ende brauchten. Ich war jedenfalls bis in die frühen Morgenstunden wach und musste trotzdem richtig früh raus, um zur Arbeit zu gehen. Am Drehort kam dann eine Frau auf mich zu und meinte: »Anthony Hopkins möchte mit Ihnen sprechen.« Ich ging also, weiß wie eine Wand wegen des Schlafmangels, zu seiner Garderobe, die sich am Ende eines langen Flurs befand. Als ich ankomme, beginnt er sofort mich zu kritisieren und sagt unter anderem, dass ich kein Recht hätte, bei diesem Film Regie zu führen. »Tut mir leid, das zu hören, Tony«, sage ich zu ihm, »aber ich bin der Regisseur dieses Films, und ich werde auch weiterhin Regie führen.« Dann ging ich. Irgendwie lag Tony Hopkins sogar richtig mit dem, was er gesagt hatte: Eigentlich hatte ich nicht das Recht, bei *Der Elefantenmensch* Regie zu führen. Ich meine, ich kam aus Missoula, Montana, und dieser Film war ein im viktorianischen Zeitalter angesiedeltes und mit namenhaften Filmstars besetztes Drama. Alles, was ich bis dato zustande gebracht hatte, war ein kleiner Film, den sich zehn Leute angesehen hatten – verrückt eigentlich, aber so war es nun mal. Dieser Film war eine Feuertaufe. Man macht sich keine Vorstellung davon, was da alles ablief.

Es gibt diese Szene im Film, in der Dr. Treves den Elefantenmenschen ins Krankenhaus bringen lässt: Ein Taxifahrer führt Merrick in die Lobby, wo eine Menge Leute warten und zwei streitende Frauen aufeinander einschlagen und sich an ihren Kleidern ziehen. Mrs. Mothershead steht derweil am Empfangstresen. Sie hat den Elefantenmenschen noch nie zuvor gesehen und mustert die Kreatur mit dem Mantel und dem Sack über dem Kopf. Auch die anderen Leute in der Lobby starren ihn an, in erster Linie, weil Merrick ziemlich stark riecht. Mrs. Mothershead jedoch stört sich nicht am Geruch. In dieser Situation sollte dann Dr. Treves dazukommen. Als wir die Szene probten, stürzte Anthony Hopkins die Treppe hinunter, eilte zum Elefantenmenschen und packte ihn mit einer hastigen Bewegung am Arm. Ich sagte »Moment mal« und nahm Tony beiseite, um ihm zu erklären, dass er zu schnell die Treppe runterkam. »*Dann sag mir doch einfach, wie du es willst!*«, antwortete er mir aufgebracht und mit so lauter Stimme, dass es alle hören konnten. Da stieg in mir eine Wut auf, wie ich sie nur wenige Male in meinem Leben verspürt habe. Ich platzte förmlich und war völlig außer mir. Ich glaube, jetzt könnte ich noch nicht mal nachahmen, wie ich in diesem Moment getobt habe, weil ich sonst meine Stimme zerstören würde. Ich *schrie* ihn jedenfalls an und brüllte ihm entgegen, was ich am liebsten mit ihm anstellen würde. Darauf drehte sich Wendy Hiller zu Tony um und sagte ganz leise zu ihm: »Ich an deiner Stelle würde tun, was er sagt.« Und das tat Tony dann auch. In der Mittagspause rief er Mel an und sagte ihm: »Ich will, dass dieser Scheißkerl gefeuert wird.« Mel konnte ihn jedoch beruhigen. Tony ist perfekt in diesem Film und spielt absolut hervorragend, aber den Großteil der Dreharbeiten über war er mürrisch und übellaunig. Das ist wie mit meinen vier dunklen Tagen. Wenn es in dir ist, kommt es einfach raus, und du kannst nicht wirklich etwas dagegen tun. Tony war einfach mies drauf, angepisst vom Leben.

Als wir nach einem Krankenhaus suchten, um dort drehen zu können, entdeckten wir das Eastern Hospital. Es war ein verlassenes Londoner Krankenhaus, in dem noch die gesamte Einrichtung stand – perfekt für unsere Zwecke. Sicher, alles war voller Taubendreck, und die Fenster waren kaputt, aber im Grunde musste man es nur einmal ordentlich sauber machen. Auf den Stationen standen sogar noch die Krankenbetten, und alle Zimmer waren mit diesen wunderschönen kleinen Kaminen und Gaslampen ausgestattet. Das Krankenhaus war zwar längst ans Stromnetz angeschlossen, aber die Gaslampen waren noch nicht entfernt worden. Als ich dann auf diesem Flur stand und die Krankenstation betrachtete, fuhr es wie ein Wind in mich hinein, und mit einem Mal wusste ich, wie das Leben im viktorianischen England war. Ich wusste es. Einfach so. Das konnte mir keiner mehr nehmen – ich kannte es in- und auswendig. Jeder kann in eine Sache eintauchen und sie kennenlernen. Da macht es keinen Unterschied, woher du kommst.

Nach der Fehlgeburt wollte Mary einen Hund. Das war der Moment, in dem Sparky zu uns kam. Ich sage immer, dass Sparky die

Liebe meines Lebens ist – man kann sich gar nicht vorstellen, was für ein großartiger Hund das war. Irgendwann merkten wir, dass Sparky liebend gern in Wasser hineinbiss. Wenn du einen Wasserschlauch aufgedreht hast, lief Sparky hin und biss in den Strahl. Am Anfang von *Blue Velvet* gibt es eine Szene, in der Sparky genau das macht.

Nach Ende der Dreharbeiten kam Al nach London rüber, um am Ton zu arbeiten. Al war ein weiterer Außenstehender für die Briten, die ja ihre eigene Tonabteilung hatten und eh der Meinung waren, dass sie bestens Bescheid wussten. Nach *Der Elefantenmensch* sagte Al: »Verdammte Scheiße, wie ich die Briten hasse!« Eines Tages hatte ich mich in Shepperton wieder mal mit Al zurückgezogen, um am Ton zu arbeiten, als einer von den Produktionsleuten reinkam. »David, meinst du nicht, es wäre eine gute Idee, den Darstellern und der Crew den Film zu zeigen?«, sagte er. »Ja, sicher, aber er ist noch nicht fertig«, antwortete ich. »Das wissen die doch. Sie wollen ihn einfach nur gern mal sehen.« Es kam dann also zu dieser Vorführung, auf der sich alle Welt den Film ansah. Sie mochten ihn jedoch nicht, ganz und gar nicht. Ein paar der Mitwirkenden schrieben mir sogar Briefe, um mir mitzuteilen, wie schlecht sie den Film fanden, was nicht damit stimmte und wie enttäuscht sie waren. Kurz darauf stellte ich ihn fertig und reiste nach diesem denkwürdig schlechten Schlusspunkt aus London ab.

Als Mary und ich nach Hause flogen, hatte ich diese eine existierende Kopie des fertigen Films im Gepäck und schleppte sie durch den Zoll, denn Mel wollte den Film sofort sehen. John Hurt war gerade in der Stadt und wollte ihn sich ebenfalls ansehen, zusammen mit ein paar Bekannten. So kam es zu einer Vorführung im Studiokomplex von Fox. Ich sprach vorher mit Al und meinte zu ihm: »Pass auf, Al, ich werde nicht hingehen. Achte bitte darauf, dass der Ton gut ist, okay?« Als der Film schon laufen sollte, bekam ich einen Anruf von Al: »David, aus den Boxen hier kommt nicht mal Mono raus! Die Anlage hat den Geist aufgegeben. Es ist der schlimmste

Ton aller Zeiten ... einfach grauenhaft.« Der Film wurde trotzdem gezeigt, und John Hurt, dieser Engel, sagte: »Ich bin so stolz, Teil dieses Films zu sein. Ich finde ihn großartig.« Dieses Screening war also gut gelaufen und läutete die Wende für den Film ein. Er erhielt eine Reihe überschwänglicher, fast schon fantastischer Kritiken. Die Leute waren begeistert von dem Streifen. *Der Elefantenmensch* ist ein Film, der alle vier Jahre laufen sollte, denn es bringt viel Gutes mit sich, wenn die Menschen ihn sehen. Es ist eine wundervolle Story und eine großartige Erfahrung, absolut zeitlos.

Ich musste dann für Pressetermine nach Europa. Wahrscheinlich flog ich wieder mit der Concorde, obwohl ich auch oft mit TWA unterwegs war. Deren erste Klasse zu jener Zeit war unbeschreiblich. Man saß ganz vorn in einer gigantischen 747 und wurde vom Besteigen bis zum Verlassen des Fliegers hindurch bedient. Das Besteck war massiv und richtig schwer, und noch bevor das Abendessen überhaupt serviert wurde, bekam man allen möglichen Schnickschnack an den Platz geliefert. Ein phänomenaler Erste-Klasse-Service war das.

In Deutschland lernte ich diesen Burschen Alexander kennen, der für eine Produktions- und Vertriebsfirma arbeitete. Da sein Vater ein Hotel besaß, wollte Alexander unbedingt, dass ich dort abstieg. Es war wirklich nett, und ich bekam ein riesiges Zimmer. Ich fand es allerdings unheimlich kalt dort. Nachdem ich mir in der ersten Nacht den Hintern abgefroren hatte, meinte ich: »Ihr Deutschen seid echt zähe Burschen.« Man fragte mich, was ich damit meinte. Also erklärte ich, dass es ziemlich kalt in meinem Zimmer war. »Hast du denn die Heizung nicht aufgedreht?«, fragte Alexander, worauf sich herausstellte, dass man die Heizkörper einschalten musste, die ich hinter den Vorhängen aber nicht gesehen hatte. Jedenfalls wurde ich dort von einer Journalistin interviewt, und während wir uns unterhielten, zeichnete ich ein Bild des Elefantenmenschen, über den wir ja gerade sprachen. Am Ende des Gesprächs fragte mich die Journalistin, ob sie das Bild haben könne. Ich sagte: »Sicher doch« und gab es ihr. Alexanders Augen waren groß wie Untertassen. Als ich aufbrach, fragte er mich, ob ich ihm auch ein solches Bild anfertigen könnte. Ich sagte zu, schaffte es aber nie. Sehr viel später kam ein Kollege von Alexander nach Los Angeles, mit dem ich mich im Chateau Marmont Hotel traf. Er meinte: »Ich soll dich von Alexander daran erinnern, dass du ihm eine Zeichnung des Elefantenmenschen versprochen hast.« Ich sagte: »Ja, das stimmt. Wie lange bist du noch in der Stadt?« Also malte ich das Bild und ließ es dem Mann zukommen, der es dann Alexander brachte. Alexander war sehr glücklich darüber. Kurz darauf wurde er beim Überqueren der Straße von einem Bus überfahren und starb. Ich war froh, ihm vorher noch die Zeichnung vom Elefantenmenschen gegeben zu haben.

Als ich dann in Paris war, aß ich dauernd Pommes frites. Ich machte ein Interview nach dem anderen und bekam ständig Pommes frites gereicht, dazu Sauce Américaine, die ich allerdings eher als Ketchup bezeichnen würde. Ich esse also gerade diese Pommes, als plötzlich das Telefon klingelt. Ich gehe ins Schlafzimmer und nehme ab. Mary ist dran und sagt: »David, dein Film hat gerade acht Oscar-Nominierungen erhalten.« Ich frage: »Wer wurde nominiert?« Und sie sagt: »Du hast zwei Nominierungen bekommen, aber Freddie ist leer ausgegangen.« Ich dann zu ihr: »Soll das ein Witz sein?« Das war nicht richtig! Freddie hatte unglaubliche Arbeit bei diesem Film geleistet. Außerdem hielt er stets zu mir und war ein loyaler Freund.

Die Academy Awards waren dann eine ziemlich interessante Erfahrung. Martin Scorsese war mit *Wie ein wilder Stier* da und saß hinter mir. Damals gab es auf der Welt niemanden – ach, was sage ich, es gibt noch nicht mal heute auf der Welt jemanden, der auch nur ansatzweise so berühmt ist, wie Robert Redford es in jener Zeit war. Er war mit seinem Regiedebüt bei den Oscars: *Eine ganz normale Familie*. Auch bei den Directors Guild of America Awards gab es einen Riesenrummel um ihn. Als Robert Redford dort aufs Podium stieg, wollten die Paparazzi gar nicht mehr aufhören, ihn zu knipsen. Er flehte sie förmlich an, es zu lassen. So etwas habe ich noch nie erlebt. Er war unglaublich berühmt. Am Ende gewann *Eine ganz normale Familie* so ziemlich alles, während Marty und ich leer ausgingen.

Als *Der Elefantenmensch* durchstartete, wohnte ich immer noch in dem Bungalow. Tatsächlich könnte ich theoretisch auch heute noch in diesem Bungalow leben, wenn ich allein wäre. Ich habe jetzt mehr Platz, sicher, und das ist auch gut so, aber mir gefiel die Einfachheit des Bungalows. Dort konnte ich Dinge bauen. Zum Beispiel habe ich Edmund diese Garage gebaut. Das machte mir unheimlich viel Spaß, und eigentlich hätte ich noch einen weiteren großen Raum an die Garage anbauen können. Wäre ich dort geblieben, hätte ich sehr wahrscheinlich noch sehr viel mehr Sachen gebaut. In einigen alten Fabrikgebäuden gibt es ja diese Holzböden – nicht die aus Eiche, sondern die aus weichem Nadelholz. Irgendwie hatte ich diese fixe Idee, Löcher in Fußböden bohren zu wollen, um dann Öl hineinzukippen, damit sich der Bereich um das Loch dunkel verfärbt. Klempnerarbeiten mag ich auch, und da hätte ich dann viel mit Kupferrohren machen können – nicht mit diesem neuen, glänzenden Kupfer, sondern mit altem Kupfer – und verschiedene Waschbecken, Rohre und Armaturen montiert. Keine Ahnung, warum mich das so sehr interessiert, aber ich finde das Aussehen und das Design dieser Sachen einfach spannend. Bei der Klempnerarbeit geht es darum, Wasser durch Rohre zu leiten und seinen Lauf zu kontrollieren – und das ist eine wahnsinnig faszinierende Angelegenheit.

Wir zogen dann nach Granada Hills in ein kleines Haus. Es war klein, sicher, aber es war ein Haus, und es war billig. Dort begann ich dann *Blue Velvet* zu schreiben. Im Garten hinter dem Haus baute ich mir eine dreieinhalb mal sieben Meter große Hütte, um einen Platz zum Arbeiten zu haben. Als die Hütte fertig war, ließen wir uns eine Terrasse an die Hinterseite des Hauses anbauen. Dann trat man aus dem Haus auf die etwas tiefer liegende Terrasse, lief hinüber und konnte direkt in die etwas höher liegende Hütte hineingehen. Es war großartig. Da die Terrasse ein Stück über dem Boden lag, waren die

Früchte an den Zweigen der Orangenbäume leichter zu erreichen. Das war toll für Sparky, denn er liebte Obst. Einmal hörte ich dieses schreckliche Gekläffe von draußen. Als ich rausging, sah ich Sparky im Orangenbaum hängen, die Zähne fest in eine Orange gekeilt. Er war hochgesprungen, hatte in die Frucht gebissen und hing dann zappelnd im Baum, weil er seine Zähne nicht mehr herausbekam. Es war ein witziger Anblick. Mir machte es nichts aus, in Granada Hills zu wohnen. Dort hatten wir einen Ort für uns. Was mir am Valley gefiel, war die Tatsache, dass alle unsere Nachbarn irgendetwas bauten und an Dingen herumschraubten. Bei einigen standen Motorräder im Vorgarten, andere reparierten dauernd ihre Autos – es waren Arbeiter. Außerdem konnte man machen, was man wollte. Das ist eine Menge wert.

WIE HYPNOTISIERT

Das Jahr 1981 war erst wenige Monate alt, als Rick Nicita, ein Agent von Creative Artists Agency, des damals mächtigsten Entertainment-Konglomerats des Landes, Lynchs Vertretung übernahm. »Es war Jack Fisk, der mir David vorstellte. Jack war der Mann von Sissy Spacek, für die ich schon seit 1974 arbeitete«, berichtet Nicita. »Bei unserem ersten Treffen in meinem Büro trug David einen Bindfaden um den Hals, an dem ein Stift baumelte. Ich fragte ihn, was es damit auf sich habe. Er antwortete, es sei ein Stift für Notizen. ›Machst du oft Notizen?‹, fragte ich ihn, und er sagte: ›Nein, eigentlich nie.‹

Mir erging es wie allen anderen auch: Mein erster Eindruck von David war der eines wundervollen, lustigen, cleveren und einzigartigen Menschen«, erzählt Nicita weiter. »Wenn ich von meinen Klienten erzähle und dabei Davids Namen erwähne, ziehen nicht wenige die Augenbrauen in die Höhe. Die Leute denken, er sei ein ständig grübelnder, finsterer Kerl mit schwarzem Umhang, aber dem ist ganz und gar nicht so.«[1]

Als Nicita auf den Plan trat, bekam Lynch jede Menge Anfragen auf den Tisch. Hollywood stellt jedoch keine Blankoschecks aus: Viele Produzenten waren auf einen weiteren Film im Stil von *Der Elefantenmensch* aus, aber niemand wollte noch einmal so etwas wie *Eraserhead*. »Nach *Der Elefantenmensch* wollte David *Ronnie*

Rocket machen, aber daran war niemand interessiert«, erklärt Mary Fisk. »Jonathan und Mel wollten ihn für den Film *Frances* mit Jessica Lange, zu dem Eric Bergren und Chris De Vore das Drehbuch geschrieben hatten. David war interessiert, aber aus irgendeinem Grund klappte das nicht. Dann bot man ihm *Die Rückkehr der Jedi-Ritter* an, und sein Agent meinte: ›Da sind drei Millionen für dich drin.‹ Daraufhin fuhr David hoch zu George Lucas, aber er fühlte sich nicht wohl bei der Sache.«

Widerwillig stellte Lynch *Ronnie Rocket* vorerst zurück. Er hatte jedoch ein weiteres Skript mit dem Titel *Blue Velvet* in der Schublade, das er nun umzusetzen versuchte. Ideenfragmente zu diesem Film beschäftigten ihn bereits seit 1973, und obwohl das Projekt mit den Jahren immer wichtiger für ihn geworden war, konnte er keine Finanzierung dafür auftreiben.

Dann legte ihm Nicita *Der Wüstenplanet* vor, den meistverkauften Science-Fiction-Roman aller Zeiten – eine Coming-of-Age-Story in einer weit entfernten Zukunft, geschrieben von Frank Herbert, veröffentlicht 1965. Es handelte sich um das erste Buch des sechsteiligen *Dune*-Zyklus, eine komplexe Geschichte, die schon mehrere Filmemacher erfolglos auf die große Leinwand zu bringen versucht hatten.

Der unabhängige Produzent Arthur P. Jacobs hatte 1971 von Herbert die Option auf die Filmrechte erworben. Kurz nach dem Deal verstarb Jacobs jedoch an einem Herzinfarkt. Drei Jahre später erwarb ein französisches Konsortium unter der Führung von Jean-Paul Gibon die Rechte und engagierte den chilenischen Filmemacher Alejandro Jodorowsky, der aus dem Roman einen zehnstündigen Spielfilm mit Bühnenbildern von H. R. Giger und einer Hauptrolle für Salvador Dalí machen wollte. Nach einer zwei Millionen Dollar teuren und zwei Jahre dauernden Vorproduktionsphase brach das Projekt auseinander. (Die Dokumentation *Jodorowsky's Dune* aus dem Jahr 2013 erzählt die Geschichte dieses Wahnsinnsvorhabens.)

1976 erwarb Dino De Laurentiis für zwei Millionen Dollar die Rechte und gab bei Herbert ein Drehbuch in Auftrag, das am Ende jedoch viel zu lang war. 1979 heuerte De Laurentiis den Autor Rudy Wurlitzer an, der aus dem Stoff ein Skript für Regisseur Ridley Scott machen sollte. Nach sieben Monaten Arbeit kehrte Scott dem Projekt jedoch den Rücken, um den Regieposten bei dem Science-Fiction-Streifen *Blade Runner* (1982) zu übernehmen. An diesem Punkt trat De Laurentiis' Tochter Raffaella auf den Plan. Sie hatte *Der Elefantenmensch* gesehen und wollte Lynch als Regisseur für das Projekt.

»Ich war stark beeindruckt von Davids Fähigkeit, eine absolut glaubhafte Welt zu erschaffen«, erzählt Raffaella De Laurentiis. »Im Allgemeinen werden Regisseure oft in eine Schublade gesteckt, aber ein guter Regisseur kann in sehr vielen unterschiedlichen Genres arbeiten. Ich war zuversichtlich, dass David dieses Projekt stemmen konnte.

Ich war beim ersten Treffen zwischen David und meinem Vater dabei und fand ihn von Anfang an großartig«, fährt De Laurentiis fort. »David und ich waren damals noch sehr jung. Wir verstanden uns prächtig. Schon bald war er so etwas wie ein Mitglied der Familie. Mein Vater verehrte Regisseure und war der Meinung, dass David so gut wie Fellini sei. Er war ein riesiger Fan von David.«[2]

Als Lynch die De Laurentiis-Familie kennenlernte, schien das wie Kismet, vorherbestimmtes Schicksal. Für Stuart Cornfeld jedoch war die Verbindung eher wie Sand im Getriebe und vereitelte seine Pläne. »Als David und ich uns kennenlernten, wollten wir *Ronnie Rocket* machen. Wir kamen damit allerdings nicht voran, weil alle Welt David zu dieser Zeit für durchgedreht hielt«, erinnert er sich. »Mit *Der Elefantenmensch* änderte sich das jedoch, und es bestand eine gute Chance, *Ronnie Rocket* Realität werden zu lassen. Dann ging ich eines Tages mit David essen, und er erzählte mir, dass Dino De Laurentiis ihm *Der Wüstenplanet* und einen fetten Scheck angeboten hatte. David war damals in seinen Dreißigern, hatte eine

Menge großartiger Kunst gemacht und nichts dafür bekommen. Als Dino ihm dann sagte ›Junge, ich gebe dir alles, was du willst‹, hat er eben zugeschlagen.«

De Laurentiis, der 2010 im Alter von einundneunzig Jahren starb, war ganz offenbar ein Mann, dem nur wenige etwas abschlagen konnten – eine Legende, die Lynch in den Glamour der internationalen Filmwelt einführte. Der 1919 in Neapel geborene De Laurentiis war ein bedeutender Unterstützer des italienischen Neorealismus der Nachkriegszeit und hatte frühe Fellini-Klassiker wie *Die Nächte der Cabiria* und den 1957 mit dem Oscar ausgezeichneten Film *La Strada – Das Lied der Straße* produziert. Mit seinen Produktionen deckte De Laurentiis eine große Bandbreite ab – sowohl *Barbarella* von dem französischen Regisseur Roger Vadim als auch Ingmar Bergmans *Das Schlangenei* finden sich darunter. In seiner siebzigjährigen Karriere produzierte bzw. koproduzierte er mehr als fünfhundert Filme. Obwohl er als knallharter Geschäftsmann bekannt war, war De Laurentiis sehr beliebt. In Lynchs Leben spielte er eine bedeutende Rolle. »Dino war ein Phänomen und ein Meister, wenn es darum ging, Deals auszuhandeln. Er liebte David«, erklärt Fisk.

Der Versuch, die Welt von *Dune* auf die Leinwand zu bringen, ist in etwa so, als wollte man ein Thanksgiving-Festmahl in eine Fertiggerichtpackung pressen. De Laurentiis war jedoch sehr überzeugend und brachte Lynch dazu, einen Vertrag über drei Filme zu unterzeichnen. »Ich bin mir ziemlich sicher, dass *Der Wüstenplanet* eine Art Sirenengesang war – ein großer Film, der großes Geld versprach. David jedoch ging es nicht darum, nur abzukassieren und dann nach Hause zu gehen. Das hätte er nie getan«, berichtet Nicita. »Er hatte eine Verbindung zu dieser Story, sie sprach etwas in ihm an.«

Der Protagonist der Geschichte ist ein junger Held namens Paul Atreides, der im Roman als »der Schlafende, der erwachen muss« beschrieben wird – ein Motiv, das Lynch aus nur allzu offensichtlichen Gründen ansprach. Zudem liebte es Lynch, andere Welten zu erschaffen. Bei *Der Wüstenplanet* galt es, gleich drei komplett unterschiedliche Planeten zum Leben zu erwecken und eine Unmenge an Oberflächen und Strukturen, Traumsequenzen und unterirdische Fabriken zu zeigen. Kein Wunder also, dass Lynch zusagte.

Ein ganzes Jahr lang wurde am Drehbuch gearbeitet. Da eine niedrige Altersfreigabe angestrebt war, wurden Lynch schon Grenzen gesetzt, bevor er auch nur ein Wort zu Papier gebracht hatte. Zudem musste De Laurentiis, der *Eraserhead* gar nicht gemocht hatte, zufriedengestellt werden, was sich ebenfalls als lähmender Faktor herausstellte. Anfänglich schrieb Lynch zusammen mit Chris De Vore und Eric Bergren, seinen Co-Autoren von *Der Elefantenmensch*. »David war so nett, Eric und mich als Co-Autoren einzuladen. So kam es auch, dass wir gemeinsam nach Port Townsend hochfuhren, um Frank Herbert zu besuchen«, erinnert sich De Vore.

»Wir hatten ein gemeinsames Büro auf dem Universal-Gelände und verfassten dort zwei Versionen des Drehbuchs. Dino jedoch fand unsere Fassungen zu lang und wollte den Stoff nicht auf zwei Filme aufteilen«, fährt De Vore fort. »David war zwar auch der Meinung, dass es kürzer sein könnte, aber wir hatten Bedenken, uns damit zu weit von Herberts Buchvorlage zu entfernen. David empfand es als wichtig, dem Buch gegenüber treu zu bleiben. Andererseits wollte er Elemente in das Skript packen, die nicht aus dem Buch stammten, was natürlich schwierig war. Wir waren jedoch der Meinung, dass David auch seiner eigenen Vision treu bleiben sollte, und rieten ihm nachdrücklich, diese Elemente nicht zu verwerfen.« Lynch lieferte noch fünf weitere Fassungen des Drehbuchs ab, bevor er schließlich zu einem endgültigen Skript gelangte, das 135 Seiten lang und auf den 9. Dezember 1983 datiert war. Lynch sagt heute, mit *Der Wüstenplanet* wäre er sich selbst und seinen Ansprüchen untreu geworden, schien sich damals aber nicht bewusst, dass der Verrat schon bei der Arbeit am Drehbuch besiegelt worden war.

»Natürlich ist David daran interessiert, Geld zu verdienen, aber er wird dafür keine Kompromisse eingehen und hat das auch nie getan. Auch bei *Der Wüstenplanet* war das am Anfang kein Thema«, erklärt Nicita. »Diese Art der Unverfälschtheit ist ihm sehr wichtig. Es gibt jedoch allerlei Versuchungen in diesem Business, und Davids Erfolg rief Kräfte auf den Plan, die ihn zu korrumpieren versuchten. Es gab viele Gelegenheiten für ihn, große Filme zu drehen, die ihm ein Vermögen eingebracht hätten, aber er hat sie alle abgelehnt. Gerade am Anfang, als die Leute noch glaubten, er würde nach der Pfeife der Auftraggeber tanzen, bot man ihm große Beträge an. Als jedoch klar wurde, dass er ein wahrer Auteur war, legte sich das. Mit den großen Filmstars war es ganz ähnlich: Alle wollten mit ihm arbeiten. Aber David ist nicht auf Stars fixiert. David ist ein Künstler. Große Egos und Riesengorillas, die ihm bei der Umsetzung seiner Vision in die Quere kommen, kann er nicht gebrauchen.«

Lynch hatte sich in Granada Hills verschanzt und war mit den Arbeiten am Drehbuch beschäftigt, als am 7. September 1982 bei Fisk die Wehen eintraten. »David war im Kreißsaal dabei. Ohne ihn hätte ich es nicht geschafft«, berichtet Mary Fisk über die Geburt ihres Sohns Austin. »Von den ersten Wehen an gerechnet, dauerte die Geburt sechsunddreißig Stunden. David hat mich die ganze Zeit aufgemuntert und mir den Rücken gestützt, als das Baby gedreht werden musste.« Nun hatte Lynch zwei Kinder. Das hielt ihn jedoch nicht davon ab, zu Hause an unterschiedlichen Projekten zu arbeiten. Er stellte in dieser Zeit Halter für Räucherstäbchen und Schnürsenkelkrawatten her, die mit einer punktförmigen Brosche in Schwarz oder Weiß am Hals geschlossen wurden. »Viele seiner Freunde hatten eine dieser Schnürsenkelkrawatten mit Punktverschluss«, erinnert sich Reavey.

Auf der Suche nach einem jungen, unbekannten Schauspieler für die Hauptrolle in *Der Wüstenplanet* reiste die Casting-Agentin Elisabeth Leustig im Spätherbst 1982 in verschiedene Städte der USA und traf dabei auf Kyle MacLachlan. Als Absolvent der Schauspielschule der University of Washington spielte MacLachlan gerade am Empty Space Theatre in der Komödie *Der Betrüger* des französischen Dichters Molière, als Leustig in Seattle eintraf. »Sie erkundigte sich nach Schauspielern mit dem entsprechenden Alter für die Rolle, und irgendjemand sagte zu ihr: ›Dann solltest du dir Kyle ansehen.‹ Ende Dezember trafen wir uns im Four Seasons Hotel, wo sie ein paar Aufnahmen von mir machte«, erinnert sich MacLachlan, der Anfang 1983 für ein Meeting mit Lynch und Raffaella De Laurentiis nach Los Angeles geflogen wurde.

»Ich hatte *Eraserhead* gesehen, wusste jedoch nicht so recht, was ich damit anfangen sollte«, berichtet MacLachlan. »Mein Filmgeschmack drehte sich eher um Mantel-und-Degen-Filme wie *Die drei Musketiere* — das war meine Kragenweite. Ich wusste also nicht, was ich zu erwarten hatte, als ich mich mit David traf. Das Meeting fand in einem Bungalow auf dem Universal-Gelände statt. Ich erinnere mich, wie ich da herumsaß und darauf wartete, dass er von Bob's zurückkam. Er fuhr einen Packard Hawk, und er mochte diesen Wagen sehr. Wir unterhielten uns dann über allerlei Sachen — die Kindheit im Nordwesten des Landes, Rotwein und ähnliche Dinge. Dann sagte er: ›Hier hast du das Drehbuch. Lern diese und jene Szene. Dann kommst du wieder, und wir filmen sie.‹«[3]

Wenige Tage später kehrte MacLachlan nach Los Angeles zurück und absolvierte Probeaufnahmen im Studio von Apogee Productions, Inc., der Firma von Trickspezialist John Dykstra. »Mit meinen Haaren waren sie nicht so recht zufrieden. Das war während meiner gesamten Laufbahn ein Problem. Dieses Haarproblem begann mit *Der Wüstenplanet*«, erzählt MacLachlan lachend. »Die Location für die Probeaufnahmen war riesig, und es liefen viele Menschen herum. Selbst die Kamera wirkte auf mich wie der größte Apparat, den ich je in meinem Leben gesehen hatte. Als dann aber David kam, hatte ich eine Bezugsperson und fühlte mich geerdet. Wir nahmen ein paar Szenen auf, wobei ich auch einmal direkt in die Kamera sprechen musste. Ich meinte dann zu ihm: ›David, ich weiß nicht, ob ich das kann.‹ Er sagte darauf: ›Keine Bange, du wirst großartig sein!‹ Er hat mir Mut gemacht.«

Lynch freundete sich mit MacLachlan an und nannte ihn fortan »Kale« — es sollte eine der wichtigsten Beziehungen seiner Karriere werden. Auch bei den zwei Publikumslieblingen unter Lynchs Projekten — *Blue Velvet* und *Twin Peaks* — arbeiteten die beiden zusammen. Später wurde MacLachlan als Alter Ego von Lynch beschrieben. Tatsächlich haben sie einige wichtige Dinge gemeinsam: Beide sind offen und optimistisch; beide haben eine humorvolle Sicht auf die Welt, wodurch sie freundlich und entspannt an ihre Arbeit herangehen; beide strahlen eine Art warme Fröhlichkeit aus.

»Als ich von den Probeaufnahmen ins Hotel zurückkam, stand da eine Flasche Château Lynch-Bages auf dem Tisch meines Zimmers«, berichtet MacLachlan. »Bei unserem ersten Gespräch hatten wir uns ja über Wein ausgetauscht. Dabei hatte David erwähnt, dass dieser Rotwein einer seiner Favoriten wäre. Ich fand es unheimlich nett, dass er mir dann diese Weinflasche schickte. Während sich die Verantwortlichen die Probeaufnahmen ansahen, wartete ich im Hotelzimmer. Dann kam der Anruf: ›Die Aufnahmen gefallen uns, aber wir wollen deine Frisur ändern und weitere Probeaufnahmen machen.‹ Kurz darauf flogen sie mich dafür nach Mexiko runter.

Das war dann im Januar. Die Vorproduktionsphase des Films hatte begonnen. Während wir da unten waren, hatte David Geburtstag. Es gab eine Party, auf die ich auch ging. Ich weiß noch, wie ich dachte: ›Mensch, das sind alles sehr nette Leute. Hoffentlich kriege ich den Job.‹ Etwas später saß ich in der Lobby und trank gerade ein Bier, als ich einen Anruf bekam: ›Du hast die Rolle.‹ Nachdem

David mich angeheuert hatte, legte ich mein gesamtes Vertrauen in ihn und ließ mich von ihm durch diesen Prozess steuern.«

Wie alles bei *Der Wüstenplanet* war auch die Besetzung riesig und umfasste neununddreißig Sprechrollen. Mit dabei waren unter anderen José Ferrer, Linda Hunt, Jack Nance, Dean Stockwell, Max von Sydow und De Laurentiis' erste Ehefrau, der italienische Filmstar Silvana Mangano. Einige der Schauspieler amüsierten sich ohne Frage hervorragend dabei, ihren teils extremen Figuren Leben einzuhauchen: Kenneth McMillan zieht als Oberbösewicht der Story alle Register, während Freddie Jones und Brad Dourif als wunderbar abgedrehte Höflinge glänzen.

»Als ich David zum ersten Mal begegnete, dachte ich bei mir: ›Das ist sehr wahrscheinlich der adretteste Kerl, den ich je gesehen habe‹«, erinnert sich Dourif. »Anzughose, Sakko, zugeknöpftes Hemd und dazu eine Stimme, die sich so anhörte, als käme Peter Lorre aus Philadelphia. Ich ging rüber zu ihm und stellte mich vor. ›Hi, ich bin Brad.‹ Er sagte: ›Ich weiß. Ich muss dich mal was fragen: Was hältst du davon, für eine Rolle chirurgische Eingriffe an einem Schauspieler vorzunehmen?‹ Offenbar ging es darum, ein Loch in die Wange eines Darstellers zu schneiden, um dann ein Rohr hindurchzuführen und es so aussehen zu lassen, als würde Gas aus einem Zahn ausströmen. Ich wusste nicht genau, ob er es ernst meinte oder die Sache nur ein Witz war. ›Aber warum denn nicht?‹, hörte ich ihn zu Raffaella sagen. ›Vergiss es, das wirst du nicht tun‹, antwortete sie ihm.

Ich hatte *Eraserhead* noch nicht gesehen, und er führte uns den Film in Mexiko vor«, berichtet Dourif weiter. »Bevor es losging, stand er auf und sagte: ›Das ist ein Film, den ich gemacht habe. Ich hoffe, ihr rennt danach nicht weg.‹ Ich hatte keine Ahnung, was ich da eigentlich sah, aber irgendwann wurde mir klar, dass es sich um eine surreale Erforschung der männlichen Angst vor der Psyche und dem Charakter der Frauen handelte. Es ist ein unglaublicher Film.«[4]

Zu den Darstellern gehörte auch der Musiker Sting, der sich zu jener Zeit als Schauspieler versuchte und bereits in vier anderen Filmen mitgespielt hatte, als er Lynch kennenlernte. »David war gerade für das Casting von *Der Wüstenplanet* in London. Ich traf ihn im Claridge's Hotel«, erinnert sich Sting. »Ich war ein großer Fan von *Eraserhead* und stellte mir David vom Äußeren her wie die Hauptfigur des Films vor. Tatsächlich aber sah er sehr nach mittlerem Westen aus, normal eben, und sagte komische Sachen wie ›Mächtig prächtig!‹. Ich habe mich selbst nie für einen Schauspieler gehalten, aber ich hatte bereits in ein paar Filmen mitgespielt, und er schien mich zu mögen. Dann fragte er mich: ›Würdest du denn für den Dreh nach Mexiko kommen?‹ Ich sagte: ›Sicher doch.‹ Ich war gerade mit den letzten Arbeiten an unserem Album *Synchronicity* beschäftigt, das die erfolgreichste Platte von The Police werden sollte. Den Sommer über hatte ich jedoch frei und verbrachte ihn dann in einen Gummianzug gezwängt in Mexiko.«

Sting spielte Feyd-Rautha Harkonnen, eine unerhört gut aussehende Killermaschine. In seiner ersten Szene tritt er halbnackt aus einer Nebelwand hervor, sein Körper glänzt feucht und ist nur mit einer knappen Gummiunterhose bekleidet. »Als David mir die Unterhose zeigte, weigerte ich mich. ›Die trage ich auf keinen Fall‹, meinte ich zu ihm. Er sagte nur: ›Doch, das wirst du.‹ Diese Szene lieferte anschließend reichlich Diskussionsstoff, denn ich hatte mich bis dahin nie als Mensch mit homoerotischer Ausstrahlung begriffen. Mit dieser Unterhose sah ich jedoch keine Möglichkeit, die Szene anders zu spielen. David teilte diese Ansicht.«[5]

Nachdem er sechs Monate lang für die Vorproduktion ständig zwischen den Staaten und Mexiko hin- und hergereist war, verlegte Lynch im März 1983 seinen Wohnsitz in den Süden, um mit den Dreharbeiten zu beginnen. Nach zweiwöchiger Probezeit starteten die Aufnahmen dann am 30. März. Mit einem Budget von stattlichen vierzig Millionen Dollar scheuten die Verantwortlichen keine

Kosten. Insgesamt umfasste das Team aus Darstellern und Crew 1700 Mitwirkende. Vier Aufnahmeteams arbeiteten simultan an achtzig verschiedenen Sets, die acht Studios füllten. Zusätzliche Außenaufnahmen wurden in den Médanos de Samalayuca, einer Wüstenregion nahe Ciudad Juárez im mexikanischen Bundesstaat Chihuahua, gemacht, wo dreihundert Arbeiter bei fast 49 Grad Celsius die Sanddünen für die zwei Wochen dauernden Filmarbeiten vorbereiteten. Mit an Bord waren der von *2001: Odyssee im Weltraum* bekannte Szenenbildner Anthony Masters sowie Trickspezialist Carlo Rambaldi, der bei *Alien – Das unheimliche Wesen aus einer fremden Welt* und *E.T. – Der Außerirdische* mitgewirkt hatte. Es war eine gigantische Unternehmung und machte den Beteiligten zu Beginn sehr viel Spaß.

In der Anfangsphase des Projekts hatte Lynch Dino De Laurentiis in dessen Villa im nahe Venedig gelegenen Abano Terme besucht. Die Stadt machte großen Eindruck auf ihn. »Wir waren für diesen Film viel in Europa unterwegs – ich glaube, wegen des Castings. David gefiel Italien jedenfalls sehr«, erinnert sich Raffaella De Laurentiis. »Er war damals Vegetarier, aber er mochte Pasteten. Ich weiß noch, wie er ständig Stopfleber aß.«

Bei einer dieser Europareisen schenkte Dino De Laurentiis Lynch ein Buch über die Architektur Venedigs, das sich zu einer wichtigen Inspirationsquelle für *Der Wüstenplanet* entwickelte. Der Film handelt von den kriegerischen Auseinandersetzungen mehrerer Königshäuser, die um die Vorherrschaft über Naturressourcen kämpfen. Viele Szenen spielen daher in kunstvoll dekorierten Palästen, in denen jede Menge aufwendig gearbeitete Holzoberflächen sowie prachtvolle Treppen zu sehen sind. Es gibt aber auch eine infernale unterirdische Industriewelt mit schuftenden Arbeitermassen, die an den Stummfilm *Metropolis* erinnert, sowie den Gilde-Navigator, ein großes amorphes Orakel, von Lynch als »fetter Grashüpfer« beschrieben, das nicht zuletzt durch seine sexualisierte Mundöffnung zu verstören weiß. Auch an überraschenden Details mangelt es dem Film nicht. Die Atreides-Familie zum Beispiel besitzt einen Mops, der sie auf ihren Abenteuern begleitet, und wenn Raumschiffe in neue Galaxien eintreten, fliegen sie dazu durch ein Schlüsselloch. Die Kombination dieser Elemente kann ohne Frage als *lynchesk* bezeichnet werden.

»David könnte Stunden mit Detailarbeiten zubringen. Wahrscheinlich ist das einer der Gründe, warum er nach *Der Wüstenplanet* nie wieder einen Film in dieser Größenordnung drehen wollte«, erklärt De Laurentiis. »An einem Drehtag standen wir mit zweihundert Komparsen in Gummi-Outfits mitten in der Wüste bei Ciudad Juárez. Es war so heiß, dass die Leute ohnmächtig wurden. Die Crew war riesig, und es hatte uns sehr große Anstrengungen gekostet, Menschen und Material in die Wüste zu schaffen. Und was macht David in dieser Situation? Er arbeitet an einer Nahaufnahme vom Auge eines Darstellers! Ich sagte: ›David! Das können wir doch im Studio machen! Wir haben all die Leute und das Material angekarrt, also mach jetzt gefälligst die Aufnahmen!‹ Er erkannte, welch große Rolle die Details in seiner künstlerischen Vision spielten, und war von da an schlau genug, nur noch Filme zu drehen, die ihm den Raum dazu gaben.«

Die Arbeit an *Der Wüstenplanet* war ein Riesenschritt für Lynch. Sting erinnert sich, wie beeindruckt er war, »dass David nach einem kleinen Schwarz-Weiß-Film diese Riesenproduktion übernahm und dabei sehr ruhig und gelassen schien. Ich hatte nie den Eindruck, dass es ihn überforderte. Alle Welt mochte ihn. Er hatte die ganze Zeit über prächtige Laune«.

Auch Jennifer Lynch war für einige Wochen am Set und bekam die Aufgabe, die linke Hand und den Unterkiefer des Gilde-Navigators zu bewegen. »Ich erinnere mich noch gut daran, wie riesig diese Produktion war«, erzählt sie. »Zum ersten Mal erlebte ich bewusst, dass mein Dad sich einem Projekt mit immensen Ausmaßen stellen musste. Es waren unglaubliche Summen und irre viele Leute.«

Da Lynch keinem Abenteuer abgeneigt war, verkomplizierte sich sein Beziehungsleben beträchtlich, als Eve Brandstein auf der Bildfläche erschien. Die in der Tschechoslowakei geborene Brandstein wuchs in der Bronx auf und zog Ende der Siebzigerjahre nach Los Angeles, wo sie im Unternehmen von Norman Lear einen Job im Bereich Casting und Produktion für TV-Projekte annahm. Im Jahr 1983 reiste sie mit ihrer Freundin Claudia Becker, die in Mexiko das Casting für *Der Wüstenplanet* übernommen hatte, zu einem Urlaub ins mexikanische Seebad Puerto Vallarta.

»Eines Abends meinte Claudia: ›Lass uns zu dieser Kunstausstellung in der Galeria Uno gehen.‹ Ich wusste noch nicht mal, wer dort ausstellte. Als wir ankamen, fiel mir David auf. Wir hatten Blickkontakt, quer durch den Raum, und irgendwie ließen wir einander nicht mehr aus den Augen. Zu dem Zeitpunkt war mir noch nicht klar, wer er eigentlich war. Nach der Ausstellungseröffnung bin ich mit ein paar Freunden in diese Bar gegangen, ins Carlos O'Brian's. Kurz darauf kam David mit seinen Leuten rein und setzte sich neben mich. Der Rest des Abends war einfach magisch. Wir blieben die ganze Nacht wach, gingen am Strand spazieren und unterhielten uns. Am nächsten Morgen musste ich nach Los Angeles zurückfliegen, sein Weg führte ihn nach Mexiko-Stadt. Wir liefen uns am Flughafen über den Weg. Da er einen Inlandsflug hatte, ich aber in die USA unterwegs war, befanden wir uns in voneinander abgetrennten Bereichen der Wartefläche. Wir gingen beide zur Absperrung und begannen uns zu küssen. Das war der Anfang.«

Lynch hat die große Gabe, sich voll und ganz auf die bevorstehende Aufgabe zu konzentrieren. Als sein Flug von Puerto Vallarta in Mexiko-Stadt landete, legte er den Schalter um, und alles drehte sich wieder um den Wüstenplaneten. »David arbeitete bei *Der Wüstenplanet* wie bei all seinen Projekten: Er versuchte jeden Aspekt des Sets zu perfektionieren«, erklärt MacLachlan. »Angefangen bei den Waffen und Uniformen über die Farben bis hin zu den eher abstrakten Formen und Gebilden – David mischte bei allen

Einzelheiten des Szenenbilds und der Effekte mit. Er brachte seine künstlerischen Vorstellungen ein, ununterbrochen und in starkem Maße.

Ich war von März bis September 1983 in Mexiko und hatte dort eine großartige Zeit«, fügt MacLachlan hinzu. »Ich war in einem Haus im Stadtbezirk Coyoacán untergebracht. Es gab ständig Partys. Die De Laurentiis-Familie lud oft zum Abendessen in ihr Haus ein, und ich war eigentlich immer dabei.« Nach allem, was man hört, herrschte eine ausgelassene Stimmung. Die Dreharbeiten waren anstrengend, sodass Darsteller und Crew entsprechend Dampf abließen. »Es war ein wildes Set«, berichtet Sting. »Ich war umgeben von all diesen großartigen Schauspielern und hatte einfach eine Menge Spaß.«

Mary Fisk war sich bewusst darüber, dass sich Lynch in einer für ihn ungewohnten Umgebung befand. Er drehte seinen ersten Hollywoodfilm – einen Film mit einem Riesenbudget, was nicht nur am Set sondern auch abseits davon eine große Herausforderung darstellte. »Als wir heirateten, war David ein Saubermann. Er rauchte nicht und benutzte auch keine Schimpfwörter«, berichtet Fisk. »Raffaella hingegen war ein echtes Partygirl. Als ich ihn einmal anrief, stellte sich heraus, dass er ausgegangen war und Wodka-Gimlets getrunken hatte, was mich ziemlich schockierte. Es war eine wilde Truppe in Mexiko, und ich glaube, dass er Gefallen an den Partys fand. Er mochte sein Hotel und wurde zur Arbeit gefahren. Er lebte in einer Blase.«

Als meisterhafter Multitasker ist Lynch stets mit mehreren Dingen gleichzeitig beschäftigt. Während seiner Zeit in Mexiko fertigte er neben dem *Chicken Kit* auch das *Duck Kit* an, das er wegen der verschwommenen Fotoaufnahmen aber als gescheitert ansieht, und fügte beiden Kits eine in englischer und spanischer Sprache abgefasste Anleitung zum Wiederzusammensetzen der Tiere bei. Zudem entwickelte er in dieser Zeit auch einen Comicstrip mit vier Panels mit dem Titel *The Angriest Dog in the World*, der einen an seiner Kette zerrenden Hund zeigte. In den folgenden neun Jahren erschien der Comicstrip – immer mit den gleichen Zeichnungen – wöchentlich in *L.A. Reader* und *L.A. Weekly*. Jeden Montag gab Lynch per Telefon neue Texte durch, die in die Gedanken- und Sprechblasen des Comicstrips eingesetzt wurden. »Dieser Comicstrip karikiert Unzufriedenheit und Elend, welche die jämmerliche Existenz der Menschen prägen«, erklärt Lynch. »Die Ignoranz, mit der manche Menschen gegen eine Sache anrennen, hat definitiv einen humorvollen Aspekt. Andererseits finde ich es aber auch bewundernswert, wie viele Menschen trotz ihrer Verzweiflung weiterkämpfen.«

Lynch musste nicht nur einen Film drehen, sondern sich auch um seine junge Familie kümmern. »Im Grunde war ich während der Produktion von *Der Wüstenplanet* eine alleinerziehende Mutter«, berichtet Fisk. »Es war nicht einfach, mit einem Neugeborenen, das noch gestillt wurde, da runter zu fahren. Ich war trotzdem ein paarmal da. Bei einer Reise nahm ich Martha Bonner mit, Austins Patentante. So hatte David die Chance, Austins erste Schritte zu sehen. Er machte sie in seinem Hotelzimmer. Wir telefonierten viel miteinander, aber es war eine lange Trennung, die mir ganz und gar nicht gefiel.«

Im Herbst 1983, als Lynch bereits ein halbes Jahr gedreht hatte, kaufte Fisk ein Grundstück in Virginia. Sie veräußerte das Haus in Granada Hills und zog mit Austin ans andere Ende des Landes. »Mein Bruder hat mir die Sache schmackhaft gemacht«, sagt Fisk. »Sissy und er lebten ja schon dort. Ich fand dann dieses wunderschöne, 460 Quadratmeter große Grundstück mit einem etwas heruntergekommenen Haus darauf. David meinte nur: ›Schlag zu. Ich vertraue dir.‹ Also kaufte ich es kurzerhand, ohne dass David es gesehen hatte, und verbrachte die folgenden sechs Monate mit Renovierungsarbeiten.«

Lynch nahm den Wohnortwechsel gelassen, ganz im Gegensatz zu seiner Tochter. »Als er nach Virginia zog, war das unheimlich beängstigend für mich«, berichtet Jennifer Lynch. »Bis dahin war mein Vater immer für mich da gewesen, und wir hatten eine enge Beziehung. Ich erinnere mich noch daran, wie ich ihm nach Virginia schrieb: ›Ich habe Angst, dass ich dich nie wiedersehen werde.‹ Er antwortete darauf: ›Machst du Scherze? Wir sprechen doch die ganze Zeit miteinander!‹ Und das stimmte auch. Er rief mich oft mitten in der Nacht an, nur um mit mir zu quatschen. Trotzdem war sein Umzug eine grauenhafte und traurige Angelegenheit für mich. Dabei bekam ich ihn sogar noch öfter als Mary und Austin zu Gesicht, da er viel in L.A. zu tun hatte.«

Am 9. September 1983 war das Gros der Dreharbeiten zu *Der Wüstenplanet* abgeschlossen. Lynch blieb jedoch für vier weitere Monate in Mexiko, um an Modellen und Spezialeffekten zu arbeiten. Zu diesem Zeitpunkt begann die enorme Größe des Projekts ihren Tribut zu fordern. »Bei den Drehs hatte ich eigentlich nie das Gefühl, dass David in irgendeiner Weise unglücklich war. Man muss allerdings bedenken, dass ich damals ein hauptsächlich mit mir selbst beschäftigter Vierundzwanzigjähriger war. Meine Wahrnehmung in Bezug auf die Verfassung der Menschen in meiner Umgebung war definitiv anders, als sie es heute ist«, erklärt MacLachlan. »Zu diesem Zeitpunkt schien jedenfalls alles in Ordnung zu sein. Die Arbeit mit Schauspielern, das konnte ich damals sehen, war stets ein Quell der Freude für ihn. Das ist auch heute noch so. Ich erinnere mich aber, dass er sagte: ›Das ist ein ziemlich großes Projekt.‹ Ich glaube, er wurde irgendwann müde. Lange nachdem ich meine Arbeit bereits abgeschlossen hatte, war David immer noch da unten und arbeitete mit dem zweiten und dritten Aufnahmeteam.«

Anfang Februar 1984 reiste Lynch aus Mexiko ab und zog in ein bescheidenes Apartment in West Los Angeles, wo er für die nächsten sechs Monate wohnte, während der Film geschnitten wurde. Brandstein, die in dieser Zeit Teil seines Lebens war, erinnert sich: »David sah die Beziehung zu mir als Bestandteil seines

Künstlerlebens an. Es war etwas, nach dem er sich sehnte – ein Schöpfer zu sein und Kunst zu schaffen bedeutete ihm alles. Wir sprachen viel über Kunst und Spiritualität. Er ermutigte mich, eine Künstlerin zu sein. Er gab mir ein gutes Gefühl und half mir dabei, in dieser Hinsicht voranzukommen. Die Beziehung brachte jedoch für uns beide emotionale Konflikte. David gefiel nicht, dass er damit Mary verletzte. Er war ständig darauf bedacht, das Gleichgewicht zu halten, denn er wollte beide Seiten: einerseits eine knisternde Beziehung voller Spannung und Lust, andererseits den Komfort von Familie, Haus und Herd; diesen Traum des Farmerjungen aus dem Mittleren Westen. Er braucht beides, denn diese Kombination stellt seit jeher den Rahmen für sein Leben und ist gleichzeitig der Motor seiner Kreativität. Ich hätte David auf der Stelle geheiratet, aber er war vergeben. Vor diesem Hintergrund empfand ich eine Art Leere in unserer Beziehung. Als ich 1985 einen anderen Mann kennenlernte, trennten sich unsere Wege.«

Die große Anziehungskraft, die er auf Frauen ausübt, ist ohne Frage eine Konstante in Lynchs Leben. »Das ist keine Boshaftigkeit. Er tut diese Dinge nicht aus Egoismus, überhaupt nicht«, berichtet Jennifer Lynch. »Er hatte schon immer großen Spaß an Geheimnissen, Abenteuern und Sexualität. Ein Lausbube eben, der die Liebe liebt, aufrichtig und wahrhaftig. Wenn er dich liebt, bist du sein Ein und Alles. Dann ist er ausgelassen und albern, hat Ideen und wird kreativ, und die ganze Sache ist einfach wahnsinnig romantisch.«

Fisk war sich zwar stets über diesen Aspekt von Lynchs Charakter im Klaren, konnte die Situation jedoch nicht in Los Angeles thematisieren. »Während des Schnitts von *Der Wüstenplanet* reiste David ständig zwischen Virginia und Los Angeles hin und her. In dieser Zeit erzählte er mir, dass er sich Sorgen um unsere Ehe machte«, erinnert sich Fisk. »Mein Bruder meinte, er hätte eine Affäre, aber ich wollte nicht darüber nachdenken. Ich fuhr dann zu einer Party für die Mitwirkenden des Films nach Los Angeles. Dort schwirrten eine Menge Mädchen um ihn herum. ›Verrückt!‹, dachte ich damals, aber dann erkannte ich, dass dies fortan der Normalzustand sein würde.«

Der erste Rohschnitt von *Der Wüstenplanet*, den Lynch einmal in Mexiko zeigte, war fünf Stunden lang. Der von ihm angestrebte Schnitt, der die siebente Version des Drehbuchs widerspiegelte, lag bei fast drei Stunden. Die endgültige Länge des schließlich veröffentlichten Films betrug zwei Stunden und siebzehn Minuten. Ganz offensichtlich landete viel von dem Material, das Lynch eigentlich im Film sehen wollte, auf dem Boden des Schneideraums. Lynch wurde beim Schnitt zu Zugeständnissen gezwungen, die er später bereute. Die Monate, die er während des Schneideprozesses in Los Angeles verbrachte, waren nicht leicht für ihn. »Nach anderthalb Jahren Arbeit an *Dune* war ich von tiefem Entsetzen erfüllt«, erklärt Lynch. »Aber ich lernte auch eine Menge über das Filmemachen und das Hollywoodbusiness.« In der BBC-Dokumentation *The Last Movie Mogul* aus dem Jahr 2001 gesteht Dino De Laurentiis ein: »Wir haben *Dune* im Schneideraum zerstört.« Angesichts der Tatsache, dass das Recht zum Endschnitt bei De Laurentiis lag, ist anzunehmen, dass er an dieser Stelle »ich« meint, wenn er »wir« sagt.

»Hätte David den Endschnitt gemacht, wäre es kein besserer Film gewesen. Ich habe die Fassung gesehen, die er gemacht hat«, sagt Raffaella De Laurentiis. »Sie war fünf Stunden lang. Entweder ist man dabei eingeschlafen oder hat nichts verstanden.

Unser größter Fehler war der Versuch, dem Buch treu zu bleiben«, fügt sie hinzu. »Wir waren voller Ehrfurcht und sagten uns: ›O mein Gott, das ist doch *Dune*! Das können wir nicht einfach verändern.‹ Ein Film ist jedoch etwas grundlegend anderes als ein Buch. Das hätten wir uns von Beginn an klarmachen müssen.«

Der von Universal vertriebene Film hatte seine Premiere am 3. Dezember 1984 im John F. Kennedy Center for the Performing Arts. »Es war eine Riesensache«, erinnert sich Fisk. »Dino besorgte uns sogar Einladungen ins Weiße Haus, wo es ein Staatsbankett mit dem von Lynch bewunderten Präsidenten Ronald Reagan und seiner Ehefrau Nancy gab. Sogar Andy Williams war da, um zu singen. Das war der spaßige Teil der Angelegenheit. Dann kamen die Kritiker. Sie zerlegten den Film und David gleich mit.« Die Urteile fielen fast durchweg negativ aus. Für die Filmkritiker Roger Ebert und Gene Siskel war *Der Wüstenplanet* »der schlechteste Film des Jahres«. Richard Corliss von *Time* meinte, der Film sei so »schwer und kompliziert wie eine Abschlussprüfung«. Als *Der Wüstenplanet* in die Kinos kam, hatte Lynch das Drehbuch für die Fortsetzung schon zur Hälfte fertiggestellt. Nach dem offensichtlichen Misserfolg des ersten Teils wurden jedoch sämtliche Pläne für weitere Filme verworfen.

Der Streifen hatte allerdings auch einige prominente Unterstützer. Science-Fiction-Autor Harlan Ellison zum Beispiel mochte ihn. Frank Herbert schrieb in der Einleitung zu seiner Kurzgeschichtensammlung *Auge* von 1985: »Was im Endeffekt auf die Leinwand kam, war ein visueller Genuss, der wie der Roman anfängt und auch meine gesamten Dialoge bringt.« Levacy erinnert sich: »David hatte ein gutes Verhältnis zu Frank Herbert. Dass der Autor zufrieden mit der Umsetzung des Buchs war und dem Film seinen Segen erteilte, war eine große Sache für David.«

MacLachlan, der in fast jeder Szene des Films zu sehen ist, hat gemischte Gefühle über sein Leinwanddebüt. »Wenn ich mir meine Szenen in dem Film ansehe, zucke ich hin und wieder zusammen. Das Arbeiten vor der Kamera war einfach komplett neu für mich«, erklärt er. »In vielerlei Hinsicht hat es jedoch gut funktioniert, denn ich spielte eine Figur, die sich in einer jugendlichen Phase befindet, sich dann aber beweisen und zu einem Anführer werden muss. Ich schätze, ich wurde genau im richtigen Moment besetzt, denn in diesem Film war ich noch grün und unerfahren, was gut zu meiner Figur passte.

Ich finde, David hat großartige Arbeit geleistet«, fügt MacLachlan hinzu. »Im Grunde ist es jedoch unmöglich, die Komplexität der von

Frank Herbert erschaffenen Welt in einem Film auszuarbeiten. Es geschehen ganz einfach zu viele Sachen in diesem Buch. Trotzdem kann ich mir *Der Wüstenplanet* gut ansehen und den Film genießen – zum einen wegen der beeindruckenden Bilder, zum anderen aufgrund der Tatsache, dass David in der Lage war, seine künstlerische Vision in den Stoff einzubringen. Ich meine, man schaue sich nur die Harkonnens an oder die Einfahrt dieses Zugwaggons in den Palast – das ist einfach genial. Für mich ist der Film ein mit einigen Mängeln behaftetes Meisterwerk.«

Sting erklärt rückblickend: »Es war vielleicht ein Fehler, das gesamte Buch in einen einzelnen Spielfilm zu quetschen. Auch wenn mich der Film auf der großen Leinwand ein wenig überwältigte, schlägt er sich auf einem kleineren Bildschirm kurioserweise ziemlich gut, wie ich finde. Davids Arbeiten üben eigentlich immer eine Faszination auf mich aus. Er hat eine Vision, die ähnlich wie die von Goya und Francis Bacon nicht sonderlich behaglich sein mag. Zudem sind alle seine Arbeiten von einem Gefühl des Jenseitigen durchdrungen. Seine Vision ist jedoch ernst und nicht albern. Es stimmt mich immer glücklich, wenn ich mitbekomme, wie er an neuen Projekten arbeitet. Zudem bin ich dankbar, Teil seines Kanons zu sein.«

Nachdem *Der Wüstenplanet* angelaufen war, kehrte Lynch in das Haus in Albermarle County außerhalb von Charlottesville, Virginia zurück, das Fisk gekauft hatte, und konzentrierte sich auf das nächste Projekt. »Er sagte: ›Ich will nicht über *Der Wüstenplanet* sprechen.‹ Und so sprachen wir nicht darüber. Stattdessen setzte er sich an die finale Überarbeitung von *Blue Velvet*«, berichtet Fisk über Lynch, der beim Schreiben des Drehbuchs oft Schostakowitschs 15. Sinfonie in A-Dur hörte. »David ist ein äußerst disziplinierter Mensch. Das ist auch der Grund dafür, dass er so viel erreicht. Er setzt sich hin und schreibt zwei Stunden lang. Es mag zwar Tage geben, an denen er nicht viel zustande bringt, aber er sitzt trotzdem zwei Stunden lang am Schreibtisch. Anschließend macht er etwas anderes und malt zum Beispiel zwei Stunden lang. Er geht von einem Projekt zum nächsten über. Wahrscheinlich hat er das von seinen Eltern und der Zeit bei den Pfadfindern. David hat ein ziemliches Talent, wenn es darum geht, Dinge umzusetzen und Ideen Realität werden zu lassen.«

Obwohl Lynch bemüht war, seinen letzten Film hinter sich zu lassen, unterhielt er weiterhin eine enge Beziehung zur De Laurentiis-Familie. »Als ich nach *Der Wüstenplanet* eine Hysterektomie vornehmen lassen musste, kam David auf mich zu. Das Thema interessierte ihn, denn er war besessen von Körperteilen«, erinnert sich Raffaella De Laurentiis. »David meinte: ›Du wirst tatsächlich eine Hysterektomie durchführen lassen? Kann ich vielleicht deine Gebärmutter haben?‹ Ich sagte ihm zu und bat das Krankenhaus, mir die Gebärmutter auszuhändigen. Die Ärzte schauten mich an, als wäre ich von Sinnen, und lehnten meine Bitte ab. Daraufhin schickte ich meinen Stiefsohn zum Metzger, um die Gebärmutter einer Sau zu besorgen. Die legten wir dann in Formaldehyd ein, klebten anschließend mein Patientenarmband aus dem Krankenhaus auf das Glas und gaben das Ding David. Irgendjemand erzählte mir später, dass er es über Jahre hinweg in seinem Kühlschrank aufbewahrte und es bei einer Reise sogar durch die Zollkontrolle schleppte. Wahrscheinlich hat eine seiner Ehefrauen das Glas irgendwann weggeschmissen.«

Trotz der Probleme bei *Der Wüstenplanet* verlor Dino De Laurentiis nie den Glauben an Lynch und hielt ihm stets die Treue. Nachdem sich die Lage nach dem Kinostart wieder beruhigt hatte, fragte er Lynch, was er als Nächstes machen wolle. Lynchs Antwort lautete: *Blue Velvet*. Zu diesem Zeitpunkt war die Turnaround-Klausel für ein frühes, an Warner Bros. gepitchtes Manuskript von *Blue Velvet* verfallen, und die Rechte an dem Skript gingen an das Studio zurück. De Laurentiis rief daraufhin den Chef des Studios an und kaufte die Rechte. Lynch stellte klar, dass er im Fall einer Zusammenarbeit auf dem Endschnitt bestünde. De Laurentiis erklärte, dass er ihm diesen gern zugestehe, wenn dafür Lynchs Bezahlung und das Filmbudget halbiert würden. »David liebte Dino«, erklärt Fisk, »denn Dino gab ihm die Möglichkeit, *Blue Velvet* zu drehen.«

Ich unterschrieb bei Rick Nicita, weil ich ihn als Person mochte. Zum einen war er nicht der typische Agent, zum anderen vertrat er Sissy – ich vertraute ihm. Ich glaube, es war seine Sekretärin, die damals das von mir handschriftlich verfasste Skript von *Ronnie Rocket* abgetippt hatte. Ich kannte ihn also schon lange, bevor er mein Agent wurde. Rick hat nie versucht, mich in die eine oder andere Richtung zu drängen.

Nach *Der Elefantenmensch* hätte ich vielleicht *Ronnie Rocket* machen können, denn Mel hatte Geld für die Produktion aufgetrieben. Es war jedoch nicht genug, bei Weitem nicht genug. Warum ich *Frances*, diesen Film über Frances Farmer, nicht gemacht habe, kann ich nicht genau sagen. Ungefähr zu dieser Zeit bereitete George Lucas den dritten Teil von *Star Wars* vor. Ich bekam einen Anruf und wurde gefragt, ob ich zu einem Treffen mit George vorbeikommen würde. In der Nähe des Geländes von Warner Bros. gab es eine Firma namens Egg Company, wo ich mich melden sollte, um einen Umschlag mit Kreditkarte, Schlüsseln, Flugtickets und einigen anderen Dingen für den Trip in Empfang zu nehmen. Ich flog dann nach San Francisco und fuhr mit einem Mietwagen zu Sprocket, einem der Unternehmen von George Lucas. Dort fand das Meeting mit George statt, der mir von *Star Wars* erzählte. Ich fühlte mich geschmeichelt, hatte aber andererseits keine Ahnung, warum ich überhaupt zu dem Treffen gefahren war, denn *Star Wars* war wirklich nicht mein Ding. Während George mir also von dem Film erzählte, bekam ich einen Kopfschmerz, der ständig heftiger wurde. Nachdem wir uns eine Weile unterhalten hatten, fuhren wir in Georges Ferrari zum Mittagessen in diese Salatbar und aßen Salat. In meinem Kopf hämmerte es mittlerweile so mörderisch, dass ich es kaum abwarten konnte, aus dem Laden zu verschwinden. Am Flughafen rief ich dann Rick an. Ich fühlte mich total meschugge und wollte ihm unbedingt die Lage erklären, bevor ich an Bord des Fliegers ging. Ich sagte: »Rick, ich kann das nicht machen! Ich hatte das Gefühl, George zusagen zu müssen, aber ich kann es einfach nicht machen!« Er sagte nur: »Das ist okay, David. Du musst das auch nicht machen.« Dann rief ich George an, bedankte mich für alles und sagte ihm, dass ich wünschte, er würde selbst die Regie bei diesem Film übernehmen, weil es schließlich sein Baby war. George ist einer der größten kreativen Köpfe aller Zeiten. Er hat ein einmaliges Talent und ist ein ganz besonderer Mensch, aber *Star Wars* war einfach nicht mein Ding.

Ein Produzent namens Richard Roth sprach mich wegen der Filmadaptation eines Buches an. Es ging um *Roter Drache*. Als ich ihm absagte, fragte er mich nach meinen eigenen Projekten, und ich erzählte ihm von *Ronnie Rocket*, was ihm allerdings nicht gefiel. »Was hast du sonst noch?«, fragte er. »Es ist zwar noch nicht ganz fertig, aber ich habe da diese Idee«, antwortete ich und erzählte ihm von *Blue Velvet*. »Oh, das klingt wirklich interessant«, sagte er. Daraufhin nahm er mich mit zu Warner Bros., damit ich das Projekt einem der Verantwortlichen dort vorstellen konnte. Ich weiß nicht mehr, wer es gewesen ist, aber dieser Jemand hat mir ganz offensichtlich Geld gegeben, damit ich die Idee zu einem Drehbuch ausarbeitete, denn am Ende gehörte das Ding Warner Bros. Ich schrieb zwei Drehbuchentwürfe für diese Leute, aber sie gefielen ihnen alle beide überhaupt nicht, was ich ihnen nicht mal übel nehmen kann, denn es war ja noch lange nicht fertig.

Dann meldete sich Dino De Laurentiis, der sich mit mir treffen wollte, um über dieses Ding namens *Dune* zu sprechen. Ich dachte erst, er hätte »June« gesagt, weil ich keine Ahnung hatte, was *Dune* überhaupt war. Meine Freunde klärten mich auf: »O mein Gott, das ist das meistverkaufte Science-Fiction-Buch aller Zeiten.« Ich dachte mir dann: »Okay, ich werde mal schauen, was er zu sagen hat. Nach allem, was ich von ihm weiß, wird mir das allerdings einen richtig heftigen Kopfschmerz einbringen.« Als ich in seinem Büro in Beverly Hills ankam, begrüßte mich erst mal eine wunderschöne Empfangsdame, die sehr nett zu mir war. Dann bin ich rein und traf Dino. Dino sagte Hallo, und als ich mich setzte, sah ich aus dem Augenwinkel einen Mann im Schatten hocken – es war Dino Conti, einer von Dinos Freunden. Ich hatte keine Ahnung, warum er bei diesem Treffen dabei war, aber die beiden waren unglaublich herzlich und nett zu mir und machten mir einen Cappuccino, der nicht von dieser Welt war. Dino hatte einen Friseur namens Enzo, dessen Frau Conchetta an diesem Tag die Hors d'œuvres für uns zubereitete. Enzo schnitt Dino die Haare, und als Dino noch ein Büro auf dem Wilshire Boulevard hatte, gab es in seinen Räumlichkeiten dort auch einen Friseursalon. Ich konnte einfach hingehen und mir von Enzo die Haare schneiden lassen. Der Mann war der beste Friseur überhaupt, einfach fantastisch. Er hatte sein Handwerk in Italien gelernt. Sich von ihm die Haare schneiden zu lassen war etwas ganz Besonderes.

Dann lernte ich Dino näher kennen. Er entstammte nicht gerade wohlhabenden Verhältnissen und wollte ursprünglich Schauspieler werden. Eines Tages sollte er im Anzug zu einem Vorsprechen kommen. Er hatte zwar den Anzug, aber keine guten Schuhe. Auf dem Weg zum Vorsprechen kam er an einem Schuhgeschäft vorbei. Er ging hinein und sagte zu dem Verkäufer: »Ich bin auf dem Weg zu einem Vorsprechen und brauche ein Paar Schuhe. Dummerweise habe ich kein Geld dabei.« Der Mann antwortete: »Okay, ich gebe dir ein Paar Schuhe.« Für den Rest seines Lebens bekam dieser Mann Geld von Dino geschickt.

In den Fünfziger- und Sechzigerjahren arbeitete Dino in Rom. An den Wochenenden setzte er sich in den Zug und fuhr in den Norden Italiens, an die Grenze zu Frankreich, um Zeit an diesem wunderschönen kleinen Ort am Mittelmeer zu verbringen, wo überall römische Pinien wuchsen. Ein langer, geschlungener Pfad führte ihn zu seinem Ziel: eine an einer Meeresbucht gelegene Villa. Le Corbusier starb in dieser Bucht. Es ist verrückt. Ich habe sogar das Grab von Le Corbusier besucht. Das befindet sich auch in dieser Gegend, auf einem Hügel mit Blick aufs Mittelmeer. Er hat es selbst entworfen, und es ist wunderschön. Was ich sagen will: Der Mann war im Filmbusiness in Rom und hatte diese Villa in Monte Carlo oder zumindest in der Nähe. Was für ein Leben, oder? Einfach wunderbar.

Wenn ich auf die Zeit zurückblicke, als ich Dino kennenlernte, muss ich sagen, dass ich wie hypnotisiert war. Dino war wie ein italienischer Hochgeschwindigkeitszug, der einfach immer weiterrollte. Er hatte eine unglaubliche Energie und war unheimlich charmant. Er liebte das gute Leben, alles war vom Feinsten: hervorragendes Essen, beeindruckende Orte, tolle Reisen. Zudem hatte er einen schier unerschöpflichen Enthusiasmus für Filmprojekte. Was die Arbeit mit ihm so attraktiv machte, war also ganz klar auch die Möglichkeit, Teil seiner Welt zu sein. Aber nicht, dass ich jetzt falsch verstanden werde: Ich mochte sie wirklich – Dino und Raffaella und Silvana Mangano, ebenso ihre Töchter Veronica und Francesca – und eine Zeit lang war ich fast ein Teil der Familie. Nur beim Thema Film kamen Dino und ich nicht wirklich zusammen. Dino liebte den Film, aber nicht unbedingt meine Art Film. Das war das Dilemma, das er mit mir hatte. Er sagte: »Dieser Lynch hat *Eraserhead* gemacht, und ich finde diesen Film furchtbar. Aber er hat auch *Der Elefantenmensch* gedreht, und den liebe ich.« Er wollte den Regisseur von *Der Elefantenmensch*.

Als Dino wieder mal zusammen mit Silvana in seinem Haus in Abano Terme war, rief er mich an und lud mich ein. Silvana machte dort gerade eine Schlammbadkur. Diese Sache mit den Schlammbädern war wirklich fantastisch: Bäder mit riesigen Wannen und all diesen wunderschönen Hähnen, Schläuchen und Armaturen und dazu weiß gekleidete Krankenschwestern. Es war wie in *Achteinhalb* – na ja, nicht ganz vielleicht, denn Claudia Cardinale war nicht da. Als ich dort ankam, sagte Dino jedenfalls: »David, ich werde dir Venedig zeigen.« Kurz darauf saßen wir zu viert im Auto - Raffaella, Dino, Raffaellas Ex und ich in der Mitte. Der Fahrer war ein untersetzter Kerl, eigentlich nur Schultern mit einem Hut drauf, die Hände hatte er regelrecht im Lenkrad verkeilt. Den linken Blinker ließ er die ganze Fahrt über an, während sein Bleifuß das Bodenblech durchzutreten schien. Wieder und wieder fuhr er zu den Wagen vor uns auf und raste dann mit zweihundert Kilometern pro Stunde an ihnen vorbei. Wir flogen förmlich nach Venedig. Die ganze Zeit über pfiff dabei der Wind durchs Wageninnere, denn Raffaella wurde beim Autofahren immer schlecht, sodass sie den Kopf zum Fenster raushalten musste. Wir kamen dann zum Markusplatz, aber von hinten, denn Dino kannte da einen besonderen Weg. Mit einem Mal lag der ganze Platz vor uns. Anschließend bestiegen wir ein Boot und besuchten dieses Haus, in dem Hemingway eine Zeit lang gelebt hatte, ein wahrhaft magischer Ort. Später aßen wir in einem Restaurant, in dem eine Hemingway-Statue stand. Auf dem Rückweg war das Wasser pechschwarz, und es schien, als würden sich die Villen dort direkt aus dem Wasser erheben. Diese Eindrücke inspirierten mich bei einigen der Sets in *Der Wüstenplanet*. Ich unterhielt mich später mit Tony Masters darüber, was ich in Venedig gesehen hatte, denn es war einfach unglaublich.

Der Wüstenplanet erzählt die Geschichte einer Suche nach Erleuchtung, und zum Teil habe ich mich deshalb für dieses Projekt entschieden. Ich wusste allerdings auch, dass ich mich auf etwas einließ, das aus irgendeinem Grund schicksalhaft war. Ich kannte diesen Grund zwar nicht, aber er hatte mit mir zu tun. Ich holte dann Chris De Vore und Eric Bergren dazu, um mit mir am Drehbuch zu arbeiten, denn wir hatten ja vorher schon als Team geschrieben. Ich mochte sie, und sie waren große Fans des Romans. Chris, Eric, Dinos Sohn Federico und ich sind dann nach Port Townsend in Washington hochgefahren und haben einen Tag mit Frank Herbert verbracht. Frank und seine Frau Beverly waren sehr nett zu uns. Wir haben uns ausgiebig unterhalten. Ich weiß gar nicht mehr, ob wir überhaupt über den Roman sprachen. Je tiefer ich in das Buch vordrang, desto komplizierter erschien es mir. Da ich mich aber auch nach Dinos Vorstellungen zu richten hatte, ahnte ich bereits, dass es unter diesen Umständen schwierig sein würde, daraus einen sinnvollen Film zu machen. Ich meine, da gibt es den Schildwall und die Schilder, dann Details aus dieser Kultur und Aspekte jener Kultur, und alles dreht sich irgendwie um diesen Dschihad, diesen Heiligen Krieg, und um eine ganze Menge anderer Sachen. Es war ein sehr komplizierter Stoff. Der Tag bei Frank Herbert in Townsend war jedoch sehr schön. Am Abend flog ich nach L.A. zurück, während Federico nach Seattle musste, um von dort aus nach Alaska weiterzufliegen. Mein Flug ging früher als seiner, sodass er mich bis zum Gate begleitete, was sehr nett von ihm war. Federico war so gut aussehend, dass viele behaupteten, die Frauen würden bei seinem Anblick regelrecht zerschmelzen. Auf diesem Trip nach Alaska begegnete Federico dem Piloten, mit dem er bei einem Flugzeugabsturz im Juli desselben Jahres ums Leben kommen sollte.

Kurz nachdem Chris, Eric und ich mit der Arbeit am Drehbuch begonnen hatten, wurde mir klar, dass jeder von uns eine andere Vorstellung davon hatte, was *Der Wüstenplanet* eigentlich war. Ich wusste zu diesem Zeitpunkt bereits, was Dino wichtig war und was nicht. Das Skript so zu schreiben, wie es Chris und Eric vorschwebte, wäre Zeitverschwendung gewesen, denn Dino hätte es nie und nimmer gefallen. Dinge wie Abstraktion oder gar Poesie waren nichts für Dino. Das verstand er einfach nicht. Er wollte Action. Ich fühlte mich mies, als Chris und Eric gingen, denn sie hatten fest damit gerechnet, am Drehbuch mitarbeiten zu können. Von da an schrieb ich allein weiter. Ich kann mich nicht daran erinnern, dass Dino jemals mehr zum Skript zu sagen hatte, als dass er es mochte. Manchmal meinte er auch: »Ich nicht verstehen diese Teil.« Er brachte jedoch nie Ideen oder Ansätze ein, sondern reagierte nur auf die Dinge, die man ihm präsentierte. Dino wollte Geld machen. Damit hatte ich kein Problem. So war Dino nun mal.

Wir suchten in L.A. und New York nach Schauspielern für die Rolle des Paul Atreides, aber wir konnten niemanden finden, der wirklich passte. Dino meinte: »Okay, dann müssen wir jetzt in kleineren Städten suchen.« Irgendwann meldete sich diese Frau aus Seattle, um uns Kyle zu empfehlen. Sie schickte uns ein Foto von ihm. Eins führte zum anderen, und irgendwann kam Kyle runter zu uns. Er stach unter all den Schauspielern, die ich mir angeschaut hatte, heraus. Und das Beste an der Sache: Kyle war nicht nur ein großartiger Bursche, sondern auch ein toller Schauspieler. Bei Kyle kommen diese beiden Sachen zusammen. Dann sollte er Dino treffen, im »Boongalow« Nummer neun des Beverly Hills Hotels. So sprach es Dino nämlich aus: »Boongalow«. Er quartierte sich immer in Nummer neun ein, und das Ding war riesig. Bei dem Meeting der beiden fühlte Dino ihm auf den Zahn, und Kyle bestand den Test mit Bravour. Dann ließ Dino ihn eine Kampfszene spielen, mit freiem Oberkörper, weil er sehen wollte, wie Kyle dabei aussah – italienisches Actionkino eben, Muskeln und nackte Haut. Kyle machte auch das mit und bekam schließlich die Rolle.

Raffaella flog mit mir nach Mexiko, um die Churubusco Studios zu besichtigen. Sie heuerte einen aus dem Nahen Osten stammenden Hubschrauberpiloten an, um uns durch die Gegend zu fliegen und Landschaften zu zeigen, die im Film wie ein fremder Planet aussehen könnten. Es war ein riesiger Hubschrauber. Der Pilot flog uns hoch zu diesem Landstrich, der, so weit das Auge reichte, nur aus schwarzem Lavagestein bestand. Hier und da gab es ein paar grüne Kakteen, aber das war's dann auch schon. Es war ziemlich eigenartig, wunderschön und sonderbar zugleich.

Bei der Besichtigung der Studios erblickte ich in der Cafeteria Aldo Ray, der mir in diesem Moment wie der perfekte Kandidat für die Rolle des Gurney Halleck vorkam. Also sprach ich ihn darauf an und sagte ihm, dass ich ihn für diesen Part haben wollte. Er war ziemlich happy. Als Dino davon Wind bekam, meinte er: »Aldo ist ein gottverdammter Alkoholiker!« Ich antwortete ihm: »Lass es uns doch wenigstens versuchen. Wir fliegen ihn her und schauen, ob er es draufhat. Er wäre perfekt für die Rolle.« Aldo brachte dann seinen Sohn Eric mit, der zu dieser Zeit um die siebzehn gewesen sein muss. [Eric Da Re spielte später in den ersten zwei Staffeln von *Twin Peaks* mit.] Als ich morgens ins Studio kam, sagte mir jemand, dass Aldo im Green Room wäre. Ich ging also hoch zu ihm, und da lag er, neun Uhr morgens, auf der Couch im Green Room. Er hatte die Nacht durchgezecht. Sein Sohn Eric saß derweil mit hängendem Kopf und Hundeblick in der anderen Ecke des Zimmers. Ich zog mir einen Stuhl ran, setzte mich vor Aldo und sagte: »Aldo, wie sieht's aus? Wirst du das packen?« Er antwortete: »Nein.«

Wir haben uns viele Locations angeschaut, um einen geeigneten Drehort für den Film zu finden. Dino tat dann irgendwann einen sehr preiswerten Ort in Mexiko auf. Damals war Mexiko einfach fantastisch. Mexiko-Stadt ist der romantischste Ort der Welt. Wer noch nie da gewesen ist, wird es nicht glauben können, aber diejenigen, die es mit eigenen Augen gesehen haben, werden mir zustimmen. Zu allererst mal ist da dieses Licht, das zusammen mit den Farben der Gebäude für eine unheimlich verträumte Atmosphäre sorgt. Nachts ist der Himmel komplett schwarz, aber in der Stadt leuchten überall diese kleinen Glühbirnen und strahlen diese wunderschönen grünen, pinkfarbenen oder gelben Wände an. Die Gebäude in Mexiko sind sehr farbenfroh und haben über die Jahre eine Art Patina bekommen. Nachts war dann jedenfalls alles finster, bis auf diese trichterförmigen Farbstreifen, wo das Licht auf die Wände traf. Es war eine wirklich poetische Stadt mit jungen Malern, die unglaubliche Bilder schufen. Es gab keine Drogenkartelle, und die Leute waren nett und entspannt, auch wenn ihre Politiker sie nach Strich und Faden verarschten und ihnen das Geld aus den Taschen zogen. Wenn ein Präsident dort nicht wiedergewählt wurde, schnappte er sich einfach all das Geld, das er kriegen konnte, und baute sich davon ein kleines Schloss in Spanien. Irgendwie akzeptierten das alle.

Ich weiß gar nicht so recht, ob Dino je nach Churubusco runterkam – zumindest erinnere ich mich nicht, ihn dort gesehen zu haben. Dafür war Rafaella da, und sie leitete den Laden sowieso in Dinos Sinne, denn die beiden waren aus demselben Holz geschnitzt. Raffaella war ein bemerkenswerter Mensch: absolut intelligent, geradlinig, ohne Allüren oder Spinnereien und dazu noch eine starke Produzentin. Sie war wie Dino, aber eben eine Frau. Ich mochte sie sehr. Die Crew kam aus allen möglichen Ländern: Italiener, Briten, Deutsche, ein paar Spanier und so weiter. Nicht wenige von ihnen waren handfeste Trinker, und so gab es natürlich einige Partys. Eines Tages kam ich sehr spät nach Hause, musste aber noch Mary anrufen. Ich war unheimlich betrunken und stieg aus irgendeinem Grund komplett bekleidet in die Badewanne. Ich weiß nicht, wieso ich in die Wanne kletterte, aber ich stieg hinein, lehnte mich zurück, nahm das Telefon und musste mich dann unheimlich konzentrieren, um die Nummer zu wählen. Dann schloss ich die Augen und konzentrierte mich abermals, um beim Gespräch mit Mary möglichst nüchtern zu klingen. Ich bekam es sogar ganz gut hin, aber danach musste ich mich übergeben.

Charlie Lutes riet mir mal, beim Duschen in Mexiko immer einen Schluck Wodka zu nehmen, im Mund zu behalten und erst nach dem Duschen wieder auszuspucken. Andernfalls, so meinte er, würde Wasser aus dem Brausekopf in meinen Mund eindringen, was ungefähr so wäre, als würde man es trinken. Ich hielt mich jeden Morgen beim Duschen an seinen Rat und hatte nie Probleme. Raffaella zufolge fehlte ständig eine Hälfte der Crew wegen Krankheit.

In den Churubusco Studios gab es acht gigantische Hallen, die wir locker zweimal mit unseren Sets füllten. Ich glaube, vier dieser

Hallen mussten sie dann dichtmachen, weil Wohnraum geschaffen werden sollte. Das Gelände war jedenfalls riesig. Ich besorgte mir ein dreirädriges Fahrrad, das ich sehr mochte. Damit radelte ich von einem Set zum nächsten, um den Fortschritt der Aufnahmen zu überprüfen. Ich fuhr ständig in der Gegend herum, denn wir hatten vier Aufnahmeteams, die parallel an unterschiedlichen Sets drehten. Es war der Wahnsinn. Die Sets selbst waren echte Kunstwerke. Die mexikanischen Handwerker waren einfach unglaublich. Die Rückseiten der Sets sahen genauso toll aus wie die Vorderseiten. Sie verarbeiteten Mahagoni aus dem Regenwald und waren einfach unfassbar gut. Es gab mindestens achtzig Sets, viele von ihnen waren sehr detailreich. Tony Masters übertraf sich ein ums andere Mal selbst. Wenn er in eine Sache eintauchte, kam immer etwas Magisches dabei heraus. Er wollte, dass das Szenenbild mehr nach Science-Fiction aussah, aber für mich waren die Eindrücke des inspirierenden Ausflugs auf dem Kanal in Venedig ausschlaggebend. Das erklärte ich Tony. Nachdem wir uns viel darüber unterhalten hatten, schlugen wir diese Richtung ein. Die Raumschiffe im Film waren sagenhaft. Da flossen Bronze, Silber, Kupfer, Messing und Zinn ineinander, und obendrauf kam noch etwas Gold. Sagenhaft. Carlo Rambaldi entwarf den Gilde-Navigator. Ich wollte ein Wesen, das wie ein riesiger Grashüpfer aussah. So stand es im Skript, und das war unser Ausgangspunkt. Ich sprach mit Carlo über meine Vorstellungen und muss rückblickend sagen, dass die Sache mit dem Navigator schon verrückt war. Wenn du dir E.T. anschaust, wirst du Carlo Rambaldi darin entdecken. Die Leute formen solche Figuren oft nach ihrem Ebenbild. Auch das Gesicht des Gilde-Navigators sieht ein bisschen so aus wie das von Carlo Rambaldi.

Dino heuerte einen Mann namens Barry Nolan für die Spezialeffekte an. Barry ist ein großartiger Kerl, der ganz genau weiß, was er tut. Er hat fantastische Arbeit geleistet, besonders, wenn man die Umstände bedenkt. Dino sprach mit einer Menge anderer Effektspezialisten, aber am Ende war Barry der billigste. Sehr wahrscheinlich hat Dino die Daumenschrauben angesetzt und Barry noch ein ganzes Stück runtergehandelt. Gut möglich, dass Barry kaum etwas bei diesem Film verdient hat. Dino drückte die Leute oft bis zum absoluten Minimum runter.

Die Welt der Harkonnens mit all diesen Industriebauten zu gestalten hat unheimlich viel Spaß gemacht. Die Räume und Gebäude der Harkonnens hatten keine Decken oder Dächer, sodass sich ihre Welt nach oben hin öffnete, wo nur noch der dunkle Himmel und ein paar Züge auf Plattformen zu sehen waren. Es war ziemlich cool. Baron Harkonnen schwebte ständig umher und konnte über die Wände emporsteigen, die ziemlich hoch waren. Eines Tages drehten wir in einem der Zimmer von Baron Harkonnen. Ungefähr sechzig Leute waren an diesem Set beschäftigt, das wir in einem riesigen Studio aufgebaut hatten. Die Wände des Raums waren mindestens dreißig Meter hoch, einfach gigantisch. Und während die Leute da zwischen den Takes herumflitzten, gab es auf einmal einen unheimlich lauten Knall. Eine schwere Zange war von einem der oberen Gerüste heruntergefallen und auf den Boden gekracht. Sie hätte durchaus einen Menschen erschlagen können. Wir hörten dann jemanden auf dem Gerüst davonlaufen. Die Person ahnte wohl, dass man sie andernfalls auf der Stelle gefeuert hätte.

Eines Tages filmten wir eine Szene, bei der Motion-Control nötig war. Das heißt, dass du mehrere Aufnahmedurchläufe mit der Kamera machen musst, wobei jeder Durchlauf genauso sein muss wie der vorherige. Eigentlich benutzt man für solche Motion-Control-Sachen Computer und ausgefeilte Mechaniken, mit denen sich die Kamerabewegung bei jedem Durchlauf exakt reproduzieren lässt. Aber wir waren in Mexiko-Stadt, wo uns diese Technik nicht zur Verfügung stand. Für die Aufnahmen hätten wir jedenfalls einen Kamerawagen und einen Kran gebraucht, aber als ich mich umdrehte, sah ich, dass unser Motion-Control-Equipment nicht viel mehr war als ein kleiner Kinderspielwagen auf ein paar Schienen – ein winziges Wägelchen, zusammengehalten mit Klebepflaster, Lampenkabeln und Drahtstücken. Auch die Schienen waren unsagbar armselig – nicht viel mehr als ein paar mit Kaugummi und Gummibändern aneinander befestigte Stöcke. Das waren also die Schienen für die Motion-Control-Aufnahmen! Es funktionierte zwar, aber so stellt man sich ganz gewiss nicht die Dreharbeiten einer Vierzig-Millionen-Produktion vor.

Die Geschichte, die Brad Dourif erzählt, stimmt voll und ganz. Ich wollte tatsächlich, dass Jürgen Prochnow sich für eine Szene im Film einem chirurgischen Eingriff unterzog. Ich erklärte Jürgen, worum es ging, und beschrieb ihm die Operation, aber ich glaube, er hat nicht mal darüber nachgedacht. Wenn ich meine Wange abtaste, dann ist da nicht viel Fleisch. Ein Loch in die relativ dünne Wangenhaut zu schneiden schien mir ehrlich gesagt nicht sonderlich abwegig oder gar extrem. Der Dreh der Szene lief dann folgendermaßen ab: Herzog Leto, also Jürgen Prochnow, liegt auf einem Tisch und hat einen Giftzahn in seinem Mund. Um den Baron Harkonnen zu töten, muss er auf den Zahn beißen und dem Baron das aus dem Zahn austretende Giftgas ins Gesicht blasen. Das ist allerdings gar nicht so einfach, denn dem Herzog geht es sehr schlecht, und er hat Sinnestäuschungen. Für diese Szene setzten wir eine Art Gerüst ein, konnten jedoch nur aus einem bestimmten Winkel aufnehmen. An der Seite von Jürgens Gesicht lief nämlich ein kleines Rohr hoch, das in seinen Mund eintauchte und wieder hinauslief. Durch dieses Rohr strömte das Gas. Die ganze Apparatur hatten wir mit Klebeband an seinem Gesicht befestigt. Wir filmten dann von der anderen Seite, sodass man die Leitung nicht sehen konnte, sehr wohl aber das aus seinem Mund austretende Gas. Nach der Vorbereitung kam der erste Take: Jürgen liegt also auf dem Tisch, beißt auf den Giftzahn und pustet das farbige Gas aus dem Mund. Eigentlich sah es ganz okay aus, aber kaum war der Take durch, sprang Jürgen auf, riss sich schreiend die Apparatur vom Gesicht und rannte davon. Er stürzte in seinen Trailer und war so angepisst, dass er nicht wieder rauskommen wollte. Was wir nicht wussten: Der Dampf oder das Gas oder was auch immer durch dieses Rohr lief, war heiß gewesen, folglich hatte sich auch die Leitung stark erhitzt und Jürgens Gesicht verbrannt. Ich ging dann zu seinem Trailer, um ihn zu beruhigen und ihm zu sagen, wie leid uns die Sache täte. Er weigerte sich, die Szene noch einmal zu drehen. Glücklicherweise hatten wir ja bereits einen Take im Kasten, und den benutzten wir dann auch im Film.

Bei Abschluss der Dreharbeiten war ich bereits seit anderthalb Jahren in Mexiko. Für den Schnitt, der weitere sechs Monate dauerte, kehrten wir nach L.A. zurück. In dieser Zeit wohnte ich an drei oder vier verschiedenen Orten in Westwood. Ich weiß selbst nicht genau, warum ich ständig umzog. In Mexiko war noch alles in Ordnung gewesen. Zurück in L.A. jedoch, drehte ich regelrecht durch, denn als wir in den Schneideraum gingen, war es bereits offensichtlich, dass alles in einem Desaster enden würde. Es war grauenhaft, ganz und gar schrecklich. Was man diesem Film antat, um ihn auf die vorgegebene Laufzeit von zwei Stunden und siebzehn Minuten zu kürzen, war wie ein Albtraum. An allen Ecken und Enden wurden Sachen herausgeschnitten und flüsternde Voiceovers eingefügt, weil man glaubte, das Publikum würde sonst nicht verstehen, was überhaupt vor sich ging. Einige dieser Off-Kommentare sollten eigentlich gar nicht da sein, an anderer Stelle fehlten auf einmal wichtige Szenen. Es war furchtbar. Aber so war's nun mal. Für Dino ging es ums Geldverdienen. Es ist ein Geschäft. Bei einer Laufzeit von über zwei Stunden und siebzehn Minuten hätten die Kinos eine Vorführung am Abend streichen müssen. Das war die Logik dahinter. Die Filmlänge war vorgegeben, und man musste sie einhalten, ganz gleich, ob man damit den Film zerstörte. Ich mochte Dino wirklich sehr. Als Mensch war er fantastisch, und er behandelte mich wie einen Sohn. Ich mochte die ganze Familie und verbrachte gern Zeit mit ihnen. Aber Dino denkt eben auf eine bestimmte Art und Weise, und ich denke anders. Es ist ungefähr so, als würdest du viel Zeit und Arbeit in ein Gemälde stecken, und wenn es fertig ist, kommt jemand, schneidet es kaputt und schmeißt ein paar Stücke davon in den Müll. Dann ist es doch nicht mehr dein Gemälde. So ging es mir bei *Der Wüstenplanet* – das war nicht mehr mein Film.

Nachdem die Endfassung durch war, gab es eine Party, zu der auch Mary nach L.A. anreiste. Bei der Party kam es zu einer Auseinandersetzung zwischen ein paar Frauen. Ich weiß nicht genau, wie heftig es dabei zur Sache ging. Ein bisschen vielleicht. Als der Film dann im Weißen Haus gezeigt wurde, lud man mich zusammen mit Mary, Raffaella und ihrem Ehemann dorthin ein. Wir verbrachten etwas Zeit mit dem Präsidentenehepaar. Ronald Reagan war sehr interessiert daran, sich mit mir über *Der Wüstenplanet* und Filme im Allgemeinen zu unterhalten. Anschließend wurde getanzt. Bei dem Screening selbst saß ich nur da und war froh, als es vorbei war. Ich habe jegliche Erinnerung daran ausgeblendet. Ich las auch keine einzige der Kritiken, als der Film anlief.

Als ich später gefragt wurde, ob ich eine TV-Version von *Der Wüstenplanet* schneiden würde, sagte ich Nein. Die Version, die dann ohne mich entstanden ist, habe ich nie gesehen, und ich will sie auch niemals sehen. Ich weiß jedoch, dass von mir gefilmtes Material hinzugefügt und mehr erzählende Passagen in den Film gepackt wurden. Einige Mal habe ich darüber nachgedacht, wie es wohl gewesen wäre, all das aufgenommene Material zu sichten, um zu schauen, ob sich etwas daraus machen ließe. Ich wusste jedoch immer, dass Dino das Recht auf den finalen Schnitt hatte. Aus diesem Grund hatte ich meine Vision schon verraten und verkauft, bevor auch nur eine Szene im Kasten war. Ich wusste, was er reinnehmen würde und was nicht, und so begann ich meine Ideale und Vorstellungen aufzugeben. Es war eine erbärmliche Angelegenheit, aber nur so konnte ich überleben, denn ich hatte einen beschissenen Vertrag unterschrieben – einen Vertrag für *Der Wüstenplanet* und zwei Nachfolger, drei Filme insgesamt. Hätte der Film Erfolg gehabt, wäre ich heute Mr. Dune.

Während ich *Der Wüstenplanet* drehte, zog Mary mit Austin nach Virginia. Das ergab auch Sinn. Der Kauf des Grundstücks war ein unglaubliches Schnäppchen. Marys Mutter, die in der Immobilienbranche arbeitete, hatte es aufgestöbert. Jack und Sissy hatten eine Farm in der Nähe, und ich war außer Landes. Ich schätze mal, sie wollte näher bei ihrer Mutter sein. Es war ein großartiges Fleckchen. Nach dem Ende der Arbeiten für *Der Wüstenplanet* lebten wir zusammen dort. Bei meiner Ankunft in Virginia war ich sehr schwach und fertig mit den Nerven. Der Misserfolg hatte mich ausgelaugt. Eines Tages, als wir auf dem Rasen am Haus herumliefen, entdeckte ich diese Pflanzen, die dort wuchsen. Im Grunde war es Unkraut, aber etwas größer – irgendwas zwischen Unkraut und Strauch. Das Zeug wuchs in ungefähr zweieinhalb Zentimeter dicken Büscheln und war bis zu vier Meter hoch. Mir gefiel der Anblick ganz und gar nicht. Also packte ich eines der Büschel und riss es mitsamt Wurzel heraus. Ich wollte das Zeug loswerden. Ich packte ein weiteres Mal zu und griff dabei zwei von den Büscheln. Auch diese konnte ich problemlos herausziehen. Als ich mir dann fünf Büschel auf einmal griff und mit einem kräftigen Ruck daran zog, hörte und spürte ich eine Art Riss in meinem Rücken. Das Fünferbüschel war ganz offensichtlich zu viel gewesen, und so ließ ich es erst einmal gut sein. Anfangs hatte ich noch keine Schmerzen, also setzte ich mich wieder hin, und wir unterhielten uns. Als wir fertig waren, kam ich jedoch nicht mehr hoch. Mary bat mich an diesem Abend, noch zu Austin ins Zimmer zu gehen und ihm Gute Nacht zu sagen. Ich legte mich also mit dem Rücken auf den Boden und schob mich mit den Beinen aus unserem Zimmer hinaus und den Flur hinunter bis zu Austin. Er war noch wach, also schob ich mich bis zu seinem Bett vor und erzählte ihm am Boden liegend eine Gute-Nacht-Geschichte. Dann kämpfte ich mich wieder zurück in unser Schlafzimmer und kroch unter Schmerzensschreien ins Bett, wo ich auch die nächsten vier Tage verbrachte. Ich konnte mich nicht bewegen. Am Tag darauf kam ein Arzt und sagte, ich hätte mir ein paar Muskeln im Rücken verletzt. Es dauerte ziemlich lange, bis alles wieder verheilt war. Dieser Film hat mir in so mancher Hinsicht ziemlich viel abverlangt.

Doch Dino und seine Familie kennenlernen zu können war den Albtraum mit *Der Wüstenplanet* wert gewesen. Außerdem führte er am Ende zu *Blue Velvet*.

A suburban romance, only different.

EINE VORSTADTROMANZE, NUR ANDERS

Der *Wüstenplanet* war das fundamental falsche Projekt für Lynch und zwang ihn in die Knie. »Ich schätze, manchmal muss man einfach schlechte Erfahrungen machen. *Der Wüstenplanet* war eine ziemlich schlechte für mich«, kommentiert Lynch. Ein zentraler Aspekt seines Genies besteht in seiner Fähigkeit, sich in einen Mikrokosmos zu versenken: In den kleinsten Aspekten des Alltagslebens entdeckt er das Geheimnisvolle und Surreale und schenkt selbst scheinbar bedeutungslosen Dingen — einem kleinen Erdhügel oder einem Stück Stoff — viel Aufmerksamkeit. »Manche Leute öffnen gern die Fenster der Häuser. Ich jedoch mag eher Inneneinrichtungen und bin nicht so sehr an Fenstern interessiert«, erklärt er. »Mir gefällt es, tiefer und tiefer in ein Haus vorzudringen und unter all den Dingen dort neue Dinge zu entdecken.« Epische Schlachtszenen und weitläufige Wüstenlandschaften sind schon vom rein räumlichen Aspekt her nichts für Lynch. Weltall und entfernte Zukunft? Daran versuchen sich besser andere.

Trotzdem spielte *Der Wüstenplanet* eine bedeutende Rolle in Lynchs Entwicklung als Künstler, denn dieser Film trug zur Klärung der Frage bei, wer genau der Filmemacher David Lynch eigentlich ist. In erster Linie ist er ein amerikanischer Künstler. Die Motive in seinen Werken mögen universell sein, der Ort seiner Storys ist Amerika. Die unauslöschlichen Kindheitserinnerungen, die seine Arbeit prägen; die leidenschaftlichen Liebesbeziehungen als Jugendlicher, die seine spätere Darstellung romantischer Liebe als Zustand der Euphorie durchdringen – das alles stammt von diesem einen Ort, Amerika. Dann ist da natürlich noch das Land selbst: die in den Himmel ragenden Bäume des Pazifischen Nordwestens; die in Sommernächten vom Brummen und Zirpen der Insekten erfüllten Vorstadtsiedlungen des Mittleren Westens; und Philadelphia, dieser furchterregende Schmelztiegel, in dem sich in den Sechzigerjahren seine ästhetischen Grundsätze formten.

Der Wüstenplanet war eine Prüfung für Lynch, die seiner unbändigen Kreativität jedoch nichts anhaben konnte. Noch während der Dreharbeiten begann er nach vorn zu schauen, in die Zukunft. »David gab mir das Skript für *Blue Velvet*, als wir gerade *Der Wüstenplanet* drehten. Er wollte, dass ich es mir ansehe. Ich las es und war begeistert«, berichtet Kyle MacLachlan. »Es war erotisch und kraftvoll. Besonders beeindruckte mich die Reise, auf die Jeffrey sich begibt. Aus irgendeinem Grund konnte ich die Story nachvollziehen und eine Beziehung dazu aufbauen.«

Blue Velvet ist ein sehr persönlicher und von dunklem Humor durchsetzter Stoff – die Art Film, zu der Lynch berufen ist –, und Lynch bearbeitete darin Themen, die er bis heute in seinen Werken erforscht. »Die Stimmung des Films basiert auf der Atmosphäre in einer Kleinstadt, in der etwas im Verborgenen liegt«, sagt Lynch. »Es ist keine sonderlich fröhliche Atmosphäre, eher verträumt und dunkel. Der Film ist viel offener als *Eraserhead*, vermittelt aber trotzdem eine klaustrophobische Stimmung.«

Als Lynch nach Abschluss von *Der Wüstenplanet* wieder an *Blue Velvet* zu arbeiten begann, erkannte er, dass dem Skript noch etwas fehlte: Es besaß zwar die notwendige Finsternis, aber noch nicht das Licht, das die Story brauchte. Es fehlte ein letztes Puzzlestück, das fulminante Ende der Geschichte. Die Lösung kam ihm in einem Traum, der im Wohnzimmer des Apartments von Dorothy Vallens spielte, der tragischen Femme fatale von *Blue Velvet*. In diesem Traum ging es um eine Pistole in der Tasche eines gelben Sakkos und ein Polizeifunkgerät. Mit diesen einfachen Elementen konnte Lynch die Story und das Drehbuch abschließen. Die Drehfassung des Skripts ist auf den 24. Juli 1985 datiert.

Lynch hatte nun ein Drehbuch, mit dem er zufrieden war – ein erster Schritt auf dem langen Weg zum fertigen Film. »Es war sehr schwierig, das Projekt *Blue Velvet* auf den Weg zu bringen«, erinnert sich Rick Nicita. »David ist ein Final-Cut-Regisseur. Wenn du mit ihm arbeitest, kannst du nicht über Bedingungen verhandeln. Entweder lässt du dich auf seine Vision ein und betrittst seine Welt, oder du lässt es bleiben. Für potenzielle Investoren ist das attraktiv und abschreckend zugleich. 1984 kam Tom Pollock von Universal an Bord und, Gott sei Dank, auch Dino De Laurentiis. Er war wirklich der Größte. Er finanzierte den Film komplett, oder zumindest einen großen Teil davon.«

Nachdem De Laurentiis dem Projekt grünes Licht erteilt hatte, brachte er Fred Caruso ins Spiel, der in den Siebzigerjahren mit Jobs als Produktionsassistent angefangen und sich dann Schritt für Schritt im Filmgeschäft nach oben gearbeitet hatte. »Ich hatte *Die Valachi Papiere*, Dinos ersten Film in den Staaten, produziert und übernahm danach noch viele andere Produktionen für ihn«, berichtet Caruso. »Irgendwann meinte Dino zu mir: ›Pass auf, Fred, ich will diesen Film mit David Lynch machen, aber ich weiß nicht, ob wir es hinkriegen, weil das Budget bei zehn Millionen Dollar liegt.‹ Zu dieser Zeit baute Dino gerade einen Studiokomplex in Wilmington auf. Also sagt er zu mir: ›Ich werde dir David mal vorstellen, und du schaust dann einfach, ob das etwas für dich wäre.‹ Ich las das Drehbuch mehrere Male und sagte dann zu Dino: ›Ich habe keine Ahnung, worum es in diesem Film geht, aber ich wäre gern dabei.‹ Da ich gut mit Budgets umgehen kann, gelang es mir, die veranschlagten Produktionskosten für *Blue Velvet* auf vier Millionen runterzudrücken. ›Okay, mach den Film‹, meinte Dino dann zu mir.«[1]

Fred Elmes erinnert sich: »Als Dino entschied, *Blue Velvet* zu machen, sagte er: ›Ihr werdet vor Ort Leute anheuern, damit ich Geld sparen kann.‹ Der Deal bestand darin, dass David den Film mit kleinerem Budget machen sollte und Dino ihm dafür nicht reinreden würde. David gefiel das, denn Dino war berüchtigt dafür, sich bei allem Möglichen einzumischen.«

Im Mai 1985 verließ Lynch Virginia, um im fünf Autostunden entfernten Wilmington mit der Vorproduktion für *Blue Velvet* zu beginnen. Als Caruso eintraf, war Lynch bereits am Set. »Bei unserem ersten Treffen trug er schwarze Turnschuhe, aber es war ein sehr eigenartiges Schwarz«, erinnert sich Caruso. »Später fand ich heraus, dass er weiße Sneaker kaufte und die dann schwarz ansprühte. Ich sagte David, dass ich das Skript nicht verstehe. Er erklärte es mir dann zwar, aber ich dachte nur: ›Irgendwie kapiere ich es immer noch nicht.‹«

Blue Velvet »erklären« zu wollen ist eine knifflige Angelegenheit. 1987 sprach Lynch mit dem Magazin *Cineaste* über die Entstehung des Films: »Am Anfang war da nur ein Gefühl, und der Titel *Blue Velvet*. Die zweite Idee war das Bild eines abgeschnittenen Ohrs auf einem Feld. Ich weiß nicht so genau, warum es ausgerechnet ein Ohr sein musste. Es sollte auf jeden Fall eine Öffnung zum Körperinneren sein, ein Loch, ein Eingang zu etwas anderem. Da das Ohr sich am Kopf befindet und direkt zum Gehirn führt, schien es perfekt geeignet. Die dritte Idee war Bobby Vintons Song ›Blue Velvet‹.«

Lynchs *Blue Velvet* lieferte Stoff für unzählige Abschlussarbeiten. Aber obgleich viele es versucht haben, lässt sich der Film nicht auf eine Ansammlung freudscher Symbole reduzieren. Die Elemente in *Blue Velvet* sind einfach zu komplex und vielschichtig, um sie derart komprimiert zusammenzufassen. Wenn Lynch die Story selbst voll verstanden und durchdrungen hätte – und gewollt hätte, dass das Publikum nur eins und eins zusammenzählen muss –, wäre er ganz sicher nicht motiviert gewesen, sie auf Zelluloid zu bannen. Lynch zieht es vor, den geheimnisvollen Zwischenraum zu bearbeiten, der die alltägliche Realität vom fantastischen Bereich der menschlichen Vorstellungkraft und Sehnsüchte trennt. Dabei sucht er nach Dingen, die sich einer Erklärung und dem Verständnis entziehen. Er will, dass seine Filme eher erfahren und gefühlt als verstanden werden.

»In Davids Werken geht es eigentlich immer um eine Art Geheimnis«, erklärt Isabella Rossellini, die im Film Dorothy Vallens spielt. »Einmal sagte er etwas, das mir sehr beim Verständnis seiner Arbeit geholfen hat. Er sagte: ›Im Leben kannst du nie wissen, was passieren wird. Wenn du einen Raum betrittst, in dem Menschen sitzen, dann gibt es da eine gewisse Stimmung. Du weißt sofort, ob du aufpassen musst, was du sagst, ob du laut oder gedämpft sprechen solltest oder besser schweigst. Du merkst es einfach. Was du jedoch nicht weißt, ist, was als Nächstes kommt. Im richtigen Leben wissen wir nicht, in welche Richtung sich eine Geschichte entwickelt. Wir wissen noch nicht einmal, welchen Verlauf ein Gespräch in der nächsten Minute nehmen wird.‹ Davids Bewusstsein für diese Tatsache ist von zentraler Bedeutung für seine Filme. Er ist sehr empfänglich für dieses allumfassende Rätsel.«[2]

Die Eckpunkte der Story von *Blue Velvet* sind schnell erzählt. Weil sein Vater erkrankt ist, kehrt der von MacLachlan gespielte Collegestudent Jeffrey Beaumont in seine kleine Heimatstadt zurück und findet auf einem Feld ein abgeschnittenes menschliches Ohr. Als er das Geheimnis hinter dem Ohr zu ergründen versucht, sieht er sich dem von Dennis Hopper gespielten Frank Booth gegenüber, einem durch und durch schlechten Menschen. Im Laufe der Handlung taucht Jeffrey in ein verbotenes Reich der Erotik ein, von dessen Existenz er zuvor nichts wusste. Nur wenige Menschen geraten in eine Situation, in der sie die Vielschichtigkeit der verborgenen Seiten ihrer eigenen Sexualität erforschen. Bei drei der vier Hauptcharaktere in *Blue Velvet* – Jeffrey, Dorothy Vallens und Frank Booth – ist jedoch genau das der Fall.

»Sex hat sicherlich auch einige beunruhigende Aspekte – Sex als Machtinstrument zum Beispiel, oder sexuelle Perversionen zur Ausbeutung von anderen Menschen«, erklärt Lynch. »Sex kann ein Tor zu einer ungeheuer mächtigen und mystischen Welt sein, wird in Filmen jedoch allzu oft komplett glatt und uninspiriert dargestellt. Nur durch explizite Darstellungen allein lässt sich der magische Aspekt des Ganzen jedoch auch nicht erschließen. Diese Dinge kann man nur schwer im Film abbilden, denn Sex ist ein Mysterium.«

Sexuelle Obsessionen sind ein zentrales Thema in *Blue Velvet* und eins der Fundamente von Lynchs Werk. Bei genauerer Betrachtung fällt jedoch auf, dass das übergreifende Thema seiner Projekte ein anderes ist: die Dualität in unser aller Leben und unsere Anstrengungen, die einander widerstrebenden Seiten in Einklang zu bringen. *Blue Velvet* springt in dramatischer Form zwischen Reinheit und Glück einerseits und den Demütigungen durch den psychopathischen Frank Booth andererseits hin und her und legt zudem nahe, dass die Trennlinien zwischen Schatten und Licht nicht so klar definiert sind, wie es sich viele vorstellen. Frank Booth ist brutal, wird aber trotzdem von einem sentimentalen Popsong zu Tränen gerührt. Während er Dorothy Vallens beim Singen zuschaut und dabei zärtlich ein Stück blauen Samtes streichelt, wird sein Gesicht von Sehnsucht und Qual erfüllt, was den Tyrannen um einiges menschlicher wirken lässt. Jeffrey Beaumont ist der sympathische Protagonist des Films, aber eigentlich auch ein Voyeur, der ganz nebenbei einem anderen Mann die Freundin ausspannt. Dorothy Vallens, die fragile Mutter mit gebrochenem Herzen, mag es, von Männern geschlagen zu werden, während die blutjunge Sandy Mitgefühl erweckt und das perfekte Glück verkörpert, andererseits aber ihren Freund hintergeht. Niemand hat nur die eine Seite.

Die Figur, die uns durch Licht und Schatten von *Blue Velvet* führt, ist Jeffrey Beaumont. »Durch unsere gemeinsame Arbeit an *Der Wüstenplanet* habe ich David ziemlich gut kennengelernt. Ich sehe viel von ihm in Jeffrey«, erklärt MacLachlan. »David ist gut darin, die Themen in seinem eigenen Leben zum Teil seiner Kunst zu machen. Es ist beeindruckend, wie ehrlich er in emotionaler Hinsicht in seinen Werken ist. Auf die Frage, inwieweit ich David in unseren gemeinsamen Projekten als eine Art Alter Ego gedient habe, würde ich antworten, dass es mir in den Rollen aus seiner Feder leichtfällt, einen Teil dessen aufzusaugen und nachzuempfinden, was ihn ausmacht.«

Lynch ist sehr offen, wenn es um die Frage geht, wie viel von ihm selbst in seinen Figuren steckt. »Ich sehe tatsächlich viel von mir in Jeffrey. Auch mit Henry in *Eraserhead* habe ich mich identifiziert. Beide Figuren sind verwirrt und irritiert in Bezug auf die Welt. Viele Dinge, die ich in der Welt sehe, scheinen mir wunderschön. Trotzdem fällt es mir schwer zu begreifen, warum es so läuft, wie es eben läuft. Ich schätze, das ist einer der Gründe, warum meine Filme tendenziell viele unterschiedliche Interpretationen zulassen.«

Eine der Aufgaben von Fred Caruso bestand darin, einen Assistenten für Lynch zu finden. Ohne je persönlich mit ihm gesprochen zu haben, heuerte er einen Kandidaten namens John Wentworth an. Als er Student der Brown University in Providence, Rhode Island gewesen war, hatte *Eraserhead* großen Eindruck auf Wentworth gemacht. 1982 zog er nach Los Angeles und nahm an einer Veranstaltung in Venice Beach teil, auf der auch Lynch sprach. »Mir gefiel diese positive Kraft, die von ihm ausging«, erinnert sich Wentworth. »Sehr charismatisch, aber überhaupt nicht gestellt, sondern authentisch und fesselnd. ›Mann, für diesen Kerl würde ich gern arbeiten‹, ging es mir damals durch den Kopf.« Als Wentworth von 1983 bis 1984 am AFI studierte, lernte er George Stevens, Jr. kennen, den Gründer des American Film Institute, und bat diesen, für ihn bei Lynch ein gutes Wort einzulegen. Anfang 1985 kam dann der Anruf von Caruso. »Fred sagte mir, dass ich einen Job als Davids Assistent sicher hätte, wenn ich innerhalb einer Woche in Wilmington anfangen könnte«, berichtet Wentworth. »Bevor ich dorthin fuhr, telefonierte ich mit David. Er erzählte mir, dass er gerade am

Logo für *Blue Velvet* arbeitete und dafür Flockstoff bräuchte. Meine Aufgaben als sein Assistent umfassten natürlich die typischen Dinge wie, Besorgungen machen, Termine abstimmen und so weiter. Es gab aber auch immer wieder diese Spezialaufträge für Davids einzigartige Projekte, wie zum Beispiel: Flockstoff auftreiben.

Ich war kaum in Wilmington angekommen, da hatte David diese Idee für so eine Art Wettbewerb mit dem Titel ›Sesselzug‹. Dazu brauchte er ein paar junge Frauen, alte Sessel und lange Seile«, fährt Wentworth fort. »Meine Aufgabe bestand darin, die Sessel und die Frauen aufzutreiben. Das Ganze fand dann vor einem der Studios statt, wo diese Frauen dabei gefilmt wurden, wie sie Sessel durch die Gegend zogen. Projekte dieser Art gab es eigentlich ständig. David kann aus den unmöglichsten Dingen Kunst erschaffen. Er ist ein sehr kreativer, visionärer Mensch, der ganz genau weiß, was er tut, und darüber hinaus den Wahnsinn des Ganzen genießt.«[3]

Die Dreharbeiten für *Blue Velvet* sollten im Juli beginnen. Als die Crew im Frühjahr in Wilmington eintraf, um mit dem Aufbau anzufangen, lief jedoch noch das Casting. Bevor Lynch nach Wilmington aufbrach, traf er sich mit Johanna Ray, der Castingchefin des Films, die ihm eine wichtige Verbündete bei späteren Projekten werden sollte. Nachdem sich die beiden kennengelernt hatten, arbeitete Lynch nie wieder mit einem anderen Casting Director. Als gebürtige Britin war Ray 1960 in die USA gezogen und hatte dort den Schauspieler Aldo Ray geheiratet. Nach der Geburt ihrer zwei Söhne und der Scheidung im Jahr 1967 baute sie sich eine Karriere im Casting auf. Ihren ersten großen Job machte sie im Jahr 1984 mit der Besetzung für die Filmadaptation von Stephen Kings Roman *Feuerkind*, bei dem Mark Lester Regie führte und Dino De Laurentiis die Produktion übernahm. Nach diesem Projekt engagierte De Laurentiis Ray als Castingchefin für drei weitere Filme. *Blue Velvet* war einer davon.

»Dinos Tochter Raffaella rief mich an und meinte: ›Warum kommst du nicht mal vorbei und lernst David kennen?‹«, erinnert sich Ray. »Er war gerade mit *Der Wüstenplanet* beschäftigt und arbeitete in einem etwas entlegenen Büro im Valley. Wir unterhielten uns über die Rollen und über seine Vorstellungen. Er sagte dabei etwas, wodurch er mir gleich sympathisch war: ›Für Dorothy Vallens möchte ich *keine* Schauspielerin mit einem perfekten Körper.‹ Damit hatte er meine Zuneigung gewonnen.

Anfangs war es etwas schwierig, ihn besser kennenzulernen. Ich denke, das hatte damit zu tun, dass er schüchtern war«, fährt sie fort. »Ich war auch schüchtern. Vielleicht war das der Grund, warum er mich mochte – weil ich nicht so aggressiv war. Mit der Zeit wurde er ein richtig enger Freund von mir, dem ich mich bereitwillig anvertraute. Wir haben einen sehr herzlichen Umgang miteinander.«[4]

Als sich Laura Dern, die Tochter der Schauspieler Bruce Dern und Diane Ladd, mit David Lynch traf, um mit ihm über *Blue Velvet* zu sprechen, hatte die Siebzehnjährige bereits in den beiden Filmen *Die Maske* und *Smooth Talk* mitgewirkt. »Ich war in gewisser Weise verblüfft wegen des Drehbuchs. Andererseits fand ich es unglaublich gut«, berichtet Dern, die in *Blue Velvet* Sandy Williams spielt. »Meine Figur gehört nicht zu den finsteren Aspekten der Story. Alle Welt redet von der Gewalt und der Grausamkeit in Davids Filmen, dabei ist er in seinem Inneren ein von Zuversicht erfüllter Mensch. Dieser Aspekt war stets ein wesentlicher Bestandteil der Charaktere, die ich für ihn gespielt habe, und zudem ein Wesenszug von David, auf den ich als Darstellerin zugreifen kann.«[5]

Es dauerte ein wenig, bis Lynch sich für Dennis Hopper als Darsteller der Figur des Frank Booth entschied. So sprach er erst mit Willem Dafoe über die Rolle und bot sie danach auch Harry Dean Stanton an, der aber ablehnte. »Diesen Gewalttrip wollte ich mir nicht antun«, sagte Stanton später dazu. Hopper war Mitte der Achtzigerjahre in nicht sonderlich vielen Filmen zu sehen und hatte zudem einen wilden Ruf, der in der öffentlichen Wahrnehmung bereits seit Längerem sein schauspielerisches Talent überschattete. »Wenn sein Name genannt wurde, sagten die Leute: ›O mein Gott, der Kerl ist doch verrückt!‹«, erinnert sich Wentworth. »Aber er war gerade clean geworden. Als er sich bei David vorstellte, sagte er zu ihm: ›Pass auf, ich bin weg von dem Zeug. Ich weiß, was ich tue.‹ Bei den Dreharbeiten leistete Hopper ganze Arbeit: Er tauchte ganz und gar in die Figur des Frank Booth ein.«

Hoppers Leistung in *Blue Velvet* trug zur Wiederherstellung seiner Glaubwürdigkeit als Schauspieler bei – er ist einfach in jedem Moment des Films unfassbar gut. Besonders intensiv und beklemmend ist Hoppers Auftritt in der Szene, in der er sich darauf vorbereitet, Jeffrey Beaumont zu verprügeln: Er schmiert sich roten Lippenstift ins Gesicht, küsst Jeffrey und flüstert ihm die Worte »forever, in dreams« zu. Lynchs trockener Sinn für Humor durchzieht wohldosiert den ganzen Film. Als Jeffrey am Morgen nach der Abreibung wieder zu sich kommt, liegt er vor einem düster wirkenden Sägewerk auf einer matschigen Straße. Taumelnd macht er sich auf den Weg und sieht dabei ein Schild, auf dem »Meadow Lane« steht. Dieser Ort wird auch an anderer Stelle im Film erwähnt. In Lynchs Vorstellung, so der Regisseur selbst, »ist es ein bedeutungsvoller Ort, an dem etwas Wichtiges geschehen ist«. Das Geheimnis, um was genau es sich dabei handelt, muss jedoch erst noch gelüftet werden.

Es dauerte ein wenig, bis sich alle Mitwirkenden an Hopper gewöhnt hatten. »Wenn David eine Szene drehen wollte, lief das so ab: Erst ließ er das Set räumen, dann sprach er alles mit den Schauspielern durch und holte anschließend mich dazu, um mir zu erklären, wie wir die Sache drehen würden«, erinnert sich Elmes. »Als ich Dennis zum ersten Mal in Aktion sah – in dieser ersten Szene mit Isabella –, war das ein Schock für mich. Es ist absolut überwältigend, wie die Worte aus dem Skript durch Hoppers Performance zum Leben erwachen.

Nachdem ich ihn besser kennengelernt hatte, mochte ich Dennis auch. Er entwickelte sich zum verantwortungsvollsten Schauspieler am ganzen Set«, fügt Elmes hinzu. »Als er bei *Blue Velvet* anheuerte, versuchte er gerade seinen schlechten Ruf loszuwerden und

verhielt sich dementsprechend tadellos bei uns. Er regte sich sogar über die Nachlässigkeit anderer auf. Schlecht vorbereitete Darsteller oder Leute, die zu spät kamen, hatten bei ihm nichts zu lachen.«
Hopper nahm die Chance, die ihm Lynch gegeben hatte, sehr ernst. Er wusste, dass er zu diesem Zeitpunkt in seiner Karriere eher schlechte Karten hatte und die Rolle des Frank Booth ein Geschenk für ihn war. »Es ist ein ungewöhnlicher Film«, erklärte Hopper während eines Gesprächs in Wilmington. »Wahrscheinlich wird das klassische Horrorpublikum sich den Film ansehen. Tatsächlich ist *Blue Velvet* jedoch viel mehr als nur ein Horrorfilm. Genau betrachtet, geht es in *Blue Velvet* um die Schizophrenie Amerikas. Wenn die Leute sich entspannen und sich auf den Film einlassen, dann werden sie meiner Meinung nach eine Art kollektiven Albtraum auf der Leinwand erkennen.«[6]

»Frank Booth ist für mich ein Kerl, den die Amerikaner sehr gut kennen«, sagt Lynch. »Ich bin mir sicher, dass fast jeder irgendwann einmal einen Menschen wie Frank kennengelernt hat. Vielleicht hast du ihm nicht die Hand geschüttelt und bist auch nie mit ihm um die Häuser gezogen. Aber wenn du einmal Blickkontakt mit einem solchen Mann hattest, weißt du sicher, dass du ihm begegnet bist.«

Es war reiner Zufall, dass Isabella Rossellini für die Rolle der Dorothy Vallens gecastet wurde. Die Tochter von Schauspielerin Ingrid Bergman und Regisseur Roberto Rossellini wuchs in Rom auf, größtenteils bei ihrem Vater. 1972 zog sie nach New York und arbeitete für das italienische Staatsfernsehen, bis ihre Modelkarriere gegen Ende der Siebzigerjahre an Fahrt aufnahm. Als Lynch sie in New York traf, hatte sie erst in einem Film mitgewirkt.

»Ich war mit ein paar Freundinnen in einem Restaurant. Zwei von ihnen arbeiteten für Dino«, erinnert sich Rossellini. »Es war Dinos Restaurant, das Alo, Alo. Es hieß so, weil Dino die Worte ›Hallo, hallo‹ so aussprach. An diesem Tag war auch David dort, in Begleitung eines Mitglieds der De Laurentiis-Familie, dem Ex von Raffaella, wenn ich mich recht erinnere. Irgendwann schoben wir die Tische zusammen. So lernte ich David kennen. Ich erwähnte, dass ich gerade die Dreharbeiten zu einem Film namens *White Nights – Die Nacht der Entscheidung* mit Helen Mirren abgeschlossen hatte. Daraufhin sagte David, er würde Mirren liebend gern in einem Film besetzen, den er gerade vorbereitete, *Blue Velvet*. Am nächsten Tag schickte er mir das Drehbuch mit einer kleinen Notiz: ›Vielleicht magst du ja für die Rolle vorsprechen.‹

Ich fragte dann Marty [Scorsese, Rossellinis Ehemann von 1979 bis 1982] über David aus. Er empfahl mir, *Eraserhead* anzusehen. Marty hat ein unglaubliches Auge für Kunst und ist der größte Filmkenner, den ich jemals getroffen habe. Er empfand große Bewunderung für David. Angesichts des riesigen Unterschieds zwischen *Der Elefantenmensch* und *Eraserhead* wurde mir klar, was für ein unglaublich talentierter Regisseur David war. Also rief ich ihn an und sagte ihm, dass ich gern Probeaufnahmen mit Kyle machen würde, um zu schauen, ob ich seinen Vorstellungen von der Rolle entspreche. David gab mir viel Zeit, um mit Kyle zu proben. Wir übten jedoch keine Bett- oder Kussszenen, sondern Dialoge. Die Frage war, wie würde ich ihn verführen? Wie würde ich ihn mit meinem Verhalten überraschen? Wie würde ich eine Frau darstellen, die sowohl Opfer als auch Täterin bei den gegen sie verübten Gewalttaten war? Wir besprachen die schwierigsten Szenen und machten dann Probeaufnahmen. Anschließend bot mir David die Rolle an. Da er mir während der Probeaufnahmen so viel Zeit eingeräumt hatte, war ich zuversichtlich, der Sache gewachsen zu sein.«

Rossellini war der Rolle nicht nur gewachsen, sondern lieferte eine fesselnde Darbietung ab, die dem intensiven Schauspiel des temperamentvollen Dennis Hopper ihn nichts nachstand. Anfangs jedoch war sie reichlich nervös in Bezug auf den Kollegen. »Alle Welt wusste, dass er lange auf Entzug gewesen war – mehrere Jahre lang sogar, glaube ich. Bevor ich Dennis begegnete, fragte ich David, was Hopper für ein Mensch sei. Er sagte: ›Es ist, als würdest du neben einer tickenden Zeitbombe sitzen.‹

David meinte, wir sollten die Szene mit dem Vergewaltigungsritual zuerst drehen, um sie hinter uns zu bringen. Ich fand die Vorstellung, mit dieser Szene zu beginnen, einfach schrecklich«, erläutert Rossellini. »Zu diesem Zeitpunkt hatte ich Dennis noch nicht einmal kennengelernt. Also bat ich den ersten Regieassistenten, Dennis zu fragen, ob wir vielleicht zusammen frühstücken könnten, bevor wir zum Set aufbrachen. Beim Frühstück war Dennis sehr abweisend und schien genervt. Frei nach dem Motto: ›Was willst du eigentlich von mir? Wir drehen hier einen Film, dazu musst du mich nicht kennen. Mag sein, dass wir gleich eine schwierige Szene drehen, aber das ist nun mal unser Job.‹ Er machte mir Angst. Anschließend überlegte ich, ob es unter professionellen Schauspielern vielleicht nicht üblich ist, sich vor den Dreharbeiten mit den Kollegen zu treffen. Rückblickend denke ich, er war so abweisend, weil er ebenso nervös und von Angst erfüllt war wie ich. Natürlich hatte er Angst. Es war seine erste Rolle nach dem jahrelangen Entzug, und David begann ausgerechnet mit dieser sehr schwierigen Szene.

In der besagten Szene musste ich mit gespreizten Beinen vor Dennis sitzen, der sich dann nach vorn beugt und meine Vagina anstarrt wie ein Besessener bei einem durchgedrehten Ritual«, erklärt sie weiter. »Als er mich dann schlug, bin ich nach hinten gefallen. Dabei öffnete sich mein Morgenmantel, und man konnte sehen, dass ich Unterwäsche trug. David bat mich dann, die Unterwäsche auszuziehen. Ich sagte zu Dennis: ›Tut mir leid, aber man hat mich gebeten, die Unterwäsche auszuziehen, weil sie zu sehen ist, wenn ich nach hinten falle.‹ Als er sich beim ersten Durchlauf nach vorn beugt und meine Vagina anstarrt, sage ich also ›Tut mir leid‹ und so weiter, woraufhin er zu mir aufschaut und meint: › Ist ja nicht das erste Mal, dass ich so etwas sehe.‹ Das brachte mich zum Lachen, und als er mich dabei ansah, merkte ich, dass er mich mochte. Später, als wir gute Freunde geworden waren, erzählte er mir von der Phase seines Lebens, in der er sehr krank gewesen war, all die Drogen genommen und fast seinen Verstand verloren hatte – und von der großen Angst, die ihn dabei erfüllte. Und nun sollte er in diesem Film eine Figur spielen, die nicht nur ständig Drogen nimmt, sondern zudem auch noch vollkommen durchgedreht ist. Erst später wurde mir klar, wie schwierig das für ihn gewesen sein muss.

Übrigens, David lachte, als wir die Vergewaltigungsszene drehten! Ich meinte zu ihm: ›Hey, David, was gibt's da zu lachen? Ist das so lustig, was wir hier treiben?‹ Ich weiß nicht, warum, aber er lachte. Es gibt Aspekte an *Blue Velvet*, die in der Tat komisch sind. Als ich mir den Film ein paar Jahre später erneut anschaute, entdeckte ich da eine Art Naivität, die dem Ganzen einen komischen Anstrich gab. Warum David damals lachte, weiß ich allerdings immer noch nicht!«

Das Vergewaltigungsritual ist eine von mehreren Szenen, in denen Rossellini von Hopper attackiert wird. Einer der aufwühlendsten und verwirrendsten Aspekte dieser Szenen ist sicherlich die Tatsache, dass Rossellinis Figur es mag, geschlagen zu werden. Für Rossellini jedoch ist das durchaus nachvollziehbar. »Als ich jung war, hatte ich einen Freund, der mich schlug. Ich erinnere mich noch daran, wie überrascht ich davon war«, berichtet sie. »Während er mich schlug, fühlte ich keinen Schmerz. Ich dachte nur: ›Mein Gott, ich sehe Sterne wie Donald Duck, wenn er im Comic etwas auf den Kopf bekommt.‹ Diese Erfahrung verglich ich dann mit den Szenen, in denen Dorothy geschlagen wird. Sie war so schockiert, als es passierte, dass ihr Kummer für einen Moment lang verschwand. Es gibt Situationen, in denen körperlicher Schmerz den Kummer der Seele verdrängt.«

Ebenso wie *Eraserhead* hatte auch *Blue Velvet* ein bescheidenes Budget, sodass es einmal mehr galt, aus jedem und allem das Maximum herauszukitzeln. »Alle arbeiteten für den Mindestsatz, und die Crew war sehr klein«, berichtet Caruso. »Statt vier Beleuchtern hatten wir nur drei, und die Friseurin am Set hatte tags zuvor noch in einem Wilmingtoner Salon gearbeitet. Wir heuerten viele nicht ausgebildete Kräfte aus Wilmington an. Die Leute dort mochten uns.«

De Laurentiis' Studiokomplex in Wilmington befand sich während des Drehs von *Blue Velvet* immer noch im Bau. Dass ein Film auf den Straßen ihrer Stadt gedreht wurde, war für die Bevölkerung Wilmingtons eine ungemein spannende Angelegenheit. Obwohl ein Großteil der Aufnahmen nachts gemacht wurde, tauchten immer wieder interessierte Beobachter auf. Auch beim Dreh einer besonders brisanten Szene, in der Rossellini – offensichtlich Opfer einer Gewalttat im Schockzustand – nackt auf die Straße läuft, hatte es sich das halbe Viertel mit Stühlen und Snacks am Straßenrand bequem gemacht. »David erzählte mir, dass er als kleiner Junge zusammen mit seinem Bruder einmal gesehen hatte, wie eine nackte Frau die Straße hinunterlief. Bei diesem Anblick, so berichtete er, hätte er sofort verstanden, dass da gerade etwas sehr Schlimmes passiert war«, erklärt Rossellini. »Die Szene basiert also auf dieser Erinnerung und soll keineswegs erregend sein.«

Der Regieassistent warnte die Zuschauer am Straßenrand: In der geplanten Szene seien nackte Menschen zu sehen, manch einer könnte das als anstößig empfinden. »Aber sie blieben da einfach stehen, als wäre genau das der interessante Teil der Show!«, erinnert sich Rossellini. Am nächsten Tag informierte die Polizei den Produktionsstab darüber, dass für *Blue Velvet* keine weiteren Szenen mehr auf den Straßen von Wilmington gedreht werden dürften. De Laurentiis stellte sich in dieser Sache hinter seinen Regisseur – ganz so, wie er es auch bei weiteren Schwierigkeiten tun sollte, die noch im Zusammenhang mit *Blue Velvet* auftauchen würden. »Dino schaute sich manchmal die Aufnahmen des Tages an«, erinnert sich Caruso. »Ich fragte ihn dann: ›Na, Dino, wie findest du's?‹ Er zuckte jedoch nur mit den Schultern. Dino hatte David versprochen, dass er das Recht auf den Final Cut haben würde. Und Dino hat sein Wort immer gehalten.«

Rossellinis furchtlose Darbietung fiel auch dem Rest der Darsteller auf. »Ich hatte ziemlichen Respekt vor ihr«, erinnert sich MacLachlan. »Natürlich war ich vor Drehbeginn eingeschüchtert und nervös. Ich wusste ja, dass ich diese intensiven Nacktszenen mit ihr spielen würde. Es gibt eine Szene, in der ich mich vor Isabella komplett ausziehen muss. Als wir das drehten, sagte ich permanent zu mir selbst: ›Du bist nicht wirklich hier. Du bist gerade irgendwo anders. Das ist nur ein Körper. Denk einfach nicht daran, dass du gerade nackt bist.‹

In einer anderen Szene fordert Isabella mich auf, sie zu schlagen. Ich dachte nur: ›Mann, das kann ich doch nicht tun‹«, fährt MacLachlan fort. »Ich habe sie dann nicht wirklich geschlagen, aber allein die Vorstellung, sie gleich schlagen zu müssen, hat mich fertiggemacht. Als Jeffrey dann später nach Hause kommt und begreift, was da eigentlich geschehen ist, bricht er in seinem Zimmer zusammen. Das waren ziemlich schwierige Szenen. Ich vertraute darauf, dass David mich durch diese Momente führen würde.«

Trotz Gewalt und Finsternis blieb Lynch beim Dreh stets bester Laune. Mit Hosentaschen voller Erdnuss-M&M's fuhr er am Set auf einem pinkfarbenen Fahrrad mit bunten Lenkerfransen umher. »David ist jemand, der im Kern immer fröhlich und unbeschwert ist. Das ist einer der bemerkenswertesten Charakterzüge an ihm. Ich glaube, ich habe noch nie jemanden getroffen, der so heiter ist wie er«, berichtet Rossellini. »Ich weiß noch, wie ich mal zu ihm sagte: ›Wie machst du das eigentlich? Du wachst morgens auf und bist gut drauf.‹ Möglich, dass er über ein spezielles Gen verfügt, das man für den Rest der Menschheit klonen sollte.«

»David meinte, Meditation sei die Quelle seiner guten Laune«, berichtet Laura Dern. »Ich bin überzeugt, dass das wahr ist. Er weiß ja genau, wer er früher war und wer er geworden ist, nachdem er mit dem Meditieren anfing. Daher kann er selbst es wahrscheinlich am besten beurteilen. Zum Teil hat diese Heiterkeit meiner Meinung nach auch mit der Tatsache zu tun, dass er sich als kreativer Mensch keine Grenzen setzt. Selbstverurteilung und Scham sind in unserer Kultur weit verbreitet. David jedoch ist vollkommen frei davon. Wenn er etwas anpackt, spielt es für ihn keine Rolle, was die Leute wohl darüber denken, was man von ihm erwartet oder was der Zeitgeist verlangt. Er tut einfach, was ihm in den Kopf kommt, und das trägt zu seiner Freude und seinem Glück bei.«

Lynchs bescheidenes Büro am Set in Wilmington war vollgestopft mit Plastikspielzeug, Papierfetzen voller Zeichnungen und Farbtuben. An den Wänden hingen zwei Bilder, die nach und nach fertiggestellt wurden, sowie eine kitschige Uhr mit dem Aufdruck LUMBERTON FISHING CLUB. Auf dem Boden lag zwischen mehreren Popcornpackungen ein Foto von dem in Mexiko angefertigten *Chicken Kit*. Auf der Fensterbank standen in ordentlicher Reihe mehrere Wassergläser, in denen Kartoffeln keimten.

»*Blue Velvet* ist eine Geschichte über Unschuld und ihre Unmöglichkeit«, erklärt Brad Dourif, der Raymond, den Kompagnon von Frank Booth, spielte. »Als ich mit David arbeitete, war er wirklich unschuldig. Seine Unschuld drückte sich in einem überbordenden Enthusiasmus aus. Er konnte ein Paar Sneaker anschauen und vor Freude und Begeisterung darüber komplett ausrasten. Auch die Art, wie er über Frauen dachte, schien mir ziemlich unschuldig.«

Caruso erinnert sich: »Die Stimmung an diesem Set war heiter, denn David hatte eine sagenhafte Aura. Alle mochten ihn, auch die Crew. Davids tägliche Meditation ist ein grundlegender Bestandteil dieser Aura. Wenn er nach dem Meditieren am Nachmittag ans Set zurückkam, umgab ihn eine Art Energiekreis. Man wurde förmlich hineingesogen und war mit einem Mal vollkommen ruhig.«

MacLachlan hebt hervor, dass »David die Fähigkeit hat, andere Menschen zu führen, ohne dass diese sich schlecht dabei fühlen. Wenn jemand etwas nicht versteht, dann vermittelt er es demjenigen mit Humor. Was die Dinge angeht, die er von seinen Darstellern erwartet, so hat David bestimmte Formulierungen, die er benutzt, um den Ton der Darbietung zu ändern. ›Mach's wie der Wind‹, zum

Beispiel. Ich habe stets versucht, mich einfach an seine Worte zu halten, und bekam nie Anweisungen von ihm, die ich nicht verstanden hätte.«

Für Rossellini funktionierten Lynchs Regieanweisungen auch nonverbal. »Bei Nahaufnahmen stand er manchmal unmittelbar neben der Kamera. Selbst mit geschlossenen Augen oder abgewendetem Blick konnte ich seine Anwesenheit spüren und wusste, ob er gerade etwas mehr von diesem oder etwas weniger von jenem wollte. David führt Regie, indem er mit unterschiedlichen Graden von Enthusiasmus arbeitet und diese zum Ausdruck bringt. Kyle spiegelte Davids Verhalten wider und reproduzierte vor der Kamera exakt seine Eigenarten beim Regieführen.«

Dourif dazu: »In der Szene, in der Dean Stockwell den Song ›In Dreams‹ singt, tanze ich ein wenig im Hintergrund. Das haben wir improvisiert. David war immer offen für neue Ideen. Er verstand es, seine Anweisungen sehr subtil zu halten. Es war, als würde er malen: Er setzte seinen Pinsel nur zu ganz bestimmten Zeiten und mit einer ganz bestimmten Absicht auf der Leinwand auf. Andererseits konnte er aber auch ziemlich fordernd sein, wenn es um die Optimierung einzelner Momente ging.«

»Dass Liebe an diesem Set eine Rolle spielte, war ziemlich offensichtlich«, fügt Dourif hinzu. »Man konnte regelrecht zusehen, wie David sich in Isabella verliebte. Als sie ›Blue Velvet‹ sang, war er wie gebannt. Umgekehrt war auch sie hin und weg von ihm.«

Wie immer verbrachte auch Jennifer Lynch Zeit am Set ihres Vaters, dieses Mal als Produktionsassistentin. »Ich war damals siebzehn Jahre alt und machte die komplette Vorbereitung mit, konnte aber beim eigentlichen Dreh nicht mehr dabei sein, weil ich zurück zur Schule musste«, erinnert sie sich . »Ich wusste, dass mein Dad sich während des Drehs verliebte – aber gut, er verliebte sich ja andauernd oder war zumindest ständig auf der Suche nach Liebe und fand sie am Ende auch immer.« Wentworth stimmt dieser Einschätzung zu: »Davids Ehe bröckelte, als er diesen Film drehte. Am Ende der Aufnahmen war offensichtlich, dass er und Isabella sich ineinander verliebt hatten.«

»Aus meiner Sicht bestand da ein gegenseitiges Verständnis zwischen uns«, erklärt Rossellini, die trotz weit entfernter Lebensmittelpunkte an Ost- und Westküste eine fünfjährige Beziehung mit Lynch führen sollte. »Er ist so lustig und süß. Ich verstand genau, was er in diesem Film wollte, und hatte das Gefühl, seine Gedanken lesen zu können. Mein Gott, was habe ich mich da getäuscht! Zu der Zeit jedoch glaubte ich tatsächlich zu wissen, was in ihm vorgeht, und fühlte eine Nähe und Verbundenheit mit ihm, die sich zu einer tief empfundenen Liebe entwickelte. Plötzlich hatte ich mich in David verliebt. Ich weiß nicht, ob ich es hätte verhindern können. Rückblickend betrachtet, muss es ziemlich hart für Mary Fisk gewesen sein.«

Eine Annahme, mit der Rossellini zweifelsohne richtigliegt. »Ich telefonierte täglich mit David und hatte nicht das Gefühl, dass unsere Ehe in Gefahr war – bis zu dem Tag, als ich das Set besuchte und die Hauptdarstellerin des Films kennenlernte«, erinnert sich Fisk. »Wenn man genau darüber nachdenkt, war es absehbar: Wie viele Frauen schicken denn bitteschön ihren Ehemann los, um an einem weit entfernten Ort mit einer Frau zusammenzuarbeiten, die nur mit einem schwarzen Spitzen-BH und Unterhöschen bekleidet ist? Ich ahnte, dass sich da eine Katastrophe anbahnte, der große Knall kam jedoch erst im August. Als ich Isabella begegnete, hätte ich Bescheid wissen müssen, auch wenn David mir da noch beteuerte, wie sehr er mich liebte. Bei dieser Sache waren sie beide keine Unschuldslämmer, aber im Endeffekt war es so, dass es zwischen ihnen einfach gefunkt hatte.«

Der Look eines Lynch-Films wird zu großen Teilen von Lynchs besonderer Beziehung zum Thema Zeit bestimmt; ebenso von der Tatsache, dass historische Genauigkeit in Bezug auf Epochen und Stile nur eine untergeordnete Rolle für ihn spielt. In Lynchs Reich ist

Amerika wie ein Fluss, der stetig vorwärtsfließt und dabei all die kleinen und großen Details von einem Jahrzehnt ins nächste trägt, sodass sie sich vermengen und die von uns selbst erfundenen Trennlinien zur Markierung der Zeit verwischen. *Blue Velvet* spielt in einer nicht näher bestimmten Epoche, in der die Zeit in sich selbst kollabiert zu sein scheint. Im Slow Club singt Dorothy Vallens in ein Vintage-Mikrofon aus den Zwanzigerjahren, während ihre Wohnungseinrichtung in den Deep River Apartments an die Art-Deco-Sets von *Der dünne Mann* aus den Dreißigern erinnert. Trotzdem besitzt sie einen Fernseher mit Hasenohren-Antennen aus den Fünfzigerjahren. Der Diner von Lumberton namens Arlene, in dem Jeffrey und Sandy ihre Pläne schmieden, erinnert ebenfalls an die Fünfziger. Jeffreys Ohrring und Sandys Kleidung jedoch stammen klar aus den Achtzigern. Zudem hängt bei Sandy – scheinbar einem typischen Teenager der Achtzigerjahre – ein Poster von Montgomery Clift an der Zimmerwand, während auf den Straßen von Lumberton klassische amerikanische Autos unterwegs sind, die in den Achtzigern als Oldtimer gegolten hätten.

Lynchs visueller Stil mag in vielerlei Hinsicht eher frei sein, trotzdem tragen die Elemente jeder Einstellung Intention und Bedeutung. »Rund die Hälfte der Aufnahmen fanden nachts statt. Entsprechend kompliziert war die Beleuchtung bei diesen Szenen«, berichtet Elmes über den Einsatz von Leuchtmitteln zur Verstärkung der von Lynch gewünschten Stimmung. »Wenn man sich zum Beispiel den von Bäumen gesäumten Gehweg vor Sandys Haus anschaut, dann ist das nicht einfach nur eine Baumreihe, sondern es sind unterschiedliche, grünende Laubbäume mit jeder Menge Strukturen und Details, zwischen die wir ein paar Lampen gestellt haben. Der Dreh war in einer Straße ohne Beleuchtung geplant, sodass wir das zuständige Energieversorgungsunternehmen baten, uns da doch bitte ein paar Straßenlampen hinzusetzen, was sie erstaunlicherweise auch taten. Nachdem die Masten standen, haben wir die Lampen angebracht und alles verkabelt. Diese Beleuchtung sorgte dann für die Stimmung, nach der David und ich gesucht hatten.«

Üblicherweise enthalten Lynchs Filme eigens vom Regisseur angefertigte Requisiten, die oftmals erst am Set entstehen. So war es auch bei *Blue Velvet*. In dem Film gibt es zum Beispiel eine aus Holzstücken zusammengehämmerte Wandtafel mit der Aufschrift LUMBERTON und ein etwas unbeholfen wirkendes Schild vor der Polizeistation des Ortes. Außerdem sind zu sehen: eine bizarre Skulptur an Jeffreys Schlafzimmerwand, eine Lochkamera, mit der Jeffrey die Wohnung von Frank Booth observiert, und ein reichlich schräges Modell eines schneebedeckten und von einzelnen Bäumen flankierten Bergs, das auf dem Empfangstresen der Polizeistation von Lumberton steht. All diese Gegenstände hatte Lynch angefertigt.

»Es gibt eine Nachtszene mit einem roten Backsteingebäude im Hintergrund. An der Wand sieht man den Schatten des Pumpkolbens einer Erdölförderanlage, der sich auf und ab bewegt«, berichtet Caruso. »Im Film sieht das Ganze riesig aus, aber in Wirklichkeit hat David mit einer Schere die Formen der Pumpanlage aus Pappe ausgeschnitten, anschließend mit Klebeband und Heftklammern zusammengefügt und dann mit einem Bindfaden versehen, um den Pumpkolben bewegen zu können.«

Der Cutter von *Blue Velvet*, Duwayne Dunham, erinnert sich, dass er Lynch einmal dabei beobachtete, wie dieser auf allen vieren kriechend Staubflusen unter einem Heizkörper im Apartment von Dorothy Vallens platzierte. »Er tat das für den Fall, dass die Kamera diesen Bereich einfing, was jedoch absolut unwahrscheinlich war«, erklärt Dunham. »Das ist ein guter Beleg dafür, wie tief David in seine Storys eintaucht.«[7]

»David wollte *Blue Velvet* auf der Lucas Ranch schneiden«, berichtet Dunham weiter, der nach Abschluss der Filmhochschule im Jahr 1975 von George Lucas als Cutter angeheuert worden war und die folgenden sieben Jahre für ihn gearbeitet hatte. »Da die Community der Filmleute da oben eher klein ist, wusste er von mir.

Ich flog runter nach L.A. und traf mich mit ihm in den Raleigh Studios. Ich erzählte ihm, dass ich das Skript von *Blue Velvet* verstörend fand und das Projekt nicht so wirklich mein Fall war. Er erwiderte: ›Vertrau mir einfach bei dieser Sache.‹ Ich hielt ihn dann eine ganze Weile hin, bis er irgendwann sagte: ›Pass auf, ich fahre morgen nach North Carolina, um mit dem Film zu beginnen, und ich muss wissen, ob du mitkommst.‹ Glücklicherweise bin ich mitgefahren. Es ist eine Ehre, mit seinem Material arbeiten zu dürfen, denn was dieser Mann produziert, ist einfach göttlich.«

Lynch scheint es sehr zu genießen, die ausgefallenen kreativen Probleme beim Filmemachen zu lösen. Bestes Beispiel: die Wanderdrossel in der letzten Szene von *Blue Velvet*. Wanderdrosseln und ihre Nester stehen nach dem Wildlife and Countryside Act von 1981 unter strengem Schutz. Eine Wanderdrossel einzufangen und in einem Film einzusetzen war also keine Option. Lynch brauchte jedoch eine Wanderdrossel.

»Fred Caruso machte einen Filmtiertrainer ausfindig, der eine trainierte Wanderdrossel hatte. Aber als er mit dem Tier am Set auftauchte, war es ein erbärmlicher Anblick«, erinnert sich Elmes. »Der Vogel war in der Mauser und sah in dem Käfig wirklich bemitleidenswert aus. Außerdem gibt es so etwas wie eine trainierte Wanderdrossel überhaupt nicht! Wir näherten uns dem Ende der Dreharbeiten und wurden langsam nervös wegen der Angelegenheit. Dann geschah etwas Eigenartiges: Eine Wanderdrossel war gegen einen Schulbus geflogen und tot zu Boden gefallen. Da wir unsere Fühler ausgestreckt hatten, hörten wir von der Sache. Ein paar Kinder hatten den toten Vogel bemerkt und waren ganz offensichtlich der Meinung gewesen, dass der Biologielehrer ihrer Schule eine Wanderdrossel in den Unterricht einbauen könnte. Also wurde das Tier ausgestopft und legte auf dem Weg vom Tierpräparator zur Schule einen Zwischenstopp an unserem Set ein. David platzierte den Vogel auf einem Fenstersims und steckte ihm ein lebendes Insekt in den Schnabel. Nun hatten wir zwar eine Wanderdrossel, aber sie war ausgestopft und bewegte sich nicht. David wickelte ein paar monofile Fäden um den Kopf des Vogels, hockte sich in die Büsche unter dem Fenster und zog an den Fäden. ›Und, sieht's okay aus?‹, fragte er. Ich antwortete ihm: ›Ich denke, puppenspieltechnisch wirst du es nicht viel besser hinbekommen, aber die Drossel wirkt trotzdem ziemlich mechanisch.‹ Er sagte: ›Ja, ja, genau so soll's sein!‹ Die Drossel wirkte unheimlich und tot. Ich denke, ihm gefiel die Künstlichkeit des Ganzen.«

Die äußerst originelle Soundlandschaft von *Blue Velvet* ist nicht zuletzt der Zusammenarbeit mit Alan Splet zu verdanken. Als Dorothy und Jeffrey im Film Sex haben, ist ein knarzendes Dröhnen zu hören, das sich in den Klang einer flackernden Flamme verwandelt. Der Wutausbruch von Frank Booth wird von einem metallischen Kreischen begleitet, und während die Kamera an anderer Stelle in das Innere eines verwesenden menschlichen Ohrs eintaucht, erklingt das unheimliche Rauschen des Windes, das ständig tiefer und stärker wird. »David hat ein wunderbares Händchen, wenn es um die Kombination von Bild und Ton geht«, berichtet Elmes. »In der Szene, in der Kyle morgens aufwacht, nachdem er zusammengeschlagen wurde, ist das erste Bild eine Nahaufnahme von seinem Gesicht in einer Pfütze. Man sieht nur Erde und Wasser, während im Hintergrund dieses eigenartige, repetitive Geräusch erklingt, von dem man nicht weiß, woher es stammt. Als die Kamera dann zurückfährt, sieht man, dass er vor einem Sägewerk liegt und das Geräusch von einem Sprinkler stammt, der einen Holzstapel feucht halten soll. Dieses Geräusch hat etwas ganz und gar Magisches. Vogelgesang zum Beispiel hätte in dieser Szene überhaupt nichts bewirkt oder ausgelöst. Das mechanische Geräusch hingegen, das man sich anfangs nicht erklären kann, macht die Sache besonders. Wenn David solche Dinge miteinander kombiniert, lässt er sich dabei allein von seinen Sinneswahrnehmungen leiten. Er weiß, wie man Geräusche und Bilder zusammenfügen muss, damit sie sich irgendwann gegenseitig entzünden.«

Die Art, wie Lynch innovative Soundeffekte mit Musik kombiniert, ist einzigartig. Mit *Blue Velvet* wurde Musik zu einem der Hauptbestandteile seines kreativen Schaffens. Die Songs in *Blue Velvet* sind wie Figuren, die den Plot vorantreiben. In besonderer Weise gilt das für Roy Orbisons Hit »In Dreams« aus dem Jahr 1963 – eine schwermütige Ballade über Sehnsucht und Verlust, die als eine Art Schlüssel zum brodelnden Unterbewusstsein von Frank Booth funktioniert.

Da Dorothy Vallens eine Nachtclubsängerin ist, musste Rossellini im Film singen. Vorgesehen war Bobby Vintons Version des Songs »Blue Velvet«. Als Begleitung heuerte Lynch eine lokale Band an. »Die begriffen jedoch nicht, wie ich den Song interpretieren wollte«, berichtet Rossellini. Angesichts der Probleme bei der Umsetzung des Stücks griff Caruso ein und rief einen Freund aus New York an, Angelo Badalamenti. »Ich sagte zu ihm: ›Angelo, du musst mir helfen. Wir arbeiten hier mit diesem Mädchen, das nicht singen kann.‹ Darauf kam Angelo nach Wilmington.«

Rossellini berichtet: »Ich erklärte Angelo, dass Dorothy Vallens beim Singen in eine andere Welt abdriftet. Meiner Meinung nach hatte David den Namen Dorothy als Referenz auf *Der Zauberer von Oz* gewählt. Wenn Dorothy singt, betritt sie das Land hinter dem Regenbogen. Mein Gesang musste also getragen sein, damit ich die Möglichkeit hatte, das Land hinter dem Regenbogen genießen zu können. Angelo hat das voll und ganz verstanden. Da ich nicht einen Ton halten kann, nahm Angelo eine Silbe hier und ein Wort da und schnitt diese Stückchen so zusammen, dass sie am Ende den Gesang ergaben, der im Film zu hören ist. Er hat fantastische Arbeit geleistet. Es klang dann so wunderbar, dass ich später oft gefragt wurde, ob ich nicht auf der einen oder anderen Gala auftreten und singen könne.«

Badalamentis kundiger Umgang mit Rossellinis Gesang führte zu einer der langlebigsten kreativen Partnerschaften in Lynchs Karriere. Nach der Arbeit an diesem Song zeichnete Badalamenti nicht nur für die Filmmusik sämtlicher Film- und TV-Projekte Lynchs verantwortlich, sondern trat zudem als Schauspieler in *Blue Velvet* und *Mulholland Drive* auf und schrieb und performte zahlreiche Songs mit Lynch. »Ich bin kein ausgebildeter Musiker, aber zwischen Angelo, diesem wirklich großartigen Musiker, und mir gab es von Beginn an diesen tollen Dialog«, erklärt Lynch.

Ihre Zusammenarbeit begann mit einem Songtext für ein in *Blue Velvet* verarbeitetes Stück namens »Mysteries of Love«, den Lynch auf eine Serviette geschrieben hatte. »Eines Tages kam Isabella mit einem kleinen gelben Papierstück zu mir, auf dem in Davids Handschrift der Text von ›Mysteries of Love‹ stand. Später habe ich mir den Zettel einrahmen lassen«, erinnert sich Badalamenti. »Ich schaute es mir an und dachte nur: ›Das ist ja schrecklich. Was zum Teufel soll ich denn damit anfangen? Das ist doch kein Song.‹ Also rief ich David an und fragte ihn, was für eine Art Musik ihm dafür vorschwebte. Er antwortete: ›Sorg einfach dafür, dass es dahingleitet. Mach es endlos wie die Gezeiten des Ozeans in der Nacht.‹ Mit diesen Anweisungen setzte ich mich ans Piano und komponierte die Musik für ›Mysteries of Love‹.«[8]

Badalamenti rief dann Julee Cruise an, eine Sängerin, die er Anfang der Achtzigerjahre während eines Projekts mit einer Theaterkompanie in Minneapolis kennengelernt hatte. »Es passte einfach zwischen uns«, erinnert sich Cruise an das erste Treffen mit Badalamenti. »Ich sagte ihm dann, er könne mich gern anrufen, wenn sich jobtechnisch etwas ergeben sollte. Als es dann so weit war, erklärte mir Angelo, wie er sich den Gesang für den Song vorstellte, den er mit David geschrieben hatte: ›Sei einfach richtig sanft, und sing etwas tiefer und leiser als sonst.‹ Er wollte etwas sehr Pures.«

»Es ist eine weit verbreitete Fehleinschätzung, dass David verschroben ist. Er ist überhaupt nicht verschroben, sondern der lustigste, charismatischste Kerl auf dem Planeten«, fährt Cruise fort. »Der Song ›Mysteries of Love‹ landete auf dem Soundtrack von *Blue Velvet*, und das führte zu meinem Plattenvertrag bei Warner

Bros. Records. Im Grunde war es David, der meine Karriere ins Rollen brachte. Dank der Zusammenarbeit mit Angelo und David konnte ich der Welt zeigen, was ich wirklich draufhatte.«[9]

Badalamentis Beitrag zu *Blue Velvet* endete aber nicht an dieser Stelle. »David wollte ein Stück von Schostakowitsch benutzen, was er sich jedoch nicht leisten konnte«, berichtet Badalamenti. »Also fragte er mich, ob ich wie Schostakowitsch schreiben könne. Ich antwortete: ›Ich kann mich sicherlich nicht mit ihm vergleichen, aber diesen russischen Sound kann ich dir schon besorgen.‹« Lynch wurde klar, dass er mit Badalamenti und dessen riesigem Musikwissen eine wahre Goldmine entdeckt hatte.

Als die Dreharbeiten zu *Blue Velvet* im November 1985 abgeschlossen wurden, war der Schnitt schon voll im Gange. Lynch ist ein intuitiver aber kein impulsiver Filmemacher. Caruso führt dazu aus: »David hat nicht übermäßig viele Aufnahmen gemacht, denn er wusste genau, wie die Szenen sein sollten, mit welcher Kamerahöhe zu arbeiten war und welche Objektive sich am besten eigneten. Zudem spürte er es, wenn er hatte, was er brauchte, und ging dann einfach zur nächsten Szene weiter.« Trotz dieser Effizienz war *Blue Velvet* nach dem ersten Schnitt drei Stunden und siebenundfünfzig Minuten lang. »Der Film funktionierte auch in dieser Länge«, erklärt Dunham. »Als wir ihn David gezeigt hatten, sagte er: ›Großartig, aber es gibt ein Problem: Der Film darf nur halb so lang sein.‹ Wir mussten bei diesem Film ganze Sequenzen rausschmeißen, sodass sich der erste und der endgültige Cut stark voneinander unterscheiden.«

Elmes zufolge war das beim Schneiden verlorene Material in letzter Konsequenz überflüssig. »Es gibt komplette Szenen, die nicht im Film sind. Als ich jedoch Davids Cut sah, wurde mir klar, dass sie nichts zu dem großen Ganzen beigetragen hätten. Was David letztendlich auf die Leinwand brachte, war der eigentliche Film, seine Essenz. Es kam mir so vor, als wären all die Aufnahmen, die wir gemacht hatten, destilliert worden. Das Ergebnis hat mich umgehauen.«

Lynch und Badalamenti reisten nach Prag, um den Soundtrack für den Film aufzunehmen. »Das Land war zu dieser Zeit noch unter kommunistischer Herrschaft. Zudem war es Winter, als wir ankamen«, erinnert sich Badalamenti. »Die Leute auf der Straße, die Musiker, die Tontechniker – alle Menschen, auf die wir trafen, hatten Angst, mit uns zu sprechen. Niemand lächelte. Es war bizarr. Unsere Hotelzimmer waren verwanzt, beim Essen wurden wir mit Videokameras überwacht, und ständig folgten uns Männer in schwarzen Mänteln. Der Weg zum Studio war vereist. Als wir ankamen, mussten wir uns an den im Eingang stehenden Mülltonnen vorbeischieben. Wir gingen einen dunklen Flur mit flackernden Lampen entlang und stiegen eine lange Treppe hinauf in das noch schlechter beleuchtete Studio. Die Stimmung der Menschen, die Gebäude und diese große Stille waren die perfekte Umgebung, um die Musik für *Blue Velvet* aufzunehmen. David war begeistert.

Während unserer Zeit im Studio sagte David: ›Angelo, ich möchte, dass du mir ein paar Tracks aufnimmst, die wir Brennholz nennen werden. Ich will sie als Grundlage für das Sounddesign im Film benutzen. Am besten verwendest du tief klingende Instrumente wie Cello und Bassgitarre und nimmst ein paar lange und langsame Stücke auf‹«, führt Badalamenti fort. »Ich schrieb eine zehnminütige Komposition mit ganzen Noten, die ich dann zu einem sehr langsamen Clicktrack aufnahm und mit Kratzgeräuschen vom Bogen versetzte. Als David später mit diesen ohnehin schon langsamen Aufnahmen arbeitete, spielte er sie in halber und manchmal geviertelter Geschwindigkeit ab. Dieses Brennholz, wie er es nannte, legte er dann unter den Film. Das haben wir später noch sehr oft gemacht.«

Nach Ende der Dreharbeiten quartierte Lynch sich in einem Apartment in Berkeley ein, wo die Postproduktion stattfand. »Das war eine angespannte Zeit«, erinnert sich Fisk. »Zu Weihnachten schenkte ich ihm eine Lederreisetasche voller Kohlestücke. Trotz allem versuchten wir die Sache irgendwie zusammenzuhalten. David verbrachte Weihnachten mit mir und Silvester mit Isabella. Wir sprachen offen über die Situation. Ich signalisierte David, dass es für mich okay war, wenn wir weiterhin verheiratet blieben und er sich die Freiheiten nahm, die er brauchte. Vielleicht, so glaubte ich, würde unsere Beziehung die Sache ja überstehen. Ich versuchte mich mit der Situation zu arrangieren, aber ich konnte es nicht. Mein Herz war gebrochen. Ich lief wie ein Gespenst durch die Gegend, als wüsste ich nicht, wo ich war. Ich hatte meinen besten Freund verloren.

Wir blieben trotz allem immer in Verbindung«, fügt sie hinzu. »Da ich ohne Vater aufgewachsen war, wollte ich meinen Sohn vor diesem Schicksal bewahren und auf keinen Fall seiner Beziehung mit David im Weg stehen. Ich ließ einen zweiten Telefonanschluss im Haus installieren, damit David und Austin jederzeit miteinander sprechen konnten, was sie auch jeden Tag taten. David war immer da und hat sich um uns gekümmert. Meine eigene Erziehung war ziemlich sonderbar und sehr streng. Ich verdanke David eine Menge, denn er hat mir viel über das Leben beigebracht. Er ist ein durch und durch guter Kerl, und ich bin ihm für alle Zeit dankbar.«

Lynchs Privatleben war also ziemlich durcheinander, als der Film zum ersten Mal in De Laurentiis' Hauptquartier auf dem Canon Drive in Beverly Hills gezeigt wurde. Auch dieses erste Screening lief nicht unbedingt glatt. »Es waren nur eine Handvoll Leute da«, erinnert sich Caruso. »Dino, Dinos rechte Hand Fred Sidewater, David und ein paar andere. Als der Film durch war und die Lichter angingen, herrschte zunächst Stille. Alle schauten sich an, bis Dino schließlich sagte: ›Diesen Film wird kein Verleih ins Programm nehmen. Also werde ich meinen eigenen Filmverleih gründen und *Blue Velvet* selbst verleihen.‹ Dino zahlte für den Vertrieb, die Vorführkopien und das Marketing.«

Erst einmal standen jedoch einige Preview-Screenings an. »Ich erinnere mich, dass ich auf einem Preview im San Fernando Valley war. Es war die schlimmste Voraufführung, die ich je erlebt habe«, berichtet Rick Nicita. »Die Intensität der Figuren, das Leid von

Isabella – das wirkte auf viele wie ein Albtraum. Manche flüchteten regelrecht aus dem Kino! In meiner Erinnerung rannten manche Leute förmlich die Gänge hoch, um der Vorstellung zu entkommen! Am nächsten Tag saßen David, ich, Raffaella, Dino und ein paar andere Leute in Dinos Büro zusammen, um die Bewertungsbögen des Preview-Publikums durchzuschauen. Es war bitter. Die Kommentare auf diesen Bögen reichten von ›Hängt den Regisseur!‹ über ›Wer hat denn das verzapft?‹ bis zu ›Einfach schrecklich!‹. Als wir die Bewertungen gelesen hatten, schaute sich Dino um und sagte: ›Scheiß auf diese Leute. Die haben keine Ahnung. *Blue Velvet* ist ein brillanter Film. Wir werden kein einziges Bild herausschneiden und ihn so, wie er ist, ins Kino bringen. Die Kritiker werden ihn lieben, und sein Publikum wird er auch finden.‹ Dino war ein toller Kerl.«

De Laurentiis hatte natürlich recht, aber es dauerte eine Weile, bis *Blue Velvet* sein Publikum fand. Anfang September 1986 wurde der Film auf dem Telluride Film Festival gezeigt, auf dem traditionell das hippste Filmpublikum des ganzen Landes anzutreffen ist.»Die Leute wussten nicht, ob sie lachen oder aus ihren Sitzen aufspringen und hinauslaufen sollten«, erinnert sich Laura Dern, die das Event zusammen mit Lynch und MacLachlan besuchte.»Heutzutage findet das Filmpublikum relativ schnell auch die eher ungewöhnlichen Filme komisch oder unterhaltsam. Davids Mut in Bezug auf den Ton eines Films war jedoch etwas vollkommen Neuartiges. Vor David hat niemand Dinge gezeigt, die traurig und lustig zugleich waren, furchterregend und doch komisch, sexuell, aber auch sonderbar. *Blue Velvet* ist all das. Mit dem Anfang des Films wird man in eine Welt katapultiert, in der sich alles echt, aber auch unecht anfühlt. Alles ist so perfekt, aber man kann diesem Eindruck nicht vertrauen. Dann bekommt man die Schattenseiten des Ganzen zu sehen. Das Intro allein ist einfach überwältigend. Ich denke, das Publikum auf diesem Festival war nicht dafür bereit.«

Die offizielle Premiere des Films fand im August 1986 beim Montreal World Film Festival statt. Am 19. September 1986 lief *Blue*

Velvet in den Staaten an und wurde in achtundneunzig Kinos gezeigt. Auch wenn einige Zuschauer den Film in unerträglichem Maße verstörend fanden, brachte er Lynch eine Oscar-Nominierung in der Kategorie Beste Regie ein, sorgte für den Neustart der Karriere von Dennis Hopper und wurde zum festen Bestandteil der Lehrpläne von Filmhochschulen auf der ganzen Welt.

Wie erwähnt, sorgte *Blue Velvet* beim Kinostart für einige Aufregung. »Ich hatte keine Ahnung, dass der Film so umstritten sein würde«, berichtet Rossellini. »Die Kontroverse war ziemlich heftig, und ich denke, ich war die Hauptleidtragende. Leute, die den Film mochten, lobten David – der es natürlich auch verdient hatte, schließlich war *Blue Velvet* in erster Linie sein Kunstwerk. Leute, denen der Film jedoch nicht gefiel, äußerten sich oft zu meiner Person: dass ich doch nur ein Model und zudem noch Ingrid Bergmans Tochter wäre; dass ich es mit dieser Rolle darauf angelegt hätte, mein Image zu zerstören; dass ich nur gegen mich selbst rebellieren würde und so weiter. Vieles davon war pure Fantasie.«

Der Filmkritiker Roger Ebert schien besonders aufgebracht. Er beschuldigte Lynch der Misogynie und schrieb, Rossellini würde »vor der Kamera erniedrigt, geschlagen, gedemütigt und ausgezogen. Wenn du schon einer Schauspielerin Derartiges antust, dann halt doch wenigstens deinen Teil des Deals ein und sorge dafür, dass es in einem bedeutenden Film geschieht.« Zweifelsohne haben Eberts Worte den Test der Zeit nicht so gut bestanden wie die Zeilen von Pauline Keal, der Hohepriesterin der Filmkritik. In *The New Yorker* beschrieb sie Lynch als »populistischen Surrealisten«, huldigte MacLachlans Leistung als »phänomenal« und fasste *Blue Velvet* als eine Erforschung »der Mysterien und des Wahnsinns, die sich im Normalen verbergen« zusammen. »Lynchs Einsatz von irrationalem Material erzielt durchaus die angestrebte Wirkung: Auf einer uns nicht vollkommen bewussten Ebene verstehen wir seine Bilder.«[10]

Caruso erinnert sich: »Wir waren überrascht, dass der Film eine solche Sensation wurde. Wir gingen zwar auch nicht von einem totalen Desaster aus, aber wir hätten nicht gedacht, dass die Leute über Jahrzehnte hinweg von diesem Film sprechen würden. Die meisten Kritiker damals mochten ihn. Diejenigen, die ihn negativ bewerteten, haben meiner Meinung nach nicht verstanden, was sie da auf der Leinwand gesehen hatten. *Blue Velvet* ist ein Film, den man ein paarmal anschauen muss, um alle Nuancen und Details zu erfassen.«

»*Blue Velvet* ist möglicherweise Davids bester Film«, erklärt Jack Fisk. »Nach *Der Wüstenplanet*, der eine schreckliche Erfahrung für ihn war, bekam er sozusagen als Trost von Dino die Zusage: ›Jetzt kannst du den Film machen, den du machen willst.‹ Es gab da viel in ihm, dem er Ausdruck verleihen wollte. *Blue Velvet* war dann so eine Art Entfesselung – ein Film, bei dem er all diese Dinge herausließ, die er bis dato zurückgehalten hatte.«

Jahrzehnte später organisierte MacLachlan im Rahmen einer Wohltätigkeitsveranstaltung ein Screening von *Blue Velvet*. »Ich glaube, ich hatte den Film seit dem Kinostart nicht mehr gesehen und wusste nicht so recht, was mich erwartete«, erinnert sich MacLachlan an die Veranstaltung. »Aber kaum lief der Film, hatte mich die Story gepackt. Meiner Meinung nach ist es ein perfekter Film.«

Nach *Der Wüstenplanet* war ich einfach fertig und ausgelaugt. Meditation hat mich schon oft gerettet, und so war es auch dieses Mal. Es war eine finstere Zeit. Es half sicherlich, dass ich andere Drehbücher in der Schublade hatte. So dachte ich über das nach, was als Nächstes kommen würde, aber es war mir unmöglich, *nicht* über all die Zeit nachzugrübeln, die ich mit der Arbeit an *Der Wüstenplanet* verbracht hatte. Wenn du nicht die Freiheit hast, nach deinen eigenen Vorstellungen zu arbeiten und die Sache dann schiefgeht, fühlst du dich, als hättest du deine Ideale verraten und damit auch die Schmach verdient. Ich hatte mich gleich am Anfang des Projekts verkauft. Ich wusste, wie Dino war. Ich wusste, dass ich bei ihm nicht das Recht auf den Endschnitt hätte und mich permanent nach den Vorgaben anderer richten müsste. Es war einfach schrecklich.

Ich lernte, was Scheitern bedeutet. In gewisser Weise ist Scheitern eine wunderschöne Sache, denn wenn sich der Staub erst mal gelegt hat, kann es eigentlich nur noch aufwärtsgehen, und das ist ein sehr befreiendes Gefühl. Du kannst nichts mehr verlieren, sondern nur noch gewinnen. Du bist am Boden, und alle Welt weiß, dass du am Boden liegst, es vergeigt hast und ein Loser bist. Alles, was du in dieser Situation tun kannst, ist, »Okay, was soll's?« zu sagen und weiterzuarbeiten.

Oft kommen mir Ideen, von denen ich nicht weiß, was sie eigentlich bedeuten oder wie sie ins Bild passen, aber dann schreibe ich sie auf, und eine Sache führt zur nächsten. In gewisser Weise tue ich also gar nichts, sondern lasse die Dinge laufen. Ich versuche einfach, der Idee treu zu bleiben. Für *Blue Velvet* habe ich an die vier Drehbuchversionen geschrieben, die gar nicht so komplett unterschiedlich waren, aber ich musste erst mal meinen Weg finden. Beim Dreh von *Der Wüstenplanet* gab ich Kyle ein unvollendetes Skript von *Blue Velvet*.

Als der Song »Blue Velvet« rauskam, mochte ich ihn nicht. Es war kein Rock'n'Roll, wurde aber während der Geburtsjahre des Rock'n'Roll veröffentlicht und stand damit im Kontrast zu der Power dieser neuen Musik. »Blue Velvet« war eine schmalzige Nummer, mit der ich nichts anfangen konnte. Doch dann hörte ich eines Abends diesen Song, und in meinem Kopf tauchten Bilder von einem grünen Rasen in der Nacht und roten Frauenlippen, die man durch ein Autofenster sieht, auf. Dann war da noch so eine Art helles Licht, das auf dieses weiße Gesicht und diese roten Lippen traf. Diese Elemente und die Textzeile »And I still can see blue velvet through my tears« setzten alles in Gang.

Wenn eine Figur auftaucht und du allein am Drehbuch schreibst, dann stellt sie sich selbst vor. Sie fängt an zu sprechen und verrät dir mit der Zeit immer mehr von sich. Manches davon ist ziemlich überraschend, denn jeder ist eine Mischung aus Gut und Böse. Jeder Mensch hat diese Seiten, aber ich denke, die meisten sind sich der Schattenseiten in ihrem Inneren nicht bewusst. Die Leute reden sich etwas ein und glauben von sich selbst, schon ganz in Ordnung zu sein, während die wirklichen Makel bei den anderen zu suchen sind. Aber die Menschen haben Sehnsüchte. Wie Maharishi sagt, ist im menschlichen Wesen der beständige Wunsch verankert, mehr zu wollen. Und dieser Wunsch hilft dir, dein wahres Ich zu sehen. Irgendwann findet jeder seinen Weg.

Ein wichtiger Teil des Drehbuchs von *Blue Velvet* kam in einem Traum zu mir, an den ich mich aber erst eine ganze Weile später erinnerte. Ich weiß nicht mehr warum, aber am Tag nach dem Traum musste ich für ein Meeting zu den Universal Studios fahren. Im Vorzimmer zum Büro meines Gesprächspartners bat mich die Sekretärin, noch ein wenig zu warten, da ihr Boss noch zu tun habe. Ich setzte mich auf die Couch oder den Stuhl, der bei ihrem Schreibtisch stand, und wie ich da so saß, erinnerte ich mich an den Traum und bat die Sekretärin um Stift und Papier. Ich notierte mir zwei Dinge, die in dem Traum vorkamen: Ein Polizeifunkgerät und eine Pistole. Das reichte mir schon. Ich sage ja immer, dass mir Nachtträume nichts bringen, weil es die Tagträumereien sind, die ich mag. Mir gefällt jedoch die Logik von Träumen. Da kann alles Mögliche passieren, und irgendwie ergibt es dann auch Sinn.

Richard Roth ging mit mir zu Warner Bros., wo ich einem seiner Studiofreunde die Idee zu *Blue Velvet* vorstellen sollte. Ich erzählte ihm also von diesem Typen, der ein menschliches Ohr auf einem Feld findet, und erläuterte noch einige andere Elemente der Story. Mit einem Mal wandte sich der Warner-Mann an Richard und sagte: »Das denkt der sich doch jetzt aus, oder?« Ich schrieb dann zwei Drehbuchentwürfe. Die zweite Fassung zeigte ich dem Gentleman bei Warner Bros., aber er mochte sie nicht. Er sagte, die Story sei fürchterlich.

Der Anwalt, der mich damals beriet, hatte mir nicht gesagt, dass sich die Rechtelage für *Blue Velvet* durch mein Gespräch bei Warner Bros. verändert hatte und ich aktiv werden musste, wenn ich das Drehbuch zurückhaben wollte. Ich weiß ehrlich gesagt nicht, wie das genau abgelaufen ist – das Ganze war der reinste Horror für mich. Ich ging nach Mexiko, um *Der Wüstenplanet* zu drehen und war die gesamte Zeit über der Meinung, dass ich ja noch die Bücher für *Blue Velvet* und *Ronnie Rocket* hatte, die ganz allein mir gehörten. Nachdem *Der Wüstenplanet* angelaufen war und die Aufregung sich gelegt hatte, setzte ich mich mit Dino und Rick Nicita zusammen. Dabei stellte sich heraus, dass Warner Bros. die Rechte an *Blue Velvet* hatte. Ich wäre am liebsten gestorben. Dino klemmte sich dann hinters Telefon und rief den Chef des Studios an. Gerüchten zufolge soll Lucy Fisher den Flur runtergerast sein, um ihm vom Verkauf abzuraten, aber Dino hat das Skript trotzdem von Warner bekommen, und damit war die Angelegenheit erledigt. In gewisser Weise könnte man sagen, dass er mir *Blue Velvet* zurückgegeben hat, denn Dino war derjenige, der es mir ermöglichte, den Film zu machen und mir das Recht zum Endschnitt überließ. Das war jedenfalls die Geschichte, wie das Skript bei Dino landete. Richard Roth war noch bis zu einem bestimmten Punkt in das Projekt involviert, entschied dann aber irgendwann, dass es besser wäre, Dino den Laden schmeißen zu lassen. Trotzdem ist Richard als ausführender Produzent des Films in den Credits aufgeführt, denn auch er hat einen Beitrag geleistet. Richard war es auch, der den Namen Slow Club für den Laden vorschlug, in dem Dorothy Vallens auftritt.

Der Produzent von *Blue Velvet* war Fred Caruso. Ich liebe ihn, er ist ein Engel. Es gibt Menschen, die dich allein durch ihre Worte mit einem Gefühl der Zuversicht und Sicherheit erfüllen. Fred war einer von diesen Menschen. Er war sehr ruhig, sehr italienisch. Er hatte so eine gewisse Art an sich, mit der er mich stets besänftigen konnte. Fred sagte zwar oft zu mir,»Ich habe keine Ahnung, was du da machst«, aber er war ein wirklich guter Produzent.

Dann gingen wir nach Wilmington, wo Dino in seinem Studiokomplex dreizehn Filme auf einmal drehen ließ. Wir waren das unbedeutendste Projekt von allen, aber wir hatten eine unglaublich schöne Zeit. Obwohl wir der Film mit dem kleinsten Budget waren, fühlte sich *Blue Velvet* für mich an wie der Aufstieg aus der Hölle in den Himmel. Ich hatte unfassbar viele Freiheiten. Selbst als das Budget reduziert werden musste, hatte ich nicht das Gefühl, irgendetwas opfern zu müssen, denn ich konnte improvisieren und etwaige Engpässe und Probleme umgehen. Damals gab es noch nicht so viele Regeln. Heute hingegen gibt es jede Menge Regeln und Auflagen. Es wird von Mal zu Mal schwieriger, mit dem Geld auszukommen. Schaffst du es nicht, bleiben zwei Möglichkeiten: Entweder lässt du bestimmte Elemente raus, oder du wirst auf der Suche nach Alternativen komplett wahnsinnig.

Wir hatten alle mächtig Spaß bei diesem Projekt und wurden gute Freunde. Kein Wunder eigentlich, schließlich waren wir alle für eine ziemlich lange Zeit ziemlich weit weg von zu Hause. Wir aßen gemeinsam zu Abend, sahen einander täglich und arbeiteten zusammen. Das alles gibt es heute nicht mehr. Die Leute kommen kurz dazu und verschwinden dann wieder. Gemeinsame Abendessen sind Vergangenheit. Ich weiß auch nicht, was sich da verändert hat. Jetzt gibt es jedenfalls diesen immensen Druck, und ich meine wirklich immens. Das macht mich fertig. Drehs müssen von Mal zu Mal schneller laufen. Bei *Blue Velvet* haben wir im Mai angefangen und waren an Thanksgiving durch. Die Zeiten derart langer Drehs sind einfach vorbei.

Ich weiß noch, wie Dino am Anfang zum Set kam, um sich die Aufnahmen des Tages anzuschauen. Wir hatten einen Tag lang Steadicam-Aufnahmen im Treppenhaus von Dorothys Apartment gemacht. Als die Aufnahmen des Tages vom Labor kamen, merkte Fred, dass das Objektiv der Kamera kaputt gewesen war. Sie waren so dunkel, dass man fast nichts erkennen konnte. Dino regte sich mächtig darüber auf. Ich sagte nur: »Dino, beruhig dich. Das Objektiv war kaputt. Wir nehmen es einfach noch einmal auf.«

Kyle bekam den Part von Jeffrey Beaumont, denn Kyle ist ebenso unschuldig wie Jeffrey und ein derart typisch amerikanischer Bursche, dass er einen an die Hardy Boys erinnert. Jeffrey ist neugierig und hat etwas von einem Detective. Gut möglich, dass das auf alle Menschen zutrifft, aber bei ihm ist diese Seite besonders stark ausgeprägt. Außerdem mag er Frauen, und er mag Geheimnisse. Für die Rolle der Sandy schaute ich mir eine Menge Darstellerinnen an. Laura Dern war jedoch die perfekte Besetzung. Sandy ist clever und hat ein spielerisches Wesen. Sie ist ein braves Mädchen, aber was in ihr vorgeht, ist besonders … sie hat so etwas Verträumtes in sich und auch eine große Neugier. Sie ist die Tochter eines Detectives. Laura passte einfach: Sie war genau das Mädchen, in das Jeffrey sich hätte verlieben können. Ihre Liebe hatte jedoch nichts Dunkles an sich, sondern war rein und unschuldig.

Dennis Hopper ist ein großartiger Schauspieler. Ich mochte ihn sehr in *Giganten*, *... denn sie wissen nicht, was sie tun* und *Der amerikanische Freund*. Man riet mir jedoch davon ab, Dennis zu engagieren. Die Leute sagten mir Sachen wie: »Nein, das kannst du nicht machen. Dennis wird sich die Rübe zuballern und dir niemals das geben, was du brauchst.« Ich wollte Dennis jedoch dabeihaben, denn ich wusste, dass er der perfekte Darsteller für die Rolle des Frank Booth war. Ich sprach auch mit einigen anderen Schauspielern über diesen Part. Irgendwann rief der Agent von Dennis an und meinte, Dennis wäre clean und weg vom Alkohol. Außerdem hätte er gerade einen anderen Film abgedreht und sich sehr gut mit dem Regisseur verstanden. Er würde mich gern wegen der Rolle sprechen, sagte der Agent. Dann rief Dennis an und meinte: »Ich muss Frank Booth spielen, denn ich *bin* Frank Booth.« Ich antwortete darauf bloß, dass das sowohl eine gute als auch eine schlechte Nachricht sei. Ich hatte keinerlei Vorbehalte, ihn zu engagieren.

Für mich ist Dennis der Coolste überhaupt. Er ist der absolute Traumrebell: Romantiker und harter Kerl in einer Person, einfach perfekt. Das ist eine Sache, die aus den Fünfzigerjahren stammt. Es gibt da diese Szene im Film, in der Dennis im Club sitzt und Dorothy beim Singen zuschaut. Er weint dabei – es ist absolut großartig. Das ist eine Seite dieser romantischen Rebellen aus den Fünfzigern: Da weint ein Kerl, was absolut in Ordnung und cool ist, und in der nächsten Minute prügelt er jemandem die Scheiße aus dem Leib. Heutzutage weinen die harten Kerle nicht mehr, was ziemlich unglaubwürdig wirkt. In den Fünfzigerjahren jedoch, da hatten sie diese poetische Seite.

Als Dennis seine erste Szene als Frank Booth mit Dorothy spielte, habe ich unkontrolliert loslachen müssen, teilweise weil ich so glücklich war. Diese Intensität, diese Besessenheit, diese Getriebenheit von Frank – so hatte ich es mir vorgestellt. Wenn Leute sich derart besessen verhalten, dann hat das für mich auch etwas Humorvolles. Ich fand seine Darbietung wunderbar. Seine Performance war ganz einfach perfekt. Von der ersten Sekunde an bis zum Ende: Dennis war Frank Booth.

Ursprünglich sollte Dennis »In Dreams« singen, aber dann hat Dean Stockwell das übernommen. Die Art, wie das zustande kam, war fantastisch. Dean und Dennis kannten sich seit Ewigkeiten und waren Freunde. Dean sollte mit Dennis an dem Song arbeiten, also probten sie gemeinsam. Sie standen beide da, wir machten die Musik an, und Dean sang perfekt lippensynchron. Auch Dennis war am Anfang gut dabei, aber die Drogen hatten sein Gehirn so zermatscht, dass er den Text nicht behalten konnte. Als ich aber sah, wie Dennis Dean anschaute, dachte ich nur: »Mann, das ist doch absolut perfekt.« Und so haben wir die Rollen der beiden in dieser Szene vertauscht. In diesem Geschäft ist Glück von immenser Bedeutung. Warum ist die Sache so abgelaufen, wie sie abgelaufen ist? Man könnte wahrscheinlich eine Million Jahre darüber nachdenken und würde trotzdem nicht daraufkommen, dass diese Variante die beste von allen ist. Wenn du es dann aber vor dir siehst, macht es klick!

Dann war also klar, dass Dean singen würde. Frank sagt: »A candy-colored clown they call the sandman«, legt die Kassette ein, und Dean greift sich die Lampe. Keiner wusste, woher die gekommen war. Patty Norris [die Produktionsdesignerin] hatte sie nicht dorthin gelegt und ich auch nicht. Dean aber dachte, sie wäre für ihn bestimmt. Es war eine einfache Arbeitslampe, und sie eignete sich perfekt als Mikrofon. Einfach perfekt. Ich liebe das Ding. Bevor wir die Szene drehten, hatten wir draußen auf der Straße eine tote Schlange gefunden. Brad Dourif schnappte sich die Schlange und tanzte im Hintergrund mit ihr auf der Couch herum, während Dean »In Dreams« sang. Ich fand das absolut in Ordnung und hatte nichts dagegen.

Isabella lernte ich am 3. Juli in einem Restaurant in New York kennen. Es war ein komischer Abend, wirklich komisch. Ich war mit dem Ex-Mann von Raffaella De Laurentiis unterwegs. Wir waren auf dem Weg in irgendeinen Club und legten einen Zwischenstopp in diesem Restaurant ein, um eine Limonade zu trinken. Ich befand mich zu dieser Zeit in Dinos Welt: Ich flog die ganze Zeit mit der Concorde und wurde in Limos herumchauffiert. Keine Ahnung, wie es dazu gekommen war. Jedenfalls saß ich in Dinos Restaurant, und eine Sache muss man Dino einfach lassen: Er achtete darauf, dass das italienische Essen, das es dort gab, das absolut beste war. Jedenfalls entdeckten wir ein paar Leute aus Dinos Büro an einem der Tische, und als wir das Restaurant verlassen wollten, gingen wir noch kurz rüber und sagten Hallo. Wir setzten uns dann dazu, und ich meinte zu einer der Frauen: »Du könntest die Tochter von Ingrid Bergman sein.« Irgendjemand erwiderte darauf: »Mann! Das *ist* die Tochter von Ingrid Bergman!« Das waren also die ersten Worte, die ich zu Isabella sagte. Während wir uns dann unterhielten, schaute ich sie immer wieder an und dachte nach. Ich sprach auch mit Helen Mirren über die Rolle der Dorothy, aber sie lehnte ab. Sie meinte: »David, irgendetwas stimmt da noch nicht. Dorothy sollte ein Kind haben.« Und sie hatte recht. Helen Mirren ist eine großartige Schauspielerin, und das mit dem Kind war ihre Idee. Es gibt Frauen, die auch ohne Kind so auf Frank Booth reagiert hätten wie Dorothy. In gewisser Weise sind sie Opfer und würden sich wahrscheinlich wie Dorothy verhalten, wenn sie sich einem so meisterhaften Manipulator wie Frank gegenübersähen. Dorothys Verhalten ist allerdings sehr viel leichter nachvollziehbar, wenn man sie als Mutter wahrnimmt, die ihr Kind beschützt.

Isabella ist einfach perfekt für *Blue Velvet* – ich hatte sehr viel Glück. Zum einen ist Isabella eine Ausländerin, was sie von vornherein verletzlich und anfällig für Manipulationen macht. Zum anderen ist da ihre unglaubliche Schönheit. Gleichzeitig strahlen ihre Augen eine gewisse Angst aus, und sie könnte durchaus eine Person mit Problemen sein. Die Kombination aus all diesen Dingen passte hervorragend zu Dorothy. Ich wusste, dass Isabella damals erst einen

Film gedreht hatte, aber das war mir egal. Ich war sicher, dass sie es hinbekommen würde. Die Leute haben sich an eine bestimmte Art von Attraktivität und Schönheit in Filmen gewöhnt. Wenn du aber auf die Straße gehst und dir die Gesichter der normalen Menschen anschaust, wirst du feststellen, dass viele von denen das haben, was man braucht. Vielleicht könnten sie nicht unbedingt einen ganzen Film tragen, aber eine Rolle könnten sie ganz sicher spielen.

Unter dem Apartment, in dem wir die Szene mit Dean Stockwell drehten, war eine Bar namens This Is It. Wir besuchten diese Bar, um sie uns als mögliche Location für den Film anzusehen. Dort gab es auch Käfige, in denen Go-go-Girls tanzten. Mit einer der Tänzerinnen kam ich ins Gespräch. Sie hieß Bonnie und war einfach toll. Wie sie aussah und wie sie redete – unglaublich. Ich fragte sie, ob sie in unserem Film auftreten würde. Sie tanzte dann auf dem Dach von Franks Auto, was absolut perfekt war. Im Grunde war das ein nicht geplantes Element des Films; ein Mädchen, das ich in einer Bar in Wilmington kennenlernte. Ich mochte sie wirklich sehr.

Wenn ich ans Set gehe, ist es nicht so, als hätte ich mir alles schon in meinem Kopf zurechtgelegt. Ich mag es, zu proben und an den Sachen zu arbeiten. Dann holst du irgendwann den Kameramann dazu und zeigst es ihm. Freddie meinte immer, er schaut sich einfach nur an, wo ich während der Proben sitze, damit er weiß, wo er die Kamera aufbauen wird, und das stimmt auch irgendwie. In dieser Situation, also am Set oder am Drehort, sieht man die Sache nämlich zum ersten Mal in ihrer Ganzheit. Die Darsteller haben ihre Sachen an, sind geschminkt, und du probst mit ihnen. In diesem Moment wird die Idee des Ganzen lebendig, und dir wird klar, wie du es anstellen musst. Deshalb sind diese Proben so wichtig. Ich mache nicht viele Takes, vielleicht vier, höchstens sechs. Irgendwann entwickelt man eine sehr komprimierte Art der Kommunikation. Wenn man meine Anweisungen für die Darsteller hören könnte, würde man manchmal sicher sagen: »Was zum Teufel soll jemand damit anfangen?!« Wenn man einen Menschen jedoch richtig intensiv ansieht, entsteht eine andere Art der Kommunikation. Schauspieler und Musiker nehmen das wahr und verstehen es. Es kommt bei ihnen an. Ich weiß nicht, wieso, aber oft reicht schon ein Wort oder eine Geste, damit es beim nächsten Mal besser klappt. Nach einer weiteren Probe ist die Sache dann perfekt.

Bei unseren Drehs hatten wir manchmal Anwohner als Zuschauer, aber ich habe sie nicht groß beachtet. Ich konzentriere mich auf die Darsteller und kümmere mich nicht darum, was hinter mir abläuft. Das hätte mich sehr wahrscheinlich nur verrückt gemacht. Ich muss mich konzentrieren und die Szene in den Kasten kriegen. Darum geht's. Alles andere ist nur Bullshit, der mich wahnsinnig macht und ablenkt. Das blende ich aus. Dein Blick muss auf den Donut gerichtet sein, nicht auf das Loch in seiner Mitte.

Die Story, wie Isabella »Blue Velvet« performte, wird oft falsch erzählt. Es lief folgendermaßen ab: Isabella hatte den Song von Notenblättern gelernt, die sie von ihrer Gesangslehrerin, einer alten Lady, bekam. Diese Noten wichen allerdings von der Bobby-Vinton-Version des Stücks ab. Ich heuerte dann eine lokale Band als Begleitung an – nichts Besonderes, aber doch gute Musiker. Isabella hatte jedoch die falsche Version einstudiert, sodass es einfach nicht passte und schräg klang. Ich meinte dann zu Fred Caruso: »Fred, wir müssen bloß weiter daran arbeiten, dann kriegen wir das auch hin.« Fred antwortete: »David, das wird nicht klappen. Lass mich meinen Freund Angelo anrufen, damit er uns hilft.« Ich sträubte mich dagegen und sagte: »Ich will es aber so hinbekommen.« Irgendwann merkte ich jedoch, dass es nicht funktionieren würde und sagte zu ihm: »Hey, Fred, ruf deinen Freund Angelo an.« Angelo setzte sich am nächsten Tag in den Flieger und kam zu uns nach Wilmington. Isabella war in einem Bed and Breakfast untergebracht, wo ein Klavier in der Lobby stand. Angelo arbeitete dann dort mit ihr an dem Song. Wir drehten an diesem Tag die Szene, in der Mr. Beaumont den Herzinfarkt hat und mein Hund Sparky, die Liebe meines Lebens, seinen Auftritt bekommt. Mittags kam Fred mit Angelo zum

Drehort. Ich begrüßte ihn, und er spielte mir auf einem kleinen Kassettenrekorder eine Aufnahme vor, auf der Isabella sang und er sie auf dem Klavier begleitete. »Angelo«, sagte ich, »das könnten wir direkt in den Film schneiden, so gut klingt das. Toll gemacht!«

Ich wollte ein Stück mit dem Titel »Song to the Siren« von This Mortal Coil für den Film haben. Es musste dieses Stück sein. Ich meinte zu Fred: »Klemm dich dahinter. Du musst mir das Stück besorgen, Mann!« Fred sagte: »David, mit diesem Song gibt es gleich eine Reihe von Problemen.« Hauptsächlich ging es ums Geld – Geld, Geld, Geld. Fred sagte dann: »David, du schreibst doch ständig kurze Texte auf irgendwelche Zettel. Warum machst du nicht ein paar Lyrics daraus und schickst sie Angelo, damit er einen Song dazu schreibt?« Ich antwortete: »Fred, es gibt ungefähr siebenundzwanzig Millionen Songs, aber von denen will ich keinen. Ich will diesen einen Song. Ich will ›Song to the Siren‹ von This Mortal Coil für den Film. Ich denke nicht, dass ich nur ein paar Zeilen auf einen Zettel schreiben muss, damit ein Typ, den ich kaum kenne, einen Song daraus macht, der das Stück übertrifft, das ich eigentlich will. So funktioniert das nicht. Nicht in einer Million Jahren. Sei realistisch, Fred!«

Angelo und Fred sind allerdings zwei ausgefuchste Italiener. Fred wusste, dass ich in der Sache drinstecken würde, wenn ich erst mal einen Songtext an Angelo geschickt hätte. Sobald du dich auf diese Weise an etwas beteiligst, steigt die Chance, dass du auch das Endprodukt mögen wirst. Es war eine Art Trick der beiden. Als ich eines Abends draußen herumlief, kamen mir ein paar Ideen. Ich schrieb sie auf und schickte sie Angelo. Der lachte nur, als er sie sah. »Das ist der schlimmste Songtext aller Zeiten!«, meinte er. »Es reimt sich nicht und hat auch sonst keine Form!« In dieser Hinsicht ist Angelo etwas altmodisch. Er machte sich dann an die Arbeit, komponierte ein Stück und nahm mit einer Sängerin eine Version dieses Songs auf, die jedoch nicht die Qualität hatte, die mir vorschwebte. Ich sagte ihm, dass mir zwar die Melodie gefiele, das Ganze aber fragiler und ätherischer klingen müsste. Dann engagierte er Julee Cruise als Sängerin. Die beiden arbeiten an dem Stück, nahmen es wieder und wieder auf. Julee leistete wundervolle Arbeit und Angelo auch, einfach wundervoll. Ich musste zugeben, dass mir das Stück gefiel. Vielleicht hing es auch damit zusammen, dass ich den Text geschrieben hatte. Das ist schon möglich. Jedenfalls gefiel es mir wirklich sehr gut.

Trotzdem zögerte ich noch, weil ich ja eigentlich »Song to the Siren« haben wollte. Kein anderes Stück konnte dem Lied das Wasser reichen, auch wenn ich »Mysteries of Love« sehr mochte. »Song to the Siren« wurde von Elizabeth Fraser gesungen, und wie ich hörte, lebte sie eher abgeschieden und scheute die Öffentlichkeit. Wie dem auch sei, sie hatte es jedenfalls drauf. Ich glaube, ihr Freund hat diese wahnsinnig hallende Gitarre bei dem Song gespielt. Mit dem Stück haben sie etwas Magisches erschaffen, das fast schon kosmische Dimensionen erreicht. »Mysteries of Love« hat zwar auch diese sich öffnende, kosmische Komponente, ist aber wärmer und für zwei Leute gemacht.

Später konnte ich dann »Song to the Siren« doch noch verwenden und brachte es in *Lost Highway* unter. Am Ende war »Mysteries of Love« für *Blue Velvet* ziemlich perfekt. Man weiß nie, wie sich solche Sachen entwickeln. Angelo ist jedenfalls der Beste, ein Engel. Er ist wie ein Bruder für mich und schreibt unheimlich schöne Musik. Unsere Verbindung ist Schicksal, anders kann ich es mir nicht erklären. Es macht unheimlich viel Spaß, mit ihm zu arbeiten.

Ich reiste dann mit Angelo nach Prag, um den Soundtrack für *Blue Velvet* aufzunehmen. Es war unglaublich dort. Die Studioräume waren mit einer bestimmten Art Holz ausgestattet und hatten eine ganz eigene Akustik, eine Art osteuropäisches Flair, das vom Mikrofon mit aufgesogen wurde. Es ist ein Sound, aber auch eine Art Gefühl – nicht traurig, sondern alt und wunderschön. Als Angelo und ich nach Prag reisten, waren die Kommunisten noch am Ruder. Wenn man da in einen Kleiderladen schaute, sah man diese wunderschönen Regale aus dunklem Holz, in denen vielleicht drei Pullover lagen, weiter nichts. Es war komplett leer und trostlos. Niemand sprach ein Wort. Im Hotel saßen die Prostituierten aufgereiht in der Lobby. Es war der Wahnsinn. Irgendwann vermutest du überall Kameras und Mikrofone, und so ein eigenartiges Gefühl stellt sich ein. Manchmal lag ich im Bett und lauschte in die Stille hinein, ob ich irgendwelche hohen Töne hören konnte. Es gefiel mir dort. Einmal sind wir diesen Berg hinaufgelaufen und haben uns die Umgebung angeschaut. Der Ausblick erinnerte an die Gemälde von Pieter Bruegel dem Älteren.

Die Arbeit von Patty Norris ist überall in *Blue Velvet* zu sehen. Patty ist ein Genie in Sachen Kostüm und Ausstattung, wirklich sagenhaft. Wenn die Darsteller aus der Garderobe kamen, war Frank noch mehr Frank, Jeffrey noch mehr Jeffrey, Sandy noch mehr Sandy – es war verblüffend. Bei *Der Elefantenmensch* arbeitete ich das erste Mal mit Patty zusammen. Bei *Blue Velvet* fragte sie mich, ob sie nicht zusätzlich noch als Szenenbildnerin am Film arbeiten könnte, was absolut in Ordnung für mich war. Sie sieht Räume genauso, wie sie Kostüme sieht – sie denkt sehr genau darüber nach. Wir besprachen alles sehr gründlich, und wenn ich eine Idee hatte, fügte sie stets etwas hinzu. Dorothys Apartment zum Beispiel: Die Wandfarbe war perfekt, aber die Sofas passten für mich überhaupt nicht. Die Sofas standen einzeln herum, ich wollte jedoch, dass sie integriert waren. Also konstruierten wir diese Armteile. Danach gefielen sie mir sehr gut. Patty leistete großartige Arbeit.

Wir machten Aufnahmen von den Füßen eines Mannes, der mit einer Pistole in der Hand eine Treppe hinaufläuft. Das lief dann im Wohnzimmer der Beaumonts im Fernseher. Wir nahmen auch einen »Sesselzug« auf, benutzten diese Aufnahmen am Ende aber doch nicht. Es hatte etwas von einer Olympiade. Da gibt es ja Laufwettbewerbe wie den 100-Meter-Sprint, den 200-Meter-Sprint, die 1 500 Meter, die Staffel und so weiter. Der Sesselzug ist eigentlich ganz ähnlich wie eine olympische Disziplin. Dafür benutzten wir dick gepolsterte Sessel, die mit einem Seil umwickelt waren. Die Mädchen, die an dem Rennen teilnahmen, trugen Abschlussballkleider. Sie standen mit dem Seil ihres Sessels in der Hand an der Startlinie und warteten auf das Signal. Als der Startschuss ertönte, zogen sie ihren Sessel auf einer fünfundvierzig Meter langen Bahn bis ins Ziel. Wer die Ziellinie zuerst erreichte, hatte gewonnen. Es war ein ziemlich warmer und schwüler Tag, als wir die Aufnahmen machten. Mit fast achtunddreißig Grad vielleicht sogar zu heiß, aber wir zogen es trotzdem durch. Eins der Mädchen wurde ohnmächtig und musste zum Arzt. Das war also der Sesselzug. Meine Erfindung.

Alan Splet ist ein wahres Soundgenie. Logisch, dass ich ihn bei *Blue Velvet* dabeihaben wollte. Er arbeitete dann mit uns in Berkeley zusammen, aber eines Tages hörte er einfach auf. Alan hat eine sehr sture Seite. Irgendwann kam er zu mir und meinte: »David, ich kann nicht mehr weitermachen. Ich kann diesen Film nicht ausstehen. Ich halte diesen Frank Booth einfach nicht mehr aus. Das macht mich krank.« Ich sagte nur: »Meine Güte, Alan, was ist denn mit dir los?!« Aber das war's dann. Der Sound war erst zur Hälfte fertig, sodass ich den Rest zusammen mit den Leuten von Alans Team erledigen musste.

Drehschluss war an Thanksgiving. Eine Woche davor richtete Duwayne Dunham einen Schneideraum in Berkeley ein. Ich mietete mir eine Wohnung dort, sodass wir mit der Postproduktion loslegen konnten. Wir verbrachten sehr viel Zeit damit. Für gewöhnlich ist der erste Cut all meiner Filme um die vier Stunden lang. Ich kann mich nicht mehr erinnern, was genau wir bei *Blue Velvet* über Bord werfen mussten. Ich glaube, wir haben uns von dieser Gemächlichkeit, diesem Verweilen bei der einen oder anderen Sache verabschiedet. Austin hat mich ein paarmal in Berkeley besucht. Er war erst drei oder vier Jahre alt. Wie zur Hölle kam das eigentlich zustande?

Ich denke, Dino hat *Blue Velvet* verstanden. Das erste Mal sah er den Film in einem kleinen Kinosaal in L.A. zusammen mit dreißig anderen Leuten. Als die Lichter angingen, erhob sich Dino lächelnd aus dem Sessel und schien absolut glücklich. Er war der Meinung, dass *Blue Velvet* ein Hit sein könnte, und wollte ihn deshalb testweise einem normalen Kinopublikum vorführen. Damals wohnten Kyle und Laura zusammen an der Blackburn Avenue. Eine Zeit lang wohnte auch ich bei ihnen und zog dann in ein Haus in Westwood. Ich hatte eine Reihe von Wohnungen in diesem Viertel, weiß aber ehrlich gesagt nicht mehr so genau, warum ich dauernd umzog. Die letzte Wohnung, die ich dort hatte, war richtig toll. Sie war brandneu, und da ich zu der Zeit nur sehr wenige Dinge besaß, waren die Zimmer stets aufgeräumt und fast leer. Dort habe ich dann kleine Ölgemälde in Schwarz-Weiß gemalt. Wie auch immer, an dem Abend dieser Vorführung im San Fernando Valley war ich bei Kyle und Laura und blieb auch dort. Ich ging nicht zum Screening. Lauras Mom und ihre Freundin gingen jedoch hin, und auch Rick Nicita schaute sich den Film mit ein paar seiner CAA-Kollegen an. Nach der Vorführung rief mich Rick vom Auto aus an. »Fantastisch, David! Der Film ist verdammt noch mal großartig!«, schrien er und seine Kollegen ins Telefon. Dann kamen Lauras Mom und ihre Freundin nach Hause, setzten sich ins Esszimmer und waren auffällig ruhig, ganz so, als wären sie wegen irgendetwas beunruhigt. Am nächsten Morgen rief ich Dino an und meinte: »Hey, Dino, wie ist es gelaufen?« Er antwortete: »Warte, ich geb dir mal Larry.« Larry war für den Verleih zuständig und sagte: »David, tut mir leid, dass ich dir das so sagen muss, aber es war sehr wahrscheinlich das schlimmste Screening, bei dem ich je gewesen bin.« Ich sagte: »Du machst Witze, oder? Rick hat mich gestern angerufen und meinte, es sei super gelaufen.« Er darauf: »Es ist ganz und gar nicht super gelaufen. Du solltest dir mal die Bewertungsbögen durchlesen. Die Leute sollten aufschreiben, was sie an dem Film besonders mochten. Da stehen Sachen wie ›Sparky, der Hund‹ oder ›Als er endlich zu Ende war.‹« Ich bin dann gemeinsam mit Rick zu Dino gegangen, der einfach wunderbar reagierte. »Für manche Leute ist das vielleicht nichts, aber es wird schon alles in Ordnung kommen«, sagte er.

Wenn ich mich recht erinnere, waren *My Little Pony* und *Blue Velvet* die einzigen von Dinos dreizehn Filmen damals, die etwas einspielten. Ich glaube, dass Dino auch stolz auf *Blue Velvet* war. Was ich stets an Dino bewunderte, war die Tatsache, dass er sich nicht um die Meinung anderer Leute kümmerte, wenn er sich erst mal hinter ein Projekt gestellt hatte. Möglicherweise war *Blue Velvet* nicht sein Ding, aber ich glaube, er war doch froh, den Film gemacht zu haben.

Ich weiß nicht genau, wie es dazu kam, dass ich mich irgendwann nicht mehr um die Meinung anderer Leute scherte, aber das ist eine gute Sache. Es ist doch so: Wenn man sich in eine Idee verliebt, ist das, als würde man sich in ein Mädchen verlieben. Vielleicht ist es ein Mädchen, das du nicht deinen Eltern vorstellen willst, aber egal, im Grunde kümmert es dich nicht, was andere Leute denken. Du bist eben verliebt, und es fühlt sich wunderbar an, und deshalb bleibst du auch dabei. Es gibt da diese vedische Weisheit: »Der Mensch kann nur seine Handlungen kontrollieren, hat jedoch keine Kontrolle über die Früchte seiner Handlungen.« Mit anderen Worten: Du gibst dein Bestes. Was jedoch später aus der Sache wird, kannst du nicht kontrollieren. Es ist toll, wenn alles gut läuft, und es ist oft gut für mich gelaufen. Wenn es schiefgeht, ist es schrecklich, und auch das habe ich erlebt. Jeder hat das schon mal durchgemacht, aber was soll's? Wenn du dich verkaufst und nicht das tust, was du tun solltest, stirbst du zwei Tode. Mir ist das bei *Der Wüstenplanet* widerfahren. Einmal stirbst du, weil du dich und deine Ideale verkauft hast, ein zweites Mal, weil es ein Misserfolg ist. *Twin Peaks – Der Film* hatte miese Zahlen, aber dabei bin ich nur einen Tod gestorben, weil ich mich gut mit dem Ergebnis fühlte. Wenn du dem, was du liebst, treu bleibst, hast du dir nichts vorzuwerfen und dadurch ein ruhiges Gewissen.

Man lud mich zur Oscar-Party von Swifty Lazar ins Spago ein, weil ich für *Blue Velvet* in der Kategorie Beste Regie nominiert war. Am Ende gewann jedoch Oliver Stone mit *Platoon*. Ich ging mit

Isabella zu dieser Party, wo wir dann all diese Leute mit ihren Oscars sahen. Irgendwann kam Anjelica Huston auf mich zu und meinte: »David, wie ich höre, kennst du meinen Vater.« Ich hatte John Huston in Mexiko bei meiner Kunstausstellung in Puerto Vallarta kennengelernt. Auch Freddie Francis war auf dieser Ausstellung gewesen, und da Freddie bei Johns Film *Moby Dick* die B-Roll-Aufnahmen gemacht hatte, gab es viel zu erzählen. Wir hatten einen großartigen Abend. Er war ein toller Kerl. Jedenfalls sagte Anjelica im Spago zu mir: »Mein Vater ist in dem Zimmer da hinten. Geh doch hin und sag Hallo, wenn du Lust hast.« Ich meinte nur: »Nichts lieber als das.« Als ich dann die Tür zu diesem Privatzimmer öffnete, saßen dort John Huston, George Hamilton und Elizabeth Taylor an einem Tisch. Ich liebe Elizabeth Taylor, ganz besonders in dem Film *Ein Platz an der Sonne*. Dieser Kuss mit Monty Clift? Das ist einer der besten Filmküsse aller Zeiten. Der von Grace Kelly und Jimmy Stewart in *Das Fenster zum Hof* ist aber auch nicht schlecht.

An diesem Abend hatte Elizabeth Taylor den Oscar in der Kategorie Beste Regie übergeben. Als ich an ihren Tisch trat, sagte sie: »*Blue Velvet* hat mir sehr gefallen.« Mein Puls begann zu rasen. Ich war überrascht, dass sie den Film überhaupt gesehen und tatsächlich Gefallen an ihm gefunden hatte. Ich antwortete: »Ich wünschte, ich hätte den Oscar gewonnen. Dann hätte ich Sie nämlich bei der Preisübergabe küssen dürfen und nicht Oliver Stone.« Sie erwiderte: »Komm mal her.« Sie saß am Tisch, ich stand vor ihr. Dann beugte ich mich runter zu ihrem Gesicht, dem Gesicht von Elizabeth Taylor, und sah diese violetten Augen, diese Lippen. Und als ich mich dann noch ein bisschen weiter runterbeugte, tauchte ich in ihre unglaublichen Lippen ein, immer tiefer und tiefer. Es war großartig, ein fantastischer Kuss. Dann unterhielt ich mich ein wenig mit ihr und John Huston und verabschiedete mich wieder. Später küsste ich sie noch einmal in Cannes. Dort saß ich an ihrem Tisch. Ich erinnerte sie daran, dass ich sie im Spago küssen durfte und fragte, ob ich es noch einmal tun könnte. Ich war mit Mary Sweeney dort. Später rief mich

Elizabeth in meinem Hotelzimmer an und wollte wissen, ob ich verheiratet war. Sie heiratete gern und viel, ich glaube, es waren sieben oder acht Ehen, aber ich wollte sie nicht heiraten. Irgendwann küsste ich sie noch einmal auf dieser amfAR-Veranstaltung. Danach gingen wir mittagessen, wo sie mir allerlei Storys erzählte. Das war das letzte Mal, dass ich sie gesehen habe.

Wrapped in Plastic

IN PLASTIKFOLIE GEWICKELT

1986 war ein gutes Jahr für Lynch. Einerseits katapultierte *Blue Velvet* ihn in das Pantheon des Autorenfilms, andererseits wartete gleich der Jahresanfang mit einer Begegnung auf, die sich als mindestens ebenso wichtig für seine weitere Laufbahn erweisen sollte – ein Meeting mit dem Autor Mark Frost. 1953 in New York geboren, verbrachte Frost seine Teenagerjahre in Minneapolis, wo er am Guthrie Theater arbeitete. Später studierte er Schauspiel, Regie und Drehbuchschreiben an der Carnegie Mellon University in Pittsburgh, Pennsylvania. Nach seinem Abschluss im Jahr 1975 ging er nach L.A. und schrieb dort Skripte für verschiedene Fernsehsendungen. 1981 wurde er festangestellter Autor für Steven Bochcos gefeierte Serie *Polizeirevier Hill Street* und blieb bis 1985 dabei. Im Jahr darauf lernte er Lynch kennen.

»Ein CAA-Agent brachte uns zusammen, um für United Artists an einem Spielfilm namens *Goddess* zu arbeiten«, erinnert sich Frost an das Projekt, das auf der Grundlage von Anthony Summers Buch *Goddess: The Secret Lives of Marilyn Monroe* die letzten Monate im Leben des Hollywoodstars nachzeichnen sollte. »David wirkte auf mich wie ein ziemlich direkter Typ mit einem großartigen Sinn für Humor. Auf dieser Ebene verstanden wir uns sofort – wir brachten einander zum Lachen. Er war einfach sehr freundlich, und wir verstanden uns prächtig. Irgendwann im Jahr 1986 richtete sich David in Dinos Bürogebäude auf dem Wilshire Boulevard ein. Dort arbeiteten wir dann an *Goddess*. Wir beide wollten die Story über die bloßen Tatsachen hinaus erweitern und ihr lyrische, wenn nicht sogar fantastische Elemente hinzufügen. Wir merkten bald, dass wir ein gemeinsames Tempo finden und gut miteinander arbeiten konnten.«[1]

Das im November 1986 unter dem Titel *Venus Descending* fertiggestellte Skript implizierte die Verwicklung Bobby Kennedys in den Tod der Schauspielerin, was das jähe Aus des Projekts bedeutete. »*Goddess* war ein großartiger Stoff, und wir haben ein gutes Drehbuch abgeliefert«, sagte Frost. »Leider war weder United Artists noch dem Produzenten, der uns engagiert hatte [Bernie Schwartz], klar gewesen, dass es in der Buchvorlage Enthüllungen über die Kennedys gab. Heute mögen diese Dinge weithin bekannt sein, damals jedoch waren sie neu. Wir griffen diese Themen natürlich auch im Drehbuch auf, und das war's dann.«

Lynch bekam zu dieser Zeit Regieangebote, hatte aber keinerlei Interesse an großen Studiofilmen. »David und ich machten damals immer Witze darüber, dass er ein großes Gehalt und ein kleines Budget wollte«, berichtet Rick Nicita über Lynch, der seine Lektion mit *Der Wüstenplanet* gelernt hatte. Lynch versuchte, mit der Hilfe von De Laurentiis *Ronnie Rocket* in Gang zu bringen, musste allerdings einsehen, dass »Dino keine Beziehung zu dem Film aufbauen konnte«. Aber De Laurentiis glaubte an Lynch und wollte weiterhin mit ihm zusammenarbeiten. Gemeinsam suchten sie nach einem potenziellen Projekt. Eine Möglichkeit war *Up at the Lake*, ein Projekt, über das Raffaella De Laurentiis mit Lynch während der Dreharbeiten zu *Der Wüstenplanet* gesprochen hatte. Sie ermutigte Lynch, die Idee ihrem Vater vorzustellen, der daraufhin sogar Gelder für die Entwicklungskosten bereitstellte. Viel weiter ging es für diesen Titel allerdings nicht.

Ein für Lynch bedeutsames Ereignis in dieser Zeit war die Anschaffung eines Gebäudes, das The Pink House genannt wurde – eine moderne, mit Aztekenmustern verzierte Residenz in den Hollywood Hills, geplant von Frank Lloyd Wrights Sohn Lloyd Wright, erbaut im Jahr 1963 und später von Lloyd Wrights Sohn Eric für Lynch renoviert. Dieses Haus ermöglichte es Lynch zum ersten Mal überhaupt, in einer Umgebung zu wohnen, die genau seinen Vorstellungen entsprach. Die Wände im Inneren sind mit violettfarbenem Putz versehen, die Innenausstattung wird von Lynch seit jeher sehr minimal gehalten. Das Haus war und ist sehr wichtig für ihn. Im Lauf der Zeit kaufte er zwei Nachbargrundstücke und schuf so den Komplex, in dem er heute lebt und arbeitet.

In dieser Zeit gab es noch weitere Veränderungen: Zum ersten Mal überhaupt brauchte Lynch feste Mitarbeiter. Sein Stab hat sich über die Jahre erweitert und umfasst heute einen Toningenieur für sein Studio, einen vor Ort arbeitenden Redakteur, einen vollzeitbeschäftigten Handwerker, einen Archivar für seine Kunstprojekte und Ausstellungen und einen persönlichen Assistenten. In der Anfangszeit beschäftigte er allerdings nur zwei oder drei Personen. Einer der Gründe für Lynchs große Produktivität besteht sicherlich in der Tatsache, dass die für ihn tätigen Menschen stets ungemein kompetent sind und sich seinen Zielen voll und ganz verschrieben haben. Debby Trutnik wurde 1987 seine Büroleiterin, John Wentworth übernahm den Posten des Tausendsassas.

Goddess war zwar ein Fehlschlag, aber Frost und Lynch wollten trotzdem weiter zusammenarbeiten. Frost erklärt: »Als wir eines Tages im Carnation Dairy Coffeeshop saßen, meinte David: ›Ich habe da diese Idee über eine Hochsicherheits-Forschungseinrichtung in einer fiktiven Stadt namens Newtonville, Kansas und zwei Schwachmaten, die dort arbeiten. Als einer von ihnen lacht, tritt eine Blase aus seinem Mund aus. Die Blase schwebt den Flur hinunter, biegt um eine Ecke und fliegt in einen Raum hinein, wo sie im Gehäuse einer sensiblen Apparatur landet und einen Kurzschluss verursacht. Dann gibt es einen Schnitt in den Weltraum, wo man einen Satelliten sieht, auf dem gerade eine Art Laserkanone in Stellung gebracht und abgefeuert wird. Danach startet ein Countdown.‹ Das war alles, was David hatte, als wir uns zusammensetzten. Wir entwickelten daraus eine komische Fantasmagorie namens *One Saliva Bubble*. Sechs Wochen vor Drehbeginn mit Steve Martin und Martin Short erklärte uns Dino, dass er pleite war und seine Firma samt aller Projekte verschwinden würde.«

Das war das Ende von *One Saliva Bubble*. In anderen Bereichen jedoch ging es stetig voran. Im Juni desselben Jahres machte Lynchs Karriere als bildender Künstler einen großen Sprung, als er den Kunsthändler James Corcoran kennenlernte, den Eigentümer der James Corcoran Gallery in Los Angeles.»David lebte zu dieser Zeit in einem kleinen Apartment in Westwood, wo ich ihn besuchte«, erinnert sich Corcoran, der im Jahr darauf eine Einzelausstellung für Lynch organisierte.»David hat jede Menge Mut und Elan und ist ziemlich geradlinig. Ich mochte ihn sofort. Er beschäftigte sich damals mit Pastellmalerei und fertigte große Bilder an, die mich auch deshalb so fesselten, weil sie so viel düsterer waren als die Arbeiten der Künstler, die ich zu der Zeit ausstellte, wie etwa Ken Price und Ed Ruscha.«[2]

Lynchs Ausstellung lief gut, was die Verkäufe und die Kritiken betraf. *Artforum* beschrieb seine Arbeiten als »aufwühlend und herrlich skurril«, während die *Los Angeles Times* sie als »authentisch und frisch« betitelte. Später zeigte Isabella Rossellini die Arbeiten von Lynch der Mailänder Galeristin Beatrice Monti della Corte, die ihrerseits den legendären Kunsthändler Leo Castelli darauf aufmerksam machte. Castelli organisierte im Februar 1989 Lynchs erste Ausstellung in New York, während Corcoran ihm eine zweite in L.A. ermöglichte.

Die ausgestellten Arbeiten zeigten deutlich, dass Lynch die dunklen Seiten seines Seelenlebens ohne Umwege in seine Kunst einfließen ließ. Titel wie *Shadow of a Twisted Hand Across My House*, *On a Windy Night a Lonely Figure Walks to Jumbo's Klown Room* und *Oww God, Mom, the Dog He Bited Me*, alle aus dem Jahr 1988, sprechen eine eindeutige Sprache in Bezug auf die Stimmung der Werke. Mit ihren großen Flächen in Grau, Braun und Schwarz – allesamt trüb, finster und mit lockerer Hand gemalt – strahlen die Bilder eine Atmosphäre von Bedrohung und Schrecken aus. Behutsam eingebrachte Konturen in fleischfarbenen Tönen lassen eine menschliche Präsenz erahnen, gehen aber in puncto Form nie über grob skizzierte Strichmännchen hinaus. Durch ihre an Fleisch erinnernde Farbe wirken diese Bereiche wie Wunden. Es sind beängstigende Bilder.

Lynch führte in seinen Jahren mit Rossellini ein Nomadenleben zwischen Ost- und Westküste: Die Hälfte seiner Zeit verbrachte er mit ihr in New York, die andere Hälfte in L.A. Seine Scheidung von Fisk wurde 1987 ruhig und einvernehmlich zum Abschluss gebracht. »Ich wollte nicht, dass die Angelegenheit beim Gericht landet, wo die Leute unschöne Dinge hervorkramen und schmutzige Wäsche waschen«, erklärt Fisk. »Wir hatten ohne Anwälte geheiratet und sollten eigentlich in der Lage sein, unsere Ehe auch ohne Anwälte zu beenden. Wir wollten eine möglichst einfache und schnelle Scheidung. Es war natürlich trotzdem ziemlich hart. Ausgerechnet am Tag unserer Scheidung stieß ich in der *Vanity Fair* auf einen Artikel über David und Isabella.«

Im Jahr 1987 lernte Lynch den Produzenten Monty Montgomery kennen, den Co-Regisseur (neben Kathryn Bigelow) des Indie-Kultfilms *Die Lieblosen* von 1981. Aus dieser Bekanntschaft sollte sich eine wichtige Freundschaft entwickeln. »Ich lernte damals einen Kerl namens Allan Mindel kennen, der in L.A. eine Modelagentur namens Flick hatte und gerade versuchte, sich in anderen Branchen zu etablieren. Wir kamen zusammen, weil wir beide mit Musikvideos zu tun hatten«, erklärt Montgomery. »Allan vertrat Isabella und meinte zu ihr, dass David und sie mich kennenlernen sollten. Kurz darauf fuhr ich David besuchen. Als ich dort ankam, hieß er mich in seinem spärlich eingerichteten Haus willkommen. Er war ziemlich freundlich. Wir sprachen dieselbe Sprache, was Filme und

Projektideen anging und verstanden uns sofort richtig gut. Zudem schien er mir sehr ehrlich. In der ersten Zeit unserer Bekanntschaft gingen wir oft zum Mittagessen zu Musso & Frank's. Auf dem Weg dorthin liefen wir auf dem Hollywood Boulevard an allerlei Gestalten vorbei, bei deren Anblick David zu mir sagte: ›Ich frage mich, was der Kerl wohl für eine Story hat.‹ Er steckte voller Neugier.

Als ich David kennenlernte, hatte er gerade einen Werbefilm gedreht und brauchte Leute für die Postproduktion«, fährt Montgomery fort. »[Die Produktionsfirma] Propaganda Films war damals führend im Bereich Video, also brachte ich ihn mit einem Fachmann zusammen, der dann anscheinend gute Arbeit leistete. Das war der Beginn unserer Zusammenarbeit.«[3]

Montgomery war zwar kein Teilhaber von Propaganda Films, aber ein zentrales Element bei allen Projekten, die Lynch mit der Produktionsfirma realisierte. Die Ursprünge von Propaganda Films gehen auf die Bekanntschaft der beiden Produzenten Joni Sighvatsson und Steve Golin zurück, die sich 1978 im AFI kennenlernten. Der aus Island stammende Sighvatsson studierte dort, Golin war als Fellow im Fachbereich Produktion tätig. Nach einer Reihe gemeinsamer Projekte taten sich die beiden mit drei weiteren Produzenten zusammen und gründeten 1983 schließlich Propaganda Films. Golin und Sighvatsson lernten Montgomery Mitte der Achtzigerjahre kennen, als sie zufälligerweise dasselbe Projekt realisieren wollten. »Steve und ich, wir mochten dieses Buch von Richard Hallas, *You Play the Black and the Red Comes Up* aus dem Jahr 1938. Wie sich herausstellte, hatte ein Kerl aus Texas sich die Option auf die Rechte gesichert. Wir kontaktierten den Mann. Es war Monty«, berichtet Sighvatsson. »Wir entwickelten das Projekt dann gemeinsam weiter und traten damit an David heran. Er mochte es, aber er wollte keinen Historienfilm drehen. Zu der Zeit versuchte er gerade *Ronnie Rocket* anzuschieben. Wir klinkten uns dann kurzerhand bei diesem Projekt mit ein. Ein paarmal schien die Frage der Finanzierung fast geklärt, aber dann zerfiel die Sache immer wieder. Kurz darauf begannen David und Mark *Twin Peaks* zu schreiben.«[4]

Zu dieser Zeit war Lynch in einer Vielzahl unterschiedlicher Bereiche aktiv, unter anderem arbeitete er vermehrt mit Musik. Roy Orbison war anfänglich wenig begeistert von der Verwendung seines Songs »In Dreams« in *Blue Velvet*. Später änderte er jedoch seine Meinung. Im April 1987 ging er sogar mit Lynch und T Bone Burnett als Produzenten ins Studio, um eine neue Version des Stücks aufzunehmen. 1988 wurde Lynch vom *Le Figaro* und Erato Films eingeladen, einen Kurzfilm für die französische Fernsehreihe *The French as Seen By ...* zu drehen. Sein Beitrag, bei dem er das Drehbuch schrieb und Regie führte, hieß *The Cowboy and the Frenchman*. Die Hauptrolle in dieser vierundzwanzigminütigen Ansammlung von Klischees über Amerikaner und Franzosen übernahm der Produzent Frederic Golchan. Mit Baskenmütze, Baguette und exotischem Käse bewaffnet, taucht Golchan als verwirrter Franzose wie aus dem Nichts auf einer Ranch auf und trifft dort auf planlose Farmarbeiter, ein Country-a-cappella-Trio und einen Native American mit Lendenschurz und Federkopfschmuck.

Die Rolle des Cowboys bekam Harry Dean Stanton, der anschließend in sechs weiteren Lynch-Projekten mitspielen sollte. »Ich bin seit jeher sehr beeindruckt von Davids Filmen gewesen. Es schien so eine Art natürliche Verbindung zwischen uns zu bestehen«, erinnert sich Stanton. »Wir verstanden einander und sprachen über Taoismus, Buddhismus und Meditation. Auf Grundlage unseres gemeinsamen Interesses an östlicher Philosophie bildete sich ein enges Verhältnis zwischen uns heraus.«[5]

Golchan berichtet: »Johanna Ray rief an und meinte: ›Ich habe hier einen Regisseur, der nach einem französischen Schauspieler sucht. Möchtest du ihn vielleicht treffen?‹ Ich erklärte ihr, dass ich kein Schauspieler war, ihn aber trotzdem gern kennenlernen würde. Sie machte einen Termin mit David aus. Ich besuchte ihn dann in seinem Haus, einem leeren Gebäude, in dem es nur zwei

Lautsprecher und zwei ziemlich weit voneinander entfernt stehende Stühle gab. Das Haus mag leer und kahl gewesen sein, aber er war herzlich und freundlich. Alles, was ich sagte, schien ihn zum Lachen zu bringen. Er meinte: ›Ich glaube, du bist der perfekte Kandidat für den Job.‹ Drei Tage später begannen wir zu drehen. Anfänglich war ich noch ziemlich eingeschüchtert von der Vorstellung, diesen Part zu spielen, aber David hat diese Art, einen einfach mitzunehmen. Es machte so viel Spaß mit ihm, dass ich meine Sorgen vergaß.«[6]

Ebenfalls zum ersten Mal am Set mit Lynch war Script Supervisor Cori Glazer, später eine feste Mitarbeiterin in Lynchs Crew. Als Produktionsassistentin erhielt sie fünfzig Dollar pro Tag und legte mit diesem Job den Grundstein für ihre weitere Laufbahn. »Ich weiß noch, wie ich dachte: ›Wenn ich jemals exklusiv für einen Regisseur arbeite, dann für David‹«, berichtet Glazer. »Ich bewunderte ihn für seine Kreativität. Außerdem hatte er das größte Herz überhaupt. Einmal kam Isabella ans Set, um ihn zu besuchen, und er schickte ihr einen grünen M&M rüber. Er ist immer gut aufgelegt, dankt den Leuten am Ende jedes Arbeitstages und kennt wirklich die Namen aller Crewmitglieder, bis runter zum unbedeutendsten Produktionsassistenten. Wenn ihm jemand eine Tasse Kaffee bringt, schaut er der Person in die Augen und sagt: ›Danke dir, Johnny. Vielen lieben Dank dafür.‹«[7]

Im selben Jahr debütierte Lynch als Schauspieler mit einer tragenden Rolle in dem Film *Zelly and Me* von Tina Rathborne – einer Coming-of-Age-Story über ein kleines Mädchen, das zwischen einer schrecklichen Großmutter und einer liebevollen Kinderfrau hin- und hergerissen ist. Lynch spielte Willie, den mysteriösen Freund der von Isabella Rossellini dargestellten Kinderfrau. »Tina [die später bei den Folgen drei und siebzehn von *Twin Peaks* Regie führen sollte] hatte einen Film über eine verheiratete Frau mit einer Krankheit gemacht, den ich wunderschön fand. Als wir uns dann trafen, um über *Zelly and Me* zu sprechen, war ich sehr interessiert an der

Rolle«, sagt Rossellini. »Ich spiele in dem Film ein Kindermädchen, und dieses Kindermädchen hat einen Freund. Keiner der Schauspieler, die für die Rolle des Freunds vorsprachen, war für den Part geeignet. Die Story beschwört eine Zeit herauf, in der die Menschen noch nicht so schnell miteinander ins Bett stiegen. Die Kandidaten für die Rolle waren jedoch allesamt sehr modern und sexy. David hingegen ist vom Typ her eher vornehm und zurückhaltend und konnte Tina beim Vorsprechen schnell überzeugen.«

Der Film feierte am 23. Januar 1988 auf dem Sundance Film Festival seine Premiere und lief am 15. April mit mittelmäßigen Kritiken in den Kinos an. Lynch hatte gemischte Gefühle über seinen Auftritt und äußert sich nur selten zu dem Thema. Mit seiner neuen Position innerhalb der Kulturlandschaft jedoch schien er sich ganz gut anzufreunden. Er wurde langsam berühmt.

»Ich weiß noch, wie er das erste Mal nach einem Autogramm gefragt wurde. Ich war dabei«, berichtet Martha Levacy. »Es muss 1988 gewesen sein. Wir saßen in einem Denny's oder so, und auf einmal kamen zwei Leute mit einer Serviette zu uns und baten ihn um ein Autogramm. Er nahm die Sache relativ gelassen und sagte: ›Ja, manche Leute erkennen mich jetzt eben.‹ Er schien sich nicht viel daraus zu machen, seine Äußerung war lediglich eine Darstellung der Tatsachen. Er benahm sich in diesen Situationen stets sehr taktvoll und zeigte Dankbarkeit. Das haben uns unsere Eltern mitgegeben.«

Lynch sollte bald *sehr* berühmt werden. Tony Krantz, ein junger Agent, der 1981 in der Poststelle der CAA begonnen und sich Schritt für Schritt die unternehmensinterne Karriereleiter emporgearbeitet hatte, war der Meinung, dass Lynchs Art des Erzählens sich gut für das Format der TV-Serie eignen würde. »Als ich hörte, dass David mit einem der erfahrenen Autoren von *Polizeirevier Hill Street* zusammenarbeitete, schoss mir ein Gedanke durch den Kopf: ›Das ist eine ungewöhnliche, aber vielversprechende Chance!‹ Ich wollte eine Erfolgsserie machen und sah in dieser Konstellation eine gute Gelegenheit. Ich traf mich mit den beiden und überzeugte sie, einen Versuch zu wagen. Sie entwickelten dann ein Projekt namens *The Lemurians*, bei dem es um den Kontinent Lemuria ging, einen Ort, an dem das Böse herrscht. Der Kontinent ist im Ozean verschwunden, es gibt nur wenige Überlebende. Mit Geigerzählern bewaffnete FBI-Agenten sollen die letzten Lemurians aufspüren und vernichten. Wir stellten die Geschichte Brandon Tartikoff vor, dem damaligen Chef von NBC, der aus dem Stoff einen Film machen wollte. David jedoch sträubte sich, da er die Story als Serie sah. Obwohl wir die Geschichte verkaufen konnten, starb das Projekt dann irgendwann.

Ich ging oft mit David zum Mittagessen«, fährt Krantz fort. »Eines Tages aßen wir im Nibblers. Ich sah mich um und sagte: ›David, das ist deine Welt. Diese Leute hier, die Schiffbrüchigen und Gestrandeten von L.A. Darüber solltest du eine Serie machen.‹ Ich lieh *Peyton Place* aus, zeigte es David und Mark und sagte zu ihm: ›*Peyton Place* trifft auf deine Welt, David.‹«[8]

Lynch mochte *Peyton Place* zwar nicht, aber Frost berichtet, dass die beiden dann trotzdem »an ein paar Ideen arbeiteten. Irgendwann in dieser Zeit gingen wir zu ABC, zu einem lockeren Treffen mit ein paar Leuten aus der Chefetage. Chad Hoffman, der Programmchef für Fernsehdramen bei ABC war auch dabei. Wir unterhielten uns mit ihnen über eine Projektidee, die ursprünglich *Northwest Passage* hieß. Die ABC-Chefs sprangen darauf an.«

Dieses erfolgreiche Pitch-Meeting im März 1988 fiel mit dem Streikbeginn der Writers Guild of America, der Gewerkschaft der Autoren in der Film- und Fernsehindustrie, zusammen, der sich bis zum August desselben Jahres hinziehen sollte. »Wegen des Streiks lagen alle Projekte ein halbes Jahr lang auf Eis. Nach dem ersten Meeting bei ABC war also erst mal Pause«, berichtet Frost. »Als der Streik zu Ende war, riefen sie uns an und meinten: ›Hey, wir würden gern mit dem Projekt weitermachen, das ihr uns vorgestellt habt.‹

Zu dem Zeitpunkt wusste aber keiner von uns beiden mehr genau, was wir den ABC-Leuten überhaupt erzählt hatten! Also unterhielten wir uns noch mal ausführlich über die Angelegenheit, gingen erneut zu ABC und erhielten dort den Auftrag, ein Drehbuch zu schreiben. Es sollte eine Serie über den Mord an einer Highschool-Ballkönigin sein. Losgehen würde es mit dem Bild einer Leiche am Ufer eines Sees.«

Als Studie einer Kleinstadt und ihrer Geheimnisse war *Twin Peaks* in derselben undefinierten Zeit angesiedelt wie *Blue Velvet* und besaß einen klaren Erzählbogen. Trotzdem bot die Story genügend Spielraum, um spontan neue Ideen einfließen zu lassen. Während das Duo an den ersten Entwürfen schrieb, lernte Lynch den Dalai Lama kennen, der ihm von der Notlage Tibets berichtete. Diese Unterhaltung führte später zu einer Szene, in der Agent Dale Cooper den Mitarbeitern des Twin Peaks Police Department einen Vortrag zum Thema Tibet hält.

Dieses eher unkonventionelle Material schaffte es nicht zuletzt deshalb ins Network-Fernsehen, weil Frost sich in dieser Welt auskannte. Als erfahrener TV-Drehbuchautor verstand er Rhythmus und Grenzen dieses Mediums und war die perfekte Ergänzung zu Lynch. Beide brachten unterschiedliche Talente in die Partnerschaft ein. »Anfänglich bestand ein wichtiger Teil meines Beitrags zu unserer Kollaboration darin, dass ich die Grundregeln der Fernsehwelt besser kannte als David und das Projekt entsprechend steuern konnte«, erklärt Frost. Lynch erwähnt die Chaiselongue in Frosts Büro, auf der er wie auf der Couch eines Psychologen lag und redete, während Frost tippte.

»Wir warfen die Ideen einfach in den Raum und spielten sie uns dann zu wie Pingpongbälle«, erklärt Frost. »Die Szenen entstanden quasi von selbst, wir hämmerten sie nur noch in Form. Jeder von uns hatte ein paar Figuren, bei denen er das Sagen hatte. Struktur mochte vielleicht mehr meine Stärke gewesen sein, aber David hatte dafür diese unheimlich detaillierten Ideen zu Stimmung, Charakteren und kleinen Einzelheiten – essenzielle und einzigartige Beiträge. Davids Geschmack ist düsterer als meiner, was manchmal für Unstimmigkeiten sorgte, die wir jedoch immer ausdiskutieren konnten. Nie hat einer von uns gesagt, ›so funktioniert das aber nicht!‹, um dann einfach abzudampfen.

Auf die Stimmung nach Fertigstellung des Drehbuchs für den zweistündigen Pilotfilm angesprochen, fasst Frost zusammen: »Wir waren nicht übermäßig enthusiastisch und dachten auch nicht: ›Jawohl, das ist es jetzt!‹ Es ging eher in die Richtung: ›Hier ist ein neuer Versuch von uns.‹ Den Pilotfilm schrieben wir relativ schnell. Ich glaube nicht, dass es länger als einen Monat gedauert hat. Das erste Manuskript war dann auch gleich die finale Version. Ich weiß noch, wie ich das Ganze für uns beide zweimal in meinem Büro ausgedruckt habe. David ist dann nach Hause gegangen, um es zu lesen. Am selben Abend rief er mich an und meinte: ›Ich glaube, wir haben da was.‹«

Lynch hatte eine Karte der Stadt Twin Peaks gemalt, die heute in Krantzs Büro hängt. Als Frost und Lynch das Drehbuch bei ABC ablieferten, erklärten sie den Verantwortlichen anhand des Stadtplans die im Drehbuch beschriebene Welt. Brandon Stoddard, der Präsident von ABC Entertainment, war begeistert und gab den Pilotfilm für einen möglichen Serienstart zum Herbst 1989 in Auftrag.

»Dann bestellten sie uns zu sich, um uns ein paar Vorschläge zu machen«, erinnert sich Frost. »Ich weiß noch, wie einer der Chefs bei diesem Meeting einen Block mit Stichpunkten aus der Tasche zog und meinte: ›Vielleicht interessieren Sie ja die Verbesserungsvorschläge, die ich mir notiert habe.‹ David sagte nur: ›Nein, eigentlich nicht.‹ Ohne etwas zu erwidern und mit einem verschämten Gesichtsausdruck steckte der Kerl seinen Block wieder ein. Damit war die Fahrtrichtung vorgegeben: ›Ihr wolltet etwas Außergewöhnliches haben, und ihr habt es bekommen. Also versaut es nicht!‹ Sie mischten sich dann tatsächlich wenig ein.«

Im Rückblick auf diesen Zeitabschnitt berichtet Montgomery, dass es »viele Projekte gab, die parallel oder in kurzer Abfolge liefen. David kann eine Menge Sachen auf einmal in Angriff nehmen, aber er widmete *Twin Peaks* in der Anfangsphase der Vorproduktion nicht sonderlich viel Aufmerksamkeit. Da die Sache allerdings langsam ernst wurde, schlug ich David vor, sich bei Propaganda Films einzurichten. Wir hatten neue Büroräume mit viel Platz. Ich empfahl ihm, Mark Frost und Johanna Ray ebenfalls dort einzuquartieren und auch das Casting dort durchzuführen«.

Bei der Besetzung von *Twin Peaks* spielten wieder einmal die für Lynch-Produktionen typischen Glücksfälle und Zufallsfunde eine Rolle. Michael Anderson zum Beispiel, den tanzenden und rückwärts sprechenden Mann von einem anderen Ort, hatte Lynch 1987 im Nachtclub Maggo's in Manhattan kennengelernt. Anderson hatte damals komplett in Gold gekleidet einen kleinen Wagen hinter sich hergezogen und war Lynch als Kandidat für die Rolle des Ronnie Rocket ins Auge gefallen. Auf Harry Goaz, der den Deputy Andy Brennan spielte, traf Lynch, als er zu einer Tributveranstaltung für Roy Orbison fuhr – Goaz war der Fahrer des Wagens. Zur Besetzung von Kyle MacLachlan für die Hauptrolle der Serie, Agent Dale Cooper, sagt Lynch: »Kyle wurde für diese Rolle geboren.« Und es stimmt: MacLachlan liefert eine absolut perfekte Performance in der Rolle des Agent Cooper ab und spielt diesen unschuldigen Weisen, der über die Wunder der Welt staunt und gleichzeitig ihre dunkelsten Geheimnisse zu verstehen sucht, mit Bravour. Das komödiantische Timing von MacLachlan ist außergewöhnlich, seine Interpretation von Cooper unwiderstehlich charmant und lustig.

Der Darsteller Ray Wise, der Leland Palmer spielt, berichtet: »Für David ist das Casting die Grundlage. Er ist dabei sehr intuitiv. Aus dem einen oder anderen Grund ist er in der Lage, eine Verbindung zu der jeweiligen Person aufzubauen, und weiß sofort, wie er sie in dem Projekt einsetzen wird. Als Schauspieler spürst du das Vertrauen, das er in dich hat. Es ermutigt dich, deine Hemmungen beiseitezuschieben und dich der Szene voll und ganz hinzugeben.«[9]

Leland Palmers gramerfüllte Frau Sarah wird von Grace Zabriskie gespielt, für die *Twin Peaks* das erste von insgesamt fünf weiteren Projekten mit Lynch war. Da Sarah Palmer das Leid einer ganzen Stadt in sich trägt, muss Zabriskie in jeder ihrer Szenen äußerst emotionale Darbietungen liefern, was ihr meisterhaft und mit herzzerreißender Intensität gelingt. »Ich erinnere mich noch daran, wie David mich eines Tages am Set fragte: ›Na, hast du's noch einmal drauf?‹ Ich antwortete: ›David, ich habe schon vor siebzehn Takes alles rausgeholt!‹

Du merkst erst, wie viel du zurückhältst, wenn du mit jemandem arbeitest, der nicht will, dass du etwas zurückhältst«, berichtet Zabriskie. »Ich kann David in einer Szene wirklich alles anbieten, was mir einfällt, ich kann so spielen, wie ich es mir vorstelle. Wenn er es verwenden kann, wird er es tun. Alle Projekte mit ihm waren ein riesengroßer Spaß für mich. Es gibt da eine Art stille Konversation zwischen uns, die, gerade weil sie unterschwellig und ohne Worte abläuft, so unheimlich kostbar für mich ist.«[10]

Twin Peaks war für viele der Beteiligten ein Karrieresprungbrett. Die Darsteller, die Lynch entdeckte und für die Serie engagierte, sind ihm in tiefem Dank verbunden. »Ich war so jung und nervös, als ich David kennenlernte, dass ich mich auf meine Hände setzte, weil sie so fürchterlich zitterten«, berichtet Sheryl Lee, die Laura Palmer spielt. »David jedoch hat so eine nette, warme Art, dass du dich in seiner Gegenwart augenblicklich beruhigst und entspannst. Er fragte mich, wie ich es fände, mit grauer Farbe angemalt und in Plastikfolie eingewickelt ins kalte Wasser gelegt zu werden. Ich sagte nur: ›Kein Problem!‹«[11]

Der Part der Nadine Hurley, ursprünglich eine kleine Rolle, aus der im Laufe der Zeit aber sehr viel mehr wurde, ging an Wendy Robie. Die Schauspielerin berichtet: »Ich hatte eine wundervolle Unterhaltung mit David und Mark. Irgendwann sagte David: ›Ach ja, dir wird eines deiner Augen ausgeschossen.‹ Ich antwortete: ›Oh!

Welches denn?‹ Das gefiel ihm irgendwie, und er lachte. Später meinte eine Freundin, die dort arbeitete, zu mir, David hätte nach dem Gespräch gesagt: ›Da geht unsere Nadine.‹«[12]

Mädchen Amick, die in der Serie die Rolle der Kellnerin und misshandelten Ehefrau Shelly Johnson spielt, verspätete sich beim Vorstellungsgespräch. Über das nachmittäglich angesetzte Treffen mit dem Regisseur erzählt sie: »Ich schaffte es erst um elf Uhr abends zu dem Meeting. Aber David hatte gewartet! Johanna, Eric [Da Re] und Mark waren auch da. Nachdem ich ein paar Dialoge mit Eric gelesen hatte, meinte David: ›Also, hast du Lust, in einer Fernsehserie mitzuspielen?‹ Und ich sagte: ›Ja, und wie!‹«[13]

Für *Twin Peaks* wurden auch eine Reihe Veteranen rekrutiert, die man längere Zeit nicht mehr gesehen hatte. Unter ihnen waren Russ Tamblyn, Piper Laurie, Peggy Lipton, Richard Beymer und Michael Ontkean, die alle sehr denkwürdige Geschichten über ihren Einstieg bei *Twin Peaks* zu erzählen haben.

»Im Januar 1986 organisierte Dennis Hopper eine Party für David, um dessen vierzigsten Geburtstag zu feiern. Ich wohnte damals mit Dean Stockwell zusammen, der mich zu der Feier schleppte«, berichtet Tamblyn. »Ich war ein großer Fan von David. Irgendwann hatten sich alle Partygäste um ihn versammelt und sahen zu, wie er Glückwunschkarten öffnete. Auf einer der Karten war eine von Männern umringte nackte Frau zu sehen. David drehte sich zu mir und sagte: ›Hey, Russ, du wärst doch bestimmt auch gern einer dieser Kerle, oder?‹ Das war eine Steilvorlage für mich. Ich antwortete: ›David, was ich wirklich gern mal wäre, ist Darsteller in einem deiner Projekte.‹ Er darauf: ›Beim nächsten Mal bist du dabei.‹«

»In Hollywood sagen die Leute eine Menge Dinge, ohne sie wirklich zu meinen. David ist aber nicht so«, fährt Tamblyn fort. »Als er zwei Jahre später *Twin Peaks* besetzte, nahm er Kontakt mit mir auf. Ich werde nie vergessen, was er beim ersten Treffen zu mir sagte. Er sagte: ›Russ, die Rolle, die du spielen sollst, ist die von so und so ...‹

Ich glaubte, mich verhört zu haben. Er hatte nichts von *Vorsprechen* gesagt. Er wollte, dass ich die Rolle *spiele*.«[14]

Tamblyn war 1961 mit einer der Hauptrollen in dem Musical-Klassiker *West Side Story* berühmt geworden. Einer seiner Rivalen in diesem Film wurde von Richard Beymer gespielt, der jetzt rein zufällig auch eine Rolle in *Twin Peaks* bekam. »Mein erster Eindruck von David? Er war sehr zugänglich«, erinnert sich Beymer an das erste Treffen mit Lynch bei Propaganda Films. »Es war nicht das klassischerweise eher steife erste Meeting mit einem Regisseur, sondern ein sehr entspanntes Treffen. Ein paar Stunden nach dem Gespräch rief mich Johanna Ray an und sagte: ›Er will, dass du eine Figur namens Dr. Jacoby spielst.‹ Kurz darauf meldete sie sich dann noch einmal: ›Es gibt eine kleine Änderung: Du kriegst die Rolle des Ben Horne, ein Geschäftsmann.‹ Ich dachte nur: ›Schade, der Jacoby-Part hatte sich viel lustiger angehört.‹ Tatsächlich hatte ich allerdings, ohne es zu wissen, die wirklich lustige Rolle bekommen.«[15]

Der kanadische Schauspieler Michael Ontkean, der bereits im Kindesalter in TV-Produktionen auftrat und 1977 neben Paul Newman die zweite Hauptrolle in dem Film *Schlappschuss* spielte, hat ebenfalls eine lebendige Erinnerung an sein erstes Treffen mit Lynch. »Als ich ihn kennenlernte, war gerade meine zweite Tochter zur Welt gekommen, was mich ziemlich stolz machte. An David fiel mir zuerst seine Frisur auf, dieser postmoderne Rockabilly-Look, bei dem er sein dichtes, voluminöses Haar nach hinten gekämmt hatte«, erinnert sich der Darsteller. »Wir trafen uns an einem Abend im Spätherbst, irgendwo im smogverhangenen L.A. Obwohl wir in einem Gebäude waren, fühlte es sich so an, als stünden wir irgendwo in Maine oder Oregon in der Wildnis, denn David trug diese aus der Zeit gefallene, aber irgendwie coole Anglerjacke. Ich glaube, ich hielt während des Treffens die ganze Zeit über Ausschau, ob irgendwo noch eine offene Anglertasche und ein großer Eimer voller Bachforellen herumstanden.«[16]

Da das Casting für die Serie reibungslos lief, widmete sich Lynch anderen Dingen. »David fuhr nach New York, um mit Angelo an der Musik zu arbeiten. In der Zwischenzeit setzte sich bei *Twin Peaks* der Zug in Bewegung«, erinnert sich Montgomery. »Es wurde ein Produktionsmanager in Seattle angeheuert, der das Budget, den Zeitplan und die Locations zusammenstellte. Hin und wieder informierte ich mich über den Stand der Dinge und bekam irgendwann ein ungutes Gefühl, was ich David auch mitteilte: ›Ich glaube, die Vorproduktion ist nicht besonders gut organisiert.‹ Er bat mich dann, einen genaueren Blick auf die Sache zu werfen. Meine Nachforschungen ergaben, dass wir auf ein Desaster zusteuerten. Ich teilte David meine Einschätzung mit, worauf er sagte: ›Gut, dann will ich, dass du einer unserer Produzenten wirst.‹«

»So landete ich mit ihm in den Schützengräben und war während des gesamten verdammten Drehs dabei. Manchmal schickte er mich sogar los, damit ich selbst Sachen drehte, was er sonst nie tut«, fährt Montgomery fort. »Sicherlich hätte er das lieber vermieden, aber er hatte keine Wahl. Wir waren rund um die Uhr da draußen, bei Regen, Graupel, Nebel und Schnee und schliefen in unseren Outdoor-Klamotten. Es war ein sehr ambitionierter und fordernder Dreh, aber David hat es wunderbar hinbekommen.«

Das Budget des Pilotfilms betrug vier Millionen Dollar. Nach zweiundzwanzigeinhalb Drehtagen an Locations im Bundesstaat Washington wie Snoqualmie, North Bend und Fall City war der Film im Kasten. »Alle Darsteller und Crewmitglieder waren während der Dreharbeiten in einem Red-Lion-Hotel untergebracht. Ich glaube, wir hatten dort alle Zimmer für uns«, sagte Amick. »Es war wie in einem Studentenwohnheim, wo die Leute über die Flure laufen und sich gegenseitig besuchen.«

Kimmy Robertson, welche die exzentrische Sekretärin des Twin Peaks Police Department, Lucy Moran, spielt, erinnert sich an den Dreh des Pilotfilms als »ein Traum! Es war ein Riesenspaß, und es gab eine Menge Albernheiten mit David. Wenn ich ihn nett fragte, durfte ich zum Beispiel mit meinen Fingern durch sein Haar gleiten. Das war magisch, denn man spürt dabei nicht nur sein Haupthaar, sondern auch das, was in seinem Kopf los ist. Davids Haar ist einfach toll, und es hat eine Funktion, eine Funktion, die mit Gott zu tun hat.«[17]

Für den Pilotfilm wurden auch Außenszenen in bewaldeten Gebieten von Malibu gedreht. Die Innenaufnahmen fanden größtenteils in einem Lagerhaus im San Fernando Valley statt. Die Szenen der in der Fernsehserie gezeigten Seifenoper *Invitation to Love* wurden in dem von Frank Lloyd Wright entworfenen Ennis House in Los Angeles aufgenommen. Jedoch waren es die Dreharbeiten in Washington, die den Darstellern am meisten abverlangten.

»Es war ein sehr langer Arbeitstag«, berichtet Lee über die denkwürdige Eröffnungsszene von *Twin Peaks*, in der man die nackte, in Plastikfolie eingewickelte Leiche der von ihr gespielten Laura Palmer findet. »Ich driftete in so eine Art meditativen Zustand ab und weiß noch, wie ich dachte: ›Das ist mein erstes Set überhaupt, und jetzt liege ich hier ganz ruhig und still und werde alles aufsaugen wie ein Schwamm. Ich höre mir einfach das Gerede der anderen an und erfahre so, wie die einzelnen Leute und Abteilungen arbeiten.‹ Eine Leiche zu spielen war die beste Art, Dinge zu lernen.«

Lynch limitiert Menschen nicht auf die Schublade, in der sie gerade stecken, wenn er sie kennenlernt. Oftmals sieht er Dinge in ihnen, die den Betroffenen gar nicht bewusst sind. Ein Beispiel ist Deepak Nayar, der Ende der Achtzigerjahre aus Indien in die Vereinigten Staaten gekommen war. Da er in Indien für das Filmunternehmen Merchant Ivory gearbeitet hatte, verfügte er über jede Menge Erfahrung im Filmbusiness. Bei *Twin Peaks* war jedoch nur noch der Posten als Fahrer von Lynch für ihn frei. Nayar nahm ihn an.

»Ich weiß noch, wie ich in einem Büro saß und wartete. Auf einmal kam David rein, ein Mann voller Energie, und schüttelte mir die Hand. Er sagte: ›Freut mich, dich kennenzulernen, Deepak‹«, berichtet Nayar. In den folgenden zehn Jahren sollte er in unterschiedlichen Funktionen mit Lynch zusammenarbeiten und 1997 sogar *Lost Highway* koproduzieren. »Wir unterhielten uns über Meditation und meine indische Herkunft. Das war's dann auch schon. Ich bekam den Job als Produktionsassistent und Fahrer. Es war fantastisch.«

»Er nannte mich Hotshot, und wir schlossen ständig diese Ein-Dollar-Wetten ab«, fährt Nayar fort. »Eines Tages standen wir mit ein paar weiteren Leuten an den Eisenbahnschienen herum, wo eine Szene gedreht werden sollte. David vertrieb sich die Zeit, indem er mit Steinen warf. ›Ein Dollar, dass du nicht den Pfeiler da drüben triffst, David‹, sagte ich. Er warf daneben und sagte: ›Doppelt oder nichts, dass du es auch nicht schaffst.‹ Ich traf den Pfeiler, worauf er mich beschuldigte, einen größeren Stein genommen zu haben! Er war sehr lustig und ein unheimlich guter Regisseur. Er hat nie die Nerven verloren, ist nie laut geworden und, was noch viel wichtiger ist, er ist stets am Set geblieben. Einige der großartigsten Momente in *Twin Peaks* haben wir dieser Tatsache zu verdanken – der Tatsache, dass er immer am Set war und kreativ auf unvorhergesehene Umstände und Probleme reagieren konnte.«

Ein zentraler Bestandteil von Lynchs außergewöhnlichem Talent besteht in der Anpassungsfähigkeit seiner Vorstellungskraft: Er baut auf den Dingen auf, die er in seiner Umgebung findet, anstatt nach etwas zu suchen, das nicht da ist – eine Fähigkeit, die von vielen seiner Kollegen gelobt wird. »Eins der wichtigsten Dinge, die ich von David gelernt habe, war, wirklich präsent zu sein«, erklärt Sheryl Lee. »Er achtet auf alles in seiner Umgebung und ist in der Lage, sich dem Geschehen anzupassen und es in Kunst zu verwandeln. Denn er klebt nicht an irgendeiner idealisierten Vorstellung davon, wie etwas zu sein hat. Das ist einer der Gründe, warum die Arbeit am Set mit ihm so spannend und so lebendig ist.«

Richard Beymer erinnert sich: »David nahm das Skript sehr ernst und erwartete natürlich von uns, dass wir unsere Texte lernten. Oftmals fügte er jedoch auch überraschende Wendungen und Details ein, die ihm spontan eingefallen waren. Eines Tages kam ich rein, als schon gedreht wurde. Ich stellte mich zu den anderen nach hinten und schaute zu. Ich hatte neue Schuhe an, die noch sehr steif waren, also versuchte ich in der Pause, sie mit ein paar Stepptanzschritten, die ich als Kind gelernt hatte, geschmeidiger zu machen. Als David das sah, kam er zu mir rüber und fragte mich, ob ich gut tanzen könne. Ich antwortete, dass ich früher mal ein bisschen getanzt hätte, worauf er sagte: ›Vielleicht solltest du in der nächsten Szene tanzen. Was meinst du?‹ Ich antwortete: ›Aber, David, in der nächsten Szene spreche ich darüber, einen Menschen zu ermorden.‹ Darauf sagte er nur: ›Das wird genial aussehen, glaub mir! Ich denke sogar, du solltest auf deinem Schreibtisch tanzen.‹«

Lynch achtete und befolgte das Drehbuch von *Twin Peaks*, aber gleichzeitig veränderte sich die Serie auch ständig, und verschiedene Figuren gewannen mit fortlaufender Handlung an Tiefe. »David sagt dir nicht, wer die Figur ist, die du spielst«, erklärt Mädchen Amick. »Er ließ mich selbst herausfinden, wer Shelly war und schaute zu, wie ich in ihre Haut kroch. Erst als das geschehen war, schaltete er sich ein und reagierte auf das Ergebnis.«

Mehrere Figuren wurden über ihre ursprünglich angedachte Rolle hinaus weiterentwickelt, weil Lynch das mochte, was die Schauspieler aus ihnen machten. »Ich denke, ich weiß, warum David meiner Figur Nadine Hurley mehr Platz in der Serie einräumte«, erklärt Wendy Robie. »Es gibt da eine Szene, in der eine auf der anderen Straßenseite aufgestellte Kamera das Panoramafenster im Haus der Hurleys filmt, während ich drinnen stehe und ständig die Vorhänge auf- und zuziehe. Es gibt keinen Dialog, sondern nur das Bild dieser Frau, die am Fenster steht und die Vorhänge öffnet und schließt. Beim Dreh dieser Szene konnte ich über das Walkie-Talkie des neben mir stehenden Produktionsassistenten hören, wie David zu lachen begann. Er ließ die Kamera laufen und lachte und lachte. Also legte ich mich ins Zeug und zog wie besessen weiter die Vorhänge auf und zu, bis meine Hände schmerzten.«

Amick beschreibt den Regiestil von Lynch am Set als »sehr aktiv und immer mittendrin. In einer Szene fahre ich mit meinem Freund Bobby im Auto. Während des Drehs lag David unten auf dem Boden des Wagens und gab mir Anweisungen wie: ›Okay, und jetzt schmieg dich an ihn.‹ In einer anderen Szene telefonierte ich gerade, als David plötzlich zu mir sagte: ›Mädchen, ich will jetzt, dass du ganz langsam deinen Blick zur Decke wendest. Schau einfach ganz langsam hinauf. Ja, genau so, weiter, weiter, weiter. Und Cut!‹ Ich fragte ihn, warum meine Figur das macht. Er antwortete: ›Es sieht einfach gut aus.‹

Es ist in gewisser Weise fast schon magisch, wie er das, was er braucht, aus seinen Darstellern herausholt«, fährt Amick fort. »Ich erinnere mich noch daran, wie wir eine Szene drehten, in der meine Figur Shelly ihrer Chefin Norma Jennings ein paar schmerzliche Dinge eröffnet. David wusste, dass ich dafür ganz tief in mich gehen musste. Nach ein paar Takes kam er zu mir rüber, legte seine Hand auf meinen Arm, schaute mich an, seufzte kurz und ging wieder. Es war, als hätte er mich durch diese Berührung mit den für die Szene notwendigen Emotionen erfüllt. Ohne ein Wort zu sagen, hatte er mir genau das gegeben, was ich brauchte.«

Tamblyn war verblüfft, dass »David so nah, wie es nur geht, am Geschehen sitzt, wenn er Regie führt. Es gibt eine Szene, in der Dr. Jacoby im Krankenhaus mit Agent Cooper und Sheriff Truman über die Ermordung von Jacques Renault in einem der benachbarten Krankenzimmer spricht. David gab mir für die Szene eine sehr sonderbare Regieanweisung. Nach dem ersten Take meinte er zu mir: ›Russ, wenn wir das jetzt noch mal drehen, möchte ich, dass du nicht über die Worte des Dialogs oder ihre Bedeutung nachdenkst. Denk stattdessen einfach an Geister.‹ Das war ziemlich typisch für seine Art, Regie zu führen, und in dieser Szene funktionierte es wirklich gut.«

»David legte stets die Stimmung und den Ton für das Geschehen in einer Szene fest«, erklärt Ray Wise. »Er hatte die verblüffende

Fähigkeit, immer genau das Passende zu sagen und dich in die richtige Richtung zu lenken. Die Figuren waren ja so angelegt, dass sie Verletzungen und Schmerz mit sich herumschleppten, denen es Ausdruck zu verleihen galt – und in Bezug auf die Art des Ausdrucks gab es für uns keine Begrenzungen. Er erlaubte, dass wir uns öffneten und tausend Prozent gaben. Wenn du dir seine Arbeiten ansiehst, wirst du merken, dass das bei allen Projekten der Fall ist. Schau dir nur mal die Darbietung von Dennis Hopper an! David ermöglicht seinen Darstellern, alle Register zu ziehen.«

Um diesen Punkt zu erreichen, ist Lynch auch bereit zu warten. »In meinen vierzig Jahren als Schauspieler war David der einzige Regisseur, der jemals von mir verlangt hat, dass ich es ruhiger angehen lasse und mir mit einer Sache mehr Zeit nehme«, berichtet Michael Ontkean. »Weit nach Mitternacht hockt Sheriff Truman im Wald und starrt von Sorge um seinen Kumpel Cooper erfüllt auf ein beängstigendes Loch im Boden, den Zugang zur Schwarzen Hütte. In den fünf oder sechs Takes der Szene spielte ich jedes Mal langsamer und versuchte, mir mehr Zeit zu nehmen. Trotzdem erklang am Ende der Takes immer wieder Davids klare, aber gespenstisch flüsternde Stimme, die mir mitteilte, dass Harry sich in dieser Szene *noch mehr* Zeit lassen sollte. Eine Ewigkeit ist gar nichts dagegen.«

Kimmy Robertson beichtet über ihre Erfahrungen am Set: »Wenn David Regie führt, folgt er einem bestimmten Prozess. Zuerst setzt er sich mit dir hin und sorgt mit seiner unbeschreiblichen Energie dafür, dass du dich voll auf ihn und den Moment konzentrierst und alles um dich herum ausblendest. Dann geht er die Szene mit dir durch. In meiner ersten Szene leitet Lucy einen Telefonanruf an Sheriff Truman weiter. David erklärte sie mir so: ›Da kommt ein wichtiger Anruf rein. Lucy ist effizient und akribisch. Die Leute liegen ihr am Herzen, bei ihr laufen die Informationen zusammen, sie weiß, was in der Stadt los ist. Außerdem ist sie stets darum bemüht, dass es keine Missverständnisse gibt und alle Welt sie versteht. Wie würde sich Lucy also ausdrücken, wenn sie lediglich sagen müsste: ›Da ist ein Anruf für Sie, Sheriff‹?«

Amick erinnert sich besonders gern an den Moment, in dem ihre Figur von FBI-Agent Gordon Cole, den David Lynch selbst spielte, geküsst wird. »Ich fühlte mich unheimlich geehrt, dass er ausgerechnet mich küsste! Die anderen Frauen waren ein wenig neidisch, glaube ich. Anschließend neckten sie mich und meinten, ich wäre die Klassenstreberin.« Und wie war der Kuss? »Er war einfach hinreißend und sehr sanft.« Auch Kimmy Robertson gesteht, dass sie Lynch einmal küsste. »Es passierte auf einer Party vor langer, langer Zeit, bei der das Ende der Dreharbeiten gefeiert wurde. Ich glaube fast, es war der eine Tag in seinem Leben, an dem er nicht mit irgendjemandem zusammen war. Wir tanzten zu einem Song über das Küssen, und so küsste ich ihn und schlich mich anschließend davon.«

Die Vorgaben des ABC-Deals verlangten, dass Lynch ein alternatives und geschlossenes Ende für den Pilotfilm drehte, damit dieser in Europa als Spielfilm veröffentlicht werden konnte. Diese Auflage führte zu der finalen Szene der Serie im Roten Raum – eine Art Bardo, in dem Rätsel aufgegeben und Geheimnisse gelüftet werden. Die Menschen im Roten Raum sprechen rückwärts – eine Idee, die bereits seit 1971 in Lynchs Kopf herumspukte, als Alan Splet ihn dabei aufnahm, wie er die Worte »I want pencils« rückwärts für eine Szene in *Eraserhead* sprach, die jedoch nie gedreht wurde. Die erweiterte Spielfilmfassung der Pilotfolge, die mit der Szene im Roten Raum endet, wurde fünf Monate vor der US-Ausstrahlung des Pilotfilms als Direct-to-Video-Film in Großbritannien veröffentlicht.

»Wenn David das Set betritt, weiß er genau, wie alles sein und aussehen soll. Sogar die Position des Glases auf dem Tisch steht fest«, berichtet Sighvatsson. »Er weiß es einfach. Als er ans Set kam, während wir gerade mit dem Aufbau des Roten Raums beschäftigt waren, drehte er durch, weil die Tür auf der rechten und nicht auf der linken Seite war. Ich sagte: ›David, das spielt doch keine Rolle, oder?‹ Für ihn spielte es jedoch sehr wohl eine Rolle. Er bestand darauf, dass wir den Raum noch einmal neu aufbauten, denn er hatte die Szene in seinem Kopf bereits gesehen. Was er dreht, muss mit den Bildern in seinem Kopf übereinstimmen.«

Als Branchen-Insider den Pilotfilm sahen, zeigten sie sich beeindruckt. »Der Film ist sehr ruhig. Die erste halbe Stunde dreht sich fast nur darum, wie Menschen schlechte Nachrichten bekommen und trauern«, erklärt Frost. »Er hat einen sehr realistischen Touch und ein Tempo, das viele Leute nicht gewohnt waren. Er braucht eine gewisse Zeit, um sich zu entwickeln, und obwohl er eine komplexe Geschichte erzählt, ist er dabei nicht laut oder aufdringlich. Er hat etwas Mysteriöses und entführt uns in eine andere Welt, bleibt aber trotzdem im Hier und Jetzt verankert. Davids spirituelle Ansichten sind ein großer Teil dessen, was die Serie ausmacht. Sie besitzt eine Art würdevolle Reinheit, wie man sie aus Robert Bressons *Tagebuch eines Landpfarrers* kennt.«

Robie stellt heraus, dass »vor *Twin Peaks* nichts im Fernsehen lief, was derart vielschichtig war. Entweder war es Komödie oder Drama oder Thriller, niemals aber all das zusammen. Der Humor ist in *Twin Peaks* sofort offensichtlich, aber David zeigt dir auch den Schmerz, die Angst, die Sexualität, ohne dabei die komischen Elemente zu vernachlässigen. Wenn ich zum Set kam, dachte ich eigentlich meistens, den Stoff sehr gut zu kennen. David jedoch sah stets so viel mehr.«

Im März 1989, einen Monat nach Drehbeginn, verließ mit Brandon Stoddard der Mann den Sender, der den Pilotfilm für ABC bestellt hatte. Nun war Programmchef Robert Iger dafür verantwortlich, das Projekt bis zur Ausstrahlung zu begleiten. »Wir ahnten bereits beim Dreh des Pilotfilms, dass wir da etwas ganz Besonderes hatten«, berichtet Ray Wise. »Ich weiß noch, wie ich nach dem ersten Screening im Gebäude der Directors Guild of America dachte: ›Wow, das ist wirklich großartig!‹ Ich hatte jedoch keine Ahnung, wie das Publikum von ABC die Serie aufnehmen würde.«

Iger mochte den Pilotfilm, hatte jedoch einige Schwierigkeiten, die Chefetage des Senders von der Ausstrahlung zu überzeugen. Es kam zu einer alles entscheidenden Telefonkonferenz zwischen Iger an der Westküste und einem Raum voller ABC-Bosse in New York. Iger setzte sich durch. Im Mai 1989 orderte ABC die Serie als Mid-Season-Show und bestellte weitere sieben Episoden. Diese hatten ein Budget von jeweils 1,1 Millionen Dollar und waren bereits viele Monate vor der lange verschobenen Erstausstrahlung des Pilotfilms im Kasten.

»David und ich schrieben die ersten zwei Episoden der ersten Staffel gemeinsam. Anschließend stellte ich ein Autorenteam zusammen, bei dem auch Harley Peyton und Robert Engels mitwirkten«, berichtet Frost. »Kamen neue Autoren hinzu, erhielten sie ein paar Grundregeln und detaillierte Handlungsabläufe. Wir besprachen den Inhalt sowie den Ton der jeweiligen Szenen und nahmen diese Gespräche auf, damit die Autoren eine Referenz beim Schreiben hatten.«

Lynchs Beteiligung in dieser Phase war sehr beschränkt, da er einen Monat nachdem ABC sich für die Serie entschieden hatte, nach New Orleans flog, um seinen fünften Kinofilm zu drehen: *Wild at Heart – Die Geschichte von Sailor und Lula*. Lynch ist ein Meister, wenn es darum geht, auf mehreren Hochzeiten gleichzeitig zu tanzen. Kurz nach dem Drehende von *Wild at Heart* im Herbst 1989 fuhr er nach New York, um mit Badalamenti am Soundtrack des Films zu arbeiten.

Lynch nutzte die Zeit in New York außerdem für die Inszenierung eines Theaterstücks. Am 10. November präsentierte er *Industrial Symphony No. 1: The Dream of the Brokenhearted* an der Brooklyn Academy of Music (BAM). Das Stück entstand extrem kurzfristig in Zusammenarbeit mit Badalamenti und war ein Meisterwerk in Sachen Cross-Promotion. Die fünfundvierzigminütige Vorstellung verwob eine Reihe sehr unterschiedlicher Elemente: Ein Filmclip zeigte ein Pärchen (Nicolas Cage und Laura Dern, die Stars von *Wild at*

Heart), das sich am Telefon trennt; Schauspieler Michael J. Anderson spielte eine Figur namens Woodsman und zersägte beharrlich einen Baumstamm auf der Bühne; und Julee Cruise performte vier Songs ihres Debütalbums *Floating into the Night* von 1989. Besagtes Album war von Lynch und Badalamenti produziert worden und zwei Monate zuvor erschienen. Sämtliche Songs stammten von Badalamenti.

John Wentworth produzierte die Aufführung in der Brooklyn Academy of Music und erinnert sich an sie als »eine fantastische Erfahrung. Ich nahm gerade Soundeffekte für *Wild at Heart* auf und arbeitete parallel an *Twin Peaks*, als wie aus heiterem Himmel plötzlich *Industrial Symphony* auf dem Plan stand. Die Brooklyn Academy of Music hatte David einen Platz in ihrem Programm angeboten, den er kurzerhand annahm. Als wir dort ankamen, hatte er anfänglich keine Ahnung, was wir eigentlich machen sollten. Doch dann übernahm seine künstlerische Vision die Kontrolle, und wir stampften das Stück in zwei Wochen aus dem Boden. Am Ende war es eine gigantische Produktion mit Showgirls aus Vegas, Artisten auf Stelzen, Zwergen, Rasenmähern – es war Wahnsinn. Alle Projekte von David sind wundervoll, aber dieses war wirklich besonders, weil es so eine Art idiosynkratisches Gestalt-Ding war. Es war ein Riesenspaß.«

Julee Cruise, die zentrale Künstlerin des Stücks, berichtet: »Ich könnte nicht mal sagen, um was es in *Industrial Symphony* überhaupt ging. Ich hatte ein Abschlussballkleid an, eine schreckliche Perücke auf dem Kopf und schwebte an einem Gurtgeschirr aufgehängt über die Bühne, während David mit Angstschweiß auf der Stirn die Sache aus dem Stegreif dirigierte und live am Set anleitete. Nach einer kurzen Durchlaufprobe führten wir das Stück dann zweimal hintereinander auf. Es war chaotisch, aber ein wirklich großer Spaß.« (Die Co-Produzenten des Stücks, Propaganda Films, veröffentlichten später eine DVD der Aufführung.)

Lynchs Eintritt in das Musikbusiness mit dem von Cruise aufgenommenen Album *Floating into the Night* wurde von dem CAA-

Musikagenten Brian Loucks begleitet. Loucks hatte Lynch während der Produktionsphase von *Blue Velvet* in der Hoffnung kontaktiert, an der musikalischen Seite des Films mitarbeiten zu können. »David meinte damals jedoch nur: ›Dafür habe ich meinen Kumpel Angelo‹«, erklärt Loucks, der weiterhin regelmäßigen Kontakt mit Lynch hielt.[18] Im Jahr 1987 teilte Lynch ihm dann mit, dass er gern eine Platte mit Julee Cruise machen würde, worauf Loucks ihm zu einem Vertrag bei Warner Bros. Records verhalf.

In dieser Zeit hatte Lynch einen schwindelerregenden Output. Nur wenige Tage vor der Performance in der Brooklyn Academy of Music wurde sein Video für den in *Wild at Heart* enthaltenen Chris-Isaak-Song »Wicked Game« veröffentlicht. Noch vor Ablauf des Jahres hatte Lynch bei vier Werbefilmen für Calvin-Klein-Düfte Regie geführt und seine Kunst in der N. No. N. Gallery in Dallas ausgestellt.

In der Zwischenzeit versank der Pilotfilm von *Twin Peaks* beinahe im Morast der Unentschlossenheit zaudernder Network-Programmchefs. Ein ganzes Jahr verging zwischen seiner Fertigstellung und der Premierenausstrahlung am 8. April 1990 um 21.00 Uhr. Als die Show endlich anlief, gab es bereits ein interessiertes Publikum. »Es fanden mehrere Vorabaufführungen statt, die einige der anwesenden Journalisten sehr begeisterten. Noch vor dem Anlaufen der Serie gab es dadurch viel positive Presse«, erklärt Frost. »Zum Serienstart waren große Vorfreude und Spannung zu beobachten, und die Einschaltquoten waren phänomenal.

Die Serie entwickelte sich rasant«, fährt Frost fort. »*Twin Peaks* war in etwa so, als würde man mitten in einem heftigen Sturm einen wilden Bullen reiten wollen. Das ging an keinem von uns spurlos vorbei. Derart viel Aufmerksamkeit zu bekommen war eine wahnwitzige Angelegenheit. Das betraf ja nicht nur die Staaten, es war ein weltweites Phänomen. Im zweiten Jahr entwickelte sich dieser Aspekt zu einer ernsten Ablenkung: Während wir schreiben und produzieren wollten, hatte die Serie ein Eigenleben als kulturelles

Phänomen entwickelt. Oftmals standen diese beiden Bereiche im Widerspruch zueinander.«

Die Serie wurde zu einem internationalen Erfolg. Im Oktober 1990 erschien Lynch auf dem Cover von *Time* und wurde in dem zugehörigen Artikel als der »Czar of Bizarre« gefeiert. Auch das Merchandise-Angebot zu *Twin Peaks* wuchs rasch auf eine unerwartete Größe an. Es gab Binder, Actionfiguren, Dioramen, T-Shirts mit Kaffeegeruch, Dekokissen, Schlüsselketten, Kaffeetassen, Poster, Grußkarten, Mobiltelefonhüllen, Jutetaschen, Schmuck und vieles mehr. Jennifer Lynch schrieb ein Buch namens *The Secret Diary of Laura Palmer*, das am 15. September 1990, also nach dem Ende der ersten und vor dem Start der zweiten Staffel, veröffentlicht wurde. Nach wenigen Wochen war der Titel in der Kategorie »Paperback Fiction« auf Platz vier der *New York Times*-Bestsellerliste geklettert. John Thorne und Craig Miller gründeten mit *Wrapped in Plastic* ein Fanzine für *Twin Peaks*-Anhänger, das dreizehn Jahre lang veröffentlicht wurde.

ABC jedoch schien fest entschlossen, die Gans zu töten, die goldene Eier legte. Von Beginn an bestand die treibende Kraft der Serie in der Frage: »Wer ist der Mörder von Laura Palmer?« Dieses Geheimnis war von zentraler Bedeutung für den narrativen Spannungsbogen jeder einzelnen Folge. Zur Hälfte der zweiten Staffel bestanden die Network-Chefs jedoch darauf, die Identität des Mörders zu enthüllen. Von da an ging es bergab. »Wir haben gekämpft, um das Geheimnis am Leben zu halten, aber der Widerstand des Senders war einfach zu groß«, erinnert sich Frost. »ABC war von Capital Cities gekauft worden, einem Medienkonzern, der so konservativ war wie kein zweiter im Land. Ich glaube, die Serie hat diesen Leuten sehr viel Unbehagen bereitet. Das war einer der Gründe, warum sie uns zur zweiten Staffel auf einen Sendeplatz am Samstagabend schoben – eine schreckliche Entscheidung, wenn man bedenkt, welche Einschaltquoten die Serie auf dem ursprünglichen Platz hatte.«

Für die zweite Staffel schrieb Lynch die erste und die letzte Folge und führte bei diesen sowie bei zwei weiteren Episoden auch Regie. Der Lack war allerdings zu diesem Zeitpunkt schon ab. »Nachdem wir die Identität des Mörders enthüllt hatten, war etwas die Luft raus«, gesteht Frost ein. »Zudem wurde das Fernsehen zu dieser Zeit von der Berichterstattung über den Golfkrieg bestimmt. Anfang 1991 wurden wir in sechs von acht Wochen wegen des Krieges auf einen anderen Sendeplatz geschoben. Wie sollten die Zuschauer einer derart komplexen Geschichte folgen, wenn sie die Serie nicht regelmäßig sehen konnten?«

Twin Peaks bei unregelmäßiger Ausstrahlung auch noch einen schlechteren Sendeplatz zuzuweisen half der Serie nicht gerade. Aber es gab auch noch andere Schwierigkeiten. »Die zweite Staffel hatte sicherlich einige Schwächen in puncto Storytelling«, bedauert Frost. »David war mit *Wild at Heart* beschäftigt, und ich hatte mich als Regisseur für einen Film namens *Storyville* verpflichtet, sodass wir ohnehin nur wenig Zeit für *Twin Peaks* hatten. Außerdem hatten wir dummerweise auf den Rat unserer Agenten gehört und eine weitere Serie namens *American Chronicles* an Fox verkauft. Die Tage hatten einfach nicht genügend Stunden, um all diese Dinge richtig zu machen.«

Auch den Darstellern wurde schmerzlich bewusst, dass die Serie im Lauf der zweiten Staffel in sich zusammenfiel. »Als David ging, fühlte sich das für mich so an, als hätte er die Serie aufgegeben«, erklärt Kimmy Robertson. »Ich will damit nichts Schlechtes über die Leute sagen, die an der zweiten Staffel arbeiteten, denn die haben das getan, was sie tun sollten. Ehrlich gesagt, weiß ich nicht, wessen Schuld es am Ende war. Was ich allerdings sehr wohl weiß, ist, was mir nicht gefiel: Dauernd wurden neue Frauenrollen in die Serie eingebaut, während man gleichzeitig die ursprünglichen Handlungsstränge vernachlässigte. Da kamen Leute rein, stülpten ein Kaleidoskop auf das Kameraobjektiv und sagten: ›Oh, schaut nur, wie lynchisch.‹ Niemandem gefiel, wie sich die Serie entwickelte.

Ich weiß noch, wie ich in der Garderobe saß und mich auf eine weitere dieser Szenen vorbereitete, in der Lucy sauer auf Harry ist – sie war eigentlich nur noch sauer auf ihn«, fährt Robertson fort. »Ich glaube, Lucys Rolle wurde später so angelegt, weil die Drehbuchschreiber sie nicht mehr als einen wertvollen Teil der Serie ansahen. David und Mark hingegen schätzten Lucy sehr. Die Serie funktionierte einfach nicht, wenn die beiden nicht gemeinsam vor Ort daran arbeiteten.

David hat diese Verbindung mit Gott und dem Universum. Er bewegt sich auf einer Art kreativem Highway mit jeder Menge Auf- und Abfahrten, die ihn in seinem Kopf zu Akten, Räumen und ganzen Bibliotheken führen. Wenn er so könnte, wie er wollte, würde er sie alle gleichzeitig erforschen«, fügt Robertson hinzu. »Aber da ist noch Mark, der Bibliothekar des Ganzen. Er sitzt da oben hinter dem Schalter und regelt die Ausleihvorgänge. Er sagt Sachen wie: ›Nein, David, du kannst nicht all diese Dinge auf einmal mitnehmen. Besser, wir machen das nacheinander, und zwar in dieser und jener Reihenfolge.‹ Beide mussten zusammenarbeiten, damit die Serie lief, aber in der zweiten Staffel waren sie nicht mehr als Team dabei.«

Im Februar 1991, eine Woche nachdem die Einschaltquoten der fünfzehnten Folge der zweiten Staffel in einem Feld von 89 Fernsehserien auf dem 85. Platz gelandet waren, entschied ABC, *Twin Peaks* für unbestimmte Zeit auf Eis zu legen. Am 10. Juni 1991 lief die letzte Folge der zweiten Staffel. »Der Sender hatte eine Reihe von Fehlern bei der Serie gemacht, sodass die Zuschauer absprangen. David überarbeitete das Drehbuch für die letzte Folge und richtete sie neu aus, indem er den Roten Raum ins Spiel brachte. Das war brillant«, erklärt Frost. »Er hat mit dieser Episode etwas wirklich Außergewöhnliches geschaffen und die Sender-Chefs quasi dazu gezwungen, sich genau zu überlegen, ob sie eine dritte Staffel wollten. Am Ende entschieden sie sich dagegen. An diesem Punkt hatten David und ich jedoch das Gefühl, dass wir unseren Lauf gehabt und unser Ding gemacht hatten. Für uns hieß es: auf zum nächsten Projekt.«

Rückblickend erklärt Krantz zum Niedergang der Serie: »Ich weiß nicht, ob David die Konsequenzen für *Twin Peaks* bedacht hatte, als er aufbrach, um *Wild at Heart* zu drehen. Er kannte sich im Fernsehbusiness gut genug aus, um zu wissen, dass die Serie unter allen Umständen weiterlaufen musste. Sicherlich war sein Beitrag, sein magisches Händchen, in gewisser Weise unabdingbar für *Twin Peaks*, aber die Produktion konnte nicht auf ihn warten, wenn er keine Zeit hatte. Es musste weiterproduziert werden.«

An fähigem Personal mangelte es der zweiten Staffel von *Twin Peaks* ganz sicher nicht. Vielmehr sorgten die mittlerweile unübersehbaren Spannungen zwischen Lynch und Frost für Probleme. »Diese Spannungen lassen sich teilweise mit Marks Frustration darüber begründen, dass *Twin Peaks* als die Serie von David Lynch galt«, erklärt Krantz. »Tatsächlich hatten sie die Serie ja gemeinsam entwickelt. Mark brachte einen Storytelling-Ansatz ein, der es überhaupt erst möglich machte, dass Davids Kunst im Medium Fernsehen existieren konnte. Das war ein entscheidender Beitrag. Einer konnte ohne den anderen nicht existieren. Zusammen waren sie eine perfekte Einheit. Mark jedoch hatte das Gefühl, dass David all die Lorbeeren einheimste, was an seinem Ego kratzte.

Mark bekam die ersehnte Anerkennung mit der zweiten Staffel. Hier trug er nun gewissermaßen die Verantwortung und erhielt die Möglichkeit, endlich die Mark-Frost-Version von *Twin Peaks* zu realisieren«, fährt Krantz fort. »Zusammen mit Harley Peyton entwickelte er neue Storys für die zweite Staffel und führte neue Figuren ein, anstatt ausschließlich auf die ursprüngliche Kernbelegschaft zu setzen. David war allerdings nicht sonderlich glücklich mit den Drehbüchern, zudem gab es Handlungsstränge, die er nicht abgesegnet hatte. Wahrscheinlich dachte er: ›Moment mal! Ich glaube, ihr bringt da was durcheinander. Das ist nicht das, was die erste Staffel so großartig machte. Das sind nur Imitationen und Kopien.‹

Dann zwang der Sender ihn zu enthüllen, wer Laura Palmer ermordet hatte. Er sträubte sich zurecht dagegen«, fügt Krantz hinzu. »Das war ganz klar ein Fehler von ABC, aber es gab auch andere Gründe, warum die zweite Staffel nicht so erfolgreich war. Bei so einem Projekt muss es eine Form der kreativen Verantwortung und Zuständigkeit geben, was in diesem Fall schwierig war, denn die kreative Beziehung von David und Mark lag in Trümmern. Es gab da dieses Restaurant namens Muse, in das David, Mark und ich öfters gingen. Als wir eines Tages wieder dort zusammensaßen, sagte ich: ›Jungs, ihr habt siebzehn Emmy-Nominierungen bekommen.‹ Dann nahm ich die Hände der beiden, führte sie zusammen und sagte: ›Ihr müsst euch die Hände reichen und ein Team sein.‹«

Es war nicht das Aus ihrer Beziehung, aber Lynch und Frost brauchten eine Pause. Lynch wandte sich bald anderen Dingen zu. »Wir machten ein paar Werbefilme zusammen und auch einen Spot für die Stadtverwaltung von New York City, in dem es um das dortige Rattenproblem ging«, berichtet Montgomery. »Ich denke, David hatte Spaß bei diesen Projekten. Er liebt es einfach, Filme zu drehen, ganz egal, was es ist. Sperr ihn in einen Raum, gib ihm ein bisschen Material, und er wird definitiv erfinderisch genug sein, um etwas daraus zu zaubern. David ist in der Lage, sich bestehenden Beschränkungen anzupassen, ganz gleich, wie die auch aussehen mögen. Es gibt viele Leute, die das nicht können.«

Während sich *Twin Peaks* der Ziellinie entgegenschleppte, erschien *Wild at Heart*, begeisterte die Massen und verschwand dann wieder. Trotzdem war Lynchs Liebe für die gemeinsam mit Frost erschaffene Welt ungeschmälert, und der Eindruck, den er bei den Darstellern hinterlassen hatte, war tief und nachhaltig.

»Mit David ist es immer eine ziemlich emotionale Angelegenheit«, erklärt Ontkean. »Und fast immer entsteht dabei aus einer improvisierten Zirkusnummer ein strukturiertes Ritual mit exotischem Touch. *Blue Velvet* ist der beste Beweis dafür, dass David in Wirklichkeit ein uralter, weiser Alchemist ist, der quasi aus dem

Nichts eine dichte und greifbare Atmosphäre erschaffen kann. Du siehst dabei weder die Drähte oder die Fäden noch das Kaninchen, es sei denn, David will es so.«

Sheryl Lee berichtet: »Ich sagte mal zum Spaß, dass es so wäre, als würde er mich hypnotisieren. Denn David hat eine Art, dich in eine Richtung zu leiten, die anfänglich nicht logisch scheint. Nachdem er deinen Widerstand aber gebrochen hat, findest du dich in einer wunderbaren Welt wieder, wo du einfach nur spielst und nicht zu sehr über die Dinge nachdenkst. Wenn du mit David das Set betrittst, weißt du eigentlich, dass du gleich etwas tun wirst, das du noch nie zuvor getan hast. Und das ist eine sehr faszinierende Sache.«

Die Darsteller von *Twin Peaks* verdanken Lynch nicht nur eine Menge im Hinblick auf ihre Karrieren, auch auf persönlicher Ebene berührte er viele von ihnen. »David kümmert sich sehr um die Leute in seiner Umgebung und interessiert sich für das Leben derjenigen, mit denen er arbeitet. Das ist der Aspekt an seiner Person, der mich am meisten beeindruckt«, resümiert Mädchen Amick. »Ich bin unheimlich froh, von diesem wunderschönen Stern berührt worden zu sein, der da durch unsere Galaxis rauscht. Unsere Beziehung bedeutet mir sehr viel. Er hat mich auf einen Pfad gesetzt und mich gelehrt, mir selbst stets hohe Ziele zu setzen. Für mich persönlich reichte bisher nichts an die Erfahrung heran, mit David zusammenarbeiten zu können.«

Es war nicht so, als wären mir nach *Blue Velvet* die Angebote nur so zugeflogen. Ein Projekt habe ich abgelehnt; *Tender Mercies* (*Comeback der Liebe*) mit Robert Duvall in der Hauptrolle. Das ist am Ende ein großartiger Film geworden, aber ich hatte damals das Gefühl, dass es nicht das Richtige für mich war. Rick verhielt sich wie immer großartig und drängte mich nicht, irgendetwas Bestimmtes zu tun.

Nach *Blue Velvet* begann für mich ein Pendlerleben zwischen Ost- und Westküste, was mir nicht sonderlich gut gefiel. Ich mochte es in New York mit Isabella, und ich mochte es auch in Europa, wann immer ich da rüber flog, aber eigentlich bin ich eher ein häuslicher Typ. Wenn du dauernd unterwegs und nie zu Hause bist, kriegst du nichts zustande. Trotzdem sind ein paar richtig coole Sachen während dieser Zeit geschehen. Einmal war ich mit Isabella in Italien, wo sie einen Film mit einem russischen Regisseur und Silvana Mangano drehte, die ich sehr gut kannte. Die Dreharbeiten fanden südlich von Rom an unheimlich schönen Orten statt. Das Gelände bestand dort aus Plateaus, auf denen diese verträumten, schlichten italienischen Villen standen, mit Treppen, die zu wunderschönen Terrassen hinaufführten – unglaublich schöne Bauten.

Eines Abends lud Silvana uns zum Dinner in ein Restaurant mit Freiluftbereich ein, wo wir unter glitzernden Lichtern saßen. Es war gerade Pilzsaison, also bestand unser Essen aus diversen Pilzgerichten, die alle unterschiedlich schmeckten. Der Pilz des Hauptgerichts war riesig und dick wie ein Steak. Ich saß da also mit Silvana und Isabella beim Dinner, und Marcello Mastroianni war auch dabei. Ich muss zugeben, dass ich ziemlich beeindruckt war, mit so einem Star am Tisch zu sitzen. Marcello und Silvana kannten sich schon sehr lange und waren gute Freunde. Beim Dinner war er unheimlich nett und erzählte Geschichten – es war großartig. An irgendeinem Punkt in der Unterhaltung sagte ich ihm, dass ich am gleichen Tag Geburtstag hätte wie Fellini und ein großer Fan von ihm war. Mein Lieblingsfilm von Fellini ist *Achteinhalb*, aber ich mag auch *La Strada – Das Lied der Straße*. Im Grunde findet man in jedem seiner Filme großartige Elemente. Als ich am nächsten Morgen aus dem Hotel kam, stand da ein Mercedes auf der Straße, dessen Fahrer mir sagte: »Ich soll Sie nach Cinecittà fahren. Marcello hat arrangiert, dass Sie den Tag mit Fellini verbringen.« Wir sind dann nach Rom reingefahren, wo Fellini gerade *Intervista* drehte. Nachdem er mich begrüßt hatte, durfte ich mich neben ihn setzen und ihm bei der Arbeit zuschauen. Da haben wir uns dann angefreundet.

Eine ganze Zeit später, Jahre später sogar, als ich gerade bei Isabella in Long Island war, in Bellport, um genau zu sein, unternahmen wir eines Abends mit ihren Freunden eine Bootstour. Diese Freunde besaßen nämlich ein Runabout, so ein kleines offenes Sportboot aus Holz, und dieses Boot gefiel mir sehr. Ich fragte, wo sie es gekauft hätten, worauf sie antworteten: »Wir haben's von Steen Melby.« Etwas später machte ich mich auf den Weg und besuchte diesen Steen Melby, der sich nicht nur als großartiger Kerl und Bootsbauer, sondern auch als unheimlich bewanderter Zeitgenosse herausstellte. Er meinte: »Ich habe ein Boot für dich. Es heißt Little Indian.« Dann zeigte er mir dieses Boot, und es war einfach wunderschön. Ich musste es haben und kaufte es auch. Es war ein von John Hacker entworfener 1942er Fitzgerald & Lee Runabout – eins dieser Boote, die in der Thousand-Lakes-Region im Bundesstaat New York als Taxis benutzt wurden.

Eines Tages sagte Isabella: »Wir gehen krabbenfischen.« Der Plan sah vor, dass Isabellas Freunde sie in der Nähe ihres Hauses mit dem Boot abholen würden. Ich sollte allein mit der Little Indian fahren und die Gruppe an dem Ort treffen, wo wir nach Krabben fischen wollten. Sie erklärten mir den Weg, und los ging's. Es war ein magischer Nachmittag, einfach wunderschön. Ich also rein in die Little Indian und den Fluss hoch, bis ich unter einer Art Torbogen hindurchfuhr, der wie der Gateway Arch von St. Louis aussah. Wenn man diesen Punkt erreicht hat, ist man schon ein ganzes Stück draußen und sieht die ersten Bojen. Bei der Wegbeschreibung hatten sie mir gesagt: »Folge der Bojenreihe bis zum Ende, und biege danach rechts ab. Dann folgst du der nächsten Bojenreihe und biegst links ab. Spätestens da müsstest du uns sehen können.«

Nach einer halben Stunde hatte ich den Ort erreicht, und wir begannen mit dem Krabbenfischen. Dazu benutzten wir diese Metallkäfige, die einfach ins Wasser gelassen werden. Die Krabben halten sich daran fest, sodass man sie nur noch hochziehen muss. Ich war verblüfft, wie einfach das funktionierte. Aber ich schätze mal, es gibt Menschen, die genauso sind und sich an Dingen festhalten, auch wenn sie es besser nicht tun sollten.

Als es auf halb sechs zuging, packten wir zusammen und machten uns auf den Rückweg, ich in meinem, die anderen in ihrem Boot. Bei der Abfahrt schien noch die Sonne, aber als ich ans Ende der Bojenreihe kam und nach links abbog, war es mit einem Mal wie in der Twilight Zone: Was eben noch ein sonniger Tag gewesen war, kippte plötzlich um in pechschwarze Nacht. Von einem Moment auf den anderen brach ein ausgewachsener Sturm über mich herein. Ich musste im Boot aufstehen, weil der Regen so heftig auf mich herunterprasselte, dass ich durch die Windschutzscheibe nichts mehr sehen konnte. Der Motor des Boots brachte gerade mal zwanzig Meilen pro Stunde, und die Wellen wurden mit jedem Mal höher. Dann fiel mir auch noch ein, dass ich vergessen hatte, die Kraftstoffreserven zu prüfen, was man eigentlich immer vor der Abfahrt tun sollte. Während ich mich durch diese Wellen kämpfte, vergaß ich zu allem Überfluss, wie viele Bojen ich schon gezählt hatte. Plötzlich tauchte vor mir ein riesiges Fischfangschiff auf, hell beleuchtet und gut zwei oder drei Stockwerke hoch. Ich also rein in das Kielwasser dieses Schiffs, denn dort war ich vor den Wellen geschützt. Gerade als ich mich etwas beruhigt hatte, begann das Schiff abzudrehen, und ich dachte bei mir: »Oh, Mann, das Schiff fährt raus auf See. Ich will aber nicht raus auf See.« Also fuhr ich nach rechts. Die Wellen waren mittlerweile richtig hoch, der Himmel pechschwarz, alles nur noch Nebel und Sturm. Doch dann sah ich mit einem Mal die Lichter der Küste und den Torbogen an der Flussmündung. Ich fuhr rein und ging an Land. Für echte Seeleute ist das sehr wahrscheinlich eine Hosenscheißer-Story, für mich jedoch war es ein ziemlich beängstigendes Erlebnis.

Nach *Blue Velvet* wohnte ich in einem Apartment in Westwood. Ich mochte jedoch moderne Architektur und wollte gern selbst ein modernes Haus haben. Also hörte ich mich um und fand heraus, dass eine Immobilienfirma namens Crosby Doe Real Estate die richtige Adresse für mein Anliegen sei. Dort arbeitete ein Kerl namens Jan, der sich dann um mich kümmerte. Er zeigte mir ein paar Häuser, die mir aber alle nicht gefielen. Dann flog ich wieder nach New York. Kurz darauf bekam ich einen Anruf von Jan. »Ich glaube, ich habe das perfekte Haus für dich gefunden.« Als ich wieder in L.A. war, holte er mich ab, um es zu besichtigen, und erzählte mir auf dem Weg, dass das Haus pink wäre. Wir kurvten durch die Hollywood Hills, und dann sah ich es. Ich war hin und weg. In dem Moment, in dem meine Augen das Haus erblickten, wusste ich, dass ich es einfach haben musste. Ich zitterte förmlich und sagte: »Jan, das ist es.« Wir gingen rein und sprachen mit dem Eigentümer, einem Kerl namens Will. Er hatte alles mit weißem Zottelteppich ausgelegt, aber das war mir egal. Ich wusste, dass es das richtige Haus für mich war.

Will sagte: »Ich möchte, dass David dieses Haus bekommt. Es kostet so und so viel.« Und ich sagte nur »okay« und zog im Juni 1987 dort ein. Nach meinem Einzug im Pink House richtete ich mir im Keller ein Atelier ein und zog mich oft zum Malen dorthin zurück.

Auch wenn ich in der Lage war, dieses Haus zu kaufen, so würde ich nicht sagen, dass ich mich damals als wohlhabend angesehen habe. Ich habe mich eigentlich nie wohlhabend oder reich gefühlt. Als ich an der Rosewood wohnte, war ich in gewisser Weise reicher als beim Kauf dieses Hauses. Bei meinem Einzug in das Haus an der Rosewood betrug die Miete fünfundachtzig Dollar im Monat. Für dieses Geld hatte ich ein großes Zimmer mit Trennwand, sodass es Schlafzimmer und Wohnbereich gab, dazu noch eine Küche und ein Bad mit Wanne und Dusche. Draußen baute ich mir eine Hütte für meine Werkzeuge. Ich hatte einen Zeichentisch, einen Kühlschrank, einen Herd, eine Waschmaschine und eine Wäscheleine auf dem Flachdach. Ich hatte ein Auto, einen Fernseher, Stühle, Lampen und ein Telefon, und ich konnte zu dieser Tankstelle namens Y-Pay-More an der Ecke Santa Monica Boulevard und San Vicente fahren und für drei Dollar den Wagen volltanken.

Geld ist eine sonderbare Sache. Die eigentliche Idee beim Geld ist ja, dass man sich frei fühlt, wenn man welches hat. Ich denke, man könnte sagen, dass ich jetzt ein wenig Geld habe. Trotzdem habe ich mich nie frei gefühlt. Es ist wirklich eigenartig – ich habe mich niemals wirklich frei gefühlt. Nachdem Peggy und ich beschlossen hatten, uns zu trennen, erfüllte mich ein Hochgefühl von Freiheit. Ich weiß noch, wie ich in einem Cabrio auf einem dieser kleeblattförmigen Autobahnkreuze in Downtown L.A. unterwegs war und an eine Stelle kam, wo der Freeway in den Himmel hinaufzuschießen schien. Für ein oder zwei Augenblicke empfand ich dort ein Gefühl wahrhaftiger Freiheit. Das war's dann aber auch schon für mich in Sachen Freiheitsgefühl. Ich weiß auch nicht, durch was genau ich mich unfrei und eingeschränkt fühle. Was ich allerdings weiß, ist, dass ich Verpflichtungen habe und deshalb nicht wirklich frei bin.

In dieser Zeit passierte eine Menge. Zum Beispiel spielte ich in Tina Rathbornes Film *Zelly and Me* mit. Ich weiß zwar nicht mehr, wie genau das zustande kam, aber ich hatte einen Part in dem Film und habe es nie bereut. Der Film erzählt Tinas Story – sie war in der Welt aufgewachsen, die in diesem Film gezeigt wird. Isabella mochte Tina und wollte bei dem Film dabei sein.

Ungefähr in dieser Zeit lernte ich auch Monty Montgomery kennen und freundete mich mit ihm an. Monty ist ein sehr liebenswürdiger Mensch und eine echte Type und lud mich ständig irgendwohin ein. Damals drehte ich gerade meinen ersten Werbefilm. Es war ein Spot für Opium, ein Parfüm von Yves St. Laurent, der mir mächtig Spaß machte. Monty sagt, dass ich es einfach liebe, zu filmen – ganz egal, was es ist. Und im Grunde hat er damit auch recht. Werbefilme dreht man in erster Linie fürs Geld, aber ich lerne dabei auch immer etwas. Bei diesen Projekten kommt nämlich stets die neueste und beste Technik zum Einsatz, sodass man automatisch auf den aktuellen Stand gebracht wird. Außerdem eignet man sich beim Drehen von Werbeclips eine effiziente Arbeitsweise an. Oft bestehen diese Filme aus kleinen Storys, die mitunter wunderschön sein können. Pierre Edelman verschaffte mir damals diesen Auftrag für den Werbefilm. Monty half mir bei der Postproduktion. Das war der Beginn unserer Zusammenarbeit.

Ich lernte dann einen Kunsthändler namens Jim Corcoran kennen, der meine Arbeiten ausstellen wollte. Jim ist ein großartiger Typ. Mr. Minimal. Er kennt wirklich jeden in der Kunstwelt. Dass *der* meine Arbeiten gut fand, war der Wahnsinn für mich. Die Bekanntschaft mit Leo Castelli lief über Isabella. Er war auch Italiener und ein Freund von ihr. Ich mochte ihn. Als wir uns kennenlernten, ging es gar nicht um Kunst. Wir unterhielten uns einfach, verbrachten ein bisschen Zeit zusammen. Ehrlich gesagt, weiß ich gar nicht so recht, wie oder wo er meine Arbeiten gesehen hatte. Sicher, er organisierte dann eine Ausstellung für mich, aber ich frage mich, ob er es vielleicht Isabella zuliebe tat, als eine Art Gefallen oder so. Wie auch immer, Leo Castelli organisierte eine Ausstellung für mich! Es war großartig.

Bei Virgin Records arbeitete damals ein Typ namens Jeff Ayeroff, der nach *Blue Velvet* wollte, dass ich ein Musikvideo für »In Dreams« drehe. Ich fand dann jedoch heraus, dass es Roy ganz und gar nicht gefiel, wie sein Song in *Blue Velvet* eingesetzt worden war. Es war ein äußerst persönliches Stück für Roy, das er, obwohl er es drei Jahre zuvor aufgenommen hatte, stets mit dem Tod seiner ersten Frau Claudette verband, die 1966 bei einem Motorradunfall ums Leben gekommen war. Ein Freund sagte ihm dann: »Roy, du musst dir diesen Film noch einmal ansehen. Er ist wirklich wunderbar.« Großartig, wie Roy Orbison nun einmal ist, ging er noch einmal in den Film und sagte danach: »Du hast recht.« Nach einigem Hin und Her lernte ich dann Roy kennen. Man muss wissen, dass Roy auch gern mit Holz arbeitete, sodass wir schnell ins Fachsimpeln kamen und uns über Sägen und andere Dinge austauschten. Ich schloss ihn sofort ins Herz. Er war ein bodenständiger Kerl, durch und durch gut und supernett.

Durch die Insolvenz der Plattenfirma, die die Rechte an all seinen Songs besaß, kam Roy nicht mehr an seine Musik heran und hatte auf absehbare Zeit keine Einkünfte durch diese Stücke. Er entschloss sich dazu, alle Songs noch einmal aufzunehmen und selbst zu vertreiben. Dazu wollte er Werbung im Spätprogramm schalten, diese Spots um zwei Uhr morgens. Als Jeff das mitbekam, ging er zu ihm und sagte: »Pass auf, Roy, Virgin Records übernimmt die Sache. Du musst das nicht selbst machen. Wir zahlen für die Albumaufnahmen.« Roy hatte aber die Aufnahmen schon gemacht. Jeff schickte sie mir. Sie waren nicht gut. Ich rief Jeff an und sagte: »Das könnt ihr nicht rausbringen. Diese Aufnahmen sind sehr weit weg von den Originalen. Ihr *müsst* die Sache abblasen.« Jeff sagte: »Dafür ist es zu spät. Er will diese Aufnahmen rausbringen. Wenn du magst, gibt es vielleicht die Möglichkeit, ›In Dreams‹ noch einmal neu aufzunehmen.« Ich sagte: »Du verstehst mich nicht! Es sollte *überhaupt* kein Remake dieser Songs geben, ganz gleich, wer hinter den Reglern sitzt!« Er sagte: »Ich weiß, was du meinst, aber das könnte für euch beide eine tolle Sache sein, für dich *und* für Roy.« Daraufhin gingen wir mit T Bone Burnett ins Studio. Die Aufnahme, die wir dann gemacht haben, hat natürlich nicht die Qualität des Originals, aber wie sollte sie auch?

Im Studio sagte Roy zu mir: »David, früher gab es bei den Aufnahmesessions immer so einen Typen wie dich, der das Kommando hatte und einen motivierte, indem er Sachen sagte wie: ›Komm schon, Roy, etwas mehr Leidenschaft bitte! Denk daran, worum es in diesem Song geht, und leg etwas mehr Gefühl hinein!‹« Und so gab ich Roy hier und da ein paar Anweisungen, was sehr lustig war. Eines Abends, es war schon spät, kamen Bono und Bob Dylan rein. Bono war damals noch keine große Nummer, sondern ein Newcomer, aber ich dachte mir schon, dass er irgendwann groß rauskommen würde, da er mit Dylan unterwegs war. Das war jedoch nicht der Moment, in dem ich Dylan kennenlernte. Ich lernte ihn durch Dennis Hopper kennen, mit dem ich zu einem Dylan-Konzert im Greek Theatre ging. Dennis nahm mich mit in Dylans Garderobe. Die ganze Sache war ziemlich schmeichelhaft, denn Bob sagte: »Oh, hallo, David.« Er sagte es, als würde er mich schon ewig kennen. Es war großartig. Was soll man noch zu Bob Dylan sagen? Güteklasse A, Mann. Der Beste.

Jedenfalls unterhielten Bono und Bob Dylan sich ein wenig mit Roy. Als sie gegangen waren, fragte ich den Toningenieur, ob es einen Raum gäbe, in dem ich meditieren könnte. Er meinte: »Klar, ich kann dir einen ruhigen Raum zeigen.« Daraufhin kam Barbara Orbison zu mir und sagte: »Was für eine Art der Meditation machst du denn?« Ich sagte es ihr, und sie darauf: »Roy und ich machen auch Transzendentale Meditation!« So sind Barbara, Roy und ich in diesen Raum verschwunden und haben zusammen meditiert. Es war fantastisch, mit dem großen Roy Orbison zu meditieren. The Big O.

In diesem Jahr machte ich auch *The Cowboy and the Frenchman*. Frederic Golchan ist ja eigentlich kein Schauspieler, sondern

Produzent, aber er war absolut perfekt für den Part in *The Cowboy and the Frenchman*. Er hat diesen wahnsinnigen Blick in den Augen und ist außerdem Franzose. Bei dem Film hat er eine tolle Leistung abgeliefert. Harry Dean Stanton war auch dabei, und an dem Mann ist einfach alles besonders. Einer der großartigsten Typen des Planeten. Ich liebte diesen Kerl. Ich konnte stundenlang einfach nur neben ihm sitzen, denn alles, was er von sich gab, ist natürlich – keine Angeberei, kein Bullshit. Einfach ein wunderbarer Mensch, mit einem unheimlich netten und liebenswürdigen Wesen. Er hatte außerdem diese melancholische Ader und eine ganz eigene Art der Spiritualität. Transzendentale Meditation wäre nichts für ihn gewesen. Das Leben ist seine Meditation, sagte er. Und der Mann konnte singen. Sophie Huber hat eine Dokumentation über Harry Dean mit dem Titel *Partly Fiction* gemacht. Es gibt einen Trailer mit Aufnahmen, die im Haus von Harry Dean entstanden sind. Da spielt ein Freund im Hintergrund Gitarre, und Harry Dean sitzt auf der Couch. Am Anfang ist eine Nahaufnahme von seinem Gesicht zu sehen, diesem Gesicht, in dem so unheimlich viel los ist. Dann beginnt er, »Everybody's Talkin'« zu singen – den Song, den Harry Nilsson bekannt gemacht hat. Als ich das zum ersten Mal sah, sind mir die Tränen in die Augen geschossen. Die Art, wie er sang, ist einfach ... Ach, vergiss es. Es ist unglaublich. Ich kann nicht glauben, dass er nicht mehr da ist ...

Wie ich bereits erwähnte, habe ich zu dieser Zeit sehr viele unterschiedliche Dinge gemacht. Direkt nach dem Drehende von *Wild at Heart* bin ich nach New York und habe mit der Arbeit an *Industrial Symphony No. 1* begonnen. Wir hatten nur zwei Wochen, um das Stück auf die Beine zu stellen. Ich notierte ein paar Ideen für eine Art Fabrikumgebung und fertigte einige Zeichnungen an. Ich fragte dann Patty Norris, ob sie das umsetzen wollte, aber sie sagte ab. »David«, meinte sie, »du kannst mich nicht einfach dazuholen. Das ist New York. Wenn ich als Außenstehende in diese Welt komme, werden sich die Leute dort gegen mich wenden. Du musst dir jemanden vor Ort suchen.« Ich arbeitete dann mit dieser Frau zusammen, die eine Werkstatt in New Jersey hatte. Sie erschuf ein wundervolles Set.

Angelo und ich komponierten ein paar neue Sachen für das Stück, aber der Großteil der Musik kam von Julee Cruise, die vier Songs von ihrem Album performte. Dann nahm ich mit Nic Cage und Laura Dern einen kurzen Film auf, den wir während der Aufführung an die Rückwand der Bühne projizierten. Ich arbeitete bei diesem Projekt mit Johnny W. [Wentworth] zusammen. Der Sound kam größtenteils vom Band. Am Morgen der Aufführung lieferte man uns dieses riesengroße und hochmoderne Abspielgerät. Wir wollten schauen, wie es klang, und so schalteten wir das Teil ein und begannen zu proben. Plötzlich gab das Gerät jedoch den Geist auf. Ich sagte: »Das darf eigentlich nicht passieren.« Wir probierten es noch einmal, und wieder verabschiedete sich das Ding. Da war klar, dass wir bei der Aufführung nicht mit diesem Abspielgerät arbeiten konnten. Johnny W. und ich hatten diese winzigen DAT-Abspielgeräte von Panasonic, und wir sagten uns: »Scheiß drauf, wir lassen bei der Aufführung einfach den Sound von unseren DAT-Rekordern ablaufen.« Jemand von der BAM führte uns dann zu diesem kleinen Kartentisch, der an der höchsten Stelle des Theatersaals an einer Wand stand. Dort bauten wir unsere DAT-Rekorder auf. Nachdem wir sie angeschlossen hatten, drückten wir auf beiden Geräten gleichzeitig die Wiedergabetaste. Bei Ausfall eines Geräts hätten wir auf diese Weise sofort auf das andere umschalten können. Diese DAT-Rekorder mochten zwar winzig sein, aber sie erfüllten den Saal mit einem unglaublichen Sound.

Wir hatten nur einen Tag zum Proben, am Abend sollte die Aufführung stattfinden. Alles dauerte ewig. Ehe die Leute bereit waren, war schon eine Stunde vergangen, ohne dass wir auch nur angefangen hätten! Dann hatte ich diese Idee, die uns gerettet hat, eine Idee, auf die ich ganz sicher noch einmal zurückgreifen würde: Du gehst zu einem der Darsteller, packst seine Schultern, schaust ihm direkt in die Augen und sagst: »Siehst du das Ding da drüben? Wenn dieses und jenes passiert, gehst du da rüber, machst das und das, und wenn du damit fertig bist, gehst du ab. Kapiert?« Dann gehst du zur nächsten Person und instruierst sie ganz genauso. Du sagst einfach jedem einzelnen der Darsteller, was genau er zu tun hat, wenn eine bestimmte Sache geschieht. Auf diese Weise muss er sich nur diese eine Sache merken. Es waren zwei Aufführungen geplant, die hintereinander stattfinden sollten. Mein Job an diesem Tag bestand also darin, dafür zu sorgen, dass zwanzig Darsteller eine bestimmte Aufgabe zu einer ganz bestimmten Zeit erfüllten. Am Ende haben es alle super gemacht.

Im Stück kam auch ein gehäuteter Hirsch vor, der von John Bell gespielt wurde. Dieser Hirsch war fast vier Meter hoch, hatte ein großes Geweih und ging auf Stelzen. Die Stelzen waren unten mit Hufen versehen und weiter oben mit fleischfarben angemalten Gummischichten umwickelt. Es sah aus, als hätte er kein Fell mehr. Logisch, es war ja auch der gehäutete Hirsch. Ich arbeitete bei diesem Stück mit unheimlich fähigen Leuten zusammen. Die haben den Hirsch und all die anderen Dinge auf die Bühne gezaubert. Es war verdammt noch mal unglaublich! Zum Auftakt des Stücks lag der Hirsch auf zwei zusammengebundenen Krankentragen. Isabellas Tochter Elettra war damals noch sehr klein, und als sie dieses Wesen reglos auf den Bahren liegen sah, bekam sie Angst, denn sie wusste, dass der gehäutete Hirsch irgendwann anfangen würde, sich zu bewegen.

John Bell, der Stelzenläufer, der den Hirsch spielte, lag am Anfang des Stücks nur da. Er hatte das Kostüm an, unter dem es natürlich ziemlich heiß war. Dann kam sein Moment: Ein paar Bauarbeiter mit Schutzhelmen und gelb leuchtenden Neonröhren laufen auf die Bühne und schwenken mit den Dingern um den Hirsch herum. Er erwacht zum Leben und steht auf. Er ist riesig. Dann beginnt er umherzugehen, während der kleine Mike [Anderson] mit einem Suchscheinwerfer in der Hand vor ihm steht und ihn anstrahlt. Der Mann oben auf den Stelzen hat also plötzlich dieses grelle Scheinwerferlicht in den

Augen. Dazu kommt, dass das Blut aus seinem Kopf absackt, denn er hat ja die ganze Zeit gelegen. Mit einem Mal beginnt er zu schwanken, kippt nach vorn und fällt in den Orchestergraben, wo ihn der Kerl am Schlagzeug auffängt. Die Hälfte des Publikums dachte, es wäre ein schrecklicher Unfall geschehen, die andere Hälfte hielt es für einen Teil der Show. Als es dann Zeit für die zweite Aufführung war, wollte der verdammte Hirsch nicht auf die Bühne kommen. Ich musste also von dem winzigen Kartentisch im hinteren Teil des Theatersaals bis in die Garderoben im Untergeschoss marschieren und den Kerl anbetteln, doch bitte endlich zu erscheinen. Zum Glück gab es da diesen riesigen Wassertank im Bühnenbild. Ich sagte also zu ihm: »Pass auf, du kannst dich doch im Fall der Fälle an dem Wassertank festhalten.« Und er sagte: »Okay, wenn ich mich an dem Wassertank festhalten darf, dann mach ich's.« Und so ist er dann doch noch aufgetreten. Es war eben alles live und ziemlich spannend, aber am Ende hat alles perfekt funktioniert. Außer der Sache mit dem Hirsch.

Als ich Mark Frost kennenlernte, wusste ich nicht genau, ob ich mit ihm zusammenarbeiten konnte, aber ich war bereit, es auszuprobieren. Er war damals gerade an diesem Projekt *Goddess* dran. Wie zehn Millionen andere Menschen mag auch ich Marilyn Monroe, sodass ich in das Projekt mit einstieg. Es ist schwierig, genau zu sagen, was an Marilyn Monroe so besonders ist, aber ich denke, dieser Aspekt der »Frau in Schwierigkeiten« ist Teil der Faszination. Es ist jedoch nicht nur das, was den Stoff so interessant macht. Manche Frauen sind einfach wirklich mysteriös. *Goddess* wurde dann wegen der Verbindung zu Kennedy nicht umgesetzt. Marilyn Monroe war gegen Ende eine tickende Zeitbombe, die sie irgendwie loswerden mussten. Es war aber eine Story, an der ich weiterhin Gefallen fand. Man könnte sagen, dass Laura Palmer Marilyn Monroe ist und dass es auch in *Mulholland Drive* um Marilyn Monroe geht. Alles dreht sich irgendwie um Marilyn Monroe.

Nachdem *Goddess* vom Tisch war, arbeiteten Mark und ich an einer Sache namens *One Saliva Bubble*, bei der wir uns den Arsch ablachten. Obwohl wir sehr unterschiedliche Typen sind, kommen wir beim Schreiben gut miteinander aus. Die Arbeit an diesem Projekt machte uns einen Heidenspaß und war der Grundstein für unsere Beziehung. Für eine kurze Zeit war ich mit Steve Martin befreundet. Ihm gefiel *One Saliva Bubble* ausgesprochen gut, und er wollte es zusammen mit Martin Short umsetzen. Ich glaube, Steve wurde sauer auf mich, als ich ihn fragte, ob er uns das Skript abkaufen wolle. Er war regelrecht angepisst. Bevor das geschah, hatte er mich mal in sein Haus nach Beverly Hills mitgenommen und mir seine unglaubliche Kunstsammlung gezeigt.

Tony Krantz war ein aufstrebender TV-Agent von CAA, der Rick Nicita ständig damit nervte, dass er gern mit mir über Fernsehprojekte reden wollte. Fernsehen erschien mir als eine schreckliche Angelegenheit und war damals wirklich erbärmlich. Mit all diesen Werbeunterbrechungen wirkte das Network-TV wie ein absurdes Theater auf mich. Nach einigem Hin und Her überredete Tony uns, etwas fürs Fernsehen zu schreiben. So entstand ein Projekt namens *The Lemurians*. Das Schreiben des Drehbuchs war ein großer Spaß für uns, aber am Ende wurde es nicht umgesetzt. Ich kann mich auch nicht daran erinnern, dass wir das Skript verkauft hätten.

Tonys Darstellung der Ursprünge von *Twin Peaks* mögen seinen Erinnerungen entsprechen, aber ich erinnere mich an die Sache ein wenig anders. Trotzdem muss ich sagen, dass Tony sehr viel für mich getan hat. Er war es, der mich dazu gebracht hat, *Twin Peaks* zu machen, und ich liebe *Twin Peaks*. Ich liebe die Figuren und die Welt von *Twin Peaks* und natürlich auch diese Kombination aus Humor und Mystery.

Für mich war die Pilotfolge dasselbe wie ein Spielfilm. Meiner Meinung nach ist in den ersten zwei Staffeln nur eine Sache wirklich *Twin Peaks*, nämlich dieser Pilotfilm. Der Rest ist im Studio gemacht, wie eine typische Fernsehproduktion. Der Pilotfilm jedoch hat in puncto Stimmung den Nagel auf den Kopf getroffen. Das hatte allein damit zu tun, dass wir nicht im Studio, sondern vor Ort drehten, mit Außenaufnahmen und allem. Der Ort hat eine unheimlich große Bedeutung. Sicherlich ist das immer etwas mühsamer, aber an den Orten, an denen wir drehten, war es einfach wunderschön. Zudem genossen wir dort ein gewisses Freiheitsgefühl, weil wir nicht von den ABC-Leuten genervt wurden. Die schickten uns ein paarmal Anmerkungen zur Sprache in den Dialogen und verlangten, dass ich einige Zeilen änderte. Am Ende waren die überarbeiteten Dialogteile dann sogar besser als die von den ABC-Leuten bemängelten.

Die Besetzung war einfach großartig. Als ich Sherilyn Fenn kennenlernte, wusste ich, dass sie ein Mädchen wie Audrey Horne spielen konnte. Piper Laurie war zwar eine bekannte Schauspielerin, aber mir war klar, dass sie völlig in der Figur der Catherine Martell verschwinden könnte. Es ist purer Zufall, dass Piper, Richard Beymer, Peggy Lipton und Russ Tamblyn alle aus derselben Darstellergeneration stammten und ganz ähnliche Karrieren hatten. Für Russ muss ich eigentlich Dennis Hopper danken. Dennis hatte eine Party zu meinem vierzigsten Geburtstag organisiert, zu der auch Russ kam. Als es dann Zeit für die Besetzung von Dr. Jacoby war, erinnerte ich mich an ihn. So wurde Russ zu Dr. Jacoby.

Im Drehbuch für den Pilotfilm gibt es eine Szene, in der Cooper und Sheriff Truman mit einem Fahrstuhl fahren. Als dann die Tür aufgeht, steigt ein einarmiger Mann aus und geht weg. Für diesen Part hatten wir Al Strobel angeheuert. Das war sein Auftritt in *Twin Peaks*. Danach sollte er wieder nach Hause fahren. Aber dann hörte ich seine Stimme, eine wirklich unglaubliche Stimme, und ich musste etwas für diese Stimme schreiben. Ich glaube, Deepak fuhr gerade den Wagen, als mir die Idee kam. Ich weiß noch genau, wo es war. Wir fuhren gerade vom Freeway ab, als ich einen Stift nahm und diese Zeilen notierte, die beginnen mit: »*Through the darkness of future past, the magician longs to see ...*« Also schrieb ich eine neue

Szene, in der Al auf Cooper trifft, und zwar in dessen Hotelzimmer. Dabei spricht Al dann diesen Text. Als wir die Szene im Kasten hatten, schickten wir sie zu Duwayne, der damals den Schnitt erledigte. Da es schon spät am Abend war, wollte Duwayne gerade heimgehen, als die Aufnahmen bei ihm reinkamen, und er sagte: »Verdammt, muss das jetzt noch sein?!« Diese Szene mit Al war der Ausgangspunkt für eine ganze Reihe von Handlungssträngen, mit denen Als Figur in die Story integriert wurde.

Richard Beymer meditierte damals schon länger als ich und hatte viel Zeit mit Maharishi verbracht, aber das wusste ich alles nicht, als ich ihn für die Rolle des Ben Horne auswählte. Wir sprachen noch nicht einmal über Meditation, als wir uns kennenlernten. Ich mochte Richard vom ersten Moment an. Ursprünglich sollte auch Isabella in *Twin Peaks* mitspielen, aber sie wollte nicht. Die für sie angedachte Rolle wurde dann zu Josie Packard, gespielt von Joan Chen. Joan ist nicht nur wunderschön, sondern genauso wie Isabella eine Ausländerin, wodurch sie perfekt für den Part der Josie war. Peggy Lipton, das wusste ich, war in den Sechzigerjahren mit der Serie *The Mod Squad* ein großer TV-Star gewesen, aber ich hatte die Sendung nie gesehen, da ich zu der Zeit kein Fernsehen schaute. Ich besetzte Peggy nur aus einem Grund: Sie *war* Norma Jennings. So war es eigentlich mit allen Schauspielern in *Twin Peaks*. Niemand sonst hätte die Rollen übernehmen können, die sie gespielt haben. Wenn man genauer darüber nachdenkt, wird es einem klar: Nur Kyle konnte Agent Cooper spielen. Ich wollte ihn von Anfang an für diese Rolle haben, aber Mark meinte: »Ist der nicht ein bisschen jung dafür?« Dann lenkte Mark ein. Der Rest ist Geschichte.

In die Figur des Agent Cooper flossen eine Menge unterschiedlicher Ideen ein. Da war zum Beispiel diese Veranstaltung mit dem Dalai Lama im Haus von Uma Thurman. Er ist ein Freund ihres Vaters, und sie hatte ihn zu einem Empfang eingeladen. Ich war auch da und hatte die Möglichkeit, ihn kennenzulernen. Diese Begegnung diente mir als Inspiration für Coopers Tibet-Engagement und die Szene mit dem

Steinwurfritual. Es war toll, den Dalai Lama kennenzulernen. Er lehrt zwar keine Meditationstechniken, setzt sich aber für den Frieden ein.

Die Log Lady, die Frau mit dem Holzscheit, war eine Figur, die mir schon seit 1973 für Catherine Coulson im Kopf herumspukte. Die erste Version der Log Lady lebte ganz in der Nähe von Jack und Catherine, die damals im ersten Stock eines Apartmentgebäudes im spanischen Kolonialstil wohnten, gleich beim Beachwood Drive in L.A. Ich stellte mir vor, dass ihre Geschichte genau dort, in ihrer Wohnung, ihren Ursprung hatte: Der Kamin war mit Brettern zugenagelt, denn ihr Ehemann hatte bei einem Waldbrand das Leben verloren. Seine Asche bewahrte sie in einer Urne auf dem Kaminsims auf, daneben lagen die Pfeifen, die er immer geraucht hatte. Sie trug stets ein Holzscheit mit sich herum und hatte einen kleinen, ungefähr fünf Jahre alten Sohn. Sie trat in *I'll Test My Log with Every Branch of Knowledge* auf, einer TV-Sendung, bei der es um Wissen und Lernen ging. Da sie nicht selbst Auto fuhr, war sie immer mit dem Taxi unterwegs. Wenn sie dann zum Zahnarzt ging, legte der Zahnarzt das Holzscheit auf den Behandlungsstuhl, band ihm ein kleines Lätzchen um und schaute nach Löchern. Dabei sprach er permanent über Zahnheilkunde, damit das Kind sein Wissen mehren konnte. Er erklärte Einzelheiten zum Verfall der Zähne, zum Füllen von Löchern, zum Füllmaterial und zur Bedeutung von Zähneputzen und Mundhygiene.

Bei einigen Episoden ging sie mit dem Holzscheit und dem kleinen Jungen in einen Diner, setzte sich an einen Tisch und bestellte etwas. In meiner Vorstellung bot der Diner die Möglichkeit, eine Reihe von interessanten Nebengeschichten einzubauen. Jedenfalls habe ich mich mit Catherine des Öfteren über diese Idee der Log Lady unterhalten.

Jahre später drehten wir dann diese Szene für den Pilotfilm von *Twin Peaks*, bei der Agent Cooper und Sheriff Truman die Bevölkerung auf einer Versammlung in der Stadthalle über den Mord aufklären wollen. Ich dachte mir: »Okay, das ist die Chance.« Also rief ich Catherine an und sagte: »Du wirst das Holzscheit tragen und bei dieser Szene das Licht immer wieder ein- und ausschalten, um die Anwesenden darauf aufmerksam zu machen, dass die Versammlung endlich beginnen soll.« Catherine meinte, »hört sich toll an«, und kam zu uns hochgeflogen. Wir gaben ihr das Holzscheit, sie spielte die Szene, und von da an war sie mit dabei. Das Holzscheit hatte irgendetwas an sich. Nach und nach fragten sich immer mehr Leute, was wohl die Geschichte dieser Frau war. Man könnte meinen, dass weder sie noch das, was sie sagt, irgendeinen Sinn ergibt, aber dann passt es doch irgendwie alles zusammen. Es gibt in jeder Stadt solche Menschen, man akzeptiert sie einfach. Die Frau mit dem Holzscheit ist eine ganz besondere Figur in *Twin Peaks*.

Gordon Cole, den ich spiele, wurde in die Serie eingebaut, als wir eine Szene drehten, in der Agent Cooper seinen nicht näher beschriebenen Vorgesetzten in Philadelphia anrufen musste. Ich beschloss beim Dreh, die Stimme am anderen Ende der Leitung zu übernehmen, damit das Gespräch realer wirkte, dachte aber nie daran, dass dieses Moment zu einer neuen Figur in der Serie führen könnte. Ich sprach ziemlich laut, damit Kyle mich hören konnte. Damit war die Figur des Gordon Cole geboren. Der Name stammt aus dem Film *Boulevard der Dämmerung*. So heißt der Mann von den Paramount Studios, der Norma Desmond anruft, um ihr Auto zu mieten. Es gibt viele unterschiedliche Wege, sich Namen einfallen zu lassen. Als ich über den Namen Gordon Cole nachgrübelte, dachte ich: »Moment mal, auf dem Weg zu Paramount fuhr Billy Wilder über die Gordon Street und dann über die Cole Street. Bestimmt ist er so auf den Namen gekommen.« Den Namen der von mir gespielten Figur in *Twin Peaks* kann man also als eine Hommage an Hollywood und an Billy Wilder ansehen.

Im Skript für den Pilotfilm existierte Bob überhaupt nicht als Figur. Er entstand bei einem Dreh in Everett, Washington, als wir eine Szene im Haus der Palmers aufnahmen. Aus irgendeinem Grund kroch ich da gerade auf allen vieren auf dem Fußboden herum, unter einem Ventilator, um genau zu sein, und hörte hinter mir eine Frauenstimme sagen: »Frank, pass auf, dass du dich nicht in diesem

Raum einschließt.« Frank Silva war der Requisiteur an unserem Set, der beim Arrangieren der Möbel eine Kommode vor die Tür des Zimmers geschoben hatte. Die Frau hatte es als eine Art Witz zu ihm gesagt, aber in meinem Kopf sah ich Frank, eingeschlossen im Zimmer von Laura Palmer, und ich hatte so ein Gefühl. Ich sagte: »Hey Frank, bist du ein Schauspieler?« Er antwortete: »Ja, bin ich, David. Wieso?« Und ich sagte: »Okay, dann bist du in dieser Szene.«

Wir arbeiteten an einem langsamen Kameraschwenk in Laura Palmers Zimmer und hatten bereits drei Takes gemacht, alle ohne Frank. Dann sagte ich: »Frank, geh bitte zum Ende des Betts und hock dich da hin, als würdest du dich verstecken. Dann pack die Stangen des Bettrahmens und schau direkt in die Kamera.« Frank ging in Position, und wir drehten noch einen Schwenk, dieses Mal mit ihm am Ende des Betts. Keine Ahnung, warum wir das taten. Später an diesem Abend drehten wir eine Szene im Wohnzimmer der Palmers, in der die durch den Mord an ihrer Tochter am Boden zerstörte Sarah Palmer auftritt. Sie liegt auf der Couch, voller Schmerz und Qual. Plötzlich sieht sie etwas, das ihr einen Schreck einjagt, sodass sie hochschießt und schreit. Das ist auch schon die ganze Szene. Als sie durch war, rief ich: »Cut!« Anschließend schaute ich zu Grace Zabriskie rüber, die übrigens eine der besten Schauspielerinnen aller Zeiten ist, und sagte: »Perfekt!« In diesem Moment meldete sich unser Kameramann, ein Brite namens Sean Doyle, und sagte: »Nein, David. Nichts ist perfekt. Da war jemand im Spiegel zu sehen.« Ich fragte ihn: »Wer denn?« Und er sagte: »Frank war im Spiegel zu sehen.« Das war der Moment, in dem Bob geboren wurde. So ist das manchmal mit den Ideen. Woher genau sie kommen? Es sind alles Geschenke. Frank war ein guter Kerl. Leute, die ihn kannten, erzählten mir, dass er ganz und gar nicht wie Bob war, aber Frank hatte begriffen, worum es bei dieser Figur ging. Sein Gesicht, seine Haare, sein ganzes Wesen – das alles passte perfekt zu Bob. Und obendrein hatte er die Figur einfach kapiert.

Twin Peaks war gleich zu Beginn ein Riesenhit für den Sender, aber den ABC-Leuten hat die Serie nie wirklich gefallen. Als mehr und mehr Zuschauer dann fragten, »wann werden wir endlich erfahren, wer Laura Palmer ermordet hat?«, zwang man uns, die Identität des Mörders preiszugeben, und das Publikum sprang ab. Ich warnte die Verantwortlichen, dass die Entlarvung des Mörders das Ende der Serie bedeuten würde. So war es dann auch. Es spielte aber noch ein anderer Aspekt eine Rolle. Es gab mal eine Zeit, in der fortlaufende Storys in Serien akzeptiert waren und die Zuschauer dranblieben. Dann meinten die Werbeleute irgendwann: »Wenn die Zuschauer ein paar Folgen verpassen, kommen sie nicht wieder in die Handlung rein und werden die Serie nicht weiter anschauen. Deshalb muss es von nun an in sich abgeschlossene Folgen geben.« Das veränderte natürlich auch das Feeling der Serie. Ich denke, dass da überall finanzielle Interessen dahintersteckten. Zu der Zeit, in der Bob Iger uns sagte, »ihr müsst das Geheimnis lüften«, hatte ich sowieso schon die Nase voll.

Als ich von *Wild at Heart* zurückkam, erkannte ich nämlich die Show nicht mehr wieder und hatte keine Ahnung, was da eigentlich abging. Ich hatte das Gefühl, dass *Twin Peaks* einem führerlosen Zug glich – man musste sich der Serie voll und ganz widmen, um sie auf der Spur zu halten. Ich denke, wenn Mark und ich die Folgen zusammen geschrieben hätten, dann wäre alles in Ordnung gewesen. Da wir das nicht taten, kamen andere Autoren dazu. Ich will diesen Leuten keinen Vorwurf machen, aber die wussten nichts von meinem *Twin Peaks*, sodass sich die Serie nach und nach in eine Sache verwandelte, die ich nicht mehr wiedererkannte. Wenn ich dann mal zurückkehrte, um die eine oder andere Folge zu machen, änderte ich alles Mögliche, damit es wieder meinen Vorstellungen entsprach. Danach war aber wieder jemand anders am Drücker, und der Mist ging von vorn los. Es machte einfach keinen Spaß mehr. Zu allem Überfluss wurde der Sendeplatz der Serie noch von Donnerstag- auf Samstagabend verschoben, was natürlich auch alles andere als positiv war. Ich habe keine Ahnung, warum die Sendezeit geändert wurde.

Ich schätze, man könnte sagen, dass ich durch *Twin Peaks* berühmter wurde, aber das ist doch alles relativ. Was heißt es denn, berühmt zu sein? Elvis war berühmt. Es ist ein wirklich albernes Konzept. Wenn Mel Brooks heutzutage die Straße runterginge, würde ihn niemand unter fünfundzwanzig erkennen, und das macht mich einfach fertig. All die Leute, die wussten, was Mel auf die Beine gestellt hat und wie großartig er ist, sind jetzt tot. Wenn du alt wirst, ist niemand mehr da, der sich an deine Großtaten erinnert.

Vor etwa zehn Jahren ging ich mit Emily Stofle, die ich 2009 heiratete, ins Grauman's Egyptian Theatre. Eine Freundin von ihr zeigte dort ihren Film. An irgendeinem Punkt der Veranstaltung rauchte ich draußen eine Zigarette. Als ich dort so stand und rauchte, kam diese Frau zu mir. Ich glaube, sie war eine Prostituierte. Jedenfalls fing sie an, mir von *INLAND EMPIRE* zu erzählen. Sie wollte gar nicht mehr aufhören und wusste einfach alles über den Film. Berühmtheit, oder wie auch immer man das nennen will, ist schon eine verrückte Angelegenheit.

Ende der Neunziger verklagte ich eine Produktionsfirma, weil die sich nicht an einen Vertrag halten wollte, den wir miteinander geschlossen hatten. Jedenfalls war ich deswegen mit Mary Sweeny, die bei mir wohnte, und diesen beiden jungen Superanwälten George Hedges und Tom Hansen unterwegs zum Rathaus, wo sich die Gerichtssäle befanden. Es waren diese Säle aus den Zwanziger- und Dreißigerjahren, richtig alt und einfach wunderschön. Wir sind also rein und warteten auf den Richter, weil Mary Sweeney eine eidesstattliche Erklärung abgeben sollte. Als wir fertig waren, sagte man uns, wir könnten gehen. Draußen standen wir noch eine Weile rum, um uns über unsere Strategie abzustimmen, denn wir hatten uns eine ganze Zeit lang nicht gesehen. In einiger Entfernung bemerkte ich eine Plastiktütenfrau, die einen mit allerlei Mist beladenen Einkaufswagen vor sich her schob. Sie trug lilafarbene Sachen und kam mit ihrem Wagen in unsere Richtung, immer näher und näher. Als sie schließlich auf unserer Höhe war, sah sie mich an und sagte: »Ich mag deine Filme, Mann!« Wir brüllten allesamt los und brauchten ewig, um uns wieder einzukriegen. Das nenne ich Berühmtheit. Einfach fantastisch. Ich liebte diese Plastiktütenfrau.

Der Riesenerfolg von *Twin Peaks* bedeutete mir nichts. Ich sage immer, dass ein Misserfolg nicht nur schlechte Seiten hat, denn nach einem Misserfolg kann es nur bergauf gehen. In dieser Hinsicht schenken Misserfolge dir also eine gewisse Freiheit. Der Erfolg hingegen kann dich fertigmachen, denn plötzlich machst du dir Sorgen darüber, dass du abstürzen könntest, und musst ständig in Bewegung bleiben. So ist es nun mal. Sicherlich sollte man dankbar für seine Erfolge sein, denn sie bedeuten, dass die Leute etwas mögen, das man erschaffen hat. Am Ende geht es nur um das Werk.

Irgendwann gefiel *Twin Peaks* den Leuten nicht mehr, aber immerhin gab es ein gutes Ende, denn zum Schluss kam der Rote Raum ins Spiel. Ich kann nicht darüber sprechen, was der Rote Raum ist, erinnere mich allerdings noch daran, wie ich die Idee dazu hatte und wie spannend das für mich war. Das eröffnete eine Menge Möglichkeiten für *Twin Peaks*. Wenn du den Pilotfilm, den Roten Raum und die Dinge, zu denen sie führen, zusammennimmst, hast du das echte *Twin Peaks*. Es ist eine wunderschöne und filigrane Welt, in der jede Menge Geheimnisse in der Luft liegen und sehr viel mehr abläuft, als auf den ersten Blick ersichtlich sein mag.

Das Leben der meisten Menschen ist voller Geheimnisse, doch heutzutage läuft alles so schnell ab, dass es keine Zeit mehr gibt, sich hinzusetzen, um Tagträumereien nachzuhängen und diese Geheimnisse zu erforschen. Es gibt von Mal zu Mal weniger Orte in der Welt, an denen man nachts die Sterne am Himmel sehen kann. Man muss schon sehr weit aus L.A. rausfahren, bis raus zu den ausgetrockneten Seen, um sie sehen zu können. Wir haben mal einen Werbefilm da draußen gedreht. Um zwei Uhr nachts schalteten wir die Lichter aus, legten uns auf den Wüstenboden und schauten in den Himmel hinauf. Billionen von Sternen. Billionen. Es war ein überwältigender Anblick. Und da wir diese Sterne nicht mehr sehen, vergessen wir manchmal, wie großartig die ganze Show eigentlich ist.

Finding Love in Hell

WIE MAN DIE LIEBE IN DER HÖLLE FINDET

Während der Produktionsphase von *Twin Peaks* wurde Lynch 1989 von Steve Golin und Joni Sighvatsson engagiert, um die Adaption eines Noir-Kriminalromans aus den Vierzigerjahren zu schreiben. Ungefähr zur selben Zeit kaufte Monty Montgomery das Manuskript von Barry Giffords Roman *Wild at Heart: The Story of Sailor and Lula*. »Barry war Lektor bei Black Lizard Press, die sich auf Wiederveröffentlichungen alter Noir-Pulp-Romane spezialisiert hatten, und eines Tages schickte er mir sein Buch, das bis dahin noch nicht veröffentlicht worden war«, erinnert sich Montgomery. »Ich las es, rief Barry an und sagte: ›Ich würde es gern verfilmen und versuchen, dabei Regie zu führen‹.«

Dann wandte sich Montgomery an Lynch und fragte, ob er sich als ausführender Produzent an dem Film beteiligen wolle. Als Lynch sein Interesse bekundete, selbst bei der Verfilmung des Romans Regie zu führen, übergab ihm Montgomery das Projekt und stellte mit Golin Geld zur Verfügung, damit Lynch ein Drehbuch schreiben konnte. »Jeder schien begeistert, den Film zu machen, und die Sache kam in Schwung«, erinnert sich Montgomery. »Ehe wir's uns versahen, machte David die ersten Proben, und Polygram stellte die Finanzierung auf die Beine.«

Dieser plötzliche Wandel der Ereignisse kam überraschend für den Cutter Duwayne Dunham, der für *Twin Peaks* engagiert worden war und angenommen hatte, man hätte ihm bereits grünes Licht gegeben. »Wir hatten gerade den Pilotfilm von *Twin Peaks* abgeschlossen, und David sagte, er werde eine Pause machen«, sagt Dunham. »Eine Woche später kam er wieder und erklärte mir, er werde bei *Wild at Heart* Regie führen und dass er mich gern für den Schnitt hätte. Das war Mitte Mai, und er sagte mir, er wolle im Juli mit den Dreharbeiten beginnen, obwohl er immer noch kein Drehbuch habe. Ich sagte ihm, dass ich bereits ein anderes Projekt angenommen hatte und es nicht machen könnte, und David fragte: ›Was muss man dir bieten, damit du *Wild at Heart* schneidest?‹ Ich sagte ihm, wenn ich eine Möglichkeit bekäme, Regie zu führen, würde ich es machen, und er sagte: ›Okay, wir haben sieben Folgen für *Twin Peaks* ausgehandelt. Du kannst bei der ersten Regie führen, und bei ein paar weiteren. Also, wirst du bei *Wild at Heart* den Schnitt übernehmen?‹ Ich sagte: ›Ich bin dabei‹.«

In nur einer Woche schrieb Lynch den Entwurf für das Drehbuch, aber das Ergebnis war ihm zu pessimistisch und zu langweilig, also schrieb er eine zweite Fassung, in der er signifikante Änderungen vornahm. Er verschob Handlungsabläufe, streute Anspielungen auf *Der Zauberer von Oz* in die Geschichte ein und fügte Charaktere hinzu. Das Endergebnis ist eine Art Tondichtung über die Großartigkeit junger Liebe und darüber, wie verzehrend und gewalttätig sie sein kann. Nicolas Cage und Laura Dern spielen ein Paar auf der Flucht, in einem Film, der sich um hemmungslose Sexualität dreht und zugleich gewalttätiges Roadmovie, Komödie und eine Liebesgeschichte ist, die die reale Welt hinter sich lässt. Er spielt in einer Welt, die sich im Zusammenbruch befindet, und hat von allen Werken Lynchs am meisten mit Pop zu tun. Die Farben sind aufgeladen, und Feuer ist ein wiederkehrendes Motiv – schon der Vorspann läuft vor einer lodernden Flammenwand ab. Endlich konnte Lynch die Titelsequenz drehen, die er ursprünglich für *Ronnie Rocket* gewollt hatte.

»David war der Meinung, dass keine meiner bisherigen Rollen meine Sexualität wirklich eingefangen hatte, und er war begeistert von der Aussicht, das mit Lulas Figur zu tun«, erinnert sich Laura Dern. »Ich weiß noch, wie ich mit ihm in einem Konferenzraum bei Propaganda saß und wir über Sailor und Lula redeten. Plötzlich sagte er: ›Ich brauche Kaugummi.‹ Von da an nahm die Figur vollends Gestalt an. Er war auch überzeugt, dass Nic und ich das perfekte Paar seien, und er hatte recht – gleich bei unserer ersten Begegnung wurden Sailor und Lula tatsächlich lebendig.«[1]

Musik spielt in diesem Film eine tragende Rolle, der Soundtrack umfasst Big-Band-Swing, Speed Metal, klassischen Rock'n'Roll, den schweren Dub von African Head Charge und »Im Abendrot«, eine der letzten Kompositionen von Richard Strauss. Cages Figur wurde lose an Elvis Presley angelehnt, und Cage liefert im Film überzeugende Interpretationen von zwei Presley-Klassikern, während die Blues-Größe KoKo Taylor das von Lynch und Badalamenti komponierte »Up in Flames« spielt. Die Musik wurde sehr laut abgemischt.

Die Figuren in *Wild at Heart* sind extrem und die Schreckmomente besonders schrecklich. In der Rolle von Lulas Mutter gibt Diane Ladd eine hysterische Darbietung, die an Shelley Winters Rolle in *Lolita* erinnert und ihr eine Oscarnominierung einbrachte. Grace Zabriskie spielt eine finstere Auftragsmörderin, die mit Cajun-Akzent spricht, und eine Figur namens Mr. Reindeer, gespielt von W. Morgan Sheppard, ordnet eine Exekution an, während er auf der Toilette sitzt.

Isabella Rossellini spielt die bösartige Herumtreiberin Perdita Durango. Sie erklärt, dass die Ausgangsidee für diese Rolle weit zurückreicht. »Jahre bevor er *Wild at Heart* drehte, waren David und ich in einem Buchladen, und ich sah dort ein Buch über Frida Kahlo. Das war, noch bevor sie von der Popkultur entdeckt wurde, und ich rief David zu mir und sagte: ›Schau dir diese Frau an‹. Sie ist gleichzeitig anziehend und abstoßend. Manchmal porträtiert sie sich mit offenen Wunden, ein anderes Mal mit einem Schnurrbart und zusammengewachsenen Augenbrauen. Sie hatte eine unglaubliche Ästhetik, und ich sagte, wie wunderbar es wäre, eine Figur wie sie zu erfinden. Jahre später sagte David: ›Ich glaube, ich habe diese Figur‹. Perdita Durango basierte ein wenig auf Kahlo. Die Augenbrauen sind definitiv eine Hommage an sie.«

Auch Willem Dafoe hat einen Auftritt im Film. Er spielt einen psychotischen Vietnam-Veteran, der zu den denkwürdigsten Charakteren zählt, die Lynch je geschaffen hat. »Als David *Blue Velvet* besetzte, traf ich ihn in Dino De Laurentiis' Büro im Gulf and Western Building in Manhattan«, sagt Dafoe, »und wie die meisten Leute war ich von seiner Art ziemlich beeindruckt. Seine kleinjungenhafte Begeisterungsfähigkeit ist wirklich entwaffnend, und wir hatten ein gutes Meeting. Nachdem ich gegangen war, dachte ich, falls er mich jetzt nicht brauchen kann, wird er mich irgendwann brauchen, und ein paar Jahre später meldete er sich und sagte: ›Willst du das machen?‹ Ich sagte: ›Fantastisch‹. Sie mussten mich nicht von der Rolle überzeugen, denn sie war brillant geschrieben und ich fand David großartig.

Weil David so gut ist und es an seinem Set so viel Spaß machte, war *Wild at Heart* der entspannteste Film, den ich je gemacht habe«, fügt Dafoe hinzu. »Ich lebte meine Vorstellung von einem durchgeknallten kriminellen Psycho aus. Ich wusste, wie die Frisur von diesem Kerl sein musste, und ich hatte die Idee für seinen kleinen Schnurrbart. Aber das Ausschlaggebende für diese Rolle waren die Zähne. Im Drehbuch stand ausdrücklich, dass er diese auffallend stumpfartigen Zähne hat, und ich nahm an, dass sie mir irgendeinen Scheiß auf die Zähne kleben würden. Dann, in einer meiner ersten Unterhaltungen mit David über die Figur, sagte er: ›Also, wirst du zum Zahnarzt gehen?‹ Ich sagte: ›Was meinst du?‹ Er sagte: ›Um diese Zähne zu bekommen!‹ Das wäre mir niemals in den Sinn gekommen. Ich bekam ein komplettes Gebiss, das über meine Zähne passte, und es wurde der entscheidende Auslöser für den Charakter. Es war zu groß, und ich musste den Mund ein wenig offen lassen, was auf eine Art lasziv wirkte, und so bekam er ein bescheuert-idiotisches

Aussehen, das der Schlüssel zu der Rolle wurde. Die Zähne waren Davids Idee.«[2]

Crispin Glover übernahm den Part des Cousins Dell, eines emotional instabilen Einzelgängers, der von bizarren Ritualen besessen ist. Ein Jahr zuvor hatte er Lynch während des Castings für *One Saliva Bubble* kennengelernt. »Ich habe bereits zweimal mit David gearbeitet«, erinnert sich Glover. »Zuerst in *Wild at Heart* und das zweite Mal in *Hotel Room*, und seine Art Regie zu führen war jedes Mal anders. In *Wild at Heart* waren die Anweisungen wohl die präzisesten, die ich je bekommen habe. Da gibt es eine Szene, in der der Charakter, den ich spiele, ein Sandwich macht, und David gab das Timing dafür akribisch vor.«

Im Vorfeld seines Treffens mit Lynch erinnerte sich Glover lebhaft daran, wie er als Vierzehnjähriger bei einem Kinoseminar seiner Privatschule den Trailer für *Eraserhead* im Nuart gesehen hatte. »Ich wusste nicht, was das für ein Film war, aber ich nahm mir vor, ihn mir anzusehen, sobald ich einen Führerschein hatte. Glücklicherweise lief er immer noch im Nuart, als ich sechzehn wurde, und ich fuhr hin und sah ihn mir dort in den nächsten Jahren mindestens zwölfmal an. 1980 kamen nicht viele Leute zu den Mitternachtsvorstellungen im Nuart, und ich erinnere mich, dass Leute wütend wurden, in Richtung Leinwand schimpften und das Kino verließen. Ein andermal war das Publikum ganz still und konzentriert. Sich eine 35-Millimeter-Fassung von *Eraserhead* in einem Kino anzusehen kam einem Experiment gleich, und es wurde ein wichtiger Film für mich. Zudem hat David mich über die Jahre wirklich gefördert«, sagt Glover über Lynch, der bei Glovers Regiedebüt *What Is It?* ausführender Produzent war. »Es lässt sich kaum in Worte fassen, wie dankbar ich bin, dass jemand, den ich so sehr bewundere, mir eine so große Hilfe war.«[3]

Dern erinnert sich besonders liebevoll an Glovers Figur: »Ich liebe die Szene, in der ich von meinem Cousin Dell erzähle. Wir bekamen beim Drehen dieser Szene einen Lachanfall, und wenn ich

›wir‹ sage, dann meine ich die ganze Crew. Wir arbeiteten stundenlang an dieser Szene und mussten ständig neu beginnen, weil immer irgendjemand lachen musste. David musste ein Halstuch vor das Gesicht ziehen, damit wir nicht sahen, wie er lachte, und er gab einigen der Crewmitglieder ebenfalls solche Halstücher. Irgendwann schafften wir einen Take, ohne dass jemand losprustete, und das wurde die Aufnahme, die im Film ist.«

Die Dreharbeiten zu *Wild at Heart* begannen am 9. August 1989 in New Orleans und wurden dann in Texas und Los Angeles fortgeführt. Der Film hatte ein Budget von zehn Millionen Dollar und wurde von Golin und Sighvatsson gemeinsam mit Montgomery produziert, der während des gesamten Drehs am Set war. »Vor den Dreharbeiten sahen sich David und ich in New Orleans nach geeigneten Schauplätzen um, und ich erinnere mich an einen Besuch im Galatoire's Restaurant eines Abends mit Patty Norris«, sagt Montgomery. »Wir gingen durch das französische Viertel, wo die ganzen Stripclubs waren, und kamen an einem Laden mit einem Schild vorbei, auf dem ›Live Sex Acts‹ stand. ›Lass uns da mal reingehen‹, sagte David. Für ihn war das Recherche, und was wir darin vorfanden, war eben das, was auf dem Schild stand. Er war auch völlig interessiert, aber eher so, wie sich ein Mediziner für eine frisch sezierte Leiche interessiert. So geht David an alles heran.«

Die Faszination für die Details des menschlichen Körpers ist ein Kernstück von Lynchs Sicht der Dinge. Sie ist gewiss zentral für *Eraserhead*, und sie findet sich mehr oder weniger in all seinen Bildern und Filmen wieder. Definitiv ist sie ein Teil von *Wild at Heart*. »Ich war an dem Tag am Set, als sie die Szene drehten, in der Bob Ray Lemon ermordet wird. Nic Cage stieß den Kerl die Treppe runter, woraufhin er bluten sollte«, erinnert sich Barry Gifford. »Sie beendeten die Aufnahme, und David sagte: ›Das Blut ist nicht schwarz genug! Ich will es schwarz! Es muss schwärzer sein!‹ Also probierten sie eine Weile mit dem Filmblut herum, und er sagte: ›Nein! Schwärzer! Schwärzer!‹ David hatte eine ganz bestimmte

Vorstellung, wie das Blut aussehen sollte, und er behielt stets die Kontrolle am Set.«[4]

Montgomery sagt: »Ja, David ist ein äußerst gründlicher Regisseur, aber er kann sich auch in Details verlieren. Du kannst alles für einen Dreh vorbereitet haben, die Schauspieler sind da und alle Leute, die du brauchst, und du weißt genau, was du zu tun hast. Dann holst du dir einen Kaffee, und wenn du zurückkommst, tut David etwas ganz anderes oder hat sich auf ein Detail eingeschossen und krabbelt wie ein Käfer über den Boden. In *Wild at Heart* gab es eine Szene, in der David den Schatten eines vorüberfliegenden Adlers auf dem Boden haben wollte. Für andere Regisseure wäre das ein Fall für die Second Unit gewesen. Aber wir verbrachten einen guten Teil des Tages damit, diesen Schatten zu filmen, während die Schauspieler herumstanden und warteten. Natürlich sind es aber gerade solche Feinheiten, die Davids Filmen ihr besonderes Flair verleihen. Deshalb muss er seinen Instinkten folgen, und daran habe ich ihn nur selten gehindert.«

Die Freiheiten, auf denen Lynch besteht, sind entscheidend für ihn. Alles – Requisiten, Dialogzeilen, Charaktere – muss im Fluss bleiben, damit er seine Arbeit tun kann. »Er hasste Produktionsmeetings«, erinnert sich Deepak Nayar. »Ich weiß noch, dass er dazukam und sagte: ›Okay, da bin ich, aber seht ihr dieses Skript?‹ Dann warf er das Drehbuch in den Mülleimer.«

Aufgrund seiner einzigartigen Vorgehensweise beim Filmemachen neigt Lynch dazu, die Leute, mit denen er arbeitet, zu überraschen. »Ich erinnere mich, wie ich an dem Tag am Set war, als David die Szene mit Nic und Diane Ladd im Badezimmer drehte. Ich dachte: ›Das ist so verdammt schräg. Was machen wir da eigentlich?‹«, erzählt Sighvatsson. »Dann sah ich die Tagesaufnahmen, und es war erstaunlich. David wich nicht vom Drehbuch ab und drehte exakt das, was dort stand, aber was ich da auf der Leinwand sah, war nicht das, was ich gelesen hatte. Das hatte ich noch mit keinem anderen Regisseur erlebt. Und er ist auch noch auf andere Weise einzigartig: Viele Regisseure blühen bei Konflikten auf, aber David duldet an seinem Set keine Konflikte. Und falls es jemanden gibt, von dem er glaubt, dass er keine positive Ausstrahlung hat, ist dieser Jemand am nächsten Tag nicht mehr da.«

Die Story von Sailor und Lula scheint vom Schicksal diktiert zu werden. An einem bestimmten Punkt in der Geschichte kommt ein böser Wind auf, und ihr Glück wendet sich. Die Sterne richten sich plötzlich gegen sie, und alles beginnt schiefzugehen. Die Vorstellungen von Bestimmung und Glück sind ein essenzieller Teil von Lynchs Weltbild, wie alle ihm Nahestehenden bestätigen können. »Damals lebte ich ganz in der Nähe von David, und so fuhren wir jeden Tag gemeinsam zum Set von *Wild at Heart*, während wir in L.A. drehten«, sagt Montgomery. »Wir konnten nicht ans Set gehen, bevor David nicht seine Numerologie mit Autokennzeichen gemacht hatte und auf einem davon seine Initialen gesehen hatte. Manchmal mussten wir noch eine Weile herumfahren, bis wir das ›DKL‹ auf einem Nummernschild entdeckten. In dem seltenen Fall, dass die Buchstaben in dieser Reihenfolge standen, war das ein besonders gutes Omen.«

Lynch sagt, er habe schon, bevor er *Eraserhead* gemacht hat »auf Nummernschilder geachtet«, und dass die Sieben seine Glückszahl sei. »Zeremonien und Rituale sind wichtig für Dad«, sagt Jennifer Lynch. »Es gehört zu seiner Denkweise, dass Dinge auf eine ganz bestimmte Art beschaffen sein sollten und dass es kleine Wunder gibt. So wie seine Sache mit den Nummernschildern, oder Münzen werfen, um zu sehen, ob Kopf oder Zahl herauskommt – all das sind Strategien, die er nutzt, um etwas Magisches zu vollbringen, das etwas verändert. So war er schon immer.«

Die Dreharbeiten von *Wild at Heart* endeten, als es mit *Twin Peaks* gerade so richtig losging und Dunham seine Regie der ersten Folge abschloss. »Als ich mit der Folge begann, bat ich David um Rat, und er sagte: ›Frag mich nicht – du bist der Regisseur, also mach es so, wie du willst‹«, erinnert sich Dunham. »Dann erklärte er mir einige Dinge. Er sagte: ›Zuerst räumst du das Set, sodass niemand außer dir und den Schauspielern da ist. Dann beginnst du mit den Proben, der Inszenierung und den Regieanweisungen, und wenn es grob passt, holst du den Kameramann dazu, und ihr beiden macht die Feinabstimmung. Wenn du und der Kameramann so weit seid, holst du den Rest der Besetzung dazu. Ihr macht eine letzte Probe und korrigiert, was noch nötig ist. Dann übergibst du der Crew das Set, die Schauspieler gehen in die Maske, dann kommen sie zurück, und du drehst.‹

Wir beide beendeten unsere Dreharbeiten am selben Tag«, fügt Dunham hinzu, »dann verschwand David und führte bei der zweiten Folge von *Twin Peaks* Regie. So hatten wir meine Folge der Serie, *Wild at Heart* und Davids Folge von *Twin Peaks*, die sich im Schneideraum stapelten, und ständig kamen neue Folgen hinzu. Wir hatten überall Körbe voller Film, die Wände waren mit Notizkarten übersät, und es war ein Riesenspaß. Wir arbeiteten bei Todd AO im Westen von Los Angeles, und jeden Tag gegen drei Uhr kam Monty Montgomery vorbei und brachte für alle Cappuccinos und tütenweise Erdnussbutter-M&Ms mit.

Wir arbeiteten wie verrückt an allem, und dann sagte David: ›Ich möchte *Wild at Heart* in Cannes zeigen. Kriegen wir das hin?‹ Ich sagte ihm, dass das ziemlich eng werden würde, aber wir beschlossen, es anzugehen«, sagt Dunham. »David begann den Film bei Skywalker abzumischen, noch ehe ich den Schnitt fertig hatte – ich gab ihm die erste Hälfte einer Filmrolle zum Abmischen, während ich den Schnitt an der zweiten Hälfte fertigstellte. Alan Splet war nicht oft dabei, also mischte David den Ton allein und fügte allerlei Dinge hinzu. Jedes Mal, wenn er mich bat, mir ein Stück anzuhören, ging ich danach aus dem Raum und dachte: ›Der Kerl ist irre‹.

Wild at Heart und *Twin Peaks* gleichzeitig zu schneiden war verrückt, und niemand, der bei klarem Verstand ist, würde das machen. Die erste Fassung von *Wild at Heart* dauerte vier Stunden, und als wir sie ein paar Leuten zeigten, spielte David die Musik viel zu laut – aber, wow, es stellte einem alle Härchen auf! Es war das unheimlichste, coolste Ding, aber es war zusammenhangslos und durcheinander. Wir hatten eine große Tafel voller Karteikarten und begannen die Szenenfolge zu verschieben. In der ersten Fassung kam die Prügelszene in Cape Fear erst später in der Story, und als wir sie an den Anfang des Films nahmen, machte das einen großen Unterschied.

Es war schon Mitternacht, als wir den Final Cut des Films zum ersten Mal bei Skywalker laufen ließen, und plötzlich fielen die Lautsprecher aus. Am nächsten Morgen um acht Uhr hatten wir einen Flug nach L.A., und nachmittags sollten wir nach Cannes weiterfliegen. Wir hatten keine Ahnung, ob das Problem an den Lautsprechern oder am Film lag. So konnten wir nur die Originalkopie mitnehmen, um sie in Cannes zu zeigen. Wir stiegen ins Flugzeug, beide mit Filmdosen beladen, und flogen nach Paris, um die Untertitel einzufügen. Zwei Tage darauf traf mein Assistent mit einer neuen Kopie ein. Wir hatten also eine Fassung, die wir mit Untertiteln versehen hatten, aber wir haben sie nie gesehen.

Am Freitag kamen wir in Cannes an, und jedem Film wurden zwanzig Minuten für einen Bild- und Soundcheck zugeteilt. Unserer war um Mitternacht geplant, da wir der Abschlussfilm sein sollten, also gingen wir zu einer Party auf David Bowies Yacht. Dann war es Zeit, in das Dingi zu steigen und zu unserem Zwanzig-Minuten-Check zu fahren. Am Tag der Aufführung hatte ich noch weiteres Material in den Vorspann geschnitten, und wir hatten es immer noch nicht gesehen! Also gingen wir rein, und David sagte zum Vorführer: ›Wir haben diesen Film noch nie gesehen, und wir werden ihn uns jetzt ganz ansehen‹. Der Typ druckste herum, und David sagte: ›Hören Sie, wir werden das jetzt machen.‹ Um drei Uhr morgens gingen wir wieder, und der Film hatte am nächsten Abend Premiere. Er wurde großartig angenommen und gewann die Goldene Palme. Es war sehr aufregend.« Als der Präsident der Jury, Bernardo Bertolucci, den Gewinner verkündete, gab es sowohl Buh-Rufe als auch Applaus, aber der Film bekam den Preis.«

Zu der Zeit, als *Wild at Heart* in Cannes aufgeführt wurde, war Lynchs Beziehung mit Rossellini bereits schwierig und endete bald darauf. »Mary Sweeney war Schnittassistentin bei *Blue Velvet*, sie war von Anfang an dabei und eine von den vielen Leuten, die ständig in Davids Nähe waren und an seinen Filmen arbeiteten«, erinnert sich Rossellini an ihre Trennung. »Ich weiß nicht, wann diese Geschichte angefangen hat oder ob sie die ganze Zeit parallel zu mir lief, aber anfangs wahrscheinlich nicht. Ich erinnere mich vage an einige Spannungen am Set von *Wild at Heart*, und da war noch etwas, das mir auffiel. Einmal kam ich spätabends zur Arbeit, und mir wurde ein Zimmer zugeteilt. Ich erwartete, dass David dort wäre, aber er war nicht da. Ich glaubte, er brauche Schlaf. Als ich dann morgens in die Maske kam, hörte ich im Walkie-Talkie, dass David eingetroffen war, er kam allerdings nicht vorbei, um Hallo zu sagen. Zwei Stunden später kam er dann doch noch und sagte mit gespielter Begeisterung: ›Oh, wie geht es dir?‹, und ich erinnere mich, dass ich mich fragte, was da los sei. Dann, als David und ich wegen *Wild at Heart* in Cannes waren, sagte er plötzlich: ›Lass uns zum Flughafen fahren und Mary abholen.‹ Ich sagte: ›Mary? Mary kommt auch?‹ Er sagte: ›Ja, sie hat so hart gearbeitet.‹ Ich dachte, wie lieb von David, eine Schnittassistentin auf das Festival einzuladen. Da hatte ich es noch nicht begriffen. [Sweeney war bei *Wild at Heart* für die Skript-Änderungen zuständig.]

»David hat diese unglaubliche Herzlichkeit, aber kurz darauf schloss er mich komplett aus seinem Leben aus und ließ mich mit einem Anruf zurück, in dem er mir sagte, dass er mich nicht mehr sehen wollte«, sagt Rossellini. »Ich habe es nicht kommen sehen und war schockiert. Es mag etwas gegeben haben, was ich getan habe, oder etwas, das er in mir gesehen hat, oder er hatte einfach das Interesse verloren, mit mir zusammen zu sein. Manchmal frage ich mich, ob die Tatsache, dass ich nicht meditiere, der Grund war, weshalb er mich verlassen hat. Ich hatte es eine Weile versucht, aber ich konnte es nie. Ich bin Italienerin, und in Italien werden wir vom Katholizismus drangsaliert – der Vatikan machte mich allergisch auf alles Spirituelle. Dennoch war es ziemlich hart, als er mich verlassen hat, und ich brauchte Jahre, um wieder auf die Beine zu kommen. Ich war so wütend auf mich selbst, weil ich eine Tochter und eine wunderbare Karriere hatte und nicht glauben konnte, dass mich ein Mann so zerstörte. Aber ich liebte David sehr, und ich dachte, ihm ginge es genauso. Es war niederschmetternd. Ich sah, dass ihn etwas unglücklich machte, doch ich glaubte, es hätte mit seiner Arbeit zu tun. In Wahrheit hatte er sich in eine andere Frau verliebt.«

Jennifer Lynch merkt an: »Isabella ist elegant, fröhlich und gesellig. Jeder erkannte sie und wollte mit ihr sprechen, und sie fand das herrlich. Dad ist ein sehr freundlicher Mensch, aber er steht nicht gern in der Öffentlichkeit, und es wurde zur Herausforderung für ihn, mit ihr auszugehen. Für eine Weile war es großartig, aber dann wurde es hart.« Für Sighvatsson kam die Trennung nicht überraschend: »Ich erinnere mich, wie David zu mir sagte: ›Joni, es ist ein Vollzeitjob, Isabella Rossellinis Freund zu sein.‹ Ich war auch dabei, als die Sache mit Mary begann, und ich sah sie in sein Zimmer schleichen, während wir *Wild at Heart* bei Lucasfilm abmischten. Übrigens mag ich Mary sehr, und ich denke, sie war großartig für David. Sie schirmte ihn von der Außenwelt ab, und das brauchte er.«

Wild at Heart gewann in Cannes, musste aber noch in den USA veröffentlicht werden, und die Samuel Goldwyn Company als Vertriebsunternehmen verbrachte die nächsten acht Wochen damit, die Premiere im Spätsommer vorzubereiten. Lynch mochte Testaufführungen noch nie. Doch bei *Wild at Heart* musste er eingestehen, wie wichtig es war, den Film mit einem neutralen Publikum zu sehen, nachdem eine bestimmte Szene bei zwei Aufführungen zu einem Massenexodus von mehreren hundert Zuschauern geführt hatte. »Harry Dean Stanton wird in den Kopf geschossen, und sein Hirn spritzt gegen die Wand«, erinnert sich Dunham. »Die beiden, die ihn getötet haben, lachen wie verrückt über den Stumpf seines Halses, beugen sich zu ihm hinunter, kommen wieder hoch und beginnen sich wie wild zu küssen. In der Sekunde, als diese Szene lief, verließen hundertfünfundzwanzig Leute den Saal. Wir gingen hinaus, und die Leute von Goldwyn und Propaganda waren außer sich, und wir sagten: ›Hey, das war ein Disney-Publikum, wir brauchen ein David-Lynch-Publikum.‹ Wir redeten auf sie ein, bis sie uns ein paar Tage später eine weitere Testaufführung mit einer anderen Art von Publikum genehmigten. Dieses Publikum klebte an der Leinwand, aber als diese Szene lief, standen hundertfünfundzwanzig Leute auf und gingen, und das Publikum wurde wütend. Leute riefen: ›Dieser Typ ist krank! Man sollte ihn ins Gefängnis stecken und ihm nie wieder erlauben, einen Film zu machen!‹«

»Die Leute rannten aus dieser Vorstellung wie bei einer Katastrophenevakuierung«, sagt Montgomery. »Wenn es nach David gegangen wäre, hätte er die Szene nicht geschnitten – er hätte sie länger gemacht! Aber sie musste raus, weil sie einfach zu weit ging.«

Diese Szene war nicht die einzige Hürde, die der Film zu meistern hatte. »Samuel Goldwyn, Jr., David, Steve, Joni und ich gingen zum Lunch ins Muse«, fügt Montgomery hinzu, »und Samuel sagte: ›Ich mag den Film, ich möchte den Vertrieb übernehmen, aber mit dem Ende komme ich nicht klar‹ – und das ursprüngliche Ende war tatsächlich nicht schön. Nach dem Essen waren alle deprimiert. Auf dem Heimweg sagte David: ›Ich gebe euch ein verdammtes Happy End‹, und das tat er dann auch. Er schuf ein leidenschaftliches Happy End, und er machte das auf ziemlich geniale Weise.«

Lynch fügte Glinda hinzu, die gute Hexe aus *Der Zauberer von Oz*, und lässt sie am Himmel schweben, wo sie ein Loblied auf die wahre Liebe singt. »Ich war fast zwanzig Meter über dem Boden, und es war furchteinflößend«, erinnert sich Sheryl Lee, die Glinda spielte. »Ich schäme mich, es zuzugeben, aber ich habe gelogen, um an die Rolle zu kommen. Ich war zu Besuch bei meiner Familie in Colorado, als David anrief und fragte: ›Wie kommst du mit großer

Höhe klar?‹ Ich habe Höhenangst, doch ich sagte: ›Ich habe kein Problem damit!‹ Er sagte: ›Gut, denn ich werde dich mit einer Klaviersaite an einen Kran hängen‹, und ich antwortete: ›Oh, das ist toll!‹ Als ich ans Set kam, hatten sie ein Stunt-Team, Luftkissen und das ganze Zeug, und ich schwebte so hoch oben, dass David mir seine Regieanweisungen mit einem Megafon zurufen musste, weil ich ihn kaum hören konnte. Ich erinnere mich, wie ich da oben schwebte, Angst hatte und gleichzeitig Friede und Dankbarkeit empfand. David kann dich dazu bringen, Dinge zu tun, die du unter anderen Umständen niemals tun würdest. An einer Angelleine hängen, um Davids Geschichte zu erzählen und seine Vision lebendig werden lassen? Ich bin zu hundert Prozent dabei.«

Der Film lief am 17. August mit mäßigem kommerziellen Erfolg an, und Lynch nahm sich einen Abend frei. »Als *Wild at Heart* in L.A. startete, planten wir diesen großen Abend mit Nic, David, Steve Golin, mir und ich glaube [dem ausführenden Produzenten] Michael Kuhn«, erinnert sich Montgomery. »Wir gingen ins Il Giardino in Beverly Hills, ein Restaurant, das David sehr mochte, weil sie jedes Mal die Titelmelodie aus *Twin Peaks* spielten, wenn er hereinkam. Es war Sommer, wir saßen draußen im Garten, und alle waren ziemlich betrunken. Glücklicherweise musste keiner von uns fahren – wir hatten einen Fahrdienst –, und nach dem Essen beschlossen Nic, David und ich, in diese Bar in Los Feliz zu gehen. Sie hieß The Dresden Room, und ein älteres Paar spielte dort Klassiker auf einem E-Piano. Nachdem wir ein paar Drinks getrunken hatten, sagte einer von ihnen: ›Heute Abend haben wir Nicolas Cage und David Lynch im Publikum! Warum kommen sie nicht zu uns herauf und singen etwas?‹ David trug eine Elvis-Presley-Sonnenbrille und ging mit Nic auf die Bühne, wo sie einen Elvis-Presley-Song sangen.«

Es ist ein Naturgesetz, dass das, was aufsteigt, auch wieder herunterkommen muss, und zu dieser Zeit bekam Lynch es mit starkem Gegenwind in Bezug auf sich und seine Arbeit zu tun. Auch wusste er, dass er dagegen machtlos war. Die Kritiker gingen mit

Wild at Heart streng ins Gericht. Lynch wurde vorgeworfen, in die Selbstparodie abzugleiten, und auch wenn der Film mit den Jahren neu bewertet wurde und jetzt als ein wertvoller Teil von Lynchs Kanon anerkannt wird, war das bei seinem Erscheinen nicht der Fall.

Dennoch gab es auch damals schon Fans. Einer von ihnen war Montgomery, der resümiert: »*Wild at Heart* gewann in Cannes, weil der Film stark ist und dem Festivalpublikum ordentlich in den Arsch trat. David eröffnete den Leuten neue Horizonte, und auch wenn viele Filmemacher es nicht wahrhaben wollen, hat sie dieser Film stark beeinflusst.«

Für viele hat der Film seine Faszination nie verloren. »Weder David noch ich hatten *Wild at Heart* gesehen, seit wir ihn gemacht hatten. Als wir mit der Arbeit an *INLAND EMPIRE* begannen, sahen wir ihn noch einmal zusammen an, und es war ein tolles Erlebnis für uns«, sagt Dern. »Am Ende waren wir richtig bewegt. Es war, als hätten wir in ein Poesiealbum gesehen, und all die Erinnerungen überfluteten uns. Die Szenen im Bett mag ich am meisten. Ich finde die Arbeit mit David wunderbar, wenn wir in einem Auto oder in einem Bett sind und es isolierte Charaktere gibt. Wenn alles stillzustehen scheint, auf eine Weise, die nur mit David möglich ist.«

Irgendwann wurde *Twin Peaks* immer mehr zu einer typischen Fernsehserie, und als dann nicht mehr nur Mark und ich daran arbeiteten, verlor ich das Interesse. Dann las ich *Wild at Heart,* und ich mochte die Figuren. Das kam so zustande, dass Monty bei mir vorbeischaute und sagte: »David, ich habe dieses Buch *Wild at Heart* gelesen, und ich möchte dabei Regie führen. Könntest du dir vorstellen, als ausführender Produzent dabei zu sein?« Ich sagte: »Lass mich das Buch lesen«. Und im Scherz fügte ich hinzu: »Was wäre, Monty, wenn mir das Buch gefällt und ich selbst dabei Regie führen will?« Monty antwortete: »Dann führst du Regie, David.« Und das geschah dann auch.

Es war genau die richtige Zeit, das Buch zu lesen, denn die Welt ging den Bach runter. Am Hollywood Boulevard wurden Drogen verkauft, und es war unheimlich, nachts dort unterwegs zu sein. Draußen im Valley gab es Gangs, und jede Nacht hörte man Schüsse. Die Welt drehte durch, und ich erkannte in dem Buch eine Liebesgeschichte inmitten höllischen Irrsinns.

Barry Gifford ist ein verdammt starker Autor, und ich habe großen Respekt vor ihm. Sein Schreibstil ist rein und minimalistisch und entzündet die Vorstellungskraft. In dem Buch werden manche Dinge nur beiläufig erwähnt, aber es brachte mich zum Nachdenken, und ich wollte das vertiefen. Barrys Charaktere sind keine Ärzte oder

Anwälte, aber sie sind schlau und leben in einer Art Untergrundkultur, und ich mag diese Welt und die Dinge, die darin geschehen können. Sie ist wild und frei und von einer Art Furchtlosigkeit erfüllt. Außerdem ist da dieses tiefe Verständnis für das Leben.

Es gibt bestimmte Orte, die ich gern in meinen Filmen aufsuche. Alle Künstler haben bestimmte Ausdrucksmittel, spezifische Vorlieben und Abneigungen, und die Ideen, in die sie sich verlieben, werden zu ganz besonderen Ideen. Damit meine ich nicht, dass man immer und immer wieder das Gleiche tun wird, aber es wird Übereinstimmungen geben. Das ist wie beim Jazz. Da gibt es bestimmte Themen, die dir gefallen, und auch wenn es viele Variationen dieser Themen gibt, werden die, die dir gefallen, immer da sein. Die Ideen tauchen auf und geben die Richtung vor, und das können ein unterschiedlicher Blickwinkel auf das Thema sein oder andere Charaktere, aber die Ideen behalten die Oberhand, und es ist deine Aufgabe, ihnen treu zu bleiben.

Die Besetzung für *Wild at Heart* stand fast umgehend fest. Ich hatte den Eindruck, dass Nic Cage so gut wie alles spielen konnte, einschließlich Elvis Presley, der ein Teil der Rolle von Sailor ist. Er ist ein furchtloser, cooler Schauspieler, und er war der Einzige, den ich mir als Sailor vorstellen konnte. Ich traf mich mit Nic und Laura zum ersten Mal im Muse. Als wir uns an jenem Abend begegneten, stand dieses wunderbare alte Art-Deco-Gebäude am Ende einer Straße, die Pan Pacific Park heißt, förmlich in Flammen.

Willem Dafoe ist ein Freund von Monty, und wahrscheinlich brachte Monty ihn ins Gespräch. Willem war ein Geschenk Gottes. Mann, als er diese Zähne bekam, wurde Bobby Peru sofort lebendig, und er gab eine astreine, perfekte Darbietung. Aber es waren nicht allein die Zähne. Man könnte jemand anderem diese Zähne in den Mund schieben und würde nicht das Gleiche bekommen. Es ist die Vermählung einer Rolle mit dem Schauspieler, etwas, was nur diese eine Person kann und sonst niemand. Willem war der Richtige. Und ich liebe Crispin Glover. Seine Figur kommt zwar in Barrys Buch vor, aber ich glaube, sie wird nur beiläufig erwähnt. Ich denke nicht, dass die Küchenschaben in seinen Unterhosen im Buch vorkommen, und auch nicht, wie er sich sein Sandwich macht. Aber Crispin war der perfekte Schauspieler, um diese Dinge zu tun, und es ist eine weitere astreine Darbietung.

Ich weiß nicht, ob Mr. Reindeer im Buch vorkam, und auch nicht mehr, wie er entstanden ist. Er war einfach da. Harry Deans Figur ist im Buch angelegt, aber ich weiß nicht in welchem Ausmaß, und ich denke auch nicht, dass es dort Grace Zabriskies Figur gab. Grace stammt aus New Orleans, und als ich sie bei den Arbeiten an *Twin Peaks* traf, begann sie in einem Cajun-Akzent zu sprechen, der sich bei mir einbrannte. Daran erinnerte ich mich, und als ich ihre Figur entwickelte, kam dieses Cajun wieder zu mir zurück. Ich wusste, dass es richtig war, und Grace liebte es.

Sheryl Lee spielt Glinda, die gute Hexe, die ganz am Ende erscheint, wenn alles so aussieht, als sei es verloren, und sie rettet die Liebe von Sailor und Lula. Zu dieser Zeit fanden die Leute Happy Ends zum Kotzen – sie hielten es für einen verdammten Betrug, und je niederschmetternder etwas war, desto cooler war es auch. Aber es schien nicht richtig, *Wild at Heart* auf solch deprimierende Weise enden zu lassen. Alles ist möglich, und manchmal taucht einfach etwas aus dem Nichts auf und bringt die Dinge wieder in Ordnung. Das kann im Leben geschehen. Aber wenn man sich darauf verlässt, dass es so kommen wird, wird man möglicherweise enttäuscht.

Und man sollte immer auf der Hut sein, denn es kann immer irgendetwas passieren. Zum Beispiel läuft in einer Szene des Films eine Frau durchs Bild und winkt, und sie kommt nicht im Drehbuch vor. Ich sah diese Frau in einem Restaurant und ließ sie das machen, und den Leuten blieb in Erinnerung, wie wunderschön sie ist.

In *Wild at Heart* kommt eine Menge Rock'n'Roll vor. Rock'n'Roll ist Rhythmus und Liebe und Sex und Träume, alles zusammen. Um Rock'n'Roll zu schätzen, muss man nicht jung sein, aber er ist wie eine Art jugendlicher Traum vom Schwelgen in Freiheit.

Wild at Heart wurde in Los Angeles und in New Orleans gedreht, einer großartigen Stadt. Eines Abends waren wir dort in diesem Club, und alles war irgendwie hell erleuchtet und voller Musik. In jedem Restaurant in New Orleans trifft man auf die unterschiedlichsten Leute, und wir saßen neben dieser dunkelhäutigen Familie. Der Vater war nicht dabei, aber da waren eine Mutter und ihre Töchter und vielleicht auch ein Bruder, und sie kamen vom Land, um die Stadt zu sehen. Nichts an dieser Familie wirkte aufgesetzt, sie waren einfach sie selbst und hatten ehrliche Freude am Leben. Wir kamen ins Gespräch, und ich forderte eine der Töchter zum Tanz auf. Sie war umwerfend. Sie war so natürlich. Da waren wir und plauderten, dabei kamen wir aus völlig unterschiedlichen Welten. Sie wusste nichts von meiner Welt, und sie war so ein anständiges Mädchen. Das mag ich an dieser Stadt, dass die verschiedenartigsten Leute zusammenkommen und es eine Stadt der Musik ist. Da gibt es überall Musik und interessantes Essen und viele französische Dinge. Es ist ein magischer Ort, der nachts wie ein Traum scheint.

Ich kann mich nicht erinnern, dass wir in den Club gegangen sind, den Monty beschreibt, aber bestimmt könnten wir dort gewesen sein. Ich denke, die Erinnerungen der Leute sind einfach unterschiedlich. Manchmal sind ihre Erinnerungen schlichtweg falsch, meist sind sie nur unterschiedlich. Jedenfalls erinnere ich mich an vieles in New Orleans. Es ist eine Stadt, die ich wirklich liebe.

Mittlerweile befinde ich mich fast nur noch in Städten und vermisse es auch nicht, in der Natur zu sein. Ich schätze, ich brauche sie einfach nicht mehr, und ich sehne mich auch nicht wirklich danach. Als ich in Boise aufwuchs, waren die Wälder gesund und reichhaltig, und der Geruch war unglaublich. Aber seither ist eine Menge passiert. Es gibt Pick-ups mit Gewehrhaltern und Off-Road-Fahrzeuge in grellen Lackierungen, die in den Wäldern herumrasen, und das passt einfach nicht zusammen. Und dann gibt es noch die globale Erwärmung und den Borkenkäfer. Sobald es richtig kalt wird, stirbt der Borkenkäfer, aber es wird nicht mehr kalt genug, um alle zu töten, und sie vernichten die Bäume. Mein Vater erzählte mir, wenn du einen Baum siehst, der aussieht, als würde er sterben, stirbt er bereits seit zehn oder fünfzehn Jahren. Sobald man es sehen kann, ist es bereits zu spät, und man sagt, dass ein großer Teil der Wälder stirbt. Die Natur, in der ich aufgewachsen bin, gibt es in Wirklichkeit nicht mehr. Da sind all diese Leute mit Rucksäcken und schicker Campingausrüstung, die in die Wälder gehen, alles ist überlaufen! Wenn ich früher in den Wald gegangen bin, habe ich nie jemanden gesehen. Niemanden. Hin und wieder sah man einige verrückte Leute im Wald, aber meistens war man allein.

So verändern sich die Orte – aber auch nicht vollständig. Als ich 1992 zurück nach Boise kam, hatte es sich auf eine Weise gewandelt, vieles war allerdings auch noch wie früher. Die Art, wie die Landschaft beschaffen ist und wie das eine bestimmte Atmosphäre und das spezielle Licht erzeugt – so etwas ändert sich nicht. Aber andere Dinge verschwinden. Wenn du an einem Ort aufgewachsen bist, bekommst du ein Gefühl dafür, du trägst immer eine gewisse Wärme in dir, und dein Herz fühlt sich wohl, wenn du an das denkst, was du dort erlebt hast. Aber das ist Vergangenheit, und du kannst es niemandem wirklich erklären. Ich könnte jetzt einem Jungen begegnen und ihm von Boise erzählen, aber ich könnte ihm nicht das Gefühl vermitteln, das ich habe, wenn ich mich daran erinnere. Und dieser Junge wird wohl genau dasselbe Problem haben, wenn er erst einmal ein alter Knacker ist, der anderen zu erklären versucht, wie das Leben mit sechzehn war.

Wild at Heart zu machen fiel mir im Grunde ziemlich leicht, und die Welt schien für den Film bereit zu sein. Da gab es eine Szene, die ein bisschen zu weit ging, schätze ich, und wir mussten einen Teil rausschneiden. Man kann nicht vorhersehen, was die Leute ausrasten lässt, weil man nur den eigenen Geschmack hat, um die Dinge zu beurteilen – und mir waren Sachen in den Sinn gekommen, die mich selbst aufgeregt hatten und die ich nicht umgesetzt habe. Wenn man sich in eine mächtige Idee verliebt, muss man sie sich genau ansehen und überlegen, wie sie in der Welt bestehen kann. Und manchmal wird dir klar: Nein, es ist die falsche Zeit dafür.

Wenn mir eine Idee in den Sinn kommt, habe ich normalerweise ein gutes, klares Gespür dafür, wohin sie führen wird. Manchmal auch nicht, und in dieser Zone der Ungewissheit fühle ich mich nicht sonderlich wohl. Manchmal denkst du, du weißt etwas, nur um dann festzustellen, dass du dich geirrt hast und es nicht funktioniert. Wie in der Malerei ist es ein Prozess aus Aktion und Reaktion, und man findet seinen Weg. Manchmal dauert das sehr lange, aber sobald man es findet, weiß man es, und sobald man beschließt, ich will nach New York gehen, wird man nur nach New York gehen, und jeder andere Ort kommt nicht infrage. Man hat sich entschieden, und nun wird man nach New York gehen, und der freie Wille ist dahin. Wenn man sich entschieden hat, einen bestimmten Film zu machen, wird daraus ein Weg, und die Richtung ist vorgegeben. Manchmal kann man davon abweichen, aber wenn man zu weit vom Weg abkommt, findet man sich in einem anderen Film wieder.

Ich habe mehr Ideen, als ich handhaben kann, und ich kann nicht alles davon umsetzen. Ich habe Ideen für Gemälde, aber ich kann jetzt nicht malen, weil ich mit anderen Dingen beschäftigt bin, und wenn ich dann die Möglichkeit zum Malen habe, ist das, was mir dann einfällt, nicht mehr spannend. Ich erinnere mich zwar an die Ideen, die ich zuvor hatte, aber sie begeistern mich nicht mehr. Ich vermisse das Malen, wenn ich nicht male.

In dem Jahr, in dem ich mit *Wild at Heart* nach Cannes ging, zeigte Fellini seinen Film *Die Stimme des Mondes*, und ich war so begeistert, dass ein Film, den ich gemacht hatte, unmittelbar nach einem Fellini-Film gezeigt wurde. Es war einfach unglaublich. Diese ganze Erfahrung war aufregend, und wir haben bis zum Schluss an dem Film gearbeitet, so viel ist sicher. Am Abend vor der Aufführung gingen Duwayne und ich ziemlich spät in den Vorführraum, um die Kopie zu prüfen. Man stieg diese Leiter zum Vorführraum hinauf, und die Projektoren dort sahen aus, als kämen sie aus einem russischen Science-Fiction-Film. Sie waren riesig und liefen mit einem dualen System, bei dem Bild und Ton separat wiedergegeben werden, mit vollummantelten analogen Magazinen, und diese Magazine liefen mit geschmeidiger Kraft. Unglaublicher Kraft.

Heutzutage haben die Leute nur noch selten die Möglichkeit, eine gute Filmkopie zu sehen, die richtig projiziert wird, und das ist wirklich schade. Ich denke, dass in Zukunft zwei Dinge geschehen werden: Heimkinosysteme könnten richtig gut werden, man hat einen TV-Monitor von der Größe einer Hauswand und einen unglaublich tollen Klang. Wenn man einen Film sehen will, schaltet man alle Lichter und sein Telefon aus, stellt den Ton laut, sieht ihn sich an und kann ziemlich gut in diese Welt eintauchen. Wenn man aber nicht viele Freunde dazu eingeladen hat, wäre es keine geteilte Erfahrung, und das ist ein wichtiger Teil davon. Außerdem könnte es so kommen, dass Filme direkt auf dein Handy gestreamt werden, und das wäre nicht so gut. Wenn es danach geht, was die Leute gerade wollen ... Nun, sie wollen nicht ins Kino gehen, und Spielfilme haben an Reiz verloren. Kabelfernsehen ist das neue Arthouse.

In Cannes weiß man bis zur letzten Minute nicht, dass man gewonnen hat. Wenn sie dir sagen, dass du bis Sonntag bleiben sollst, weißt du, dass du etwas gewinnen wirst, aber du weißt nicht, was. Ich erinnere mich, dass ich an diesem Abend über den roten Teppich lief und keine Ahnung hatte, dass ich gewinnen würde. Man geht hin und schüttelt Pierre Viot die Hand, diesem coolen Typen, der von Anfang an in Cannes dabei ist und der damals Präsident des Festivals war. Er sagte: »David, es ist etwas, und es ist bestimmt nicht nichts.« Dann ging er hinein und setzte sich, und bevor die Preisverleihung begann, kam Gilles Jacob zu mir, der von 2001 bis 2014 Präsident in Cannes war, und sagte: »Du hast die Goldene Palme gewonnen.«

People Go Up and Then They Go Down

LEUTE STEIGEN AUF, UND DANN FALLEN SIE WIEDER HERUNTER

Lynchs Leben veränderte sich durch den gewaltigen Erfolg von *Twin Peaks*, gefolgt von dem Preis, den er in Cannes für *Wild at Heart* erhalten hatte. An diesem Punkt wurde sein Name zum Markenzeichen und zum Adjektiv. Nun konnte man etwas als »lynchesk« bezeichnen, und die Leute wussten, was man meinte. So großer Erfolg hat natürlich seine Vor- und Nachteile. Wenn man in die Popkultur vordringt, antwortet sie damit, einen zu absorbieren. Dann nimmt sie an, einen zu kennen, und dann, dass sie Rechte an allem hat, was einen betrifft. Während der frühen Neunzigerjahre wuchs die Zahl der Menschen exponentiell an, die an Lynch herankommen wollten. Sie wollten etwas von ihm haben, etwas mit ihm teilen, ihre Meinung über ihn kundtun oder einfach nur dieselbe Luft atmen wie er, und die Wände, die ihn von diesen Leuten trennten, wurden immer dicker. Kulturelle Avatare leben fernab der gewöhnlichen Welt. Ihnen bleibt auch keine andere Wahl, denn die Ansprüche an sie sind einfach zu groß. Dies bekam nun auch Lynch zu spüren, und es veränderte sein tägliches Leben. Sein Mitarbeiterstab wuchs, und die Chancen, ihn in einem Coffeeshop in Los Angeles anzutreffen, wurden immer geringer.

In Cannes zu gewinnen war ein zweifelhafter Segen für Lynch, aber etwas geschah bei diesem Festival, das unbestreitbar gut für ihn war: Er traf seinen alten Bekannten Pierre Edelman wieder, eine schillernde Persönlichkeit, die für das Schmieden großer Pläne bekannt war. Edelman führte ein abenteuerliches Leben, zu dem auch eine Haftstrafe wegen Desertierens aus der französischen Armee gehörte. Er hatte ein Vermögen in der Modeindustrie gemacht, einige Jahre durch Drogen verloren, war insolvent geworden, hatte längere Zeit in Jack Nicholsons Haus gelebt und als Journalist gearbeitet. 1983 besuchte Edelman die Churubusco Studios, um einen Artikel über die Adaption von *Dune* für ein französisches Magazin zu schreiben. In der Kantine des Studios traf er Lynch.

»Bei uns beiden sprang sofort der Funke über«, erzählt Edelman, der in den Jahren nach diesem Treffen versuchte, mit Lynch einige Werbefilme zu produzieren.[1] Doch Propaganda hatte Lynch hierfür bereits unter Vertrag, sodass Edelman außen vor blieb. Aber er wollte mit Lynch arbeiten, und er ist niemand, der schnell aufgibt.

1990 beschloss der französische Industrielle Francis Bouygues, ins Filmgeschäft einzusteigen. Als Begründer eines der weltweit größten Bauunternehmen (das eine zentrale Rolle beim Bau des Eurotunnels und des Flughafens Charles de Gaulle spielte) gründete Bouygues sein privat finanziertes Studio Ciby 2000 und gab bekannt, dass nur die besten Regisseure der Welt für ihn arbeiten würden. Für die Auswahl der Regisseure wurde Edelman beratend hinzugezogen, und er erstellte eine Liste, auf der auch Lynch zu finden war.

»Ich platzte in die Party für *Wild at Heart* in Cannes, nahm David zur Seite und sagte ihm, es wäre großartig, wenn er nach Paris käme, um sich mit Francis Bouygues zu treffen«, sagt Edelman. »Ich erklärte ihm, wer Bouygues war und dass er mit ihm wahrscheinlich jeden Film machen könnte, den er wollte. Er sagte mir, dass er *Ronnie Rocket* machen wolle. Kurz darauf organisierte ich ein Dinner mit David in einem Restaurant in Los Angeles, das Il Giardino hieß. [Lynchs Anwalt] Tom Hansen war dort, und ich sorgte dafür, dass etwas Lustiges geschah. Ein paar Monate zuvor hatte ich Clint Eastwood in Saint Tropez kennengelernt, und wir hatten uns angefreundet. Ich bat Clint, in das Restaurant zu kommen und zu sagen: ›Mein Gott, das ist ja Pierre!‹ Er tat es. Ich weiß nicht, ob David beeindruckt war, aber ich denke, er war überrascht.« Überrascht oder nicht, Lynch kam nach Paris, um sich mit Bouygues zu treffen, und unterzeichnete einen Vertrag über drei Produktionen – unter der Voraussetzung, dass er drei Filmideen liefern würde, unter denen sich dann auch *Ronnie Rocket* befand.

»David hatte schon immer ein großartiges Verhältnis zu den Franzosen«, stellt Mary Sweeney fest, die zu der Zeit, als Bouygues ins Spiel kam, offiziell Lynchs Partnerin war. »David ist überzeugt, dass Kreativität ein Geburtsrecht ist, und einer der Gründe, warum er Frankreich liebt, ist, dass man dort als Kreativer ein Rockstar ist und deine kreativen Rechte respektiert werden.«[2]

Das war die Anfangszeit von Lynchs Beziehung mit Sweeney, die ein bedeutender Teil von Lynchs Künstlerleben wurde und fünfzehn Jahre lang mit ihm zusammenlebte. Sweeney stammt aus Madison, Wisconsin, wo sie geboren und aufgewachsen ist. Während ihrer Zeit als Studentin im Filmseminarprogramm der New York University entdeckte sie ihre Affinität zum Filmschnitt. Nach ihrem Abschluss 1980 suchte sie nach einer Anstellung. Zu dieser Zeit hatte Warren Beatty die meisten der New Yorker Schnittstudios für sein Epos *Reds – Ein Mann kämpft für Gerechtigkeit* requiriert. Die bekannte Cutterin Dede Allen arbeitete mit einer fünfundsechzigköpfigen Crew zusammen und stellte Sweeney als siebte Auszubildende in ihrer Tonschnitt-Abteilung ein. 1983 erhielt sie eine Stelle in George Lucas' Tonstudio Sprocket Systems und zog nach Berkeley, wo Duwayne Dunham sie als Schnittassistentin für *Blue Velvet* engagierte. Im November 1985 begegnete sie schließlich Lynch, als er für die Postproduktion des Films nach Berkeley zog. »Ich erinnere mich an den Tag, als David in den Schneideraum kam«, sagt Sweeney. »Er war so glücklich, strahlte so viel Wärme aus, schüttelte allen herzlich die Hände, das volle Programm.«

Im Frühjahr 1987 ging Sweeney für drei Monate nach Los Angeles zurück, um die TV-Version von *Blue Velvet* zu schneiden, die mit Lynch vertraglich vereinbart worden war. Ab 1989 wurde Los Angeles zu ihrem festen Wohnsitz, während sie als Script Supervisor und erste Schnittassistentin an *Wild at Heart* arbeitete. 1990 betreute sie das Drehbuch für die erste Episode der zweiten *Twin Peaks*-Staffel, und ab September desselben Jahres arbeitete sie zum ersten Mal direkt mit Lynch, als sie die siebte Folge der Serie schnitt.

In der Zeit, in der sich Lynch und Sweeney näherkamen, bereitete Lynch seine erste Museumsausstellung vor, die am 12. Januar 1991 am Touko Museum of Contemporary Art in Tokio eröffnet wurde. Begleitend dazu erschien ein schlicht gehaltener Katalog. Teil der Ausstellung waren einige der düsteren, aufwühlenden Gemälde aus den späten Achtzigerjahren, die in der Corcoran Gallery hingen, sowie eine Serie ausgewählter Pastellbilder, die zwischen 1985 und 1987 entstanden waren. Diese uncharakteristisch sanfte Bilderserie beinhaltet Darstellungen eines Lichtstrahls, der auf eine öde Landschaft fällt, sowie eines spiralförmigen Objekts, das über einem weißen Nebelfeld schwebt, und einer rautenförmigen Wolke, die sich wie ein UFO über ein leeres schwarzes Feld erstreckt.

Nach seiner Rückkehr aus Japan gründete er seine Produktionsfirma Asymmetrical und arbeitete auf seinen nächsten Film hin. Lynch sagte, er sei in die Figur Laura verliebt und noch nicht bereit gewesen, die Welt von *Twin Peaks* zu verlassen, nachdem die Serie im Juni 1991 endete. Kurz nachdem sie aus dem Programm genommen wurde, sprach er darüber, einen Film zu machen, der in der verträumten Stadt spielen sollte, die er und Frost erschaffen hatten. Aus diesem Grund schloss er sich mit Robert Engels zusammen, der zehn Episoden der Serie geschrieben hatte, und im Juli 1991 hatten die beiden ein Drehbuch mit dem Titel *Twin Peaks: Fire Walk with Me* (*Twin Peaks – Der Film*) verfasst, eine Chronik der letzten Tage vor Laura Palmers Ermordung. Lynch und Frost sollten als ausführende Produzenten fungieren, doch das *Twin Peaks*-Prequel stieß nicht auf die einhellige Begeisterung der Originalbesetzung. Lynch sagte, dass ungefähr ein Viertel der Schauspieler nicht hinter der Idee standen, darunter Sherilyn Fenn, Lara Flynn Boyle und ganz besonders Kyle MacLachlan. Das Drehbuch setzte den Schwerpunkt ursprünglich auf dessen Rolle des Agent Cooper, und am 11. Juli gab Ken Scherer als Vorstand von Lynch/Frost Productions bekannt, das Projekt werde nicht zustande kommen, da MacLachlan sich weigere, daran teilzunehmen.

Doch Lynch ist ein Meister im Bewältigen schwieriger Situationen. Er überarbeitete das Drehbuch, führte zwei neue FBI-Agenten ein, die von Chris Isaak und Kiefer Sutherland gespielt wurden, und bereitete sich darauf vor weiterzumachen. MacLachlan überlegte es sich dann anders und stimmte einer kleineren Rolle im Film zu. Harry Dean Stanton taucht als Manager eines heruntergekommenen Trailer-Parks zum ersten Mal in der *Twin Peaks*-Geschichte auf, und David Bowie gibt einen fantastischen Cameo-Auftritt als mysteriöser Phillip Jeffries, ein FBI-Agent mit Südstaatenakzent, der einen Nervenzusammenbruch erleidet.

Der erste Drehbuchentwurf war deutlich länger als die finale Fassung, die auf den 8. August 1991 datiert ist. Einige Figuren wurden komplett aus der Geschichte genommen, ebenso wie die humorvollen Elemente, die in der Fernsehserie einen Gegenpol zu den grausigen Aspekten dargestellt hatten. Im Wesentlichen ist *Fire Walk with Me* eine Geschichte über Inzest, und es ist schwer, diesem Thema einen fröhlichen Anstrich zu geben.

Die Dreharbeiten begannen am 5. September 1991 in Washington, und die Hauptaufnahmen waren nach etwas mehr als drei Monaten beendet. Gaye Pope war als Pressebetreuerin am Set in Seattle dabei, eine allseits beliebte Persönlichkeit, die später zu Lynchs persönlicher Assistentin und enger Vertrauter werden sollte. Sie arbeitete mit ihm bis zu ihrem Krebstod im April 2003. Auch Deepak Nayar war dabei, diesmal als erster Regieassistent. »Statt

David zur Arbeit zu fahren, fuhr ich nun mit ihm, und Kyles Bruder [Craig MacLachlan] fuhr uns«, sagt Nayar. »[Kameramann] Ron Garcia und Script Supervisor Cori Glazer waren meist auch dabei, und wir besprachen die Arbeit des Tages.

Wir legten Nachtschichten ein – bei David kann man sicher sein, dass mindestens dreißig Prozent der Dreharbeiten nachts stattfinden – und einmal sagte David: ›Was meinst du, Hotshot, wann werden wir am Samstag fertig werden? Ich denke, wir werden es vor Mitternacht schaffen.‹ Ich sagte ihm, dass das unmöglich sei, weil wir den Freitagnacht-Dreh nicht vor Samstagmorgen abgeschlossen haben würden und in so kurzer Zeit nicht zur nächsten Szene wechseln konnten. Trotzdem bekam ich am Samstagnachmittag um zwei einen Anruf von David, und er sagte: ›Wo steckst du? Ich warte auf dich am Mittagstisch! Du verschwendest absichtlich Zeit!‹ Ich sagte: ›Da wird niemand außer den Leuten von der Gewerkschaft am Set sein‹, und er sagte: ›Siehst du! Immer sabotierst du alles!‹ Da schlossen wir eine Wette um zwanzig Dollar ab, wann wir fertig werden würden. Ich kam nachmittags ans Set und hatte recht – außer vier Crewmitgliedern war niemand da, und als die ersten Gewerkschaftler eintrafen, sah er uns mit einem Blick an, der ausdrückte: ›Komme ich zu spät?‹ Die Wette zwischen David und mir sprach sich herum, und die Crew ging an die Arbeit. Irgendwann wollte Sheryl dann das Set verlassen, um sich umzuziehen, und David sagte: ›Unsinn! Du verschwendest Zeit! Bringt ihre Sachen her. Ihr Jungs bildet einen Kreis, kehrt ihr den Rücken, und Sheryl kann sich in der Mitte umziehen!‹ Schließlich, um zwei Minuten vor Mitternacht, sah er mich an und sagte: ›Willst du jetzt den Drehschluss verkünden, oder soll ich das machen?‹ Ich sagte: ›David, du hast es dir verdient, also mach du es.‹ Ich gab ihm zwanzig Dollar, drehte mich um und nahm hundert Dollar von einem der Produzenten entgegen. Ich hatte gegen mich selbst gewettet, und David wurde so richtig wütend! Er sagte: ›Du lässt für alle eine Runde Drinks springen‹ und sorgte dafür, dass ich das gewonnene Geld für Drinks ausgab.

Eines Tages fuhren wir vom Set nach Hause«, fährt Nayar fort, »und David sagte: ›Halt an, Craig!‹ Dann sagte er: ›Seht ihr die Frau da drüben auf der Straße? Fragt sie nach ihrer Telefonnummer.‹ Ich fragte: ›Wofür?‹ Er antwortete: ›Ich weiß nicht, frag sie einfach.‹ Also tat ich es, und die Angelegenheit war vergessen. Ein paar Tage später meinte er: ›Erinnerst du dich, dass ich dir gesagt habe, du sollst diese Frau nach ihrer Telefonnummer fragen? Sie ist in der nächsten Szene mit Harry Dean.‹ Sie spielte die alte Frau, die im Trailer-Park lebt und zu Harry Dean sagt: ›Wo ist mein heißes Wasser?‹ David genoss es, solche kleinen Ablenkungen einzubauen und die Leute dann wieder aus dem Bild verschwinden zu lassen.«

Sweeney begleitete Lynch nach Seattle, und als sie zur Nachproduktion nach Los Angeles zurückkehrten, war sie schwanger. Während Lynch mit Badalamenti an der Filmmusik zu arbeiten begann, machte sich Sweeney an den Schnitt. »Mary stimmte sich auf David ein, wie es wahrscheinlich kein anderer Cutter gekonnt hätte«, sagt Ray Wise, der in *Fire Walk with Me* mitspielte. »Zwischen den beiden gab es eine Art wortlose Verständigung.«

Die gab es auch zwischen Lynch und Badalamenti, und so wurde die Musik zu *Fire Walk with Me* zum ausdrucksstärksten Gemeinschaftswerk der beiden. Mit Songs von Lynch und Badalamenti, Instrumentalstücken von Lynch und David Slusser sowie Instrumentalstücken von Badalamenti ist der Soundtrack einzigartig für einen Lynch-Film, da er kein Stück anderer Künstler enthält. Lynch und Badalamenti hatten Freude daran, eine gänzlich eigenständige Filmmusik zu schaffen.

»Wir nahmen einen Song mit dem Titel ›A Real Indication‹ auf, und David war in der Aufnahmekabine«, erinnert sich Badalamenti. »Er hatte diesen Text geschrieben, der nach einer Art gesanglichen Improvisation verlangte, und ich dachte: ›Es ist mir scheißegal, ich mache das selbst und tue etwas, was so gar nicht zu mir passt, und lasse mich völlig gehen. Ich zog das volle Programm durch, verrückt, schreiend und improvisierend, und David musste so sehr lachen, dass er sich einen Bruch zuzog, der operiert werden musste.«

Da Lynch viele der Hauptdarsteller aus der *Twin Peaks*-Serie engagiert hatte, drehte er mit einigen von ihnen drei TV-Werbefilme für Georgia Coffee, die in Japan ausgestrahlt wurden. Im Mai 1992 wurde Lynchs erste europäische Museumsausstellung im Sala Parpalló im spanischen Valencia eröffnet, gerade als Lynch und Sweeney nach Paris gingen, um dort für einige Wochen die letzten Vorbereitungen für die Cannes-Premiere von *Twin Peaks: Fire Walk with Me* zu treffen. Francis Bouygues war begeistert, mit einem neuen David-Lynch-Film nach Cannes zu kommen. Ihm zu Ehren gab man eine Party, bei der Julee Cruise und Michael J. Anderson auftraten.

Doch diesmal war das Schicksal nicht auf Lynchs Seite, und die Kritiken für den Film fielen alles andere als wohlwollend aus. *Fire Walk with Me* ist ein komplexes, anspruchsvolles Werk, und Ray Wise und Sheryl Lee – die den Film entscheidend tragen – liefern eindringliche Leistungen ab. Wise ist geradezu meisterhaft furchteinflößend, Lee ist abwechselnd sinnlich, verwirrt und am Boden zerstört.

Gleichwohl gab es während der Aufführung Pfiffe und Buh-Rufe aus dem Publikum, und bei der anschließenden Pressekonferenz schlug Lynch offene Feindseligkeit entgegen. In Gegenwart von Robert Engels, Angelo Badalamenti, Michael J. Anderson und dem Ciby-2000-Produzenten Jean-Claude Fleury wurde Lynch von einem französischen Reporter gefragt, ob seine Rückkehr in die Welt von *Twin Peaks* das Ergebnis »mangelnder Inspiration« gewesen sei. Ein anderer Reporter erklärte: »Viele würden Sie als einen äußerst perversen Regisseur definieren. Würden Sie dem zustimmen?« Der stets so schlaue Quentin Tarantino war zugegen und stellte fest: »Er ist mittlerweile so weit in seinem eigenen Arsch verschwunden, dass ich kein Bedürfnis mehr habe, einen weiteren David-Lynch-Film zu sehen.«

Sheryl Lee ist froh, nicht dabei gewesen zu sein: »Ich konnte nicht nach Cannes kommen, weil ich in einem Stück in New York mitspielte, und fand das sehr schade. Aber als ich von den Reaktionen auf den Film hörte, war es sicherlich ein Segen, dass ich nicht dort war. Ich weiß nicht, ob mein Fell dick genug dafür gewesen wäre.

Es ist kein leichter Film, den man so einfach durchhält, und manchmal, wenn ein Publikum einen unbequemen Film sieht, wird es wütend auf den Regisseur«, fügt Lee hinzu, die in fast jeder Einstellung der letzten beiden Drittel des Films zu sehen ist. »Vermutlich ist etwas in dieser Art geschehen. Ich glaube nicht, dass David das Publikum absichtlich provozieren wollte. Aber es passiert eher selten, dass Leute sich so etwas ansehen und sagen: ›Oh, wie interessant.‹ Sein Werk hat stets Komplexität, Tiefe und vielschichtige Bedeutungen, und es kann Menschen verärgern, wenn sie den Eindruck haben, dass sie einen Film verstehen sollten, aber gleichzeitig keine einfache Geschichte daraus ableiten können.«

Aus Sweeneys Sicht ließen sich die Schwierigkeiten, die sie mit dem Film in Cannes hatten, damit begründet, dass »die Leute süchtig nach *Twin Peaks* waren und mehr davon wollten. Stattdessen bekamen sie einen Lynch-Film. *Fire Walk with Me* ist dunkel und unerbittlich, und er verärgerte die Menschen.«

Ray Wise ist der Ansicht, der Film benötige weder eine Erklärung noch eine Entschuldigung: »*Fire Walk with Me* ist Davids Meisterstück. In diesem Film ist jeder Aspekt seiner Arbeit enthalten. Und die Tatsache, dass es das Prequel zu einer Fernsehserie war? Nur in der Vorstellungskraft eines David Lynch war so etwas möglich, und er hat es wunderbar umgesetzt.

Da gibt es eine Szene, in der ich mit Laura in einem Cabrio sitze, und ich denke, das ist eine meiner besten Leistungen«, fährt Wise fort. »An dem Tag, als wir die Szene drehten, war es sehr heiß. Wir mussten eine Menge verschiedener Aufnahmen machen und waren alle ziemlich gereizt, aber wir nutzten diese Spannung und ließen sie in die Arbeit einfließen. Und die letzten zwanzig Minuten des Films kommen fast schon einer religiösen Erfahrung gleich. Als *Fire Walk with Me* herauskam, sind die Leute hart damit ins Gericht gegangen, aber ich denke, der Film bekommt inzwischen mehr Anerkennung und wird sich noch lange halten.« Damit hat Wise recht. Im September 2017 schrieb Martyn Conterio im *Guardian*: »Nach einem Vierteljahrhundert wurde der Film zurecht von Fans und Kritikern als Lynchs unbesungenes Meisterwerk wiederentdeckt.«

Direkt nach Cannes erschien *Fire Walk with Me* am 16. Mai in Japan und hatte Erfolg. Die Japaner sind begeisterte Lynch-Fans. Doch als der Film am 28. August 1992 in den USA startete, lief es dort nicht so gut. Der *New York Times*-Kritiker Vincent Canby schrieb: »Es ist nicht der schlechteste Film, der je gedreht wurde. Es scheint nur so.« Jennifer Lynch erinnert sich, dass *Fire Walk with Me* »meinem Vater wirklich wichtig war, und ich weiß noch, wie schrecklich verwirrt er darüber war, dass der Film so missverstanden wurde. Zu dieser Zeit bekam er eine Menge Probleme mit dem ganzen Hollywood-Scheiß.«

Während der letzten Tage ihrer Schwangerschaft befand sich Sweeney in Cannes, und am 22. Mai, nur wenige Tage nach der Filmpremiere, kam Riley Lynch in Paris zur Welt. »Gleich nach unserer Rückkehr aus Cannes verbrachten wir fünf Wochen im Haus meiner Mutter am Lake Mendota in Wisconsin, und wir sahen uns dort nach einer Immobilie um«, erinnert sich Sweeney. »Madison ist ein sehr aufgeklärter Ort im Mittleren Westen, und die Leute dort sind freundlich. David konnte in den Eisenwarenladen gehen und mit den Männern quatschen, und er mochte meine Mom und meine große irisch-katholische Familie sehr. Zum Ende des ersten Sommers fanden wir ein Haus und verbrachten dort einige Monate von 1993 bis 1994. Ich erinnere mich, dass David dort den O.J.-Simpson-Prozess verfolgte, jeden Tag rund um die Uhr, während er über *Lost Highway* nachdachte.«

Montgomery erinnert sich an einen Besuch bei dem Paar in Wisconsin: »David hätte das nie getan, wenn es nicht für Mary gewesen wäre — sie hatte ihn aus seiner Welt geholt. Sie kauften sich dort ein Haus, und er hatte ein altes, hölzernes Schnellboot, das er liebte. Er wirkte sehr entspannt.«

Zu dieser Zeit zog Lynch sich zurück und beschäftigte sich ausgiebig mit dem Umbau seines Hauses in Los Angeles. Er stellte Alfredo Ponce ein, einen genialen Tausendsassa, der seitdem für ihn arbeitet.»Ich kümmerte mich um den Garten von einem von Davids Nachbarn, und er sah mich über den Zaun an und sagte: ›Hi‹. So fing alles an«, erinnert sich Ponce, der 1951 in Mexiko geboren wurde und 1973 nach Los Angeles gezogen war.»Er grüßte mich jedes Mal, und dann fragte er mich, ob ich seinen Hof reinigen wolle. Irgendwann arbeitete ich dann an seinem Poolhaus, und ein Projekt kam zum anderen.«

Über die Jahre hat Ponce Klempner- und Gartenarbeiten übernommen, Kabel verlegt, Maschinen repariert, ein Bewässerungssystem für Lynchs Grundstück entworfen und Pfade gebahnt, die das Gelände durchziehen. Er weiß, wie man ein Fundament gießt, Häuserwände errichtet und Möbel baut, und hat Sets für die Filmexperimente gebaut, die Lynch zu Hause machte.»Peggy Reavey sagte einmal: ›Es gäbe keine Kleinanzeige, die David aufgeben könnte, um jemanden wie dich zu finden‹«, stellt Ponce fest.»David arbeitet hart und hat stets Ideen für Dinge, die er bauen möchte. Ich mag es, mit ihm zu arbeiten, weil er mir nur sagt, was ich tun soll, und mich dann selbst herausfinden lässt, wie ich es hinbekomme. Als er an *INLAND EMPIRE* arbeitete, brauchte er ein Set, und er skizzierte mir seine Vorstellungen mit einem Stock in den Staub. Dann fragte er mich: ›Kriegst du das hin?‹ Das ist die Art, wie wir das machen.«[3]

Seit Jahren arbeitet Ponce in Vollzeit an fünf Tagen die Woche für Lynch, und er sieht einfach alles.»Die Leute sehen, wie ich hier saubermache oder das Laub reche, und sie denken sich nichts dabei — die wissen nicht, wie viel ich weiß«, sagt er.»Ich habe ein gutes Gespür und merke sofort, wenn hier jemand auftaucht, der nicht das Beste für David im Herzen trägt. Diese negative Energie — ich kann sie sehen, und ich habe viele Leute kommen und gehen sehen. David ist ein unkomplizierter, freundlicher Mensch, den man leicht ausnutzen kann, also versuche ich ihn zu beschützen. Ich muss jedem, der hier arbeitet, vertrauen können.«

Sweeney erinnert sich, dass ihre ersten gemeinsamen Jahre sehr ergiebig für Lynchs Kreativität waren. »Während dieser Jahre hat er unentwegt gemalt, er hatte einen Brennofen und hat eine Zeit lang getöpfert, und er entwarf und baute Möbel in seiner Werkstatt. Er fotografierte sehr viel und hatte mehrere Ausstellungen in den USA und im Ausland. Er wird niemals müde und hat eine Menge Energie, auch wenn er körperlich nicht viel Kraft aufbringt. Ich habe ständig darauf gedrängt, dass er etwas Sport treibt und das Rauchen aufgibt [er fing 1992 wieder damit an, nachdem er 1973 aufgehört hatte], aber da hatte ich keine Chance. Was das Rauchen angeht, ist er wie ein Teenager.«

Robert Engels' Frau Jill war zur selben Zeit wie Sweeney schwanger geworden, und nachdem die beiden Frauen mit nur einer Woche Abstand entbunden hatten, wurden die Engels zu regelmäßigen Gästen in Lynchs Haus. Sie kamen an den Samstagabenden mit ihrem Baby, und Lynch und Sweeney bestellten Essen beim Lieferservice. Doch in der Regel hatten sie nur wenig Gesellschaft. »David ist ein Einsiedler«, sagt Sweeney.

Lynchs Nestinstinkt ist stark ausgeprägt, und als seine Nachbarin 1992 starb, kaufte er ihr Haus und ließ oberhalb des Pink House ein von Lloyd Wright entworfenes Poolhaus bauen. Allmählich wurde sein Anwesen zu einem Stützpunkt. »Wir hatten eine herrliche Raumaufteilung«, sagt Sweeney. »Jeder von uns hatte ein Atelier, ich hatte einen Schneideraum, David eine Holzwerkstatt, und dann baute er sich ein Tonstudio. Wir genossen es, zu Hause zu arbeiten.«

Lynch und Frost konzipierten eine Fernsehserie mit dem Titel *On the Air*. Lynch ist ein großer Fan der deftigen Komödie, was sich bei seinen unveröffentlichten Drehbüchern für *One Saliva Bubble* und

The Dream of the Bovine zeigt, das Lynch als »die Geschichte zweier Typen im San Fernando Valley, die Kühe sind, es aber nicht wissen« beschreibt. *On the Air* wurde zu einem Vehikel für visuelle Gags, Slapstickeinlagen und ausgelassene Blödeleien, und alle drei Projekte spiegeln Lynchs Bewunderung für das französische Komikergenie Jacques Tati wider. *Twin Peaks*-Zögling Ian Buchanan spielt die Hauptrolle in der Serie, die 1957 im Hauptsitz der Zoblotnick Broadcasting Corporation angesiedelt ist und die Chronik der endlosen Katastrophen schildert, die über die *Lester Guy Show* hereinbrechen, ein Varieté-Programm, das live gesendet wird.

ABC gefiel das Konzept von *On the Air*. Man bestellte sechs Folgen und einen Pilotfilm, den Lynch gemeinsam mit Frost schrieb und bei dem er selbst Regie führte. Mehrere Freunde stießen dann dazu: Robert Engels schrieb drei Folgen, Jack Fisk führte bei zwei Episoden Regie, und Badalamenti komponierte die Musik. Obwohl die Serie bei den Testaufführungen gute Bewertungen erhielt, stellte ABC die fertigen Folgen für über ein Jahr zurück. Schließlich wurde die Pilotfolge am 20. Juni 1992 gesendet, und sie kam nicht gut an. Selbst der inzwischen verstorbene David Foster Wallace, der sich selbst als »Lynch-Fanatiker« bezeichnete, tat die Serie als »bodenlos scheußlich« ab. Sie hatte nicht viele Fürsprecher.

»ABC hat die Serie gehasst, und ich glaube, sie sendeten nur drei Folgen, bevor sie sie absetzten«, erinnert sich Frost. »Sie war albern und zu unorthodox fürs klassische Fernsehen, aber ich glaube, sie war einfach nur ihrer Zeit voraus. David und ich haben uns kürzlich ein paar Folgen angesehen. Es gibt wirklich lustige Stellen darin. Sie brachten uns immer noch zum Lachen. Nachdem *On the Air* abgesetzt wurde, gingen David und ich eine Weile getrennte Wege. Hinter uns lag eine intensive sechsjährige Phase, und ich wollte einen Roman schreiben.«

Tony Krantz, der sich für die Ausstrahlung der Serie eingesetzt hatte, war verwundert über die Reaktionen, die sie erhielt. »*On the Air* war die am schlechtesten bewertete Serie zu dieser Zeit, aber ich fand sie großartig. Vielleicht war sie zu skurril. Oder es lag daran, dass die Blütezeit der Zusammenarbeit von David Lynch und Mark Frost vorüber war – ich weiß ehrlich nicht, was das Problem war, aber es scheiterte kläglich.«

Natürlich machte sich Lynch umgehend an sein nächstes Projekt. Diesmal war es die Fernsehproduktion *Hotel Room*, eine Trilogie, deren Episoden in verschiedenen Jahrzehnten im selben Raum des New Yorker Railroad Hotels spielten. Die Serie basierte auf einer Idee von Monty Montgomery und wurde von Lynch und Barry Gifford entwickelt. Gifford schrieb zwei Folgen, bei denen Lynch Regie führte, und Jay McInerney schrieb eine dritte, bevor das Projekt eingestellt wurde. Die beiden Lynch-Folgen, die in der zweiten Hälfte des Jahres 1992 gedreht wurden – »Tricks«, die 1969 spielt, und »Blackout«, die im Jahr 1936 angesiedelt ist –, sind die wohl am stärksten auf Schauspieler ausgelegten Arbeiten, die er je produziert hat. Das Drehbuch ist einfach gehalten, jede Episode wurde an nur einem Tag gedreht und hat außergewöhnlich lange Einstellungen. Crispin Glover, Alicia Witt, Harry Dean Stanton, Freddie Jones und Glenne Headly geben bravouröse Darbietungen.

»Einmal probte David mit den Schauspielern den ganzen Morgen bis zur Mittagspause, und die Leute bekamen die Krise, weil nicht gedreht wurde«, erinnert sich Produktionskoordinatorin Sabrina Sutherland, die später *Twin Peaks: The Return* produzierte. »Nach der Mittagspause flippten sie fast aus. Dann begann David plötzlich diese zehnminütigen Einstellungen zu drehen, eine nach der anderen. Es war der verrückteste aller Tage, aber wenn das, was er sich in seinem Kopf vorstellt, bei den Schauspielerin nicht ankommt, dann arbeitet er so lange mit ihnen, bis sie verstanden haben, worauf er hinauswill. Und das bewundere ich sehr an ihm. Er gibt sich nicht leicht zufrieden und sagt: ›Okay, das ist gut genug, lasst uns weitermachen.‹ Das würde er niemals tun.«[4]

Am 8. Januar 1993 sendete HBO die Pilotfolge einschließlich aller drei Episoden. Während die *Los Angeles Times* die Serie als

»wunderbar packend« pries, kritisierte die *New York Times* sie als ein »bühnengebundenes Drama-Sammelsurium, das wie ein lustloser Besuch in einer Lynch-Version der *Twilight Zone* wirkt, in der sich die Geschichten verlieren«. »Wir drehten drei Folgen, und HBO hasste sie«, sagt Montgomery. »Sie waren ihnen einfach zu skurril.«

»David und ich haben immer wieder versucht, uns etwas Neues auszudenken«, ergänzt Montgomery, der die Produktion der Musikvideos für Michael Jacksons 1991 erschienenes Album *Dangerous* betreut hatte. Als 1993 ein Werbeteaser für die Clips produziert werden sollte, die für das Album gedreht worden waren, schlug Montgomery Lynch vor, und Jackson hielt das für eine großartige Idee.

»David ist ein Star, aber Michael Jackson? Das war schon eine ganz andere Nummer«, sagt Montgomery. »Das war die Art von Deal, zu der Donatella Versace höchstpersönlich kam und zwei Lieferwagen für Michaels Garderobe mitbrachte — und dabei sollte er nur vom Hals aufwärts gefilmt werden!

Ich glaube nicht, dass Michael verstand, was David vorhatte. Der Plan war, Michaels Gesicht mit einer Hochgeschwindigkeitskamera in extremer Nahaufnahme zu filmen. Nachdem es ein Riesengetue in seinem Trailer gegeben hatte, kam Michael schließlich ans Set und ging zu David. Sie unterhielten sich über *Der Elefantenmensch* und lernten einander kennen. Dann sagte David: ›Lasst uns anfangen.‹ Also stellte sich Michael vor die Kamera. Dabei musste er sich sehr nahe am Objektiv positionieren. Gleich als die Aufnahme beendet war, rannte Michael wieder zu seinem Trailer. Es vergingen vielleicht fünfundvierzig Minuten, und David wurde ungeduldig. Also klopfte ich an Michaels Tür und fragte, was los sei. Wenn man so dicht vor einer Kamera steht, bei dieser Art der Beleuchtung, dann ist es so, als würde man in den schlimmsten Spiegel einer Raststätten-Toilette schauen. Michael war entsetzt von dem, was er darin gesehen hatte. Nach einer weiteren Stunde schaffte ich es endlich, ihn zurück ans Set zu holen, aber da hatte David schon ziemlich die Nase voll.«

In jenem Jahr führte Lynch bei sechs Werbespots Regie, und als Francis Bouygues im Juli starb, begann sich Davids Beziehung mit Ciby 2000 aufzulösen. Am Ende des Jahrzehnts sollte er die Vertreter der Firma vor Gericht wiedersehen. Im selben Jahr freundete Lynch sich mit einem aufstrebenden jungen Produzenten namens Neal Edelstein an, mit dem er während des folgenden Jahrzehnts zusammenarbeiten würde. Edelstein war in Chicago geboren und aufgewachsen. 1992 zog er nach Los Angeles, um Karriere beim Film zu machen. »Ich lernte David durch Jay Shapiro kennen, der Produktionskoordinator bei einer staatlichen Informationskampagne zur Früherkennung von Brustkrebs war, bei der David 1993 Regie führte. Jay brachte mich als Produktionsassistenten hinein«, erinnert sich Edelstein. »Für mich war David ein Autorenfilmer aus einem anderen Universum. Nun mit ihm zu arbeiten und zu sehen, wie freundlich und nahbar er war, und ihn bei der Regiearbeit beobachten zu können ... Ich war so voller Ehrfurcht davor, wie er die Dinge anging.

Nicht lange nachdem wir uns kennengelernt hatten, stellte mich David als Produktionskoordinator für einen Adidas-Werbefilm ein, den wir auf einem Freeway nahe des Flughafens LAX drehten«, fährt Edelstein fort. »1994 erhielt ich dann einen Anruf von Gaye Pope, und sie sagte: ›David will dich sprechen.‹ Dann kam David ans Telefon und sagte: ›Ich brauche dich für die Produktion eines Musikvideos für diesen japanischen Kerl namens Yoshiki.‹ Er war der Leadsänger der Band X Japan und so eine Art japanischer Michael Jackson. Ich sagte: ›Ich kann nicht produzieren! Ich bin nur ein Produktionsmanager!‹ Und er sagte: ›Wenn du ein Produktionsmanager bist, machst du den Job bereits! Komm ins Büro, und wir klären alles.‹ Ich war gerade mal fünfundzwanzig Jahre alt, legte den Hörer auf und dachte: ›Wow, ich werde ein Musikvideo produzieren, bei dem David Lynch Regie führt.‹ Ich glaubte nicht, dass ich schon dafür bereit war, aber David hatte Vertrauen in mich. Alles lief wie geschmiert, und es wurde eine tolle Regiearbeit.

Einmal filmten wir einen Werbespot am Point Dume in Malibu. Drehbeginn war um sechs Uhr morgens«, fährt Edelstein fort. »David und ich fuhren zusammen dort raus und kamen ein bisschen zu früh an. Die Sonne war noch nicht aufgegangen. David wollte, dass der Sand glatt und sehr ordentlich aussah, also waren die Produktionsassistenten mit ihren Rechen draußen im Sand. David lief zu ihnen hinaus und half ihnen dabei, den Sand zu glätten! Da war er, der Regisseur, und rechte in der Dunkelheit den Strand. Das war so typisch für David, für das, was ihn ausmacht, für seinen Respekt vor anderen Menschen und dafür, wie sehr ihm das Filmemachen am Herzen liegt. Was ich von ihm über das Leben, das Filmemachen und den Umgang mit Menschen gelernt habe, ist in Gold nicht aufzuwiegen.«[5]

*P*ierre Edelman ist ein Abenteurer und eine echte Persönlichkeit, außerdem ist er mein ältester französischer Freund, der bei vielen meiner Filme eine Rolle spielte. Ich mag ihn sehr. Ich lernte Pierre am Set von *Der Wüstenplanet* kennen. Raffaella warf ihn hinaus, weil sie nicht wollte, dass ich mich mit Journalisten unterhielt, und damals war er ein Journalist. Pierre kennt alle, er taucht auf der ganzen Welt auf und kennt sich in jeder Stadt aus. Es ist erstaunlich. In den Sechzigern war er in Hollywood und kannte jeden dort. Er machte ein Vermögen mit Bluejeans, aber er verlor das Geld wieder. Er war eine Zeit lang im Gefängnis, und die Gefangenen müssen glücklich gewesen sein, dass Pierre bei ihnen war, denn mit ihm macht sogar das Gefängnis Spaß. Er veranstaltete Wettrennen mit Küchenschaben, bei denen die Schaben mit Farbe markiert wurden, und die Mitgefangenen wetteten auf sie. Pierre hat eine Firma namens Bee Entertainment, er trägt eine kleine Anstecknadel mit einer Biene am Revers, und er ist eine Biene – er bestäubt dich. Er bringt eine Person mit einer anderen Person zusammen, und das hat er für unzählige Leute getan. So erzählte er mir in Cannes, dass Francis Bouygues *Wild at Heart* liebte und dass er eine neue Firma hatte und mich treffen wollte. Das ist es, was Pierre tut: Er knüpft Kontakte.

Pierre ist ein guter Mensch, aber manche Leute haben ein Problem mit ihm, weil er in diese sarkastische, zynische Stimmung verfallen kann und dann Leute beleidigt. Einmal saß ich neben ihm im Flugzeug, und als die Stewardess kam, sagte er etwas Unfreundliches zu ihr. Als sie gegangen war, sagte ich: ›Pierre, ich mag dein Verhalten nicht. Mach so etwas nicht, wenn ich dabei bin. Warum behandelst du die Leute so?‹ Er entschuldigte sich bei ihr, und am Ende des Fluges waren Pierre und die Stewardess die besten Freunde. Er hat also Charme, aber er kann die Leute auch auf die Palme bringen.

Schlechtes Benehmen kann einen aus der Spur bringen. Jeder hat Dinge, die ihn aus der Bahn werfen können – Drogen, Sex, Essen, merkwürdige Gedanken, und man kann auch wegen seiner Geisteshaltung in Schwierigkeiten geraten. Die meisten Menschen haben eine Art kleinen Schutzwall dagegen und bleiben okay, aber die Gefängnisse sind voll von Leuten, bei denen dieser Schutzwall nicht gehalten hat.

Da gab es dieses tolle italienische Restaurant namens Il Giardino gegenüber dem Postamt von Beverly Hills. Es war unscheinbar und sah nach nichts Besonderem aus, aber das Essen dort war fantastisch. Eines Abends war ich dort mit Pierre, Tom Hansen und Jean-Claude Fleury von Ciby 2000 zum Essen. An diesem Abend fand ich heraus, dass Jean-Claude und ich mit nur zehn oder elf Stunden Unterschied am selben Tag geboren waren, er in Frankreich, ich in Montana. Fellini hatte ebenfalls am selben Tag Geburtstag, genau wie George Burns. George war exakt fünfzig Jahre älter als ich, und 1991, an meinem fünfundvierzigsten Geburtstag, rauchten wir eine Zigarre zusammen. Nicht dieselbe Zigarre – jeder hatte seine eigene Zigarre, aber wir rauchten zusammen. George Burns war klein und leicht wie eine Feder, und man hatte den Eindruck, als könne man ihn wie ein Stück Pappe hochheben. George stürzte in der Badewanne und verletzte sich dabei, und dann ging es mit ihm bergab. Das war der Anfang vom Ende. Wenn er nicht gestürzt wäre, könnte er immer noch am Leben sein.

Jedenfalls redete Pierre ständig von seinen vielen Kumpels, und viele Leute dachten, das sei alles nur heiße Luft. An diesem Abend im Il Giardino sagte er irgendetwas von seinem Kumpel Clint, der vorbeischauen würde, und nach etwa zwei Dritteln des Abends kam Clint Eastwood herein. Er kam herüber, sagte »Pierre!« und drückte ihn heftig an sich. Ich war nicht überrascht, denn da kannte ich Pierre bereits und dachte mir schon, dass Clint auftauchen würde.

Ich flog nach Paris, um mich mit Francis Bouygues in seinem Büro im obersten Stockwerk eines Gebäudes an den Champs-Élysées zu treffen. Tony Krantz und Tom Hansen kamen mit mir nach Paris und sollten bei dem Treffen ebenfalls dabei sein. Am Abend davor waren wir im Maison du Caviar. Tony hatte sich mit diesen Kirsch-Wodkas abgeschossen. Es hatte geschneit. Der Schnee in Paris lag fünfzehn Zentimeter hoch, und Tony kotzte sich die Seele aus dem Leib – ich konnte sehen, wie er aus dem Fenster in den Schnee kotzte. Pierre hatte all diese Mädels angeschleppt – das war vielleicht eine Nacht! Tom und Tony ließen sich dann bei dem Treffen nicht blicken, also war ich dort ohne mein Team. Direkt gegenüber von mir saß Mr. Bouygues und zu beiden Seiten neben ihm diese zwei französischen Typen, die für ihn arbeiteten. Diese Jungs waren schmierige, zwielichtige Typen, und sie sahen mich mit einem Lächeln an, das sagte: »Wir werden dich ans Kreuz nageln.« Ihnen passte nicht, dass Bouygues ins Filmgeschäft einstieg, und ihre Ausstrahlung war wirklich übel.

An einem bestimmten Punkt sagte Mr. Bouygues: »Erzählen Sie mir die Geschichte von *Ronnie Rocket*«, und es hörte sich an wie: ›Wenn du es mir nicht erzählst, gibt es keinen Deal.‹ Sie wissen schon, beweise dich. Ich dachte, wir hätten schon einen Deal, und dann das. Ich begann zu überlegen: ›Okay, ich will hier verdammt noch mal raus, mit diesem Haufen will ich nichts zu tun haben.‹ Ich wollte aus dem verdammten Gebäude raus, also stand ich auf und ging zum Aufzug. Ich wollte mir ein Taxi nehmen, direkt zum Flughafen fahren und diese Idioten zurücklassen. Die Arschlöcher, die mit diesem französischen Grinsen auf ihren Gesichtern neben ihm saßen – das Schlimmste an Frankreich ist diese ganz spezifische Selbstgefälligkeit, und das Grinsen der beiden sagte so viel aus. Davon hatte ich eine Menge gesehen, wenn ich früher über Meditation sprach. Die Journalisten redeten total gerne, mit mir über Filme, aber sobald ich auf Meditation zu sprechen kam, erntete ich dieses Grinsen.

Jedenfalls sah Pierre mich gehen, rannte mir hinterher und redete auf mich ein. Ich kam also wieder mit zurück und sagte: »Ich erzähle die Geschichte, aber nur wenn Pierre übersetzt.« Dann saß ich da und sah Mr. Bouygues an, während Pierre neben mir stand und übersetzte. Die beiden Typen waren still. Nachdem ich fertig war, herrschte erst Schweigen, dann sagte Mr. Bouygues: »Bon.« Und das war's. Der Deal war abgeschlossen. Ich hatte nur die Werbeshow hinter mich bringen müssen. Er segnete *Ronnie Rocket* ab, aber immer wenn es dazu kommen sollte, hatte ich Angst, den Film zu machen. Irgendetwas an dem Drehbuch passt noch nicht, und ich weiß nicht, was es ist. Außerdem begann ich über Laura Palmer nachzudenken.

Francis Bouygues kannte sich nicht wirklich mit Filmen aus, doch er liebte *Wild at Heart*. Ich denke, ihm gefielen die Kraft und die Stärke des Films. Er und seine Frau Monique waren bodenständige Leute, und ich verstand mich sehr gut mit ihm, obwohl er in geschäftlichen Dingen vielleicht anders dachte. Geschäftlich war er ein knallharter Typ, der sich mit knallharten Leuten umgab. Eine Menge Leute mochten ihn deshalb nicht. Aber Francis und ich mochten uns. Wir fuhren in seinem Golfmobil herum und unterhielten uns, als sei er ein Verwandter. Er war ein schlichter Typ, der wusste, wie man die Dinge anpackt. Er baute den Eurotunnel und den Grande Arche, der sich in Puteaux befindet, nordwestlich von Paris. Er nahm mich mit, um ihn gemeinsam mit seinem besten Ingenieur anzusehen. Da waren fünfzehn Kleinbusse voller Bodyguards und anderer Leute. Einmal besuchte er Stockton in Kalifornien, und er mochte die Menschen und Fabriken dort so sehr, dass er fast dageblieben wäre. Stattdessen flog er zurück nach Frankreich und gründete diese riesige Firma, die zu seiner Bestimmung wurde. Einmal fragte mich Francis, wie viele Beschäftigte ich hätte. Ich sagte drei, und er sagte mir, er habe dreihunderttausend davon. Er war ein mächtiger Mann.

Ich liebe Frankreich, denn alles, was sie dort machen, ist Kunst. Die Gebäude, die Stühle, Teller, Gläser, Züge, Autos, Werkzeuge, das Essen, die Getränke, die Mode – alles ist eine Kunstform. Sie glauben an hochwertige Materialien, großes Handwerk und tolles Design. Die Italiener und die Franzosen haben das drauf. Die Italiener sind ein bisschen anders, aber sie machen ebenfalls tolles Zeug. Ich mag das Hotel, in dem ich in Paris immer wohne, und die Menschen. Ich mag Foie gras und Bordeaux und Croque Madame. Ich mag sogar den Kaffee, obwohl er nicht so gut ist wie David Lynch Signature Cup. Aber er hat einen ganz bestimmten Geschmack, der mich glauben lässt, ich sei in Frankreich, also mag ich ihn.

Ich weiß nicht, warum ich Laura Palmer liebte, aber ich liebte sie einfach, und ich wollte zurückkehren und sehen, was sie in den Tagen vor ihrem Tod durchlebt hatte. Ich wollte in der Welt von *Twin Peaks* bleiben, aber es war eine seltsame Zeit. Die Leute hatten genug von *Twin Peaks*, das machte es schwierig. Bouygues wollte *Twin Peaks – Der Film* machen, aber andere im Geschäft ließen sich nicht darauf ein. Auch einige der Darsteller wollten nicht, dass ich damit weitermachte. Wenn Schauspieler für eine Serie unterschreiben, gehen sie eine Verbindlichkeit ein. Viele Schauspieler sorgen sich, dass sie dann nur für diese eine Rolle bekannt werden und sich nichts anderes mehr für sie ergibt. Viele der Schauspieler aus *Twin Peaks* wollten aus unterschiedlichen Gründen weiterziehen. Als die Serie endete, gab das den Leuten ihre Freiheit zurück, und sie konnten ihren Starruhm genießen oder was auch immer.

Wenn jemand etwas nicht machen will, ist das nicht das Ende der Welt. Man denkt dann über jemand anderen nach, und auf gewisse Weise mag ich das. Wir mussten das Drehbuch überarbeiten, sodass wir weniger von Kyle brauchten. Im Originaldrehbuch kamen viel mehr Schauspieler vor, doch einige haben wir wieder herausgenommen. Nicht, weil es zu lang gewesen wäre – die Stellen wurden herausgenommen, weil sie nicht in den Film passten. Es wurde der Film, der es werden musste. Manche Leute nahmen wir heraus, andere kamen neu hinzu. Ich habe keine Ahnung, wie David Bowie hineinkam, aber ich mochte ihn einfach. Ich glaube zwar nicht, dass ihm sein Akzent gefallen hat, vielleicht hat ihm jemand gesagt, es höre sich peinlich an oder so etwas. Manchmal reicht eine solche Bemerkung aus, um alles kaputt zu machen. Aber er ist großartig in dieser Rolle, einfach großartig.

Der Rote Raum ist ein wichtiger Teil von *Twin Peaks – Der Film*, und ich liebe den Roten Raum. Zunächst einmal hat er Vorhänge, und ich stehe auf Vorhänge. Das ist kein Scherz. Ich mag sie, weil sie per se wunderschön sind, aber auch, weil sie etwas verbergen. Da ist etwas hinter dem Vorhang, und man weiß nicht, ob es gut oder böse ist. Und abgeschlossene Orte? Es geht nichts über einen wunderbaren abgeschlossenen Ort. Ohne Architektur ist alles einfach offen, aber mit ihr kann man einen Raum gestalten. Man kann ihn schön gestalten oder so hässlich, dass man es kaum erwarten kann, wieder herauszukommen. Maharishi spricht von etwas, das Sthapatya Veda genannt wird und das für eine Art und Weise steht, wie man ein Haus baut, in dem man ein besseres Leben führen kann. Es heißt, die Seele baue den Körper und der Körper das Haus. Und so wie der Körper auf eine bestimmte Weise beschaffen ist, sollte auch das Haus auf eine bestimmte Weise gestaltet sein. Diese Dinger, in denen die Menschen heutzutage leben, sind absolut nicht korrekt. Eine Tür, die nach Süden zeigt, zeigt in die schlechteste Richtung. Nach Osten ist es am besten, und Norden ist gut – das Pink House hat eine Tür, die nach Norden zeigt –, aber der ganze Rest ist nicht gut für das menschliche Wesen. Das ist das Wichtigste, die Ausrichtung des Hauses. Um es wirklich richtig zu machen, muss die Küche einen bestimmten Platz haben, man braucht einen bestimmten Platz zum Meditieren, zum Schlafen, für das Badezimmer – die Räume müssen auf eine bestimmte Weise ausgerichtet sein, in einer bestimmten Proportion.

Bevor ich mit dem Dreh von *Twin Peaks – Der Film* begann, nahmen Angelo und ich einen Song mit dem Titel »A Real Indication«

auf, der später in den Film übernommen wurde. Wir arbeiteten mit einem hammermäßigen Bassisten zusammen, Grady Tate. Angelo saß am Keyboard, und sie spielten diesen großartigen Titel. Ich hatte einen Songtext, den ich sehr mochte, und sagte: »Angelo, ich weiß nicht, wen wir das singen lassen sollen.« Er sagte: »David, das mache ich.« Angelo singt manchmal beim Spielen, und ich zucke dann immer fast zusammen, aber ich sagte: »Okay, versuch es.« Also ging Angelo in die Kabine und hüpfte darin auf und ab. [Toningenieur] Artie [Polhemus] drückte den Knopf, und es ging los. Angelo machte es perfekt! Ich musste so lachen, dass ich fast zusammenklappte. Auf einmal war es, als würde in meinem Bauch eine Glühbirne platzen, und in mir brach etwas. Angelo hatte mir einen Bruch beschert. Ich hatte starke Schmerzen, aber ich wusste nicht, was es war, also fuhr ich zu den Dreharbeiten nach Washington. Die Schmerzen waren so schlimm, dass man eine Ärztin holen musste, die wirklich hübsch war. Sie untersuchte mich und sagte: »Sie haben einen Bruch.« Ich erwiderte: »Ich muss diesen Film drehen«, worauf sie sagte: »In Ordnung, aber danach müssen Sie sich operieren lassen.« Während des Drehs musste ich die meiste Zeit sitzen.

Wie auch immer, die Leute waren durch mit *Twin Peaks*, und der Film lief nicht gut in Cannes. Es war eine dieser Zeiten im Leben, in denen es mit allem bergab zu gehen scheint. O Mann, es war eine schreckliche, schreckliche, stressige Zeit, und ich fühlte mich krank. Und wenn du am Boden bist, lieben es die Leute, auf dich einzutreten. Aber es hätte schlimmer kommen können. Wie ich schon sagte, bin ich bei *Dune* zweimal gestorben, weil ich nicht an meine Arbeit glaubte und der Film dann noch ein Flop wurde. Bei *Twin Peaks – Der Film* starb ich nur einmal, also war es nicht ganz so schlimm. Die Leute mögen den Film nicht? Fein. Ich mag ihn, und man kann mich damit nicht verletzen. Nun ja, ein kleines bisschen vielleicht. Aber ich mag ihn immer noch sehr. Ray und Grace und Sheryl – die Palmers sind fantastisch, und ich mag ihre Welt.

Ich erholte mich ziemlich schnell davon und kam wieder auf die Beine und zurück zu meiner Arbeit. Das hat nichts mit Stärke zu tun. Es geht um Ideen, in die man sich verliebt, und so blieb ich zu Hause und arbeitete. Ich bin nie gern aus dem Haus gegangen, und inzwischen ist es mir immer mehr zuwider.

An den Lake Mendota zu gehen war dann etwas Neues, und es gefiel mir. Mary hat sechs Brüder und Schwestern, und ihre Familie ist großartig. Die Leute im Mittleren Westen sind so freundlich und aufrichtig. Sie spielen keine Spielchen mit dir und sind wirklich liebenswürdig und nett. Schließlich kaufte ich ein zweistöckiges Haus am See zu einem guten Preis, dann entwarf ich ein Obergeschoss und ließ es bauen. Dann brachte Johnny W. die Little Indian auf einem Bootsanhänger von Long Island. Johnny war nicht wirklich einer meiner Angestellten, aber er arbeitete an so ziemlich allem mit, was ich damals tat, und er besorgte das Boot für mich. Ich organisierte dann noch einen größeren Motor. Es gab einen Bootssteg dort, ein großartiger Anlegeort während des Sommers. Im Keller konnte ich malen. Ich arbeitete außerdem bei Tandem Press in Madison, wo ich mit der Inhaberin Paula Panczenko Monoprints erstellte. Sie hatten dort diese Presse und ein Papier, das einen halben Zentimeter dick war. Die Meisterdrucker schöpften dieses Papier im Sommer in Handarbeit, und es war ein wunderbarer Werkstoff.

Den Sommer 1993 verbrachte ich also in Madison, und ein Musiker namens Yoshiki, der in einer Band namens X Japan war, fragte mich, ob ich ein Musikvideo für ihn machen würde. Ich sagte: »Okay, lass mich etwas von deiner Musik hören, und ich werde sehen, ob mir etwas dazu einfällt.« Also schickten sie mir ein Stück, das eigentlich nicht viel mehr war als gesprochener Text mit Musik im Hintergrund, wie ein Gedicht. Ich sagte: »Ich habe keine Ideen dafür« und lehnte ab. Sie riefen mich voller Panik zurück und sagten: »Wir haben es schon angekündigt!« Sie boten mir mehr Geld an, also machte ich diesen Clip für einen Song mit dem Titel »Longing«, was sich zu einem richtigen Spaß entwickelte. Ich wollte Rauch, Feuer, Regen und verschiedenfarbige

Lichter, und wir gingen zu den ausgetrockneten Flussbetten hinaus, mit Regenmaschinen und diesen zehn Meter hohen Feuersäulen.

Wir waren dort draußen in den trockenen Flussbetten mit diesen benzinbetriebenen Rauchmaschinen, die immense wogende Wolken aus weißem Rauch ausstießen. Aber es war windig, und der ganze Rauch zog in die Wüste hinaus. Also beschlossen wir, etwas anderes zu machen, eine Regenszene oder so, und plötzlich – das war absolut unglaublich – kam all der Rauch, der weggeweht worden war, wie eine Wand zu uns zurück. Einige der Einstellungen sind so verdammt schön, das man es nicht glauben kann. Es gab eine Menge cooler Dinge in diesem Video, aber irgendetwas ging schief, und ich weiß nicht, ob Yoshiki es jemals verwendet hat. Er wollte, dass das Video damit endet, wie er schreibend an einem viktorianischen Tisch sitzt, mit einem Federkiel und einem Tintenfass vor sich. Aber meiner Meinung nach passte das nicht zu der Szene in der Wüste, also habe ich es nicht gedreht. Er hatte mich engagiert und wollte zwar, dass ich meine Ideen beisteuerte, doch es war immer noch sein Video. Deshalb gab ich ihm das Filmmaterial, das wir aufgenommen hatten, und das war's dann.

Ein anderes Mal war ich in meinem Wohnzimmer in Los Angeles, als das Telefon klingelte und Michael Jackson sich am anderen Ende der Leitung meldete. Er wollte, dass ich eine Art Trailer für sein *Dangerous*-Album machte. Ich sagte: »Das kann ich nicht, ich habe keine Ideen dafür.« Aber nachdem ich aufgelegt hatte und Richtung Flur ging, kamen all diese Ideen in mir hoch. Ich rief zurück und sagte: »Ich habe ein paar Ideen.« Ich arbeitete mit John Dykstra in seinem Studio daran. Wir bauten eine Miniaturwelt, die aus einem roten Raum mit einer winzig kleinen Tür bestand. In dem Raum standen groteske, modern geformte Bäume, und aus einem Hügel aus flüssigem Silber stoben Flammen empor, in denen dann Michael Jacksons Gesicht erschien. Das alles wurde im Stop-Motion-Verfahren aufgenommen. Es dauerte lange, das umzusetzen. Für mich muss nicht alles so exakt sein, aber die Leute, die daran arbeiteten, bewegten die Details bis aufs i-Tüpfelchen genau. Die Bäume waren rot oder schwarz lackiert, und die Leute, die sie bewegten, trugen weiße Samthandschuhe und verschoben sie präzise entlang der Markierungen. Das war das eine. Das andere war, Michaels Gesicht aufzunehmen. Wir hatten dafür ein Kameragestell mit ringförmig aufgesetzten Lampen, die für diese fantastische schattenlose Einstellung sorgten. Michael musste dafür nur ein paar Minuten lang auf einer Stelle stehen, aber er war acht oder zehn Stunden in der Maske. Wer benötigt zehn Stunden für Make-up? Jemand, der äußerst kritisch mit seinem Aussehen ist. Dann war er endlich fertig und kam heraus. Es war unsere erste Begegnung, und er wollte nur über *Der Elefantenmensch* reden. Er wollte einem Museum die Gebeine, den Mantel und all das Zeug abkaufen, und er stellte mir Fragen dazu. Er war ein wirklich netter Kerl. Dann stand er da, und wir filmten ihn, und eine Minute später war er fertig. Natürlich hatte er die Rechte am Final Cut, und wenn ihm der Trailer nicht gefallen hätte, wäre er nicht veröffentlicht worden. Aber er lief in den Kinos und sah cool aus, und es hat mir Freude gemacht, ihn zu drehen.

Hotel Room basierte auf einer Idee von Monty Montgomery. Die erste Folge »Tricks« hatte Barry Gifford geschrieben. Glenne Headley spielte darin mit, ebenso wie zwei meiner Lieblingsschauspieler, Freddie Jones und der großartige Harry Dean Stanton. Ich bin überzeugt, dass Harry Dean eine absolute Inspiration für jeden Schauspieler war, und ich wollte nicht, dass er diese Welt verließ. *Hotel Room* spielte im Railroad Hotel, wo in jedem Zimmer Bilder von Zügen hingen und man aus den Fenstern auf die Gleise hinaus sah. Die Idee war, dass über die Jahre Hunderte von Gästen in diesem Zimmer gewohnt hatten und wir sehen würden, was jeweils an einem bestimmten Tag darin geschehen war. Ich weiß nicht, wie Jay McInerney zu *Hotel Room* kam – ich glaube, Monty holte ihn dazu. Wie auch immer, die Fernsehsender mochten *Hotel Room* nicht.

Dasselbe galt für *On the Air*. Die Idee dazu lieferten das Live-Fernsehen und all die Dinge, die dabei schiefgehen können. Man bekommt eine heiße Schauspielerin und einen ausländischen Regisseur, gibt sein Bestes, und nichts kann danebengehen, oder? Und dann sieht man, was passieren kann. Das ist der Humor dabei. Aber niemand wollte das. Wissen Sie, mit den Leuten geht es aufwärts, und dann geht es üblicherweise auch wieder abwärts, und wenn sie zurückkommen, nachdem sie unten gewesen sind, dann zeigen sie Standvermögen. Schauspieler wie Jimmy Stewart, Henry Fonda und Clark Gable wurden groß, dann geschah etwas, sie fielen ein wenig in Ungnade, und dann kamen sie zurück. Die Leute mochten sie wieder und hielten an ihnen fest, und sie ließen nicht mehr von ihnen ab.

Aber die Dinge ändern sich, und sie werden sich immer wieder ändern. Im Oktober 1993 filmte ich einen Werbespot für Barilla Pasta in Rom. Wir waren auf dieser wunderschönen Piazza, unser Star war Gérard Depardieu, mit dem man großartig arbeiten konnte. Es wurde ein lustiger Werbespot. Kameramann war Tonino Delli Colli, der auch *Intervista* gedreht hatte. Ich hatte ihn vor langer Zeit kennengelernt, als ich Fellini begegnet war, und nun war er mein Kameramann bei dieser Sache. Auch der Produktionsmanager für diesen Werbespot hatte mit Fellini zusammengearbeitet. Eines Tages sagte einer der beiden: »David, Fellini ist in einem Krankenhaus in Norditalien, aber er wird nach Rom verlegt werden.« Ich fragte, ob es möglich wäre, bei ihm vorbeizuschauen und Hallo zu sagen, woraufhin seine Nichte einen Besuch für Freitagabend arrangierte. Wir schlossen den Dreh am Freitag ab, und als es Abend wurde, gab es den wunderschönsten Sonnenuntergang. Ich stieg ins Auto zu Mary Sweeney und einigen anderen Leuten, und wir fuhren zu diesem Krankenhaus. Davor standen unzählige Menschen auf den Stufen – sie waren nicht obdachlos, aber wahrscheinlich krank –, und drinnen herrschte Gedränge. Die Nichte kam heraus, beugte sich in den Wagen und sagte: »Nur David und Tonino können hereinkommen.« Wir stiegen aus und folgten ihr in das Krankenhaus, immer weiter und weiter, bis wir schließlich an einen Ort kamen, wo niemand war. Nur diese langen Flure, und wir gingen einen davon entlang bis wir endlich an der Tür von Fellinis Zimmer angekommen waren. Wir betraten den Raum, in dem zwei Betten standen. Fellini saß in einem Rollstuhl zwischen den beiden Betten und starrte ins Leere. Er hatte mit einem Journalisten namens Vincenzo gesprochen, der bei ihm war. Tonino kannte Vincenzo, und die beiden begannen sich zu unterhalten. Man hatte mir einen Stuhl geholt. Also setzte ich mich vor Fellinis Rollstuhl, an dem ein kleiner Tisch angebracht war, und er hielt meine Hand. Das war das Allerschönste. Wir saßen eine halbe Stunde da und hielten uns die Hände, und er erzählte mir Geschichten über die alten Zeiten, wie sich die Dinge verändert hatten, und wie es ihn deprimierte, wie die Dinge nun waren. Er sagte: »David, in den alten Zeiten ging ich hinunter und trank meinen Kaffee, und all die Filmstudenten kamen herbeigelaufen, und wir unterhielten uns, und sie wussten alles über Filme. Sie haben nicht ferngesehen, sie gingen ins Kino, und wir hatten diese wunderbaren Gespräche beim Kaffee. Jetzt gehe ich hinunter, und es ist niemand da. Sie sehen alle fern und sprechen nicht mehr so über Filme, wie sie es früher taten.« Als unsere Zeit um war, stand ich auf und sagte ihm, die Welt warte auf seinen nächsten Film. Dann ging ich. Lange Zeit später traf ich Vincenzo wieder. Er erzählte mir, dass Fellini an jenem Abend über mich gesagt hatte: »Das ist ein guter Junge.« Zwei Tage später fiel er ins Koma, dann starb er.

Ich bin überzeugt, dass alles so geschieht, wie es geschehen soll. Wenn du alt wirst, erinnerst du dich daran, wie es war, als du jung gewesen bist. Du vergleichst das mit dem, was heute geschieht, und du kannst nicht einmal versuchen, jungen Leuten zu erklären, wie die Dinge früher gewesen sind, weil es sie einen Scheiß interessiert. Das Leben geht weiter. Eines Tages wird die heutige Zeit ihre Erinnerung sein, und auch sie werden den anderen nicht davon erzählen können. So ist es nun einmal, und ich denke, Fellini erging es damals ebenso. Es gab ein goldenes Zeitalter des Kinos für Italien und Frankreich, und er war einer seiner Könige, wirklich bedeutsam, so bedeutsam für das Kino, dass es weit über diesen Begriff hinausging. Verdammt.

TÜR AN TÜR MIT DER DUNKELHEIT

Lynch hat eine riesige Ideenbibliothek in seinem Gedächtnis archiviert. Oft hat er eine Idee und legt sie dort ab, bis sich eine andere hinzugesellt, die sich mit der ersten vereint, und beide sich dann zu ihrem vollen Potenzial entfalten können. 1991, am letzten Abend der Dreharbeiten zu *Twin Peaks – Der Film*, hatte er die Idee mit den verstörenden Videobändern auf den Stufen vor der Haustür eines unglücklich verheirateten Paares. Sie war noch nicht ausgereift, also verstaute er sie im Hinterkopf und widmete sich anderen Dingen. Vielen anderen Dingen. Zwischen 1993 und 1994 führte Lynch bei sechs Werbespots Regie. Er baute Möbel und versuchte erfolglos, die Finanzierung für ein von ihm geschriebenes Drehbuch basierend auf Franz Kafkas *Die Verwandlung* aufzutreiben, das im Osteuropa der Fünfzigerjahre angesiedelt war. Dann gab es noch *The Dream of the Bovine*, eine absurde Komödie, die er zusammen mit Bob Engels geschrieben hatte und die ebenfalls nicht zustande kam.

1995 wurde Lynch eingeladen, als einer von vierzig Regisseuren an *Lumière and Company* teilzunehmen, einem Projekt zum hundertsten Jubiläum der Geburtsstunde des Films. Die Teilnehmer sollten einen fünfundfünfzig Sekunden langen Film machen, der aus einer fortlaufenden Aufnahme bestand, für welche die Originalkamera der Gebrüder Lumière verwendet wurde. Um die Bedingungen herzustellen, die Ende des 19. Jahrhunderts geherrscht hatten, als die Kamera erfunden wurde, durften die Regisseure nur drei Takes filmen, kein Kunstlicht verwenden und keine Schnitte vornehmen. Es sollte ein einziger Fünfundfünfzig-Sekunden-Streifen werden. »Das Lumière-Projekt ist zwar nur ein David-Lynch-Häppchen, aber es zu sehen befriedigt ebenso wie seine Spielfilme«, sagt Neal Edelstein über Lynchs *Premonition Following an Evil Deed*. »Gary D'Amico ist ein Tricktechnik-Spezialist und ein wunderbarer Mensch, der auf einem riesigen Stück Land im La Tuna Canyon lebt. Also bauten wir das Set in seinem Vorgarten. Das war eins der lustigsten Dinge, die ich je gemacht habe. David kümmerte sich um vier oder fünf Segmente auf einmal, jedes musste perfekt funktionieren. Das war hochriskantes Filmemachen. Wir alle haben uns wie Kinder gefreut, als wir es schafften, dieses coole Ding durchzuziehen.«

Lynchs Film wird weitgehend als der ambitionierteste und erfolgreichste der vierzig Kurzfilme gesehen. »Sie dachten, wir hätten geschummelt«, erinnert sich D'Amico an die visuelle Raffinesse des Films. D'Amico ist im San Fernando Valley geboren und aufgewachsen. Mit neunzehn hatte er einen Job bei Disney bekommen und dort die Böden gewischt, dann hatte er sich bis in die Requisitenabteilung hochgearbeitet, und Ende der Achtzigerjahre war er ein Fachmann für Spezialeffekte. 1993 holte Deepak Nayar D'Amico ans Set von *On the Air* und bat ihn, eine Maschine zu bauen, die Rohrstücke ausspuckte. »Ich baute etwas zusammen, und David kam in meinen Trailer, um es sich anzusehen«, erzählt D'Amico. »Aber er interessierte sich mehr für mein ganzes Zubehör, weil er ein Tüftler-Typ ist. David ist handwerklich sehr geschickt, und ihm gefällt es, etwas zu bauen. Als wir uns an diesem Tag begegneten, kam er mir so neugierig, zurückhaltend, überaus höflich und ruhig vor wie eine Hindu-Kuh.

Als sie das Lumière-Projekt vorbereiteten, erhielt ich einen Anruf von seinem Büro: ›David will, dass du daran mitarbeitest.‹ Sie nannten mir den Termin, und ich sagte: ›Ich wurde bereits für einen Werbespot gebucht und kann nicht aus dem Vertrag aussteigen.‹ Ich hörte seinen Assistenten rufen: ›Gary hat einen Werbedreh in dieser Woche und ist nicht verfügbar.‹ David antwortete: ›Wir können es nicht ohne Gary machen.‹ Also verschoben sie die Dreharbeiten, bis ich wieder zurück war! Jeder Regisseur sollte bei David Lynch in die Schule gehen und von ihm lernen, wie man die Leute am Set behandelt. Er ist ein absoluter Profi und ein großartiger Typ. Es gibt keinen besseren Menschen in der Branche.«[1]

In dieser Zeit arbeitete Lynch auch an einem neuen Drehbuch. 1992 erwarb er die Option für einen Roman von Barry Gifford mit dem Titel *Night People*, und einige Dialogpassagen in diesem Buch blieben in seinem Kopf haften. Besonders zwei Textstellen schienen sich zu seiner Idee mit den mysteriösen Videobändern zu gesellen, die ihm 1991 gekommen war. »Was David da macht, ist wunderbar«, sagt Sweeney. »Er nimmt zufällige Dinge und fügt sie zu einer Welt zusammen.«

Im Frühjahr 1995 kontaktierte Lynch Gifford. »Eines Tages rief David an und sagte: ›Barry, ich möchte einen weiteren Spielfilm mit dir machen, und das werden wir auch tun, selbst wenn ich ihn aus eigener Tasche finanzieren müsste.‹ Dann kam er in mein Studio in Berkeley«, erinnert sich Gifford. »Er sagte, zwei Dialogstellen in *Night People* hätten es ihm angetan. Eine Frau sagt: ›Wir sind nur ein paar Apachen, die wild über den verlorenen Highway reiten.‹ Und Mr. Eddy sagt: ›Sie und ich, Mister, wir stellen die anderen Mistkerle bei Weitem in den Schatten, oder?‹ Das wurden die Ausgangspunkte.

David wohnte in einem Hotel in der Nähe«, erzählt Gifford weiter, »und jeden Morgen um sieben vor neun rief er an und sagte: ›Barry, ich bin in exakt achteinhalb Minuten da.‹ Und achteinhalb Minuten später kam er mit einer großen Tasse Kaffee an. Wir brachten einige Wochen damit zu, alles was uns gefiel, auf einen gelben Notizblock zu schreiben, dann tippte es Debby Trutnik ins Reine.«

Eine zweite Fassung dessen, was schließlich mit *Lost Highway* betitelt wurde, lag im März vor. Drei Monate später beendeten sie das finale Drehbuch, das auf den 21. Juni datiert ist. Wie bei *Hotel*

Room ist auch die Vorgabe für *Lost Highway* minimalistisch. Man erfährt aus dem, was die Figuren sagen, nichts über die Handlung der Geschichte, und die Körperbewegungen sind bedächtig und langsam. *Lost Highway* erforscht Themen wie Paranoia und Identitätswechsel. Die Geschichte des Mannes, der seine untreue Frau ermordet hat oder auch nicht, ist Lynchs klassischster Film noir. Es ist außerdem einer seiner härtesten und dunkelsten Filme.

Lost Highway war eine Koproduktion von Ciby 2000 und Lynchs Firma Asymmetrical, aber Joni Sighvatsson zeigte schon früh Interesse, in das Projekt einzusteigen. 1994 hatte sich Sighvatsson mit Tom Rosenberg und Ted Tannebaum zusammengetan und das Produktionsunternehmen Lakeshore Entertainment gegründet. Er erinnert sich: »Ich wollte *Lost Highway* bei Lakeshore machen und bot David ein Budget von sechs Millionen Dollar an. Er hatte den Scheck schon in der Hand, aber bevor es losging, sagte ich: ›David, niemand wird verstehen, warum eine Frau zwei verschiedene Rollen spielt und zwei verschiedene Schauspieler dieselbe männliche Rolle.‹ Er sagte: ›Wie meinst du das? Es ist doch offensichtlich!‹ Er beharrte hartnäckig darauf, dass das kein Problem sei, und so zog sich Lakeshore wieder aus dem Film zurück.«

Ungeachtet der unkonventionellen Aspekte des Drehbuchs war Ciby 2000 absolut bereit, alles mitzumachen. Durch die Infragestellung der Zuverlässigkeit linearer Zeit wird *Lost Highway* zu einer Art existenziellem Horrorfilm, den Janet Maslin von der *New York Times* als »eine ausgeklügelte Halluzination« beschrieb, »die niemals für das Werk von jemand anderem gehalten werden kann«. Die Geschichte eines avantgardistischen Jazz-Saxofonisten und seiner Verwandlung in einen jugendlichen Automechaniker und der Vorstadt-Ehefrau, die sich in einen Pornostar verwandelt, ist ein erschreckend origineller Film, der Anspielungen auf Ingmar Bergmans *Persona* und Robert Altmans *Drei Frauen* beinhaltet.

Bill Pullman spielt einen Musiker namens Fred Madison, der in einer psychogenen Fugue gefangen ist – einer psychischen

Verfassung, die dazu führt, dass er seine eigene Identität aufgibt und eine neue annimmt. Als eine Form von Amnesie ermöglicht eine psychogene Fugue der Psyche, sich vor sich selbst zu schützen, wenn die Realität unerträglich wird. Lynch sagte, der Film wurde zum Teil von den Morden an Nicole Brown Simpson und Ron Goldman inspiriert sowie von den TV-Übertragungen des O.J.-Simpson-Prozesses, die ihn fesselten. Wie Fred Madison schien auch Simpson sich selbst davon überzeugt zu haben, dass er nichts mit den begangenen Verbrechen zu tun hatte.

Es ist eine düstere Geschichte, aber die Stimmung am Set war hervorragend. »Als ich David kennenlernte, fühlte es sich an, als würde ich mich mit einem Familienmitglied treffen«, entsinnt sich Pullman. »Es war, als wären wir zwei Stimmgabeln im Einklang, und als wir ans Set kamen, konnte ich sehen, dass es allen dort so ging. David versteht es, den Tagesablauf so zu erklären, dass jeder das Gefühl hat, Teil desselben kreativen Aktes zu sein. Mir gefiel sein Sinn für Humor, und die Art, wie er sich ausdrückte, fühlte sich sehr vertraut an. Vielleicht weil er auch diesen ländlichen Hintergrund hat. David hat einen Sinn für die Weite des Landes, und wir beide haben eine Verbindung zu Montana. Als Kind hat er dort einige Zeit bei seinen Großeltern verbracht, und sein Sohn Riley arbeitete auf der Ranch, die meine Familie dort besitzt.

Wir hatten eine kleine Notiz für meine Rolle«, sagt Pullman weiter. »Ich weiß nicht, wer von uns darauf kam, aber die Notiz war: ›Es wird Kabuki.‹ Das bedeutete, dass sich das, was in der Szene geschieht, zu einer Art ritualistischen Modalität und einem unerklärlichen Mysterium entwickelt, das sich hinter Masken verbirgt. Kabuki stand für all das.«[2]

In der Rolle des Pete Dayton ist Balthazar Getty zu sehen. Als Vierzehnjähriger hatte er 1990 in Harry Hooks Adaption von *Herr der Fliegen* sein Schauspieldebüt gegeben. Der Urenkel von J. Paul Getty erhielt die Rolle in *Lost Highway*, nachdem Lynch ein Foto von ihm in einem Magazin gesehen und ihn darauf zu einem Treffen eingeladen hatte. »David ist ein sehr intuitiver Typ, und eigentlich sagte er sofort, dass ich der Richtige für den Job sei«, sagt Getty über das Meeting.

»Der Einzige, der die große Vision von einem Lynch-Film hat, ist Lynch, und Patricia Arquette und ich hatten selbst während der Dreharbeiten keinen Schimmer, welche Art von Film wir machten«, erzählt Getty weiter. »Als ich dann den Film sah, war ich überrascht, dass er so furchterregend war. Patricia und Bill, die in diesen dunklen Flur hineingehen und wieder herauskommen, die schweren Klänge – nichts davon wird beim Lesen des Drehbuchs deutlich, und so vieles darin war für Interpretationen offen. Ein Teil von Davids Methode ist es, seine Schauspieler oft im Unklaren zu lassen, weil das eine bestimmte Atmosphäre am Set erzeugt.

David ist bei den Bauten und der Garderobe sehr detailversessen, und ich erinnere mich, wie er das Set zurechtmachte, während wir uns auf den Dreh einer Szene vorbereiteten«, fügt Getty hinzu. »Er ging in eine Ecke des Raumes und legte dort irgendetwas hin – ein paar Kaffeebohnen, glaube ich –, was die Kamera und die Zuschauer niemals sehen würden, aber David hatte seine Methode. Für ihn musste das dort sein.«[3]

Getty war gerade erst einundzwanzig geworden, als er die Rolle in *Lost Highway* erhielt. Die Dreharbeiten waren eine Herausforderung für ihn. »Gleich zu Beginn drehten wir eine Szene, in der Pete mit seinen Eltern zu Hause sitzt, und ich nahm an, ich sollte die beiden anschauen«, erinnert sich Getty. »Wir drehten eine Einstellung nach der anderen, und als wir schließlich bei der ungefähr siebzehnten waren, sagte David: ›Lasst uns Mittagspause machen, und wenn wir zurückkommen, werden wir es haben.‹ Ich ging zu meinem Trailer und war am Boden zerstört. David ist jemand, den du glücklich machen willst, und ich heulte tatsächlich, weil ich dachte, ich kriege es nicht hin. Dann schickte er noch während der Mittagspause eine Nachricht, in der stand: ›Stell dir vor, ein Kind zu sein, das einen Kolibri um den Kopf seines Vaters schwirren sieht, während er mit dir spricht. Was für ein Gesicht würde das Kind machen? Wie ist es, wenn man zum allerersten Mal Feuer sieht? Welche Art von Verwunderung und Begeisterung würdest du empfinden?‹ Ziemlich abgehoben, aber es funktionierte, und nach dem Essen hatten wir die Sache in einem Take im Kasten und machten weiter.

Es gibt eine andere Szene, in der Patricia und ich uns in einem Hotel treffen und sie mir ihren Plan für einen Überfall erklärt«, berichtet Getty weiter über Lynchs Regiemethoden. »Ich tat mich mit dieser Szene schwer. Schließlich ließ mich David die Szene spielen, während ich auf meinen Händen saß. Schauspieler nutzen ihre Hände für die Kommunikation, und so war das Sitzen auf meinen Händen eine Aufforderung, tiefer zu gehen und die Szene nur mit meinem Gesicht zu spielen. Das war es, was David wollte.«

Auch Pullman musste sich herausfordernden Dingen stellen, einschließlich eines hektischen Saxofonsolos, das bis in die Stratosphäre hinausgeschleudert wird. »Angelo schrieb ein Musikstück, und ein Studiomusiker namens Bob Sheppard wurde engagiert, es zu spielen«, erinnert sich Pullman. »David sagte: ›Das wird leicht für dich werden. Du hältst dich einfach an den Typ, der es spielt, und er wird dir zeigen, wie es geht.‹ Ich schnappte mir Bob und sagte: ›Ich möchte dich dabei filmen, wenn du das Solo spielst.‹ Er antwortete: ›Ich kann das nicht noch einmal genauso spielen.‹ Offenbar war David mit ihm im Studio gewesen und hatte nach jeder Aufnahme gesagt: ›Noch verrückter! Ich will das ganze Ding noch viel verrückter!‹ So erreichte er schließlich einen ganz bestimmten Zustand und gab David, was er wollte, aber er sagte: ›Ich kann nicht mehr dahin zurück, und ich will auch nicht mehr dahin zurück. Das musst du selbst hinbekommen.‹ Es war eins der schwersten Dinge, die ich je gemacht habe, und der Applaus, den ich von der Crew dafür bekam, ist mir einer der wichtigsten in meiner Karriere.«

Lost Highway hat nicht nur einen, sondern zwei Frank Booths. Einer von ihnen ist ein bedrohlicher Pornofilmproduzent namens Mr. Eddy, gespielt von Robert Loggia. 1996, während der gemeinsamen

Dreharbeiten an dem Science-Fiction-Blockbuster *Independence Day*, gab Pullman ihm das Drehbuch für *Lost Highway*, und Loggia war umgehend von der Rolle begeistert. Loggia trägt zu einer besonders lustigen Stelle des Films bei. Als ein Autofahrer unklugerweise zu dicht auf Mr. Eddys Wagen auffährt, nutzt dieser seinen eigenen Wagen als Rammbock und zwingt den Verkehrssünder, am Straßenrand zu halten. Dort erteilt er ihm eine Lektion über die Gefahren zu dichten Auffahrens, indem er ihn blutig prügelt. Das ist Lynchs boshafter Humor vom Feinsten.

Ebenso furchterregend ist der Mystery Man, dargestellt von Robert Blake. Der einstige Kinderstar wurde 1967 für seine Rolle in Richards Brooks' Adaption von Truman Capotes *Kaltblütig* von den Kritikern gefeiert. Blake liefert eine schaurig-distanzierte Darbietung, die aufzeigt, wie subtil sich das Böse ins Alltagsleben schleichen kann. Seine Figur merkt an, dass dieses Böse niemals unaufgefordert in Erscheinung tritt. »Sie haben mich eingeladen«, sagt der Mystery Man zu Fred Madison. »Es ist nicht meine Art, dorthin zu gehen, wo ich nicht erwünscht bin.« 2001, fünf Jahre nach der Veröffentlichung von *Lost Highway*, wurde Blake nach dem Tod seiner Frau, Bonnie Lee Bakley, verhaftet und unter Anklage gestellt. 2005 wurde er von den Beschuldigungen freigesprochen. *Lost Highway* sollte sein letzter Leinwandauftritt sein, ebenso wie für Richard Pryor und Jack Nance.

1994 starb Lynchs Nachbar. Lynch kaufte dessen Haus zu seinen beiden Häusern hinzu, um es zu einem Aufnahmestudio umzubauen. Während man sich nach Drehorten für *Lost Highway* umsah, sollte das Haus gerade entkernt werden. Doch als die Suche nach dem Heim der Madisons – einem der Hauptschauplätze in *Lost Highway* – erfolglos blieb, beschloss man, Lynchs neues Haus vorübergehend in ein Set zu verwandeln. Einige der Schlüsselszenen des Films drehen sich um das Madison-Haus, welches besondere architektonische Elemente aufweist. Dazu gehören Fenster, die man am besten als ein Netzwerk vertikaler und horizontaler Schlitze in der

Fassade beschreiben kann, sowie ein langer Flur, der in die Dunkelheit führt.

»David ist bei seinen Vorstellungen sehr spezifisch«, sagt Jeremy Alter, der bei der Suche nach den Drehorten assistiert hatte. Er ist in Fort Lauderdale, Florida, aufgewachsen und war 1989 als Filmstudent an die UCLA gekommen. »Ich verbrachte fast die gesamte Zeit des Drehs mit der Suche nach dem Haus, in dem Balthazar Gettys Figur lebt. David sagte: ›Ich will ein Haus, von dem aus man auf die benachbarten Vorgärten sieht, mit einer Garage auf der linken Seite, einem großen Wohnzimmer, einer Servierfläche in der Küche, einem Garten ohne Pool, einem Flur abseits des Wohnbereichs und einem Schlafzimmer, das groß genug für ein Motorrad ist.‹ Ich habe mir bestimmt hundertfünfzig Häuser angesehen.«[4]

Zwei Wochen nach den Proben mit Pullman, Getty, Arquette und Loggia — »Robert Blake brauchte keine Proben«, sagt Lynch — begannen die Dreharbeiten am 29. November in Lynchs Haus mit Peter Deming. Deming, der einen Abschluss am AFI gemacht hatte, kam 1992 in Lynchs Umfeld, als er sechs Episoden von *On the Air* und alle drei Episoden von *Hotel Room* filmte. *Lost Highway* war ihr erster gemeinsamer Spielfilm. Seitdem hat Deming kontinuierlich mit Lynch zusammengearbeitet.

»Ich hatte das Drehbuch gelesen, und der erste Drehtag begann mit einer Szene bei Tageslicht im Haus der Madisons«, erinnert sich Deming. »Ich arrangierte die Beleuchtung, aber sobald ich die erste Probe sah, sagte ich der Crew: ›Wir müssen von vorn anfangen.‹ Anhand der Worte auf dem Papier versteht man nicht, was in dieser Szene geschieht. Obwohl der Dialog banal ist, wird er von einer gewaltigen Anspannung beherrscht. Weniger ist immer mehr für David, deshalb kann er so viel aus so wenig machen, wenn es um Dialoge und den Einsatz von Sprechpausen geht. Wir drehten eine einfache Unterhaltung, in der nicht viel gesagt wird, aber die Stimmung zwischen den beiden Figuren ist unfassbar intensiv.«[5]

Eine Schlüsselrolle in Demings Lernphase bei Lynch nahm die Beleuchtung ein, die ein wichtiges Element in seinem visuellen Stil darstellt. »David wollte manche der Nachtszenen so dunkel haben — selbst die Innenaufnahmen —, dass es zu einem Running Gag zwischen uns wurde und wir eine Dunkelheitsskala entwickelten«, sagt Deming. »Er sagte Dinge wie: ›Das ist Tür an Tür mit der Dunkelheit.‹ Da gibt es eine Szene, in der Balthazars Figur abends ausgehen will. Er kommt im Wohnzimmer an seinen Eltern vorbei, und sie sagen: ›Setz dich, wir müssen uns mit dir unterhalten.‹ In dem Wohnzimmer gab es zwei Lampen, und als David ans Set kam, sagte er: ›Warum sind diese Lampen an?‹ Ich sagte: ›Sie sitzen im Wohnzimmer. Du willst sie doch nicht im Dunkeln sitzen lassen, oder?‹ Das war eine dumme Frage, wenn man sie David Lynch stellt. Er sagte: ›Nein, aber die Lichter sollten nicht hier drin sein. Der Raum sollte von der Veranda her beleuchtet werden.‹ Also nahmen wir alles heraus und beleuchteten den Raum mit einem einzelnen Scheinwerfer von außerhalb des Hauses.«

Der Film wurde von Sweeney, Tom Sternberg und Deepak Nayar produziert, der sich lebhaft an einen Nachtdreh im südkalifornischen Downey erinnert: »Wir hatten eine große Straße in Beschlag genommen, wir hatten Autos, und es gab eine Stuntszene, alles fand im Freien statt. Am Abend des Drehs erhielt ich um sechs Uhr einen Anruf von Peter Deming, der mir sagte, dass es regnete. Die Szenen, die vorangingen und nachfolgten, hatten wir bereits abgedreht, und darin regnete es nicht. Also rief ich David an und sagte: ›Das ist einer unserer aufwendigsten Tage, die Kosten für das alles sind gewaltig, und wir müssen heute Abend weitermachen. Können wir den Dreh ins Haus verlegen?‹ Er sagte sofort: ›Nein. Wir werden draußen drehen. Besorg mir zwei Schläuche, zwei gut aussehende Jungs und zwei gut aussehende Mädchen, und sorg dafür, dass sie da sind, wenn ich am Set eintreffe.‹ David hatte diese brillante Idee mit den vier Kindern, die mit Wasserschläuchen spielten und sich gegenseitig nass spritzten. So sah es aus, als käme das Wasser aus den Schläuchen und nicht vom Himmel.«

Wie mittlerweile klar sein dürfte, ist jeder, der mit Lynch arbeitet, von dessen Improvisationstalent erstaunt. Auch Deming, der sich erinnert: »Der letzte Abend der Dreharbeiten war eine Wüstenszene, in der ein heruntergekommener Schuppen vorkam. Wir hatten den Dreh gerade abgeschlossen, als David sich an Patty Norris wandte und sagte: ›Was wird aus diesem Schuppen?‹ Sie sagte: ›Das Bühnenteam wird ihn morgen abbauen.‹ David sagte darauf: ›Können wir ihn in die Luft jagen?‹ Sie lachte, aber David sagte: ›Im Ernst, können wir ihn in die Luft jagen?‹ Dann rief er Gary D'Amico zu sich und fragte: ›Hast du irgendwo Benzin, Gary?‹ Gary sagte: ›Himmel, David, ich wünschte, du hättest mir das früher gesagt! Ich bin nicht sicher, ob ich so viel habe, wie ich dafür brauche.‹ Dann zog Gary los, um alles Nötige zu besorgen, und kurz darauf platzierte er Benzinladungen im Schuppen.«

D'Amico sagt dazu: »David zieht eine Menge solcher Einfälle aus seinem Hut. Als wir den Schuppen sprengten, erwartete ich eine gewaltige Explosion, doch der Wind wehte so stark, dass kaum etwas in die Luft flog. Stattdessen ging das Gebäude in Flammen auf wie die Hindenburg. Es war nicht so, wie ich es vorgesehen hatte, aber in dem Moment, als ich den Knopf drückte, sagte David: ›Das ist das Schönste, was ich je gesehen habe.‹«

Die Dreharbeiten dauerten bis zum 22. Februar des folgenden Jahres, was relativ lange war. »Normalerweise kannst du es bei einem solchen Dreh kaum erwarten, dass er vorbeigeht, weil er sehr anstrengend ist«, sagt Deming. »Aber am Ende war jeder traurig darüber, denn die Arbeit mit David war solch ein spaßiges Abenteuer. Jeder Tag brachte neue Überraschungen, und er forderte deinen Einfallsreichtum immer wieder heraus.«

»David ist nie glücklicher als beim Drehen«, sagt Sweeney. »Es ist, als habe er eine riesige Maschine, die ihm hilft, die Vision in seinem Kopf zu verwirklichen.« Bei *Lost Highway* konnte Lynch sich Zeit lassen, und nach Abschluss der Dreharbeiten ging der Film für Monate in die Postproduktion. »Das waren die glorreichen alten

Zeiten, in denen Dinge noch reifen konnten«, sagt Sweeney. »Die Postproduktion von *Lost Highway* dauerte sechs Monate, was heutzutage undenkbar wäre. Das zweite Haus wurde zu einem Bienenstock, das obere Stockwerk stand voller Werktische, und überall liefen Assistenten herum.

Während der Postproduktion gab es eine Phase von vier oder fünf Monaten, in denen wir jeden Freitagabend eine Cocktailparty gaben«, erzählt sie weiter. »Marilyn Manson kam, Monty Montgomery, Verkaufsvertreter von Ciby – es sprach sich herum, und die Leute, die regelmäßig kamen, brachten andere Leute mit. Lange Nächte, jede Menge Rotwein, Zigaretten, und David erfreute alle mit Geschichten.«

1995 bekam Lynchs Familie Zuwachs, seine einzige Enkelin, Syd Lynch, wurde geboren. »Dad war in vielerlei Hinsicht extrem großzügig mit mir, und er war der Grund, warum ich meine Tochter habe«, sagt Jennifer Lynch. »Ich wurde schwanger und hatte keine verdammte Ahnung, was ich tun sollte, aber es gab auch keinen vernünftigen Grund, warum ich das Baby nicht bekommen sollte. Dad sagte, er würde mir helfen. Und das tat er.« Lynch ist so etwas wie ein abwesender Vater – man würde ihn bestimmt nicht bei einer Schulaufführung antreffen –, aber er ist für seine Kinder da, wenn sie ihn brauchen.

Als Jack Nance am 30. Dezember 1996 unter rätselhaften Umständen im Alter von dreiundfünfzig Jahren starb, verlor Lynch jemanden, der für ihn wie ein Familienmitglied gewesen war. Nance war Alkoholiker und hatte seine Sucht während der Achtzigerjahre und in den frühen Neunzigern im Griff gehabt. 1991 nahm sein Leben eine dunkle Wendung, als seine Frau Kelly Jean Van Dyke-Nance Suizid beging. Nance selbst starb an einer Kopfverletzung, die die Folge einer Auseinandersetzung mit zwei Männern vor einem Donut-Shop in Los Angeles gewesen war. Obwohl es Ermittlungen wegen Mordes gab, kam es nie zu einer Festnahme. Seine Präsenz war eine entscheidende Zutat in Lynchs Werken von *Eraserhead* bis *Lost Highway* — mit Ausnahme von *Der Elefantenmensch* hatte er Rollen in allen Filmen —, und sein verfrühter Tod war für Lynch ein großer Verlust.

Lost Highway wurde von October Films vertrieben und lief am 21. Februar 1997 mit mäßigen Zuschauerzahlen in den USA an. Wie es für Lynchs Filme üblich ist, fielen die Kritiken zwiespältig aus. »Lynch hat vergessen, wie langweilig es ist, sich die Träume eines anderen anzuhören«, sagte Jack Kroll von *Newsweek*. *Film Treat* hingegen lobte *Lost Highway* als einen »ganz und gar faszinierenden Blick in die Psychosen des menschlichen Verstands«, und der *Rolling Stone* resümierte, dies sei »der beste Film, den Lynch je gemacht hat«. Niemand ist neutral, wenn es um Lynch geht.

Letztlich liegt das an ihm selbst. Die Kritiker hatten ihm Bewährung gegeben, als er sich entschied, *Lost Highway* zu machen, aber er stürmte weiter drauflos und schuf einen der rätselhaftesten und schwierigsten Filme seiner Karriere. Mit einer Spielzeit von zwei Stunden und fünfzehn Minuten ist es kein zuschauerfreundlicher Film. Unerbittlich dunkel, mit einem zerstückelten nichtlinearen Plot, der sich einfachen Erklärungen verwehrt, und Sexszenen, die Lynch erneut Vorwürfen aussetzten, er sei frauenfeindlich, ist *Lost Highway* eine Art Unabhängigkeitserklärung. Die Kritiker hatten *Twin Peaks – Der Film* nicht gemocht, aber mit *Lost Highway* erinnerte Lynch die Kinogemeinde daran, dass er seine Filme nicht für sie machte, sondern sich der übergeordneten Autorität seiner eigenen Imagination verantwortlich fühlte. In einem Artikel für das Magazin *Premiere* stellte der Autor David Foster Wallace die Frage, ob sich David Lynch »einen Dreck darum schert, ob seine Reputation rehabilitiert ist oder nicht. Diese Haltung – wie auch Lynch selbst und sein Werk – scheint mir sowohl ausgesprochen bewundernswert als auch ein bisschen verrückt.«[6]

Wie üblich hatte Lynch weitaus mehr als nur einen Film vorzuweisen. 1996 gab es Kunstausstellungen an vier Orten in Japan, und im Jahr darauf folgte eine Ausstellung in der Galerie Piltzer in Paris, einer Stadt, die für ihn zu einem zweiten Zuhause geworden war. Die Gemälde, die er während dieser Zeit schuf, waren kraftvoll und verstörend. In *Rock with Seven Eyes* aus dem Jahr 1996 schwebt eine schwarze Ellipse mit sieben zufällig platzierten Augen über einem senffarbenen Feld. Es könnte als eine Darstellung des Bewusstseins gedeutet werden, vielleicht auch als ein UFO. Oder als Schwarzes Loch. In *My Head is Disconnected* aus der Zeit von 1994–1996 winkt eine männliche Figur dem Betrachter zu, während ihr in einem Würfel eingeschlossener Kopf davontreibt. Die Silberstreifen am Horizont, die gelegentlich in Lynchs Filmen zu sehen sind, kommen in seiner bildenden Kunst nur selten vor.

Im April 1997 stellte der Salone del Mobile in Mailand eine Kollektion von Lynchs Möbeln vor, die in einer kleinen Edition von dem Schweizer Unternehmen Casanostra produziert worden waren. Mit Verkaufspreisen zwischen fünfzehnhundert und zweitausend Dollar und Anknüpfungen an unterschiedliche Vorbilder wie Bauhaus, Pierre Chareau, Richard Neutra und Charles Eames entsprachen Lynchs Stücke eher Skulpturen als Gebrauchsobjekten. Nach seiner Ansicht sind die meisten Tische zu groß, zu hoch, und verursachen »unangenehme mentale Aktivitäten«. Sein Espresso-Tisch (entworfen 1992) und sein Stahlwürfel-Tisch weisen kleine Flächen auf, die Platz für eine Tasse Kaffee oder einen Aschenbecher bieten.

Zu der Zeit, als Lynchs Möbel in Italien ausgestellt wurden, war seine Zusammenarbeit mit Ciby 2000 gänzlich ins Wanken geraten. »Es war ungewöhnlich für David gewesen, auf einen solchen Deal einzugehen, weil er ein wenig restriktiv war«, erinnert sich Sweeney. »Sie garantierten vollständige kreative Kontrolle, aber es gab all diese Klauseln, die wir einhalten sollten, ehe wir grünes Licht bekamen. Wir arbeiteten aufmerksam mit unseren Anwälten daran, um diese Bedingungen zu erfüllen. Trotzdem ging es bergab, nachdem Francis Bouygues zwischen *Twin Peaks – Der Film* und *Lost Highway* gestorben war.

David hatte einen Vertrag über drei Filme, der eine Entschädigungsklausel enthielt. Er hatte erst einen Film gemacht, als Francis starb, und 1997 sagten sie, wir hätten die Vertragsbedingungen gebrochen – Bedingungen, die wir peinlich beachtet hatten«, fährt Sweeney fort. »Sie behaupteten, sie müssten die Millionenbeträge nicht bezahlen, die David für den zweiten und dritten Film zustanden. Aber wir hatten die entsprechenden Unterlagen, die diese Vereinbarung dokumentierten. Der Prozess begann in Los Angeles, dann gelang es ihnen, den Gerichtsstand nach Frankreich zu verlegen. Davids brillanter Anwalt, George Hedges, überzeugte die französischen Gerichte, das Vermögen der Firma einzufrieren, bis die Angelegenheit geregelt war. So waren sie gezwungen, den Fall zum Abschluss zu bringen.«

Derartige Auseinandersetzungen im Filmgeschäft erinnern Lynch an die Art, wie er am liebsten arbeitet: Wenn es nach ihm ginge, bliebe er allein in einem Studio und würde jeden Teil eines Kunstwerks selbst erschaffen – ganz gleich, ob Film oder Gemälde. Deshalb beschloss er, zu Hause zu bleiben und Musik zu machen.

Lynchs eigenes Tonstudio war Ende 1997 einsatzbereit, und der Musiker und Toningenieur John Neff kam an Bord, um es zu leiten. Am 25. August 1998 brachte Lynch *Lux Vivens (Living Light)* heraus, eine Zusammenarbeit mit der britischen Musikerin Jocelyn West. Lynch hatte West – die zu dieser Zeit mit Monty Montgomery verheiratet war und unter dem Namen Jocelyn Montgomery firmierte – zwei Jahre zuvor kennengelernt, als er mit Badalamenti in einem New Yorker Tonstudio arbeitete. Sie war vorbeigekommen, um ihn zu treffen. Die nächsten sieben Stunden verbrachten sie damit, den Gesang für »And Still« aufzunehmen, einen Song, den Lynch mit Estelle Levitt, der Frau des Studioinhabers, Artie Polhemus, geschrieben hatte. Lynch und West hatten sich gut aufeinander eingespielt, und als das Studio fertiggestellt war, lud er sie ein, mit ihm zu arbeiten. Die Musik von *Lux Vivens* basiert auf den Versen von Hildegard von Bingen, einer deutschen Dichterin, Musikerin und visionären Benediktiner-Äbtissin des 12. Jahrhunderts, deren Kompositionen weitgehend aus einzelnen melodischen Zeilen bestehen.

Kurz nachdem sich die Dinge mit Montgomery aufgelöst hatten, lernte Lynch eine andere Sängerin kennen, die ihn inspirierte. Als Teenager war die 1978 in Texas geborene Chrysta Bell Leadsängerin der Gypsy-Jazz-Band *8½ Souvenirs*. Mit siebzehn wurde sie als Solistin von Bud Prager gemanagt, jener mächtigen Figur des Musikgeschäfts, die der Welt *Foreigner* gab. Prager organisierte ein Treffen mit Brian Loucks, der sich Chrysta Bells Demo anhörte und daraufhin meinte, sie und Lynch würden gut zusammenpassen.

»Mehrere Wochen später traf ich David in seinem Studio«, sagt Chrysta Bell. »Wir klopften an die Tür, David öffnete und ihm hing eine Zigarette aus dem Mundwinkel. Und die Frisur! Das weiße Hemd hing ihm halb aus seiner Khakihose, die voller Farbspritzer war. Er umarmte mich und sagte ›Christa Bell!‹ Solche Wärme hatte ich nicht erwartet – er machte es mir wirklich leicht.

Dieses erste Treffen dauerte mehrere Stunden. Ich spielte David das Demo eines Songs mit dem Titel ›I Want Someone Badly‹ vor, und er sagte: ›Ich finde deine Stimme wunderbar.‹ Er spielte mir einige seiner Tracks vor, dann ging er ins Untergeschoss und kam mit Songtexten zurück, die er geschrieben hatte. David hatte die Tracks und die Texte, und meine Aufgabe war es, Melodien zu liefern, die beides verbanden. An diesem Tag nahmen wir einen Song namens ›Right Down to You‹ auf, und am Ende sagte David: ›Ich überlege, ein Label zu gründen, und ich würde gern mehr Musik mit dir machen.‹ Ich sagte ihm, dass ich bei RCA unter Vertrag stand, und es schien, als sei es das dann gewesen.«[7]

Wie sich herausstellen sollte, war dies keineswegs das Ende für Chrysta Bell und Lynch, aber es verstrich noch einige Zeit, ehe ihre Partnerschaft zustande kam. Lynch war dabei, mit wahnsinnigem Eifer an anderen Dingen zu arbeiten.

Wenn ich nicht an einem Film arbeite, befällt mich niemals die Sorge: ›Oh, ich sollte an einem Film arbeiten.‹ Nein. Man macht etwas, sobald man Feuer gefangen hat und das Verlangen danach verspürt. Aber wenn nichts zustande kommt oder man keine Ideen für etwas hat, oder wenn man ganz im Ideenpool der Malerei aufgeht, dann ist es eben das, was man tut. Es dauerte eine Weile, ehe ich eine weitere Idee für einen Film einfing. Viele Jahre lang hatte ich keine Idee für einen Film, und während dieser Zeit sah ich, wie sich die Filmwelt vor meinen Augen veränderte.

Der Übergang zur Digitalisierung hatte seinen Lauf genommen, die Leute interessierten sich nicht mehr fürs Kino, und das Arthaus starb aus wie bei der Pest. Am Ende wird es keine Kinos mehr geben, und die Mehrheit der Leute wird sich Filme auf ihren Computern und Smartphones ansehen.

Damals geschahen eine Menge unterschiedlicher Dinge, und zu dieser Zeit wurde ich zu vielem überredet. Leute kamen und fragten nach irgendetwas, und ich sagte zu, obwohl es nichts war, was ich tun wollte, und es ihnen nur darum ging, dass ich in ihre Sachen einbezogen war. Ich weiß nicht, ob ich gelernt habe, das nicht mehr zu tun, aber ich denke schon. Ich bin keine Firma und lehne vieles ab.

1995 rief mich Lumière and Company an und sagte, dass vierzig Regisseure aus aller Welt gebeten wurden, Kurzfilme mit der

Original-Kamera der Gebrüder Lumière zu drehen, die aus Holz, Glas und Blech bestand. Es ist eine Handkurbel-Kamera mit einem kleinen hölzernen Magazin, das Filmmaterial für fünfundfünfzig Sekunden fasst. Ich fand, dass sich das cool anhörte, aber ich hatte keine Einfälle. Dann kam mir in der Holzwerkstatt die Idee von einer Person, die ermordet wird – ich habe immer noch die Originalzeichnung, die ich zu dieser Idee angefertigt habe –, und wir begannen ziemlich schnell, daran zu arbeiten. Wir verlegten eine dreißig Meter lange Schiene in Gary D'Amicos Hof, auf der [Trickspezialist] Big Phil [Sloan] die Kamera bewegte, und ein anderer Phil, der mit Gary arbeitete, baute eine große Box, die über die Kamera kam. Wenn man an einem Drahtkabel zog, öffnete sich die Box und man konnte drehen. Dann zog man wieder, und die Klappen knallten für einen kurzen Augenblick zu, wenn die Kamera von einem Set zum nächsten bewegt wurde. Es gab Aufnahmen von einer Leiche in einem Feld, einer Frau auf einer Couch, zwei weiß gekleideten Frauen mit einem Hirsch, von einem riesigen Tank, den Gary gebaut hatte, mit einer nackten Frau darin, und von Männern, die herumliefen und diese stabähnlichen Dinger hielten. Dann bewegte man sich durch Rauch zu einem Blatt Papier, das in Flammen aufgeht und das letzte Set freigibt. Wir durften keine einzige der Markierungen verpassen und hatten nur fünfundfünfzig Sekunden für all die Szenenwechsel. Das war aufregend. Sie hatten uns einen Franzosen vermittelt, der an der Kamera kurbelte – er hatte sie überall dabei –, und wir hatten sechs oder sieben Leute, die den Kamerawagen bewegten. Es waren so um die hundert Leute da, und jeder hatte eine Aufgabe. Die Frau im Tank hieß Dawn Salcedo. Sie machte ihre Sache großartig. Sie konnte den Atem nur für eine bestimmte Zeit anhalten. Aber alles musste nach einem präzisen Timing laufen, also musste sie im Tank sein und den Atem anhalten, bis wir dort ankamen. Zu Beginn des Films gibt es eine Frau, die auf einer Couch sitzt und eine Vorahnung hat, und nachdem wir die Szene gedreht hatten, mussten die Jungs losrennen und die Couch zum letzten Set bringen. Das war ein Riesenspaß.

Während der Zeit nach dem *Twin Peaks*-Film versuchte ich einen Film zu machen, der *Love in Vain* hieß. Er basierte auf einem Drehbuch von diesem Typ aus Brooklyn namens Alan Greenberg, das ich vor langer Zeit gelesen hatte. 2012 erschien es dann als Buch mit dem Titel *Love in Vain: A Vision of Robert Johnson*, aber zunächst hatte er es als Drehbuch geschrieben. Dieser jüdische Kerl aus New York hatte eine tiefschwarze Geschichte verfasst. Ich schrieb ihm und teilte ihm mit, dass ich sein Drehbuch sehr mochte. Über die Jahre hatte er ein paarmal Kontakt mit Produzenten, aber es wurde nie etwas daraus. Es ist Robert Johnsons Scheideweg-Geschichte und sollte ein abstrakter historischer Film werden, der im amerikanischen Süden spielte. Der Tenor des Drehbuchs ist, dass es die Schwarzen und ihre Welt gibt, und dass kein Weißer diese Welt jemals verstehen würde. Es geht um Musik, um Sex, Sterno, Hasenpfoten, harzige Wälder, Spelunken, eine wilde Mischung von Leuten, die da herumschwirrten. Es spielt keine Rolle, ob man seinen Tag mit dem Pflücken von Baumwolle zubringt. Entscheidend ist, was nach dem Baumwollpflücken geschieht, und es ist wunderbar, all die kleinen Hütten, diese Frauen und die Art, wie sie sich miteinander verständigen, ohne zu sprechen. Die Magie dieser Musik. Der Sage nach konnte Robert Johnson nicht Gitarre spielen, bis er dem Teufel an einer Wegkreuzung begegnete. Danach konnte er wie verrückt spielen. Er wurde gebeten, auf einer Party im Haus eines Mannes zu spielen. Die Party ist also im Gange, und die Frau des Mannes versorgt Robert mit Drinks, während er spielt. Immer wenn sie ihm einen Drink bringt, reibt sie sich an ihm, und Robert wird langsam betrunken. Der Mann sieht, was seine Frau tut und schüttet Gift in Roberts Drink. Robert stirbt schließlich qualvoll, während er durchs Gras kriecht.

Ungefähr zu dieser Zeit versuchte ich *Dream of the Bovine* in Gang zu bringen. *Dream of the Bovine* spielt mehr oder weniger in derselben Welt wie *One Saliva Bubble*, da beide von Missverständnissen und Dummheit handeln, aber *One Saliva Bubble* ist normaler und eine Art Wohlfühlfilm. *Dream of the Bovine* ist eine absurde Komödie. Das Drehbuch braucht noch eine Menge Überarbeitung, aber es gibt Dinge darin, die ich wirklich mag. Harry Dean und ich hatten Marlon Brando angefragt, die beiden Filme mit uns zu machen, aber er hasste sie. Er sah mir in die Augen und sagte: »Es ist prätentiöser Scheißdreck.« Er fing an, von Keksen zu reden, die aus Gras hergestellt wurden, das in Salzwasser wächst, und für die er Werbung machen wollte. Dann erzählte er von einem Auto, das er bauen wollte. Es hatte einen Behälter an der Unterseite, in dem Gras gekocht wurde und in Treibstoff umgewandelt wurde, so als ob der Wagen das Gras verdauen würde. Man konnte nie sagen, ob Marlon einen auf den Arm nahm oder es ernst meinte.

Die Sache mit Marlon war, dass er sich einen Dreck um irgendetwas scherte. In jeder Branche gibt es schlechtes Benehmen, aber diese Branche mit all ihren Egos, Lügen und Hinterhältigkeiten lässt einen wünschen, man würde nicht dazugehören. So viel ist sicher, wenn einer dieses Gefühl hatte, dann war das Brando. Eine Zeit lang spielte er das Spiel mit, dann konnte er nicht mehr, weil es ihn krank machte, und er erreichte einen Punkt, an dem er nur noch seinen Spaß haben wollte. Auf verquere Weise denke ich, er hatte auch seinen Spaß. Es war jedenfalls spaßig, sich mit ihm zu unterhalten. Das war ungefähr zu der Zeit, als er seinen Auftritt in der *Larry King Show* hatte und Larry King küsste.

Er kam ein paarmal in mein Haus. Einmal schaute er ganz allein vorbei. Ich schätze, er war sogar selbst gefahren. Es war ein großer Auftritt, verstehen Sie, da war Brando in diesem Haus. Es machte mich ein wenig nervös, weil ich nicht wusste, warum er da war oder was wir machen sollten. Ich vermute, ich habe ihm einen Kaffee angeboten, doch gleich nach seinem Eintreffen sagte er: »Also, hast du etwas zu essen?« Ich dachte, ›meine Güte‹, aber ich sagte: »Ich weiß nicht, Marlon, lass uns nachsehen.« Ich hatte eine Tomate und eine Banane in der Küche, und er sagte: »Okay, das wird reichen.« Also gab ich ihm einen Teller, ein Messer und eine Gabel, und wir setzten uns und plauderten. Dann sagte er: »Hast du ein wenig Salz?« Er salzte die Tomate, zerschnitt sie und aß, während wir uns unterhielten. Dann kam Mary mit Riley vorbei, und Brando sagte: »Mary, gib mir deine Hand, ich möchte dir etwas schenken.« Also streckte sie die Hand aus. Er hatte aus dem Del-Monte-Aufkleber, der auf der Tomate gewesen war, einen kleinen Ring gemacht und schob ihn über ihren Finger.

Während dieser Zeit trug Marlon hin und wieder Frauenkleider, und er wollte unbedingt, dass er und Harry Dean sich als Frauen verkleideten, zusammen Tee tranken und beim Teetrinken improvisierten. Stellen Sie sich das vor. Das wäre verdammt großartig gewesen! Ich hätte nur die Kamera einschalten müssen, aber Marlon hat gekniffen. Es machte mich verrückt. Er hätte es tun sollen!

Eine der Ausgangsideen für *Lost Highway* waren die Videobänder, die vor dem Haus eines verheirateten Pärchens abgelegt werden. Eine andere Idee für den Anfang basierte auf etwas, das ich erlebt hatte. Die Türglocke meines Hauses war mit dem Telefon verbunden, und eines Tages klingelte es und jemand sagte: »Dick Laurent ist tot.« Ich lief zum Fenster, aber da war niemand. Ich denke, wer immer das gesagt hatte, musste sich in der Tür geirrt haben. Aber ich habe nie meine Nachbarn gefragt, ob sie einen Dick Laurent kannten, weil ich es wahrscheinlich gar nicht wirklich wissen wollte. Ich hatte also diese Ideen, und sie vermählten sich mit einigen Aspekten aus Barry Giffords Buch *Night People*. Also rief ich Barry an und flog nach Berkeley, um mich mit ihm zu treffen. Ich erzählte ihm von meiner Idee, und sie gefiel ihm nicht. Dann erzählte er mir seine Idee, und die wiederum gefiel mir nicht. So saßen wir ein Weilchen da und sahen einander an. Dann, glaube ich, habe ich ihm von einer anderen Idee erzählt: Jemand trifft auf einer Party einen Mann, der behauptet, gleichzeitig bei ihm zu Hause zu sein. Barry sagte: »Die Idee gefällt mir.« Wir begannen, mit diesem Gedanken herumzuspielen, und am Ende kam dabei *Lost Highway* heraus.

Es ist kein lustiger Film, denn es ist kein guter Highway, auf dem diese Leute unterwegs sind. Ich glaube nicht, dass alle Highways Irrwege sind, aber es gibt eine Menge Orte, an denen man verloren gehen kann. Und es gibt eine Art Vergnügen, das man beim Verlorengehen empfindet – wie schon Chet Baker sagte: »Let's get lost«. Und sehen Sie sich an, was ihm zugestoßen ist. Er fiel aus einem Fenster. Jeder ist auf der Suche nach jemandem, und wenn die Dinge schiefgehen, hat man den innigen Wunsch, zu verschwinden und etwas zu tun. Aber vieles von dem, was man tut, bringt einen in Schwierigkeiten. Drogen sind ein Weg zu verschwinden. Sie haben so viele gute Aspekte, dass es schwer ist, den Leuten zu sagen, sie sollten besser keine nehmen. Aber der Preis, den man zahlt, wenn man sie nimmt, ist schlimmer als das gute Gefühl, das sie einem geben.

Zu dieser Zeit hatte ich ein Büro am Santa Monica Boulevard, und ich wollte mit einigen Detectives von der Polizei sprechen. Also kam dieser Mann, Commander White, in mein Büro. Toller Anzug, grau melierte Haare, dazu das gute Aussehen eines Filmstars, so erschien Commander White im Besprechungsraum, wo sich einige von uns versammelt hatten. Nach diesem Meeting lud er mich ein, die Abteilung für Raub und Mord des LAPD zu besuchen. Ich kam in sein Büro, wo er mit den Detectives Williams und John St. John saß. Ich stellte ihnen eine Menge Fragen. Eine davon war, ob sie je einem Kriminellen begegnet waren, vor dem sie sich gefürchtet hatten. Sie sagten: niemals. Niemals! Sie schienen fast beleidigt, dass ich annahm, sie könnten sich vor diesen Mistkerlen fürchten. »Drecksäcke« war die Bezeichnung, die sie benutzten. Man bekam den Eindruck, dass man ein ganz bestimmter Typ sein musste, um diesen Job zu machen. Diese Scheißkerle konnten sie nicht aus der Ruhe bringen – sie schnappten sie einfach.

Nach dem Treffen kümmerte sich John St. John um mich. Er führte mich in einen Raum mit Stapeln von Fotos und ließ mich allein, damit ich sie mir ansehen konnte. Ein Mordopfer nach dem anderen, die nackte Realität. Ich traf mich noch zwei- oder dreimal mit ihm, und er erzählte mir Geschichten, aber auch wenn diese Geschichten interessant waren, beschworen sie nichts in mir herauf. Meist waren es traurige Geschichten. Er erzählte mir von diesen Obdachlosen, die irgendwie an Geld für eine große Flasche Bier gekommen waren. Einer von ihnen hatte Geburtstag, und so gingen sie mit dem Bier in ein leer stehendes Haus, fingen an zu trinken und prügelten sich. Die Bierflasche zerbrach dabei. Einer griff sich den Flaschenhals, der eine sehr scharfe Kante hatte, und rammte ihn einem der anderen in die Brust. Der Typ verblutete an seinem Geburtstag auf dem Vorplatz dieses leer stehenden Hauses.

John St. John war der zweite Detective im Black-Dahlia-Mordfall, der heute noch Menschen auf der ganzen Welt beschäftigt. Er wusste, dass ich mich für diese Geschichte interessierte. Eines Tages rief er mich an – was ungefähr so war, als bekäme man einen Anruf von Clark Gable – und sagte: »Ich würde Sie gern zum Dinner bei Musso & Frank's einladen.« Das war eine echte Ehre, wirklich. Also saß ich in einem Separee bei Musso & Frank's mit John St. John, und wir aßen, und nach dem Essen sah er mich an und lächelte. Er drehte sich um, nahm seine Aktentasche, ließ sie aufschnappen und holte ein wunderschönes, schwarz-weißes Hochglanzfoto heraus, das er vor mir auf den Tisch legte. Es war ein Bild der schwarzen Dahlie, die in makellosem Zustand im Gras liegt. Die Schärfe und Detailgenauigkeit waren perfekt. Er sagte: »Was sehen Sie?« Ich betrachtete es immer noch staunend, studierte jedes kleine Detail, und überlegte und überlegte. Er ließ es mich eine lange Zeit ansehen, und ich wusste, dass es etwas gab, von dem er wollte, dass ich es sehe. Aber nach einer Weile musste ich ihm sagen: »Ich sehe es nicht.« Er grinste und steckte das Foto wieder ein. Er wäre stolz auf mich gewesen, wenn ich das, was er mir zeigen wollte, gesehen hätte. Es hätte viel bedeutet, aber ich hatte verdammt noch mal versagt. Also zermarterte ich mir den Kopf über dieses Ding, und plötzlich wusste ich, was es gewesen war. Dieses Foto hatte man nachts mit einem Blitzlicht aufgenommen, und das eröffnete in diesem Fall eine Menge neuer Möglichkeiten.

Ich wollte schon immer ein Tonstudio haben, und als ich bei Francis Bouygues unterschrieb, bekam ich einen guten Vorschuss. Das war vielleicht der Punkt in meinem Leben, an dem ich mich am reichsten gefühlt habe. Also kaufte ich ein drittes Haus, in das ich ein Studio bauen ließ, das ich für *Lost Highway* nutzen konnte. Das Haus der Madisons basiert ein wenig auf dem Pink House, aber für den Film musste ich es auf bestimmte Weise verändern. Das Haus musste Fenster haben, durch die man unmöglich erkennen konnte, wer vor der Haustür stand, und es brauchte einen langen Flur, der in die Dunkelheit führte. Wir drehten nur zehn Tage im Haus, dann begannen Alfredo [Ponce] und das Team alles auseinanderzunehmen. Danach dauerte es zwei Jahre, um alles wieder zusammenzusetzen und das Studio zu bauen. Ein auf Akustik spezialisierter Architekt namens Peter Grueneisen, der einer der Begründer der Bau:ton Studios war, entwarf mein Studio. Es wurde so groß wie nur möglich. Das Studio ist riesig und wunderbar zusammengestellt. Es gibt zwei Räume mit besonders dicken Wänden, die mit Neoprengummi gefüllt sind, drei Stockwerke und drei Decken. Es steckt so viel Geld in Beton und Stahl, dass es kaum zu glauben ist. Ich bin froh, dass ich es gebaut habe, aber heutzutage braucht man das alles nicht mehr, und die Leute mischen tollen Sound in ihrer Garage ab. Dean Hurley betreibt das Studio, und Dean ist ein Goldstück.

Das erste Album, das wir dort produzierten, war ein Projekt namens *Lux Vivens: The Music of Hildegard von Bingen*, das ich 1998 mit Jocelyn Montgomery machte. Hildegard von Bingen komponierte kunstvolle Musik, die meist nur auf einer einzigen Note basiert, und Jocelyn konnte ausgehend von dieser einzelnen Note in all diese Schönheit abheben. Ich wollte, dass sich diese Musik anfühlt, als habe man sie in der Natur aufgenommen. Deshalb gibt es auch all diese Klangeffekte darin, den Regen, ihre schwebende Stimme und das Summen von Insekten. Das Album kam durch Monty Montgomery zustande. Ich weiß nicht, wie sich Monty und Jocelyn kennengelernt haben, aber ich arbeitete gerade mit Angelo an einem Song in den Excalibur Studios in New York, als Monty anrief und sagte: »David, ich kenne da dieses Mädchen. Würde es dir etwas ausmachen, wenn sie vorbeikäme und für dich singt?« Das Studio gehörte Artie Polhemus. Seine Frau Estelle war in den Sechzigern eine Songtexterin gewesen, und sie war wirklich gut. Sie kam nicht oft im Studio vorbei, aber wenn sie es tat, setzte Artie sie auf die Couch, wo sie dann blieb. Damals war sie gerade da und arbeitete mit mir an diesem Song namens »And Still«. Ich schrieb eine Textzeile und gab sie Estelle. Dann schrieb sie die nächste Zeile und gab sie mir zurück. So ging das immer weiter. Dann rief Monty an, Jocelyn kam vorbei, und wir fragten sie, ob sie das Stück singen wollte. Sie sagte: »In Ordnung.« Sie hatte ihre Geige mitgebracht – sie ist auch Violinistin – und spielte sie zu dem Lied. Im Zusammenspiel mit ihrer Stimme klingt das wunderschön.

Francis Bouygues starb 1993, aber der Vertrag mit Ciby bestand bis *Lost Highway*. Dann brachte jemand alles zum Stillstand – vielleicht einer von diesen Männern, die neben Francis bei dem Treffen gesessen hatten, von dem ich erzählt habe –, und sie machten keine Filme mehr. Das waren die Leute, die ich am Ende verklagt habe, aber das geschah erst einige Jahre später.

Als es an der Zeit war, *Lost Highway* zu besetzen, dachte ich, Bill Pullman sollte Fred Madison spielen, weil ich ihn in vielen Filmen gesehen hatte, in denen er immer nur die zweite Geige spielte. Da war etwas in seinen Augen, das mich denken ließ, dieser Typ könnte eine seltsame, harte und andersartige Person spielen. Fred Madison ist Saxofonist, aber er ist vielleicht auch ein wenig verrückt, deshalb spielt er auf eine bestimmte Art, besonders, wenn er ganz in sein Spiel vertieft ist. Wir nahmen Freds Saxofonsolo mit einem Musiker namens Bob Sheppard im Studio von Capitol Records auf. Bob spielte das Stück, und ich sagte zu ihm: »Ich kann dich kaum hören. Das klingt wie Kirchenmusik.« Also spielte er ein wenig energischer, und ich sagte: »Das ist bloß ein Moskito. Da ist überhaupt kein Gefühl, du bist kein bisschen wild.« Ich musste ihn unter Druck setzen, aber schließlich hatte ich ihn, wo ich ihn haben wollte, und als er dort ankam, war es der Hammer. Genauso war es mit Robert Loggia in der Autoszene. Ich sagte ihm: »Du flüsterst nur, Robert. Was machst du? Da steckt *kein bisschen* Kraft drin.« Er sagte: »David, ich schreie!« Ich sagte: »Nein, tust du nicht! Komm schon! Das ist ein besessener Mann!« Schließlich bekam er es hin und machte es einfach großartig.

Dass Robert Loggia in *Lost Highway* mitspielte, geht auf *Blue Velvet* zurück. Als ich damals den Film besetzte, arbeitete ich gerade mit zwei Schauspielern an einer Szene, während Robert Loggia auf sein Vorsprechen für die Rolle des Frank Booth wartete. Ich arbeitete so lange mit den beiden anderen, dass die Zeit knapp wurde. Jemand ging also zu Robert Loggia und sagte ihm, »Sie werden nicht gebraucht«, woraufhin ihm der Kragen platzte. Er kam herein und schrie mich so wütend an, dass es Furcht einflößend war. Daran erinnerte ich mich, und so kam es, dass er Mr. Eddy in *Lost Highway* wurde. Eines führte also zum anderen, und als wir zusammen an *Lost Highway* arbeiteten, waren wir das perfekte Gespann. Wir hatten so viel Spaß.

Und wie wurde Robert Blake der Mystery Man? Einmal sah ich, wie Robert Blake in der *Tonight Show* von Johnny Carson interviewt wurde, und ich erinnere mich, dass ich dachte: »Das ist ein Typ, der sich einen Dreck um diese sogenannte *Industrie* schert. Er nennt die Dinge beim Namen und ist ganz er selbst.« Das gefiel mir. Ich behielt es im Hinterkopf, und als ich *Lost Highway* besetzte, kam er mir in den Sinn. Wir trafen uns im Pink House und hatten eine tolle Unterhaltung. Ich weiß nicht, wie viel zwischen den beiden gelaufen ist, aber er stand Natalie Wood ziemlich nahe, und er erzählte mir, dass sie niemals in ein Boot gestiegen wäre, auf gar keinen Fall, weil sie Angst vor dem Wasser hatte. Robert Blake hatte als Kinderdarsteller begonnen und gehörte der zweiten Generation der Komödien um die Kleinen Strolche an, die ich geliebt hatte. Seine Eltern stellten ihn auf die Bühne, als er drei Jahre alt war, und er hasste seine Eltern, ganz besonders seine Mutter. Ich erinnere mich, wie er sagte: »Ich hasste es schon, in ihrer Gebärmutter gewesen zu sein.« Ich weiß nicht, was sie ihm angetan hatten, aber der arme Kerl war ganz erfüllt vom Hass auf seine Eltern. Zu mir war Robert stets freundlich. Er nannte mich Captain Ahab und sagte, dass er zwar kein verdammtes Wort in dem Drehbuch verstehe, aber dass er die Rolle gern spielen würde – und er ist wirklich gut darin. Das Makeup für seine Rolle war meine Idee, aber von ihm stammte der Einfall, seine Augenbrauen zu rasieren.

Richard Pryor hatte ich ebenfalls in einer Talkshow gesehen und mich regelrecht in ihn verliebt. Er hatte in seinem Leben eine Menge durchgemacht, aber er besaß eine Weisheit, die wirklich wunderbar war, und da war so eine Größe, die von ihm ausging. Als sich eine Rolle für ihn in *Lost Highway* ergab, hoffte ich sehr, dass er mitmachen würde. Es war großartig, ihn bei diesem Film dabeizuhaben.

Die Musik für *Lost Highway* hat sich auf unterschiedliche Weise ergeben. Einmal hatte ich mit Trent Reznor zu tun und flog zu ihm nach New Orleans, wo er ein Aufnahmestudio in einem Beerdigungsinstitut hatte. Bei diesem Besuch machte er mich mit Marilyn Manson bekannt, der dort sein erstes Album mit Trent aufnahm. Trent ist ein Wahnsinnsmusiker und ein verteufelt guter Drummer. Er spielte die Schlagzeugsequenzen für *Lost Highway* und versorgte mich mit einer Vielzahl von Tönen und Geräuschen. Er hatte eine sechs Meter hohe und neun Meter lange Wand voller Synthesizer, die die unterschiedlichsten Dinge vollbrachten. Lou Reeds Version von »This Magic Moment« ist ebenfalls im Film, und es ist die beste Version, die es von diesem Song gibt. Ich mag das Schlagzeug in dem Song sowie die Art, wie Lou ihn singt. Er ist perfekt für diese Szene. Und Bowies Song »I'm Deranged« war wie geschaffen für die Eröffnungssequenz: Der Text ist einfach zutreffend. Ich hatte Bowie bei *Twin Peaks* getroffen, und dann sah ich ihn bei zwei weiteren Gelegenheiten. In der Masonic Lodge in der Highland Avenue begegneten wir uns, als wir uns beide Portishead ansahen. Wir standen im hinteren Teil des Saals und rauchten. Ich liebe Portishead, aber dieser Raum hatte viel zu viel Echo, und die Musik war ein einziger Klangbrei.

In dieser Phase baute ich auch eine Menge Möbel. Natürlich ist das alles subjektiv, aber ich stoße nur selten auf Möbel, die mich innerlich ansprechen. Das führte mich zu der Frage, welche Art von Möbeln ich mochte. Mir gefallen Einrichtungsgegenstände aus den Dreißigern und Vierzigern, und ich mag die Nierentisch-Epoche wegen ihrer fließenden Formen, den dünnen Beinen und der Tatsache, dass man darunterschauen kann. Viele Möbel nehmen dir diese Sicht. Ich mag Vladimir Kagan und auch Charles Eames – Eames ist großartig. Ich mag seine Arbeiten wirklich sehr. Einmal aß ich mit ihm zu Mittag, als er das AFI besuchte und ich dort noch Student war. Er war einer der nettesten Menschen, die ich je getroffen habe. Er strahlte so viel Enthusiasmus aus, wie ein heller Stern, und man konnte fühlen, dass er liebte, was er tat.

Möbel und Skulpturen unterliegen vielen gemeinsamen Regeln, aber auf einer Skulptur muss man nicht bequem sitzen können. Möbel müssen einigermaßen praktisch sein, dennoch mag ich diejenigen besonders, die Skulpturen ähneln. Man braucht außerdem einen möglichst schlichten Raum dafür. In den meisten Räumen geht das verloren, was man hineinstellt, weil sie so überladen sind. Je schlichter ein Raum ist, desto mehr kommen die Personen und Möbel darin zur Geltung.

Die Postproduktion von *Lost Highway* dauerte fast ein Jahr, was, wie Mary schon sagte, heutzutage ein Ding der Unmöglichkeit wäre. Wir hatten ein echtes Staubproblem bei dem Film, denn das Negativ war verschmutzt. Wir gingen zum CFI, doch dort konnte man es nicht säubern, also versuchten wir es woanders, aber auch dort schaffte man es nicht. Schließlich wandten wir uns an jemanden, der auf so etwas spezialisiert war; auch dort konnte man das Negativ nicht reinigen. Dann sagte Dan Muscarella vom CFI: »Meine ganze

Verwandtschaft arbeitet drüben bei FotoKem. Bring den Film dorthin, ich denke, sie können ihn reinigen.« Man legte den Film in ein sehr heißes Bad, ganz behutsam, und rieb ihn vorsichtig mit den Händen. Die Emulsion quoll auf und gab die kleinen Staubpartikel frei. Sie machten den Film supersauber, es dauerte allerdings lange.

Wir hatten die Dreharbeiten im Februar 1996 beendet, aber im Dezember steckte der Film immer noch in der Postproduktion. Das war der Monat, in dem Jack Nance starb. Manche Leute denken, dass Jack ermordet wurde, doch das wurde er nicht. Ich sage Ihnen, was mit Jack passiert ist. Als wir *Lost Highway* drehten, hatte Jack wieder zu trinken begonnen. Aber er kam immer nüchtern ans Set, und wir hatten eine tolle Zeit während der Arbeit an dem Film. Davor war er neun Jahre lang trocken gewesen, bis er mir eines Tages sagte: »Lynch, eines Morgens bin ich aufgewacht und dachte: ›Scheiß drauf.‹« Also fing er wieder an zu trinken. Wenn Jack die harten Sachen intus hatte, konnte er mürrisch und fies werden. Und auch wenn er sich mir gegenüber nie so verhalten hat, konnte ich sehen, dass er eine fiese Veranlagung in sich trug. In gewisser Hinsicht waren er und Catherine das perfekte Paar. Sie kümmerte sich um Jack, und auf eine Art ähnelte sie Dorothy Vallens.

Deshalb weiß ich, was Jack zugestoßen ist, auch wenn ich nicht dabei gewesen bin. Er ging um etwa fünf Uhr morgens in diesen Donut-Shop. Dabei war er nicht richtig besoffen, aber er hatte getrunken. Er hatte immer noch eine Menge Dunkelheit in sich. Vielleicht trank er einen Kaffee. In dem Shop waren diese zwei Latinos. Jack hat sie vielleicht komisch angesehen und gesagt: »Was seht ihr Bohnenfresser mich so dämlich an« oder etwas in der Art. Diese Typen gingen, aber sie warteten draußen auf ihn, und als er aus dem Donut-Shop kam, schlugen sie ihn. Ich weiß nicht, wie oft. Dann ging er einfach nach Hause. Jack hatte zwei Nachbarn, die sich um ihn kümmerten – sie wuschen seine Wäsche und solche Sachen –, und sie sahen ihn später an diesem Tag. Jack sagte ihnen, er habe die schlimmsten Kopfschmerzen seines Lebens. Wenn man heftige

Schläge auf den Kopf bekommen hat, gibt es Wege, den Druck einer Hirnschwellung zu mindern, wenn man rechtzeitig ins Krankenhaus geht. Aber diese Nachbarn wussten nicht, was mit Jacks Gehirn geschah, und als sie am nächsten Tag zu seinem Haus kamen, stand die Eingangstür offen. Sie fanden ihn tot im Badezimmer.

Jack war wie Harry Dean. Man konnte mit Jack stundenlang dasitzen, ohne ein Wort zu sprechen, einfach nur dasitzen. Oder er erzählte eine Geschichte. Nur sehr wenige haben je das Ende von einer der Jack-Nance-Geschichten gehört, weil er beim Sprechen diese endlos langen Pausen machte. Sie dachten, die Geschichte sei vorbei, und widmeten ihm keine weitere Aufmerksamkeit. Es war wie eine Ausblendung, und wenn man eine Weile im Dunkeln sitzen blieb und dachte, es sei jetzt vorbei, blendete er wieder zu einem anderen Teil der Geschichte über, sofern man lange genug darauf wartete. Ich erinnere mich, wie er mir einmal in seiner langsamen und irgendwie sanften Art sagte: »Hast du jemals einen Schwemmfächer gesehen?« Wenn Felsen einen Berg herunterkommen und es wirklich viele davon sind, breiten sie sich wie ein Fächer aus. Jack muss so etwas irgendwo gesehen haben, also kam er mit diesem Schwemmfächer an. Dann sagte er: »Aber jemand hat eine Betonmauer hochgezogen.« Dann wartete er eine lange Zeit, und ich meine eine *wirklich* lange Zeit, ehe er sagte: »Und das stoppte den Schwemmfächer.« Es erschütterte ihn, dass diese Betonmauer die Natur ausgebremst hatte. Ich kann ihn vor mir sehen, wie er stundenlang über diesen Berg nachdachte, und was man damit gemacht hatte. Andere Leute gingen einfach an den Dingen vorbei, ohne ihnen Aufmerksamkeit zu schenken, aber nicht Jack. Er studierte es, bis er wusste, dass es ein Schwemmfächer war. Jack hatte es niemals eilig. Jack lebte in Zeitlupe. Er nahm Dinge wahr und gab lange, detaillierte Beschreibungen davon. Wenn er dir von einem Hund erzählte, der versuchte, durch eine Fliegengittertür zu kommen, beschrieb er einem die Fliegengittertür bis ins Detail, ebenso wie die Kopfform des Hundes – jede Kleinigkeit. Er war ein brillanter Typ, wirklich schlau, und er las viel. Da war so vieles in diesem Kerl verborgen. Jack war mein Kumpel, und es ist furchtbar schade, dass er nicht mehr hier ist. *Lost Highway* war das Letzte, was wir zusammen gemacht haben. Leider hat er den Film nie gesehen.

Ich zeigte Brando *Lost Highway*, als er fertiggestellt, aber noch nicht angelaufen war. Wir mieteten ein Kino und sagten dem Besitzer, dass Brando kommen würde, um den Film zu sehen. Der Kinobesitzer war deswegen ziemlich aus dem Häuschen. Nachdem wir alles vorbereitet hatten, kam Brando allein in das Kino, wo eine Menge Leckereien für ihn bereitstanden. Er hatte schon einen Burger und Pommes frites dabei, stopfte sich aber trotzdem die Taschen mit Süßigkeiten voll, ging ins Kino und aß sie zu seinem Burger. Später rief er mich an und sagte: »Es ist ein verdammt guter Film, aber er wird keinen Cent einspielen.« Es war gut. Er mochte ihn. Viele Leute waren der Meinung, *Lost Highway* sei kein kommerzieller Erfolg, und das stimmte auch, aber das Ergebnis war zufriedenstellend. Siskel and Ebert gaben ihm zwei Daumen nach unten. Also überredete ich Bingham Ray von October Films zu einem großen Werbeplakat mit einem Bild von zwei nach unten gerichteten Daumen, auf dem stand: »Zwei weitere wichtige Gründe, *Lost Highway* zu sehen.«

A Shot of White
Lightning and A Chick

BLITZLICHTGEWITTER UND EIN MÄDCHEN

Als Lynch mit der ersten Staffel von *Twin Peaks* beschäftigt war, saß er eines Abends mit Tony Krantz beim Essen und erwähnte eine Idee für eine Serie mit dem Titel *Mulholland Drive*. »Für den Fall, dass *Twin Peaks* Erfolg haben sollte, planten wir, dass die zweite Staffel damit endet, dass Audrey Horne – Sherilyn Fenn – nach Los Angeles geht, um in Hollywood Karriere zu machen«, sagt Krantz. »Die Geschichte wäre in jenem Sommer als Film erschienen – *Mulholland Drive* –, der als Pilot für eine neue Herbstserie gedient hätte, in der es um Audrey Horne und ihren Weg ins Showgeschäft gehen sollte. Es wäre eine Art Tanz zwischen Film und Fernsehen gewesen, was bis heute niemand gewagt hat, aber David hätte es tun können.« Zur Feier dieser Idee unterzeichneten sie ein Tischset des Restaurants, das Kratz an seinen Kühlschrank heftete.

Zu dieser Zeit begann Neal Edelstein eine zunehmend wichtige Rolle in Lynchs beruflichem Leben zu spielen. »1998 arbeitete ich täglich in Davids Büro, richtete seine Webseite ein und produzierte kleinere Projekte. Dabei fiel auf, dass die Skripte und Bücher, die ständig hereinkamen, nicht beachtet wurden«, sagt er. »Ich begann sie zu lesen und nahm Kontakt zu den Leuten auf, die sie geschickt hatten. Schließlich sagte ich zu David: ›Warum gründen wir nicht eine Produktionsgesellschaft? Hier gibt es viele Möglichkeiten für dich als ausführenden Produzent. Ich könnte mir das alles durchlesen und mich mit den Leuten treffen.‹ Ich wusste, dass es viele gab, die mit David ins Geschäft kommen wollten, und er hatte damals keinen Agenten. Also gründeten wir Picture Factory. Der Plan für diese Gesellschaft war, die Webseite, die neuen Medien und alles Technische zu managen. Ich würde die Projekte planen, die David als ausführender Produzent betreuen konnte, Mary und ich würden Davids Filme produzieren, und alles sollte unter einem Dach zusammenkommen.«

Lynch erhielt viele Angebote, aber die meisten davon lehnte er ab. Er wurde eingeladen, bei *American Beauty* Regie zu führen, was letztlich Sam Mendes 1999 übernahm. Außerdem erhielt er ein Angebot für die Option einer Verfilmung von Jonathan Lethems Roman *Motherless Brooklyn*, aber er sagte Nein. Heute erinnert sich Lynch an keins dieser Projekte. Er wurde außerdem gefragt, ob er bei dem amerikanischen Remake des japanischen Horrorfilms *The Ring* aus dem Jahr 1998 Regie führen wollte. Auch an dieses Angebot kann Lynch sich nicht mehr erinnern. Schließlich produzierte Edelstein den Film, in dem Naomi Watts die Hauptrolle spielte.

Nach Lynchs Erfahrungen mit *On the Air* und *Hotel Room* hatte er einen Bogen um das Fernsehen gemacht, aber Ende der Neunzigerjahre ermutigten ihn Krantz und Edelstein, es sich noch einmal zu überlegen. »Dann hatten wir eines Abends ein Treffen auf der Terrasse von Orso, bei dem David einwilligte, mit *Mulholland Drive* weiterzumachen«, erinnert sich Edelstein. »Einige Jahre zuvor hatte er die Idee dafür im Kopf gehabt, aber sie musste dort erst eine Weile reifen.«

Wie es bei Lynch ausnahmslos der Fall ist, war er bereits mit anderem beschäftigt, als das Dinner bei Orso stattfand: Er bereitete sich auf die Dreharbeiten des Films *The Straight Story* (*Eine wahre Geschichte – The Straight Story*) vor. Der Film über Alvin Straight, einen dreiundsiebzigjährigen Veteranen des Zweiten Weltkriegs, der zweihundertvierzig Meilen auf einem 1966er John-Deere-Sitzrasenmäher fuhr, um seinen Bruder zu besuchen, mit dem er sich zerstritten und der einen Herzinfarkt erlitten hatte, wurde von Mary Sweeney entwickelt, die auch am Drehbuch mitwirkte.

»Ich las etwas über Alvin Straight, als er im Sommer 1994 gerade auf seiner Reise war«, erinnert sich Sweeney. »Die Sache war oft in den Medien, und da ich aus dem Mittleren Westen stamme, sprach mich das an. Als ich mich nach den Rechten für die Geschichte erkundigte, erfuhr ich, dass Ray Stark eine Option darauf hatte, aber er machte nichts daraus, also blieb ich dran. Vier Jahre vergingen, und Stark ließ die Option verfallen. 1996 starb Alvin. Die Rechte gingen an seine Erben über. Ich besuchte sie in Des Moines und bekam die Rechte, und im April 1998 begann ich mit John Roach, einem Freund aus Wisconsin, an einem Drehbuch zu arbeiten.

Wir schrieben das Buch nicht für David – er machte das ganz klar deutlich –, und ich versuchte nie, ihn zu überreden, Regie dabei zu führen, denn das hätte nur das Gegenteil bewirkt. Er sagte: ›Das ist eine interessante Idee, aber es ist nicht mein Ding.‹ Ich gab ihm das Drehbuch im Juni 1998, nur um zu sehen, ob es etwas taugte. Es muss eine emotionale Saite bei ihm angeschlagen haben. Ich war nicht überrascht, dass er darauf ansprach, denn es enthält eine *Twin Peaks*-artige Kleinstadt-Schrulligkeit, und es hat etwas Feinfühliges. In all seinen Filmen gibt es Feinfühligkeit, aber diese war liebevoller. Ich war überrascht, als er sagte: ›Ich glaube, ich sollte das machen.‹«

Die Elemente dieses Films standen schnell fest. Die Vorproduktion begann im August 1998, als Lynch und Krantz – der gerade CAA verlassen hatte, um Leiter von Imagine Television zu werden – die Idee für *Mulholland Drive* der Chefin von ABC Entertainment, Jamie Tarses, und ihrem Stellvertreter Steve Tao vorstellten. (Zu dieser Zeit arbeitete Imagine Television mit der Walt Disney Company zusammen, zu der ABC gehörte.) Auf zwei Seiten skizzierte Lynch die Geschichte einer gut aussehenden Schauspielerin, die nach einem Autounfall auf dem Mulholland Drive unter Amnesie leidet. ABC gefiel es, und man stellte viereinhalb Millionen Dollar für eine Pilotfolge zur Verfügung. Disneys Touchstone Television gab weitere zweieinhalb Millionen Dollar dazu, unter der Voraussetzung, dass Lynch ein wirklich abschließendes Ende drehte. Disneys Buena Vista International plante, diese Investition durch eine Kinoveröffentlichung des Films in Europa wieder hereinzubekommen.

Kurz nachdem dies alles geklärt war, machte sich Lynch in den Mittleren Westen zu den Dreharbeiten von *The Straight Story* auf, die Ende Oktober abgeschlossen waren. Nach seiner Rückkehr nach Los Angeles zog er sich zurück, um *Mulholland Drive* zu schreiben. »David hatte vor, das Drehbuch allein zu verfassen, aber Tony wollte einen Co-Autor, der ihn unterstützen sollte. Also engagierte er Joyce Eliason«, sagt Edelstein. »David traf sich ein paarmal mit ihr, dann gingen sie wieder getrennte Wege, weil er das Drehbuch selbst schreiben wollte. Sie hatte fast keinen Einfluss auf das Drehbuch – und die ursprüngliche Fassung war großartig. David wusste, welche Richtung die Geschichte nehmen sollte, und die erste Staffel war komplett durchgeplant. Auf eine Art war es zweifellos eine Hommage an Hollywood, aber es steckt natürlich auch Davids Liebe zum Sunset Boulevard als Straße der zerbrochenen Träume darin.«

Am 4. Januar 1999 reichte Lynch ein zweiundneunzigseitiges Drehbuch bei ABC ein, und schon am nächsten Tag riefen Tarses und Stu Bloomberg (der damals stellvertretender Vorsitzender bei der ABC Entertainment Television Group war) bei Krantz an und gaben dem Projekt grünes Licht. Die Erstausstrahlung von *Mulholland Drive* sollte ein Teil von ABCs Herbstprogramm werden. Der Sender hatte sieben Pilotfilme bestellt und konnte nur drei oder vier davon auswählen, aber Lynchs Serie schien ein Erfolg versprechender Kandidat zu sein.

Zwei Wochen später beraumten Tarses und Bloomberg eine »Notizen«-Besprechung bei ABC ein, an der Vertreter des Senders sowie Repräsentanten von Imagine und Lynchs Produktionsfirma teilnahmen. Es waren zwanzig Personen anwesend, darunter auch

Lynch, doch er lehnte es ab, allzu viel darüber zu sagen, was er für die Serie plante. Derartige Besprechungen waren noch nie sein Ding gewesen. Er musste einfach den Film machen, den er in seiner Vorstellung sah.

Die Handlung von *Mulholland Drive* ist komplex, ergibt aber angesichts der Tatsache, dass das Leben selbst keine klare Richtung nimmt, durchaus Sinn. Jeder von uns gibt sich Erinnerungen, Fantasien, Wünschen und Zukunftsträumen hin, während man sich durch die realen Ereignisse eines Tages bewegt. Diese Bereiche verschwimmen ineinander, und *Mulholland Drive* verfügt über eine instabile Logik, die diese multiplen Wahrnehmungsebenen widerspiegelt und unterschiedliche Themen erkundet. Dazu gehören die Hoffnungen und zerschlagenen Träume junger kreativer Menschen, ebenso wie das, was das Filmgeschäft den Menschen antut. Die diabolischen Strippenzieher, die alles daran setzen, die in dieser Branche tätigen Künstler zu kontrollieren, sowie erotische Besessenheit, die zu mörderischem Hass degeneriert. Los Angeles ist ein weiteres Thema des Films, der an mehreren Schauplätzen in Südkalifornien gedreht wurde.

Während der Arbeit an *Der Elefantenmensch* fertigte Lynch für Mel Brooks eine Zeichnung an, auf der die Worte »City of Dreams« in weichen, grauen Pastelltönen zu sehen sind. Das ist seine Sicht auf die Stadt. Los Angeles ist eine Metropole der Extreme, die von verträumter Sinnlichkeit durchflutet wird und gleichzeitig durch Korruption verdorben ist, wo bittere Armut auf überschwänglichen Glamour trifft, und es ist ein Ort für Träumer. Ein Teil von Lynchs Begeisterung für Billy Wilders *Sunset Boulevard* geht darauf zurück, dass der Film genau diese Aspekte verkörpert. *Mulholland Drive* enthält mehrere Anspielungen auf Wilders Film. Eine Einstellung zeigt den Eingang der Paramount Studios, durch den Norma Desmond in *Sunset Boulevard* geht, und ein Auto auf dem Parkplatz ist identisch mit demjenigen, das fünfzig Jahre zuvor in Wilders Film dort parkte.

Mulholland Drive spielt in einer unbestimmten Zeit, in der ehrwürdige alte Apartmentgebäude mit luxuriösen Innenhöfen und sanft geschwungenen Einrichtungen neben düsteren Coffeeshops mit schmutzigen Telefonkabinen koexistieren. Mehrere Szenen wurden in einem solchen Coffeeshop an der Ecke Sunset und Gower gedreht. Dort befand sich einst das Copper Penny, vor dem in den Zwanzigerjahren Komparsen morgens Schlange standen und auf eine Rolle in einem der vielen Western hofften, die zu jener Zeit produziert wurden. Hollywoods Straßen sind voller Träume, aber auch voller schrecklicher Dinge.

»David will immer etwas Neues ausprobieren und experimentieren«, sagt Deming über die Art und Weise, wie die Stimmung von *Mulholland Drive* entwickelt wurde. »Immer wenn wir irgendeinen ungewöhnlichen Ausrüstungsgegenstand ausfindig machten, zeigten wir ihn ihm und er grübelte solange darüber nach, bis er wusste, wo er ihn einsetzen würde. Wenn wir mit David arbeiten, haben wir alle möglichen Arten von Beleuchtungsvorrichtungen dabei, die wir für andere Produktionen nie benötigen, und eine davon ist eine Blitzmaschine. Tatsächlich haben wir inzwischen mehrere Größen davon, eine riesige für nächtliche Außenaufnahmen und eine kleine für Innenaufnahmen, die für eine Sekunde alles in weißes Licht taucht.

Allein aufgrund des Drehbuchs kann ich nie vorhersehen, was David benötigen wird«, fährt Deming fort. »In einer Szene sagt Rita die Worte ›Mulholland Drive‹ zum ersten Mal, und obwohl sie in einem Raum ist, wollte David beim Zuschauer das Gefühl auslösen, dass eine Wolke die Sonne verdunkelt, wenn sie diese Worte ausspricht. Das ist eine Beleuchtungsanweisung, die man nur von David bekommt.«

Trotz seines kleinen Budgets ist *Mulholland Drive* ein sehr großer Film, für den einige Sets eigens gebaut werden mussten. Bühnenbildner Jack Fisk sagt: »Es waren harte Verhandlungen mit ABC und Disney, und sie wollten uns das Geld nicht geben, damit wir mit dem

Drehen beginnen konnten. Ich traf mich mit den Bühnenbauern bei Disney und sagte ihnen, was ich für den Bau des Hauptsets, Bettys Apartment, benötigte. Sie sagten: ›Unsere Arbeiter können das für so wenig Geld nicht machen.‹ Ich sagte: ›Aber ich kann es.‹ Bis ich ihre Zustimmung dafür bekam, dauerte es sechs Wochen, sodass uns nur noch vier Wochen blieben, um das Set zu bauen, und sie sagten: ›Du kannst es zu diesem Preis bauen, aber es werden keine Überstunden und Extras berechnet.‹ Sie machten es nahezu unmöglich.

David zeichnete eine Skizze von Bettys Apartment und des Sofas, das er darin haben wollte, auf eine Papiertüte. Aber als ich mir seine Entwürfe ansah, konnte ich nichts damit anfangen«, sagt Fisk und lacht. »Und natürlich baute er die kleine blaue Box, die in der Geschichte vorkommt.«

Lynch interessiert sich nicht im Geringsten dafür, welche Schauspieler zu einem bestimmten Zeitpunkt angesagt sind, und Johanna Ray weiß, dass er am liebsten mit relativ unbekannten Gesichtern arbeitet. Mit dieser Vorgabe machte sie sich auf die Suche nach Darstellerinnen für die beiden Schlüsselrollen in dieser Geschichte: eine unschuldige Blondine namens Betty und Rita, eine sinnliche Brünette.

»Wenn es um die Besetzung einer weiblichen Rolle geht, muss die Schauspielerin vor allem von etwas Geheimnisvollem umgeben sein«, sagt Ray. »Von *Blue Velvet* bis *Lost Highway* hatte er die Rollen oft aufgrund von Fotos besetzt. Bei *Mulholland Drive* gingen wir zum ersten Mal anders vor. Nachdem wir alle Fotos durchgesehen hatten und er Schauspieler ausgewählt hatte, wollte er, dass ich sie filmte, während sie sich mit mir unterhielten. Er sagte: ›Ich möchte das Gefühl haben, mit ihnen in einem Raum zu sein und sie kennenzulernen.‹ Gelegentlich hatte er jemanden für eine Rolle ausgesucht, von dem ich sagte: ›David, ich glaube nicht, dass diese Person wirklich spielen kann.‹ Aber das hielt ihn nicht davon ab, diese Personen auszuwählen, wenn er ein gutes Gefühl dabei hatte.«

Laura Harring erhielt die Rolle der Rita nach nur einem Treffen. Die Filmkarriere der mexikanisch-amerikanischen Schauspielerin nahm ihren Lauf, nachdem sie 1985 zur Miss USA gekrönt worden war. 1989 gab sie ihr Filmdebüt in dem Horrorstreifen *Silent Night, Deadly Night 3*. Vor ihrer Begegnung mit Lynch trat sie noch in sechs weiteren Filmen auf. In einem davon spielte auch Eric Da Re mit.

»Ich traf Erics Mutter, Johanna Ray, und sie nahm mich mit zur Premiere von *Twin Peaks – Der Film*«, erinnert sich Harring. »Sie stellte mich David vor, der sehr schüchtern auf mich wirkte. Er steht nicht gern im Rampenlicht. Ich entsinne mich, dass ich dachte: ›Wow, er sieht gut aus!‹ Ein paar Jahre später – am Montag, den 3. Januar 1999, um genau zu sein – rief mich Johanna an und sagte: ›David möchte sich mit dir treffen. Kannst du jetzt vorbeikommen?‹ Vor lauter Aufregung hatte ich unterwegs einen kleinen Autounfall. Als ich dann bei seinem Haus eintraf und Gaye Pope davon erzählte, sagte sie: ›Haben Sie das Drehbuch gelesen? Ihre Figur hat gleich zu Beginn der Geschichte einen Unfall.‹ Ich dachte, da geht etwas Magisches vor sich. Ich ging hinein, David sah mich an, und alles, was er sagte, war: ›Gut, gut.‹ Und dann kicherte er.

Alle Frauen lieben David«, erzählt Harring weiter. »Er ist einfach hinreißend, und wenn er einen anlächelt, dann ist es, als würde dich die Sonne anstrahlen. Er ist ein liebevolles, charismatisches und lustiges Genie, und wir empfanden eine besondere Verbundenheit miteinander – jeder denkt, dass da etwas gelaufen sein muss, aber wir hatten eine rein platonische, spirituelle Verbindung. Davids Freundlichkeit hat mich tief beeindruckt. Die Dame, die mich einkleidete, schickte mir einen Brief, in dem sie mir mitteilte, dass ich abnehmen sollte. Als ich David davon erzählte, sagte er: ›Nimm ja kein Pfund ab, Laura!‹ Er ließ mich fühlen, dass alles mit mir in Ordnung war, und gab mir das Selbstvertrauen, das ich für Ritas Rolle benötigte. Einmal waren wir am Set und [Schauspielerin] Ann Miller wollte vorbeikommen und etwas abholen, das sie dort vergessen hatte. David hielt alles an, und wir warteten auf sie. Als sie wieder gegangen war, sagte er: ›Ist sie nicht reizend?‹ Er hatte so viel Respekt vor ihr, und ihr Wohlbefinden stand an erster Stelle.«[1]

Lynchs Anfrage kam gerade zur rechten Zeit für Naomi Watts, die die Rolle der Betty spielte. »Ich hatte zehn Jahre ununterbrochen vorgesprochen, und ich trug all diese Jahre der Ablehnung wie eine Wunde mit mir herum«, sagt Watts. »Ich ging voller Verzweiflung und Anspannung zu diesen Terminen und versuchte ständig, mich neu zu erfinden. Da war es kein Wunder, dass mich niemand engagieren wollte. Was willst du? Wer soll ich sein? Sag mir, was du brauchst, und ich bin es. Das ging nicht gut für mich. Ich hatte Johanna Ray mehrere Male getroffen, aber sie besetzte mich nie für irgendeine Rolle, und dann rief sie meinen Agenten an und sagte, David wäre an einem Treffen mit mir interessiert.«[2]

Zu dieser Zeit lebte Watts in New York und flog gleich am nächsten Tag nach Los Angeles. »Ich kam in den Raum, und David strahlte auf eine Art und Weise, wie ich es noch nie zuvor bei jemandem während eines Vorsprechens gesehen hatte«, erinnert sie sich. »In seinem Blick fühlte ich ehrliches Interesse. Ich wusste nichts über die Rolle, die zu besetzen war. Das war vielleicht mein Glück, denn ich hatte nicht den Eindruck, ich müsse jemand anders sein – ich konnte einfach ich selbst sein. Er stellte mir einige Fragen, und nachdem ich zu einer davon eine lange Antwort gegeben hatte, hielt ich inne und sagte: ›Wollen Sie wirklich darüber reden?‹ Er sagte: ›Ja, erzähl mir die Geschichte!‹ Ich hatte das Gefühl, mit ihm auf einer Wellenlänge zu sein und dass er sich für mich interessierte. Das schockierte mich, denn es war mir noch nie zuvor so ergangen. An diesem Punkt glaubte ich nicht an meine Fähigkeiten, und mein Selbstvertrauen war im Keller, also ging ich nicht jubelnd aus diesem Treffen. Aber ich ging mit dem Gefühl hinaus, dass etwas Großartiges geschehen war, und für diese Erfahrung war ich dankbar.

Am Tag unseres Meetings kam ich direkt vom Flughafen und muss übel ausgesehe n haben. Am nächsten Tag erhielt ich einen

Anruf, ob ich noch einmal in sein Haus kommen könnte«, erzählt Watts weiter. »Man sagte mir, ich sollte Make-up auftragen und ein bisschen glamouröser aussehen, und ich dachte: ›O nein, die Rolle bekomme ich niemals, er will ein Supermodel.‹ Aber mit einer Föhnfrisur und einem engen Kleid entsprach ich dann wohl dem, was er gesucht hatte. Als ich schließlich das Drehbuch las, konnte ich kaum glauben, wie sehr Bettys Geschichte der meinen ähnelte, und ich dachte: ›Mein Gott, ich weiß, wie ich diese Rolle spielen muss.‹ Ich weiß nicht, ob Johanna David von meinem langen Kampf erzählt hatte, aber er hatte genau diesen Teil von mir berührt.

Ich weiß nicht einmal, ob er sich irgendetwas von meinen vorherigen Arbeiten angesehen hatte«, fügt Watts hinzu. »David arbeitet aus dem Bauch heraus, bei ihm ist alles Intuition. Er schafft es, dass jeder eine gute Darstellung abliefert. Manchmal geht er zu irgendjemandem aus seiner Crew und sagt ›Hier, zieh dieses Kostüm an‹, und als Nächstes findet sich diese Person beim Sprechen eines langen Dialogs wieder.«

Die männliche Hauptrolle des Adam Kesher spielt Justin Theroux, der sich erinnert: »Johanna Ray rief mich an und sagte: ›David würde dich gern treffen, am besten noch heute.‹ Ich lebe in New York, also flog ich gleich am nächsten Tag rüber. Ich war gerade angekommen und auf dem Weg zum Hotel, als mich das Produktionsbüro anrief und sagte: ›Warum kommst du nicht direkt zum Haus?‹ Ich war ein großer David-Lynch-Fan, aber ich wusste nicht, wie er aussah oder welche Art von Mensch er war. Er kam in seinem weißen Hemd, das bis zum Kragen zugeknöpft war, an die Tür und hatte diese wunderbar entwaffnende Art. Das Erste, was mir an ihm auffiel, war sein warmes Lächeln und diese einzigartige Ausdrucksweise. Er ist sehr liebenswert. Ich habe mit David nie einen schlechten Moment erlebt.«[3]

Die Rolle der exzentrischen, forschen Vermieterin Coco sollte Ann Millers letzter Leinwandauftritt werden. Im Vorfeld der Dreharbeiten hatte Gaye Pope bei einer Academy-Veranstaltung hinter

Miller gesessen und Lynch dann begeistert erzählt, wie charismatisch sie sei. Lynch erinnert sich an solche Dinge. Auch Monty Montgomery hat einen Auftritt in einem unvergesslichen Cameo, obwohl er nie zuvor gespielt hatte.

»Nachdem David den Vertrag mit Ciby 2000 abgeschlossen hatte, gab es für mich keinen Platz mehr. Auch wenn wir uns ständig über unsere Arbeit unterhielten, haben wir nicht mehr zusammengearbeitet«, sagt Montgomery. »Aber obwohl unsere Zusammenarbeit beendet war, blieben wir befreundet, und David schaute ziemlich regelmäßig bei mir zu Hause vorbei.

Im Herbst 1999 zogen meine Frau und ich auf eine Insel in Maine, und David rief mich immer wieder an. ›Ich möchte, dass du die Rolle spielst, die ich für dich geschrieben habe‹, sagte er, und meine Antwort war: ›Vergiss es, das werde ich nicht tun.‹ Er ließ nicht locker, und irgendwann sagte er: ›Wir werden die Stelle jetzt sehr bald drehen.‹ Ich sagte: ›Ich werde das nicht machen! Ich bin kein Schauspieler, und so etwas habe ich nicht auf meinem Radar.‹ Dann rief mich der Produktionsmanager an und fragte: ›Wann werden Sie eintreffen?‹ Sie änderten immer wieder den Zeitplan zugunsten meines Auftritts, und als man dann sogar eine ganze Nacht dafür freihielt, war ich an dem Punkt, an dem ich einfach nicht mehr Nein sagen konnte. Ich sah mir das Drehbuch erst im Flugzeug an. Johanna Ray und Justin Theroux setzten sich dann mit mir zusammen, und wir paukten meinen Text. Justin hat sich in unsere Zusammenarbeit an dieser Szene reingekniet, und er war großartig. Deshalb Hut ab vor ihm und Johanna.«

Theroux erinnert sich lebhaft an die Dreharbeiten für die Szene. »Ich weiß noch, wie ich in Montys Trailer kam, um ihn am Abend des Drehs kennenzulernen. Ich gab ihm die Hand und fragte, ob wir den Dialog durchgehen sollten. Er sagte: ›Nein, das geht schon in Ordnung, ich bin ziemlich gut.‹ Und ich dachte: ›Hat er sich seinen Text nur angesehen oder ihn auch gelernt?‹ Wir gingen ans Set, David rief ›Action‹, und Monty sprach ein paar Worte seiner ersten

Stelle, dann blieb er stecken. Also hefteten wir seinen Text an meine Brust und meine Stirn, und David filmte Monty über meine Schulter hinweg. Nachdem wir eine Weile an der Szene gearbeitet hatten, sagte David: ›Cut, weiter zur nächsten.‹ Ich ging zu ihm und sagte: ›David, ich denke, wir sollten den Dreh wiederholen. Monty hat ziemlich hölzern gespielt. Das war total flach.‹ David sagte: ›Nein, wir haben es. Das war der Hammer.‹ Und später sah ich natürlich, dass Monty als die verstörendste Figur im Film rüberkommt.«

Zu ihrer Überraschung hatte auch Script Supervisor Cori Glazer einen Auftritt im Film. »Das Drehbuch war fertig, und es gab keine Blue Lady darin«, erinnert sie sich an die mysteriöse Frau, die sie im Film spielt. »Dann kamen wir in dieses wunderschöne alte Theater in der Innenstadt von L.A., und David bemerkte diesen Opernbalkon über der Bühne. Die Vorbereitungen für die Beleuchtung dauerten lange an diesem Tag, und irgendwann sagte jemand: ›Cori, David sucht dich.‹ Ich ging zu ihm und fragte: ›Ja, David?‹ Er starrte mich nur an, was ungewöhnlich war, und sagte dann: ›Vergiss es.‹ Ich ging zurück an meine Arbeit. Zehn Minuten später rief er mich wieder zu sich, strich mir die Haare aus dem Gesicht und starrte mich an. Dann rief er: ›Holt jemanden für die Garderobe und das Make-up her!‹ Die Visagistin kam angelaufen, und er sagte: ›Wie schnell können Sie die Haare von jemandem blau färben? So eine blaue Toupierfrisur – wie schnell kriegen Sie das hin?‹ Dann kam die Kostümbildnerin, und er sagte: ›Wie schnell können Sie ein blaues viktorianisches Kleid besorgen?‹ Die Kostümbildnerin antwortete: ›Ich muss wissen, für wen das Kleid ist.‹ Und er meinte: ›Es ist für Cori, aber ich habe es ihr noch nicht gesagt.‹ Ich war erschrocken und erwiderte: ›David! Ich kann das nicht! Ich werde total nervös!‹ Er legte mir eine Hand auf die Schulter und sagte: ›Dein Kumpel Dave ist bei dir. Du wirst prima sein.‹« Und das war sie. Darüber, wie die Blue Lady in die Geschichte passt, sagt Glazer: »Davids liebster Ausspruch ist: ›Es ist mir egal – es ist wandelbar!‹«

Die Dreharbeiten begannen im späten Februar 1999, und in Edelsteins Erinnerung war es eine »glückliche, brillante Erfahrung. Es gibt eine Stelle, die in einem Hotel spielt, wo eine Frau durch die Wand von einer Kugel getroffen wird, und wenn man so etwas dreht, stirbt man fast vor Lachen«, fügt er hinzu. »Jeder lacht, dreißig Leute versammeln sich kichernd um den Monitor und beobachten Davids magische Arbeit.«

Lynch kann aus wenigem viel machen, aber manchmal benötigt er auch eine Menge. Ein Paradebeispiel dafür ist der spektakuläre Autounfall, der die Geschichte von *Mulholland Drive* in Gang bringt. »Der Autounfall war möglicherweise das Kniffligste, was David und ich je gemeinsam gemacht haben«, sagt Gary D'Amico. »Wir brauchten drei Tage, um ihn zu filmen. Wir hatten einen dreißig Meter hohen Baukran im Griffin Park aufgestellt und ein Auto mit einem drei Tonnen schweren Gewicht verbunden, das wir frei vom Kran fallen ließen – so wurde das Auto vom Boden gerissen. Es war eine verrückte Aktion, und natürlich hatten wir nur einen Versuch bei dieser Einstellung.«

Harring erinnert sich: »Ich schlief im Trailer, während man die letzten Vorbereitungen für die Szene traf. Als David dann kam und mich weckte, sagte er: ›Laura, du musst dafür schmutzig sein. Ich denke, es ist am einfachsten, wenn du dich auf dem Boden wälzt.‹ Dann legte er sich auf den Boden, um mir zu zeigen, was er von mir wollte. Wir drehten diese Szene im Januar um vier Uhr morgens, und draußen waren es vielleicht acht Grad. Ich trug ein kurzes Kleid mit Spaghettiträgern, und David führte in einem Skianzug Regie. Er trug einen gefütterten Einteiler!«

Die Dreharbeiten waren im März 1999 beendet, und die Verantwortlichen bei ABC waren anfangs noch von den Tagesaufnahmen begeistert. Doch dann wurden sie zunehmend nervös. Das Erzähltempo war ihnen zu langsam, und Watts und Harring schienen ihnen »etwas alt«. Lynch erhielt Memos von der Aufsichtsabteilung mit pingeligen Anmerkungen bezüglich der Sprache, den Aufnahmen von Schusswunden, Hundekot und Zigaretten. Doch Lynch ist gut darin, Störungen dieser Art auszublenden, und so fuhr er mit seiner Arbeit fort und mischte im April den Soundtrack in seinem Heimstudio. Ende des Monats schickte er eine Schnittfassung mit einer Spielzeit von zwei Stunden und fünf Minuten an Tarses und Bloomberg. Sie antworteten sofort, dass die Fassung auf achtundachtzig Minuten gekürzt werden müsse. Am folgenden Abend kam Tony Krantz zu Lynch nach Hause. Er hatte zwei Flaschen Château Lynch-Bages dabei – und eine Liste mit ungefähr dreißig Anmerkungen von Steve Tao.

»Ich denke, sie wussten in dem Moment, als sie den Film sahen, dass keine Serie daraus werden würde«, spekuliert Sweeney. »Schon allein deswegen, weil die Episoden eine Stunde dauern sollten, David sich aber einfach nicht an Zeitangaben hielt. Dennoch kam Tony mit Seiten voller Notizen an. Ich glaube, David war der Meinung, dass Tony ihm sagen wollte: ›Ja, sie haben recht.‹ Denn er argumentierte äußerst leidenschaftlich, warum wir die Änderungen vornehmen sollten, die sie von uns wollten. David widersprach jeder dieser Anmerkungen, aber nachdem Tony gegangen war, verbrachten wir die ganze Nacht damit, den Pilotfilm gemäß der Notizen auf achtundachtzig Minuten zu kürzen. Dann schickten wir ihn zurück.«

Rückblickend ist Krantz überzeugt, das getan zu haben, was zu tun war. »Nachdem ich mir *Mulholland Drive* angesehen hatte, sagte ich David die Wahrheit«, berichtet Krantz. »Ich sagte: ›Der Film ist nicht gut, er ist zu langsam, und ich stimme den Anmerkungen von ABC zu.‹ Daran zerbrach unsere Freundschaft in vielerlei Hinsicht, denn David dachte: ›Jetzt bist du einer von ihnen und stehst nicht mehr auf meiner Seite.‹ Und in diesem Fall tat ich das auch nicht.

Vielleicht war es mein Fehler, eine Kompromissfassung von *Mulholland Drive* anzustreben«, sagt Krantz weiter. »Aber Davids Verweigerungshaltung gegenüber Kompromissen und die Tatsache, dass er sich mit Mark Frost verbündete, war ein Grund für den Niedergang von *Twin Peaks* gewesen. David ist ein wahrer Künstler. Aber hat nicht das, was einen Erfolg in der Unterhaltungsindustrie garantieren würde, in der es um Zusammenarbeit geht. Man kann im Showbusiness nicht gewinnen und es gleichzeitig niedermachen. Die Stadt ist voll von Leuten, die das versucht haben.«

Es erübrigt sich zu erwähnen, dass niemand in Lynchs Lager die Reaktion von ABC auf den Pilotfilm für gerechtfertigt hielt. »Die Anmerkungen waren lächerlich und so politisch korrekt, dass sie sämtliche Kreativität zunichte machten«, sagt Edelstein. »Warum gab man grünes Licht für eine David-Lynch-Serie und wollte dann nicht David Lynchs Version davon? Das konnte man nicht ernst nehmen. Im Originaldrehbuch hatte Justin Theroux einen asiatischen Gärtner, der sich in Zen-Weisheiten auskannte. ABC hielt einen asiatischen Gärtner für ein rassistisches Klischee, und die Figur musste herausgeschnitten werden.«

»Es war ein Riesenspaß am Set, man fühlte sich wie im Sommerlager«, erinnert sich Theroux. »Und wir alle waren am Boden zerstört, als die Serie nicht angenommen wurde.«

Lynch erfuhr von der Ablehnung der Serie, als er Mitte Mai mit *The Straight Story* unterwegs nach Cannes war. Er gab zu, einen Anflug von Euphorie verspürt zu haben, als ihn die Nachricht erreichte. Aus seiner Sicht hatte die letzte Schnittfassung den Film zerstört, und er war erleichtert, dass die Serie nun einen stillen Tod sterben würde. ABC übergab die Sendezeit von *Mulholland Drive* an *Wasteland*, eine Serie über sechs College-Freunde in ihren Zwanzigern, die nach New York gehen, um sich selbst zu finden. Die Serie hatte am 7. Oktober 1999 Premiere. Eine Woche später, am 15. Oktober, lief *The Straight Story* landesweit in ausgewählten Kinos an. *Wasteland* wurde nach drei Folgen abgesetzt.

Lynch hat gesagt, *Mulholland Drive* habe die Reise gemacht, die nötig war, und am Ende triumphierte der Film: Seine Auferstehung kam durch Lynchs alten Freund Pierre Edelman zustande.

»Als der Pilotfilm von *Mulholland Drive* abgelehnt wurde, gab es Ciby nicht mehr, und Pierre war bei StudioCanal«, sagt Sweeney. »Pierre war es, der den Deal zuwege brachte und alle Schwierigkeiten ausräumte, sodass es ein Kinofilm werden konnte. Es ist eine unmögliche Situation, und niemand bekommt den Deal zum Laufen? Das ist wie eine Droge für Pierre. Er ist wie ein Terrier, der sich so lange in etwas verbeißt, bis er es hinbekommt. Und er schaffte es, dass Alain Sarde *Mulholland Drive* bei StudioCanal unter seine Fittiche nahm. ABC wollte den Film nicht und hatte ihn bereits eingelagert, also war man dort froh, die Negative verkaufen zu können.«

Edelman beschreibt die Erfahrungen mit *Mulholland Drive* als komplex. »Erst viele Monate nach dem Vorfall mit ABC erzählte mir David von dem Pilotfilm«, sagt Edelmann, der Sarde überzeugte, ihn für sieben Millionen Dollar für Le StudioCanal Plus zu kaufen, das Subunternehmen eines französischen Pay-TV-Senders, welcher bereits mehrere amerikanische Independent-Filme finanziert hatte. »Aber als er mir davon erzählte, sagte er: ›Ich will davon nie wieder etwas hören.‹ Ich bat um seine Erlaubnis, den Pilotfilm anzusehen. Er stimmte zu, wobei er nochmals betonte, er wolle nichts mehr damit zu tun haben. Ich sah mir den Film an und sagte ihm, ich sei überzeugt, dass es ein wunderbarer Kinofilm wäre.

Zu dieser Zeit ahnte ich nicht, wie viele Schwierigkeiten mich deswegen erwarteten«, erzählt Edelman weiter. »Ich musste vier Millionen Dollar aufbringen, und das meiste davon floss in den Rückkauf der Rechte. Dann musste ich eine TV-Produktion, die mit fünfundzwanzig Bildern pro Sekunde gedreht worden war, in eine Kinofassung mit vierundzwanzig Bildern pro Sekunde umwandeln. Außerdem musste die gesamte Besetzung ihre schriftliche Zustimmung für eine Kinofassung geben. Eine Zeit lang führte Mary Sweeney die Verhandlungen, und einige davon waren kompliziert. Diese Leute hatten in einer TV-Produktion mitgewirkt und dafür deutlich weniger erhalten, als sie für eine Filmproduktion bekommen hätten, deshalb bestanden einige auf zusätzlichen Zahlungen.

Und natürlich brauchten wir Geld, um die Einstellungen zu drehen, die nötig waren, um einen Spielfilm daraus zu machen.«

Sarde erklärte sich einverstanden, nochmals zwei Millionen Dollar einzubringen, um die Kosten für die zusätzlichen Dreharbeiten abzudecken. Dennoch war Lynch unschlüssig, ob er zu diesem Projekt zurückkehren sollte. Die Sets waren unsachgemäß abgebaut und beschädigt worden, Disney hatte alle Requisiten und Kostüme verloren, und er verspürte immer noch den üblen Nachgeschmack des Debakels, zu dem die Serie geworden war. Seine Weigerung, weiterzumachen, läutete das endgültige Finale seiner Beziehung zu Krantz ein.

»Disney hatte sieben Millionen Dollar in *Mulholland Drive* investiert, und als Edelman zu mir kam und sagte: ›Ich kann Canal überzeugen, den Film von Disney zu kaufen‹, dachte ich, das sei großartig«, sagt Krantz. »Am Abend vor dem Abschluss des Deals teilte mir David mit: ›Ich will es nicht machen.‹ Ich fragte, warum nicht, und er sagte: ›Wir haben die Sets zerstört.‹ Ich sagte: ›Was soll das heißen, ihr habt die Sets zerstört? Du hast doch noch nicht einmal ein Drehbuch für das, was du drehen willst. Also, von welchen Sets redest du?‹ Von da an ging nichts mehr, aus Gründen, die ich für eine alberne Ausrede hielt. Ich war stinksauer. Ich wusste, dass da Geld für Brian [Grazer], Ron [Howard] und mich herausgesprungen wäre, und ich hielt Davids Verhalten für kindisch. Ich hatte die rote Linie bei Disney schon weit überschritten, indem ich sie dazu gebracht hatte, den Pilotfim zu kaufen und mein Verhältnis zu ihnen stand auf dem Spiel. Also musste ich Disney zu der Mitteilung veranlassen: ›Wir werden Sie per Klage dazu verpflichten, es zu tun.‹ Das war das Ende für David und mich. Und ich bereue nicht, was ich getan habe.

Aber würde ich am Ende David Lynch wieder in meinem Leben haben wollen? Ja, absolut«, fügt Krantz hinzu. »David ist eine authentische Persönlichkeit, jederzeit. Er ist freundlich und witzig und liebevoll und schlau und brillant, und er hat immer noch denselben staunenden Optimismus und die Integrität, die er an dem Tag hatte, als ich ihn kennenlernte. Der Erfolg hat ihn kein bisschen verändert. Ich vermisse ihn, und ich schrieb ihm eine Nachricht, in der ich mich für die Dinge, die ich getan habe, entschuldigte. Ich sagte ihm, dass ich hoffte, er würde mir verzeihen, und dass wir eines Tages wieder zusammenarbeiten könnten. Er sagte, dass er mir verzeiht, aber er werde die Tür für eine Zusammenarbeit nicht offen halten, und das kann ich verstehen.«

Lynch mag Krantz verziehen haben, aber die meisten von Lynchs Kollegen haben diesen Vorfall nicht vergessen. »Es ist abscheulich, dass Tony David mit einer Klage gedroht hat«, sagt Edelstein. »David hält sich an die Regeln der alten Schule – eigentlich nicht der alten Schule, es sind eher goldene Regeln. Wenn du jemandem in die Augen schaust und seine Hand schüttelst und ihm sagst: ›Das werde ich tun‹, dann wirst du es auch tun. Man braucht keine Anwälte dafür, und man muss niemandem mit Klagen drohen. Die Leute, die so etwas machen, wenn sie nicht bekommen, was sie wollen, sind wie Babys mit Wutanfällen.«

Ungeachtet dieser Wutanfälle waren die Verhandlungen für das Projekt bereits angelaufen, ehe Lynch schließlich eine Idee hatte, wie er aus dem TV-Pilotfilm einen Kinofilm machen konnte. Sie kam ihm eines Abends um sechs Uhr dreißig in den Sinn, und um sieben Uhr wusste er, wie er die Geschichte enden lassen konnte. Von da an wuchs seine Begeisterung, und er kontaktierte Harring und Watts.

»Als ABC die Serie ablehnte, dachte ich: ›Na toll, ich bin in dem einzigen David-Lynch-Projekt, das nie das Licht der Welt erblicken wird, und mein Kampf beginnt erneut‹«, sagt Watts. »Dann erhielt er diesen Anruf von Canal Plus, und man sagte mir: ›Wir wollen das Projekt zurückkaufen und einen Spielfilm daraus machen.‹ Woraufhin David achtzehn Seiten schrieb, in denen die Figur Diane eingeführt wurde. Ich erinnere mich, wie ich zu ihm nach Hause kam, um diese achtzehn Seiten zu lesen. Ich dachte: ›Mein Gott, das ist unglaublich!‹ Man kann sich keine faszinierendere Rolle vorstellen, und die Tatsache, dass Betty und Diane so unterschiedlich sind ... Zwei Rollen wie diese bekommt man nicht innerhalb einer Karriere angeboten, und noch seltener in einem Film.«

»Ein Jahr nachdem David gesagt hatte, ›*Mulholland Drive* ist gestorben und niemand wird den Film jemals sehen‹, rief er Naomi und mich an und lud uns zu sich ein«, erinnert sich Harring. »Da saßen wir dann, Naomi zu seiner Rechten, ich zu seiner Linken, und er sagte: ›*Mulholland Drive* wird ein internationaler Kinofilm werden – aber es werden Nacktszenen darin vorkommen!‹«

Die Dreharbeiten begannen spät im September und waren Anfang Oktober beendet, und vieles von dem, was Lynch während dieser siebzehn Tage hinzufügte, wäre niemals im Fernsehen gezeigt worden. Im ursprünglichen Pilotfilm waren Betty und Rita befreundete Verbündete, aber eine detaillierte Sexszene offenbart, dass sie im Kinofilm ein Liebespaar sind. »Es war richtig, dass David die Liebesszene hinzufügte. Es ist einer der Schlüsselmomente der Geschichte. Aber es war schwer«, sagt Harring. »Ich war aufgeregt und fühlte mich sehr verletzlich, als ich ans Set kam. Dann sagte David: ›Laura, worüber machst du dir Sorgen? Das Set wird dunkel sein.‹ Es war auch dunkel, und ich entspannte mich. Bei der letzten Einstellung sagte er: ›Fahr hoch, Pete‹, was bedeutete, dass man die Beleuchtung hochfuhr und alles viel heller wurde. Aber er sagte mir, er werde keine Details zeigen, und entgegen den Wünschen aller anderen machte er mein Schamhaar undeutlich, weil er mir sein Wort gegeben hatte, dass er das tun würde.«

Entschieden härter als die Liebesszene mit Watts und Harring ist eine herzzerreißende Szene, in der Watts unter Tränen masturbiert. »David benötigt meist nur eine Aufnahme, manchmal werden es drei, aber niemals mehr. Bei dieser Szene mit Naomi machte er mindestens zehn«, erinnert sich Glazer. »Als sie die Szene zum zehnten Mal drehten, wurde sie unglaublich wütend, und ich glaube, er ließ sie all diese Wiederholungen machen, weil sie komplett in der Szene aufgehen sollte. Er musste sie es immer wieder durchspielen lassen, um sie in die Verfassung zu bekommen, die er sich vorstellte.«

Watts erinnert sich lebhaft an die Dreharbeiten für diese Szene: »Mir war den ganzen Tag schlecht, weil ich absolute Panik davor hatte. Wie masturbiert man vor einem ganzen Filmteam? Ich versuchte David zu überreden, den Dreh auf einen anderen Tag zu verschieben, und er sagte: ›Nein Naomi, du kannst das, du bist gut. Geh ins Badezimmer.‹ Er wollte wütende Verzweiflung und Intensität, und jedes Mal wenn die Kamera auf mich zufuhr, sagte ich: ›Ich kann das nicht machen, David, ich kann das nicht!‹ Er sagte: ›Das ist in Ordnung, Naomi‹ und ließ die Kamera einfach weiterlaufen. Das machte mich wütend. Er setzte mich definitiv unter Druck, aber er tat es auf eine sehr behutsame Art.«

Es ist unbestreitbar, dass die Brillanz von *Mulholland Drive* zu einem großen Teil auf Lynchs Fähigkeit beruht, Schauspieler an Orte zu führen, die ihnen bis dahin fremd waren. »Es gibt zwei Szenen, in denen Naomi exakt denselben Dialog spricht, aber die Szenen sind vollkommen unterschiedlich«, bemerkt Deming. »Es ist wie ein Meisterkurs im Regieführen.«

Während des Drehs bekam Lynch zwar das, was er wollte, aber Edelman hatte den Eindruck, dass das Schlimmste noch nicht ausgestanden war. »Als David den Film schnitt, bat er mich, in sein Studio zu kommen und mir einen fertiggestellten Ausschnitt anzusehen. Nachdem ich wieder gegangen war, lief ich durch die Straßen und weinte«, sagt er. »Ich dachte, dass es eine Katastrophe war und dass niemand diesen Film jemals sehen würde. Ich brauchte eine zweite Meinung, also rief ich Alain Sarde an, der für den Film verantwortlich gezeichnet hatte, und bat ihn, nach L.A. zu kommen und sich den Ausschnitt anzusehen. Er kam in Davids Studio und sah ihn an. Danach sagte er zu mir: ›Ich verstehe nicht, warum du mich geholt hast. Das ist ein Meisterwerk.‹«

Während Lynch mit der Postproduktion von *Mulholland Drive* beschäftigt war, schob sich eine neue Ebene in sein Leben: Diese

Ebene war das Land Polen. »Davids Interesse für Polen kam im Februar 2000 auf, als diese Leute von Camerimage, einem polnischen Festival mit dem Schwerpunkt Kameraarbeit, auf den Plan traten«, sagt Sweeney. »Sie kamen en masse — es waren sechs oder sieben von ihnen —, und sie waren wie wilde, verrückte Jungs, was bei David etwas auslöste. Sie wollten, dass er an ihrem Festival teilnahm, und sie bettelten und schicken ihm so lange Infomaterialien, bis er schließlich zusagte.«

Das von Marek Żydowicz 1993 in Torun gegründete internationale Kamerakunstfestival Camerimage findet jedes Jahr für eine Woche statt. Als Lynch daran teilnahm, war der Veranstaltungsort gerade nach Łódź verlegt worden. Die »Camerimage-Gang« — ein Begriff, den Lynch geprägt hat — ist eine wechselnde Gruppe aus Musikern, Künstlern und Filmemachern, zu denen Kazik Suwała, Agnieszka Swoińska, Adam Zdunek, Michał Kwinto, Paweł Żydowicz, Kamil Horodecki, Dariusz Wyczółkowski, Mateusz Graj und Ewa Brzoska gehören. »Ich sagte immer: ›David Lynch wird uns eines Tages besuchen.‹ Und die Leute dachten, ich sei verrückt«, erinnert sich Żydowicz, der das Festival immer noch leitet. »Als David und ich uns zum ersten Mal trafen, stand ich vor einer schwierigen Entscheidung, da es für das Camerimage Festival nicht gut aussah, aber die Begegnung mit David veränderte alles.

Er ist wie einer dieser Giganten der Renaissance, die gewaltige Fresken schaffen konnten«, fügt Żydowicz hinzu. »Und er mochte Łódź, das mit seinen heruntergekommenen Fabriken, dem Nebel, den Schatten, den kaputten Straßenleuchten und seinen unheimlichen Geräuschen eine Stadt der dunklen Geheimnisse ist. Sie ist von einer mysteriösen Stimmung erfüllt und beschwört einen gewaltvollen Traum herauf, in dem die Dinge eine merkwürdige, verführerische Logik haben.«[4]

Als Lynch in jenem November an dem Festival teilnahm, begegnete er Marek Zebrowski, einem polnischen Komponisten aus Los Angeles, der seit 2000 immer wieder für das Festival gearbeitet hatte. »David verliebte sich in Łódź und hatte dort alle möglichen Ideen«, sagt Zebrowski. »Die winterliche Atmosphäre, die verlassenen Fabrikgebäude, die üppigen Residenzen aus dem späten 19. Jahrhundert – all das trug dazu bei, den wunderbar geheimnisvollen Film *INLAND EMPIRE* zu erschaffen, den er in der Zeit drehte, in der sich seine Beziehung zu dem Land gerade entwickelte. Ein paar Jahre nachdem er erstmals zum Festival kam, keimte auch das Projekt mit Frank Gehry auf.«[5]

Das Projekt mit Frank Gehry war nichts Geringeres als der Plan für den Wiederaufbau der Innenstadt von Łódź. Er beinhaltete Räumlichkeiten für das Festival, einen renovierten Bahnhof, Geschäfte, Hotels und ein Museum. Ab 2005 arbeitete Lynch eng mit Gehry und dem Camerimage-Team zusammen. Sie erhielten eine Finanzierung durch die Europäische Union, die Stadtverwaltung und private Sponsoren. »Frank Gehrys Großeltern waren alle in Łódź geboren worden, deshalb war dies ein persönliches Projekt für ihn«, sagt Zebrowski.

Am Ende des Festivals im Jahr 2000 wurde Lynch von einigen Mitgliedern der Gang nach Prag begleitet, wo sie eine Dokumentation über seine Zusammenarbeit mit Angelo Badalamenti bei der Filmmusik für *Mulholland Drive* drehten. Bei seiner Rückkehr aus Prag im Januar traf Lynch einen neuen Assistenten, Jay Aaseng, der in den folgenden acht Jahren eng mit ihm zusammenarbeitete. »Ein Freund, Erik Crary, der vier Monate vor mir für David zu arbeiten begonnen hatte, rief mich an und sagte: ›Wir haben hier vielleicht eine Stelle‹«, erinnert sich Aaseng. »Ich war Filmstudent in Madison und gerade einundzwanzig geworden. Kurz vor Weihnachten waren Mary Sweeney und Riley in Madison, und wir trafen uns in einem Starbucks. Danach rief ich immer wieder bei ihnen an und hakte nach, bis Mary sagte: ›Du bekommst eine Chance, wir versuchen es für ein halbes Jahr. Wie schnell kannst du hier sein?‹ Ich sagte: ›Morgen steige ich ins Auto.‹ Ich glaube, ich bekam die Stelle, weil Riley mich mochte.

Damals kam David morgens immer in das graue Haus, wo er eine Art Shake zum Frühstück trank, setzte sich mit uns zusammen und ging den Tag mit uns durch«, erzählt Aaseng weiter. »Als er an meinem ersten Tag hereinkam, ging er auf seine sehr direkte Art auf mich zu und sagte: ›Hey, Jay! Schön, dich zu treffen, Junge! Gehen wir an die Arbeit!‹«

In jenem Frühjahr legte Lynch letzte Hand an eine zwei Stunden und siebenundzwanzig Minuten lange Schnittfassung von *Mulholland Drive*, die nun eine Co-Produktion von Les Films Alain Sarde, StudioCanal und Picture Factory war. Krantz wird im Vorspann als Produzent genannt, aber er sagt: »Ich war nur minimal beteiligt. Zwischen David und mir herrschte zwar keine Funkstille, und ich kam auch ans Set, aber unser Verhältnis war sehr getrübt.«

Am Ende erwies sich der Konflikt zwischen Lynch und Krantz als irrelevant, und *Mulholland Drive* wurde zu einem Film, auf den zu warten sich gelohnt hatte. »Wir dachten, er würde nie das Licht der Welt erblicken. Aber dann rief mich David ein Jahr später an und sagte: ›Es wird ein Kinofilm.‹ Also drehten wir noch ein paar Tage lang«, sagt Theroux. »Einige Monate später lud er mich und Naomi zu einer Aufführung des Films ein, und wir waren überwältigt davon, wie wunderbar er war. Es war, als hörte man *Sgt. Pepper's* zum ersten Mal. Da gab es so viel, was man geistig verarbeiten musste, und er warf so viele Fragen auf, dass ich ihn so schnell wie möglich noch einmal sehen wollte.

Ich kannte das Drehbuch, aber ich verstand den Film nicht wirklich, als wir ihn drehten, und das Ergebnis ist so anders, als wir es beim Dreh erwartet hatten – das spricht für Davids Genialität als Filmemacher. Sein Einsatz von Geräuschen und Musik, die parallelen Handlungsstränge – er hat es großartig hinbekommen, eine Stimmung heraufzubeschwören, die wir während des Drehens nicht erahnt hatten. Ich war überrascht, wie dunkel, bewegend und eindringlich der Film ist. Wenn man sich *Mulholland Drive* ansieht, fällt es manchmal schwer, zu sagen, welche Emotion in einem geweckt wird, ob es Unbehagen, Freude oder Traurigkeit ist. David versteht es, Charaktere zu schaffen, die eine Vielzahl von Emotionen gleichzeitig ausdrücken. Eine meiner Lieblingsstellen im Film ist Patrick Fischlers Monolog über seinen Albtraum in Winkie's Coffee Shop. Er erzählt jemandem von seinem Traum, dann führt die Szene nach draußen in den Hinterhof des Coffeeshops, und obwohl es ein sonniger Tag ist, wirkt alles absolut furchterregend.«

Mulholland Drive hatte im Mai 2001 in Cannes Premiere, wo der Film den Prix de la mise en scène (Preis für die beste Regie) erhielt, den sich Lynch mit Joel Coen für dessen Film *The Man Who Wasn't There* teilte. »Als wir in Cannes zum Fototermin kamen, begannen die Fotografen meinen Namen zu skandieren, und als ich auf die Bühne ging und an David vorbeikam, sagte er ›Prachtstück‹«, erinnert sich Harring. »Die Art, wie er es sagte, bedeutete sehr viel für mich.«

Die Reise nach Cannes erwies sich auch für Watts als großer Wendepunkt. »Jahrelang hatte ich bei Castings niemanden dazu bringen können, mich zurückzurufen oder mir auch nur in die Augen zu schauen. Und nun lief ich in Cannes über den roten Teppich«, erinnert sich Watts. »Der Film erhielt fünf Minuten Standing Ovations. Todd McCarthy schrieb eine großartige Kritik im *Hollywood Reporter*, die meine Leistung hervorhob, und das war's dann – mein Leben änderte sich über Nacht. Auf einmal rief mich jeder Agent an und schickte mir Blumen. Ich musste nie wieder vorsprechen, und das alles wegen David. Er hat im wahrsten Sinne des Wortes mein Leben verändert. Ich habe viele Leute getroffen und mit vielen brillanten Regisseuren zusammengearbeitet, aber niemand kommt an ihn heran. David ist einfach einzigartig. Als Schauspieler vertraut man ihm und will alles für ihn tun, ihm alles geben, um ihn glücklich zu machen. Er verbreitet eine positive Energie, und ich fühle mich bei ihm immer geborgen.«

Im Herbst jenes Jahres nahm Lynch *Mulholland Drive* zum Toronto Film Festival mit. Während seines Aufenthalts in Kanada ereigneten sich die Anschläge auf die Twin Towers in Manhattan, und Lynch und Sweeney saßen für eine Weile fest. Aaseng spekuliert, »dass dieser Vorfall ihn auf den Gedanken brachte, es sei wichtig, dass er die Transzendentale Meditation mit der Welt teilte. Ich glaube, er dachte, wenn jeder meditieren würde, käme es nicht zu solchen Ereignissen. Das war der Punkt, an dem er allen im Büro das Angebot machte, ihnen ein TM-Training zu bezahlen.«

Die Saat war gesät für die David Lynch Foundation for Consciousness-Based Education and World Peace, die 2005 gegründet wurde. Zur selben Zeit nahmen die Dinge für *Mulholland Drive* einen guten Verlauf. Universal Pictures brachte den Film am 12. Oktober 2001 in die Kinos, und Lynch erhielt eine Oscarnominierung für die beste Regie. Seither gewinnt der Film immer mehr an Bedeutung. In einer Umfrage von BBC Culture im Jahr 2016 wurde *Mulholland Drive* zum besten Film des 21. Jahrhunderts gewählt.

Es gibt eine Menge Leute, die Firmen gründen und damit Geld verdienen können, aber bei mir hat das nie funktioniert. Picture Factory war eine Idee, mit der Mary und Neal Edelstein auf mich zukamen. Mir gefiel der Name, also haben wir das Ding gestartet. Doch ich hatte schnell wieder das Interesse daran verloren. Es kostete nur Zeit und machte mir keinen Spaß, und ich glaube, ich habe nie auch nur irgendetwas dafür durchgelesen. Ich wusste nicht, dass man mir *American Beauty* angeboten hatte, ich habe nie von *Motherless Brooklyn* gehört, und ich kann mich definitiv nicht erinnern, das Drehbuch für *The Ring* gelesen zu haben. Am Ende hat Neal das mit Naomi Watts gemacht, demnach war das gut für ihn.

Jeder hat seine eigene Version davon, wie *Mulholland Drive* zustande gekommen ist, ich erinnere mich nicht an ein Dinner bei Orso oder an diesen Tanz zwischen Film und Fernsehen, von dem Tony spricht. Ich weiß noch, dass Tony ein neues Projekt von mir wollte. Die Idee von *Mulholland Drive* als Ableger von *Twin Peaks* ist etwas, worüber ich vielleicht einmal zehn Minuten lang mit Mark Frost gesprochen habe. Aber es wurde nie konkreter. Das Einzige, woran ich mich erinnere, war der Titel und dass ein junges Mädchen darin vorkommt, das nach Hollywood geht. Tony wollte immer, dass ich mit jemand anderem zusammen schreibe – keine Ahnung, warum –, aber ich habe *Mulholland Drive* allein geschrieben, und ich ließ die Leute von ABC die ersten paar Seiten davon lesen, als wir das Projekt dort vorgestellt haben. Solche Präsentationsgespräche sind wie eine Art Performance, und ich mache das nicht gern.

Der Mulholland Drive ist eine Straße voller Magie, und viele Leute spüren das, wenn sie ihn bei Nacht hinauffahren. Er hat jede Menge Kurven, und Hollywood liegt auf der einen und das Valley auf der anderen Seite. Auf gewisse Weise kann man sich dort verlieren. Er ist eine alte Straße mit einer ganz eigenen Atmosphäre, und man spürt, dass viele Vertreter der goldenen Ära von Hollywood dort unterwegs gewesen sind. Er hat eine eigene Geschichte, und wenn man lange genug in Los Angeles lebt, erfährt man von Ereignissen, die sich dort zugetragen haben. Das regt die Fantasie an.

Es ist nicht unbedingt richtig, dass ich nichts über einen Film weiß, ehe ich mit dem Drehen beginne. Wäre dem so, könnte man einer Person wie mir nicht vertrauen. Man hat ein Drehbuch und eine genaue Vorstellung von dem, was man erreichen will, aber wenn man dann beginnt, stellt man oft fest, dass die Möglichkeiten breiter gefächert sind. Oder es ist nicht genau das, was man ursprünglich im Sinn hatte, und man schreibt es um, wobei vielleicht noch etwas viel Besseres herauskommt. Jede Szene hat eine Essenz, zu der man vordringen muss, aber manche Dinge können neue Ideen auslösen, und deshalb halte ich das Drehen vor Ort für so großartig. Wenn man ein Set nach seinen Vorstellungen baut, dann wird es genau das sein, aber wenn man vor Ort dreht, kann alles Mögliche geschehen.

Es stimmt schon, dass ich am liebsten mit relativ unbekannten Schauspielern arbeite, was aber nicht daran liegt, dass sie unbekannt sind – es sind dann einfach die richtigen Leute für eine bestimmte Rolle. Danach richtet man sich. Ich vertraue auf Johannas Urteil, ob jemand spielen kann oder nicht. Aber manchmal macht es auch gar nichts, wenn sie nicht spielen können, denn man arbeitet ja mit ihnen, und sie haben etwas an sich, was es stimmig macht.

Wenn ich eine Rolle besetze, sehe ich mir am liebsten erst einmal Fotos an. Das habe ich auch damals gemacht und dabei dieses

Mädchen entdeckt. Ich sagte: »Wow, sie ist wunderschön, ich möchte sie kennenlernen.« Das war Naomi Watts. Man setzte sich mit ihr in Verbindung, und als sie aus New York bei mir ankam, sah sie überhaupt nicht so aus wie auf ihrem Foto. Ganz und gar nicht! Sie sah nicht übel aus, aber eben nicht wie auf dem Foto, und ich wollte nun einmal das Mädchen von diesem Foto. Ich dachte, das ist verrückt! Ich stelle mir jemanden vor, den es gar nicht gibt! Sie war direkt vom Flughafen zu mir gekommen, deshalb fragte ich sie, ob sie sich zurechtmachen und dann wiederkommen könnte. Und sie kam zurück. Gaye Popes Sohn Scott Coffey hatte bereits mit Naomi zusammengearbeitet. Als Naomi wiederkam, war er gerade in meiner Küche. Scott und Naomi unterhielten sich und lachten über irgendetwas, und durch Scotts Anwesenheit sah ich eine andere Seite von Naomi. Da sagte ich: »Okay, sie ist perfekt. Sie kann es machen.« Und das war es dann. Sie ist perfekt, und der Rest ist Geschichte.

Ich weiß noch, wie Justin Theroux hinzukam. Wir hatten ein gutes Gespräch. Er ist einfach ein großartiger Schauspieler. Chad Everett war perfekt in seiner Rolle, und auch Ann Miller war perfekt. Ich fand Ann Miller wunderbar! Himmel, es war so ein Spaß, mit ihr zu arbeiten. Sie war Coco, und die Rolle passte zu ihr wie die Faust aufs Auge. Billy Ray Cyrus stellte sich zuerst für eine andere Rolle vor, aber er war Gene, der Poolreiniger – er hätte nicht besser sein können. Es kommt häufiger vor, dass Leute für eine bestimmte Rolle vorsprechen und dann etwas ganz anderes spielen. Cori Glazer zeigt ihre Schönheit nicht, aber sie hat ein wunderschönes Gesicht. Man muss es isoliert betrachten, und ich entsinne mich, dass ich sie lange angesehen habe. Plötzlich wusste ich, dass sie die Blue Lady war, und sie hatte das letzte Wort im Film.

Der Cowboy ist irgendwie in den Film hineingewandert. Ich saß auf meinem Stuhl, und Gaye tippte meine Gedanken mit. Sie hatte diese spezielle Begabung. Gaye war fantastisch. Sie war nicht besonders gut als Sekretärin und ein wenig leichtfüßig, aber sie hatte eine gute Energie, und das ist sehr wichtig. Wenn es hart auf hart kam, konnte sie Anweisungen geben und auch Nein sagen. Sie hatte die ganze Truppe im Griff, sie behandelte jeden gut. Ihre Liebenswürdigkeit schuf mir einen Kokon, in dem ich über alles nachdenken konnte und mich nicht davor fürchten musste, es dann auch auszusprechen. Sie urteilte niemals über andere, und wenn sie bei mir war, wusste ich, dass ich alles sagen konnte. So jemand ist perfekt fürs Schreiben. Ich konnte alles ausprobieren, und für sie war das in Ordnung. Das Freiheitsgefühl, das sie in mir weckte, setzte Ideen frei, und so saß ich mit Gaye zusammen, als der Cowboy erschien. Ich begann zu erzählen, und während ich erzählte, hatte ich Monty vor Augen.

Dass Monty spielen konnte, wusste ich seit einem Ereignis bei der Arbeit an *The Cowboy and the Frenchman*. Monty war bei Propaganda, die das Projekt produzierten, und wir arbeiteten an einer Szene mit einer Figur namens Howdy, einem Bullenzüchter, der versucht, einen seiner Bullen zu bezwingen. Harry Dean ruft ihm zu, er solle gesalzene Nüsse zum Bier besorgen, und Howdy kann ihn hören, aber Harry Dean denkt, er kann ihn nicht verstehen, weshalb er ihn anschreit. Howdy wird zornig, und das hilft ihm, den Bullen zu bezwingen. Dann springt er über den Zaun und rastet aus, weil er von Harry Dean die Nase voll hat. Bei dieser Szene gab es so viel Lärm, dass man Harry nicht verstehen konnte, deshalb sagte ich: »Wir müssen das noch einmal drehen. Wen haben wir für Howdy?« Ich hörte Monty sagen: »Ich mache das.« Ich dachte, das wird peinlich. Doch ich sagte: »Okay Monty, du kannst es versuchen.« Und er bekam es beim ersten Anlauf hin. Ich dachte, das muss ich mir merken. Monty kann allerdings keinen Text behalten, deshalb war es ein ziemlicher Kampf, die Szene aus ihm herauszuholen. Monty ist sehr schlau, aber ich glaube nicht, dass er gut in der Schule war, weil er sich manche Dinge einfach nicht merken konnte. Aber wir blieben dran, bis wir es hatten, und es hat funktioniert. Was Monty ablieferte, war perfekt, Justin musste sich dafür nur Montys Text an die Brust heften.

Manchmal habe ich einfach Glück. Während der Arbeiten an *Mulholland Drive* rief Brian Loucks an und sagte: »David, ich würde dir gern jemanden vorstellen. Ihr Name ist Rebekah Del Rio.« Also machte sich Rebekah auf den Weg zum Studio, um vielleicht bei einem Kaffee ein wenig zu plaudern und mir etwas vorzusingen. Sie kam ins Studio, und noch ehe fünf Minuten vergangen waren und wir einen Kaffee trinken konnten, stand sie bereits in der Aufnahmekabine und sang genau das, was jetzt im Film zu hören ist. Nichts daran wurde verändert. So war es. So entstand die Aufnahme. Es gab keine Figur wie Rebekha im Drehbuch für *Mulholland Drive*, bevor sie an jenem Tag ins Studio kam, und sie war diejenige, die den Song ausgesucht hat, den sie für mich sang. Ich dachte also über die Szene nach, die ich für den Club Silencio geschrieben hatte. »No Hay Banda« bedeutet auf Spanisch, dass es keine Band gibt, und das passte zu Rebekah, denn sie sang den Song ohne Band. Sie betritt die Bühne und singt wunderschön, dann bricht sie zusammen, und der Gesang läuft weiter.

Wir hatten eine tolle Crew für *Mulholland Drive*, und ich konnte mit einigen meiner liebsten Leute zusammenarbeiten. Ich liebe es, mit Pete Deming zu arbeiten. Er mag das Unkonventionelle, erkennt in allem einen Vorteil und scheut sich nicht, etwas Verrücktes auszuprobieren. So haben wir einige eigentümliche Techniken miteinander entwickelt. Manchmal funktionieren sie, manchmal nicht, aber es ist immer eine tolle Zusammenarbeit. Alles kommt in unseren Werkzeugkasten und findet seinen Zweck. Es gibt definitiv eine Blitzmaschine in diesem Werkzeugkasten, und die beste, die wir jemals hatten, war eine, die Sabrina [Sutherland] in Riverside für *Lost Highway* entdeckt hatte. Die beiden Maschinen, die sie gefunden hatte, waren so groß wie Eisenbahnwaggons und wurden auf zwei Lkws mit Flachbett-Aufliegern angeliefert. Wenn man dieses Blitzlicht auslöste, setzte es eine unglaubliche Helligkeit frei – es beleuchtete alles im Umkreis von einer Meile wie ein echter Blitz.

Es war einfach unglaublich, als wir den Autounfall am Anfang von *Mulholland Drive* drehten. Wir hatten dieses straffe Drahtseil, an dessen Ende ein drei Tonnen schweres Gewicht in dreißig Metern Höhe hing. Am anderen Ende wurde das Auto befestigt, und dann wurde das Gewicht fallen gelassen. Wäre das Kabel frühzeitig gerissen, wäre es zu einer unkontrollierbaren Peitsche geworden. Und hätte es dann jemanden getroffen, wäre es wie ein heißes Messer gewesen, das durch Butter schneidet. Es war wirklich gefährlich. Es gab mindestens drei Kameras für diesen Dreh. Pete und ich standen dabei, aber alle anderen mussten das Set verlassen. Gary war auf dem Kran. Im Boden gab es einen Bolzen, der die drei Tonnen hielt, an einem Kabel, das kurz vor dem Reißen war. Wir hatten eine spezielle Vorrichtung, die das Kabel durchschnitt, und als das Gewicht im freien Fall war, schleuderte es den Wagen mit den Teenagern mit voller Wucht in die Limousine. Mann, es war fantastisch! Gary hat das großartig hinbekommen. Es war ein Riesenspaß.

Jack Fisk ist mein bester Freund, und bei *Mulholland Drive* mussten wir einfach zusammenarbeiten. Jack bekommt alles hin. Selbst wenn sie ihm nur zehn Dollar gegeben hätten, hätte er das Set gebaut, und das Set war schlichtweg wunderbar. Es gibt eine Szene, in der Betty zu Rita sagt: »Schau in deine Handtasche, dein Name muss auf etwas darin stehen.« Dann sieht Rita in ihre Handtasche und sie ist voller Geld. Außerdem findet sie einen einzigartigen blauen Schlüssel, der zu einem unbekannten Schloss gehört. Es musste also etwas geben, was dazu passte, und ich weiß nicht, warum es am Ende eine blaue Box war statt einer Tür oder eines Autos.

John Churchill war zweiter Regieassistent bei *Mulholland Drive*, und er war ein großartiger Kerl, der bei dieser Tätigkeit sein ganzes Talent entfalten konnte. Bei *Lost Highway* und *The Straight Story* arbeitete er als persönlicher Assistent, aber er war der geborene Regieassistent und völlig in seinem Element. Für diesen Job braucht man viele Fertigkeiten. Man muss sich mit dem Regisseur und der Crew verstehen und dafür sorgen, dass alles läuft. Man kümmert sich auch um alles im Hintergrund, etwa dass beim Drehen Ruhe herrscht und dass Kamera und Ton starten, und dass man die nächste verdammte Szene in den Kasten bekommt. Sie halten alles am Laufen und sind dabei eine Kombination aus Antreiber, Diplomat und

Zeitplaner. Was drehen wir zuerst, was als Nächstes, solche Sachen eben. Das verschafft den Regisseuren Freiheit zum Nachdenken, ohne dass es tausend Dinge gibt, die sie ablenken – der Regisseur muss sich darauf konzentrieren, was die nächste Szene liefern soll, und sonst nichts. Auf eine Art kann ich es nicht leiden, wenn man Druck machen und Zeit aufholen muss, aber es gehört nun einmal dazu, und der Regieassistent hilft dir, das zu bekommen, was du willst. Es ist ein harter Job, und Churchy war gut darin. Darüber hinaus war er mein Freund und hatte einen großartigen Sinn für Humor. Er brachte mich dazu, mir Geschichten auszudenken. Wenn wir jemanden auf der Straße sahen, sagte er: »Okay, was ist die Geschichte?« Dann erzählte ich ihm etwas über diese Person. Und er erinnerte sich an alles. Er war ein fantastischer Typ.

Ich finde *Sunset Boulevard* toll und traf Billy Wilder mehrere Male. Einmal war ich bei Spago, als er und seine Frau, Audrey Young, ebenfalls dort waren. Er trat von hinten an mich heran, legte die Hände auf meine Schultern und sagte: »David, *Blue Velvet* ist super.« Dann frühstückten wir zusammen, ich stellte ihm tonnenweise Fragen zu *Sunset Boulevard*. Ich mag auch *Das Apartment* – das sind zwei herrliche Filme – ich war ein Glückspilz, ihm begegnet zu sein.

Es stimmt, dass Los Angeles eine Art Figur in dem Film ist. Ein Gespür für den Ort ist wichtig. Was ich an Los Angeles liebe, ist das Licht und die Tatsache, dass der Ort sich ausbreitet. Es ist kein einengender Ort. Manche Leute lieben New York, aber ich werde dort klaustrophobisch. Es ist mir zu viel.

Früher dachte ich, dass ich die Wüste in Südkalifornien mag, in Wahrheit liegt sie mir gar nicht. Ich hatte ein großes Stück Rindfleisch zum Abendessen, als ich in der Wüste war. Ich esse niemals rotes Fleisch, aber das hatten sie mir an diesem speziellen Abend aufgetischt. In jener Nacht schlief ich im Bett von jemand anderem und hatte einen derart schrecklichen und teuflischen Traum, dass ich den ganzen nächsten Tag mental gegen etwas ankämpfen musste, das er in mir ausgelöst hatte. Ich kann mich nicht mehr an den Traum erinnern, nur noch an das Gefühl. Ich konnte mit niemandem darüber sprechen und musste allein sein, um es mental zu bekämpfen. Es verschwand erst wieder, als ich nach L.A. zurückkehrte. Das hat meine Beziehung zur Wüste beendet. Es gibt Orte mit schlechten Schwingungen und Orte mit guten Schwingungen, und ich hatte an einem schlechten Ort gegessen und geschlafen.

Natürlich gibt es auch in L.A. schräge Dinge. Ich erinnere mich noch an den Sonntag, an dem ich mit Jennifer im Copper Penny ein Grand-Slam-Frühstück aß. Jen und ich saßen in einer Nische, und hinter mir hörte ich eine Unterhaltung. Diese Leute waren fantastisch, es war Sonntag, und sie führten eine Diskussion über Gott und viele Passagen aus der Bibel. Die Leute schienen intelligent und nett zu sein. Ich dachte, es ist toll, dass sich Leute an einem Sonntagmorgen über so etwas unterhalten. Dann standen wir auf und gingen, und Jen sagte: »Weißt du, wer hinter uns gesessen hat?« Es war das Oberhaupt der satanischen Kirche gewesen.

Die Pilotfolge für *Mulholland Drive* zu machen war schön, aber ABC hasste sie. Obwohl wir sie kürzten und ihnen das Ergebnis schickten, hatte ich ein schlechtes Gefühl. Ich weiß noch, wie ich dachte, ich arbeite mit den falschen Leuten zusammen. Manche Leute denken permanent an Geld, und alle ihre Entscheidungen beruhen auf der Angst, kein Geld zu verdienen. Es geht um nichts anderes. Ihre Jobs stehen auf dem Spiel, und sie müssen Geld verdienen. Sie denken: Den Leuten wird das nicht gefallen, wir werden keinen Hit landen, also verdienen wir kein Geld, und ich verliere meinen Job. Es ist die falsche Denkweise, aber so ist es nun einmal.

Die erste Schnittfassung, die ich ABC schickte, war zu langsam und da wir einen Abgabetermin hatten, blieb uns nicht die Zeit, das zu verfeinern. Die zweite Schnittfassung verlor viel von ihrer Struktur, den großen Szenen und Handlungssträngen. Wenn ich jetzt darauf zurückblicke, erkenne ich, dass es Schicksal war, und was am Ende mit *Mulholland Drive* geschah, war das Wunderbarste überhaupt. Dieser Film nahm eine seltsame Route, um das zu werden, was er wurde, und offenbar musste das so sein. Ich weiß nicht, wie es zu all dem gekommen ist, aber es geschah. Jetzt ist der Film da, und es musste so sein.

Pierre Edelman war in L.A. und kam in das Atelier. Ich sagte ihm, was mit *Mulholland Drive* geschehen war. Ich sagte ihm, das Projekt sei tot, aber in meinem Kopf ... Ich will nicht sagen, ich wusste, dass es nicht tot war, aber ich wusste, es war noch nicht fertig. Es gab also immer noch Möglichkeiten. Pierre sah sich den Film an, und er gefiel ihm wirklich. Also besprachen wir die Möglichkeit, einen Kinofilm daraus zu machen, und er ging an die Arbeit. Wie Mary Sweeney zu sagen pflegt: »Pierre ist der Strohhalm, der den Drink umrührt.« Er bringt die Menschen zusammen, hat allerdings kein eigenes Studio, weshalb er nur begrenzt agieren kann. Also dauerte es von dem Moment, als Pierre in mein Studio kam, bis zu dem Zeitpunkt, an dem die Verhandlungen begannen, ein ganzes Jahr. Ein Jahr. Und ich sage Ihnen, woran es lag – an den Mittelsmännern. Wenn Sie derjenige wären, der mir Geld geben will, würden Sie es dann nicht für sinnvoll halten, sich mit mir zusammenzusetzen und darüber zu sprechen? In ein paar Stunden hätten wir das ausgehandelt. Warum dauerte es also ein Jahr? Weil So-und-so drüben in Frankreich beschäftigt ist und man jemanden dort anruft und diese Person sagt, dass man einen zurückrufen wird. Und nach einigen Tagen tun sie das schließlich, nur um einem mitzuteilen, dass die betreffende Person jetzt im Urlaub ist. Dann rufen sie an und sagen: »Lassen Sie uns einen Termin für eine Telefonkonferenz vereinbaren, damit wir darüber sprechen können.« Eine weitere Woche vergeht, und dann ist Soundso krank, und man wartet lieber, und so weiter. Diese Leute sind nicht besonders begeistert von Ihrem Projekt, weil sie eine Menge anderer Projekte laufen haben, und eins führt zum anderen, und die Monate vergehen. Dabei hätte die ganze Sache in sechs Minuten erledigt sein können.

Ein Jahr später erhielt ich grünes Licht. Dann telefonierte ich, um herauszufinden, was aus den Sets, den Requisiten und der Garderobe geworden war. Man sagte mir, die Garderobe sei »zurück in den Umlauf gegangen«. Ich fragte den Typ: »Was soll das heißen?« Er antwortete: »Das heißt, die Sachen wurden nicht für Sie aufbewahrt.« Niemand wusste, was daraus geworden war. Irgendeine Sally mochte vielleicht gerade etwas von dem, was wir suchten, in irgendeiner Show tragen, und man würde es nicht zurückbekommen. Dann fand ich heraus, dass auch die Requisiten zurück in den Umlauf gegangen waren und dass die Sets unsachgemäß eingelagert wurden und reparaturbedürftig waren. Aber das war nicht Jacks Schuld. Obendrein hatte ich keine Ideen, wie ich die Geschichte beenden sollte, als man uns grünes Licht gab.

Deswegen sagte ich zu Tony: »Ich glaube nicht, dass es möglich ist, in diese Welt zurückzukehren, weil nichts davon übrig ist.« Er sagte: »Wenn du es nicht machst, werde ich dich verklagen.« Und die Art, wie er das sagte, beendete jedes freundschaftliche Gefühl für diese Person. Ich konnte nicht fassen, dass er das zu mir gesagt hatte. Ich sah eine Seite von ihm, die mir deutlich machte: Das ist nichts für mich. Ich habe nie einen Anruf von Disney erhalten, dass sie mich verklagen wollten – Tony sagte es mir am Telefon. Die Menschen sind, wie sie sind, und Tony war derjenige, der mich dazu brachte, an *Twin Peaks* und *Mulholland Drive* zu arbeiten. Das war gut. Auf der anderen Seite gibt es Dinge, die eine Freundschaft zerstören können, und auch wenn ich Tony vergeben habe, möchte ich nicht mehr mit ihm zusammenarbeiten. Ich stimme ihm zu, dass es in der Unterhaltungsindustrie um Zusammenarbeit geht, aber ich kann diese Denkweise nicht ausstehen. Es geht nicht nur um Zusammenarbeit. Natürlich arbeitet man mit Menschen, die einem helfen, und man kann hundert Leute nach ihrer Meinung fragen. Aber schlussendlich werden alle Entscheidungen vom Regisseur getroffen.

Nachdem Tony das zu mir gesagt hatte, setzte ich mich noch am selben Abend hin und meditierte, und wie die Perlen an einer Kette reihte sich eine Idee an die andere. Als ich die Meditation beendet hatte, wusste ich genau, wie ich den Film beenden musste. Dann arbeitete ich mit Gaye und konkretisierte meine Ideen. Am Ende hatten wir die achtzehn Seiten, die ich brauchte.

Es gab Sex auf diesen achtzehn Seiten, und Laura und Naomi haben das großartig umgesetzt. Ich versprach Laura, ich würde Teile ihres Körpers in der Nacktszene unkenntlich machen, und es gibt eine Stelle, wo das notwendig war, weil sie dabei steht. Sicherlich wäre das Bild in jedem Magazin veröffentlicht worden, deshalb mussten wir das tun.

Ich habe die vielen Takes von Naomis Masturbationsszene nicht gedreht, weil ich sie in eine bestimmte Gemütsverfassung bringen wollte. So etwas mache ich nicht. Wir machten die vielen Wiederholungen, weil sie es nicht hinbekam, und man macht so lange weiter, bis es passt. Dieses Mädchen tut das, weil sie verletzt, wütend und verzweifelt ist, und all diese Gefühle schwimmen und wirbeln in ihr herum, weshalb sie es auf eine bestimmte Weise tut. Es gibt etwas, was diese Szene erreichen soll, und Naomi hat all das eingebracht.

An dem Abend, an dem wir die Dinnerparty am Ende von *Mulholland Drive* drehten, mussten wir aus irgendeinem Grund früher aufhören. Angelo hatte für denselben Abend einen Rückflug nach New Jersey gebucht, und es war unsere einzige Chance, ihn zu filmen. Während also alle um uns herum ihre Sachen packten, ging ich zu Angelo und sprach mit ihm. Dann ging ich zu Pete und sagte: »Du musst vorsichtig vorgehen, richte die Kamera auf Angelo und behalte auch diesen kleinen Hund im Fokus – der passt gut dort hin, das sieht gut aus, Pete.« Ich gab Angelo ein Zeichen, und er tat, was ich ihm gesagt hatte, und wir stahlen uns diese Aufnahme, während uns die Leute davonliefen.

So haben wir den Film beendet, und er wurde genau so, wie er sein sollte. Dann flogen wir damit nach Cannes. Er hat seinen Platz in der Welt gefunden, aber er spielte nicht viel Geld ein. Eigentlich tut das nichts von dem, was ich mache. Heutzutage arbeiten wir alle nur noch für die Bosse. Wir bekommen Blitzlichtgewitter und ein Mädchen steht neben uns, und das war's dann.

A Slice of Something

EINE SCHEIBE IRGENDWAS

Lynch arbeitet bevorzugt abseits der Beschränkungen Hollywoods. *The Straight Story* war in diesem Sinne so sehr Eigenproduktion und Familienprojekt, wie es ihm irgend möglich war: Co-Produzentin Sweeney hat am Drehbuch mitgearbeitet, das Szenenbild gestaltete Jack Fisk, Harry Dean Stanton und Sissy Spacek gehörten zur Besetzung, die Musik kam von Angelo Badalamenti, und Freddie Francis war für die Kamera zuständig. Das Budget war klein, Lynch hatte das letzte Wort beim Schnitt, und er schuf ein stilles Meisterwerk.

»Im Frühsommer 1998 erzählte mir David, dass Mary Sweeney ein Drehbuch mit dem Titel *The Straight Story* geschrieben hätte und er den Film unbedingt machen wollte«, erinnert sich Pierre Edelman, der an *The Straight Story* als ausführender Produzent mitwirkte. »Ich war damals Consultant für Canal Plus, eine Tochterfirma von StudioCanal. Als ich mit David in Verhandlung trat, waren in Frankreich gerade Sommerferien und ich war ganz allein im Büro, da die Franzosen sich um diese Zeit traditionell im Urlaub befinden. Ich schaffte es, einen Deal über ein Budget von rund sieben Millionen Dollar abzuschließen, und Ende September begann er bereits zu drehen.«

Laut Sweeney hatte Edelman großen Anteil daran, das Projekt — eine gemeinsame Produktion von Picture Factory und Canal

Plus – ins Rollen zu bringen: »Tony Krantz, Rick Nicita und CAA waren schon weg, als wir *The Straight Story* drehten, da kam Pierre gerade recht. Es war Ende Juni, und ganz Frankreich war in den Ferien. Pierre stöberte die Leute schließlich in Südfrankreich auf. Es gab einen regelrechten Bieterkrieg, weil es ein Projekt mit kleinem Budget war, das die Leute nicht so verschreckte, wie es Davids Projekte sonst immer taten. Selbst Menschen, die mit Davids Werken nichts anfangen können, mögen ihn als Menschen. Bei der Vorstellung, was er aus dem Material alles machen würde, gerieten sie ganz aus dem Häuschen und konnten es kaum erwarten, mit ihm zusammenzuarbeiten.«

Neben den Produzenten Sweeney und Neal Edelstein sowie den ausführenden Produzenten Edelman und Michael Polaire gehörte zum Produktionsteam von *The Straight Story* anfangs auch Deepak Nayar, der sich nach einem Streit über das Budget widerwillig aus dem Projekt verabschiedete – und damit aus Lynchs Leben. »David hatte einen starken Einfluss auf mein Leben und meine Karriere«, erkennt Nayar rückblickend.

»Er hat mir die nötige Initialzündung gegeben, aber wichtiger als das waren seine Zuwendung und Fürsprache. Ich kam aus Indien und kannte in Los Angeles keinen Menschen. Für ihn spielte es keine Rolle, dass ich nur Fahrer war. Er behandelte mich mit Würde und Respekt, und er gab mir die Chance, noch mehr zu leisten. Ich habe inzwischen eine eigene Firma und eine Menge Projekte am Laufen, aber zu den schönsten Erinnerungen meiner Karriere gehört die Arbeit mit David. Er allein hat mich zu dem gemacht, was ich heute bin, und ich kann ihm für seine Unterstützung gar nicht genug danken.«

Hauptdarsteller des Films und in fast jeder Szene präsent ist der inzwischen verstorbene Richard Farnsworth. Seit er 1937 einem Casting-Aufruf folgte, als für *Die Abenteuer des Marco Polo* fünfhundert mongolische Reiter gesucht wurden, lenkte Farnsworth für Cecil B. DeMille einen Streitwagen in *Die zehn Gebote*, hatte seine erste Sprechrolle in *Wer schluckt schon gern blaue Bohnen?*, und sein Auftritt in Alan J. Pakulas Western *Eine Farm in Montana* brachte ihm 1978 eine Oscar-Nominierung als bester Nebendarsteller ein.

Es fällt schwer, sich einen anderen Schauspieler in der Rolle des Alvin Straight vorzustellen: Farnsworths weises, gütiges Gesicht *ist* im Grunde bereits ein Film. »Beim Lesen des Drehbuchs habe ich mich auf der Stelle mit diesem alten Kerl identifiziert und mich in die Story verliebt«, erzählt der Schauspieler, der zum Zeitpunkt des Drehs achtundsiebzig Jahre alt war. »Alvin ist ein Vorbild an Schneid und Tapferkeit.«[1] Obwohl sich Farnsworth 1997 zur Ruhe gesetzt hatte, beschloss er nach der Lektüre dieses Drehbuchs, wieder zu arbeiten.

Sissy Spacek spielte im Film die Rolle der Rose, eine Figur, die an Straights Tochter angelehnt ist. »David, Jack und ich hatten seit Jahren über verschiedene Projekte gesprochen, die wir zusammen machen könnten, und *The Straight Story* kam uns allen gelegen«, erinnert sich Spacek. »Ich glaube, David gefiel die Vorstellung, dort oben Jack an seiner Seite zu haben. Er dachte vermutlich: Spitze, wenn nötig, können wir mit dem Presslufthammer Wände einreißen, so wie früher. Die beiden reißen seit fünfzig Jahren mit dem Presslufthammer Wände ein.

Die Figur, die ich spiele, spricht mit einem ziemlich ungewöhnlichen Stottern, deshalb musste ich ein kompliziertes Dentalimplantat tragen, und wusste nicht, ob ich das hinkriege. Aber David hat an mich geglaubt, also dachte ich: Vielleicht pack ich's ja doch. Und es war eine einzigartige Erfahrung. David war am Set genauso entzückend wie im richtigen Leben. Es war wunderbar, mit ihm zu arbeiten. Er war witzig, liebenswert, er wusste, was er wollte – mit David zu arbeiten ist leicht. Einmal hatte einer der Schauspieler, der nicht mehr der Jüngste war, in einer Szene besonders viel zu tun. Ein ums andere Mal verpasste er seinen Einsatz und vermasselte dadurch die Szene, worüber er sich dann schrecklich aufgeregte. David war so lieb und geduldig. Er sagte: ›Ich binde einen Faden an deine Gürtelschlaufe, und jedes Mal, wenn du loslegen sollst, ziehe ich kurz an dem Faden, dann weißt du, was du tun musst.‹ Häufig hieß es: ›*The Straight Story* ist ganz anders als sein sonstiges Werk.‹ Wer David kennt, der weiß allerdings, dass auch dieser Film für einen Teil von ihm steht.«

Harry Dean Stanton, der Darsteller des Lyle Straight, hatte vor *The Straight Story* bereits in vier Lynch-Filmen mitgespielt und immer gerne mit ihm gearbeitet: »Davids Drehs sind in der Regel sehr entspannt. Er brüllt niemals jemanden an – er ist kein Schreihals –, und er gibt mir die Freiheit zu improvisieren, solange ich ihm nicht in die Handlung pfusche. Wir haben immer Spaß, wenn wir zusammen drehen.

In *The Straight Story* hatte ich nur eine einzige Szene, und in der musste ich weinen. Sean Penn hat mir mal ein Büchlein mit der Rede von Häuptling Seattle geschenkt, dem ersten Indianer, der in ein Reservat gesteckt wurde. Wenn ich sie lese, muss ich jedes Mal heulen. Also hat mich David vor dem Dreh dieser Szene ein paar Zeilen daraus lesen lassen. Und es hat funktioniert.«

Freddie Francis, mit dem Lynch schon seit *Der Elefantenmensch* zusammenarbeitet, hat mit seiner Kamera einen Mittleren Westen der USA eingefangen, der so heute kaum noch existiert. Der Film wurde entlang des 240 Meilen langen Abschnitts der schnurgeraden Straße zwischen der Stadt Laurens in Iowa und dem Mount Zion in Wisconsin gedreht, den der echte Alvin Straight befahren hatte.

The Straight Story strahlt eine elegische Grandezza aus. Die bittersüße Atmosphäre und das wundervoll gemächliche Tempo des Films, der von Aufnahmen der verwitterten roten Fassadenfarbe einer Kleinstadtbar oder streunender Hunde auf einer menschenleeren Hauptstraße durchwoben ist und von Luftbildern des träge dahinfließenden Mississippi, wird durch kunstvoll eingesetzte

Abschnitte der Stille und Badalamentis wehmütige Interpretation amerikanischer Roots-Musik noch verstärkt.

Bei Filmen mit weiten, offenen Landschaften ist Jack Fisk besonders gut. Er hat an den meisten Werken von Terrence Malick mitgewirkt, an Paul Thomas Andersons *There Will Be Blood*, und wurde 2015 für Alejandro Iñárritus Film *The Revenant – Der Rückkehrer* für den Oscar nominiert. *The Straight Story* war wie für ihn geschaffen. »Wir haben immer ein wenig miteinander gewetteifert, was wohl noch auf die Zeit zurückgeht, in der wir uns ein gemeinsames Atelier teilten. Von daher war es besser, dass wir damals nicht zusammengearbeitet haben. Ende der Neunziger wurde mir allerdings klar, dass ich auch anderen Regisseuren dabei half, *ihre* Visionen umzusetzen, und dass ich David vermisste. Ich wollte wieder mehr Zeit mit ihm verbringen. *The Straight Story* hat mir wirklich großen Spaß gemacht.«

»David und Jack waren die Ersten füreinander«, kommentiert Spacek die Freundschaft zwischen Lynch und Fisk. »Zwei Jugendliche in Virginia, die beide von einem Leben als Künstler träumten. Seit sie einander kannten, haben sie diesen Traum geteilt und sich dabei gegenseitig unterstützt. Dadurch wurde er für sie zur Realität. Sie besuchten die Kunsthochschule, reisten durch Europa und zogen gemeinsam in die Welt hinaus, um diese gemeinsame Vision umzusetzen. Ich glaube, das ist der Grund für ihre ungewöhnlich tiefe Freundschaft.«

Gary D'Amico, der bei dem Dreh in Iowa ebenfalls mit dabei war, erinnert sich an *The Straight Story*: Es war »das Projekt, das von allen, die ich je mit David gemacht habe, am meisten Spaß gemacht hat. Außerdem habe ich dem Film einen Mitgliedsausweis der Screen Actors Guild zu verdanken. Ich hatte damals mein schickes Mountainbike mit am Set, und David gefiel das Rad so sehr, dass er sagte: ›Ich würde es gerne im Film sehen, und ich möchte, dass du es fährst.‹ Dann schlug er vor: ›Lassen wir Gary doch auch ein paar Worte sprechen! So was wie: ›Links von Ihnen. Danke!‹

Es gibt da eine Szene, in der Alvin auf dem Highway von einem Sattelschlepper überholt wird und ihm der Fahrtwind den Hut vom Kopf bläst«, erinnert sich D'Amico an einen seiner Spezialeffekte. »Wir filmten die Szene von hinten, und David sagte: ›Ich will, dass der Hut direkt auf die Kamera zufliegt.‹ Ich warf ein, dass der Sog eines vorbeifahrenden Lkws den Hut in Fahrtrichtung und nicht gegen die Fahrtrichtung vom Kopf reißen würde. Er blieb stur: ›Ja, aber das ist mein Film, und ich will, dass er nach hinten fliegt. Also fliegt er nach hinten.‹ Der Hut musste dabei gut fünfzehn Meter zurücklegen, deshalb installierte ich ein System mit acht Flaschenzügen, von denen jeder den Hut etwa zweieinhalb Meter weit beförderte. Der Kameramann sagte: ›Dafür haben wir keine Zeit, und die Szene wird es wahrscheinlich noch nicht mal in den Film schaffen.‹ David entgegnete: ›Was soll der Schwachsinn? Gary hat eine Menge Zeit in diesen Aufbau gesteckt, also werden wir es drehen.‹ Und am Ende war es im Film.«

Während Lynch die Postproduktion beendete, spielte sich zeitgleich das Drama um *Mulholland Drive* ab. Das TV-Serien-Projekt war bereits aufgegeben, als er im Frühjahr 1999 mit *The Straight Story* nach Cannes fuhr. Der Film erwies sich dort zwar als Publikumsliebling, wurde aber bei der Preisvergabe übergangen. »Im Anschluss an die Verleihung der Goldenen Palme veranstaltete ich eine Party für die Verlierer«, erzählt Edelman. »David war mit Pedro Almodóvar und ein paar anderen da. Es war eine fantastische Party, und David war dermaßen gut drauf, dass er die Preisverleihung ganz vergaß.«

»Das Publikum in Cannes war von dem Film begeistert«, erinnert sich Sweeney. »Die Vorführung war ein wirklich bewegendes Ereignis. Alle Mitwirkenden sahen den Film dort zum ersten Mal. Richard, Sissy und Jack waren dabei, und es war ein ziemlicher Spaß. Als wir aus dem Grand Palais kamen, ertönte aus den Außenlautsprechern Angelos Musik – dieser für ihn typische italienische Soul, mit einer sehnsuchtsvollen Prise Country-Twang –, und wir waren alle miteinander überglücklich. Es war sowohl Freddie Francis' als auch Richard Farnsworths letzter Film, und das war einfach ein wunderschöner Schlussakkord.«

Mary und John haben lange am Drehbuch zu *The Straight Story* geschrieben. Ich habe zwischenzeitlich immer wieder davon gehört, hatte aber null Interesse. Dann baten sie mich, es zu lesen. Etwas zu lesen ist wie Ideen zu entwickeln – man malt es sich aus, im Geist und mit ganzem Herzen. Die Figuren in diesem Drehbuch schienen so starke Emotionen zu transportieren, dass ich dachte: Das will ich machen. In den Jahren, die diesem Film vorausgingen, hatte ich einige Zeit in Wisconsin verbracht und einen Eindruck von den Menschen gewonnen, die in diesem Teil des Landes leben. Das hat mir vermutlich geholfen, mich für das Drehbuch zu begeistern.

Ich weiß nicht mehr, wann der Name Richard Farnsworth ins Spiel kam. Aber als es passierte, war er sofort gesetzt. Richard war der geborene Alvin Straight. Jedes einzelne Wort aus seinem Mund ist wahr. Richard besitzt eine gewisse Unschuld, die dazu beitrug, dass ich ihn so gerne in der Rolle sehen wollte. Alvin Straight war wie James Dean, nur war er ein alter Mann. Davon abgesehen, war er ein Rebell, der Dinge nach seiner Art anging, und so war auch Richard. Eigentlich sind Menschen alterslos, denn wenn wir mit unserem inneren Ich kommunizieren, dann hat dieses Ich kein Alter. Dieses Ich ist alterslos. Unser Körper altert, aber das ist alles, was sich ändert.

Richard hat in einer Menge Filme mitgespielt, und ich mochte ihn jedes Mal, wenn ich ihn auf der Leinwand sah. Ich weiß nicht, warum er kein Superstar war, aber ich weiß auch gar nicht, ob er das gewollt hätte. In gewisser Hinsicht hat er sich nicht als Schauspieler betrachtet, wohl weil er vom Rodeo und der Stunt-Arbeit zum Film gekommen war. Richard war die Idealbesetzung für die Rolle des Alvin Straight, und wir waren ganz begeistert, als er zusagte. Da Richard nicht gern feilschte, stellte er eine angemessene Gagenforderung und wollte kein weiteres Wort zu dem Thema verlieren. Also antworteten wir: »Prima, so machen wir's.« Dann sagte er völlig überraschend ab. Er nannte keinen Grund, aber es könnte seine Gesundheit gewesen sein, da Richard damals schon an Krebs erkrankt war. Wir waren geschockt. Das war schlimm für Richard und schlimm für uns. Da fiel mir mein guter Freund, der große Schauspieler John Hurt ein. John ist so gut, dass ich ihn mir als Alvin Straight vorstellen konnte. Ich sprach mit ihm, und er willigte ein.

Einmal im Jahr kam Richard aus New Mexico, wo er eine Ranch besaß, nach Los Angeles und traf sich mit seiner Managerin und Agentin zum Mittagessen. Es war fast schon eine Tradition. Bei ihrem ersten Treffen, nachdem er die Rolle abgesagt hatte, sagte sie zu ihm: »Richard, du siehst richtig gut aus.« Und er erwiderte: »Ich fühle mich ja auch gut.« »Vielleicht solltest du *The Straight Story* doch machen«, schlug sie daraufhin vor. Und er stimmte ihr zu: »Weißt du was, ich glaube, das sollte ich, das könnte ich und das werde ich auch.« Also rief er mich an, und nachdem ich John Hurt informiert hatte, der sehr verständnisvoll reagierte, haben wir Richard tatsächlich verpflichtet. Wir waren wirklich froh und sehr dankbar, denn er machte seine Sache dann ja tatsächlich ungeheuer gut. Er war immer bester Dinge, war immer Richard.

Als wir den Film drehten, war Richard achtundsiebzig und Freddie Francis einundachtzig Jahre alt. Aber sie konnten nicht nur mit allen anderen Schritt halten, Richard und Freddie gaben sogar das Tempo vor. Freddies Gesundheit war ebenfalls nicht die beste, und obwohl er danach noch acht Jahre leben sollte, war *The Straight Story* sein letzter Film. Und das Ding zu fahren war gefährlich für Richard, denn auch wenn er sich als Stuntman schon jede Menge Knochen gebrochen hatte, war es kein sonderlich sicheres Fahrzeug. Aber er war mehr als couragiert und schien während der Aufnahmen jünger und jünger zu werden. Seine Leistung war beeindruckend. Niemandem war bewusst, unter welchen Schmerzen er während des gesamten Drehs litt – er ließ sich nichts anmerken. Richard war ein Cowboy.

Ich mag Sissy sehr gern. Wir kennen uns schon lange. Jack brachte sie mit, als er frisch mit ihr zusammen war und ich gerade *Eraserhead* drehte. Eine Weile war sie meine Schwägerin. Ihr Agent war Rick Nicita, der dann auch mein Agent wurde. Sissy und Jack waren immer für mich da, und es gab vieles, was ohne sie gar nicht möglich gewesen wäre. Sie haben *Eraserhead* mitfinanziert, und sie gehören zur Familie. Ich hatte immer schon mit Sissy arbeiten wollen, und für die Rolle der Rose war sie die Idealbesetzung. Abgesehen von Sissy, Richard und Harry Dean kamen alle Schauspieler aus der Gegend und hatten ein Gespür dafür, wie die Menschen dort leben und reden.

Der Dreh machte zügig Fortschritte. Drehbeginn war im Spätsommer, deshalb mussten wir uns ranhalten, denn in diesem Teil der USA wird es im Herbst richtig kalt, und der Großteil des Films spielt unter freiem Himmel. Da wir uns an dieselbe Route hielten, die Alvin Straight tatsächlich gefahren ist, lag es nahe, chronologisch zu drehen. Und das machten wir dann auch.

Meine Lieblingsszene im Film ist das Ende. Was Richard und Harry Dean da gemeinsam geleistet haben, ist einfach unglaublich. Jack hat Lyles Haus gebaut, wunderschön, hoch gelegen und von Hügeln umgeben, stand es in einer Art Senke. Richard fuhr also den Hang runter, den schweren Hänger im Schlepptau, und das Ding hielt vor Lyles Hütte. Er stieg ab, ging auf die Hütte zu und rief nach Lyle. Er stand in der Sonne – das Licht war wirklich traumhaft –, und in der Sekunde nachdem er Lyle gerufen hatte, versank die Sonne hinter dem Berg. Wären wir ein paar Sekunden später dran gewesen, hätten wir es komplett verpasst. Wir hatten unglaubliches Glück, dieses Bild einfangen zu können. Als Richard dann mit Lyle sprach, hatte er einen Frosch im Hals, und dieser Moment der Rührung ist einfach wundervoll. Das Wort »Naturtalent« wurde für Harry Dean und Richard Farnsworth erfunden. Harry spielt so aufrichtig wie nur möglich, und Richard steht ihm in nichts nach, das ist in dieser Szene deutlich zu spüren.

Besonders gut gefällt mir auch die Szene in der Bar, in der Richard mit Verlyn [Wiley Harker] über den Zweiten Weltkrieg redet. Diese Szene lebt allein von Richards und Wileys Leistung. Ich habe nichts weiter getan, als für Stille zu sorgen, die beiden nebeneinanderzusetzen und zwei Kameras auf sie zu richten, die sie in Nahaufnahme filmten. Es gab keine Probe, und die Szene wurde in einem Take aufgenommen.

Alles ist relativ. *The Straight Story* ist eine friedvolle Geschichte, aber sie ist auch nicht frei von Brutalität. Als Alvins Rasenmäher droht, außer Kontrolle zu geraten, ist das für Alvin sehr brutal; es bleibt jedoch im richtigen Verhältnis – in einem Film muss es so etwas wie Balance geben. Schlägt man einen bestimmten Weg ein, dann gibt es Regeln, und die durch den eingeschlagenen Weg vorgegebenen Regeln gilt es zu befolgen – man kann nicht zwei Pfade gleichzeitig verfolgen. Die Menschen in diesem Film mögen vielleicht wie Heilige wirken, allerdings sehen wir auch nur eine Seite von ihnen, die sie in einer spezifischen Situation zeigen. Deshalb erzählt *The Straight Story* eben nicht die Wahrheit über den Mittleren Westen, und Dorothy Vallens steht nicht stellvertretend für alle Frauen. Es ist eine Facette von etwas. Eine Facette kann die Wahrheit anklingen lassen, aber sie ist nicht die ganze Wahrheit.

Ich habe immer gesagt, *The Straight Story* sei der experimentellste Film, den ich gemacht habe. Er ist völlig anders als meine vorherigen Filme. Aber im Grunde ist ja alles ein einziges Experiment.

Man trägt Teile zusammen, die man für die richtigen hält. Bevor man sie miteinander kombiniert hat, kann man nie wissen, ob es wirklich die richtigen sind. Man muss Bild, Klang, Musik und Dialoge in ein genau austariertes Gleichgewicht bringen, um Emotionen zu erzeugen. Wie die Musik einsetzt, wie laut sie wird, wie sie aufhört – all diese Dinge müssen perfekt aufeinander abgestimmt sein, deshalb ist die Musik, die Angelo für diesen Film komponiert hat, auch so wichtig.

The Straight Story lief auf dem Filmfestival im Wettbewerb, deshalb sind eine ganze Reihe Darsteller und Crewmitglieder nach Cannes geflogen. Die Vorführung war großartig. Im Saal herrschte eine fantastische Stimmung, es war einfach wunderbar. Mira Sorvino saß eine Reihe vor mir, und als der Film vorbei war, drehte sie sich um, blickte mich an und legte schluchzend ihre Hand aufs Herz. Der Film hatte sie wirklich berührt. Es war eine sehr emotionale Vorführung, und es war der Abend, an dem Harry Dean diese unvergesslich komische Geschichte erzählte. Nach der Vorführung gingen wir alle noch in die Petit Bar des Carlton Hotels. Angelo, Pierre, Harry Dean, ich und ein paar andere verzogen uns in eine ruhige Ecke und bestellten Getränke. Wir saßen zusammen, und dann sagte Harry Dean diesen einen Satz. Keiner von uns kann sich daran erinnern, worum es dabei genau ging – es war irgendwas über Schokoladenhasen und einen Traum, den er hatte –, aber er sagte diesen Satz, und wir lachten. Es folgte ein zweiter Satz, und wir lachten noch viel mehr. Wir dachten, das wäre es gewesen, aber es kamen noch ein dritter, und ein vierter, und jeder war großartiger als der davor. Wir kriegten uns gar nicht mehr ein vor Lachen, und er machte noch achtzehn weitere Sätze lang so weiter! Schon nach dem neunten fühlte sich mein Kopf an, als würde mir Druckluft in den Mund geblasen, bis sich die Backen aufblähen. Ich lachte mich schlapp. Bald waren meine Tränenkanäle vom vielen Lachen ausgetrocknet. Und Harry Dean legte immer noch eine Schippe drauf, was eigentlich unmöglich ist! Irgendwann ist das Ende der Fahnenstange erreicht!

Doch seine Betonung, das Timing, die Wortfolge, das alles war verdammt perfekt, wirklich unglaublich. Ich habe noch keinen Standup-Comedian gesehen, der das hinbekommen hat und Harry Dean das Wasser reichen könnte. Wir waren alle völlig am Ende. Wir lachten so heftig, dass wir schließlich wirklich halb tot waren. Über diesen Abend reden wir heute noch. Wenn Angelo und ich mehr als fünfzehn oder zwanzig Minuten miteinander verbringen, kommen wir unweigerlich darauf zu sprechen, doch keiner von uns kann sich daran erinnern, wovon Harry Dean damals eigentlich gesprochen hat. Harry Dean war einfach unnachahmlich.

Richard Farnsworth war damals mit uns in Cannes. Als sich der Trubel um *The Straight Story* gelegt hatte, kehrte er auf seine Ranch zurück. Etwa ein Jahr danach hat er uns verlassen. Er hat sich gesagt: Wenn es so aussieht, als könnte ich morgen meinen Arm nicht mehr bewegen, dann muss ich es tun. Und das hat er dann auch. Er hat sich erschossen. Eine echte Cowboy-Geschichte.

In jenem Jahr war David Cronenberg in Cannes Jury-Präsident, und *The Straight Story* war definitiv nicht nach seinem Geschmack. Vermutlich hielt er den Film für völligen Mist. Wer Präsident der Jury wird, entscheidet das Los, und derjenige gibt im jeweiligen Jahr dann den Ton auf dem Festival an. Wir waren überzeugt, dass *The Straight Story* ein breites Publikum erreichen konnte, weil er ein inniger und sehr herzlicher Film ist, wegen der guten Schauspieler, und weil »brüderliche Liebe« und »Vergebung« wundervolle Themen sind. Als mir telefonisch mitgeteilt wurde, dass der Film für alle Altersstufen freigegeben war, sagte ich bloß: »Wiederholen Sie das bitte!« Immerhin waren es ziemlich verrückte Zeiten. Die christlichen Fundamentalisten konnten sich für den Film nicht erwärmen, weil das Wort »Hölle« darin vorkam, und obwohl Disney ihn herausbrachte, weiß ich nicht, was sie wirklich davon hielten. Was immer sie taten, um ihn zu vermarkten, es funktionierte einfach nicht. Zum Teil ist es wohl schlicht mein Schicksal, aber der Film kam nicht an. Ich bin mal auf einer Party mit Steven Spielberg ins

Gespräch gekommen. Ich sagte ihm, er könne sich wirklich glücklich schätzen, denn was ihm gefällt, gefällt Millionen von Menschen, während das, was mir gefällt, nur Tausenden von Menschen gefällt. »David«, antwortete er, »*Eraserhead* werden eines Tages genauso viele Leute gesehen haben wie *Der weiße Hai*«. Ich bin mir da nicht so sicher wie er. Ich bin mir allerdings sicher, dass es eine Unmenge von Filmen gibt, von denen ich nicht weiß, ob sich irgendjemand um sie schert.

Wir drehten den Film Ende der Neunziger. Wenn man an einem Maisfeld vorbeifährt, dann sieht man normalerweise nichts als Mais und vielleicht noch einen Zaun darum. Als wir *The Straight Story* drehten, fragte ich mich immer wieder, warum da Schilder vor einzelnen Maisreihen standen. Die Lösung lautete: Dort wurde mit genmanipuliertem Saatgut experimentiert. Ich bin mir ziemlich sicher, dass alle Farmen, die ich damals gesehen habe, inzwischen Genmais anbauen und dass es dort längst keinen natürlichen Mais mehr gibt. Früher gab es viele kleine Familienbetriebe. Dann kauften die großen Farmen – die Reichen – allmählich die kleinen Farmen auf, und übrig geblieben sind ein paar wenige riesige Farmen. Es gibt also weniger Farmer, und die kleinen landwirtschaftlichen Gemeinden existieren nicht mehr. Früher hat man dort jemanden kennengelernt, die Tochter von Farmer Bill, man verliebte sich, ließ sich nieder, betrieb eine Farm und ging seiner Arbeit nach: Das gibt es alles nicht mehr. All die Dorfschulen sind verschwunden, stattdessen sieht man überall bloß endlose Felder mit genmanipuliertem Mais und Soja.

Früher haben die Farmer einen Teil ihrer Ernte als Saatgut für das nächste Jahr aufbewahrt und es Saatgutabnehmern gegeben, die das Getreide dann in Silos lagerten. Diese Saatgutabnehmer klagen jetzt bitterlich, denn sämtliche Farmer, mit denen sie zusammengearbeitet haben, sind nun gezwungen, Genmais anzubauen, weshalb sie im nächsten Jahr ihr Saatgut bei Monsanto kaufen. Dieses Saatgut hält sich nur ein Jahr und ist voll mit Insektiziden und Herbiziden. Und wenn der Farmer auf dem Nachbarhof dieses Saatgut nicht will, kann es ihm trotzdem passieren, dass etwas davon auf sein Land geweht wird. Wenn das geschieht, verklagt ihn Monsanto und beschuldigt ihn: »Du hast uns bestohlen, wir haben ein Patent darauf.« Sie spielen die Farmer gegeneinander aus, deren Kinder leiden, die Saatgutleute jammern, und die gute Nachbarschaft ist dahin. Ihre Ausrede lautet dann vermutlich, das Getreide sei gutes Getreide, und wir müssten eine immer weiter wachsende Bevölkerung ernähren – wie sollen wir sonst alle satt kriegen? Um so viele Menschen zu ernähren, braucht man wissenschaftliche Lösungen. Das mag sein. Aber Mutter Natur ist längst unter die Räder gekommen, und es ging dabei immer nur ums Geld.

DAS GLÜCKLICHSTE HAPPY END VON ALLEN

Nach der ganzen Action um *The Straight Story* und *Mulholland Drive* vollführte Lynch so etwas wie eine Rolle rückwärts und kehrte zu seinen frühesten Prinzipien zurück. Er fuhr alles herunter und besetzte sein Büro mit tatkräftigen jungen Leuten, die begierig darauf waren, seiner Arbeit die Zeit und Hingabe zu widmen, die ein Film wie *Eraserhead* erforderte. Er mag es nämlich nicht, wenn die Dinge zu groß und schwerfällig werden, und er will in Ruhe gelassen werden, um das machen zu können, was er sich vorgenommen hat. Lnych war es nie um Geld oder Ruhm gegangen, das wurde umso ersichtlicher, als er sich ins 21. Jahrhundert stürzte.

»Als Davids Agent sah ich meine größte Herausforderung darin, seine Werke zumindest in den Randbereichen des Mainstream-Kinos zu etablieren. Und daran bin ich gescheitert«, sagt Rick Nicita. »Obwohl *Twin Peaks* ihn geradewegs ins Zentrum der Fernseh- und Popkultur beförderte, wurden seine Filme stets marginalisiert. Aber er *wollte* gar nicht im Zentrum der Aufmerksamkeit stehen, und auch wenn mich das anfangs frustrierte, lernte ich es nach einiger Zeit schätzen. Ich glaube, dass David nie wirklich die Absicht hatte, viele Filme zu machen. Er hätte sich an die Spielregeln halten und sich mehr ranschmeißen können, aber ich glaube nicht, dass er daran interessiert war. Denn ihn beschäftigten ganz andere Dinge.

Und er war immer glücklich und zufrieden in seiner selbstgeschaffenen Welt.«

Ende 2001 waren Filme für Lynch, der sich längst ins nächste kreative Abenteuer gestürzt hatte, nur noch von nachrangiger Bedeutung. »David war einer der ersten Menschen, die ich kannte, der sich mit dem Thema Internet beschäftigte. Als er mit dem Programmieren anfing, war es, als würde er seinen eigenen Fernsehsender gründen«, sagt Neal Edelstein. »Nach einer Weile war er gelangweilt, da die Technik nicht mit seinen Bedürfnissen Schritt hielt. Aber am Anfang war er Feuer und Flamme.«

Zu denen, die dabei einen Logenplatz hatten, gehörte Erik Crary. Aufgewachsen im Städtchen Lodi in Wisconsin, war er im Januar 2000 nach L.A. gezogen und hatte noch im September desselben Jahres begonnen, für Lynch zu arbeiten. »Nach einem Job bei einer Managementfirma, wo ich Briefe in Umschläge gesteckt hatte, war es regelrecht surreal, auf einmal David Lynch gegenüberzusitzen«, erinnert sich Erik. »Es war völlig verrückt, diese Chance geboten zu bekommen.

Davids Alltag ist selbst dann sehr geschäftig, wenn er gerade keinen Film dreht«, erzählt er weiter. »Er macht Fotos, malt, schreibt und baut alle möglichen Dinge. Er macht einen Haufen Zeug, und als ich dort anfing, lag der Schwerpunkt gerade auf dem Launch der Webseite. Für gewöhnlich hatten wir morgens ein Meeting mit David, um durchzugehen, was über den Tag zu erledigen war, und irgendwie wurde aus diesem Meeting mit der Zeit das, was wir ›Power Walk‹ nannten. Wir hielten im Grunde noch immer ein Meeting ab, nur dass wir dabei diesen steilen Hügel hinauf und um den Block herumliefen. Üblicherweise dauerte es eine halbe Stunde, und in der Regel waren David, Jay Aaseng, ich und manchmal Austin dabei.«[1]

Beim Start einer Website sollte dort auch etwas zu sehen sein, deshalb widmete Lynch damals einen Großteil seiner Zeit der Produktion von Inhalten für seine Internetseite. »Hauptsächlich habe ich David bei dem geholfen, was er seine Experimente nannte, für die wir meistens hinter dem Haus oder irgendwo in L.A. gedreht haben. Seine Begeisterung für das Internet rührte unter anderem daher, dass es Technologie mit sich brachte, die es erlaubte, mit geringem Einsatz viel zu bewirken. Wenn er also eine Idee hatte, konnte er sagen: »Wir bauen hinter dem Haus ein Set und Licht auf, dazu brauchen wir noch folgende Requisiten, dann wird gedreht.« Erik Crary erinnert sich, dass Lynch problemlos mit seinen Assistenten mithalten konnte, die zwanzig oder dreißig Jahre jünger waren als er. »Manchmal war es echt verrückt, weil wir erst den ganzen Tag das übliche Assistentenzeug erledigt und anschließend den ganzen Abend gedreht haben. David war genauso lange auf den Beinen wie wir. Ich habe keine Ahnung, wie er es schafft, sein Energielevel zu halten.

Ich schätze, dass David im Internet anfangs eine potenzielle Einnahmequelle sah«, spekuliert Crary über die Website, für die er von den Besuchern einen monatlichen Beitrag von zehn Dollar erhob. »Die Abonnenten sollten das Geld bereitstellen, mit dem David dann weitere Sachen für die Seite drehen konnte. Im Prinzip so eine Art Mini-Filmstudio. Damals brachte gerade fast jeder eine Website an den Start, und niemand wusste so genau, welche Möglichkeiten sich daraus ergeben würden.«

Edelstein war bei der Website von Anfang an dabei. Als sie schließlich online ging, war er allerdings schon nicht mehr in Lynchs Büro beschäftigt: »Ich hatte bei der Arbeit mit David einen Punkt erreicht, an dem es nicht mehr weiterging, aber wir blieben auch nach meiner Kündigung in Verbindung. Ich schätze ihn immer noch sehr. Er ist ein großartiger Mensch, und ich habe nie erlebt, dass er jemandem Schaden zugefügt hat. Ich habe ihm meine Karriere zu verdanken, er ist loyal, er glaubt an die Menschen, und was TM betrifft, so lässt er seinen Worten wirklich Taten folgen.«

Zum Launch der Website gab es ordentlich Tamtam, den Anfang machte eine Rundmail:

DIES IST EINE ANKÜNDIGUNG VON DAVIDLYNCH.COM!!!!!!!!!!!!! MONTAG DEN 10. DEZEMBER UM 9:45H PAZIFISCHE STANDARDZEIT WIRD DIE HAUPTSEITE VON DAVIDLYNCH.COM ONLINE GEHEN ... KURZ DARAUF STARTEN WIR MIT EINER WEB-EXKLUSIVEN »NEUEN SERIE«, BEVOR DANN DER SHOP ERÖFFNET WIRD ... DANKE FÜR IHR INTERESSE AN DAVIDLYNCH.COM ... ICH FREUE MICH, SIE DORT WIEDERZUSEHEN!!!!!
DAVID LYNCH

»Am Morgen des großen Tages schalteten wir exakt zu dem Zeitpunkt, an dem die Seite online ging, einen Leuchtkasten im Studio an«, erinnert sich Crary. »Den hatte Alfredo extra für diesen Anlass gebaut. Außerdem verlosten wir ›Lunch mit Lynch‹ bei Bob's Big Boy. An der Verlosung durften alle Abonnenten teilnehmen. Die Gewinnerin war eine junge Frau aus England, die mit einer Freundin anreiste.«

Über das ganze Jahr 2002 wurden die Inhalte der Webseite, die Lynch nahezu ausschließlich persönlich produzierte, stetig erweitert. Neben einer täglichen Wettervorhersage, für die er einfach aus dem Studiofenster schaute, um dann zu verkünden, wie der Tag sich seiner Meinung nach entwickeln würde, gehören dazu auch eine Reihe von Kurzfilmen. Unter anderem drei Folgen von *Out Yonder*, in denen Lynch und sein Sohn Austin sich in einem bizarren Dialekt unterhalten, der hirnloses Geplapper mit Gedankenblitzen kombiniert. *DumbLand*, eine Serie von acht schroff animierten Kurzfilmen, die ebenfalls 2002 fertiggestellt wurde, schildert die Missgeschicke eines zänkischen Schwachkopfs, seines Sohns Sparky und seiner schwer geprüften Frau. *DumbLand*, im selben Universum wie *The Angriest Dog in the World* angesiedelt, ist eine aggressiv-explosive Sinfonie von ordinärem, vorpubertärem Humor: Ständig wird gefurzt und gerülpst. Ein Online-Shop bot *Eraserhead*-Poster, Kappen, Filmfotos, Anstecker, Kaffeetassen und T-Shirts an, außerdem *DumbLand*-Tassen, *Angriest-Dog-in-the-World*-T-Shirts und diverse Kurzfilme.

Die wohl bekannteste Kurzfilmreihe, die Lynch in dieser Zeit produzierte, hatte am 7. Juni 2002 Premiere und wurde später Teil seines Films *INLAND EMPIRE*. In den insgesamt neun Folgen von *Rabbits*, die allesamt in einem gutbürgerlichen Wohnzimmer spielen, das unter anderem mit einem Bügelbrett möbliert ist, unterhalten sich drei Karnickel in manirierten Haikus, hin und wieder unterlegt mit Lachkonserven oder dem fernen Pfeifen eines vorbeifahrenden Zuges. Diese Episoden gehören sicher zu den rätselhaftesten Werken Lynchs. Die Kaninchen-Darsteller – versteckt in überlebensgroßen Kostümen – sind Scott Coffey, Laura Harring und Naomi Watts.

»Ich stehe tief in Davids Schuld und würde alles tun, worum er mich bittet«, sagt Watts. »Ich verdanke ihm so viel, und es ist immer fantastisch, mit ihm zu arbeiten. Ein Häschenkostüm tragen, in dem es viertausend Grad heiß ist und man nicht atmen kann? Kein Problem, für David mache ich das gern. Diese Kostüme waren allerdings sehr schwer, und wenn man erst einmal den Kopf aufgesetzt hatte, konnte man nichts mehr sehen. Ich hörte ihn beispielsweise sagen: ›Also gut, Naomi, hör auf zu bügeln und verlass den Raum.‹ Wenn ich dann loslief und gegen die Wand knallte, rief er durchs Megafon: ›Nicht da lang, Naomi, rechts rum, geh nach rechts, Naomi.‹ Ich antwortete: ›David, ich kann die Sprechstimme später noch aufnehmen, und du kannst in dieser Szene einen deiner Assistenten den Anzug anziehen lassen.‹ Worauf er sagte: ›Nein, da drin musst du stecken.‹«

»Ich musste die Augen schließen und ganz gleichmäßig atmen«, erzählt Harring, die unter Platzangst leidet. »Es war echt heftig, und David hat uns nie erklärt, was wir da eigentlich taten. Wir befolgten einfach nur seine Anweisungen.«

Lynch nutzte seine Webseite auch als Plattform für verschiedene musikalische Kollaborationen. Ende 2001 veröffentlichte er auf seinem Label Absurda das Album *BlueBOB*. Ursprünglich war es als CD auf seiner Website verkauft worden. Die Musik, die von 1998 bis

2000 in Kooperation mit John Neff aufgenommen worden war, bezeichnete er als »Industrial Blues«. Um die Platte zu promoten, absolvierten Neff und er am 11. November 2002 einen einzigen Auftritt im Pariser Olympia, den Lynch rückblickend als »Quälerei« bezeichnet.

2002 kam ein französischer Journalist nach Los Angeles, um einen Artikel über *BlueBOB* zu schreiben. Crary erinnert sich, dass Lynch damals sagte: »›Wenn wir das schon machen, dann soll es auch Spaß machen.‹ Er ließ Alfredo hinter dem Haus eine Grotte bauen, in der wir eine Nebelmaschine und ein Stroboskop aufstellten, dazwischen lief ein sexy Mädchen herum, und über dem Höhleneingang hing eine kleine Mini-Skulptur. David kam ohne Hemd und mit schlammbeschmiertem Oberkörper aus der Höhle heraus und gab das Interview.« Das war vermutlich die einzige Gelegenheit, bei der seine Fans ihn oben ohne zu sehen bekamen.

Im Mai 2002 war Lynch Präsident der Jury in Cannes, wo Roman Polanskis *Der Pianist* die Goldene Palme bekam. Als er wieder in L.A. war, tauchte überraschend Chrysta Ball wieder auf der Bildfläche auf. »Nach unserem Treffen 1988 hatten David und ich uns aus den Augen verloren, aber Brian Loucks stand weiter mit mir in Verbindung. 2002 lief Brian dann auf einer Party David in die Arme, der sonst eigentlich gar keine Partys besucht, und ihn fragte: ›Wie geht's denn eigentlich Chrysta Bell?‹ David und ich gingen dann wieder ins Studio und stellten diesen ersten Song fertig, den wir zusammen angefangen hatten. Von da an war ich zur Stelle, wann immer David etwas Zeit hatte.

Ich nahm Demos der Songs auf, die ich für mein erstes Album geschrieben hatte. Als ich sie David vorspielte, sagte er: ›Ich bin stolz auf dich, Chrysta Bell, aber ich finde, du solltest warten, bis unsere Platte fertig ist, und sie als dein Debüt veröffentlichen.‹ Ich sagte: ›Na gut, David, aber dann müssen wir ein bisschen Gas geben.‹ Daraufhin erzählte er mir, wie lange es gedauert hatte, *Eraserhead* zu machen, und dass es sich lohnt, geduldig zu sein.

Immerhin: Von da an nahm er sich mehr Zeit für unsere Zusammenarbeit.«

Anfang 2003 änderte sich Lynchs Leben grundlegend, als er Emily Stofle kennenlernte, die er später heiratete. Stofle, geboren 1977 im kalifornischen Hayward, war in Fremont aufgewachsen und 2000 mit ihrer älteren Schwester nach Los Angeles gezogen, um Schauspielerin zu werden. Die beiden fanden eine Wohnung in Beachwood Canyon. Stofle nahm Schauspielstunden bei Diana Castle und machte alle möglichen Gelegenheitsjobs: Sie war Hotelconcierge, Assistentin eines Nachtclubmanagers und arbeitete als Kellnerin. Ihre Schwester und sie freundeten sich mit einem Nachbarn namens Eli Roth an, den Lynch mit der Recherche für ein Projekt über Nikola Tesla betraut hatte. Er war außerdem Regisseur des Films *Cabin Fever*, dessen ausführender Produzent Lynch war. »Einmal hab ich Eli abends zu Hause besucht«, erinnert sich Stofle, »wo mir an einer Wand das Foto einer Requisite aus dem *Twin Peaks*-Film auffiel. Ich fragte ihn, woher er es habe, und gestand ihm, dass ich ein großer Fan von David sei. Er sagte, dass er Inhalte für Davids Internetseite produzieren würde und sich vorstellen könnte, dass David Lust hätte, mal was mit mir zu machen.

Eli sprach mit David und rief mich dann an: ›David hat in seinem Haus ein paar Vogelfutterspender mit Kameras versehen, sodass sich die Leute auf seiner Webseite einloggen und sie beobachten können. Er möchte gern eine goldene Kugel fallenlassen, anschließend sollst du ins Bild kommen und deinen Mantel ausziehen. Darunter bist du nackt, und du drehst dich um dich selbst. Du bleibst dort fünf Minuten stehen und gehst dann wieder aus dem Bild.‹ Ich war mir unsicher. Im Internet? Nackt? Das waren nicht unbedingt die Umstände, die ich mir für meine erste Begegnung mit diesem von mir verehrten Filmemacher erhofft hatte. Ein paar Tage später rief Eli wieder an und sagte, dass David Models suchen würde, die für Fotos posieren sollten. Dass er sie bezahlen würde und dass sie drei signierte Kunstdrucke bekämen. Also fuhren meine Schwester und ich am 20. Februar zu David. Wir saßen an einem Tisch in seinem Konferenzraum und redeten. Später erzählte er mir, in dem Moment, als ich mich zum Abschied umdrehte und winkte, habe er sich in mich verliebt. Er fotografierte mich, ich war nervös, und das war's. Er war sehr professionell, und ich hatte keine Ahnung, dass er an mir interessiert war. Ich war auch nicht in ihn verknallt, sondern bloß von ihm fasziniert und begeistert, mit ihm zusammenzuarbeiten. Ein oder zwei Monate später rief er an und wollte mich für ein anderes Projekt fotografieren. Im Juni bin ich dann nach Fremont zu meiner Mom gezogen und auf die San Francisco State gegangen.«[2]

Kurz nachdem er Stofle kennengelernt hatte, war Lynch auf der Straße vor seinem Haus Laura Dern über den Weg gelaufen. Sie war erst kurz zuvor in die Nachbarschaft gezogen, und beide fanden, dass es an der Zeit wäre, wieder miteinander zu arbeiten. Also schrieb er eine Szene für sie. Er hatte dabei keinen bestimmten Film im Kopf, und zu jenem Zeitpunkt war das, was er sich ausdachte, bloß ein weiteres seiner Filmexperimente. »Wir drehten in seinem Atelier«, sagt Aeseng, »und Laura konnte diese unglaublich lange Szene komplett auswendig. So etwas hatte ich in meinem ganzen Leben noch nicht gesehen – sie lieferte diesen ellenlangen Monolog perfekt ab. Wir haben den Dreh nur unterbrochen, um den Film in der Kamera zu wechseln. Sie machte immer weiter.«

Derns Gegenüber in dieser langen Szene war Erik Crary. »Ich bin kein Schauspieler, und ich habe keine Ahnung, warum David mich dafür auswählte«, erinnert er sich. »Er sagte zu mir: ›Besorg dir eine Anzugjacke.‹ Ich brachte alle meine alten Brillen mit und ließ ihn die aussuchen, die ich tragen sollte. Ich glaube, ich habe dabei einen Spachtel in der Tasche. Laura ist in dieser Szene sehr eindringlich und hat eine Menge Text, also habe ich sie gefragt, was ich tun kann, um ihr zu helfen, und sie antwortete: ›Sieh mich einfach immer nur an.‹«

Dern erinnert sich, diesen Abend als »sehr magisch und fast wie in Trance« erlebt zu haben. »Ein warmer Wind wehte durch das

Atelier, die Stille der Nacht senkte sich über das Haus, die Kojoten verstummten, über uns der Nachthimmel, und alles erschien so geheimnisvoll. Ich habe damals meine Mutter gepflegt und dachte, oh Gott, wie soll ich mir das alles merken, aber irgendwie hab ich es geschafft. Es war Davids respektvolle Herangehensweise, die den Ton vorgab – seine Hochachtung vor dem Ritual des Geschichtenerzählens ist jederzeit spürbar. Er mag es, wenn Ruhe herrscht, und es ist klar, dass man so lange weitermacht, bis alles fertig ist.«[3]

Die Szene zu drehen dauerte nur vier Stunden.»Als alles im Kasten und Laura gegangen war«, sagt Aaseng,»hat David noch eine Zigarette im Atelier geraucht und war total begeistert. Seine Augen glänzten. Er schaute uns an und fragte uns: ›Was würdet ihr davon halten, wenn das ein Film wäre?‹ Ich schätze, das war die Geburtsstunde von *INLAND EMPIRE*.«

In jenem Frühjahr, am 20. April, starb Gaye Pope – ein großer Verlust für Lynch. Die beiden verband eine ganz besonders innige Freundschaft. Den Juni verbrachte er mit intensiven Meditationsübungen bei Maharishi in den Niederlanden. Kaum war er zurück in Los Angeles, begann er auch schon mit den Vorbereitungen für *INLAND EMPIRE* und rief Jeremy Alter an.»David sagte, er wäre da an was dran. Er wüsste zwar noch nicht genau, worauf es hinausliefe, wolle aber, dass ich es produziere, also machten wir diese Aufnahmen«, erinnert sich Alter.»Gewöhnlich schrieb David ein paar Seiten, die Jay dann abtippte, und das war's auch schon mit dem Drehbuch. Anfangs haben wir nur sporadisch gedreht, aber nachdem Jeremy Irons an Bord war, wurde es zum Vollzeitprojekt.«

Was Catherine Coulson für *Eraserhead* war, wurden Aaseng und Crary für *INLAND EMPIRE*: Sie kümmerten sich um alles und jedes.»Ich glaube, er war begeistert von dieser Arbeitsweise, weil sie aufs Äußerste reduziert war«, sagt Aaseng über Lynch, der den Film geschrieben, geschnitten, mit einer Sony DSR-PD150 gefilmt und ihn produziert hat.»Peter Deming half bei ein oder zwei Szenen aus, aber im Grunde war David sein eigener erster Kameramann. Häufig haben auch Erik und ich gefilmt. Wir übernahmen die Dispo, trieben Requisiten auf, bezahlten die Leute, ich war eine Zeit lang Schnittassistent und hatte ein Auge auf das Drehbuch – wir haben alle eine Menge dabei gelernt, und David hatte viel Geduld mit uns.

Ich war bei *INLAND EMPIRE* auch Davids Schreibassistent, aber ich habe keineswegs am Skript mitgeschrieben. Ich habe bloß notiert, was er sagte. Er diktierte etwas, und ich saß am Computer und tippte mit. Manchmal, am Set, wenn gerade eine Szene abgedreht war und ihn plötzlich die Muse küsste, rief er:»Jay, komm mal her.« Dann habe ich einen Notizblock geholt und mitgeschrieben. David wollte alles so unabhängig wie möglich halten und sich von niemandem reinreden lassen. Was das betraf, hat Jeremy Alter eine entscheidende Rolle gespielt. Bei jeder von Davids Ideen sagte Jeremy stets: ›Klasse, das machen wir.‹ Und er hat David so manche Tür geöffnet, denn er kannte eine Menge Leute.«

»Zu meinem Job gehörte es, dafür zu sorgen, dass David an jedem Drehort rauchen konnte«, berichtet Alter.»Außerdem musste ich natürlich eine Menge kurioses Zeug für ihn besorgen. Eines Tages sagte er: ›Jeremy, hol ein Blatt Papier und einen Stift und schreib das mit. Ich brauche sechs schwarze Tänzerinnen, von denen eine singen kann, eine Blondine mit einem Affen auf der Schulter, einen Holz sägenden Waldarbeiter, Nastassja Kinski, eine tätowierte Person, [Meditationslehrerin] Penny Bell, den Ex-Fremdenlegionär Dominic, Laura Harring in ihrem Kostüm für *Mulholland Drive* und ein wunderschönes einbeiniges Mädchen.‹« Alter besorgte alles.

»Es war eine verrückte Erfahrung«, sagt Aaseng über die Arbeit an dem Film.»Eines Abends drehten wir eine Szene, in der Justin Theroux tot in einer Gasse liegt. Wir bestellten Pizza. Sie wurde geliefert, und David aß ein Stück, dann musterte er die Pizza, kratzte den gesamten Belag herunter und schmierte ihn auf Justins Brust, sodass es wie eine Wunde aussah.«

Laura Dern trägt den Film nahezu allein und ist fast in jeder Einstellung der zweiten Hälfte zu sehen. Wie ein kleines Mädchen, das sich in einem gefährlichen Wald verlaufen hat, stolpert Dern von einer Realität in die nächste, wobei sich ihre Identität regelmäßig ändert. Schon in *Twin Peaks* hatte Lynch begonnen, mit der Idee von Doppelgängern und Doubles herumzuspielen. Bei *INLAND EMPIRE* gab er dann richtig Gas. Dern kommt außerdem ziemlich viel herum, ihre Reise führt sie vom Hotelzimmer einer Prostituierten in Polen zu einer Grillparty in einem runtergekommenen Vorortgarten in L.A., einem Filmset, einer Villa, zur Praxis eines Therapeuten und zu einem europäischen Zirkus. Im Verlauf des Films ist sie abwechselnd verängstigt, verwirrt, heiter und gelassen. Der Film enthält eine Reihe außergewöhnlicher Sequenzen. In einer davon stirbt Derns Figur auf einem schmutzigen Bürgersteig in Hollywood an einer Stichwunde. Bei ihr sind drei Obdachlose, gespielt von der japanischen Schauspielerin Nae Yuuki, Terry Crews und Helena Chase, die Dern ansieht und dann zu ihr sagt: »Sie sterben, Lady.« Chase wohnte in einem der Häuser, die im Film als Kulisse dienten, und obwohl sie keine Schauspielerin war, hatte sie wohl etwas an sich, das Lynch ansprach. Dieser Umstand brachte sie auf die Leinwand.

Justin Theroux, der ebenfalls bei *INLAND EMPIRE* mitspielte, sagt über den Dreh: »Ich hatte keine Ahnung, was wir bei *INLAND EMPIRE* eigentlich taten. Es war aus dem Ärmel geschütteltes Filmemachen, ziemlich frei nach dem Motto ›Trommeln wir noch mal die alte Bande zusammen‹. David war extrem visionär, was den Einsatz von Technik betraf, die vor fünfzehn Jahren völlig neu war.

Als ich den Film dann endlich sah, hat er mich sehr berührt. *INLAND EMPIRE* kommt einem spirituellen Opus so nah wie nur möglich. Der Film ist voller starker, auf unerklärliche Weise unvergesslicher Bilder — etwa eine Gestalt, die hinter einem Baum steht und eine kleine rote Glühbirne im Mund hat. Dieses Bild ist so seltsam, und doch erinnert man sich daran.«

Das Budget von INLAND EMPIRE war nebulös. StudioCanal gab letztlich vier Millionen Dollar dazu, aber als das Geld schließlich floss, war der Film schon ziemlich weit gediehen.»Ich weiß noch, dass ich David gefragt habe, was der Film kosten soll«, erinnert sich Alter,»und seine Antwort lautete: ›Jeremy, wenn du mir sagst, dass etwas hundertvierzig Dollar kostet, dann gebe ich dir hundertvierzig Dollar.‹«

Am 26. Juni 2004 hatten Lynchs Eltern einen Autounfall, bei dem seine Mutter starb.»Der Tod verstört David nicht so wie die meisten anderen Menschen, aber ich denke, der Tod seiner Mutter hat ihn verändert«, glaubt Sweeney.»Natürlich waren die Umstände entsetzlich, aber sie hatten auch eine sehr komplizierte Beziehung. David ähnelt in mancher Hinsicht seinem Vater, der liebenswürdig und träumerisch war, allerdings war seine Mutter diejenige, die sein Talent erkannte und ihn förderte. Er hat mir erzählt, dass sie sich in seiner Kindheit sehr nahestanden. Sie war eine scharfsinnige, analytische, kluge Frau. Die beiden hatten den gleichen trockenen Sinn für Humor, und sie scherzten miteinander wie sonst niemand in der Familie.«

In jenem Herbst ging Lynch eine neue musikalische Partnerschaft ein und begann mit seinem polnischen Freund Marek Zebrowski aus Łódź zusammenzuarbeiten.»David liebt dissonante, unkonventionelle Musik. Er ist ein großer Fan polnischer Avantgardekomponisten wie Krysztof Penderecki und Henryk Górecki«, weiß Zebrowski,»und als er herausfand, dass ich Pianist bin, hat er mich in sein Studio eingeladen. 2004, kurz vor meinem ersten Besuch, fragte ich ihn: ›Wie sehen deine Pläne für mich aus? Soll ich Notenpapier mitbringen? Werden wir zusammen komponieren?‹ Er erwiderte: ›Nein, nein, komm einfach her.‹ Als ich ins Studio kam, waren da zwei Keyboards aufgebaut, und er sagte: ›Also gut, lass uns loslegen.‹ Ich fragte ihn: ›Aber was machen wir denn?‹ Darauf er: ›Ganz egal, solange es möglichst zeitgenössisch und avantgardistisch ist.‹ Ich bat ihn, mir ein oder zwei Stichworte zu geben, bevor wir anfingen, und er sagte: ›Es ist dunkel. Eine Straße mit Kopfsteinpflaster. Ein Auto fährt sehr langsam die Straße entlang, und ein anderes Auto folgt ihm.‹ Das ist David: diese Kreativität aus dem Moment heraus. Er fing an zu spielen, dann stieg ich ein, und wir betraten eine völlig andere Welt. Als ich nach einer Weile das Gefühl hatte, wir würden uns einem Endpunkt nähern, habe ich David angesehen, und sein Blick hat mir verraten, dass es ihm genauso ging wie mir. Wir nickten beide, und das Stück war zu Ende.«

Die Dreharbeiten zu *INLAND EMPIRE* liefen noch, als Stofle im Oktober nach L.A. zurückkehrte und bei einer Freundin in Monterey Park einzog. »David fing an, mir Aufträge zu geben – ich sprach zum Beispiel das Voiceover für einen Film namens *Boat* –, und als ich im Dezember bei ihm war, um mir den Film anzusehen, haben wir uns in seinem Büro geküsst«, erinnert sich Stofle. Lynch besetzte sie dann als eins der sieben »Valley Girls«, die in *INLAND EMPIRE* als eine Art Griechischer Chor fungieren. »Ich wusste, dass es kompliziert war und dass er mit einer Frau zusammenlebte, von der er ein Kind hatte, aber ich glaube, dass ich wohl ein wenig verdrängte, was zwischen uns passierte. Es schien mir einfach nicht im Bereich des Möglichen zu liegen, eine ernsthafte Beziehung mit ihm zu haben. Mit der Zeit verliebte ich mich jedoch in ihn, und dann wollte ich nichts mehr so sehr wie das.«

Lynch verbrachte damals eine Menge Zeit mit musikalischen Experimenten. Im Januar 2005 übernahm dann Dean Hurley die Leitung seines Aufnahmestudios. Der aus der Kleinstadt Waynesboro in Virginia stammende Hurley kam im Februar 2003 nach Los Angeles, um beim Film als Toningenieur zu arbeiten. Hurley, der eigentlich bildender Künstler war, hat sich seine Fertigkeiten als Toningenieur komplett selbst beigebracht. »Als ich für den Job vorsprach, hat mir David das Studio gezeigt und gesagt: ›Wir machen hier Klangexperimente, und ich brauche jemanden, der mir mit der Technik hilft‹«, erzählt Hurley. »›Du weißt doch, wie der ganze Kram funktioniert, oder?‹ Und ich sagte: ›Na klar.‹«

Hurley erbat sich zwei Wochen Zeit, um den Raum kennenzulernen, dann stürzte er sich in die Schlacht. »Als ich anfing, für David zu arbeiten, war ich häufig verwirrt, wenn er mich bat, ›Mama, Just Killed a Man‹ von Queen oder ›I Just Believe in Love‹ von John Lennon aufzulegen, bis mir klar wurde, wie er auf diese Titel gekommen war: Er erinnerte sich vor allem an die Zeile eines Songs, die dessen emotionalen Höhepunkt verkörpert. Das verrät auf gewisse Weise, wie sein Hirn tickt.

Zu den ersten Dingen, an denen wir gearbeitet haben, gehörte ein Song namens ›Ghost of Love‹, der sich auf dem Soundtrack zu *INLAND EMPIRE* befindet. Die Arbeit daran begannen wir so, wie wir häufig beginnen, nämlich indem David über einen bestimmten Song oder Künstler referiert, und über das Gefühl, das er einfangen will. Bei diesem Song sprach er von Janis Joplins »Ball and Chain«, und als wir es hörten, bohrte er immerzu nach und fragte: ›Was ist es? Was macht den Song zu dem, was er ist?‹ Ich sagte ihm, das sei ein einfaches Blues-Schema mit drei Moll-Akkorden, und er erwiderte: ›Genau! Ein Blues in Moll! Gib mir die Akkorde!‹ Ich gab ihm ein paar Akkorde, die ihm gefielen, und er sagte: ›Gib mir einen Drumbeat!‹ Anschließend hat er das Ganze immer wieder geloopt, sich dann mit einem Notizblock hingesetzt und Texte geschrieben.

Was Sounds und Musik angeht, gibt es Dinge, zu denen sich David immer wieder hingezogen fühlt. Er spricht über die B-52-Bomber, die er am Himmel kreisen hörte, als er noch ein Kind war, und möchte, dass seine Gitarre so klingt. Es gibt drei Aufnahmen vom Monterey Pop Festival, auf die er besonders steht: Jimi Hendrix' Version von ›Wild Thing‹, Janis Joplins ›Ball and Chain‹ und Otis Reddings ›I've Been Loving You Too Long‹. Wenn man sich den Hendrix-Track anhört, gibt es da einen Zwischenteil, der fast genauso klingt, wie David zu spielen versucht: unter vollem Einsatz des Wimmerhakens, darunter dieses massiv verzerrte Bombergrollen.«[4]

INLAND EMPIRE war ein Projekt, bei dem alle mit anpackten, insbesondere Aesang, Alter, Crary, Hurley, Austin und Riley Lynch, Alfredo Ponce und Stofle. Außerdem noch Anna Skarbek, eine

Künstlerin, die 2005 Teil von Lynchs Crew wurde, nachdem sie von Maryland nach L.A. gezogen war, um beim Film zu arbeiten. »Ich habe Requisiten besorgt, ein wenig Ausstattung und Kulissenmalerei gemacht und dabei geholfen, Baumaterial einzukaufen«, sagt Skarbek. »Alle bei diesem Film waren ziemlich jung, und es war, als würde man mit seinem College-Professor an einem Ferienprojekt arbeiten – ein Riesenspaß. David war ständig mit Farbe bekleckert, und wenn er gerade keine Regie führte, machte er irgendwas anderes. Wir arbeiteten für einen bescheidenen Lohn, aber jeder wollte unbedingt dabei sein.«[5]

Sweeney und Riley Lynch verbrachten den Sommer 2005 am Lake Mendota in Wisconsin, während Lynch in L.A. blieb und weiter an *INLAND EMPIRE* arbeitete. Im Juli dieses Sommers gründete er die David Lynch Foundation for Consiousness-Based Education and World Peace (David-Lynch-Stiftung für bewusstseinsbasierte Bildung und Weltfrieden). Als von Steuern befreite Non-Profit-Organisation in der Stadt Fairfield in Iowa gemeldet, besitzt die Stiftung inzwischen Niederlassungen in L.A., San Francisco, Chicago, New York und Washington, D.C. Sie arbeitet in fünfunddreißig Ländern und vergibt Stipendien für Schulkinder, Veteranen sowie Opfer von häuslicher Gewalt und nimmt einen immer größeren Stellenwert in Lynchs Leben ein.

Bob Roth spielte eine entscheidende Rolle bei der Gründung von Lynchs Stiftung. 1950 geboren, wuchs Roth in einer liberalen Familie im kalifornischen Marin County auf und schrieb sich 1968 an der UC Berkeley ein. Als politischer Aktivist, der sich in Bobby Kennedys Präsidentschaftskampagne engagierte, war Roth nach Kennedys Ermordung zutiefst desillusioniert. Im selben Jahr entdeckte er TM für sich. »Unsere Wege kreuzten sich zum ersten Mal 2003. Im Jahr darauf unterrichtete ich dann an der American University in Washington, D.C. und hörte, dass David auf dem Weg nach Paris war«, erinnert sich Roth. »Ich rief ihn an und fragte ihn, ob er nicht vielleicht Lust hätte, einen Zwischenstopp in D.C. einzulegen, um dort einen Vortrag über Meditation zu halten. Er willigte ein. Der Vortrag sollte an einem Freitagabend stattfinden. Eine endgültige Bestätigung bekam ich von ihm erst am Donnerstagabend. Das Wetter war grauenhaft, trotzdem gab es nur noch Stehplätze und der Andrang war gewaltig. Als ich sah, welchen Anklang David bei den jungen Leute fand, wie sehr sie ihn mochten, ihm vertrauten, und dass sie ihn als aufrichtigen Menschen schätzten, wurde mir klar, welch ein mächtiger Fürsprecher er für unsere Sache sein könnte.

Er reiste nach Europa weiter, aber wir ließen den Gesprächsfaden nicht abreißen, und so kam es schließlich zur Idee für die Stiftung. David, Dr. John Hagelin [ein ehemaliger Physiker, der jetzt Präsident der Maharishi University of Management in Fairfield, Iowa ist] und ich haben gemeinsam die Pläne erarbeitet. Anschließend habe ich David gefragt, ob er uns seinen Namen zur Verfügung stellen würde. Ich glaube nicht, dass er dem eine sonderlich große Bedeutung beigemessen hat. Er sagte: ›Ja, sicher‹ und hat sich vermutlich nicht viel davon versprochen. Dann verschickten wir eine Pressemitteilung, und eine Woche später verkündeten die Titelseiten Tausender Zeitungen rund um den Globus, dass David eine Stiftung gegründet hatte.«[6]

»An dem Tag, als die Gründung der Stiftung bekannt gegeben wurde, war ich am Set von *INLAND EMPIRE*. David war ganz aufgeregt«, erinnert sich Skarbek. »In den Anfangstagen der Stiftung war Bobby Roth oft in L.A., und im Büro wurde viel Zeit investiert, um für TM die Werbetrommel zu rühren. David, der dem Reisen nichts abgewinnen konnte, musste viele öffentliche Auftritte absolvieren, was ihm eigentlich auch keinen Spaß machte. Wenn es allerdings um TM oder Maharishi ging, wurden alle Regeln über Bord geworfen. Er machte alles mit.«

Als Sweeney und Riley Lynch aus Madison zurückkehrten, zog Lynch aus dem gemeinsamen Haus aus und in seinem Studio ein. Er und Sweeney begannen über eine Trennung zu sprechen. Eine endgültige Entscheidung vertagten sie allerdings, bis er seine landesweite Tour zugunsten von TM beendet hatte, die unter dem Titel »Consciousness, Creativity and the Brain« (Bewusstsein, Kreativität und das Gehirn) stand.

»Wir hatten keine Vorstellung davon, wie groß die Stiftung werden oder was passieren würde, und ich wusste, dass David es gar nicht mochte, zu reisen. Trotzdem habe ich ihm in jenem Herbst vorgeschlagen, eine Tour durch dreizehn College-Städte zu machen und dort Vorträge über TM zu halten, was wir dann auch taten«, berichtet Roth. »Er war nervös, bevor er die Bühne betrat – David hasste es, öffentlich zu reden –, deshalb ging er dazu über, das Publikum erst einmal zu fragen, ob jemand etwas wissen wollte. Nach dieser Fragerunde lief es dann für gewöhnlich wie von allein. David tut nichts, was er nicht wirklich tun will, und als er für die Stiftung auf Vortragstour ging, geschah das wohl aus der Überzeugung heraus, das Richtige zur richtigen Zeit zu tun. Heute würde ich ihn niemals darum bitten, so etwas zu machen, aber es gab eben einen Zeitpunkt, als es das Richtige war.«

Lynch und Sweeney nahmen ihre Trennungsdiskussion wieder auf, als er von seiner Vortragstour zurückkam, und er stürzte sich sofort wieder in die Arbeit an *INLAND EMPIRE*. »Nachdem die Sturm-und-Drang-Phase vorbei war, entpuppte sich Sabrina Sutherland als eine treibende Kraft bei *INLAND EMPIRE*«, erzählt Aaseng. »Sie ist ein unglaublich akribischer Mensch und kennt die Produktionsprozesse in- und auswendig. Als alle anderen weg waren, hielt Sabrina die Stellung und klärte die letzten ungelösten Probleme.«

»*INLAND EMPIRE* war ein Wendepunkt für David, und ich glaube, es war auch eine Verjüngungskur für ihn«, meint Sutherland, die später als ausführende Produzentin an *Twin Peaks: The Return* mitwirkte. »Er war sich für nichts zu schade, hat von den Effekten bis hin zu den Requisiten und Kulissen überall mit angepackt und eigenhändig für den letzten Schliff gesorgt. Es war befreiend für ihn, mit einer so kleinen Kamera zu filmen, und ohne eine große Crew zu arbeiten erlaubte ihm, mit den Schauspielern auf einer sehr persönlichen Ebene zu kommunizieren.«

Eine weitere Schlüsselfigur bei *INLAND EMPIRE* war die Cutterin Noriko Miyakawa, die 1991 aus Japan nach L.A. gekommen war, um an der California State University in Northridge Film zu studieren. Sie hatte sich über diverse Postproduktionsfirmen und Schnittassistentenjobs nach oben gearbeitet und wurde 2005 von Mary Sweeney angeheuert, um Lynch beim Schnitt eines Werbeclips zu helfen.»Als ich ihn zum ersten Mal sah, kam er einfach zu mir und sagt: ›Hi, ich bin David‹, was mir sehr gefiel«, erinnert sich Miyakawa.»Viele Regisseure kriegen die Menschen, mit denen sie arbeiten, kaum zu Gesicht. Aber David ist kein bisschen abgehoben.«[7]

Nach der gemeinsamen Arbeit mit Lynch an dem Werbefilm ging Miyakawa erst einmal anderen Jobs nach, bis sie dann ein Jahr später einen Anruf erhielt und gefragt wurde, ob sie Interesse habe, bei *INLAND EMPIRE* auszuhelfen.»Wir hatten beim Schnitt kein Drehbuch zur Hand, sondern eine Karte – im wahrsten Sinne des Wortes: David hatte eine Karte gezeichnet«, erinnert sie sich.»Das Ungewöhnlichste an Davids Schnittweise ist, dass er keine Scheu davor hat, Dinge nachträglich zu ändern. Es gab zwar eine Art Skript, und wir hatten Tagesaufnahmen, aber für ihn ist Filmmaterial etwas Lebendiges, das es zu erforschen gilt. Wenn er die Möglichkeit sieht, in einer Szene etwas zu ändern, dann zögert er nicht lange. Auch wenn er dafür vielleicht die ganze Geschichte umbauen muss.

INLAND EMPIRE ist Ausdruck von Davids Glauben an verschiedene Welten und Dimensionen«, fährt Miyakawa fort.»Das kommt alles darin vor, und alles ist miteinander verbunden, deshalb ist es mein Lieblingsfilm von ihm. Ich sollte wohl hinzufügen, dass ich den Film anfangs gar nicht gemocht habe, als wir mit dem Schnitt fertig waren. Einen dreistündigen Film über fünfzigmal zu sehen wird irgendwann zur Folter. Doch wenn ich ihn mir heute anschaue, erkenne ich, wie persönlich und intim er ist, und ich genieße den Interpretationsfreiraum, den er dem Zuschauer lässt. Die Stellen, die man nicht versteht, verweisen auf Orte der eigenen Seelenlandschaft, mit denen man sich eingehender beschäftigen sollte.« *INLAND EMPIRE* war noch nicht abgedreht, als Miyawaka zu Lynchs Truppe stieß. 2006 reiste der Regisseur dann in Begleitung von Stofle nach Polen, um dort die letzten Szenen des Films zu drehen. »Ich glaube, am Set war es ziemlich offensichtlich, dass wir ineinander verliebt waren«, erinnert sich Stofle, »und ihn bei der Arbeit erleben zu können war so cool. Wirklich magisch.«

Der Dreh in Polen verlief bemerkenswert entspannt, hauptsächlich dank Lynchs Freunden von der Camerimage-Gang. »David rief an und sagte, er wolle ein paar Szenen für *INLAND EMPIRE* in Łódź drehen«, berichtet Żydowicz. »Ich habe ihn gefragt, was er bräuchte, und er sagte mir, er wolle einen grünen, spärlich eingerichteten Raum, einen Schauspieler, der aussehe, als käme er gerade aus dem Wald, eine Schauspielerin von grazilier, ätherischer Schönheit, sowie vier oder fünf ältere Schauspieler. Daraufhin habe ich einen polnischen Schauspieler namens Leon Niemczyk angerufen, der für seine Arbeit in Polanskis *Das Messer im Wasser* bekannt ist, und Karolina Gruzka und Krystof Majchrzak kontaktiert, zwei große polnische Schauspieler, die dachten, ich würde sie auf den Arm nehmen, als ich sie einlud, mit David Lynch zusammenzuarbeiten. Wir haben eine Wohnung gemietet, wo wir die Wände grün anstreichen durften. Die Vermieter ließen uns ihre Möbel benutzen, und bis zum nächsten Abend hatten wir alles vorbereitet. Ich werde nie Davids Gesichtsausdruck vergessen, als wir ihn mit zum Set nahmen. Alles war fertig. Ich stellte ihn den Schauspielern vor, während das Set präpariert wurde, und am nächsten Tag haben wir mit dem Dreh begonnen.

Anschließend wollte David in einem historischen Anwesen eine Szene drehen, in der ein Blitz einschlagen sollte«, erzählt Żydowicz weiter, der in dem Film eine Figur namens Gordy spielt. »Die dafür nötige Technik gab es in Polen damals nicht, also kam uns die Idee, dafür ein Schweißgerät umzufunktionieren. Um es in dem Museum, in dem wir drehten, benutzen zu können, erdachten wir eine Konstruktion mit feuerfesten Decken und haben es tatsächlich geschafft, den Museumsdirektor davon zu überzeugen, dass dabei nichts passieren könnte. David wollte auch noch in einem Zirkus mit tanzenden Dressurpferden drehen. In ganz Polen gab es nur zwei Zirkusse, und als ich einen davon anrief, sagte der Direktor zu meiner Überraschung, dass sie gerade dabei wären, ihr Zelt in Łódź aufzuschlagen. In dieser Szene treten ein paar Mitglieder von Camerimage als Zirkusartisten auf.«

Nach seiner Rückkehr in die Vereinigten Staaten trennte Lynch sich endgültig von Sweeney. Im Mai heiratete er sie aber erst noch, um dann sofort die Scheidung einzureichen. Ein Schachzug, der es den beiden ermöglichte, in finanzieller Hinsicht einen klaren und sauberen Schnitt zu vollziehen.»Er hat das getan, um sich ihr gegenüber fair zu zeigen – zumindest habe ich das so verstanden«, spekuliert Aaseng.»Ich weiß, dass er sehr großzügig war, und es muss finanziell gesehen ein ziemlicher Schlag für ihn gewesen sein.« Lynch und Stofle trafen sich für den Rest des Jahres weiter regelmäßig.

INLAND EMPIRE wurde zum ersten Mal am 6. September 2006 auf dem Filmfestival von Venedig gezeigt, wo Lynch den Goldenen Löwen für sein Lebenswerk erhielt. In den USA feierte der Film seine Premiere am 8. Oktober beim New York Film Festival und lief am 9. Dezember offiziell an. Anfangs landesweit nur in zwei Kinos, später dann in immerhin hundertzwanzig Spielstätten. Während der *New Yorker* dem Film bescheinigte, dass er sich »schnell zur Selbstparodie entwickelt«, bezeichnete die *New York Times INLAND EMPIRE* als »sporadisch genial«, und Peter Travers vom *Rolling Stone* schrieb: »Im Angesicht von solch sinnestäuschender Brillanz lautet mein Rat, durchzuhalten.«

Die Bruttoneinnahmen des Films betrugen gerade einmal 4.037.577 Dollar. Eine Zahl, die Lynch nichts bedeutete. »David tickt nach seiner eigenen Uhr«, sagt Stofle. »Er ist kein Hollywoodtyp, und er schaut nicht auf die Kartenverkäufe. Er findet das alles abstoßend, und es interessiert ihn nicht. Er ist einfach gerne kreativ, und wenn er etwas fertiggestellt hat, dann ist er traurig, dass es vorbei ist. Aber er will nie etwas mit dem zu tun haben, was folgt, wenn das Projekt beendet ist.«

Lynch ist der geschäftliche Aspekt seiner Arbeit im Grunde egal. Er beschäftigt sich aber hin und wieder gern damit, wenn er ihm eine spaßige Seite abgewinnen kann. Da traf es sich gut, dass der Filmstart von *INLAND EMPIRE* mit der Markteinführung seines eigenen Kaffees zusammenfiel: einer exklusiven Hausröstung namens David Lynch Signature Cup Coffee. Niemand hätte je gewagt, Lynchs festen Glauben an dieses spezielle Produkt infrage zu stellen: Er hängt seit Jahrzehnten am Tropf der Espressomaschine, die ihn mit dem Treibstoff versorgt, aus dem er die nötige Energie für sein arbeitsreiches Leben bezieht. Kein Wunder, dass seine Kaffeemarke seit mehr als zehn Jahren erfolgreich existiert.

Am 22. Oktober 2006 hatten Zebrowski und Lynch ihren ersten öffentlichen Auftritt vor hundert Zuschauern in einem mit Kerzen beleuchteten Raum des polnischen Konsulats im New Yorker De Lamar Mansion. »Erst wollte David gar nicht auftreten, doch dann fand er Gefallen daran«, erinnert sich Zebrowski. »Bei unseren Konzerten ist er ganz entspannt und hat seinen Spaß.« Seitdem sind sie ungefähr ein halbes Dutzend Mal aufgetreten, unter anderem in Mailand, Paris und den USA.

Zwei Wochen nach der Rückkehr von seinem Gig mit Zebrowski beschloss Lynch, der Welt zu zeigen, wie stolz er auf Laura Derns schauspielerische Leistung in *INLAND EMPIRE* war. Am 7. November begab er sich mit einer lebendigen Kuh und einem Transparent, auf dem er Dern für eine Oscar-Nominierung vorschlug, auf den Rasen einer Kirche an der Kreuzung von Hollywood Boulevard und La Brea Avenue. Auf einem zweiten Banner stand »OHNE KÄSE GÄBE ES KEIN *INLAND EMPIRE*«. Das Käse-Banner erläuterte

Lynch folgendermaßen: »Während der Produktion von *INLAND EMPIRE* habe ich sehr viel Käse gegessen.«

Trotz des kommerziellen Scheiterns bereut Dern nichts. »Wir haben drei Jahre an dem Film gearbeitet, und es war die großartigste Erfahrung, die ich als Schauspielerin je gemacht habe. David ist der mutigste Künstler, den ich kenne, und seine Ziele unterscheiden sich völlig von denen anderer Künstler. Zu Beginn des Projekts hat er zu mir gesagt: ›Ich will die gröbste Kamera von allen. Ich will etwas machen, das jede Siebzehnjährige, die bei ihren Großeltern in Phoenix wohnt, mit einem Camcorder hinkriegen würde. Warum kann ich mir nicht einfach irgendeine Kamera schnappen und schauen, was sie kann? Was kann Digitaltechnik eigentlich leisten? Wie können wir das weiterentwickeln? Wie können wir diese neuen und alten Technologien miteinander verschmelzen?‹ Darum geht es beim Filmemachen. Wenn es dir nur um das Endergebnis geht, kannst du keine Experimente machen. Aber wenn du Filme machst, weil du Kunst ganz neu definieren möchtest, dann kannst du alles tun. Davids Geschenk an alle Schauspieler besteht darin, dass er sie zwingt, sich in einen leeren Raum zu begeben, wo es keine Regeln gibt.

Ich weiß noch, wie ich mit David in Paris war und er zu mir sagte: ›Lass uns eine Szene schreiben.‹ Also saßen wir morgens vor unseren Cappuccinos, und er schrieb eine Szene für mich. Dann hat er mich aufgefordert, sie zu lernen, und laut überlegt, was ich in der Szene tragen könnte. Wir haben unsere Mäntel angezogen, sind auf die Champs-Élysées runter und zu Monoprix gegangen, haben dort etwas zum Anziehen und einen Lippenstift ausgesucht und sind dann ins Hotel zurückgekehrt. Ich habe mich fertig gemacht, und wir drehten die Szene, in der ich die Sonnenbrille trage und diesen gequälten Monolog ins Telefon spreche. Es war einzigartig, nur wir beide allein. Sogar den Ton haben wir mit Davids Camcorder aufgenommen.

Die enthusiastischsten Reaktionen auf den Film kamen von anderen Schauspielern und Regisseuren«, fügt Dern hinzu. »Als ich mit Jonathan Demme *Rachels Hochzeit* drehte, konnte er gar nicht genug von den Geschichten über die Arbeit an *INLAND EMPIRE* bekommen, und selbst Spielberg hat mir erzählt, dass der Film ihn nicht mehr losgelassen hat. Ich erinnere mich, wie Philip Seymour Hoffman darüber gesprochen hat, warum der Film ihm Angst machte, was er daran so unbehaglich fand, und wie er sich bemüht hat, ihn zu verstehen. Es war großartig, ihm dabei zuzuhören, wie er von *INLAND EMPIRE* schwärmte.«

Die Weihnachtstage verbrachte Lynch in jenem Jahr bei Stofles Familie in Nordkalifornien. Einmal mehr erwies er sich als Ausnahmetalent im Multitasking. Am 28. Dezember 2006 erschien bei Jeremy P. Tarcher/Penguin *Catching the Big Fish: Meditation, Consciousness, And Creativity*, eine Sammlung von Beobachtungen und Anekdoten der Vortragstour, die Lynch im Jahr zuvor unternommen hatte. Zur Entstehung des Buches sagt Roth: »Davids Antworten auf Fragen zum Leben, nicht nur zu TM, waren so zutreffend und wahr, und überall wo wir hinkamen, von Estland bis nach Brasilien, blieben die Fragen im Grunde die gleichen. Also dachte ich mir: Warum zeichnen wir seine Vorträge nicht auf und machen dann ein Buch daraus, damit mehr Menschen daran teilhaben können.« Die Besprechungen waren von höflichem Respekt geprägt, die Verkäufe des Buches unerwartet gut, und Lynch zeigte sich beeindruckend zugänglich, was sein Engagement bei der Vermarktung des Buchs betraf. Sämtliche Einnahmen aus der Veröffentlichung gingen an die Stiftung.

Das Buch, eine Webseite, ein Film, eine Stiftung, eine neue Beziehung und verschiedene musikalische Projekte: Lynch hielt all diese Bälle in der Luft, während er gleichzeitig einen großen Einschnitt im Privatleben zu bewältigen hatte. Über die Jahre war Sweeney zu einem integralen Bestandteil von Lynchs Filmprojekten geworden, und das Ende ihrer langjährigen Partnerschaft war keine Kleinigkeit. Trotz alledem schien Lynch stets alles im Blick zu haben.»David besitzt die Fähigkeit, Dinge in einen geistigen Schrank zu stecken und sich ihrer dann anzunehmen, wann es ihm gerade passt«, beobachtet Hurley. »Er hat seinen Verstand bestens im Griff und bewahrt immer das perfekte Pokerface.«

Eric, Neal und Churchy sind zusammen in Arizona zur Schule gegangen, und sie haben mir die Welt der Computer erschlossen. Eines Abends stellten Eric und Neil im Krähennest [ein kleines Gebäude am höchsten Punkt von Lynchs Grundstück] einen Computer auf, setzten mich davor und verkündeten, sie würden mir nun Photoshop beibringen. Sie drückten mir die Maus in die Hand und sagten: ›Da sind alle Tools, die du brauchst.‹ Ich habe keine Ahnung, wie ich auf dieses Clone Stamp Tool gekommen bin, aber ich fragte sie: ›Was macht man damit?‹ Sie antworteten: ›Klick es an, dann siehst du es.‹ Also habe ich es angeklickt, dann eine Stelle markiert, mir die Sache angeschaut, dann eine größere Stelle markiert, und was da auf dem Bildschirm passierte, war das reinste Wunder für mich!

Ich beherrsche nur einen Bruchteil von dem, was man mit Photoshop vermutlich alles machen kann, aber diejenigen, die sich das ausgedacht haben und es immer noch weiter verbessern, haben sich ihren Platz im Himmel redlich verdient. Ich vergöttere diese Leute. Sie haben etwas absolut Überwältigendes erfunden. Das Erste, was ich mit Photoshop gemacht habe, war meine Distorted-Nudes-Serie. Sie war inspiriert von *1,000 Nudes*, einem Bildband mit tausend alten, größtenteils anonymen Nacktfotografien, die ein Deutscher namens Uwe Scheid gesammelt hatte. Er ist im Jahr 2000 verstorben,

Gott hab ihn selig, aber sein Sohn hat sich an die Abmachung gehalten, die ich mit seinem Vater getroffen hatte, und mir freie Hand gegeben, mit diesen Aktfotos zu arbeiten. Ich bin total darauf abgefahren.

Meine Webseite war endlich online. Es hatte ewig gedauert, bis sie meinen Vorstellungen entsprach. Eine Webseite kann eine wirklich tief greifende und aufregende Erfahrung sein, aber all das Zeug dafür muss auch erst mal produziert werden. Damit sich dann jemand vor den Bildschirm setzen und sich an einem einzigen Nachmittag alles ansehen kann. Und was dann? Es gibt keinen Grund, wiederzukommen! Es ist vorbei! Also musst du die Seite ständig auf einen neuen Stand bringen und rund um die Uhr Kram aus dem Ärmel schütteln, sodass dich die Arbeit daran mehr und mehr in Beschlag nimmt. Etwas zu produzieren kostet immer Zeit – wie also fütterst du das verdammte Ding? Als ich begriffen hatte, dass niemand Geld für eine Seite bezahlt, die keine ständigen Updates erhält, habe ich das Interesse am Internet verloren. Mir wurde klar, dass es ein Vollzeitjob wäre. Allerdings hatte ich Spaß am täglichen Wetterbericht und besuchte gerne den Chatroom. Ich lernte damals auch, mit einem Finger zu tippen. Ich lernte endlich, wo die einzelnen Buchstaben sind! Ich konnte es kaum glauben! Dank der Internetseite verbesserte sich sogar meine Rechtschreibung.

Ein ganze Weile habe ich mich sehr viel mit der Seite beschäftigt. Dort gab es alles Mögliche, worin man sich verlieren konnte. Ich entwickelte dieses Ding namens *Head with Hammer*, wo ein mechanisches Gerät immer wieder einen Hammer schwingt, um ihn stets von Neuem auf einen Gummikopf zu schmettern. Die Leute verstehen sofort, dass unser Leben manchmal genauso aussieht: Der Hammer schlägt gnadenlos immer wieder zu.

Ich weiß nicht, was genau mich zu *Out Yonder* inspiriert hat, aber als mir die Idee in den Kopf kam, habe ich sie auf der Stelle aufgeschrieben. Die Story dahinter ist die einer Familie, die eine Schwäche für Quantenphysik hat und auf sehr abstrakte Weise über die

Dinge redet. Sie sind Quantenphysiker und interessieren sich darüber hinaus für Medizin und Wissenschaft. Die Typen in *Dream of the Bovine* sind zwar nicht gerade Quantenphysiker, aber sie gehören zum selben Schlag. Sie sehen sehr genau hin und analysieren die Dinge.

Die Hasen aus *Rabbits* waren eines Tages einfach da, und mit *DumbLand* habe ich Flash-Animation gelernt. Als ich damit anfing, hatte ich keine Ahnung davon, deshalb waren die ersten Versuche noch ziemlich plump, aber dann wurden sie Stück für Stück immer besser.

Zu *DumbLand* kam es, weil bei mir eines Tages so ein Kerl in einer großen Limo vorgefahren kam. Er war von der Firma Shockwave und sagte: »Ich engagiere Sie, Tim Burton und noch jemanden, um eine Trickfilmserie für Shockwave zu machen. Wenn wir dann an die Börse gehen, bringt Ihnen das sieben Millionen Dollar ein.« Ich sagte okay und machte mich an die Arbeit. Er kam ein paarmal vorbei, war ziemlich begeistert, und alles lief bestens. Das war's dann aber auch schon. Denn zu diesem Zeitpunkt gab es überall auf der Welt Büros voller Jungs und Mädchen, denen gerade 50 Millionen Dollar zugesteckt wurden, um Ideen zu verwirklichen, die sie mit schönen Worten an den Mann gebracht hatten. Sie lachten, tranken Cappuccino, und da sie nun im Geld badeten, hatten sie alle neue Sneaker, T-Shirts und Apple-Computer, ließen das Mittagessen vom Catering-Service bringen und fühlten sich wie die Könige der Welt. Dann platzte die Dotcom-Blase, und alle diese Leute mit ihren neuen Sneakern, inklusive des Shockwave-Typen, machten sich aus dem Staub. Aktien und Beteiligungen waren plötzlich wertlos. Wenn es ums Geld geht, habe ich einfach kein Glück.

Für ein anderes Experiment bauten wir ein kleines Zimmer oben auf dem Hügel. Es hatte nur drei Wände und kein Dach, aber wenn wir es filmten, zeigte die Kamera einen geschlossenen Raum. Es war mit Teppichboden ausgelegt und möbliert, und in einer Ecke stand ein Stuhl, auf dem ein Stück Fleisch lag, mit dem ich Kojoten ins Zimmer locken wollte. Ich hatte dort einiges vor, musste aber leider feststellen, dass Kojoten nicht nur äußerst scheu, sondern auch ziemlich schlau sind und niemals einfach so dort hineinspazieren würden, um das Fleisch zu fressen. Sie wussten ganz einfach, dass diese Wände nicht natürlich waren, deshalb waren sie äußerst vorsichtig und ließen sich sehr viel Zeit, bevor sie sich das Fleisch schließlich holten. Sie gewöhnten sich an Alfredos Geruch und wagten sich schließlich zögernd hinein. Einen von ihnen konnten wir tatsächlich filmen.

Im Chatroom meiner Internetseite lernte ich Menschen aus der ganzen Welt kennen. Ich habe dort viele Freunde gefunden, mit denen ich heute noch in Kontakt stehe. Beispielsweise lernte ich dort eine junge Japanerin namens Etsuko kennen und schickte ihr ein Skript für ein Spiel namens *Wo sind die Bananen?*« In dem Spiel ging es darum, bestimmte Telefonnummern ausfindig zu machen. Und wenn man eine Nummer findet, wählt man sie auf einem schönen, alten Telefon und erlebt aufregende Dinge. Dabei fragte Etsuko: »Wo sind die Bananen?« Dann sagte sie: »Das ist der Blick aus meinem Fenster.« Daraufhin blickte man aus ihrem Fenster in Tokio. Als Nächstes sagte sie: »Das ist meine Spüle.« Und wenn man in die Spüle hineinsah, bemerkte man eine Telefonnummer am Grund des Spülbeckens. Die musste man sich notieren, um dann zum Telefon zu gehen und sie zu wählen, was einen wieder ganz woandershin brachte. Ich habe *Wo sind die Bananen?* zwar fertig animiert, aber keine Ahnung, ob das Spiel jemals online ging.

Nur der Chatroom und der Wetterbericht blieben dauerhaft auf der Webseite, denn beides kam bei den Leuten sehr gut an. Im Chatroom passierte alles Mögliche. Gegen Ende startete ich dieses Projekt, das ich »Interessante Fragen« nannte. So etwas würde ich echt gerne noch einmal machen. Es war *wirklich* interessant. Ich wollte eigentlich eine Menge verschiedener Fragen stellen, schaffte aber nur zwei, bevor davidlynch.com beendet wurde. Die erste Frage lautete: Gibt es eigentlich noch Gold in Fort Knox? Wahnsinn, was die Leute dazu alles geschrieben haben! Niemand kommt dort hinein, und jüngere Generationen haben vermutlich noch nicht mal von Fort Knox gehört. Ihnen ist es vermutlich völlig egal, ob dort noch Gold lagert oder nicht. Ich glaube allerdings, dass es nicht mehr da ist, was bedeuten würde, dass unser gesamtes Währungssystem auf heißer Luft basiert.

Die zweite Frage war: Wie kam am 11. September eine Boeing 757 durch ein fünfeinhalb Meter großes Loch ins Pentagon? Die Leute schrieben dazu tonnenweise Zeug. Jemand, der oder die sich selbst Carol nannte und eine Regierungsbeamtin von der CIA oder so etwas war, griff immerzu Leute an, die nicht glauben wollten, dass der 11. September ein terroristischer Anschlag war. Der- oder diejenige war außerdem erstaunlich gut informiert. Ein anderer Kerl, vermutlich ebenfalls von der Regierung, postete höchst ausgeklügelte Illustrationen, um zu verdeutlichen, wie so ein riesiges Flugzeug durch dieses kleine Loch passte. Ich dachte mir nur: »Netter Versuch, Kumpel.« Ich stellte bloß die Fragen, dann zog ich mich zurück und beteiligte mich nicht weiter an der sich anschließenden Diskussion, aber diese zwei Fragen sorgten monatelang für Gesprächsstoff.

Eines Tages traf ich auf der Straße Laura Dern. Sie sagte: »David! Ich bin deine Nachbarin!« Ich hatte sie lange nicht gesehen – in den Jahren, in denen sie mit Billy Bob [Thornton] zusammen gewesen war, sind wir uns niemals begegnet. Gleichzeitig riefen wir: »Wir müssen unbedingt was zusammen machen!« Meine liebe Assistentin Gaye war damals an Krebs erkrankt und deshalb zu Hause bei ihrem Mann in Escondido. Ich aß jeden Tag im Studio zu Mittag und rief sie anschließend an. Sie war immer wach und wahnsinnig süß. Sie schien keine Angst zu haben. Wir unterhielten uns darüber, was es bei uns zum Essen gab und solche Dinge, anschließend setzte ich mich dann meistens vor meinen gelben Notizblock, um etwas zu schreiben. Ich brauchte rund zwei Wochen, um die Szene für Laura zu schreiben, die schließlich zum Anfang von INLAND EMPIRE wurde. Damals dachte ich: Das ist nur ein Experiment, und vielleicht wird auch gar nichts daraus, aber Laura musste trotzdem ihren Agenten informieren. Damals war das Fred Specktor von CAA. Fred sagte: »Von mir aus, wenn sie unbedingt will. Was zahlst du ihr denn?« Ich erwiderte: »Der Internet-Tarif liegt bei hundert Dollar.« Darauf er: »Na schön, David. Ich stecke mir den Zehn-Dollar-Scheck an die Wand.«

Wir drehten die Szene mit Laura, kurz nachdem ich sie geschrieben hatte. Wir haben ein kleines Set in meinem Atelier aufgebaut und filmten in einer lauen Winternacht. Es war sehr still. Laura begann ihren Monolog, und wir unterbrachen nur zweimal – einmal wegen eines Flugzeugs und einmal, um neuen Film nachzuladen –, doch diese Unterbrechungen konnten der Stimmung nichts anhaben. Von ihnen abgesehen, lief alles reibungslos, und es waren immerhin fünfundvierzigminütige Takes.

Laura ist sehr klug – ich glaube nicht, dass sie lange gebraucht hat, den Text zu lernen, und sie vergaß so gut wie nichts davon. Als ich mir die Szene später auf der großen Leinwand im Studio ansah, dachte ich: Ja, das ist etwas völlig Eigenständiges, aber es verweist auf etwas sehr viel Größeres und birgt den Schlüssel für alles Mögliche.

Als ich später eine andere Idee hatte, war mir nicht klar, dass da eine Verbindung zu Lauras Szene bestand. Sie gefiel mir, also drehte ich die Szene, und wieder etwas später hatte ich eine weitere Idee, die mit keiner der beiden Szenen, die ich gefilmt hatte, in Zusammenhang stand. Dann hatte ich eine vierte Idee, und die brachte dann alles zusammen.

Nach der Idee, die alles zusammenführte, gab mir CanalPlus das Geld. Ich weiß nicht, wie viel sie in den Film reingesteckt haben. Ich kann mit recht wenig ziemlich viel machen – nicht mit *superwenig*, aber mit leidlich wenig. Diese 300-Millionen-Dollar-Filme sind der totale Irrsinn.

Ich drehte den Film mit einer Sony PD150. Es war die Kamera, mit der ich die Sache angefangen hatte, und als alles einmal lief, wollte ich den Look des Films nicht mehr ändern. Ich mochte meine Sony PD150. Es ist keine besonders gute Qualität, aber es ist die Qualität, die zu *INLAND EMPIRE* passt.

Im Moment hab ich das Gefühl, dass ich nie wieder etwas auf Film drehen werde. Nicht, dass ich Film nicht mögen würde. Zelluloid ist wie analoger Sound. So gut er auch ist, digitaler Sound wirkt immer spröde, verglichen mit analogem Sound, der dicht und rein ist, eine sanfte Power hat. Es ist wie der Unterschied zwischen Öl- und Acrylfarbe. Öl ist schwerer, und man will sich immer für das Schwere entscheiden, aber mit Acryl kann man Dinge machen, die man mit Öl nicht machen kann.

Gegen Ende des Drehs von *INLAND EMPIRE* sind einige von uns nach Polen geflogen, um dort noch ein paar Szenen aufzunehmen. Ich habe mich unglaublich in dieses Land verliebt. Im Sommer ist es nicht so toll, aber im Winter herrscht dort eine einmalige Atmosphäre.

Es gab dort wunderschöne Fabriken, und es lag dieses Gefühl in der Luft, dass man alles tun könnte. Laura Dern, Emily Stofle und Kristen Kerr waren mitgekommen, und in den Szenen, die wir drehten, mussten sie ihre San-Fernando-Valley-Sommerkleider tragen. Es war minus 30 Grad kalt, und wir drehten unter freiem Himmel. Also konnten sie immer nur für wenige Minuten nach draußen, da sie sich sonst den Tod geholt hätten. Sobald sie rausgingen, konnte man sehen, wie sich die Muskeln in ihren Körpern anspannten, und wenn das »Cut« ertönte, haben wir sie schnellstmöglich zurück in den Bus gebracht. Wir hatten die Heizung voll aufgedreht, und wenn sie den Bus verließen, hielt die Wärme vielleicht noch drei Sekunden vor, dann hieß es, Augen zu und durch. Wir hatten diese fantastische Gulaschsuppe und Wodka – dieser Stoff hält dich bei so einem Wetter am Leben.

Bei der Premiere auf dem Filmfestival von Venedig hat sich *INLAND EMPIRE* eigentlich recht gut geschlagen. Nach der Vorstellung schipperten wir mit dem Boot durch die Nacht, und ich weiß noch, dass ich mich sehr befreit fühlte. Laura Dern und ich saßen neben Catherine Deneuve, die sagte, dass ihr der Film sehr gefallen habe, was mir ein gutes Gefühl gab.

Zurück in den Staaten, tingelten wir durch verschiedene Städte, wo wir die Kinos selbst anmieteten, um *INLAND EMPIRE* zu zeigen. Ich ließ erst einen Musiker auftreten, dann las ich ein Gedicht vor, anschließend lief dann der Film. Ich machte überhaupt kein Geschäft damit. Ein dreistündiger Film, den kaum einer verstand? Absolut tote Hose. Die meisten Leute verloren rasch den Faden, langweilten sich und hatten generell null Interesse. Ich bin überzeugt, dass der Film im Rückblick eine Würdigung erfahren wird, ähnlich wie *Twin Peaks – Der Film*, nur dass es bis dahin länger dauern wird. Ich mag *INLAND EMPIRE*, und ich habe es sehr genossen, den Film zu drehen. Kürzlich habe ich ihn seit langer Zeit zum ersten Mal wieder gesehen, und ich mochte ihn tatsächlich immer noch. Er ist auf eine interessante Weise unergründlich, führt einen an ganz unterschiedliche Orte und hat verschiedene Texturen, die Verbindungen miteinander eingehen. Du steigst an einem Ort in den Film ein und kommst an einem völlig anderen heraus. Mir kam er dennoch kurz vor.

Nachdem der Film angelaufen war, hatte ich diese Idee, mich mit einer Kuh und einem Schild, auf dem »KÄSE WIRD AUS MILCH GEMACHT« steht, vor der Kirche an der Kreuzung von Hollywood Boulevard und La Brea Avenue auf den Rasen zu setzen. Ich tat es für Laura. Ich hatte ein großes Foto von ihr und ein Schild dabei, auf dem »STIMMT FÜR LAURA« stand. Ich saß dort vom späten Vormittag bis fünf oder sechs Uhr am Abend, und kaum jemand bekam es mit. Die Presse tauchte nicht auf, aber zwei Kerle unterhielten sich mit mir und filmten das Gespräch. Um sieben Uhr am selben Abend war ihr Film einmal rund um die Welt gegangen. Es hat Spaß gemacht da draußen auf dem Rasen. Es war ein wunderschöner Tag, und die Menschen waren klasse. Sie blieben stehen, sahen die Kuh und fragten Sachen wie: »Was machst du hier, David?« Und wenn sie nicht wussten, wer ich war, fragten sie bloß: »Was machst du hier?«

Viele Leute wissen nicht, wer ich bin. Kein Scheiß! Eine ganze Menge Leute! Neulich war ich bei Lowe's, um ein paar Elektroartikel zu kaufen, und dort hat mich niemand erkannt. Ein andermal hatte ich ein Meeting mit dem Präsidenten der Producers Guild oder der Directors Guild oder so was, und Erik Crary fuhr mich hin. Ich sah aus wie ein Penner. Erik ließ mich aussteigen, um dann den Wagen zu parken, und ich habe noch eine geraucht, bevor ich in die Eingangshalle gegangen bin. Dort standen diese bulligen Polizistentypen am Empfangstresen und starrten mich an. Erik kam rein, und ich ging rüber, haute auf den Tresen und sagte: »Ich bin hier, um den Präsidenten zu sehen!« Sie musterten mich und sagten: »Ach ja?« Ich erwiderte: »Ja. Im sechsten Stock.« Darauf sie: »Das ist interessant. Hier gibt es nur fünf Stockwerke, Kumpel.« Wir waren im falschen Gebäude, und sie hatten eindeutig keine Ahnung, wer ich war. Sie standen kurz davor, jemanden anzurufen – die Polizei oder die Männer mit den weißen Kitteln.

Das Aufnahmestudio zu bauen war eine Mammutaufgabe, und es war hochgradig kompliziert. Als schließlich alles fertig war, kam ich ins Studio und wusste kaum, wie man das Licht anmachte. Auf gewisse Weise hat sich daran bis heute nicht viel geändert – ich kenne mich in meinem eigenen Studio nicht aus. Man muss da von so vielen Dingen Ahnung haben – ich brauchte also technischen Beistand. Dieser Typ namens John Neff arbeitete damals für die Akustikarchitekten des Studios, Studio Bau:ton, und als ich eines Tages in die Runde fragte: »Wer will den Laden hier schmeißen?«, hob er seine Hand.

Nicht lange nach Fertigstellung des Studios haben wir beide die Band BlueBOB gegründet und ein Album mit neun oder zehn Songs aufgenommen. Einige davon sind gut, und wir wurden sogar eingeladen, im Olympia in Paris zu spielen, wo die ganz Großen aufgetreten sind. Mich hatte das nie gereizt. Live spielen? Das war absurd. Ich kann experimentieren, aber ich kann nicht dasselbe zweimal spielen. Trotzdem sagte ich: »Okay, wir sind die erste Band des Abends, und wir spielen vier Songs.« Beth Gibbons von Portishead sollte nach uns auftreten. Die Sache konnte eigentlich nur funktionieren, wenn wir den Abend eröffneten. Stattdessen wollten sie uns als Hauptact und schrieben meinen Namen groß aufs Plakat. Beth Gibbons war fantastisch und hat sich nicht beirren lassen, aber das Publikum hat getobt, weil wir nur vier Songs gespielt haben. Einer der Songs war eine Coverversion von Bo Diddleys »You Can't Judge a Book by the Cover«. Das war ein Abend, den man nicht so schnell vergisst. Wie der Untergang der Titanic. So etwas werde ich nie wieder machen.

Inzwischen leitet Dean Hurley mein Studio. Dean sieht heute aus, als wäre er gerade vierzehn Jahre alt, aber als er zum ersten Mal hier auftauchte, dachte ich: Wo sind denn seine Eltern? Wer wird ihm die Windeln wechseln? Er sah wirklich sehr jung aus. Er kam auf Empfehlung von Ron Eng, der bei vielen meiner Filme die Tonmischung gemacht hat. Ron ist nicht nur ein wirklich guter Toningenieur, sondern außerdem ein feiner Kerl. Und Dean ist einfach Gold wert.

Zwischenmenschliche Beziehungen sind wie Filme, und Menschen kommen und gehen. Viele Dinge haben einen Anfang, eine Mitte, ein Ende, und als ich in der Junior High School war, hatte ich alle paar Wochen eine neue Freundin.

Dinge ändern sich, und sie änderten sich, als ich Emily kennenlernte. Emily und ihre Schwester waren Nachbarinnen von Eli Roth, und er hat sie einmal mitgebracht, als ich gerade Modelle für

Aktfotografien suchte. Dann hat Emily Voiceover für *Boat* gesprochen, und sie machte ihre Sache wirklich gut. Eins führte zum anderen, und jetzt haben wir Lula.

Eines Tages war ich im Büro und schaute den Maharishi-Sender, wo bekannt gegeben wurde, dass er einen einmonatigen Erleuchtungskurs anbot. Der Kurs war teuer, aber auf dem Fußweg nach Hause dachte ich bei mir: Eigentlich könnte ich das doch mal machen. Ich könnte das machen! Und ich werde das machen! Nachdem ich das Formular ausgefüllt und das Geld überwiesen hatte, bekam ich einen Anruf: »David, wir können dein Geld leider nicht annehmen. Du bist ein normaler Meditierender. Aber um diesen Kurs zu machen, musst du ein Siddha sein, deshalb geben wir dir dein Geld zurück.« Ich sagte: »Nein, behaltet das Geld. Nehmt es als Beitrag zum Weltfrieden.« Worauf sie fragten: »Ist das dein voller Ernst?« Was ich bejahte. Schon bald hieß es, der Maharishi habe angeboten, einen Siddha-Kurs für mich und eine junge Frau namens Debbie zu geben, die in D.C. lebte und auch keine Siddha war. Also ging ich da hin.

Vielleicht ein Jahr später war ich bei Dr. John Hagelin in Fairfield, Iowa. Wir saßen in seinem Wohnzimmer, und er fragte mich: »David, wie fändest du es, eine Stiftung in deinem Namen zu gründen?« Ich hatte noch nie darüber nachgedacht und wusste nicht, welcher Zweck ihm für diese Stiftung vorschwebte. Da er mich fragte, nahm ich an, dass er von mir ein »Ja« hören wollte. Also willigte ich ein und schoss auch gleich das erste Geld zu. Dann – ich wusste gar nicht so richtig, wie es dazu kam – war ich plötzlich auf Tournee und hielt Vorträge über Meditation. Und als ich dachte, es wäre so gut wie vorbei, ging es erst so richtig los. Es war eine erstaunliche Entwicklung. Ich machte letztlich eine Vortragsreise durch sechzehn verschiedene Länder und eine weitere, bei der ich an dreiunddreißig Universitäten auftrat – und das waren nur die großen Tourneen.

Bobby Roth hatte das Ganze ins Rollen gebracht, als er mich fragte, ob ich Lust dazu hätte, auf ein paar kleineren Versammlungen zu sprechen. Anfangs habe ich versucht, alles, was ich sagen wollte, auswendig zu lernen, und das war ein einziger Albtraum. Wenn es bis zum Vortrag noch eine Woche hin war, quälte ich mich eine Woche lang. Waren es zwei Wochen hin, quälte ich mich zwei Wochen lang, Tag und Nacht. Einmal musste ich in einer Art Golf- oder Country-Club in L.A. reden. Ich habe hyperventiliert und mich ständig verhaspelt, obwohl ich alles auswendig konnte. Also habe ich mich entschieden, nur noch Frage-und-Antwort-Stunden abzuhalten, und von da an lief alles sehr viel besser. Aber eine Quälerei war es immer noch.

Anfangs habe ich in relativ kleinen Räumen geredet. Hinter der Bühne in Detroit zog Bobby dann – ganz begeistert davon, was er mir gleich zeigen würde – den Vorhang ein Stückchen beiseite, und ich erblickte ungefähr zehn Millionen Menschen! Eine vollbesetzte Reihe hinter der anderen! Es war ein riesiger Saal, und ich bin vor Angst fast ohnmächtig geworden. Ich weiß noch, wie ich zum Mikrofon ging, immer einen Fuß vor den anderen setzte, und der Weg zog sich hin, als wäre er Tausende von Kilometern lang. An der Ostküste sind wir von einer Universität zur nächsten gefahren, und Bobby hat so viele Telefoninterviews organisiert, dass ich im Auto ständig das Telefon am Ohr hatte. *Catching the Big Fish* war ebenfalls Bobbys Idee. Das war eine heftige Zeit damals, eine scheinbar endlose Quälerei. Ich habe es für den Maharishi getan und eine Menge dabei gelernt, deshalb bin ich heute sehr dankbar, es gemacht zu haben.

Dr. John Hagelin hat mal gesagt, die Bibel wäre als Chiffre geschrieben, und dass sich darin im Licht der Spiritualität etwas völlig anderes offenbaren würde als im Licht einer Glühbirne. Eines Tages saß ich im Wohnzimmer, zog die Bibel aus dem Regal, blätterte darin, und siehe da: Die Seite leuchtete hell auf. Sie schien beinahe weiß zu werden, und was immer dort stand, warf sein Licht auf etwas sehr viel Größeres, und es fiel mir wie Schuppen von den Augen. Ich erkannte, wie wunderschön diese Reise ist, auf der wir Menschen uns befinden, und dass sie mit dem glücklichsten Happy End von allen enden wird. Es gibt keinen Grund zur Sorge. Alles ist wunderschön.

In the Studio

IM STUDIO

Mit Fertigstellung seines Aufnahmestudios im Jahr 1997 komplettierte Lynch das, was er als sein »Setup« bezeichnet. Er hatte sich ein Umfeld geschaffen, das es ihm ermöglichte, so ziemlich jede seiner Ideen sofort weiterverfolgen zu können, ohne dafür das Haus verlassen zu müssen. Eine Situation, die den Druck, den Film-Deals gewöhnlich mit sich bringen, deutlich verringerte. Er arbeitete schon eine ganze Weile in diesem Komplex, als Stofle Anfang 2007 schließlich zu ihm zog: »Wir hatten darüber gesprochen, dann brachte ich eines Tages einfach ein paar von meinen Sachen mit, und er sagte: ›Okay‹.«

Mit *The Air is on Fire*, einer Ausstellung von Lynchs Kunst in der Pariser Fondation Cartier pour l'art contemporain gab es in diesem Jahr gleich noch ein wegweisendes Ereignis. Die von Hervé Chandès organisierte Schau öffnete am 3. März ihre Pforten und war ein gewaltiger Kraftakt, der in überraschend kurzer Zeit realisiert wurde. In einem Theater mit opulenten Samtvorhängen und einem karierten Boden, das der Bühne von *Eraserhead* nachempfunden war, liefen Filme, und neben Fotografien und Gemälden wurden dort auch Zeichnungen gezeigt, die teilweise sogar aus Lynchs Kindheit stammten. Lynch und Zebrowski gaben während der Ausstellung in der Fondation Cartier ein Konzert, und zur Eröffnung brachte der deutsche Verlag Steidl unter dem Titel *Snowmen* einen Bildband mit Schwarz-Weiß-Fotografien heraus, die Lynch 1992 in Boise in Idaho gemacht hatte.

All das geschah innerhalb kürzester Zeit und machte zusätzliche Mitarbeiter nötig. »Davids Team wusste, dass ich schon für verschiedene Künstler gearbeitet hatte. 2006 rief sein Büro mich an, um mir zu sagen, dass David eine große Ausstellung machen würde, und um mich zu fragen, ob ich daran mitarbeiten wollte«, erzählt Skarbek, die bei der Produktion der Ausstellung, des Katalogs und des Steidl-Buchs eine entscheidende Rolle gespielt hat. »Es war eine Mammutaufgabe. David ist ein besessener Sammler, der einfach alles aufhebt. Zu meinem Job gehörte es, sein bildnerisches Werk zu organisieren, welches bei meinem Eintreffen völlig unorganisiert war. Alles befand sich dort, bis hin zu Werken aus der Zeit in Philadelphia, und vieles davon war einfach nur achtlos beiseitegeräumt worden, lag aufeinandergestapelt oder irgendwo angelehnt in der Garage. Zum damaligen Zeitpunkt gab es auf dem Gelände keinen Ort, der ausschließlich seinen Kunstwerken gewidmet war, und die Sachen waren überall verstreut.« *The Air is on Fire* war eine sehr große Ausstellung, die außerdem noch in Mailand, Moskau und Kopenhagen Station machte und die Skarbek für die nächsten drei Jahre in Beschlag nahm.

Als Lynch nach Paris reiste, um den Aufbau der Ausstellung zu beaufsichtigen, lernte er dort Patrice Forest kennen, den Inhaber der Lithografie-Werkstatt Idem. »Hervé Chandès ist ein Freund von mir, und Idem liegt nur ein paar Ecken von der Fondation entfernt«, berichtet Forest. »Manchmal verbrachte David die Zeit nur mit Warten darauf, dass irgendetwas fertig wurde. Deshalb fragte Hervé ihn: ›Soll ich dir einen Ort zeigen, der dir gefallen könnte?‹ David kam her, öffnete die Tür und war sofort hin und weg.‹[1]

Forest, der aus Lyon stammt, war ursprünglich Kunstjournalist beim Radio, bevor er 1987 in Paris seine erste Werkstatt eröffnete. Als zehn Jahre danach eine 1300 Quadratmeter große historische Druckerwerkstatt zum Verkauf stand, deren Geschichte bis ins Jahr

1881 zurückreichte und die mitten im Stadtzentrum lag, verlegte er seinen Betrieb dorthin. Mit den großen Oberlichtern und alten Drucken von Picasso, Miró und anderen Künstlern an den Wänden wurde Idem für Lynch rasch zu einem Zufluchtsort, an den er jedes Jahr zurückkehrt.

»Ich fragte David, ob er jemals eine Litho gemacht hatte, und er antwortete: ›Nein, aber ich bin sehr neugierig.‹ Dann hat er sich sofort an die Arbeit gemacht«, erinnert sich Forest. »Er arbeitete mit Zinkplatten und machte drei Lithos, die damals auch in seiner Ausstellung zu sehen waren. Aus diesen dreien wurde eine Serie von zwölf Lithografien mit dem Titel *The Paris Suite*. Nachdem wir damit fertig waren, habe ich ihn gefragt, ob er Interesse habe, mit einer Steinplatte zu arbeiten, und wieder sagte er Ja. Er hat das Prinzip sofort begriffen. Seitdem haben wir über hundert Lithos gemacht, und wenn er nach Paris kommt, kann er hier so viel Zeit verbringen, wie er möchte.

Kino ist ein Riesending, und David arbeitet mit Hunderten von Leuten, wenn er einen Film macht«, fährt Forest fort. »Bei Idem ist er im Grunde allein, kann sich etwas einfallen lassen und es dann innerhalb eines einzigen Tages verwirklichen. In der Werkstatt ist es ruhig, und einige der Menschen, die dort arbeiten, haben noch nie etwas von ihm gehört. Was er, wie ich glaube, zu schätzen weiß, weil es ihm Privatsphäre bietet. Er liebt das Hotelleben, steigt immer im selben Zimmer im selben Hotel in Laufweite der Werkstatt ab und kommt dann morgens gegen elf Uhr her. Er mag den Kaffee, den es hier um die Ecke gibt, und er kann bei der Arbeit rauchen.« Die Drucke, die Lynch bei Idem macht, sind nur über Forest erhältlich, der ausschließlich direkt an Sammler verkauft. »Davids Drucke findet man nur selten auf dem Kunstmarkt. Wir arbeiten nicht mit Galerien oder Auktionshäusern zusammen, und seine Werke verkaufen sich so gut, dass sie schnell vom Markt absorbiert werden.«

Anlässlich der Eröffnung einer Ausstellung mit Arbeiten von ihm und Christian Louboutin reiste Lynch im Juli 2007 erneut nach

Paris, diesmal in Begleitung von Stofle. Der Designer hatte eine Reihe von Fetisch-Schuhen produziert, die Lynch fotografierte. Während ihres Aufenthaltes in Paris lernte Stofle Louboutin kennen, der ihr anbot, in seiner Boutique in L.A. für ihn Events zu organisieren. Die nächsten fünf Jahre arbeitete sie für ihn. Die Arbeitszeiten konnte sie sich frei einteilen, was sie von Anfang an zur Bedingung gemacht hatte. »David und ich sind 2007 viel herumgereist«, erzählt sie, »und David braucht auf Reisen viel Zuwendung. Er mag es nicht, sich den Kaffee selbst zu bestellen, er will nicht dabei sein, wenn der Zimmerservice kommt – solche Sachen eben. Er ist ein ausgeglichener Mensch, aber er hat auch eine Menge Ängste.«

Zurück in L.A. fand Lynch eine neue Mitarbeiterin. Mindy Ramaker, die zu einem integralen Bestandteil seines Teams werden sollte, war erst im Juli 2007 nach L.A. gezogen und kam ursprünglich aus Madison, wo sie bei J. J. Murphy, der einer von Jay Aasengs Professoren gewesen war, Drehbuch studiert hatte. Als bei Lynch eine Stelle frei wurde, hatte Aaseng Murphy um Empfehlungen gebeten, und so kam es, dass Ramaker Ende Juli dort anfing. Etwa zur gleichen Zeit erwarb Lynch ein knapp zehn Hektar großes Stück Land außerhalb von Łódź, das er bis heute nicht erschlossen hat. »Es ist wirklich gutes Land«, sagt Lynch. »Mein Grundstück grenzt an einen Wald, der Staatseigentum ist, weshalb er nicht zum Bauland werden kann, es liegt abgeschieden, hat lehmigen Boden, ist wunderschön und fällt sanft nach Osten ab.«

Ende des Jahres starb Donald Lynch. Lynch und Levacy waren bei ihm im Riverside Hospital, als es passierte. Am 25. Februar 2008 starb dann Maharishi. »Das einzige Mal, dass ich David weinen sah, war am Tag, als Maharishi starb«, berichtet Skarbek. »Er hat nicht darüber geredet, aber die Tränen sprachen Bände. Das war eine Seite von ihm, die ich nie zuvor gesehen hatte. Er war wirklich tief bewegt.«

Weil er an der Beerdigung teilnehmen wollte, bewältigte Lynch zahlreiche bürokratische Hürden, um ein Visum zu erhalten.

Anschließend bestieg er ein Flugzeug nach Indien. Ein Land, in das er noch nie zuvor einen Fuß gesetzt hatte. »In Indien fahren die Leute sehr schnell und direkt auf dich zu, bevor sie dann in letzter Sekunde ausweichen«, erzählt Bob Roth. »Man glaubt wirklich, dass man jeden Augenblick sterben wird. Während der Fahrt schaute ich zu David rüber und konnte ihm ansehen, dass er von der Fahrweise der Leute total schockiert war.

Ich erinnere mich noch an Davids Blick, als der Scheiterhaufen niederbrannte. Da war so eine Sanftmut in seinem Gesicht. David hat ein großes Herz, und er war diesem Menschen sehr dankbar für das, was er ihm gegeben hatte. Mit Ausnahme von Maharishi ist David der authentischste Mensch, dem ich je begegnet bin, und er ist furchtlos. Wenn ich mir einen Film anschaue, dann gibt es manchmal Stellen, bei denen ich wegschauen muss. David sieht niemals weg. Er weiß die Schöpfung in ihrer Gesamtheit zu würdigen. Zu beobachten, wie ein kleiner Hamster heranwächst, kann ihn genauso bezaubern wie der verwesende Körper eines toten Tieres. Er findet Freude an allen Aspekten des Lebens, inklusive der dunklen Seiten, und das bewundere ich an ihm.«

Nach seiner Rückkehr aus Indien verabschiedete sich Lynch von Aaseng, der nach sieben Jahren seinen Posten verließ. »David hilft dir, Seiten von dir selbst zu erkennen, die du vorher gar nicht bemerkt hast«, sagt Aaseng, der in *Twin Peaks: The Return* einen denkwürdigen Auftritt als blutbefleckter Betrunkener im Gefängnis von Twin Peaks hat. »An meinem letzten Arbeitstag haben alle gemeinsam zu Mittag gegessen, und ich habe eine Rede gehalten. Ich bin um den Tisch herumgegangen, habe über jeden ein paar Worte gesagt, und alle sind ganz ergriffen gewesen. Anschließend sagte David: ›Jay, du musst es mit der Schauspielerei versuchen! Nach dem, was ich da gesehen habe, wäre das genau das Richtige für dich!‹ Als ich damals angefangen habe, bei David zu arbeiten, war Schauspielerei das Letzte, was ich im Kopf hatte, aber inzwischen spiele ich hin und wieder kleinere Rollen.«

Anfang des Frühjahrs wurde die Musik, an der Lynch mit Zebrowski über vier Jahre hinweg gearbeitet hatte, endlich veröffentlicht: Das Album *Polish Night Music*, eine Aufnahme von vier ausgedehnten Improvisationen, weitestgehend inspiriert von der Stadt Łódź, erschien auf seinem eigenen Label David Lynch Music Company. Lynch und Stofle waren zu diesem Zeitpunkt schon seit fünf Jahren liiert, und sie fühlte sich bereit, den nächsten Schritt zu gehen. »Anfang des Jahres hatte ich David gesagt, dass ich heiraten und Kinder haben wollte, und ihn gebeten, es mir zu sagen, falls er nicht daran interessiert sein sollte. Im Mai haben wir uns dann verlobt«, erinnert sie sich. »Wir waren im Les Deux Magots in Paris. Er hat zwei Ringe auf einen Bierdeckel gezeichnet und mir dann einen Heiratsantrag gemacht. Wir sind zurück ins Hotel gegangen, von wo aus er meine Eltern angerufen und sie um ihren Segen gebeten hat.

In den ersten Jahren unseres Zusammenlebens hatten David und ich eine wirklich tolle Zeit. Ich lernte zu kochen, als ich bei ihm einzog, und ich glaube, es gefiel ihm. Ich habe beim Kochen keine Gedanken an Kalorien verschwendet, es sollte einfach nur köstlich schmecken, und wir haben beide etwas zugelegt. Es war schön. Er hat damals an allen möglichen Sachen gearbeitet, und bei verschiedenen Projekten bat er mich, die Schauspieler zu organisieren. Egal ob er einen Auftrag angenommen oder mit einer Idee herumgesponnen hat, alle Projekte waren gleichwertig. Es ging immer darum, die Idee durchzuspielen und Wirklichkeit werden zu lassen. Einmal hat er ein Video für ein Filmfestival gemacht, das ihm eine Auszeichnung verleihen wollte, und er hatte vor, den Clip rückwärts zu drehen, wie die Szenen im Roten Raum in *Twin Peaks*. Er bat mich, für dieses Video ein paar Mädchen zu engagieren, und ich habe meine Freundinnen Ariana Delawari und Jenna Green gefragt, die bei solchen Sachen oft mit uns gearbeitet haben. Intern haben wir solche Projekte »Highschool-Sketch-Abend« genannt, weil sie so einen Heimwerker-Charme hatten. Wir alle haben David bewundert und zu ihm aufgesehen. Für diesen Film hat er mich außerdem gebeten, ein paar Revuegirl-Kostüme aufzutreiben, also habe ich uns wunderschöne Satin-Trikots ausgeliehen und Lackleder-High-Heels sowie Netzstrumpfhosen gekauft, während David als Requisiten Tauben gemalt hat, die wir hochgehalten haben, während wir rückwärts tanzten.«

Noriko Miyakawa hatte damals bereits eine feste Stelle bei Lynch und war bei vielen dieser Highschool-Sketche involviert. »Es fällt mir nicht ganz leicht zu sagen, dass ich etwas mit David gemeinsam geschnitten habe. Denn schließlich ist es immer ganz allein seine Vision«, betont Miyakawa. »Wir arbeiten deshalb so gut zusammen, weil ich mir dieser Tatsache bewusst bin. David ist nicht auf der Suche nach einem Partner, weil er nämlich keinen braucht. Wenn er alles alleine machen könnte, ohne jemanden um Hilfe zu bitten, dann würde er das tun. Seine Mitarbeiter müssen ihr Handwerk beherrschen, aber im Grunde sind wir für ihn wie Pinsel.«

Kurz nachdem Aaseng gekündigt hatte, fing Michael Barile bei Lynch an. 1985 geboren und in Florida aufgewachsen, ergatterte er im April 2008 einen unbezahlten Praktikumsplatz in Lynchs Büro, das er dann eines Tages sogar leiten sollte. »David war völlig auf die Malerei konzentriert, als ich anfing, für ihn zu arbeiten. Jeden Morgen ging er vom Haus direkt rüber ins Atelier«, erinnert sich Barile. »Ich hatte bereits einen vollen Monat für ihn gearbeitet, bevor ich ihm auch nur einmal begegnet bin.«[2]

Lynchs Karriere als bildender Künstler hatte damals tatsächlich kräftig Fahrt aufgenommen: Allein 2009 hatte er sieben Ausstellungen. Im gleichen Jahr machten Stofle und er auch ihre Beziehung offiziell und gingen am 28. Februar im Beverly Hills Hotel die Ehe ein. »Die Hochzeitsfeier war kein großes Fest, es waren vielleicht hundert Gäste da, und als ein zufällig im Hotel anwesender Elvis-Imitator mitbekam, dass David heiratete, hat er spontan ein Ständchen gebracht«, erinnert sich Skarbek. »Ich glaube, er hat ›You Ain't Nothin' But a Hound Dog‹ gesungen«, sagt Chrysta Bell, die unter den Hochzeitsgästen war. »Emily und David sind ein fantastisches Paar.

Emily ist eine Naturgewalt, und sie weiß, dass er sie aufrichtig liebt. Es gibt Drachen, und es gibt Menschen, die gerne Drachen steigen lassen. Emily ist glücklich damit, ihm genügend Leine zu lassen und David bei seinen Höhenflügen zu unterstützen.«

Zwei Monate nach der Heirat reisten die Lynchs nach Moskau zur Eröffnung von *The Air is on Fire*. »Es waren nicht die Flitterwochen, die ich mir gewünscht hätte, aber David hört nun einmal nie auf zu arbeiten«, bemerkt Stofle. Auf dem Weg nach Russland legte Lynch einen Zwischenstopp in Island ein, wo sich nach dem Zusammenbruch des Bankensystems die Wirtschaft gerade im freien Fall befand. »Seit Jahren sprach David davon, ein Meditationszentrum in Island zu eröffnen«, erzählt Joni Sighvatsson. »Im Mai 2009 haben wir miteinander telefoniert, und er hat gesagt: ›Joni, wir müssen etwas für Island tun. Ich reise in fünf Tagen nach Russland und komme auf dem Weg dahin vorbei.‹ Island ist ein kleines Land, und fünf Tage reichen bei uns aus, um jeden wissen zu lassen, dass eine bekannte Persönlichkeit herkommt. Also erschienen bei Davids Vortrag in der Aula der Universität Tausende von Menschen. Davids Stiftung hat 200 000 Dollar aufgebracht, ich habe weitere 100 000 beigesteuert. Wir eröffneten dann ein Meditationszentrum in Reykjavík, das immer noch aktiv ist.«

Später im gleichen Jahr begann Lynch mit der Arbeit an einer Dokumentation über Maharishi, die noch nicht abgeschlossen ist. In Begleitung von Bob Roth, [Produktionsassistent] Rob Wilson und Schauspieler Richard Beymer begab er sich nach Indien und folgte derselben Route vom Himalaya zur Südspitze Indiens, die Maharishi 1953 nach dem Tod seines Lehrers Guru Dev entlanggepilgert war. Das auf dieser Indienreise gefilmte Material war als Ausgangsmaterial für Lynchs Dokumentarfilm gedacht. Maharishi brauchte zwei Jahre von 1955 bis 1957 für die Pilgerreise, die Lynch und seine Begleiter in etwas über einer Woche absolvierten, wie in Richard Beymers 2014 veröffentlichter Dokumentation *It's a Beautiful World* zu sehen ist.

Beymer hatte 1967 mit dem Meditieren begonnen, nachdem er im Santa Monica Civic Auditorium einen Vortrag von Maharishi besucht hatte. Dann hatte er zwei Jahre in Maharishis Diensten in der Schweiz verbracht. Nach dem Tod Maharishis hatte Beymer an der Trauerfeier teilgenommen und sie gefilmt, ohne zu wissen, dass Lynch ebenfalls anwesend war. »Als David von meinem Film hörte, bat er darum, ihn sehen zu können. Er war wirklich angetan«, erzählt Beymer. »Einige Monate danach hat er dann den Entschluss gefasst, nach Indien zu reisen, um dort mit seinem Film über Maharishi zu beginnen, und er hat mich eingeladen, ihn zu begleiten.«

Lynch kam geradewegs aus Shanghai, wo er einen Werbespot gedreht hatte. Als sein Flugzeug in Indien landete, war er erschöpft und litt an einer schweren Erkältung. Die Reise war ziemlich anstrengend für ihn, aber da Lynch nicht so leicht klein beigibt, biss er sich durch. »Wir waren zehn Tage lang dort und haben wirklich alles abgeklappert«, erinnert sich Beymer. »Wir sind mit dem Auto gefahren, mit Flugzeugen und Hubschraubern geflogen, waren Tag und Nacht unterwegs und hatten eine Menge Spaß. Im Auto habe ich für gewöhnlich auf dem Beifahrersitz gesessen und David gefilmt, der mit wechselnden Leuten auf dem Rücksitz saß. David braucht nur aus dem Fenster zu schauen, um einen in seinen Bann zu ziehen. Selbst wenn er gar nichts tut, ist er faszinierend. In Indien konnten ihn die merkwürdigsten Kleinigkeiten begeistern. Eines Tages fuhren wir irgendwohin, dabei schaute er aus dem Fenster und erblickte in der Ferne einen Affen. Plötzlich wirkte er, als wäre er wieder acht Jahre alt. »Seht doch! Seht ihr den Affen?« Er war total aufgeregt. Er konnte einfach nicht fassen, dass da draußen tatsächlich ein Affe durch die Weltgeschichte spazierte.«

Im Dezember 2009 gab es eine feierliche Enthüllung von Gehrys Plänen für das Camerimage-Filmfestival-Zentrum in Łódź, das seit 2005 in der Planung war. Gehry und Lynch nahmen an der Zeremonie teil, und alle waren bester Stimmung. »Dann, zwei Monate später, wurde Jerzy Kropiwnicki, der Bürgermeister der Stadt — ein großartiger, zukunftsorientierter Mann, den David neckisch ›alter Junge‹ nannte – abberufen, und seine Nachfolgerin hat dem Projekt dann den Garaus gemacht«, erzählt Zebrowski. »Etwa zur gleichen Zeit hatten David und Marek [Żydowicz] das EC1, ein verlassenes Kraftwerk, das sie 2005 von der Stadt gekauft hatten, in ein Postproduktionsstudio umgebaut. Das Gebäude hat alle möglichen Architekturpreise gewonnen. Im Sommer 2012 hat die neue Bürgermeisterin dann David in L.A. besucht und zu ihm gesagt: ›Mr. Lynch, Sie können jederzeit nach Łódź kommen, Sie sind herzlich eingeladen, aber diese Immobilie gehört uns. Sie können dennoch gerne unser Gast sein.‹ David – der sein eigenes Geld in das Projekt investiert hatte – hat sie nur angesehen und gesagt: »Was erlauben Sie sich? Wenn es mir nicht mehr gehört, dann komme ich auch nicht.« Marek hat in Polen mehrfach Klage eingereicht, aber gegen das Rathaus kann man nicht gewinnen. David und Marek haben diesen Komplex also gebaut, daraufhin hat die Stadt sie enteignet und es ihnen einfach weggenommen.« 2010 zog das Camerimage Festival nach Bydgoszcz um, eine Kleinstadt, die etwa 300 Kilometer von Lodz entfernt ist. Das EC1 wird von den Menschen weiterhin David Lynch Studio genannt.

Kurz nach der Enthüllung der Gehry-Pläne arbeitete Lynch mit John Chalfant an einer Installation namens *Diamonds, Gold, and Dreams* für den Pavillon der Fondation Cartier auf der internationalen Kunstmesse Art Basel Miami. Ein an die Decke eines Kuppelzeltes projizierter, siebenminütiger Digitalfilm zeigte einen Nachthimmel voller glitzernder Diamanten.

Offensichtlich mangelte es Lynch nicht an Arbeit, und das Filmemachen schien in seinem Leben zu diesem Zeitpunkt eine eher untergeordnete Rolle zu spielen. »Als ich anfing, für David zu arbeiten, sah es so aus, als hätte er von Filmen die Nase voll«, sagt Barile. »Er hatte seit langer Zeit keinen mehr gemacht, und sein letzter, *INLAND EMPIRE*, hatte sehr durchwachsene Kritiken bekommen. 2010 hat er dann ein wunderbares Drehbuch mit dem

Titel *Antelope Don't Run No More* geschrieben, für das er sich nach Investoren umsah, aber niemand hat ihm so viel Geld geboten, wie er für die Umsetzung benötigt hätte. Ich glaube allerdings, dass er nicht besonders verärgert war, dass er den Film nicht finanziert bekam. Nach Davids Überzeugung wird etwas, das geschehen soll, auch irgendwann geschehen.« *Antelope Don't Run No More* spielt größtenteils in Los Angeles und verflechtet Stränge von *Mulholland Drive* und *INLAND EMPIRE* zu einer fantastischen Erzählung, bevölkert von Außerirdischen, sprechenden Tieren und einem runtergekommenen Musiker namens Pinky. Bislang hat noch jeder, der es gelesen hat, darin eins der besten Drehbücher erkannt, die Lynch je geschrieben hat.

Am 12. Juli 2010 veröffentlichte Capitol Records das Album *Dark Night of the Soul* von Danger Mouse (Brian Burton) und Sparklehorse. Dem Album lag die limitierte Auflage eines Buchs mit hundert fotografischen Arbeiten von Lynch bei, die er inspiriert von der Musik angefertigt hatte. Es war die letzte Aufnahme von Sparklehorse, deren Sänger und Songschreiber Mark Linkous sich am 6. März des Jahres das Leben nahm. Auf dem Album sind zahlreiche Gastmusiker wie Iggy Pop und Suzanne Vega zu hören. Lynch selbst übernahm die Gesangsparts bei zwei Songs, darunter auch der Titeltrack. Im selben Jahr fand in der Kunsthalle Wien die Ausstellung *Marilyn Manson und David Lynch — Genealogie des Schmerzes* statt. 2010 markierte auch Lynchs Rückkehr zum Fernsehen: Er lieh seine Stimme Gus, dem Barkeeper in *The Cleveland Show*, einer Zeichentrickserie, die im Herbst 2009 auf dem Sender Fox Premiere hatte und vier Staffeln lang lief.

Am Neujahrstag 2011 hörte Lynch mit dem Rauchen auf — ein riesiger Schritt für ihn — und begann mit der Arbeit an »Lady Blue Shanghai«, einer sechzehnminütigen Onlinewerbung für eine Dior-Handtasche, die im Juni anlief — in der Hauptrolle war die französische Schauspielerin Marion Cottilard zu sehen. Lynch ist sehr frankophil, und im August 2011 reisten er und sein Team nach

Paris, um an der Eröffnung eines Nachtclubs namens Silèncio teilzunehmen, der von dem gleichnamigen Club im Film *Mulholland Drive* inspiriert war. Skarbek beschreibt den von Innenarchitekt Raphael Navot, dem Architekturbüro Enia und dem Lichtdesigner Thierry Dreyfus gemeinschaftlich konzipierten Club als »bunkerähnlich. Er liegt sechs Stockwerke unter der Erde, ist sehr schmal, dunkel und schön. Das Innere ist wie ein kleines Schmuckkästchen«.

Im Herbst des Jahres wurde *This Train*, das Album, an dem er seit 1998 mit Chrysta Bell gearbeitet hatte, endlich fertig. »Es hat Jahre gedauert, dieses Album zu machen, und zwischenzeitlich schien es mir, als würde der Tag niemals kommen«, sagt sie. »Ich kam mir albern vor, wenn ich mir nur vorstellte, dass es irgendwann einmal so weit sein könnte. Aber an jedem Tag meiner Zusammenarbeit mit David habe ich so viel gelernt, dass ich das Gefühl hatte, nicht noch mehr verlangen zu dürfen.

Unsere Arbeitsweise besteht darin, dass David redet, dann spüre ich die ersten Melodien in mir aufsteigen und singe«, fährt sie fort. »Er leitet mich, indem er mir erklärt, welchen Weg er den Song nehmen sieht. Wir haben zum Beispiel ein Stück namens ›Real Love‹ aufgenommen, und ich weiß noch, dass David zu mir sagte: ›Okay, du bist Elvis, es ist spät, du sitzt im Auto und fährst sehr schnell, deine Geliebte hat etwas Schlimmes getan, im Handschuhfach ist eine Pistole, und du weißt nicht, was du tun wirst, aber du weißt, dass gerade etwas ziemlich schiefläuft.‹ Was David von mir erwartet, verstehe ich nie auf Anhieb – es formt sich allmählich heraus. Wenn er das Gefühl hat, dass ich ganz bei der Sache bin, dann macht er ein paar Takes des kompletten Songs, nimmt sich anschließend vielleicht einen bestimmten Take und sagt: ›Chrysta Bell, hör dir das an. Spürst du diesen Vibe? Du bist empfindsam, aber stark – bring dieses Gefühl noch mehr zum Ausdruck.‹ Und das mache ich dann. Ich merke, dass er manchmal frustriert ist, wenn mir das nicht auf Anhieb gelingt, aber er weiß, wie er mich wieder auf die richtige Spur bringt, ohne meine Gefühle zu verletzen. David weiß ganz genau, wonach er sucht. Er haut dir keine Anweisungen um die Ohren. Er schafft einen Raum, in dem das, was passieren soll, auch passieren kann.«

Nachdem die Platte fertig war, sprach Chrysta Bell bei verschiedenen Labels vor, konnte dort aber kein größeres Interesse wecken. Sie gründete ihre eigene Plattenfirma, La Rose Noire, und zahlte die Pressung der Platte aus der eigenen Tasche. Nach der Veröffentlichung am 29. September stellte sie eine Band zusammen und buchte eine Tournee. Sie machte den Großteil der Arbeit selbst, weil Lynch seinen Beitrag zum Album ihrer Meinung nach bereits geleistet hatte. »David ist wie ein Flugbegleiter für Ideen, und er hat sein Leben so eingerichtet, dass er ganz für sie da sein und sie weiterentwickeln kann. Wenn ihm morgens um vier eine Idee kommt, steht er auf und notiert sie sich. Er würde eine Idee nie einfach als gegeben betrachten. Er empfängt sie mit offenen Armen, frei nach dem Motto: Du kommst genau zum Richtigen!«

Was die Musik betrifft, war 2011 ein gutes Jahr für Lynch: Am 8. November erschien sein erstes Solo-Album *Crazy Clown Time*, entstanden in Zusammenarbeit mit Dean Hurley. Der Videoclip zum Titelsong wurde im Haus von Gary D'Amico gefilmt, der erzählt: »Beim Aufbau des Sets haben wir meinen Garten völlig in Schutt und Asche gelegt, und sobald der Ruf ›Einpacken!‹ ertönte, war David der Erste beim Müllaufsammeln.«

Rückblickend sagt Hurley zur Entstehung des Albums: »Wir haben 2009 begonnen daran zu arbeiten, aber wir hatten es gar nicht darauf angelegt, ein ganzes Album zu machen. David spannt nie den Wagen vor das Pferd. Bei ihm geht es immer darum, Spaß bei der Arbeit zu haben und zu sehen, was sich daraus entwickelt. Nachdem ich nun schon so lange mit David gearbeitet habe, hat sich mein Hirn gewissermaßen mit seinem synchronisiert. Unsere gemeinsame Arbeit ist eine Kollaboration, aber es ist und bleibt Davids Vision, und die übergeordnete Aussage ist immer seine. Ich bin gerne der Typ hinter den Kulissen, der ihm hilft, seine Vision zu verwirklichen, und ich bin auf alles vorbereitet, wenn er zur Arbeit kommt. Ich habe immer alles auf Standby. Wenn er also im Raum umhertigert und anfängt, auf irgendetwas herumzuklimpern, dann kann ich den Regler sofort hochziehen und loslegen. Wenn er eine Idee hat, die er weiterverfolgen will, lässt er ein Nein auch nicht als Antwort gelten. Und solltest du doch Nein sagen, dann bleibt er so hartnäckig dran, bis er einen Weg gefunden hat, das auszudrücken, was er ausdrücken will. Er kann zum Beispiel nicht wirklich Gitarre spielen. Deshalb sagte er zu mir: ›Es muss doch etwas geben, was einen Gitarre spielen lässt, ohne dass man wirklich Gitarre spielen kann.‹ Also haben wir einen Weg gefunden, wie man ein Roland-Effekt-Pedal so programmiert, dass sich damit Akkorde simulieren lassen, so kann er sich ganz von der Stimmung des Songs tragen lassen.«

Auf einem Song des Albums,»Pinky's Dream«, ist Karen O von der Band Yeah Yeah Yeahs als Gastsängerin zu hören, was auf eine Initiative von Brian Loucks zurückging.»David hatte mit Dean zusammen einen fantastischen Instrumentaltrack geschrieben. Ich habe ihm geraten, noch Gesang dazu aufzunehmen, und ihm Karen O vorgeschlagen«, erinnert sich Loucks.»David sagte: ›Du meinst diese dürre Kleine, die du mitgebracht hast und die Bier getrunken hat?‹ Er hat dann einen fantastischen Text geschrieben, und Karen kam vorbei und sang ihn ein. Sie war fantastisch.

David hat schon mit den unterschiedlichsten Leuten zusammengearbeitet, und von allen hat er was gelernt. Seit ich ihn kenne, hat er sich als Musiker immer weiterentwickelt. Er ist sehr musikalisch und hat die Fähigkeit, Sachen völlig neu zu denken und zu arrangieren. Es gibt da ein Duo namens Muddy Magnolias, die eine großartige Version von ›American Woman‹ aufgenommen haben, und als Dean sie David vorspielte, sagte er: ›Spiel den Song mal mit halber Geschwindigkeit.‹ Am Ende hat er ihn bei *Twin Peaks: The Return* eingesetzt. Er kann aus Künstlern völlig neue Dinge herauskitzeln.

Als David Alvin einmal mit einer Band bei ihm im Studio war, hat David ihnen erklärt, wie sie spielen sollten. Er sagte Sachen wie: ›Ein heißer Abend in Georgia, und der Asphalt schmilzt ...‹ Dave war danach ganz begeistert davon, wie gut David seine Anliegen vermitteln kann.«

Emily Stofle brannte darauf, eine Familie zu gründen, seit sie und Lynch verheiratet waren. Im November wurde sie endlich schwanger. »Vor der Geburt unserer Tochter hat David immer gesagt: ›Warum kannst du nicht mit mir zufrieden sein? Warum musst du unbedingt ein Baby haben?‹«, erinnert sie sich. »Ich habe ihm geantwortet: ›Tut mir leid, aber ich möchte wirklich ein Baby.‹ Darauf sagte er: ›Dann muss dir aber klar sein, dass ich meine Arbeit machen muss und deshalb keine Schuldgefühle eingeredet bekommen will. Wenn eine Frau ein Kind bekommt, dann dreht sich alles nur noch um das Kind, aber ich muss mich um meine Arbeit kümmern.‹ Und nachdem wir Lula bekommen hatten, stürzte er sich tatsächlich wieder in seine Arbeit, so wie er es immer tut. David ist liebenswürdig, er ist integer, er glaubt voller Überzeugung an das, was er macht – er würde niemals etwas nur des Geldes wegen tun. Allerdings ist er nicht besonders gut darin, enge Beziehungen einzugehen oder zu pflegen, und so etwas wie eine Clique von Freunden, mit denen er seine Zeit verbringt, hat er auch nicht unbedingt. Er hat seine Arbeit, und daraus zieht er seine Freude.«

Lynch war nie der Typ für gesellige Runden und Partys – lieber war er produktiv –, aber er hat eine besondere Begabung dafür, Nähe aufzubauen. Vielen seiner engeren Freunden gibt er Spitznamen – Laura Dern nennt er »Tidbit«, Naomi Watts »Buttercup«, Emily Lynch »Puff« –, und die Menschen vertrauen sich ihm gerne an. »Eines Morgens, ich hatte gerade mit meiner Freundin Schluss gemacht, betrat ich das Atelier«, erinnert sich Barile. »Und David sagte: ›Michael, irgendwas ist nicht in Ordnung.‹ Ich erwiderte: ›Ja, ich habe einen Scheißtag.‹ Darauf er: ›Schnapp dir einen Stuhl.‹ Dann haben wir geredet, und er hat mir richtig gute Ratschläge gegeben. David lebt dieses Künstlerleben, das etwas weltabgewandt ist, aber er hat ein tiefes Verständnis für das Leben an sich.«

»David existiert in einer selbstgeschaffenen Kunst-Blase und lebt seine Kreativität zügellos aus«, stimmt auch Zebrowski zu, »aber er bleibt ein loyaler Freund, auf den ich stets zählen kann. Ich weiß, wenn ich ihn anrufe und um seine Hilfe bitte, dann ist David sofort zur Stelle. Die meisten von uns haben in ihrem Leben nur sehr wenige Menschen, von denen wir wissen, dass wir sie um ihre Hilfe bitten könnten. David wäre da, um mich zu unterstützen, das ist mir immer bewusst. Er ist für mich wie ein wohlmeinender Onkel.«

Wer für Lynch gearbeitet hat, bleibt häufig mit ihm in Kontakt, und obwohl Erik Crary seinen Job 2008 gekündigt hat, suchte er Lynchs Rat, als er seinen ersten Film koproduzierte: *Uncle John*, den er auch mitgeschrieben hat, kam 2015 ins Kino. »Es war ein Freitag, und wir waren gerade mit der Tonmischung des Films fertig. Anschließend rief ich David an und fragte: ›Gibt es eine Möglichkeit, dir den Film zu zeigen? Ich möchte dich um nichts bitten, aber es wäre toll, ihn dir zeigen zu können.‹ Am Montagmorgen zeigten wir ihm dann den Film, der ihm sogar gefiel, und anschließend hatten wir noch ein angenehmes Gespräch. Ein paar Wochen später habe ich ihn angerufen und gefragt, ob es in Ordnung wäre, wenn wir etwas von den netten Dingen, die er gesagt hatte, zitieren würden. Für uns, die wir im Film-Zirkus nur kleine Fische waren, wäre das ein Riesending gewesen. Seine Antwort war: ›Was hältst du davon, wenn ich euch was schreibe?‹ Und das hat er dann auch getan.«

Kurz vor Weihnachten verkündete Lynch, er würde sich zu Weihnachten nur Zigaretten wünschen, und fing wieder mit dem Rauchen an. Ob Zufall oder nicht: Sofort darauf schwang er sich in den Sattel seines nächsten Riesenprojekts. »Gleich nach Weihnachten traf sich David mit Mark Frost zum Lunch bei Musso & Frank's. Bei dieser Gelegenheit sprachen die beiden zum ersten Mal über eine Fortsetzung von *Twin Peaks*«, erzählt Emily Stofle. »Es war ein Geheimnis, und er wollte nicht darüber reden, aber 2012 kam Mark regelmäßig zum Mittagessen. Dann saßen sie in Davids Atelier und schrieben. Das ging über Jahre so.«

Auch als *Twin Peaks: The Return* erste Konturen annahm, lag Lynchs Schwerpunkt weiterhin auf der Malerei, und 2012 hatte er Ausstellungen in den USA, Europa und Japan. Im Mai des Jahres wurde er von Louis C.K. eingeladen, in dessen Fernsehshow als Gaststar aufzutreten und dort Jack Dall, einen zynischen Show-Business-Veteranen zu spielen, der schon alles erlebt und von Komikern die Nase gestrichen voll hat. Zur Überraschung von Louis C.K. sagte Lynch zu.

»David macht vielleicht ein Prozent der Sachen, die an ihn herangetragen werden«, sagt Mindy Ramaker. »Er geht nicht gerne aus, abgesehen von langjährigen Bekannten pflegt er keinen regelmäßigen Umgang mit Leuten aus der Branche, und am allerliebsten arbeitet er zu Hause. Er geht noch nicht mal gerne zum Essen aus. Als Rick Nicita CAA verließ, sagte David: ›Wenn ich Rick nicht haben kann, dann brauche ich gar keinen Agenten mehr, was garantiert spaßig wird. Denn ich will ohnehin nicht, dass die Leute mich finden.‹ Er genoss es, sich rar zu machen, und er meidet die Nähe von Managern, Agenten oder Presseleuten.

Ich weiß nicht, wie Louis C.K. an meine E-Mail-Adresse gekommen ist, aber er hat diese wunderschönen Mails geschrieben, in denen er erklärte, warum er David unbedingt in seiner Show haben wollte«, erzählt Ramaker weiter. »David erwiderte: ›Ich kann das nicht machen. Warum holst du dir nicht jemanden wie Martin Scorsese?‹ Louis C.K. antwortete: ›Nein, du musst es sein.‹ ›Also gut‹, sagte David, ›dann schick mir die Drehbücher.‹ Damit war der Deal beschlossene Sache, denn das Skript war wirklich komisch. David fragte: ›Wovon sprechen wir hier eigentlich genau? Darf ich meine eigenen Klamotten tragen? Wirst du mir ein Hotel suchen, in dem ich rauchen kann?‹ Sie fanden ein Hotel, in dem die Strafe für das Rauchen fünfhundert Dollar betrug und zahlten sie einfach. Für den Dreh ist David allein nach New York geflogen.«[3]

Die E-Mails von Louis C.K. waren in der Tat sehr überzeugend. »Ich kann dir alles Mögliche darüber erzählen, wie gut unsere Show in den letzten beiden Staffeln bei Besprechungen und Nominierungen weggekommen ist und bla bla bla, aber ich würde die Zeit, die du mir schenkst, indem du das hier liest, lieber nutzen, um dir zu sagen, dass ich das Gefühl habe, dir würden die Arbeit und das Ergebnis Freude machen«, schrieb der Komiker. »Für den Fall, dass ich nur diese eine Unterhaltung mit dir führen werde, möchte ich dir danken, für dein Werk, für deinen Großmut, und dafür, dass du deine Vorstellung von Kreativität und vom Leben mit der Welt teilst. Deine Filme (und *Twin Peaks*) zu sehen schenkte mir als Filmemacher und Autor die Freiheit, mich ganz den Geschichten, Momenten, Figuren, Stimmungen, offenen Fragen und Farben hinzugeben, die ich mir sonst vielleicht von meinen Ängsten und den Ängsten anderer Menschen hätte ausreden lassen.«

Als Lynch einwilligte, in der Show mitzuspielen, schrieb ihm Louis C.K.: »Heiliger Strohsack, das ist fantastisch.« Dann, ein paar Wochen nach Ende des Drehs in New York, bekam Ramaker eine weitere E-Mail von ihm. »Ich schneide gerade die Folgen mit David, und sie sind hinreißend. Er ist der wiederauferstandene Henry Fonda, absolut unglaublich. Wirklich eine großartige Leistung. Der beste Schauspieler, den ich in dieser Staffel in der Show hatte. Und er ist David Lynch. Wie toll ist das denn?« Die Episoden mit Lynch – »Late Show, Part 2« und »Late Show, Part 3« – wurden im September des gleichen Jahres ausgestrahlt, kurz nach der Geburt seines vierten Kindes, Lula Boginia Lynch, am 28. August (Boginia ist das polnische Wort für Göttin).

Damals reifte in Ramaker die Entscheidung, ihren Job zu kündigen. »Ich dachte, ich hätte alles gelernt, was es zu lernen gibt, und dass es nun an der Zeit wäre, weiterzuziehen«, erinnert sie sich. »Und als ich David davon erzählte, fragte er mich: ›Ist es meine Schuld?‹ Ich habe ihm versichert, dass er nichts damit zu tun hatte, und er sagte: ›Kann ich dir irgendwie behilflich sein? Soll ich jemanden für dich anrufen?‹

Er hat sich wirklich sehr bemüht. Es spricht für David, dass die Menschen, die für ihn arbeiten, so lange bei ihm bleiben. Die meisten Assistenten bleiben mindestens für sieben Jahre, und auch ich habe Davids Welt immer noch nicht verlassen.«

Über das gesamte Jahr 2012 feilte Lynch mit Frost am Drehbuch von *Twin Peaks: The Return*. Den Rest seiner Zeit verbrachte er damals größtenteils in Aufnahmestudios. 2013 veröffentlichte er *The Big Dream*, sein zweites Album mit Hurley, und er arbeitete mit der schwedischen Sängerin Lykke Li, Nine Inch Nails und Dumb Numbers zusammen.

Wenn es um eine gute Sache geht, ist Lynch für jeden Spaß zu haben, und am 27. August 2014 nahm er an der Ice Bucket Challenge teil. Die Kampagne hatte das Ziel, die öffentliche Wahrnehmung für Amyotrophe Lateralsklerose (ALS) zu schärfen und Spenden für die Erforschung dieser auch als Lou-Gehrig-Syndrom bekannten Nervenkrankheit aufzutreiben. Sie verlangte von den Teilnehmern, sich einen Eimer Wasser mit Eiswürfeln über den Kopf gießen zu lassen. Lynch wurde sowohl von Laura Dern als auch Justin Theroux herausgefordert, also übergoss Riley Lynch, die mit der Durchführung der Dusche betraut war, ihn gleich zweimal. In den ersten Eimer hatte Lynch Kaffee geschüttet, sodass er eine Eiskaffee-Dusche bekam, während er »Somewhere Over The Rainbow« auf der Trompete spielte. Anschließend forderte er Wladimir Putin zur Teilnahme an der Challenge auf.

An seiner Alma Mater, der Pennsylvania Academy of the Fine Arts, eröffnete am 13. September 2014 mit *The Unified Field* eine Ausstellung seiner frühen Arbeiten. »Die Ausstellung an der PAFA war für ihn von besonderer Bedeutung, denn an die Zeit dort erinnert er sich gerne zurück«, meint Skarbek, die Lynch zu der von Robert Cozzolino kuratierten Werkschau begleitet hat. »Als junger Mann hat er in Philadelphia die Möglichkeit bekommen, sich voll und ganz seiner Kunst zu widmen. An der Seite seines Freundes Jack hat er dort ununterbrochen an seinen Bildern gearbeitet.

Anlässlich der Ausstellung war er zum ersten Mal seit sehr langer Zeit wieder in Philadelphia, und er empfand die Stadt als viel zu geleckt«, fährt Skarbeck fort. »Was er an Philadelphia so gemocht hatte, war das Ungehobelte und Gefährliche gewesen. Aber nun war die Stadt gentrifiziert. Außerdem gab es natürlich Graffiti. David mag Graffiti und die Art, wie Orte, die ihm am Herzen liegen, von ihnen in Beschlag genommen werden, überhaupt nicht. Und zwar deshalb, weil sie diese Orte zeitlich datiert werden. Als er noch in Philadelphia gelebt hat, konnte er über eine leere Straße bummeln und sich dabei vorstellen, es wäre 1940. Graffiti machen diese Möglichkeit zunichte.«

Spendenaktionen für Lynchs Stiftung waren damals wie heute ein Dauerthema, dem Ramaker ab September 2015 ihre ganze Energie widmete. »Erik Martin bot mir einen Job bei DLF Live an, einer Abteilung der Stiftung, die Erik und Jessica Harris 2012 ins Leben gerufen hatten, um Benefizveranstaltungen zu organisieren. Erik habe ich kennengelernt, als wir beide am Malkovich-Projekt mitgearbeitet haben«, erzählt Ramaker. John Malkovich hatte in *Playing Lynch*, einem zwanzigminütigen Kurzfilm von Regisseur Eric Alexandrakis und Fotograf Sandro Miller, acht verschiedene Charaktere aus Lynchs Feder porträtiert. Der Film, den das Webseitenprogramm Squarespace finanziert hatte, feierte seine Premiere im Oktober 2016 beim Festival of Disruption, einer Benefizveranstaltung der Stiftung in Los Angeles.

Am 6. Oktober 2014 bestätigte Lynch via Twitter, dass er und Frost an einer neuen Staffel von *Twin Peaks* arbeiteten. Damit war die Katze aus dem Sack. Lynch konnte nicht ahnen, wie schwer es werden sollte, einen annehmbaren Deal für das Projekt auszuhandeln. Während Lynch von seiner Arbeit immer stärker in Beschlag genommen wurde, konzentrierte sich Stofle auf ihre Rolle als Mutter und half als Mitbegründerin der Alliance of Moms dabei, eine Organisation ins Leben zu rufen, die sich um schwangere Teenager in Pflegefamilien kümmert.

Bis heute hat es in Amerika keine große Lynch-Retrospektive gegeben. Doch in einer ganzen Reihe anderer Länder wurden ihm bereits Ausstellungen gewidmet. Das Middlesborough Institute of Modern Art in England veranstaltete im Dezember 2014 unter dem Titel *Naming* eine Werkschau mit Zeichnungen, Gemälden, Fotografien und Filmen, welche die Zeitspanne von 1968 bis in die Gegenwart abdeckte. Ein BBC-Bericht anlässlich der Ausstellung lobte Lynch als »einen Künstler, der sich mit vielen Aspekten der Nachkriegskunst in den USA auseinandersetzt: dem urbanen Raum, sprachlichen Eigentümlichkeiten und dem Erbe des Surrealismus«.

Vier Monate danach eröffnete in der Queensland Art Gallery/ Gallery of Modern Art im australischen Brisbane die Ausstellung *Between Two Worlds*. Die Idee dafür hatte José Da Silva, der Chefkurator der Australian Cinémathèque, der die Schau kuratierte, erstmals 2013 gehabt. »Als bildender Künstler wird David sträflich unterschätzt«, meint Da Silva. »Außer der Fondation Cartier hat seinem malerischen Werk kaum jemand die angemessene Aufmerksamkeit geschenkt. Die Menschen sind sich der Bandbreite seines Schaffens einfach nicht bewusst. Als ich mich informiert habe, was bisher über seine Kunst geschrieben wurde, war ich erstaunt, wie wenig kritische Analyse es da gab. Dabei ist sein Œuvre riesig. *Between Two Worlds* war eine prall gefüllte Ausstellung mit einer Menge Material, trotzdem hatte ich immer noch das Gefühl, sie würde nur an der Oberfläche kratzen.

David ist ein sehr vielschichtiger Künstler, der bei manchen seiner Werke eben auf das Medium Film zurückgreift, und heutzutage ist es nicht mehr ungewöhnlich, wenn Künstler medienübergreifend arbeiten«, fährt Da Silva fort. »Allerdings war David bereits in einem gewissen Alter, als diese Form der künstlerischen Arbeit salonfähig wurde. Ein Umstand, der sich nachteilig für ihn auswirkte, wenn es um die Frage ging, wie ernst seine Kunst genommen wurde. Unsere Ausstellung hat durchwachsene Besprechungen erhalten. Jene

Kritiker, die mit interdisziplinären Arbeiten etwas anzufangen wussten, waren begeistert, aber bei den konservativen Kunsthistorikern fiel sie durch. Sie reagierten mit einer Art Fundamentalkritik, frei nach dem Motto: ›schlecht gemalt, kindische Ideen‹. Man konnte sich des Eindrucks nicht erwehren, dass sie schon voreingenommen in die Ausstellung gingen. Trotz dieser Kritiken war es eine extrem populäre Schau, besonders bei jungen Leuten, die begeistert waren und die Ausstellung gleichzeitig faszinierend und verstörend fanden.«[4]

Anfang 2015 feilschte Lynch mit dem Fernsehsender Showtime über die Vertragsbedingungen für *Twin Peaks: The Return* und war parallel mit einem komplizierten Gewirr weiterer Projekte beschäftigt, das die meisten anderen Menschen vermutlich in den Wahnsinn getrieben hätte. Lynch dagegen strukturiert seinen Alltag so, dass er mehrere Projekte auf einmal bewältigen kann. Sein Leben ist in bemerkenswertem Ausmaß eine Übung in purer Kreativität. »David lebt gewissermaßen wie ein Mönch, und meine Aufgabe ist es, sämtliche Ablenkungen von ihm fernzuhalten«, erklärt Barile. »Er hat seit dreißig Jahren nicht mehr selbst sein Auto betankt, er denkt nicht darüber nach, woher seine nächste Mahlzeit kommt — das Mittagessen taucht einfach aus dem Nichts auf —, und das ermöglicht es ihm, die ganze Zeit über sein nächstes Projekt nachzudenken. Es ist verblüffend, wie er sich sein Leben eingerichtet hat. Er ist bei bester Gesundheit, was vermutlich daran liegt, dass er diesen Stress, der die meisten Leute fertigmacht, einfach nicht kennt. Ich glaube, er wird uns alle überleben.«

Lynch führt ein privilegiertes Leben, und er genießt durchaus einige der Vorteile, die sein Status mit sich bringt. In anderer Hinsicht lebt er heute so bescheiden, wie er es immer schon tat, und zwar einzig und allein deswegen, weil es ihm so gefällt. »David hat viel erlebt, aber es hat ihn überhaupt nicht verändert«, stellt Jack Fisk fest. »Als ich vor nicht allzu langer Zeit für ein Meeting in L.A. war, habe ich bei ihm übernachtet. Ich weiß noch, dass ich morgens aus dem Fenster schaute und sah, wie er in einem weißen Hemd und schmutzigen Khakihosen – Khakihosen trug er immer schon gerne – Unkraut aus den Rissen im Beton der Einfahrt zupfte und es in eine Tüte stopfte. Er liebt es immer noch, solche Sachen zu machen.«

In der Ausstellung *The Air is on Fire* konnte ich zum ersten Mal einen Großteil meiner Arbeiten auf einem Fleck sehen, und das war wunderschön. Üblicherweise wird ja erwartet, dass man sich für eine Sache entscheidet, statt auch noch andere Dinge zu tun. Wenn man als Filmemacher bekannt ist und außerdem malt, dann wird die Malerei als eine Art Hobby betrachtet, ganz so, als würde man Golf spielen. Dann gilt man als Promi-Maler, und damit hat es sich. Doch ungefähr zum Zeitpunkt dieser Ausstellung setzte ein Umdenken ein, und heute können Künstler tun und lassen, was sie wollen. Das ist sehr viel besser so, und diese Ausstellung hat mir eine Menge Aufmerksamkeit gebracht. Dafür schulde ich Hervé Chandès großen Dank, und Melita Toscan du Plantier, der Leiterin der Fondation Cartier. Außerdem Alain Dominique Perrin und Mathé, die damals Alains Frau war.

Ich habe Mathé auf einer Party bei Dennis Hopper kennengelernt, wo wir auf der Couch gesessen und gequatscht haben. Einige Tage später kam Dennis' Frau Victoria mit ihr bei uns vorbei, wo Mathé ein großes Gemälde von mir sah, dem ich den Titel *Do You Really Want to Know What I Think?* gegeben hatte. Sie organisierte damals gelegentlich Ausstellungen in Bordeaux. Später meldete sie sich dann bei mir und sagte: »Ich weiß, dass du Fotograf bist, und ich würde gerne einige deiner Fotos ausstellen. Könntest du ein paar davon mitbringen, wenn du das nächste Mal in Paris bist?« Als ich das nächste Mal dort war, kam sie mich mit einer Freundin im Hotel Lancaster besuchen, und wir sahen uns gemeinsam die Fotografien an. Sie haben ihnen gefallen, und Mathé hat sie in Bordeaux gezeigt.

Daniel Toscan du Plantier war ein Freund von Isabella und ein kultivierter, gescheiter Mann, der Filme produziert hat. Jedes Mal, wenn einer meiner Filme in Cannes lief, war Daniel der Erste, der draußen auf mich wartete. Dann gab er mir eine kleine Zusammenfassung dessen, was ihm an dem Film besonders gefallen hatte – er war wirklich ein prima Kerl. Eines Abends war ich in Paris zu einem Abendessen eingeladen, an dem auch Daniel teilnahm. Jean Nouvel, der Architekt des Fondation-Cartier-Gebäudes war ebenfalls dabei. Ich glaube, an diesem Abend habe ich auch Daniels Frau Melita kennengelernt, die irgendwie mit der Fondation zu tun hatte – sie hat nicht dort gearbeitet, stand aber irgendwie mit ihr in Verbindung. Nach dem Abendessen sollte ich mir die Ausstellung in der Fondation ansehen, also brachen wir alle dorthin auf. Ich schaute mir die Ausstellung und die Ausstellungsräume an, und damit hatte es sich. Nicht lange danach war Daniel bei den Internationalen Filmfestspielen in Berlin, und als er nach einem Abendessen vom Tisch aufstand, fiel er tot um. Melita war nun eine Witwe mit zwei Kindern.

Etwas später kam mich Melita besuchen und sagte: »Weißt du was, du solltest wirklich in der Fondation ausstellen.« Sie sprach quasi im Namen von Cartier. Ich sagte: »Warum nicht«, und so führte dann eins zum anderen. Melita war also diejenige, die den Stein ins Rollen gebracht hat, aber natürlich auch Mathé – die beiden setzten Alain und Hervé ins Bild, und dann war Hervé auch schon hier und sah sich meine Arbeiten an. Wir haben ständig neue Sachen gefunden, es hörte gar nicht mehr auf. Überall tauchte Kram auf. Das war schon irgendwie schräg, schließlich hatte ich die Kunst eine ganze Weile vernachlässigt.

Für den Ausstellungsaufbau reiste ich nach Paris. Am zweiten Tag meines Aufenthalts sagte Hervé: »Ich möchte dir etwas zeigen.«

Dann stellte er mir Patrice [Forest] vor und zeigte mir Idem. Ich habe die Halle betreten, die Druckerschwärze gerochen, die Stimmung und die Atmosphäre dort auf mich wirken lassen und war sofort Hals über Kopf verliebt. Patrice hat mich gefragt: »Hättest du Lust, eine Lithografie zu machen?« Ich habe geantwortet: »Ist der Papst katholisch?« Wegen der Netzpiraterie werden digitale Bilder immer billiger – weil sie sich so einfach stehlen und verbreiten lassen. Eine Lithografie dagegen ist etwas, das man *besitzen* kann, und wenn man sie in den Händen hält, dann sieht man die Schönheit des Papiers und riecht die Druckfarbe. Das ist etwas völlig anderes als ein digitales Bild.

So wurde Idem zu meinem zweiten Zuhause. Alles an der Arbeit dort ist großartig. Der Kaffee, den es nebenan gibt, ist großartig, die Atmosphäre einer fast hundertfünfzig Jahre alten Pariser Druckerwerkstatt, die Maschinen, das Gemäuer und die Menschen, die dort arbeiten. Ich mache dort auch Holzschnitte, und ich habe angefangen, im Hinterzimmer zu malen. Ich liebe diese Umgebung, und ich liebe Frankreich.

Ich mache gerne kleine Zeichnungen von irgendwie altmodisch eingerichteten Räumen, manchmal mit Menschen und manchmal bloß mit Möbeln, Teppichen und Wänden. So eine Skizze habe ich auch einmal während des Ausstellungsaufbaus gezeichnet. Als Hervé sie sah, sagte er: »Das müssen wir nachbauen.« Also bauten sie es auf – als Teil der Ausstellung. The *The Air is on Fire* war eine sehr inspirierende Erfahrung für mich, und ich bekam danach eine Menge Angebote für weitere Ausstellungen.

Nach der Eröffnung von *The Air is on Fire* hat Maharishi mich auf eine Vortragsreise durch sechzehn verschiedene Länder geschickt. Das war absolut irreal. Wir waren wirklich überall, und für Maharishi habe ich das gern getan. Vor dem Vortrag bin ich oft mies drauf gewesen, aber danach habe ich mich dann jedes Mal so gut gefühlt, dass es die Quälerei wert war. Jeden Tag habe ich mit Maharishi gesprochen und ihm erzählt, wie der Abend zuvor gelaufen war.

Ich habe die Vortragsreise im September 2007 beendet, und nicht lange nach meiner Rückkehr ist mein Vater gestorben. Ich weiß nicht, ob irgendjemand je bereit ist zu gehen, wenn die Zeit für ihn gekommen ist – vielleicht fällt es einem ja leichter, wenn man wirklich leidet. Mein Vater wurde am 4. Dezember 1915 geboren und starb am 4. Dezember 2007. Er wurde also 92 Jahre alt. Am Ende stand er ziemlich neben sich, eigentlich war er schon nicht mehr richtig bei uns. Austin, Riley, Jennifer und ich sind bei ihm gewesen. Mein Bruder konnte nicht kommen, aber Martha war da. Einer nach dem anderen haben wir uns von meinem Dad verabschiedet. Dann sind alle gegangen, nur meine Schwester und ich sind bei ihm geblieben, als sie den Stecker gezogen haben, um ihn sterben zu lassen, und ich fand, das wäre eine gute Gelegenheit zu meditieren. Ich meditierte für eineinhalb Stunden, und als ich dann aus dem Zimmer ging, um eine zu rauchen, hat er uns verlassen.

Seit Oktober 2007 wusste Maharishi, dass auch er uns verlassen würde, und hat keine Besucher mehr empfangen. 2008, an meinem Geburtstag, haben mich die Pandits, die sich um ihn kümmerten, via Skype angerufen. Hinterher erzählte man mir, Maharishi habe ihnen bedeutet, ruhig zu sein, er wolle schließlich etwas sehen. Nach dem Gespräch soll er gesagt haben: »Die Welt ist in guten Händen.« Zweieinhalb Wochen später hat er seine körperliche Hülle abgelegt.

Nach Maharishis Tod rief mich Bobby Roth in der Holzwerkstatt an und sagte: »Ich glaube, er hätte gewollt, dass du dort bist.« Und meine Antwort war: »Na gut, damit ist meine Entscheidung gefallen, ich gehe zur Beerdigung.« Es gibt in L.A. kein indisches Konsulat, deshalb musste ich nach San Francisco, um ein Visum zu bekommen. Im Vorfeld hieß es: »Kein Problem, Sie brauchen nur Ihren Reisepass und müssen ein paar Formulare ausfüllen.« Also sind Emily und ich am nächsten Tag hingeflogen. Im Konsulat bin ich zum Schalter gegangen und habe dort meinen Ausweis und die Formulare abgegeben. Da hieß es dann plötzlich: »Alle Visa-Seiten in ihrem Pass sind voll. Sie müssen zur amerikanischen Botschaft, um weitere Visaseiten zu bekommen, und wir schließen hier bald. Ich glaube nicht, dass Sie heute Abend nach Indien reisen können.« Ich sagte: »Ich *muss* aber heute Abend reisen.«

Wir fuhren im Eiltempo rüber zur amerikanischen Botschaft. Dort standen zwei- oder dreihundert Leute in der Schlange, und hinter dem einzigen Schalter saß ein total unfreundlicher Kerl.»»Ziehen Sie eine Nummer, und stellen Sie sich in die Schlange«, keifte er mich an. Nach einer Weile bin ich noch mal zu ihm gegangen, um ihm zu erklären, dass ich sofort ein paar Visa-Seiten bräuchte. Darauf erwiderte er: »Beruhig dich, Kumpel. Zieh eine Nummer, und dann rufen wir dich auf.« Ich sagte: »Nein, ich brauche sie sofort.« Darauf er: »Sie können sie aber nicht *sofort* haben. Ziehen Sie gefälligst eine Nummer, und warten Sie. Wir rufen Sie dann auf, wenn wir die Visa-Seiten haben, und das könnte ein paar Stunden dauern.« Ich sagte: »Nein, nein! Das indische Konsulat schließt bald!« Und er: »Da kann ich nichts machen!« Also bekam ich eine Nummer und wartete eine halbe Ewigkeit, bis ich schließlich meine Visa-Seiten bekam. Daraufhin sind wir sofort zurück zum indischen Konsulat gefahren, aber es hatte bereits geschlossen.

Dann sagte mir Anna Skarbek: »Ein Freund von mir hat mir gesagt, wo du noch hingehen kannst, damit dir geholfen wird.« Sie gab mir eine Adresse, und wir sind zu einem kleinen Haus gefahren, vor dem eine indische Flagge wehte. Das Wohnzimmer im ersten Stock war wie eine Lobby mit Stühlen und einem Empfangstresen eingerichtet. Dort saß niemand außer einer Frau, der ich meinen Pass und meine Papiere gab, worauf sie mich bat, Platz zu nehmen und zu warten. Dann kam eine andere Frau herein und sagte: »Das war's. Alles erledigt.« Was am anderen Ende der Stadt unmöglich war, wurde dort mit einem Fingerschnippen erledigt! Ich habe mich von Emily verabschiedet und bin sofort zum Flughafen gefahren.

Von San Francisco flog ich nach München und stieg dort in eine Maschine nach Neu Delhi. Der Flughafen dort war riesig. Eigentlich hätte ich abgeholt werden sollen, aber es ist niemand gekommen, also bin ich nach oben ins Restaurant gegangen, habe einen Kaffee getrunken und eine Zigarette geraucht. Nach einer Weile wurde ich nervös, weil ich nicht wusste, wohin ich eigentlich musste. Aber schließlich kam doch noch jemand und brachte mich zu einem winzigen Flughafen, der nur ein paar hundert Meter weiter lag und keine Ähnlichkeit mit irgendeinem mir bekannten Flughafen hatte. Ich wäre dort unweigerlich verloren gegangen, hätten sie mich nicht dahin gebracht, wohin ich musste. Schließlich saß ich dann doch noch in einem kleinen Flugzeug, das mich nach Varanasi flog. In Varanasi warteten zwei große weiße, exakt gleich aussehende SUVs. Ich erklärte, dass ich im Auto rauchen würde, worauf ein paar Leute in den anderen Wagen umstiegen, aber das schien kein Problem zu sein. Sie waren sehr freundlich zu mir. Nur wollten sie eben nicht rauchen. Dann brachen wir zu der vierstündigen Fahrt nach Allahabad auf. Jede Sekunde, die man auf einer indischen Straße überlebt, ist ein Wunder. Es gibt dort keine Stoppschilder oder Ampeln, und man fährt so nah an Lastwagen vorbei, dass kein Blatt Papier zwischen den Lkw und das Auto passen würde, in dem man sitzt. Auf den Straßen laufen Tiere herum, kleine Hunde, Affen, Wasserbüffel, Kühe – einfach alles. Überall Fußgänger und Pritschenwagen mit dreißig Leuten auf der Ladefläche. Alle drücken ständig auf die Hupe und treten das Gaspedal bis zum Anschlag durch. Die Fahrer dort sprechen ein Gebet, bevor sie ins Auto steigen, dann begeben sie sich in Gottes Hände und rasen einfach los.

Wir fuhren direkt nach Allahabad zu Maharishis Ashram. Sein Leichnam war in einem großen Zelt aufgebahrt, in einem Meer von Blumen. Die Menschen gingen hinein, erwiesen Maharishi ihren Respekt und setzten sich für eine Weile. Ich blieb ebenfalls eine Zeit lang, dann sah ich meine Freundin Fatima, und wir saßen ein wenig zusammen, bis ich gehen musste, um mein Hotel zu suchen. Ich stieg in Doktor John Hagelins Auto, dem der Fahrstil als fortgeschrittenem Meditierenden nichts ausmachte, dabei war sein Fahrer der schlimmste von allen. Ich bat ihn, dem Fahrer zu sagen, dass ich einen Herzinfarkt bekäme, wenn er nicht langsamer fahren würde. Sie lachten nur, und mir stand die ganze Fahrt lang der Angstschweiß auf der Stirn. Als wir an ihrem Hotel angekommen waren, stieg ich in einen anderen Wagen um, der mich zu meinem Hotel bringen sollte, das ein paar Straßenzüge weiter lag. Es waren noch ein paar andere Leute im Auto, und inzwischen war es dunkel. Wir fuhren herum, suchten nach dem Hotel, aber es war nicht da. Wir fuhren viermal um diesen riesigen, seltsamen Häuserblock herum, und beim fünften Mal stand es plötzlich vor uns. Wie hätten wir es übersehen können? Man musste es viermal umrunden, bis es erschien.

Zum Hotel gehörten herrliche Parkanlagen mit englischem Rasen und wunderschönen Pflanzen. Es war gerade Hochzeitssaison. Die Inder sind verrückt nach Hochzeiten. Ich ging auf mein Zimmer, das voller Moskitos war. In Indien kann man in modernen Hotels übernachten, in denen es vermutlich keine Moskitos gibt, aber dieses war alt, was ich nicht weiter schlimm fand. Es gab keinen Wein – man bekommt dort einfach keinen Bordeaux –, also bestellte ich mir ein paar Kingfisher Biere aufs Zimmer. Wie sich herausstellte, waren es Ein-Liter-Flaschen. Zusammen mit dem Bier brachten sie auch ein kleines Gerät, das man in die Steckdose steckt, worauf es einen Geruch verströmt, der die Mücken verjagt. Als das Bier kam, gingen also die Moskitos, und ich war zufrieden. Es war ein schönes Zimmer.

Am nächsten Morgen rief Bobby an und sagte: »Bring Mr. Soundso mit, er wohnt im selben Hotel wie du.« Ich ging zur Rezeption und bat darum, Mr. Soundso zu informieren, dass wir losfahren müssten. Der Mann an der Rezeption sah einen wirren Haufen kleiner Kärtchen durch und meinte dann: »Er ist nicht hier.« Ich erwiderte: »Doch, ist er.« Und er sagte: »Nein, ist er nicht.« In dem Augenblick kam ein Mann vorbei, der ebenfalls zur Trauerfeier wollte, und ich sagte zu ihm: »Wir suchen nach Mr. Soundso, aber er ist nicht hier.« Der Mann antwortete: »Er hat das Zimmer gleich neben Ihrem.« Ich liebe Indien. Dieses Land ist ein magischer Ort.

Am zweiten Tag der Trauerfeier wurde Maharishis Leichnam eingeäschert, auf einem Scheiterhaufen, der an einer anderen Stelle des Ashrams errichtet worden war. Tausende Menschen waren gekommen. Es war unglaublich, wie sie diesen riesigen Scheiterhaufen aus einem ganz speziellen Holz anzündeten. Alles war ganz exakt aufeinander abgestimmt. Über unseren Köpfen kreiste ein Hubschrauber und verstreute Millionen von Rosenblättern, aber der Rotor des Hubschraubers wirbelte den Staub auf, deshalb war die Luft voller Staub und Rosenblätter. Das war schon ein Erlebnis. Als ich mich auf den Weg zurück zum Hotel machte, brannte der Scheiterhaufen immer noch.

Am dritten Tag sind wir erneut zum Ashram gefahren. Das Feuer war erloschen, und spezielle Pandits sammelten die Asche auf, um sie auf mehrere Urnen zu verteilen, die dann an verschiedene Orte gebracht werden sollten. Dann brachen wir gemeinsam zum Zusammenfluss von Ganges, Yamuna und dem mythischen Fluss Saraswati auf. Die Stelle, wo die Flüsse sich vereinen und an der man ins Wasser taucht, wird Sangam genannt. Dort ein Bad zu nehmen ist eine der heiligsten Handlungen, die es gibt. Man taucht einen kurzen Moment unter Wasser und ist von allen Sünden reingewaschen.

Überall warteten Boote, und Bobby versuchte mich an Bord des großen weißen Schiffs mit Maharishis Asche zu kriegen, aber sie sagten Nein. Dann tauchte plötzlich ein Deutscher namens Konrad auf und brachte mich zu einem anderen Boot. Mit ein paar weiteren Leuten stieg ich ein, und schon fuhren wir los, inmitten Hunderter Boote. Wir fuhren hinaus auf den Ganges, und das große weiße Schiff mit Maharishis Asche war auch dabei. Ich entkleidete mich, Konrad gab mir ein Umhängetuch, und ich stieg ins Wasser. Wegen der Wasserverschmutzung muss man Ohren und Nase verschließen und die Augen zumachen, wenn man untertaucht. Man spricht seine Gebete und taucht dann dreimal unter. Ich hätte nie gedacht, dass ich, David, jemals nach Indien reisen würde, und um nichts in der Welt hätte ich mir vorstellen können, dass ich einmal ein Bad im

Ganges nehmen würde. Doch ich war nicht nur in Indien, sondern im Sangam, und ich war nicht nur im Sangam, ich habe dort ein Bad genommen, und ich habe nicht nur ein Bad genommen, ich habe im Meer der Ewigkeit den Zeitpunkt erwischt, an dem im Wasser um mich herum Maharishis Asche schwamm. So etwas passiert einem nicht alle Tage.

Später in diesem Jahr war ich mit Emily in Paris, und in einem Café gegenüber einer Boutique von Cartier hielt ich um ihre Hand an. Wir heirateten im Jahr darauf, im Februar 2009, auf dem Rasen des Beverly Hills Hotels, und als ich zwischendurch kurz eine Zigarette rauchen ging, lief ich einem Elvis-Imitator über den Weg, der einen Auftritt im Hotel hatte. Ich bat ihn, zu uns rüberzukommen, und als er dann kam, haben alle getanzt.

Im selben Jahr traf ich den Entschluss, einen Film über Maharishi zu machen, und reiste daraufhin erneut nach Indien, um mit der Arbeit an dem Projekt zu beginnen. Bobby Roth hat mich begleitet, und Richard Beymer war dabei, um zu filmen. Richard ist ein ganz besonderer Mensch. Er ist ein außergewöhnlicher Typ, ein erfahrener Meditierender, und er spielt Benjamin Horne in *Twin Peaks*. Er ist ein großartiger Reisebegleiter, hat tolle Bilder gemacht und über unseren Trip einen Film mit dem Titel *It's a Beautiful World* gedreht. Die Leute werden ihn zwar nicht in Scharen ansehen – bei dem aktuellen Zustand der Welt ist das sehr unwahrscheinlich –, aber vielleicht ändert sich das ja eines Tages. Allerdings wird es bis dahin wohl noch etwas dauern.

Ich bin von Shanghai aus nach Indien geflogen, und als ich Shanghai verließ, hatte ich Fieber und befürchtete, ich hätte mir vielleicht die Vogelgrippe eingefangen. Bei der Ankunft in Indien steht man erst zur Passkontrolle an, wo sie so ein Ding haben, um deine Körpertemperatur zu messen. Wenn sie zu hoch ist, holen sie dich aus der Schlange und stecken dich in Quarantäne. Und sie lassen dich erst wieder raus, wenn du wieder gesund bist. Ich habe also in der Schlange gestanden, und als mir der Monitor dieses Geräts aufgefallen ist, das die Temperatur der Leute gemessen hat, war ich schon dran vorbei. Ich hatte es also ins Land geschafft. Allerdings fühlte ich mich während der ganzen Zeit dort krank, und ich wünschte, es wäre nicht so gewesen. Wir reisten auf den Spuren Maharishis, und dafür wollte ich in Topform sein. Aber ich war nur ein Schatten meiner selbst.

Nachdem Maharishis Lehrer, Guru Dev, 1953 seine körperliche Hülle abgelegt hatte, baute Maharishi in Uttarkashi, dem Tal der Heiligen, ein kleines Haus am Ganges, wo er den Großteil der folgenden zwei Jahre schweigend und in Meditation versunken verbrachte. Danach reiste er in der Welt herum, um seine Technik, die Transzendentale Meditation, zu lehren. Überall, wo er hinkam, traf er auf Menschen, die helfen wollten. Überall, wo er hinkam, baute er etwas auf, bevor er weiterzog. Und mit all diesen neuen Mediationszentren blieb er in Verbindung. So schuf er eine weltweite Bewegung, um seine Technik zu lehren. Die zwei Missionen Maharishis bestanden darin, den Menschen Erleuchtung und der Welt Frieden zu bringen, und bevor er seine körperliche Hülle verließ, verkündete er, dass nun alle Voraussetzungen gegeben waren. Es war geschafft. In etwa so, als hätte der Zug den Bahnhof verlassen und befände sich nun auf dem Weg. Der Weltfrieden wird kommen. Es ist nur noch eine Frage der Zeit, bis der Zug ankommt. Das alles ist vorherbestimmt, und es geschieht jetzt, weil die Zeit dafür reif ist.

Ich experimentiere schon lange mit Musik, aber es wäre großen Musikern gegenüber respektlos, mich selbst als Musiker zu bezeichnen. Ich mache Musik, aber ich bin kein Musiker. Den Komponisten Marek Zebrowski habe ich über die Camerimage-Leute kennengelernt. Er ist ein brillanter Kerl, der acht Sprachen spricht. Er hat das absolute Gehör, deshalb kann ich spielen, was ich will, und er spielt einfach mit. Das klingt dann, als wüsste ich, was ich tue. Dabei ist alles improvisiert, und der einzige Grund, warum das funktioniert, ist sein absolutes Gehör. Die Stücke funktionieren folgendermaßen: Ich fange an, indem ich ein kleines Gedicht vortrage, daraufhin schlage ich gewöhnlich eine Note auf dem Keyboard an, und dann steigt Marek mit ein. Er hört sich an, was sich in meinem Spiel ändert, wie ich mich an etwas herantaste, und greift das dann auf – es ist alles völlig improvisiert. Ein atmosphärischer Jam, der auf dem Gefühl basiert, das die Worte des Gedichts vermitteln. Ich schreibe für diese Sessions mit Marek jedes Mal neue Gedichte, kurze Sachen, nur um eine Grundstimmung vorzugeben, bevor die Musik einsetzt. Wir sind in Mailand, Paris, Łódź und in der polnischen Botschaft in New York aufgetreten, und die Auftritte bereiten mir Freude, weil ich dafür nichts auswendig lernen muss. Bei *BlueBOB* musste ich mir die Stellen merken, wo sich etwas ändert, und vor Publikum aufzutreten war eine totale Quälerei. Vor Publikum zu improvisieren ist deutlich besser.

Ein weiteres musikalisches Projekt aus jener Zeit war das Album *Fox Bat Strategy*, das 2009 erschienen ist, und eine Hommage an den 2006 in New Orleans gestorbenen Gitarristen Dave Jaurequi war. Alles geht darauf zurück, dass ich irgendwann in den frühen Neunzigern im Hausflur des Pink House eine Art Basslauf vor mich hin gesummt habe. Ich kann zwar Noten lesen, weil ich Trompete spiele, aber ich betone es noch einmal, ich bin kein Musiker. Ich machte also eine kleine Zeichnung dieser Bassnoten, damit ich sie nicht vergaß, und buchte eine Session bei Capitol Records, ohne genau zu wissen, was ich machen würde. Immerhin wusste ich, dass ich Don Falzone am Bass wollte, also sagte ich zu ihm: »Don, das ist echt peinlich, aber ich hab da diesen Basslauf.« Dann summte ich ihm die Melodie vor. Er antwortete: »Das ist cool, David! Kann ich eine kleine Variation davon spielen?« »Klar«, antwortete ich, und was er spielte, war wundervoll. Dann spielte Don es Steve Hodges vor, der dazu trommelte, und schon hatten sie den Groove. Andy Armer spielte etwas auf dem Keyboard. Ich kannte zwar ein paar Gitarristen, aber keiner von denen war gerade verfügbar. Einer der Jungs hatte Dave Jaurequi vorgeschlagen, also hatte ich ihn engagiert, aber er war noch nicht aufgetaucht.

Wir hatten den Track schon fertig aufgenommen, als Dave Jaurequi schließlich im Studio erschien. »Direkt von den Inseln«, wie mir versichert wurde. Ich wusste zwar nicht, von welchen Inseln, aber es klang cool. Außerdem trug er eine dunkle Sonnenbrille und ein förmlich nach Insel riechendes T-Shirt, als er sich setzte und sich die Gitarre umhängte. Ich sagte ihm, wie ich es immer mache, dass ich gerne einen Fünfzigerjahre-Vibe hätte, und er fing an zu spielen. So gut, dass ich fast ausgeflippt wäre. Absolut unglaublich. Wir nahmen »The Pink Room« und »Blue Frank« auf, zwei Songs, die in *Twin Peaks – Der Film* zu hören sind, wo man die Jungs auch sehen kann: In der Szene, die in dem kanadischen Nachtclub The Power and the Glory spielt.

Nach einiger Zeit hatte ich eine Menge neuer Texte geschrieben und wollte wieder etwas mit diesen Jungs aufnehmen. Wir buchten uns in den Cherokee Studios ein. Letzten Endes habe ich hauptsächlich mit Dave Jaurequi zusammengearbeitet: Ich gab ihm Lyrics, er versuchte die richtige Melodie zu finden, spielte und sang dazu. Wir haben vielleicht acht Songs geschrieben, die wir mit Bruce Robb im Cherokee aufgenommen und gemischt haben. Es war total genial, aber wir haben nie was mit den Sachen gemacht. Als ich mein eigenes Studio fertig hatte, wollte ich dort eigentlich mit Dave zusammenarbeiten, doch dann erzählte mir seine Freundin Kay, die in New Orleans eine Bar namens The John betreibt, dass David einfach tot vom Barhocker gefallen war. Er hatte innere Blutungen. Kay und ich blieben in Verbindung und machten ein Tribute-Album für ihn, auf dem auch die Songs aus dem Cherokee veröffentlicht wurden. Leider war die Musikindustrie damals schon den Bach runtergegangen, und niemand verdiente einen Penny daran. Aber es war großartig, mit diesen Jungs zusammenzuarbeiten. Sie sind fantastische Musiker und tolle Typen.

Musik hat der David Lynch Foundation schon oft geholfen. Laura Dern und ich waren die Conférenciers beim »Change Begins Within«-Konzert, einer Benefizveranstaltung, die im April 2009 in der Radio City Music Hall in New York stattfand. Als ich die musikalischen

Gäste vorstellte, war die Spannung kaum auszuhalten und der Saal zum Bersten voll. Sogar Paul McCartney und Ringo Starr waren da! Kaum zu glauben, oder? Es war erst das zweite Mal seit der Trennung der Beatles, dass die beiden gemeinsam auftraten, und sie spielten »With a Little Help From My Friends«. Anschließend gab Paul ein komplettes Konzert. Er hatte zwei superlange Sattelzüge mit Equipment dabei. *Superlang.* Das Klavier, wirklich alles, was, er auf der Bühne brauchte, hatte er mitgebracht.

Die meisten Menschen haben heute keine Vorstellung mehr davon, wie wichtig die Beatles in unserem Leben waren. Diejenigen, die es selbst erlebt haben, zwar schon, aber die jungen Leute nicht. Da ich es selbst miterlebt habe, war es für mich ein unfassbares Erlebnis, Paul und Ringo kennenzulernen. Auf ihrer ersten US-Tour sind sie nach New York geflogen und dann runter nach Washington, D.C. gefahren. Da haben sie ihr erstes Amerika-Konzert gespielt, und ich war dabei. Sie standen in einem Boxring [am 11. Februar 1964 traten die Beatles im Washington Coliseum vor achttausend Fans auf], die Halle war riesengroß, und man konnte sie kaum hören: In dem tosenden Kreischen der Fans klang ihre Musik wie ein leises Piepsen. Ich stand damals kurz vor dem Highschool-Abschluss und wollte ursprünglich gar nicht hingehen, habe mich aber im letzten Augenblick umentschieden und meinen Bruder überredet, mir sein Ticket zu geben. Ich erzählte Ringo und Paul, dass ich bei ihrem ersten Amerika-Konzert gewesen war, und natürlich war das für sie ohne Bedeutung. Für mich dagegen war es einfach unglaublich.

Ringo ist wie Harry Dean. In seiner Gegenwart muss man nicht reden und fühlt sich trotzdem sofort wohl: Er ist so menschlich, dieser Ringo. Jemanden wie ihn gibt's nur einmal. Ich bin jedes Jahr auf seiner Geburtstagsparty im Capitol Building. Es wird Musik gespielt, und um Mitternacht wünscht Ringo den Gästen Frieden und Liebe, dann wirft er Armbänder mit der Aufschrift PEACE AND LOVE in die Menge. Jedes Jahr am 7. Juli macht er das. Paul ist auch ein feiner Kerl. Ich habe ihm bei der Probe für das »Change Begins

Within«-Konzert zugesehen. Schon bei der Probe muss das Timing bei ihm auf die Millisekunde stimmen. Er ist ein Perfektionist und hält alle anderen bei der Stange. Das heißt, wenn die Band einmal loslegt, dann gibt es kein Bummeln und keine halben Sachen mehr. Viele Musiker weichen mit der Zeit vom Original ab, aber bei ihm klingen die alten Songs exakt wie die ursprünglichen Aufnahmen. Paul und Ringo meditieren, seit sie 1968 mit Maharishi in Rishikesh waren. Sie sind also begeisterte Meditierende und überzeugte Anhänger.

Ungefähr zur Zeit von »Change Begins Within« erzählte mir Mindy, dass Danger Mouse mich gerne kennenlernen wollte. Ich fragte sie: »Wer ist Danger Mouse?« Also erklärte sie mir, wer er ist, und ich sagte: »Er will bestimmt, dass ich ein Video drehe oder etwas in der Art.« Danger Mouse kam dann bei mir vorbei. Er ist ein cooler Typ, außerdem ein toller Produzent, und er wollte gar kein Video von mir. Er wollte, dass ich Stillleben fotografierte, die von der Musik auf dem Album inspiriert waren, das er zusammen mit Sparklehorse gemacht hatte. Wir sind die Sache wie einen Spielfilmdreh angegangen. Wir besuchten verschiedene Locations, und der einzige Unterschied bestand eigentlich darin, dass wir statt bewegten Bildern Fotos machten.

Sparklehorse war eine beliebte Band. Sie hatten seit einer ganzen Weile nichts mehr von sich hören lassen, also hatte Danger Mouse ihren Kopf Mark Linkous überredet, etwas gemeinsam zu machen. Sie nahmen einige Tracks zusammen auf. Als sie damit fertig waren, haderte Linkous plötzlich mit der Vorstellung, die Songs selbst zu singen, deshalb baten sie verschiedene Sänger und Sängerinnen, eigene Texte zu den Tracks zu schreiben und diese so zu interpretieren, wie es ihnen gefiel. Während unserer Zusammenarbeit habe ich zu Danger Mouse irgendwann mal scherzhaft gesagt: »Ich dachte schon, du wolltest mich auch bitten zu singen.« Darauf hat er mich gefragt: »Singst du etwa?« Und ich habe geantwortet: »Ja, ich hab gerade angefangen, zu ein paar von meinen Sachen zu singen.«

Nachdem er in mein Zeug reingehört hatte, rief er mich an und bat mich tatsächlich, auf dem Album zu singen. So kam es dazu, dass ich zu zwei von den Songs gesungen habe. Der Titel der Platte, *Dark Night of the Soul*, ist ebenfalls von mir, auch wenn er nichts Neues ist. Jeder Mensch durchlebt einmal so eine dunkle Nacht der Seele. Sie entschieden, das Album so zu nennen.

Ich hatte Danger Mouse sehr ins Herz geschlossen und Mark auch. Er ist ein paarmal zu Besuch gekommen, und ich habe gerne Zeit mit ihm verbracht. Musik war alles für ihn. Er, Dean und ich haben oft im Studio gesessen und gequatscht. Er hat filterlose Zigaretten geraucht, so weit runter, bis sie nur noch ein paar Millimeter lang waren, deshalb waren seine Finger orange und braun. Er kam aus dem Süden. Er hatte enormes Potenzial, aber er hatte schwer daran zu tragen. Bei manchen Musikern ist das so, man erkennt sie sofort.

Als ich Janis Joplin in *Monterey Pop* gesehen habe, bin ich einfach in Tränen ausgebrochen. Damals war sie noch völlig unbekannt – das ist heute zwar schwer vorstellbar, aber niemand hatte von ihr gehört. Sie kommt auf die Bühne, während ihre Jungs dieses coole Gitarren-Intro spielen, dann kommt eine etwas ruhigere Passage, in der sie in den Song einsteigt. Es ist einfach scheißperfekt. Sie macht da Sachen, die schlicht und einfach perfekt sind, besser geht's nicht. Sie holt aus diesem verdammt großartigen Song wirklich alles raus. An einer Stelle des Films ist Mama Cass im Bild, die bei Janis' Auftritt in der ersten Reihe sitzt, und man sieht sie »wow« sagen, als könnte sie nicht glauben, was sie da beobachtet. Das ist pures Gold. Dann kommt Jimi Hendrix, und er ist eins mit seiner Gitarre. Seine Finger spielen drauflos, ganz egal, wo seine Gitarre gerade ist – sie sind miteinander verwachsen. Es ist völlig unwirklich. Cooler geht's nicht. Er spielt eine Killerversion von »Wild Thing«, und dann steht Otis Redding auf der Bühne. Der Song, den er an diesem Abend spielte, war die ultimative Version von »I've Been Loving You Too Long«. In seiner Stimme schwingt so viel mit – es ist schwer zu glauben, dass jemand all das in einen einzigen Song packen kann.

My LoG is turning Gold

MEIN SCHEIT VERWANDELT SICH IN GOLD

Zum Zeitpunkt der Eröffnung von Lynchs Ausstellung an der Pennsylvania Acadamy of the Fine Arts im Jahr 2014 wurde ihm in der Kunstszene allmählich ein gewisser Grad an Anerkennung zuteil, die ihm lange verwehrt geblieben war. Aber exakt zur gleichen Zeit verschwand er einmal mehr im Kaninchenbau des Fernsehens. Diese Reise, die ihn zurück zu *Twin Peaks* führen sollte, hatte bereits begonnen, als er sich 2011 bei Musso & Franks mit Mark Frost zum Essen getroffen hatte, und sie sollte in den kommenden Jahren praktisch sein Leben bestimmen.

Die Idee zu *Twin Peaks: The Return* begann erste Formen anzunehmen, während Lynch sich noch darum bemühte, die Finanzierung von *Antelope Don't Run No More* zu organisieren. Allerdings erwies sich dieser Film als nicht umsetzbar. Der französische Produzent Alain Sarde hatte ihm zwar versichert, er könne jeden Film stemmen, den Lynch gerne machen würde, doch mit einem voraussichtlichen Budget von zwanzig Millionen Dollar fiel *Antelope* durch das Raster des derzeit für Filmproduktionen gültigen Paradigmas, demzufolge nur ganz große oder ganz kleine Filme verwirklicht werden können. Das wurde für Lynch zunehmend klar, während er sich immer häufiger mit Mark Frost zum Schreiben verabredete. Dabei kommunizierten sie meistens über Skype, da Frosts Zuhause in Ojai eine zweistündige Autofahrt von Hollywood entfernt ist. Sie gründeten die gemeinsame Produktionsfirma Rancho Rosa, und Lynch betraute Sabrina Sutherland mit der Produktionsleitung der neuen Serie. Sutherland hatte seit November 2008 eine Festanstellung bei Lynch und war damals eingestellt worden, um Ordnung in einige seiner Geschäfte zu bringen und sie einer forensischen Buchprüfung zu unterziehen. Als Lynch sie mit der Produktionsleitung von *Twin Peaks* beauftragte, war sie längst zu einem unverzichtbaren Teil seines Arbeitslebens geworden. Er vertraute ihr vorbehaltlos, denn sie war für ihn bereits in zahlreichen Funktionen tätig gewesen, unter anderem als Produzentin, Buchhalterin, Agentin, Anwältin und Geschäftsführerin.

Anfang 2014 war das Drehbuch von Lynch und Frost so weit gediehen, dass sie sich nach Finanzierungsmöglichkeiten umsehen konnten. Gleich zu Beginn wandten sich die beiden an den Kabelsender Showtime, ein Tochterunternehmen von CBS. »Mir waren Gerüchte zu Ohren gekommen, dass David und Mark darüber nachdachten, *Twin Peaks* wiederaufleben zu lassen. Also bettelte ich Davids Repräsentanten an, ihn zu überzeugen, sich mit uns zu treffen«, erzählt Showtime-Geschäftsführer David Nevins. »Im Februar 2014 kamen Mark und er dann zu uns, um sich mit Gary Levine und mir zu unterhalten. David saß auf meinem Sofa und lauschte schweigend, während ich mich bemühte, ihn davon zu überzeugen, dass ihr Baby bei uns gut aufgehoben sei. Er war reserviert, höflich, mit seinem schwarzen Anzug und dem weißen Hemd sehr gut angezogen und versuchte offensichtlich abzuwägen, ob wir ein verlässlicher Partner für ihn sein würden.«[1]

Die Verhandlungen zogen sich zunächst über sechs Monate hin. Im Oktober 2014 verkündete Showtime dann den Neustart der Serie und gab die ersten neun Folgen in Auftrag. Im Januar darauf übergaben Frost und Lynch dem Sender ein 334 Seiten dickes Skript. Anschließend verlegte sich Frost darauf, mit *The Secret History of Twin Peaks* das Buch zur Serie zu schreiben, während Lynch damit fortfuhr, am Drehbuch zu arbeiten. Die Verhandlungen mit Showtime gingen derweil weiter und wurden für Lynch mehr und mehr zum Ärgernis. Als der Sender ihm am 6. April nach vierzehn Monaten des Feilschens ein Budget präsentierte, das er als absolut unzureichend empfand, verkündete er über Twitter, sich aus dem Projekt zurückzuziehen.

»Bei Showtime hatte man sich in den Kopf gesetzt, die Serie in Form abgeschlossener Episoden zu drehen. Sie hatten Davids Vision einfach nicht verstanden«, lautet Sutherlands Kommentar zu den Vertragsstreitigkeiten. »Für David war *Twin Peaks* niemals eine klassische Fernsehserie. Er hat sie immer als einen Spielfilm betrachtet, und bei Showtime verstand man einfach nicht, wo seine Wurzeln liegen. David wollte zum Beispiel jeden Tag eine komplette Spielfilm-Crew am Set haben, mit Blitzmaschinen, Kulissenmalern, Tricktechnikern und allem Drum und Dran, aber so arbeitet das Fernsehen einfach nicht. Da gibt es keine großen Crews, die rund um die Uhr bereitstehen. Deshalb sind die Leute von Showtime ihm gegenüber hart geblieben, denn in ihren Augen machten sie ja Fernsehen. Als David daraufhin sagte: »Dann bin raus«, hat er nicht etwa hingeschmissen, weil er mehr Geld für sich selbst haben wollte. Der Grund war eher die enorme Lücke, die zwischen dem klaffte, was auf dem Tisch lag, und dem, was er brauchte, um seine Idee zu verwirklichen. David verdient im Grunde nämlich nicht viel Geld.«[2]

Lynch hatte sich nicht leichtfertig aus dem Projekt zurückgezogen. »Zu sehen, wie er das tat, hat mich daran erinnert, wie ungemein integer er ist, wenn es um seine Arbeit geht«, sagt Emily Stofle. »Als das geschah, hatten seine Wirtschaftsberater eben erst mit ihm darüber gesprochen, wie teuer es ist, diesen Apparat hier am Laufen zu halten. Ihm war klar, dass er zu hohe Personalkosten hatte. Kurz zuvor hatte er einen Werbespot für Dom Perignon gedreht, der ihn ein Jahr lang über Wasser halten würde, aber er hatte seit 2006 keinen Film mehr gemacht und hatte keine wirklich verlässliche Einnahmequelle. Dennoch war er um nichts in der Welt bereit, seine Vision von *Twin Peaks* zu kompromittieren.«

Nachdem er seine Entscheidung getroffen hatte, rief Lynch einige der Schauspieler an, die bereits zugesagt hatten. Er informierte sie darüber, dass er ausgestiegen sei und dass es möglicherweise auch ohne ihn weitergehen würde. »Ich glaube nicht, dass einer von uns das Projekt auch nur mit der Kneifzange angefasst hätte, wenn David nicht an Bord gewesen wäre«, meint Schauspieler Dana Ashbrook, der in den ersten beiden Staffeln der Serie den Halbstarken Bobby Briggs gespielt hatte.[3] Mädchen Amick organisierte daraufhin eine Video-Kampagne, und elf der Schauspieler – Amick, Ashbrook, Sheryl Lee, Sherilyn Fenn, Kimmy Robertson, Peggy Lipton, James Marshall, Gary Hershberger, Wendy Robie, Catherine Coulson und Al Strobel – sowie seine Tochter Jennifer drehten kleine Filme, in denen sie sich für Lynch einsetzten.

»Ich war gerade in Japan, als die Verhandlungen scheiterten«, erzählt Nevins. »Beim Fernsehen verhandelt man das Budget auf Episoden-Basis, und unsere Anwälte haben *Twin Peaks* wie jedes andere Fernsehprojekt betrachtet, nur war es eben kein normales Projekt. David hat von Anfang an deutlich gemacht, dass er es als Film sieht und sich nicht festlegen will, wie viele Folgen es letztlich insgesamt werden. Er sagte: ›Es können vierzehn sein, aber vielleicht auch mehr.‹ An diesem Punkt sind unsere Anwälte stur geblieben und haben erklärt, dass sie nicht vierzehnmal die pro Folge übliche Summe zahlen würden. Dabei hat David das gar nicht verlangt.

Ich war auf dem Heimflug, als er twitterte, dass er aus dem Projekt aussteigen würde«, fährt Nevins fort. »Sofort nachdem ich gelandet war, sind Gary und ich zu David gefahren. Er sagte: ›Ich betone immer wieder, dass es mehr als neun Folgen werden, aber keiner hört mir zu.‹ Ich erwiderte: ›Ich kann dir keinen Blankoscheck ausstellen. Ich muss wissen, wie viel Geld ich ausgeben werde.‹ Darauf sagte David: ›Wenn du rausfindest, wie viel du ausgeben kannst, finde ich raus, ob es ausreicht, um das umzusetzen, was ich vorhabe.‹ Also haben wir das gesamte Projekt budgetiert, dann habe ich ihm eine Summe eingeräumt, die wir verantworten konnten und zu ihm gesagt: ›Dreh so viele Stunden, wie du für nötig hältst.‹ Er hat mit dem Geld sehr wirtschaftlich gearbeitet, und am Ende haben uns die einzelnen Folgen lange nicht so viel gekostet wie befürchtet.

Wir haben nicht einen Augenblick daran gedacht, ohne David weiterzumachen. Was wäre *Twin Peaks* denn in den Händen eines anderen? Es handelt sich schließlich nicht um eine Franchise, die von einem anderen Regisseur neu erfunden werden muss. Eigentlich wissen wir doch längst, was mit *Twin Peaks* passiert, wenn David nicht involviert ist. Es ist bloß noch ein schaler Aufguss seiner selbst.«

Am 15. Mai 2015 gab Lynch bekannt, dass er wieder an Bord war, und die Produktion konnte offiziell anlaufen. Obwohl Showtime bereits vor Monaten ein Drehbuch erhalten hatte, schrieb Lynch noch mehrere Monate daran weiter, nachdem die Serie grünes Licht bekommen hatte. »David wäre der Erste, der einräumen würde, dass es ohne Mark Frost kein *Twin Peaks* gäbe. Und zu dem Zeitpunkt, als Mark ausgestiegen war, um sein Buch zu schreiben, stand tatsächlich bereits die grobe Handlung fest. Doch David hat die Geschichte noch entscheidend erweitert«, erzählt Sutherland. »In das Drehbuch sind Dinge eingeflossen, die er seit Jahren im Kopf hatte, und die Ideen für die Regie stammen komplett von David. Er wusste genau, was er wollte – wie alle aussehen und was sie tragen würden. Die Kulissen, die Muttern und Bolzen in jedem einzelnen Möbelstück, der Reisverschluss eines Rocks – alles, was man sieht, ist zu hundert Prozent Davids Vision entsprungen.«

»Er hat enorm hart am Drehbuch gearbeitet«, erinnert sich Stofle. »In der Zeit, als er mit Mark geschrieben hat, kam er jeden Abend spät nach Hause, und weil ich es nicht mag, wenn er im Haus raucht, hat er stundenlang draußen gesessen. Er hat dort so viel Zeit verbracht, dass wir für den alten Lounge-Sessel da draußen neue Polster machen ließen. In besonders kalten Nächten hat er sich in eine Decke gewickelt. Das Haus hatte so einen Vorsprung, unter den er den Sessel gezogen hat, wenn es regnete, damit er nicht nass wurde.«

Lynch hatte darauf gesetzt, dass Jack Fisk das Produktionsdesign der Serie übernehmen würde. Doch Fisk hatte gerade erst Alejandro Iñárritus *The Revenant − Der Rückkehrer* abgedreht und empfahl seine Art-Direktorin Ruth De Jong für den Job. Für den Schnitt war auch diesmal Duwayne Dunham zuständig, Angelo Badalamenti für die Musik, Johanna Ray und Krista Husar für das Casting. Mit mehr als zweihundert Sprechrollen war *Twin Peaks: The Return* das größte Projekt, das Ray je gestemmt hat.

Die Dreharbeiten begannen im September 2015. Der 140 Tage währende Dreh war in jeder Hinsicht eine grandiose Erfahrung für alle Beteiligten, Lynch eingeschlossen. »Es fühlte sich alles so verdammt natürlich an«, erzählt Michael Barile. »Vom ersten Tag an saß er mit dem Megafon in der Hand auf seinem Regiestuhl, als würde er das zum millionsten Mal tun. Er war genau da, wo er hingehörte.«

Der erste und wichtigste Teil der Besetzung war natürlich Kyle MacLachlan. »Sie schrieben bereits am Drehbuch, hatten es aber noch nicht fertig, und sie mussten von mir wissen, ob ich dabei sein würde. Ich versicherte ihnen, dass ich zu hundert Prozent an Bord wäre«, berichtet der Schauspieler, der von Lynch und Frost bereits 2012 angesprochen worden war.[4]

»Das war nicht nur eine großartige Rolle − es waren gleich drei großartige Rollen, und ich war als Schauspieler noch nie so gefordert gewesen. Die Entwicklung des bösen Cooper war eine herausfordernde Reise. David und ich haben die Rolle langsam und stetig erarbeitet. Die schwierigsten Szenen waren für mich diejenigen, in denen der böse Cooper auf David und Laura Dern trifft. David und ich gehen eigentlich ziemlich flapsig miteinander um, und es war echt hart, in einer Szene mit ihm den dominanten Part zu spielen. Da ich zu David und Laura eine so innige Verbindung habe, fiel es mir höllisch schwer, diese einfach zu kappen.«

Dern spielt Coopers Geliebte Diane, und obwohl sie einräumt, dass der Dreh durchaus schauspielerische Herausforderungen bereithielt, war er für sie das reinste Vergnügen. »An der Seite von David und Kyle zu spielen war das reinste Familienpicknick«, sagt sie. »David hat Kyle und mich wieder zusammengeführt, fast so, als hätte er ein Weihnachtsgeschenk eingepackt und es uns überreicht. Was mit Cooper und Diane im Laufe dieser Staffel passiert, ist ebenfalls eine Liebesgeschichte, und das machte es umso bedeutsamer.

Die Liebesszene zwischen Kyle und mir war trotzdem nicht einfach, und zwar nicht wegen der Intimität, sondern wegen der wahnsinnigen Intensität der Emotionen, die Diane dabei empfindet«, fügt Dern hinzu. »David hatte vorher keine konkrete Vorstellung davon, wie die Szene genau aussehen sollte. Er leitete mich an, während wir sie drehten, und ich glaube nicht, dass er wusste, wie qualvoll es werden würde. Diane ist Coopers wahre Liebe, weil sie von seiner gespaltenen Persönlichkeit und davon, wie sehr er dagegen ankämpft, weiß. Und sie hat am meisten darunter zu leiden, vielleicht sogar mehr als Cooper selbst. In meinen Augen ist diese Szene eher zutiefst bewegend als quälend, und sie ist vor allem deshalb so bewegend, weil Diane weiß, dass sie nie wieder unschuldig sein werden. Es ist herzzerreißend, erotisch, kaputt und verwirrend. Ich weiß nicht, welche Intention David dabei verfolgt hat, aber so erlebe ich diese Szene.«

»David hat mich angerufen und gesagt: ›Wir trommeln die alte Truppe wieder zusammen‹«, erzählt Michael Horse, der in allen drei Staffeln der Serie Deputy Hawk spielt. »Und nach einem oder zwei Drehtagen dachte ich: ›Oh, ich hatte ganz vergessen, wer David eigentlich ist, und dass ein Dreh mit ihm etwas ganz Besonderes ist.‹ Bei David erlebt man immer so viel Ungewöhnliches und Spezielles – ich habe mich bestens amüsiert.«[5]

Lynch betrieb eine ziemliche Heimlichtuerei um die Serie, und mit Ausnahme von MacLachlan kamen alle Schauspieler ans Set, ohne mehr als den Text der eigenen Rolle zu kennen. Allerdings schien das niemanden zu stören. »Der Umstand, dass um das Drehbuch so ein Geheimnis gemacht wurde, fügte der Interaktion der Schauspieler eine wundervolle Dimension hinzu«, sagt James Marshall, der den Eigenbrötler James Hurley spielt. »Wenn man seine Szenen drehte, hatte das eine extreme Intimität, die meiner Meinung nach auf dem Bildschirm zu spüren ist.«[6]

Zu den siebenundzwanzig Veteranen, die schon bei der Originalserie dabei gewesen waren, gehörte auch Al Strobel. Er spielt Phillip Gerard, den Einarmigen, der zum ersten Mal in Staffel eins als Bobs Komplize auftauchte. In Staffel drei hat sich Gerard zu einer Art Orakel entwickelt. »Ich lebte damals in Portland. Mein Agent hatte Johanna Ray ein Foto und einen Lebenslauf von mir geschickt«, schildert Strobel den Beginn seiner Zusammenarbeit mit Lynch. »David sah in mir irgendetwas, das er in seiner Kunst nutzen konnte. Für mich war es Liebe auf den ersten Blick. Es war, als würde man dazu eingeladen, mit jemandem in einem riesigen Sandkasten zu spielen, der unfassbar viel Spaß dabei hatte – und David war damals *sehr* verspielt gewesen. Diesmal machte er einen sehr viel ernsthafteren Eindruck, aber Staffel drei ist auch ein viel ernsteres Werk. Damals hatten wir unsere Späße mit den Konventionen des Fernsehens getrieben. Aber inzwischen ist David noch tiefer in seine Kunst eingetaucht und schien sich diesmal nicht im Geringsten darum zu scheren, ob die Serie bei den Zuschauern ankam. Ihm ging es allein um den künstlerischen Ausdruck.«[7]

Auch Grace Zabriskie ist aufgefallen, welche Spuren die Zeit und die Erfahrung bei Lynch hinterlassen hatten. »Wenn man sich als Künstler entwickelt und außerdem an Bedeutung gewinnt, dann spürt man einen Druck, den man sich zu Beginn seiner Karriere nicht vorstellen konnte. Man sieht sich mit völlig neuen Erwartungen konfrontiert und muss weiterhin seine Leistung erbringen, darin allerdings noch besser sein. Durch diesen Druck war David in den letzten Jahren etwas weniger abkömmlich, aber ich kann verstehen, warum das so ist. Außerdem hat er sich in allem, was wirklich zählt, kaum verändert.

Ich weiß noch, wie ich am Set von *Twin Peaks: The Return* mit ihm zusammengesessen und geredet habe, während wir darauf warteten, dass irgendwelche Kulissen aufgebaut wurden. Wir teilen diese Liebe zum Holz und dazu, Dinge von Hand zu machen, deshalb unterhalten wir uns über kaum etwas anderes als Werkzeuge. Wir wurden immer wieder von Leuten unterbrochen, die für dies oder das seine Einwilligung brauchten. Doch immer, wenn sie gegangen waren, griff er das Gespräch wieder auf. David ist absolut präsent, wenn er mit jemandem spricht.«

Der Schauspieler Carel Struycken, Darsteller des rätselhaften Fireman, hat ebenfalls eine Veränderung an Lynch beobachtet. »Er hat mir nichts über die Figur gesagt, die ich verkörpere«, erinnert sich Struycken daran, wie er in Folge eins von Staffel zwei zum ersten Mal den Riesen spielte. »Er kam zu mir, schüttelte meine Hand und sagte: ›Das wird alles *peachy keen*‹. Ein wunderbarer Ausdruck aus den Fünfzigern.

David hatte es nie eilig, und er hat den Schauspielern ständig gesagt, dass sie alles langsamer angehen lassen sollten. Hank Worden hat in meiner ersten Szene einen Kellner gespielt. Er war damals schon 89 Jahre alt und bewegte sich ohnehin schon sehr langsam, aber David hat ihn damals angewiesen, noch langsamer zu gehen. Und dieses Mal wollte er alles sogar noch langsamer haben. Ich weiß nicht, was er damals erreichen wollte, aber bei den neuen Folgen leuchtete es mir ein, als ich sie gesehen habe. Das Tempo ist tatsächlich ziemlich radikal.«[8]

Auch Peggy Lipton, die Norma Jennings, die Besitzerin des Double R Diner spielt, ist in der dritten Staffel wieder dabei. »Als ich David 1988 zum ersten Mal begegnet bin, saß er hinter diesem riesigen, selbstgeschreinerten Schreibtisch, und darauf lag nichts außer meinem Foto«, erinnert sie sich. »Niemand hatte mir je so große Aufmerksamkeit geschenkt. Damals hatte ich noch keinen von Davids Filmen gesehen, aber ich fühlte mich von seiner Art angezogen. Wenn David dich ansieht, dann gibt es nur noch dich auf der

Welt. Er ist niemals abgelenkt, sein Blick schweift nicht ab, alles ist auf dich fokussiert, er ist voll und ganz für dich da. Ich glaube, er hat mir gleich an diesem Tag die Rolle angeboten.

Zwanzig Jahre später hatte ich eine Nachricht auf meinem Anrufbeantworter: ›Hallo, hier spricht David Lynch.‹ Ich habe ihn zurückgerufen, und wir tratschten ein bisschen. Er weiß gerne, was in einem vorgeht, und hat mich gefragt, wie es mir so ergangen ist. Dann hat er mir von der Serie erzählt, und ich sagte sofort, dass ich selbstverständlich mitmachen würde. Doch dann dachte ich: O Gott, wie soll ich diese Rolle denn neu erfinden? Ich musste letzlich nichts dergleichen tun, denn es stand schon alles im Drehbuch. Ich bin ganz begeistert davon, wie David den Diner in diese fantasmagorische Sache integriert hat. Dort hat alles begonnen, dort sind die Wurzeln, es ist unser Anker, und er hat das alles wundervoll miteinander verknüpft. Dass David nach all den Jahren wieder Teil meines Lebens geworden ist, war etwas ganz Besonderes für mich.«[9]

Der Geliebte von Liptons Figur ist in der Serie Big Ed Hurley, gespielt von Everett McGill, der 1999 die Schauspielerei an den Nagel gehängt hatte und nach Arizona gezogen war. »Ich kannte niemanden mehr in L.A., und David hatte wohl schon eine Weile nach mir gesucht, als Mark dann zu ihm sagte: ›Warum guckst du nicht mal, ob jemand von deinen Leuten bei Twitter Kontakt zu ihm hat?‹«, erzählt McGill. »Und tatsächlich hat ihm daraufhin jemand die Telefonnummer eines Häuschens gegeben, nicht weit von mir entfernt, das meinem Schwiegervater gehörte, der schon vor Jahren gestorben ist. Ich schaue alle paar Wochen dort vorbei, um nach dem Rechten zu sehen, und die Chance, dass ich bei einem Anruf zufällig gerade dort war und auch noch ans Telefon ging, war verschwindend gering. Aber das Telefon hat geklingelt, ich habe den Hörer abgehoben, und David war am Apparat. Wir haben uns unterhalten, als würden wir ein Gespräch fortsetzen, das wir erst am Tag zuvor beendet hatten. Wir haben über die gute alte Zeit geredet und über seinen Packard Hawk, dieses komisch aussehende Auto, in das er so vernarrt gewesen ist. Gegen Ende des Gesprächs hat er mich dann gefragt: ›Ist das hier die richtige Nummer, wenn ich dich mal erreichen will?‹ Ich antwortete: ›Nein, ist es nicht.‹ Dann gab ich ihm eine andere. Kurz darauf hatte ich eine Geheimhaltungsvereinbarung in der Post und bekam einen Anruf von Johanna. Vor langer Zeit habe ich zu David mal gesagt: ›Wann immer und wo immer du mich brauchst, ruf mich einfach an, und ich bin zur Stelle.‹ Er wusste, dass er mich nicht fragen musste, ob ich in der Serie mitspielen will.

Die Rolle des Big Ed hat mir immer Freude gemacht, und es war so ein anrührender Moment, als Norma den Arm um mich legte und wir uns küssten«, erinnert sich McGill an den Dreh einer Szene von Staffel drei, in der die beiden unglücklich Liebenden endlich zusammenfinden. »Es fühlte sich einfach wunderschön an, und David hatte es nach nur einem Take im Kasten, ohne dass wir es noch ein weiteres Mal drehen mussten.«[10]

»Beim Dreh dieser Szene hat David am Set einen Song von Otis Redding [›I've Been Loving You Too Long‹] laufen lassen«, erzählt Lipton. »Nachdem er ›Cut‹ gerufen hatte, habe ich zu ihm rübergesehen, und er weinte wie ein kleines Kind.«

Dass die Liebesgeschichte von Big Ed und Norma doch noch eine glückliche Wendung nahm, war eine der vielen Veränderungen im Städtchen Twin Peaks. »Wenn ich als junger Kerl den jungen Bobby Briggs spielte, konnte ich nach Lust und Laune das Arschloch raushängen lassen, und das hat Spaß gemacht«, erinnert sich Ashbrook. »Ich wusste, dass Staffel drei anders sein würde, und war auch nicht geschockt, als ich herausfand, dass Bobby inzwischen Polizist war. Denn in Staffel zwei gab es eine Szene mit meinem Vater und mir, in der so etwas bereits angedeutet wurde. Bei den ersten Staffeln waren Davids Regieanweisungen an mich ein wenig obskur gewesen. Aber diesmal war er mir gegenüber nicht ganz so nebulös, wie er sich wohl bei anderen gegeben hat. Meine Szenen waren im Skript ziemlich klar formuliert. Ich wollte einfach nur in die Rolle schlüpfen und es nicht vermasseln.

Jeder Job, den ich je bekommen habe, hatte irgendwie mit *Twin Peaks* zu tun, und David ist der Grund dafür, dass ich immer noch als Schauspieler arbeiten kann«, fügt Ashbrook hinzu. »Er ist der beste Lehrer, den ich mir wünschen konnte, und wenn ich je einen wahren Künstler getroffen habe, dann ist es er. Als wir den Pilotfilm gedreht haben, sind Lara Flynn Boyle und ich ihm im Foyer des Red Lion Hotels über den Weg gelaufen, wo wir alle untergebracht waren. Er hat uns in sein Zimmer eingeladen, um uns ein Plakat zu zeigen, an dem er gerade arbeitete. Nach einem zwölfstündigen Dreh ging er auf sein Hotelzimmer und machte noch mehr Kunst. Das bewundere ich so an ihm.«

In den fünfundzwanzig Jahren, die seit Staffel zwei vergangen sind, ist Ashbrooks Figur reifer geworden. Die von James Marshall dagegen noch mürrischer. »Ich glaube, David betrachtet jede Figur als einen Aspekt seiner selbst. Zu unschuldigen Charakteren fühlt er sich besonders hingezogen, und ich denke, genau das ist James Hurley für ihn«, meint Marshall. »James ist eine zutiefst gepeinigte Figur, und ich glaube, David genießt es, wenn Leid oder Freude die Seele zutage treten lassen. Außerdem ist er ein Meister im Übertragen von Energie.

In Staffel eins gab es eine Szene, in der Lara Flynn Boyle und ich auf der Couch saßen und uns küssen sollten. Doch David bekam nicht den Vibe, den er sich erhofft hatte, also sprach er mit Lara, schaute mich stumm an und kehrte dann zu seinem Stuhl zurück. Das machte er ein paarmal, erzielte aber nicht das gewünschte Ergebnis. Also hockte er sich beim nächsten Mal vor mich, hob die Hände, begann dann, sie zu schließen und wieder zu öffnen, immer abwechselnd, und dabei die Finger zu spreizen. Er wollte nichts Falsches sagen, aber wir waren noch nicht am Ziel. Deshalb hat er zwei oder drei Minuten lang stumm die Hände geöffnet und geschlossen. Dann ist er aufgestanden, und sagte: »Auf geht's.« Er hat seine Energie auf uns übertragen, indem er uns dazu gebracht hat, mit ihm ein paar Minuten lang völlig still zu sein. Er hat einfach das Gas aufgedreht und es uns überlassen, die Flamme zu entzünden.«[11]

Unter den Darstellern der Originalbesetzung gab es unweigerlich Verluste zu beklagen. Diverse Schauspieler – Frank Silva, David Bowie und Don S. Davis – waren gestorben, bevor der Dreh beginnen konnte. Andere – Warren Frost, Miguel Ferrer und Harry Dean Stanton – starben, nachdem die Serie abgedreht war. Dass sie alle in dem Werk in Erscheinung treten, unterstreicht, wie durchlässig die Linie, welche die Lebenden von den Toten trennt, für Lynch ist. Eine besonders ergreifende Figur ist die von Catherine Coulson gespielte Log Lady, die es beinahe nicht in die Serie geschafft hätte. Coulson starb am Montag, dem 28. September 2015. Am Dienstag zuvor hatte eine Freundin sie zu Hause in Ashland, Oregon besucht und dabei erfahren, dass sie vorhatte, nach Washington zu fliegen, um am Montag und Dienstag zu drehen. Coulson befand sich damals in Hospizbetreuung, und man hatte ihr dringend nahegelegt, nicht zu reisen. Aber sie war wild entschlossen, bei *Twin Peaks* dabei zu sein, und hatte Lynch verheimlicht, wie krank sie wirklich war. Ihre Freundin kontaktierte den Regisseur und riet Lynch, auf der Stelle nach Ashland zu kommen und in Coulsons Haus zu drehen, wenn er sie in der Serie haben wollte. Am nächsten Tag reiste Noriko Miyakawa nach Oregon, wo sie eine lokale Crew zusammenstellte und noch am selben Abend die Szenen mit Coulson drehte, wobei Lynch via Skype Regie führte. Coulson starb fünf Tage später. Erst eine Woche vorher war auch der Toad-Darsteller Marv Rosand verstorben. Am 18. Oktober 2017 verschied dann Brent Briscoe, der die Figur des Detective Dave Macklay spielte, im Alter von 56 Jahren völlig überraschend an den Folgen eines Sturzes.

In der Staffel waren Schauspieler aus anderen Lynch-Filmen zu sehen – Balthazar Getty, Naomi Watts, Laura Dern und Robert Forster –, und einige Darsteller von Schlüsselfiguren hatten ihr Schauspieldebüt. »Eines Tages sah mich David während einer Aufnahmesession an und sagte: ›Ich glaube, bei meinem neuen Projekt ist eine Rolle für dich drin‹«, erzählt die Musikerin Chrysta Bell, die die FBI-Agentin Tammy Preston spielt. »Erst als er mir die Skript-Seiten gab, wurde mir klar, dass Tammy eine wichtige Rolle war. Ich zweifelte daran, dass ich das hinkriegen würde, aber als ich meine Skepsis zum Ausdruck brachte, sagte David: ›Das wird schon klappen, vertrau mir.‹ Ich fragte ihn, ob ich ein paar Schauspielstunden nehmen sollte, und seine Antwort war: ›Nein, untersteh dich!‹

David hatte eine genaue Vorstellung von der Figur, und ich bekam mehrere Anproben, bis das Kostüm schließlich dieser Vorstellung entsprach. Er sah sich alle Fotos an, die er von [Kostümbildnerin] Nancy Steiner bekam, und kommentierte sie dann, indem er sagte: ›Nein, das ist es nicht.‹ Oder: ›Diesen Teil hast du gut getroffen, aber daran musst du noch arbeiten.‹ Er kam immer wieder in die Garderobe, bis er schließlich diesen Jessica-Rabbit-als-FBI-Agentin-Look hatte.«

Lynch malt sich die Figuren vor seinem inneren Auge aus, lange bevor er das Filmset betritt. Aber Leben haucht er ihnen durch die Schauspieler ein, mit denen er die Rollen besetzt. »Der Dialog gibt Dianes Figur bereits klare Konturen, und auch andere Aspekte der Rolle standen schon fest«, sagt Dern über ihre Figur. »David wollte einen Lippenstift in einer Farbe, die es nicht gab. Wir probierten sämtliche Lippenstifte jeder Make-up-Kollektion aus, die wir finden konnten, und am Ende kreierte David einfach seine eigene Lippenstift-Palette. Er mischte die Farben so lange, bis er gefunden hatte, was er suchte. An jedem Tag, den ich am Set verbrachte, war er fünfzehn Minuten lang damit beschäftigt, Lippenstiftfarben zu mischen. Bis er schließlich diesen Rosaton erhielt, der fast schon an Weiß grenzte. Allerdings eins, dem eine Menge Gold und Gelb beigemischt war.

David ist sehr spezifisch. Gleichzeitig findet er es gut, wenn Schauspieler selbst etwas entdecken. Egal, ob er am Set von *Blue Velvet* für Kyle und mich Schostakowitsch über die Lautsprecher spielte oder Nic Cage und mich zusammen mit dem Auto über Land schickte und uns sagte, welche Musik wir dabei hören sollten, um uns für *Wild at Heart* in Sailor und Lula zu verwandeln. Es ist ihm eine Herzensangelegenheit, uns dabei zu unterstützen, das Geheimnis der Figuren selbst zu entdecken und in die richtige Stimmung hineinzufinden.«

Zu denen, die für die dritte Staffel erstmals vor der Kamera standen, gehörte auch Jake Wardle, ein junger britischer Schauspieler, der die Aufmerksamkeit Lynchs 2010 mit einem YouTube-Video erregte, das den Titel »The English Language in 24 Accents« (»Die englische Sprache in vierundzwanzig Akzenten«) trug. »2012 habe ich eine E-Mail von Sabrina Sutherland bekommen, in der stand: ›Hi, ich arbeite für einen Regisseur, der daran interessiert ist, dich für eins seiner Projekte zu besetzen, und er würde gerne mit dir skypen.‹ Daraufhin haben David und ich unser erstes Skype-Gespräch geführt«, erzählt Wardle, der damals erst zwanzig Jahre alt war. »Er war total locker und sagte mir, wie beeindruckt er von meinem Video gewesen sei und dass ihm meine Offenheit gefiel. Danach haben wir alle paar Monate per Skype miteinander gesprochen. Wir redeten über alles Mögliche, haben uns einfach nur gegenseitig beschnuppert. Er wollte zum Beispiel wissen, was ich zum Mittag gegessen und was für einen Hund ich hatte. 2014 fragte er mich dann: ›Hast du schon einmal *Twin Peaks* gesehen? Wir machen eine neue Staffel, und du wirst Freddie spielen, einen Cockney-Typen mit einem magischen grünen Handschuh, der ihm Superkräfte verleiht.‹ Er schrieb meine Rolle in Cockney-Slang, für den er sich sehr interessiert. Er kennt sich damit sogar besser aus als ich.

Am 1. März 2016, als ich zur Kostümprobe kam, traf ich David schließlich persönlich«, berichtet Wardle. »Ich wurde eingeladen, mir das Set anzusehen. David filmte gerade die Szene aus Folge 8 mit dem Fireman und Señorita Dido. Zur Begrüßung umarmte er mich herzlich. Ich durfte neben ihm sitzen und ihm ein paar Stunden lang bei der Regiearbeit zusehen. Ich weiß nicht, ob ich ohne David je das nötige Selbstvertrauen für die Schauspielerei entwickelt hätte. Aber ich weiß genau, dass die Schauspielerei mein Schicksal ist. David hat mein Leben verändert, denn er hat mir geholfen, den richtigen Weg einzuschlagen. Ich bin Freddie nicht unähnlich. Freddie wurde vom Fireman erwählt, und ich von David. Der Fireman gab Freddie den Handschuh, und David gab mir die Rolle.«[12]

Was seinen Erfahrungsschatz betrifft, kam Don Murray vom entgegengesetzten Ende des Spektrums. Er war ein routinierter Veteran, der für seine Rolle in *Bus Stop*, in dem er 1956 an der Seite von Marilyn Monroe spielte, mit einer Oscar-Nominierung bedacht wurde. »Ich war David nie begegnet, deshalb war ich überrascht, als er mir eine Rolle anbot«, erzählt Murray. »Ursprünglich hatte er den Part für einen fünfundvierzigjährigen Mann geschrieben, und ich war bereits siebenundachtzig. Aber er sagte: ›Das ist mir egal, ich stehe einfach total auf Don Murray.‹ Ich habe keine Ahnung, was David in mir gesehen hat, jedenfalls hatte er genaue Vorstellungen davon, was er wollte. Wenn er jemanden für eine Rolle besetzt, dann hat er in dieser Person etwas gesehen, was er genau so auch vor der Kamera sehen möchte. Er gibt einem nur ganz wenige Anweisungen, und niemand muss sich groß verrenken, um die Rolle zu spielen, für die er besetzt wurde.

Das Set von David war das fröhlichste, das ich je erlebt habe. Er macht etwas, was ich noch bei keinem anderen Regisseur gesehen habe: Selbst wenn jemand nur eine ganz kleine Rolle hat, stoppt er die gesamte Produktion, wenn alle Szenen mit diesem Darsteller im Kasten sind. Dann trommelt er Schauspieler und Crew zusammen und sagt: ›Das war heute Miss Soundsos letzter Tag, und ich möchte mich bei ihr bedanken. Applaus bitte.‹ Es war eine unglaublich positive Atmosphäre am Set, wirklich einmalig.«[13]

Zur Besetzung gehörten auch eine Handvoll Schauspieler, die in der Filmindustrie schon eine Weile ihr Glück versuchten, und auf *Twin Peaks: The Return* vermutlich als ihren großen Durchbruch zurückblicken werden. »Keine Ahnung, wie es zu dem Vorsprechen gekommen ist, aber ich bin dafür in ein Industriegebiet im Fernando Valley gefahren, und im Warteraum hat es nur so von Leuten gewimmelt, die man bei einem Casting für David Lynch erwarten würde«, berichtet Eric Edelstein, der einen kichernden Polizisten namens Fusco spielt. »Die Rolle, für die ich eigentlich vorgesprochen habe, habe ich nicht gekriegt. Aber später sagte man mir, David würde versuchen, etwas Passendes für mich zu finden. Ein paar Monate danach wurde ich telefonisch für den nächsten Tag zur Kostümprobe eingeladen. Als ich am Set war, kam David rein und sagte: ›Okay, ihr drei seid die Fusco-Brüder. Du, Eric, bist der Jüngste der Familie und der Liebling deiner Brüder.‹ Dann setzte er mein Lachen wie ein Musikinstrument ein, das er während des Drehs regelrecht choreografierte — vermutlich habe ich beim Vorsprechen gekichert und deshalb die Rolle bekommen.

Vor *Twin Peaks* bin ich immer als Bösewicht besetzt worden und hatte mich schon gefragt, ob ich mich von nun an immerzu mit dieser dunklen Energie herumschlagen müsste. In *Twin Peaks* habe ich nicht nur keinen Bösewicht, sondern sogar mich selbst gespielt, und jetzt bekomme ich ständig Rollenangebote für diesen riesigen kichernden Kerl. David hat das in mir gesehen, und deswegen hat meine Karriere eine völlig neue Richtung genommen.«[14]

Schauspieler finden auf unterschiedlichsten Wegen zu Lynch. Bei George Griffith, der den Auftragskiller Ray Monroe spielt, waren es familiäre Beziehungen. »*Catching the Big Fish* hatte großen Eindruck bei mir hinterlassen. Deshalb habe ich David 2009 als Talkgast für eine Episode der *The Dr. Oz Show* zum Thema Meditation vorgeschlagen«, erzählt Griffith, der mit der Tochter des bekannten TV-Mediziners Dr. Mehmet Oz verheiratet ist. »David hat zugesagt, in die Sendung zu kommen, und ich habe das Interview mit ihm geführt. Beim anschließenden Mittagessen ergatterte ich den Platz neben ihm und konnte mein Glück kaum fassen. David ist für viele Menschen so eine Art Schutzheiliger, und dieses gemeinsame Essen markierte einen bedeutenden Wendepunkt in meinem Leben.

Ich habe ihm von einem Film erzählt, an dem ich damals gerade arbeitete, und als der Film fertig war, habe ich ihm eine Kopie geschickt. Allerdings rechnete ich nicht damit, dass er ihn sich auch ansehen würde. Zwei Wochen später habe ich dann eine überschwängliche E-Mail von ihm bekommen, in der er mir schrieb, wie gut ihm der Film gefallen habe. Mir kamen die Tränen, als ich das las.

Als mir zu Ohren kam, dass *Twin Peaks* reanimiert würde, dachte ich: Vielleicht kann ich ja Kaffee kochen oder so etwas. Also habe ich ihm geschrieben, dass ich für alles zu haben wäre. Daraufhin hat mich Johanna Ray gebeten, vorbeizukommen, und ich dachte, das wäre wieder so eine nette Geste von David. Ich habe mich mit Johanna getroffen, die nicht wusste, wer ich war, und sich vermutlich gewundert hat, wie ich an den Termin gekommen war. Hinterher dachte ich: Die nehmen dich nie im Leben, so wie das gelaufen ist. Doch dann bekam ich eine E-Mail mit den Worten: ›Willkommen an Bord.‹ Ich konnte es nicht glauben!

Ich sah David erst wieder beim Dreh meiner ersten Szene, der Begegnung mit Mr. C. in Beulahs Haus. Als ich ans Set kam, sagte David zu mir: ›George Griffin, ich liebe deinen Film.‹ Das war so cool von ihm, denn kein Mensch wusste, wer ich war, und durch seine Bemerkung verlieh er mir ein gewisses Gewicht. In allen meinen Szenen spielte ich gemeinsam mit Kyle, der mit David schon so viel erlebt hat, und natürlich war ich sehr nervös. Aber an meinem ersten Tag sagte Kyle: ›Der Boss kriegt immer, was er will.‹ Und das war genau das, was ich hören musste.«[15]

Auch der gefeierte Komödienschauspieler Michael Cera, dessen schräger Cameo-Auftritt als Motorradrocker Wally Brando eine der lustigsten Szenen der Serie ist, war neu im Lynch-Universum. »2010 habe ich mit Eric Edelstein und einem weiteren Freund ein TM-Einführungstraining im Meditationszentrum in L.A. besucht«, erinnert sich Cera. »Am vierten Tag hat uns eine Frau angesprochen, die dort arbeitete. Sie fragte: ›Hättet ihr vielleicht Lust, gemeinsam mit

David zu meditieren?‹ Wir waren völlig baff und sagten ihr, das wäre fantastisch. Allerdings nahmen wir die Einladung mit einer gewissen ungläubigen Skepsis an. Etwa einen Monat später rief sie dann aber tatsächlich an. ›Wie wäre es am Donnerstag bei David zu Hause?‹, fragte sie. Wir waren ganz alleine mit ihm, und er war so aufgeschlossen, völlig fremde Menschen in sein Haus einzuladen. David war so nett, dass ich sofort das Gefühl verlor, ein Eindringling zu sein. Wir haben zusammen meditiert, und das war eine der außergewöhnlichsten Erfahrungen, die ich je gemacht habe. Und als wäre das nicht genug, bekam ich dann auch noch die Gelegenheit, mit ihm zusammenzuarbeiten. Dass er mich überhaupt auf dem Schirm hatte, fand ich schon unglaublich. Ich hoffte inständig, nicht seine Zeit zu verschwenden, und dass er es nicht bereuen würde, mich engagiert zu haben.

Über meine Rolle haben wir gar nicht groß gesprochen«, fährt Cera fort. »Ich hatte ein Interview gesehen, das Dick Cavett mit Marlon Brando geführt hatte, und habe versucht, das so gut wie möglich zu imitieren. David hat mir geraten, mich an die Grammatik des Drehbuchs zu halten, was sich als sehr hilfreich erwies. Er führte mich mit sehr leichter Hand. Es war zwei Uhr morgens, als wir die Szene drehten, und nach vierzig Minuten waren wir fertig.«[16]

Bei den Drehs ging alles sehr zügig. »David war immer schon effizient, aber diesmal hat er sich selbst übertroffen«, sagt MacLachlan. »Ich dachte, ernsthaft, du willst nur einen Take machen? Allerdings wussten wir alle, dass es ohnehin erst weiterging, wenn er alles im Kasten hatte, und er hat deutlich klargemacht, was er wollte. Ich erinnere mich noch an den Tag, an dem wir die Szene mit der Polonaise durch Dougies Büro drehten. Jim Belushi improvisierte dabei irgendetwas. Wenn David ›Cut‹ gerufen hat, ist da immer ein Moment, in dem man darauf wartet zu hören, was als Nächstes passiert. Es entstand also eine kurze Pause, dann sagte David in sein Megafon: ›Mr. Belushi? Muss ich Sie etwa ins Büro des Direktors schicken?‹ Jim sagte: ›Nee, schon kapiert.‹ David regelt solche

Sachen auf eine sehr charmante Weise und macht seinen Standpunkt immer klar, ohne dabei jemanden in Verlegenheit zu bringen.«

Wie durchorganisiert diese Produktion war, zeigte sich daran, wie bei den Musik-Auftritten im Roadhouse verfahren wurde: Insgesamt gab es etwa zwei Dutzend davon, und sie wurden alle an einem einzigen Tag am selben Drehort in Pasadena gefilmt, nachdem es vorher einen Testdreh mit Trouble, der Band von Riley Lynch und Dean Hurley, gegeben hatte. Das Publikum wurde jeweils ausgewechselt und an einem anderen Tag gefilmt. Alles ging Schlag auf Schlag.

Dennoch war der Dreh für Lynch alles andere als ein Kinderspiel. »Er hatte seinen Spaß, aber es war knallharte Arbeit für ihn«, sagt Barile. »Er feierte während des Drehs seinen siebzigsten Geburtstag, und wir arbeiteten mindestens zwölf Stunden am Tag – oft sogar siebzehn Stunden. Er war mehrfach krank, und es gab ein paar Tage, an denen er kaum atmen konnte und Fieber hatte. Er kam dann kaum die Treppe hoch, wenn wir ihn zu Hause absetzten. Aber sechs Stunden später war er wieder auf den Beinen und bei der Arbeit. Eines Tages, als wir im Roten Raum drehten, ist er gestürzt und hat sich dabei beide Knie ziemlich heftig gestoßen, trotzdem ist er einfach wieder aufgestanden und weitergelaufen. Vor dem Dreh habe ich nicht gewusst, wie zäh er ist.«

Bedenkt man, wie sehr ihn das ganze Unterfangen in Beschlag genommen hat, ist es nicht verwunderlich, dass Lynchs Ehe darunter litt. »Es war eine echte Herausforderung, denn er war praktisch verschwunden«, erinnert sich Stofle. »Und er war völlig erschöpft. Eine achtzehn Stunden lange Serie? Das ist, als würde man neun Spielfilme drehen. Eine wahre Mammutaufgabe. Sein Zeitplan war mörderisch, er wechselte von Tagdrehs zu Nachtdrehs und wieder zurück, und der Sonntag war sein einziger freier Tag. Da am späten Sonntagabend trotzdem immer ein Produktionsmeeting stattfand, hat er den fehlenden Schlaf nie aufholen können. Einmal hat er zu mir gesagt: »Puh, ich habe in meinem Wohnwagen meditiert und bin eingeschlafen. Als ich aufwachte, wusste ich nicht, wo ich bin. Jeder am Set ist jünger als ich, und ich bin so müde.« Er ist richtig krank gewesen, hat aber immer weitergearbeitet.

Nicht lange nach Drehbeginn sagte er: ›Wenn ich um sechs Uhr früh nach Hause komme, fängt für Lula und dich gerade der Tag an. Dann rennt ihr herum, während ich Ruhe und zugezogene Vorhänge brauche.‹ Wir wollten ihm ein Zimmer im Chateau Marmont mieten, doch das war zu teuer. Also habe ich in einem der Gästezimmer im Gray House für ihn die Fenster mit lichtdichtem Stoff abgehangen, und das fand er großartig. Als er vom Dreh in Washington zurückkam, ist er dahin umgezogen. Eines Abends habe ich ihn dort besucht, und er hat ferngesehen und geraucht. Da ahnte ich, das könnte zum Dauerzustand werden. Wegen des Rauchens. Er hatte sich seit zwei Jahren darüber beschwert, dass er draußen rauchen musste, und dort konnte er in seinem Zimmer rauchen. Das Rauchen ist ein wichtiges Stück des Puzzles.«

Twin Peaks: The Return spannt den Bogen sehr viel weiter, als die vorherigen Staffeln es taten. Die ausufernde Geschichte mit ihren diversen Handlungssträngen spielt in New York, Las Vegas und einem benachbarten Vorort, in den erfundenen Städten Twin Peaks und Buckhorn in North Dakota, außerdem in Philadelphia, im Pentagon sowie in Odessa, Texas, und natürlich im Roten Raum. Im Laufe der Geschichte fließen immer wieder persönliche Aspekte mit ein. Die Bronzestatue eines Cowboys auf dem Platz vor der Versicherungsagentur Lucky 7 geht beispielsweise auf eine Fotografie zurück, die Lynchs Vater aufgenommen hatte, als er neunzehn Jahre alt war und im Ausguck einer Forststation arbeitete. Nichts in der Serie ist zufällig, die Dinge haben mehrere Bedeutungsebenen, und doch findet alles fließend zueinander. »Manchmal habe ich David in einer Ecke sitzen und schreiben sehen«, erinnert sich Struycken. »Kurz darauf kam dann jemand und hat mir ein paar aus einem Notizbuch herausgerissene Seiten in die Hand gedrückt, auf denen mein Text für die nächste Szene stand.«

»Meine Lieblingsszene in der Serie ist vollständig improvisiert«, erzählt Chrysta Bell. »Eines Tages saßen Laura, David und ich am Set zusammen und warteten auf etwas. Es war schön zu beobachten, wie Laura und David miteinander umgingen – sie hatten so eine liebevolle Art. Dave bemühte sich sehr, mich in die Unterhaltung einzubinden – er ist immer so aufmerksam –, dann sah er uns an und sagte: ›Wir werden eine Szene drehen, die nicht im Drehbuch steht. Wir gehen nach draußen, stellen uns auf die Treppe und bleiben da einfach stehen. Irgendwann nehme ich einen Zug von Lauras Zigarette.‹ Das Ganze war irgendwie beklemmend, und ich habe in dieser langen Szene im Grunde nur herumgestanden. Aber David nutzte die Dynamik zwischen uns dreien und beförderte sie auf eine völlig neue Ebene. Er hat niemals aufgehört, kreativ zu sein. Wir haben bloß miteinander geplaudert, und er dachte sich: ›Moment mal, das ist cool, das kann ich in Twin Peaks unterbringen.‹ Also sagte er zu Peter Deming: ›Wir gehen jetzt nach draußen.‹ Die Crew musste dafür die Dixi-Klos verlegen.«

»Ich finde diese Szene wunderbar«, sagt Peggy Lipton. »Sie stehen bloß da und starren ins Leere. Ich habe mich schiefgelacht. Diese Szene hat so viel Luft zum Atmen, das ist eine große Qualität, die alle Arbeiten von David besitzen. Wenn er vom Zuschauer verlangt, minutenlang einem Kerl beim Putzen einer Bar zuzusehen und sich dabei völlig auf den Putzenden zu konzentrieren, gibt einem das eine Minute, um in den eigenen Gedanken zu versinken. Es ist wie bei der Meditation.«

»David lässt seine Figuren nicht im Stich, wenn sie gerade mal nichts Wichtiges machen, was die Handlung vorwärtsbringt«, sagt Laura Dern über die Szene. »Er bleibt bei ihnen, während sie ins Leere starren und versuchen, eine Entscheidung zu treffen.«

Dieser Raum zum Atmen ist ein wesentlicher Teil der Magie von Lynchs Arbeit, und wie Struycken sagt, verfolgt er beim Tempo einen radikalen Ansatz. Die Serie ist durchsetzt von langen Close-ups, stillen Panoramaaufnahmen diverser Landschaften und aus dem

Auto gefilmten Straßen. Ein einzelner Mann, der langsam seine Suppe löffelt, ist ebenso zu sehen wie ein Zug, der nachts einen Bahnübergang passiert. Diese Szenen führen nirgendwohin und dienen allein dem Zweck, das Tempo der Geschichte zu verringern. Der Erzählstil wirkt beiläufig, aber nicht selten konfrontierte Lynch die Schauspieler während des Drehs mit Überraschungen. »An meinem ersten Tag am Set drehten wir die Verhörszene mit William Hastings. Als David mir eröffnete, was wir machen würden, wurde ich ganz bleich, weil es eine emotional so stark aufgeladene Szene ist«, berichtet Chrysta Bell. »Seine Anweisungen an mich beschränkten sich darauf, dass er sagte: ›Du stellst dich hier hin‹, oder ›du setzt dich dort hin‹. Aber das Drehbuch war so detailliert: Ich wusste, dass ich mich genau daran halten konnte. Er saß in seinem Regiesessel vor mir und musste mich nur ansehen, um mir das nötige Selbstvertrauen einzuimpfen. Sein Blick sagte mir: Das wird eine wunderbare Erfahrung fürs Leben, also lass dich darauf ein und mach was draus – ich weiß, du hast das Zeug dazu.«

Neben Chrysta spielte in dieser Szene auch Matthew Lillard, der Lynch erst an seinem ersten Drehtag kennengelernt hatte. »Ich ging zu ihm und sagte: ›Hallo, ich bin Matt Lillard.‹ Darauf sagte er: ›Hallo, Bill!‹ Ich dachte, er würde mich für den Requisiteur oder sonst jemanden halten, und erwiderte: ›Nein, ich bin Matt.‹ Worauf er noch einmal sagte: ›Hallo, Bill Hastings!‹ Danach gab er mir keine einzige Regieanweisung für die Szene mehr. Als ich ihn dann bei der Premiere sah, nannte er mich immer noch Bill Hastings.«[17]

Wie Don Murray betont, vertraut Lynch darauf, dass seine Darsteller das leisten, was er von ihnen braucht. Er heizt die Gefühlslage am Set niemals auf, ganz gleich, wie emotional intensiv die Szene auch sein mag, an der gerade gearbeitet wird. »Am Ende meines ersten Drehtags sagte David ganz beiläufig: ›Morgen werden wir dich ordentlich mit Blut bespritzen, dann kämpfst du gegen eine Kugel mit Bobs Gesicht darauf‹«, erinnert sich Jake Wardle an die größte Action-Szene der Serie.

»Der Kampf wurde an Ort und Stelle von David choreografiert, der in sein Megafon rief: ›Er ist über dir! Schlag zu! Jetzt ist er unter dir, er hat dich umgehauen, steh wieder auf, und schlag ihn noch einmal!‹«, erzählt Wardle, dem vorher niemand gesagt hatte, dass er eine Kampfszene absolvieren müsste. »Er wollte, dass ich auf die Kamera einschlage, deshalb wurde sie gepolstert, und mir wurde gesagt, ich solle nicht zu fest schlagen. Doch nach dem ersten Take forderte David mich auf: ›Schlag sie fester!‹ Ich folgte seiner Anweisung. Daraufhin machte die Kamera ein komisches Geräusch, und alle schnappten nach Luft, aber David hat es nicht dabei belassen. Nein. Er ließ die Crew einen Objektivschutz anbringen und forderte mich auf, erneut zuzuschlagen. Immer wieder rief er: ›Schlag fester!‹ Schließlich brach der Objektivschutz entzwei. Ich glaube, der Take wurde dann auch genommen.«

Nachdem die Staffel im April 2016 abgedreht war, saß Lynch ein Jahr lang an der Postproduktion. Während dieses Zeitraums verließ er kaum das Haus. Im Oktober legte er eine kurze Pause ein, um das erste jährliche Festival of Disruption zu kuratieren, eine zweitägige Benefizveranstaltung für seine Stiftung, bei der unter anderem Robert Plant, Frank Gehry, Kyle MacLachlan und Laura Dern auftraten. Doch im Grunde arbeitete er fast durchgehend bis zu jenem Abend, an dem die erste Folge der Serie ausgestrahlt wurde: dem 21. Mai 2017.

Niemand hatte die Serie vor ihrer Ausstrahlung gesehen. Die Menschen, die daran mitgearbeitet hatten, waren auf die Premiere also genauso gespannt wie jeder andere auch. »Ich war überrascht davon, welche Bandbreite die Staffeln insgesamt abdecken«, sagt David Nevins. »Die komischen Stellen sind wirklich urkomisch, es gibt beunruhigendes Albtraumzeug und unglaublich surreale Elemente, die für mich aber eine ganz andere Anmutung als in den Original-Staffeln von *Twin Peaks* hatten. Es war ohne Frage ein geschäftlicher Erfolg, und die Leute werden noch sehr lange über diese Serie reden.«

Für Don Murray bot die Serie eine ganz andere Offenbarung. »Mein Gott, was ist David doch für ein wundervoller Schauspieler! Was mich an *Twin Peaks* am meisten begeistert, ist seine Schauspielerei«, bekennt Murray. »Er hat mit Gordon Cole eine wunderbare Figur geschaffen, einfach großartig. Und die Staffel ist so humorvoll. Die *New York Daily News* nannte sie ›die witzigste Comedy-Serie des Jahres‹.«

Die Reaktionen der Kritiker waren generell regelrecht ekstatisch, und als die ersten beiden Episoden am 25. Mai auf dem Filmfestival in Cannes liefen, wurde Lynch mit ausufernden stehenden Ovationen bedacht und die Serie als Geniestreich gefeiert. »Bis ich sie sah, wusste ich nicht, dass sämtliche Animationen, Skulpturen und Gemälde in die Serie eingeflossen waren – alles, woran er jahrelang gearbeitet hatte«, sagt Chrysta Ball. »Aber dann wurde es mir klar: Wie hätte ich etwas anderes erwarten können? Das ist das, was einen wahren Künstler ausmacht. Er bringt sich und alles, was er gelernt hat, voll und ganz mit ein, um so ein Kunstwerk zu schaffen, das all diese Dinge mühelos miteinander kombiniert.«

»Das ist David Lynch, wie er leibt und lebt«, meint Eric Edelstein. »Es vereinte alle Aspekte seiner Filmkunst, die er im Lauf seines Lebens immer wieder verfeinert hat, zu einem gigantischen Kommentar über unsere Zeit. Es ist das *Twin Peaks* von 2017. Er hat es auf den Punkt gebracht.«

Und was will es uns sagen? Lynch hat nicht vor, diese Frage zu beantworten, aber Hinweise sind reichlich vorhanden. Die Serie sorgte für eine Neubeurteilung von *Twin Peaks – Der Film*, den viele Zuschauer nun als eine Art Dechiffrierscheibe für die neue Staffel betrachteten. Zahlreiche Motive aus dem Film tauchen in Staffel 3 auf und werden weiterentwickelt, etwa der Blaue-Rose-Fall, der Jade-Ring, Laura Palmers Tagebuch und Elektrizität als Metapher für Lebenskraft. Darüber hinaus wimmelt es in der Serie von Ziffern: Koordinaten, Telefonnummern, Adressen, Zimmernummern, Voltzahlen, Uhren und Meilenzähler im Auto sind der Geschichte auf verschiedene Weise dienlich. Häufig lassen sich eins und eins zusammenzählen und so verschiedene Szenarien entwerfen, aber die wahren Fans der Serie haben kein Interesse daran, ihr Narrativ zu dekonstruieren. Sie ist ein Kunstwerk, und allein darin liegt ihr Zweck.

»Es gibt Dinge, die wir alle wissen, mit denen wir uns jedoch nur selten auseinandersetzen«, sagt Robert Forster, der Frank Truman, den Sheriff von Twin Peaks spielt. »Jeder weiß, dass manche Dinge ewig sind, und dabei geht es nicht um Namen oder Dynastien, nicht einmal um die Sterne. Dennoch wissen wir in unserem tiefsten Innern, dass es etwas gibt, das ewig währt, und dass es mit uns Menschen zu tun hat. Was immer David tut, es folgt einer höheren Ordnung. Womöglich ist er ein Portal zum Ewigen, denn David fordert von uns, mit dem Ewigen in uns selbst in Verbindung zu treten. Sein Werk legt nahe, dass wir nicht nur isolierte Atome sind, und dass das bessere Verständnis dieser Verbindung zum Ewigen uns ermöglicht, bessere Entscheidungen zu treffen. Jedes Individuum kann in eine beliebige Richtung streben, und wenn genügend von uns in die gleiche positive Richtung streben, entsteht eine Bewegung, die die Menschheit mitzuziehen vermag. Er führt sein Publikum zum Guten.«[18]

»David versucht den Menschen zu sagen, dass diese Welt, in der wir leben, nicht die ultimative Realität ist, und dass es viele Dimensionen der Existenz gibt, die es zu berücksichtigen gilt«, vermutet Michael Horse. »Das ist keine leichte Kost, und *Twin Peaks* kann man sich nicht nebenbei ansehen.«

»Für die meisten Menschen ist es zu visionär, um es zu verstehen«, meint Al Strobel. »Als ich siebzehn war, hatte ich einen Autounfall und war praktisch tot. Ich erlebte etwas, das schon viele Menschen beschrieben haben: Ich verließ meinen Körper und begab mich an einen anderen Ort. Dieser war allerdings nicht so harsch wie der Rote Raum, eher warm und pastellfarben, und das Schwerste, was ich je tun musste, war, in meinen Körper zurückzukehren.

Ich weiß, es gibt einen Ort zwischen diesem Leben und dem nächsten, weil ich dort gewesen bin, und ich glaube, der Rote Raum steht für diesen Ort. Ich glaube auch, dass David mit diesem Zwischenreich vertraut ist.«

»Davids spirituelles Leben ist immer Teil seiner Arbeit gewesen, und diese Tatsache hat sich auf eine Weise vertieft, die seine Arbeit reflektiert«, meint MacLachlan. »Ich kann aber nichts herausgreifen und sagen: ›Jetzt tut er dies oder das.‹ Denn dafür ist die Veränderung zu subtil. Es scheint so, als wäre seine Arbeit vielschichtiger geworden. *Twin Peaks* hat viele Menschen verwirrt, aber David ist ein Künstler, und seine Arbeiten sollten nicht simpel sein. Er verspürt keinerlei Drang, eine Geschichte zu erzählen, die man von ihm hören will, und ich glaube, ihm geht es sehr gut dabei.«

»Die Serie hat genau das erreicht, was sie erreichen sollte«, sagt Barile. »Die beiden ursprünglichen Staffeln haben die Konventionen des Fernsehens auf den Kopf gestellt und ein Zeichen gesetzt. Die dritte Staffel, die im Grunde ein achtzehnstündiger Film ist, der irgendwie im Fernsehen landete, hat genau das noch einmal getan.«

»Ich mag es, wie David die Serie beendet hat«, erklärt Dern. »Der Versuch, das Ende zu verstehen, kann einen fast um den Verstand bringen. David zapft auf erstaunliche Weise das Unterbewusstsein an, und wir konnten alle beobachten, dass seine Werke ein Jahrzehnt nach ihrer Erschaffung immer noch verdaut werden.«

Die letzte Folge der Serie deutet an, dass sie noch nicht zu Ende erzählt sein könnte, und es gab Spekulationen über eine weitere Staffel. »Wenn alles perfekt läuft, würde er vermutlich sagen: ›Klar, auf geht's.‹ Aber er wird seine Zeit nicht am Verhandlungstisch verschwenden«, sagt Barile. »Die verbringt er dann lieber mit Malen, Rauchen, Kaffeetrinken und Tagträumen. David ist mit sich selbst im Reinen und akzeptiert die Dinge, wie sie sind. Emily ist großartig, und die beiden sind ein tolles Paar. Er fährt gerne langsam Auto, er isst eine Grapefruit zum Frühstück und ein halbes Sandwich mit

Huhn und Tomate zum Mittag. Ich glaube, er mag die Schlichtheit darin. In seiner Vorstellung ist er auf vielerlei Weise immer noch arm. Er wischt gerne den Boden.«

Nachdem *Twin Peaks: The Return* ausgestrahlt war, wandte sich Lynch wieder anderen Dingen zu. Doch die Arbeit an der Serie hat in seiner Ehe dauerhaft Spuren hinterlassen: Er wohnt immer noch im Nebenhaus mit den Verdunkelungsvorhängen. »Er sagt, dass er ungestörte Zeit zum Nachdenken braucht und beschwert sich, dass er nie alleine ist, doch er ist selbst verantwortlich für die Welt, die er sich geschaffen hat«, sagt Stofle. »Ich ziehe ihn ständig damit auf, dass er nun endlich das Künstlerleben lebt, das er sich seit der Kunsthochschule gewünscht hat. Allein sein und die ultimative Freiheit haben, zu tun, was er will, und Dinge zu erschaffen – das ist genau das, was er jetzt tut. Er hat nun sogar das eigene kleine Doppelbett, das er sich immer gewünscht hat. Ein kleines Bett zum Schlafen und jede Menge Platz für seine Arbeit.«

Am 15. September, zehn Tage nach Ausstrahlung der letzten Folge von *Twin Peaks*, starb Harry Dean Stanton im Alter von einundneunzig Jahren. Zwei Wochen später startete sein letzter Film *Lucky*, bei dem der Schauspieler John Carroll Lynch Regie geführt hatte, in ausgewählten Kinos. David Lynch spielt darin einen über das Verschwinden seiner geliebten Schildkröte verzweifelten Kleinstadtexzentriker. »David war ziemlich gestresst wegen des Drehs mit Harry Dean, weil er ihn so verehrte«, erzählt Barile. »Er wird immer noch ganz euphorisch, wenn er davon spricht, dass er mit Harry Dean gespielt hat. Das ist für ihn von enormer Bedeutung, so eine Art Ritterschlag.«

Bis es ihn wieder in die Welt hinauszieht, verbringt Lynch so viel Zeit wie möglich in seinem Atelier. Es ist wie ein kleiner Bunker in den Hang eines Hügels gebaut, hat viele Fenster und eine gläserne Front, die sich zu einer betonierten Terrasse hin öffnet, auf der er häufig arbeitet. Lynch liebt es, im Freien zu malen. Das Atelier ist vollgestopft mit allem möglichen Kram, der sich über Jahrzehnte dort angesammelt hat. Auf einem Fenstersims steht eine sehr schöne, ungewöhnlich große Glühlampe, und überall liegen Papierstapel mit Blättern voller Skizzen, Ideen und Gedanken herum. Neben einem riesigen Schreibtisch hängt mit Klebeband befestigt ein Druck von Hieronymus Boschs *Garten der Lüste* an der Wand: Drei Tafeln des Triptychons haben zu viel Sonne abbekommen und sind ausgeblichen, doch die dritte glänzt noch immer wie ein boshaftes Juwel. Der Schreibtisch ist übersät mit mehreren kleinen, grob modellierten Tonköpfen, daneben steht ein rostiger Schubladencontainer. Eine der Schubladen ist mit DENTALWERKZEUGE beschriftet, und wenn man sie öffnet, findet man darin genau das: Dutzende glitzernde Zahnarztinstrumente. Lynch hält seine Sammlung pedantisch sauber und jederzeit gebrauchsfertig. Ein paar schmuddelige Klappstühle stehen für Besucher bereit, und an der Wand hängt ein altmodisches Telefon, das er noch immer benutzt. Auf dem Boden liegen Zigarettenkippen, und er pinkelt ins Waschbecken. Das einzige sichtbare Zugeständnis an das 21. Jahrhundert ist ein Laptop.

Auf der Schreibtischplatte thront auf einem Stapel Krimskrams ein staubiger Pappkarton, auf den mit Bleistift das Wort KÄFER gekritzelt wurde. Lynch erzählt begeistert von seiner Freundschaft mit einem »Käfermann«, der ihm regelmäßig einige Exemplare vorbeibrachte. Lynch hat jedes einzelne davon aufbewahrt, denn man kann ja nie wissen, wann ein totes Insekt ganz genau das ist, was man gerade braucht. Seine Käfer sind nicht so säuberlich beschriftet und geordnet wie die, die er als Kind in den Schaukästen des Boise Basin Experimental Forest gesehen hatte, aber sie faszinieren ihn noch immer.

Wenn etwas endet, bevor es abgeschlossen ist, erzeugt das nicht selten den Wunsch nach mehr, und *Twin Peaks* war nicht abgeschlossen. In der Welt der Musik hört man oft ein Thema, und dann hört es auf, der Song geht eine Weile weiter, bis dasselbe Thema wiederkehrt, bevor es erneut endet. Wenn es das nächste Mal auftaucht, hat das Thema viel mehr Macht, weil man es vorher schon ein paarmal gehört hat. Die Macht und Bedeutung der Dinge gründen auf dem, was ihnen vorausgeht.

Mark und ich haben uns wegen *Twin Peaks* mit Showtime zusammengesetzt, dann hat Sabrina ihnen Zahlen auf den Tisch gelegt, und alle sind ausgeflippt. Es waren realistische Zahlen, aber Showtime hielt das Budget für absurd hoch. Ich hatte seit *INLAND EMPIRE,* den niemand sehen wollte, keinen Film mehr gemacht. Es war also zu erwarten gewesen, dass sie dachten: »Ja, klar wollen wir das machen, aber wir sind uns nicht sicher, ob wir die Summe verantworten können, die du dafür haben willst. Und dann ist da noch die Tatsache, dass du mehr als neun Folgen machen willst. Was das betrifft, sind wir uns ganz und gar nicht sicher.« Als ich das Budget sah, das sie mir anboten, sagte ich zu ihnen: »Ihr könnt mich mal.« Daraufhin machten sie mir ein neues Angebot, das sogar noch schlechter war als das erste! Ich sagte: »Ich bin raus. Wenn die ohne mich weitermachen wollen, dann sollen sie doch, aber ich bin raus.« Ich war enorm erleichtert und traurig zugleich, nachdem ich diese Entscheidung getroffen hatte. Das war an einem Freitag. Dann meldete sich David Nevins bei mir, und am Sonntagabend kam er mit Gary Levine bei mir vorbei. Gary hatte Kekse mitgebracht, und sie waren etwa eine Dreiviertelstunde lang hier. Am Ende sah es ganz so aus, als würde aus der Sache nichts werden. Als sie schließlich aufstanden, um zu gehen, sagte David: »Ich arbeite ein neues Angebot für euch aus.« Ich erwiderte: »Vielleicht arbeite *ich* einfach ein Angebot für *euch* aus.« Da wir nichts mehr zu verlieren hatten, setzten Sabrina und ich eine Liste mit allem auf, was wir benötigten, und ich sagte: »Also gut, Sabrina, du wirst da reingehen und ihnen erklären: ›Dies ist keine Verhandlung. Das hier brauchen wir, wenn es weitergehen soll.‹ Sollten sie sich wegen irgendwelcher Kleinigkeiten stur stellen, dann bedank dich bei ihnen, steh auf und geh.« Aber David Nevins sagte: ›Das kriegen wir hin.‹ Und damit war alles klar – ich war wieder im Boot.

Die Darsteller haben auf ganz unterschiedlich Weise zur Serie gefunden. Ich wusste, ich konnte darauf zählen, dass Kyle in Kontakt mit seiner dunklen Seite treten kann, und er hat den Bösewicht wirklich großartig gespielt. Aus jedem guten Menschen lässt sich ein böser herauskitzeln, aber dieses Böse sieht bei jedem Menschen anders aus. Kyle hätte beispielsweise nicht Frank Booth spielen können, das würde einfach nicht funktionieren, aber er kann den bösen Kyle spielen, und er hat diesen bösen Kyle in sich gefunden. Mark und ich fahren beide total auf Michael Cera ab. Michael ist vor ein paar Jahren mit Eric Edelstein bei mir vorbeigekommen, um mit mir über Transzendentale Meditation zu reden. Als es darum ging, die Rolle des Wally Brando zu besetzen, war Michael meine erste Wahl. Ich mag Eric Edelstein sehr. Er wurde der dritte Fusco-Bruder wegen seines Kicherns – deshalb ist er an Bord. Dieses Kichern ist einfach unschlagbar. Man muss die Fusco-Brüder lieb haben. Wir hatten bei der Arbeit jedenfalls eine Menge Spaß.

Mein Freund Steve hatte mir einen Link geschickt und dazu geschrieben: ›Check den Kerl mal aus.‹ Es war Jake Wardle, der in seinem Londoner Gartenschuppen saß und Akzente aus der ganzen Welt imitierte, als hätte er nie etwas anderes gemacht. Er war unglaublich lustig. Wir haben dann angefangen, miteinander zu skypen. Die Idee mit dem grünen Handschuh hatte ich schon vor einer Ewigkeit, und eigentlich sollte Jack Nance ihn tragen, das wäre dann allerdings etwas völlig anderes gewesen. Die Superkraft des grünen Handschuhs, und auch die Art und Weise, wie er im Eisenwarenladen gefunden wird, das war perfekt für Freddie Sykes. Und Jake war perfekt für Freddie. Im Internet sieht man Tausende von Menschen, aber bei Jake wusste ich sofort, dass er das hinkriegen würde. Er ist super gescheit und wie Harry Dean ein Naturtalent.

Dr. Mehmet Oz hat eine Tochter, die mit George Griffith verheiratet ist. Ich kenne Dr. Oz, weil Bobby [Roth] und ich mit ihm, seiner Familie und den Leuten, die für ihn arbeiten, über TM gesprochen haben. Dr. Oz ist ein feiner Kerl. George hat einen Film namens *From the Head* gemacht, der von einem Toilettenmann in einem Stripclub handelt, und als ich den gesehen habe, wusste ich sofort, dass er einen großartigen Ray Monroe abgeben würde.

Jennifer Jason Leigh habe ich 1985 kennengelernt. Damals kam sie zu mir, um über die Rolle der Sandy in *Blue Velvet* zu sprechen. Ich wollte immer schon mit ihr arbeiten, und siehe da, plötzlich ergab sich diese Chance. Tim Roth habe ich in Robert Altmans Film *Vincent & Theo* gesehen und fand, er wäre der perfekte Hutch. Ich wusste nicht, dass Jennifer und Tim gerade erst gemeinsam mit Quentin Tarantino gearbeitet hatten und gute Freunde sind. Das war zwar perfekt, aber sie wurden unabhängig voneinander besetzt.

Die Rolle des Bill Hastings verlangte bestimmte Qualitäten, und Matthew Lillard wirkte auf mich, als könne er einen überzeugenden Highschool-Direktor abgeben – intelligent, zugängliches Gesicht, all das –, aber er könnte auch so ein Typ sein, der plötzlich ausrastet, und über den die Leute dann sagen: »Er war so ein netter Kerl, ich kann nicht glauben, dass er das getan hat.« Bei ihm kamen also beide Qualitäten zusammen, und damit war die Sache gegessen. Es stimmt, dass ich Matt immer Bill Hastings genannt habe. Ich spreche die meisten der Schauspieler mit dem Namen ihrer Figur an, denn das ist die Rolle, in der ich sie kenne. Ich schwöre, dass ich ihren richtigen Namen häufig gar nicht weiß.

Robert Forster wäre schon in der ersten Staffel von *Twin Peaks* meine erste Wahl für die Rolle des Sheriff Truman gewesen, und er hätte es wirklich gerne gemacht, aber er hatte einem Freund bereits versprochen, in dessen Low-Budget-Film mitzuspielen. Deshalb sagte er damals zu mir: »Ich muss mich an mein Versprechen halten.« So ist Robert – ein wirklich toller Typ. Und was Don Murray betrifft, so musste Johanna Ray nur seinen Namen in den Ring werfen. Manche Leute hatten vielleicht Probleme wegen seines Alters, aber er war als Bushnell Mullins unglaublich gut. Ich habe ihn kürzlich auf der Comic-Con reden gehört. Dieser Mann ist einer der nettesten Menschen überhaupt, und intelligent noch dazu. Wir hatten ein Riesenglück, ihn an Bord zu haben, und ich habe es wirklich genossen, mit ihm zu arbeiten. Er war von Anfang bis Ende einfach nur toll. Chrysta Bell war ebenfalls fantastisch. Ich wusste, dass sie es draufhatte, denn sie ist Sängerin und darum an Publikum gewöhnt. Ich finde sie und alle anderen, die bei der Serie mitgemacht haben großartig. Es war ein großer Spaß.

Der Zeitplan war nicht einfach, aber es hat trotzdem Freude gemacht. Du stehst früh auf, trinkst Kaffee, meditierst und gehst in Gedanken durch, was den Tag über zu tun ist. Da ist diese Schlucht, und du musst eine Brücke zur anderen Seite bauen. Diese Brücke ist die Szene, die du drehen wirst. Du fährst zum Drehort, die Leute trudeln ein, und du malst dir aus, wie die Minuten verstreichen, aus Minuten werden halbe Stunden, aus halben Stunden werden Stunden, und es geht langsam voran. Wenn der Drehort neu ist, wird die Ausrüstung hergebracht. Du musst die Leute für die Proben aus ihren Wohnwagen holen, und sie sind noch nicht angezogen. Vielleicht haben sie noch ihr Make-up-Lätzchen um. Du probst einmal mit ihnen, danach verschwinden die Schauspieler wieder, um ihr Kostüm anzuziehen, und Pete richtet derweil das Licht ein. Die ganze Zeit über baust du an deiner Brücke über die Schlucht, doch noch ist die Brücke aus Glas, denn schließlich könnte ja auch alles schieflaufen. Also fügst du weiter Stück für Stück hinzu, und sie ist immer noch aus Glas, doch endlich setzt du das letzte Stück ein, das Glas wird zu Stahl, und die Brücke ist fertig. Du weißt, du hast es geschafft, und dich überkommt eine große Euphorie. Jeden Tag nach Drehschluss befällt dich dieses Hochgefühl, und du kannst nicht schlafen. Du *willst* nicht schlafen, also trinkst du Rotwein und bleibst bis in die Puppen wach. Am nächsten Tag musst du dann wieder aufstehen, um eine neue Brücke zu bauen. Und du kannst die Sache nicht beenden, bevor es sich richtig anfühlt.

Der Dreh war wirklich ziemlich strapaziös. Manche Leute sind totale Weicheier und klappen zusammen wie Campingstühle, aber ich kann einfach nicht aufhören, obwohl ich ein paarmal so krank war, dass ich mich hundeelend fühlte. Man wird krank vor Erschöpfung. Man findet zwar seinen Rhythmus, aber dann nimmt die Arbeit einfach kein Ende mehr, denn nach Drehende beginnt die Postproduktion. Wir hatten sechs oder sieben Cutter, die gleichzeitig gearbeitet haben, und ich selbst habe auch geschnitten. Einige der Spezialeffekte hat BUF gemacht, aber ein paar mussten wir selbst machen, dazu kamen die Soundeffekte, die Musik, die Tonmischung und die Farbkorrektur. Ich weiß nicht mehr, wieviel Zeit ich in diesem dunklen Raum bei FotoKem mit Farbkorrektur verbracht habe: Achtzehn Stunden Filmmaterial sind eine Menge Stoff. Ich hätte das unmöglich delegieren können. Keine Chance. Ich muss bei jedem einzelnen Schritt selbst Hand anlegen, nur so funktioniert das. Das ist zwar ein Traumjob, doch er hört niemals auf.

Diese Staffel ist anders, als *Twin Peaks* bisher war, aber sie ist immer noch fest in Twin Peaks verankert. Wir haben in derselben Stadt gedreht, und wir hatten unheimliches Glück, denn fast alle Drehorte existierten noch. Sie haben zwar nicht mehr exakt so ausgesehen, wie wir sie zurückgelassen hatten, aber die Gebäude standen noch, und der Charakter der Stadt war definitiv noch derselbe. Die Atmosphäre dort wird von den Bäumen und den Bergen bestimmt, und es liegt so eine Frische in der Luft – dieses Gefühl kommt einem sofort vertraut vor. Außerdem bietet *Twin Peaks* eine breite Gefühlspalette. Es beherbergt so unterschiedliche Charaktere wie Dougie und den bösen Cooper. Es gibt die Woodsmen, all diese grundverschiedenen Texturen und Menschen, die man liebgewonnen hat und die sich zu einer wundervollen Welt fügen, welche man durchaus verstehen kann, eben auf intuitive Weise.

Dann sind da noch die Wälder. Aufgrund der Gegend, in der ich aufgewachsen bin, und des Berufs meines Vaters spielt die Natur in *Twin Peaks* eine große Rolle. Die Bäume sind besonders wichtig. Sie sind ein entscheidender Teil des Ganzen. Genau wie der Fireman und die Frosch-Motte, die ursprünglich aus Jugoslawien kam. Als Jack und ich in Europa waren, sind wir von Athen aus mit dem Orient-Express zurück nach Paris gefahren. Wir fuhren durch Jugoslawien, und es war sehr, sehr dunkel. Irgendwann hat der Zug plötzlich angehalten. Obwohl kein Bahnhof zu sehen war, konnten wir beobachten, wie Leute den Zug verlassen haben. Sie gingen über die Schienen zu diesen Ständen mit den kleinen, schummerigen Lichtern, wo es bunte Getränke gab – lila, grün, gelb, blau, rot –, aber das war nur Zuckerwasser. Als ich aus dem Zug ausstieg, trat ich in diesen weichen Staub, der vielleicht zehn Zentimeter tief war und sofort aufwirbelte. Wie Frösche sprangen aus der Erde diese riesigen Motten hervor und flatterten auf und ab. Das waren die Frosch-Motten – in der Welt von *Twin Peaks* tauchen solche Sachen dann einfach irgendwie auf.

Twin Peaks – Der Film ist für die dritte Staffel von *Twin Peaks* sehr wichtig, und ich bin nicht überrascht, dass diese Verbindung von vielen hergestellt wurde. Sie liegt auf der Hand. Ich weiß noch, dass ich mich damals schon ungeheuer glücklich geschätzt hatte, diesen Film gemacht zu haben. Jeder hat so seine Theorien darüber, worum es darin geht. Das ist großartig, und es würde auch keinen

Unterschied machen, wenn ich meine Theorie erläutern würde. Dinge senden Schwingungen aus, und wenn man eine Idee so konsequent wie möglich verfolgt, dann kann man diese Schwingungen spüren. Sie sind präsent und real, auch wenn sie vielleicht abstrakt sein mögen. Man könnte in zehn Jahren wiederkommen und einen völlig anderen Blick darauf haben. Dann würde man womöglich viel mehr darin sehen. Ist man seiner ursprünglichen Idee treu geblieben, dann ist das Potenzial dafür vorhanden. Das ist eine der vielen wundervollen Gaben des Kinos: Man kann in diese Welt zurückkehren und sie erweitern, wenn man die Grundtöne beibehält.

Twin Peaks: The Return ist ziemlich gut gelaufen, und wer kann schon wirklich sagen, warum? Es hätte auch ganz anders kommen können. In Cannes gibt es die Tradition, sich beim Klatschen zu erheben, wenn ein Film besonders gut ankommt. Ich hatte das ganz vergessen, und als die Vorführung der ersten zwei Stunden von *Twin Peaks* in Cannes vorbei war, wollte ich gerade den Saal verlassen, um eine zu rauchen, als Thierry [Frémaux] zu mir sagte: »Nein, du kannst jetzt noch nicht gehen.« Der Applaus wollte gar nicht mehr enden. Es war wundervoll. Es ist nicht immer so gut gelaufen, wenn ich in Cannes war.

Ich hatte eine glückliche Kindheit – vermutlich hat mich das fürs Leben ganz gut gerüstet. Meine Familie war wirklich großartig, ich konnte immer auf sie bauen, und das ist sehr wichtig. Ich war für meine Kinder vielleicht nicht der beste Vater, weil ich nicht viel zu Hause war, aber das war mein Vater auch nicht. Und trotzdem war er für mich da. Damals gab es offenbar eine Kinder- und eine Erwachsenenwelt, und sie hatten nicht sonderlich viele Berührungspunkte. Vielleicht ist die Gegenwart des Vaters gar nicht so wichtig, sondern vielmehr seine Liebe, die man spürt. Dennoch glaube ich, dass mein Vater ein besserer Vater war, als ich es gewesen bin.

Ich wusste nicht, dass ich einmal berühmt werden würde, aber ich hatte so ein Gefühl, dass ich zurechtkommen würde. Es gab nie einen Punkt, an dem ich mich umgesehen und überrascht festgestellt habe, was für ein großartiges Leben ich führe. Es passierte eher so, wie ich an Gewicht zulege, langsam und überall gleichmäßig: ein schleichender Prozess. Allerdings gab es durchaus Schlüsselmomente in meinem Leben. Der erste war das Zusammentreffen mit Toby Keeler im Vorgarten von Linda Styles in der neunten Klasse. Von diesem Moment an wollte ich Maler werden. Dann habe ich meinen besten Freund Jack Fisk kennengelernt. Jack und ich waren die einzigen Schüler in unserer Highschool, für die Malerei mehr als nur ein Hobby war. Wir haben uns gegenseitig inspiriert und unterstützt – das war extrem wichtig für unsere Zukunft. Das animierte Gemälde *Six Men Getting Sick* zu machen, ein Stipendium für das AFI zu bekommen, *The Grandmother* fertigzustellen und am AFI angenommen zu werden, das waren alles Schlüsselmomente. Als ich 1973 angefangen habe zu meditieren, war das vielleicht der größte Wendepunkt überhaupt – ein gewaltiger Einschnitt. Die Crew von *Eraserhead* hat vermutlich nicht bemerkt, wie sehr es mir an Selbstbewusstsein fehlte, aber so war es. Ich wusste zwar, was ich wollte, aber mir fehlte es an Selbstvertrauen, und bei den großen Filmstudios gab es viele Typen, die mich mit links fertiggemacht hätten. Da hat mir das Meditieren enorm geholfen. Dass ich *Eraserhead* vollenden konnte und Mel Brooks genug Vertrauen in mich gesetzt hat, um mich *Der Elefantenmensch* drehen zu lassen, für den es dann auch noch acht Oscar-Nominierungen gab, war ein gewaltiger Schritt nach vorn. Die Freiheit, die mir die Arbeit an *Blue Velvet* gegeben und die mir geholfen hat, den richtigen Weg einzuschlagen, und dann mit Jim Corcoran endlich einen Kunsthändler kennenzulernen, der an mich glaubte – das waren alles Schlüsselmomente. Jede einzelne meiner Liebesaffären hat mein Leben nachhaltig verändert, und auch wenn es Gemeinsamkeiten zwischen ihnen gab, waren sie doch alle unterschiedlich und jede für sich genommen großartig.

Ohne die Hilfe anderer Menschen ist es im Leben so gut wie unmöglich, vorwärtszukommen, und ich bin mir im Klaren darüber, wie viel Glück ich hatte. Wie ich bereits sagte, spielten meine Mutter und mein Vater zentrale Rollen in meinem Leben, genau wie Toby und Bushnell Keeler. Als ich gerade frisch nach Philadelphia gezogen war und mich an diesem fremden Ort zurechtfinden musste, war Peggy Reavey sehr wichtig für mich, denn sie hat an mich geglaubt und mich unterstützt. Auch Toni Vellani, George Stevens, Jr., Dino De Laurentiis und Mr. Bouygues waren wichtig. Jeder, der an einen glaubt und über die nötigen Mittel oder Fähigkeiten verfügt, um zu helfen – wir alle sind auf solche Menschen angewiesen. David Nevins ist so ein Mensch, denn er hat *Twin Peaks: The Return* möglich gemacht. Jemand anders hätte das vielleicht nicht getan. Und der großartige Angelo Badalamenti: Was war das für ein Geschenk, auf ihn und seine Musik zu stoßen. Charlie und Helen Lutes, die das Meditationszentrum leiteten, in dem ich TM gelernt habe, ermöglichten mir einen kraftvollen Einstieg in die Welt der Meditation, und Bobby Roth war dabei mein brüderlicher Begleiter. Bei meiner Reise in Maharishis Welt war Bobby stets an meiner Seite, bei meinen Vortragsreisen ebenso wie bei der Gründung meiner Stiftung. Bobby ist der Kopf und die treibende Kraft der David Lynch Foundation. Die allerwichtigste Rolle spielte allerdings Maharishi. Er hat alles grundlegend verändert, und zwar in kosmischen Dimensionen – verglichen damit, verblasst alles andere.

An einen Tag werde ich mich immer erinnern. Ich hatte damals noch meinen Bungalow an der Rosewood Avenue. Es war ein wunderschöner Morgen, und so gegen elf Uhr dreißig bin ich zur Tankstelle an der Kreuzung von San Vicente und Santa Monica Boulevard gefahren. Während ich den völlig leeren Tank vollgetankt habe, spürte ich die wärmenden Sonnenstrahlen im Nacken. Beim Zuschrauben des Tankdeckels fiel mein Blick auf die Preisanzeige der Zapfsäule, sie zeigte ganze drei Dollar an. Ich habe damals fünfzig Dollar in der Woche als Zeitungsausträger für das *Wall Street Journal* verdient. Ich bin zehn Minuten gefahren, um die Zeitungen abzuholen, habe dann eine Stunde lang meine Route abgeklappert und bin dann wieder zehn Minuten bis nach Hause gefahren. Ich habe pro Woche sechs Stunden und vierzig Minuten gearbeitet, zweihundert Dollar im Monat verdient und hatte damit ein gutes Auskommen. Meine Route führte durch zwei Postbezirke, in denen an zwei verschiedenen Tagen der Sperrmüll abgeholt wurde. Häufig haben die Leute Bretter und Holzreste an die Straße gestellt, die ich dann mitgenommen habe. So hatte ich immer einen recht großen Vorrat an Holz, auch deshalb, weil mein Vermieter Edmund ebenfalls Holzreste gehortet hat, bei denen ich mich bedienen durfte. Im Garten des Hauses habe ich einen ganzen Schuppen aus Holzresten, alten Fenstern und anderem gefundenen Kram gebaut. Die Welt war wunderschön. Heutzutage passiert so viel Negatives, und die vielen Ablenkungen hindern uns daran zu erkennen, was wirklich vor sich geht. Uns und unserer Welt wird so viel Leid zugefügt, nur weil die Liebe zum Geld größer ist als die Liebe zu den Menschen und der Natur.

Ich schätze mich glücklich, für Maharishi durch sechzehn verschiedene Länder gereist zu sein und dort Vorträge gehalten zu haben. Auch wenn ich wirklich nicht gerne öffentlich rede, erfüllt es mich mit Freude, dass ich so vielen Menschen vom Wissen und den Techniken berichten konnte, die Mahirishi zum Vorteil der Welt neu belebt hat. Maharishi hatte zwei Missionen – seine Ziele lauteten: individuelle Erleuchtung und Weltfrieden, und er hat sämtliche Voraussetzungen geschaffen, damit beides geschehen kann. Nun ist es bloß noch eine Frage der Zeit, bis es so weit ist. Wenn wir Menschen – oder auch nur ein paar von uns – gemeinsam daran arbeiten, dann können wir den Prozess beschleunigen, und seine Ziele werden schon bald gelebte Realität sein. Erleuchtung für die Menschen und wahrer Frieden für die Welt. Wahrer Frieden ist nicht nur die Abwesenheit von Krieg, sondern die Abwesenheit von Negativität. Alle gewinnen.

Wenn ich eine beliebige Seite dieses Buches aufschlage, denke ich: Mann, das ist ja nur die Spitze des Eisbergs, es gibt noch so viel mehr Geschichten zu erzählen. Man könnte ganze Bücher über einzelne Tage schreiben, und das wäre immer noch nicht genug. Eine gesamte Lebensgeschichte zu erzählen ist ein Ding der Unmöglichkeit, und was wir uns von diesem Buch bestenfalls erhoffen können, ist ein sehr abstraktes »Rosebud«. Letztendlich bleibt jedes Leben ein Rätsel, bis es uns am Ende gelingt, jedem für sich, dieses Rätsel zu lösen. Das ist das Ziel unserer Reise, unabhängig davon, ob wir es nun kennen oder nicht.

MÖGEN ALLE MENSCHEN GLÜCKLICH SEIN

MÖGEN ALLE MENSCHEN FREI VON KRANKHEIT SEIN

MÖGE DAS GLÜCK ÜBERALL ZUGEGEN SEIN

MÖGE NIEMAND LEID ERFAHREN

FRIEDE

DANKSAGUNG

Mein erster Dank gilt Martha Levacy, Peggy Reavey, Mary Fisk und Michael Barile. Ihre Geduld und Unterstützung während der Arbeit an diesem Buch waren enorm wichtig, und ich stehe auf ewig in ihrer Schuld. Danken möchte ich auch Anna Skarbek, deren Zuspruch und Wissen immens hilfreich waren, sowie Sabrina Sutherland und Mindy Ramaker für ihre Güte und Großzügigkeit. Noriko Miyakawa war ein Geschenk Gottes.

Ottessa Moshfegh stellte die entscheidende Verbindung her, mit der die lange Reise von *Traumwelten* begann – vielen Dank, Ottessa –, und Chris Parris-Lamb und Ben Greenberg ließen das Buch Realität werden. Ich hätte mir keine besseren Mitstreiter wünschen können. Ihr Herz und ihre Seele verdanken diese Seiten den vielen Menschen, die für das Buch mit mir gesprochen haben und denen ich dafür danken möchte, dass sie mir ihre Zeit geschenkt und ihre Erlebnisse mit David bereitwillig geschildert haben.

Vielen Dank Loren Noveck für das tadelose Lektorat, das mich klüger erscheinen lässt als ich eigentlich bin.

Bedanken möchte ich mich auch bei Ann Summa, Jeff Spurrier, Steve Samiof, Kathleen Greenberg, Hilary Beane, der Familie Asolas, Lianne Halfon, Michael Bortman, Laurie Steelink, Nick Chase, Jack Cheesborough, Samantha Williamson, Mara De Luca, Michael Duncan, Glenn Morrow, Exene Cervenka, Dan & Clare Hicks, Kati

Rocky, Joe Frank, Richard Beymer, Adrienne Levin, Merrill Markoe, Marc Sirinsky, Cannon Hudson und Jennifer Bolande. Leonard Cohen und Diane Broderick sind mir zuverlässige Leitsterne, Walter Hopps ist immer zugegen, und die stete Präsenz von Gideon Brower war für meine Arbeit an diesem Buch unerlässlich – ihnen allen bin ich zu großem Dank verpflichtet. Lorraine Wild hat mich gelehrt, Bücher zu schreiben: vielen Dank, Lorraine. Den größten Dank schulde ich David Lynch. Ich fühle mich geehrt, dass er mir so viel Vertrauen geschenkt hat, mich daran teilhaben zu lassen, seine Geschichte zu erzählen, und ich schätze mich sehr glücklich, ihn zu kennen. Eine überraschende Entwicklung bei der Arbeit an diesem Buch war der Umstand, dass David immer besser aussah, je näher ich ihm kam. David ist ein außergewöhnlicher und großherziger Mann, der vielen Menschen geholfen hat. Ich bin einer von ihnen.

– *KRISTINA MCKENNA*

FILMOGRAFIE

Six Men Getting Sick (Six Times)
1 Minute / Farbe / Animation auf Bildschirm projiziert
Regie, Produzent, Schnitt und Animation: David Lynch

Fictitious Anacin Commercial
1:05 Minuten / Farbe / Realfilm
Regie, Drehbuch, Produzent und Schnitt: David Lynch
Mit: Jack Fisk

Absurd Encounter with Fear
2 Minuten / Farbe / Realfilm und Animation
Regie, Drehbuch, Produzent und Schnitt: David Lynch
Musik: Krzysztof Penderecki

1968

The Alphabet
4 Minuten / Farbe / Realfilm und Animation
Produzent: H. Barton Wasserman
Regie, Drehbuch, Kamera und Schnitt: David Lynch
Sound: David Lynch
Titelsong: David Lynch, gespielt von Robert Chadwick
Mit: Peggy Reavey

1970

The Grandmother
34 Minuten / Farbe / Realfilm und Animation
Regie, Drehbuch, Kamera, Schnitt und Animation: David Lynch

Produzent: David Lynch, mit dem American Film Institute
Assistant Script Consultants: Peggy Reavey und C. K. Williams
Standbildfotografie: Doug Randall
Sound Editing und Mixing: Alan Splet
Musik: Tractor
Mit: Richard White, Virginia Maitland, Robert Chadwick und Dorothy McGinnis

1974

The Amputee (two versions)
5 Minuten / Schwarz-Weiß / Realfilm
Regie, Drehbuch, Produzent und Schnitt: David Lynch
Kamera: Frederick Elmes
Mit: Catherine Coulson und David Lynch

1977

Eraserhead
89 Minuten/ Schwarz-Weiß / Realfilm und Animation
Produktionsfirma: American Film Institute, vertrieben von Libra Films
Regie, Drehbuch und Schnitt: David Lynch
Produzent: David Lynch
Kamera: Herbert Cardwell und Frederick Elmes
Produktionsdesign und Special Effects: David Lynch
Sounddesign und Schnitt: David Lynch und Alan Splet
Regieassistent: Catherine Coulson
Mit: Jack Nance, Charlotte Stewart, Allen Joseph, Jeanne Bates, Judith Roberts, Laurel Near, Jack Fisk, Thomas Coulson, Hal Landon, Jr., Neil Moran und Jean Lange

1980

The Elephant Man (deutsch: Der Elefantenmensch)
124 Minuten / Schwarz-Weiß / Realfilm
Produktionsfirma: Brooksfilms
Regie: David Lynch
Drehbuch: David Lynch, Christopher De Vore und Eric Bergren
Produzent: Jonathan Sanger
Ausführender Produzent: Stuart Cornfeld (ohne Nennung: Mel Brooks)
Kamera: Freddie Francis
Schnitt: Anne V. Coates
Produktionsmanager: Terrence A. Clegg

Produktionsdesign: Stuart Craig
Sounddesign: Alan Splet und David Lynch
Kostümdesign: Patricia Norris
Musik: John Morris
Mit: John Hurt, Anthony Hopkins, Anne Bancroft, Wendy Hiller, John Gielgud, Freddie Jones, Michael Elphick und Hannah Gordon

1984

Dune (deutsch: Der Wüstenplanet)
137 Minuten / Farbe / Realfilm
Produktionsfirma: Dino De Laurentiis Company/Universal
Regie: David Lynch
Drehbuch: David Lynch
Basierend auf dem Roman von Frank Herbert
Produzent: Raffaella De Laurentiis
Ausführender Produzent: Dino De Laurentiis
Kamera: Freddie Francis
Second Unit Kamera: Frederick Elmes
Schnitt: Antony Gibbs
Produktionsdesign: Anthony Masters
Sounddesign: Alan Splet
Kostümdesign: Bob Ringwood
Musik: Toto; »Prophecy Theme« by Brian Eno
Mit: Kyle MacLachlan, Sting, Francesca Annis, Leonard Cimino, Brad Dourif, José Ferrer, Linda Hunt, Dean Stockwell, Virginia Madsen, Silvana Mangano, Jack Nance, Jürgen Prochnow, Paul L. Smith, Patrick Stewart, Max von Sydow, Alicia Witt, Freddie Jones und Kenneth McMillan

1986

Blue Velvet
120 Minuten / Farbe / Realfilm
Produktionsfirma: De Laurentiis Entertainment Group
Regie: David Lynch
Drehbuch: David Lynch
Produzent: Fred Caruso
Ausführender Produzent: Richard Roth
Kamera: Frederick Elmes
Schnitt: Duwayne Dunham
Casting: Johanna Ray und Pat Golden

Produktionsdesign: Patricia Norris
Sounddesign: Alan Splet
Musik, komponiert und dirigiert: Angelo Badalamenti
Mit: Kyle MacLachlan, Laura Dern, Isabella Rossellini, Dennis Hopper, Dean Stockwell, Brad Dourif, Jack Nance, George Dickerson, Frances Bay, Hope Lange und Ken Stovitz

1988

The Cowboy and the Frenchman
24 Minuten / Farbe / Realfilm
Produktionsfirma: Erato Films, Socpresse, Figaro Films
Regie und Drehbuch: David Lynch
Produzent: Daniel Toscan du Plantier und Propaganda Films
Ausführende Produzenten: Paul Cameron und Pierre-Olivier Bardet
Associate Producer: David Warfield
Co-Produzenten: Marcia Tenney, Julia Matheson und Scott Flor
Kamera: Frederick Elmes
Schnitt: Scott Chestnut
Produktionsdesign: Patricia Norris und Nancy Martinelli
Sound: Jon Huck
Bühnenbild: Frank Silva
Kameraassistent: Catherine Coulson
Script Supervisor: Cori Glazer
Choreografie: Sarah Elgart
Musik: Radio Ranch Straight Shooters, Eddy Dixon und Jean-Jacques Perrey
Mit: Harry Dean Stanton, Frederic Golchan, Jack Nance, Michael Horse, Rick Guillory, Tracey Walter, Marie Laurin, Patrick Houser, Talisa Soto, Debra Seitz und Amanda Hull

1990

Industrial Symphony No. 1: The Dream of the Brokenhearted
50 Minuten / Farbe / Videoproduktion eines Theaterstücks
Produktionsfirma: Propaganda Films
Regie: David Lynch
Musikalischer Leiter: Angelo Badalamenti
Idee: David Lynch und Angelo Badalamenti
Produzenten: John Wentworth, David Lynch und Angelo Badalamenti
Ausführende Produzenten: Steve Golin, Sigurjon Sighvatsson und Monty Montgomery

Assistant Producers: Eric Gottlieb, Jennifer Hughes und Marcel Sarmiento
Coordinating Producer: Debby Trutnik
Produktionsdesign: Franne Lee
Lichtdesign: Ann Militello
Choreografie: Martha Clarke
Mit: Laura Dern, Nicolas Cage, Julee Cruise, Lisa Giobbi, Félix Blaska, Michael J. Anderson, André Badalamenti und John Bell
Video Production Crew Schnitt: Bob Jenkis

1990–1991

Twin Peaks

2-stündiger Pilotfilm und 29 Episoden, je Folge etwa 60 Minuten, auf ABC / Farbe / Realfilm
Produktionsfirma: Lynch/Frost Productions, Propaganda Films, Spelling Entertainment
Idee: David Lynch & Mark Frost
Regie: David Lynch (Episoden 1.1, 1.3, 2.1, 2.2, 2.7, 2.22); Duwayne Dunham (1.2, 2.11, 2.18); Tina Rathborne (1.4, 2.10); Tim Hunter (1.5, 2.9, 2.21); Lesli Linka Glatter (1.6, 2.3, 2.6, 2.16); Caleb Deschanel (1.7, 2.8, 2.12); Mark Frost (1.8); Todd Holland (2.4, 2.13); Graeme Clifford (2.5); Uli Edel (2.14); Diane Keaton (2.15); James Foley (2.17); Jonathan Sanger (2.19); Stephen Gyllenhaal (2.20)
Drehbuch: David Lynch & Mark Frost (1.1, 1.2, 1.3); Harley Peyton (1.4, 1.7, 2.2, 2.13); Robert Engels (1.5, 1.6, 2.3); Mark Frost (1.6, 1.8, 2.1, 2.7); Jerry Stahl, Mark Frost, Harley Peyton & Robert Engels (2.4); Barry Pullman (2.5, 2.11, 2.17, 2.21); Harley Peyton & Robert Engels (2.6, 2.12, 2.15, 2.18, 2.20); Scott Frost (2.8, 2.14); Mark Frost, Harley Peyton & Robert Engels (2.9, 2.22); Tricia Brock (2.10, 2.16); Mark Frost & Harley Peyton (2.19)
Produzenten: Gregg Fienberg (1.1–1.8); Harley Peyton (2.1–2.22); David J. Latt (Europäische Version)
Supervising Producer: Gregg Fienberg (2.1–2.22)
Associate Producer: Philip Neel
Kamera: Ron Garcia (1.1) und Frank Byers (1.2–2.22)
Schnitt: Duwayne Dunham (1.1, 2.1); Jonathan P. Shaw (1.2, 1.3, 1.6, 2.2, 2.5, 2.8, 2.11, 2.14, 2.17, 2.20); Toni Morgan (1.4, 1.7, 2.4, 2.10, 2.13, 2.16, 2.19, 2.22); Paul Trejo (1.5, 1.8, 2.3, 2.6, 2.9, 2.12, 2.15, 2.18, 2.21); Mary Sweeney (2.7)
Casting: Johanna Ray
Produktionsdesign: Patricia Norris (1.1); Richard Hoover (1.2–2.22)
Sound: John Wentworth
Musik, komponiert und dirigiert: Angelo Badalamenti

Mit: Kyle MacLachlan, Sheryl Lee, Piper Laurie, Peggy Lipton, Jack Nance, Joan Chen, Richard Beymer, Ray Wise, Frank Silva, Russ Tamblyn, Sherilyn Fenn, Mädchen Amick, Dana Ashbrook, James Marshall, Michael Ontkean, Catherine Coulson, Everett McGill, Wendy Robie, Eric Da Re, Lara Flynn Boyle, Al Strobel, Michael Horse, Kimmy Robertson, Harry Goaz, Miguel Ferrer, Don Davis, Grace Zabriskie, Heather Graham, Warren Frost, Chris Mulkey, David Duchovny, Michael J. Anderson, Julee Cruise, Walter Olkewicz und David Lynch

1990

Wild at Heart (deutsch: Wild at Heart – Die Geschichte von Sailor und Lula)
125 Minuten / Farbe / Realfilm
Produktionsfirma: Propaganda Films für PolyGram Filmed Entertainment, Vertrieb durch Samuel Goldwyn Company
Regie: David Lynch
Drehbuch: David Lynch
Basierend auf dem Roman *Wild at Heart: The Story of Sailor and Lula* von Barry Gifford
Produzenten: Monty Montgomery, Steve Golin und Sigurjon Sighvatsson
Ausführender Produzent: Michael Kuhn
Kamera: Frederick Elmes
Schnitt: Duwayne Dunham
Casting: Johanna Ray
Produktionsdesign und Kostümdesign: Patricia Norris
Sounddesign: David Lynch und Randy Thom
Musik, komponiert und dirigiert: Angelo Badalamenti
Mit: Nicolas Cage, Laura Dern, Willem Dafoe, J. E. Freeman, Crispin Glover, Diane Ladd, Calvin Lockhart, Isabella Rossellini, Harry Dean Stanton, Grace Zabriskie, Sheryl Lee, W. Morgan Sheppard, David Patrick Kelly, Sherilyn Fenn, Freddie Jones, John Lurie, Jack Nance und Pruitt Taylor Vince

Wicked Game
3:31 Minuten / Farbe / Realfilm / Videoclip
Regie, Drehbuch und Schnitt: David Lynch
Musik: Chris Isaak
Mit: Chris Isaak, Laura Dern, Nicolas Cage und Willem Dafoe

1992

Twin Peaks: Fire Walk with Me (deutsch: Twin Peaks – Der Film)
134 Minuten / Farbe / Realfilm
Produktionsfirma: Twin Peaks Productions, Ciby 2000, New Line Cinema
Regie: David Lynch
Drehbuch: David Lynch und Robert Engels
Produzent: Gregg Fienberg
Ausführende Produzenten: David Lynch und Mark Frost
Kamera: Ron Garcia
Schnitt: Mary Sweeney
Casting: Johanna Ray
Produktionsdesign: Patricia Norris
Sounddesign: David Lynch
Musik, komponiert und dirigiert: Angelo Badalamenti
Mit: Sheryl Lee, Ray Wise, Mädchen Amick, Dana Ashbrook, Phoebe Augustine, David Bowie, Grace Zabriskie, Harry Dean Stanton, Kyle MacLachlan, Eric Da Re, Miguel Ferrer, Pamela Gidley, Heather Graham, Chris Isaak, Moira Kelly, Peggy Lipton, David Lynch, James Marshall, Jürgen Prochnow, Kiefer Sutherland, Lenny von Dohlen, Frances Bay, Catherine Coulson, Michael J. Anderson, Frank Silva, Al Strobel, Walter Olkewicz, Julee Cruise und Gary Hershberger

On the Air
7-teilige TV-Serie, ausgestrahlt auf ABC / Farbe / Realfilm
Produktionsfirma: Lynch/Frost Productions
Idee: David Lynch und Mark Frost
Regie: David Lynch (1); Lesli Linka Glatter (2, 5); Jack Fisk (3, 7); Jonathan Sanger (4); Betty Thomas (6)
Drehbuch: David Lynch und Mark Frost (1); Mark Frost (2, 5); Robert Engels (3, 6); Scott Frost (4); David Lynch und Robert Engels (7)
Produzenten: Gregg Fienberg (1); Deepak Nayar (2–7)
Ausführender Co-Produzent: Robert Engels (2–7)
Kamera: Ron Garcia (1–3); Peter Deming (2, 4–7)
Schnitt: Mary Sweeney (1); Paul Trejo (2, 5); Toni Morgan (3, 6); David Siegel (4, 7)
Casting: Johanna Ray
Produktionsdesign: Michael Okowita
Musik, komponiert und dirigiert: Angelo Badalamenti
Mit: Ian Buchanan, Nancye Ferguson, Miguel Ferrer, Gary Grossman, Mel Johnson Jr., Marvin Kaplan, David L. Lander, Kim McGuire, Tracey Walter, Marla Rubinoff, Irwin Keyes, Raleigh and Raymond Friend, Everett Greenbaum und Buddy Douglas

1993

Hotel Room
115 Minuten / Farbe / Realfilm / Fernsehspiel in drei Teilen, ausgestrahlt von HBO
Idee: David Lynch und Monty Montgomery
Regie: David Lynch (*Tricks* und *Blackout*); James Signorelli (*Getting Rid of Robert*)
Drehbuch: Barry Gifford (*Tricks* und *Blackout*); Jay McInerney (*Getting Rid of Robert*)
Produzent: Deepak Nayar
Ausführende Produzenten: David Lynch und Monty Montgomery
Kamera: Peter Deming
Schnitt: Mary Sweeney (*Tricks*); David Siegel (*Getting Rid of Robert*); Toni Morgan (*Blackout*)
Casting: Johanna Ray
Produktionsdesign: Patricia Norris
Sounddesign: David Lynch
Musik, komponiert und dirigiert: Angelo Badalamenti
Mit: Harry Dean Stanton, Freddie Jones, Glenne Headly, Crispin Glover, Alicia Witt, Griffin Dunne, Chelsea Field, Mariska Hargitay, Camilla Overbye Roos, John Solari, Deborah Kara Unger, Clark Heathcliff Brolly und Carl Sundstrom

1995

Premonition Following an Evil Deed
55 Sekunden / Schwarz-Weiß / Realfilm
Regie und Drehbuch: David Lynch
Produzent: Neal Edelstein
Kamera: Peter Deming
Kostümbild: Patricia Norris
Special Effects: Gary D'Amico
Musik: David Lynch und Angelo Badalamenti
Mit: Jeff Alperi, Mark Wood, Stan Lothridge, Russ Pearlman, Pam Pierrocish, Clyde Small, Joan Rurdlestein, Michele Carlyle, Kathleen Raymond, Dawn Salcedo

Longing
5 Minuten / Farbe / Realfilm
Musik: Yoshiki

1997

Lost Highway
134 Minuten / Farbe / Realfilm
Produktionsfirma: Ciby 2000, Asymmetrical Productions

Regie: David Lynch
Drehbuch: David Lynch und Barry Gifford
Produzenten: Deepak Nayar, Tom Sternberg und Mary Sweeney
Kamera: Peter Deming
Schnitt: Mary Sweeney
Casting: Johanna Ray und Elaine J. Huzzar
Kostümdesign und Produktionsdesign: Patricia Norris
Soundmix: Susumu Tokunow
Musik, komponiert und dirigiert: Angelo Badalamenti
Mit: Bill Pullman, Patricia Arquette, Balthazar Getty, Robert Blake, Robert Loggia, Richard Pryor, Jack Nance, Natasha Gregson Wagner, Gary Busey, Henry Rollins und Lucy Butler

1999

The Straight Story (deutsch: Eine wahre Geschichte – The Straight Story)
112 Minuten / Farbe / Realfilm
Produktionsfirma: Asymmetrical Productions, Canal Plus, Channel Four Films und Picture Factory
Regie: David Lynch
Drehbuch: Mary Sweeney und John Roach
Produzenten: Mary Sweeney und Neal Edelstein
Ausführende Produzenten: Pierre Edelman und Michael Polaire
Kamera: Freddie Francis
Schnitt: Mary Sweeney
Casting: Jane Alderman und Lynn Blumenthal
Produktionsdesign: Jack Fisk
Kostümdesign: Patricia Norris
Location Soundmix: Susumu Tokunow
Musik, komponiert und dirigiert: Angelo Badalamenti
Mit: Richard Farnsworth, Sissy Spacek, Harry Dean Stanton, Everett McGill, John Farley, Kevin Farley, Jane Galloway Heitz, Joseph A. Carpenter, Leroy Swadley, Wiley Harker, Donald Wiegert, Dan Flannery, Jennifer Edwards-Hughes und Ed Grennan

2001

Mulholland Drive (deutsch: Mulholland Drive – Straße der Finsternis)
146 Minuten / Farbe / Realfilm
Produktionsfirma: Les Films Alain Sarde, Asymmetrical Productions, Babbo Inc., Canal Plus, Picture Factory

Regie und Drehbuch: David Lynch
Produzenten: Mary Sweeney, Alain Sarde, Neal Edelstein, Michael Polaire und Tony Krantz
Ausführender Produzent: Pierre Edelman
Co-Produzent: John Wentworth
Kamera: Peter Deming
Schnitt: Mary Sweeney
Casting: Johanna Ray
Produktionsdesign: Jack Fisk
Kostümdesign: Amy Stofsky
Sounddesign: David Lynch
Musik, komponiert und dirigiert: Angelo Badalamenti, zusätzliche Musik von David Lynch und John Neff
Mit: Justin Theroux, Naomi Watts, Laura Elena Harring, Dan Hedaya, Robert Forster, Ann Miller, Michael J. Anderson, Angelo Badalamenti, Billy Ray Cyrus, Chad Everett, Lee Grant, Scott Coffey, Patrick Fischler und Lori Heuring

Head with Hammer
14 Sekunden / Farbe / Realfilm
Regie, Drehbuch, Produzent und Schnitt: David Lynch, für Davidlynch.com

Out Yonder: Neighbor Boy
9:38 Minuten / Schwarz-Weiß / Realfilm
Regie, Drehbuch, Kamera und Schnitt: David Lynch, für Davidlynch.com
Sounddesign: David Lynch
Mit: David Lynch und Austin Lynch

Out Yonder: Teeth
13:24 Minuten / Schwarz-Weiß / Realfilm
Regie, Drehbuch, Kamera und Schnitt: David Lynch, für Davidlynch.com
Sounddesign: David Lynch
Mit: David Lynch, Austin Lynch und Riley Lynch

Pierre and Sonny Jim
3:31 Minuten / Farbe / animierte Puppen
Regie, Drehbuch, Produzent und Schnitt: David Lynch, für Davidlynch.com
Sounddesign: David Lynch

Ball of Bees
Sieben Versionen: 1 – 5:05 Minuten; 2 – 5:06 Minuten; 3 –5:25 Minuten; 4 – 5:21 Minuten; 5 – 5:42 Minuten; 6 – 4:46 Minuten; 7 – 4:26 Minuten / Farbe / Realfilm
Produzent: David Lynch, für Davidlynch.com
Drehbuch, Kamera und Schnitt: David Lynch

2002

Darkened Room
8:16 Minuten / Farbe / Realfilm
Regie, Drehbuch, Produzent, Kamera und Schnitt: David Lynch,
für Davidlynch.com
Sounddesign: David Lynch und John Neff
Musik: Angelo Badalamenti
Mit: Jordan Ladd, Etsuko Shikata und Cerina Vincent

The Disc of Sorrow Is Installed
4 Minuten / Farbe / Realfilm
Regie, Drehbuch, Produzent und Kamera: David Lynch, für Davidlynch.com

Rabbits
9-teilige Sitcom / Farbe / Realfilm
Regie, Drehbuch, Produzent, Kamera und Schnitt: David Lynch,
für Davidlynch.com
Kostümdesign: Tony Candelaria
Location Manager: Jeremy Alter
Musik: Angelo Badalamenti
Mit: Naomi Watts, Laura Elena Harring, Scott Coffey, Rebekah Del Rio

DumbLand
8-teilige Sitcom / Schwarz-Weiß / animiert
Drehbuch, Animation, Stimme und Schnitt: David Lynch, für Davidlynch.com
Sounddesign: David Lynch

The Coyote
3:46 Minuten / Farbe / Realfilm
Regie, Drehbuch, Produzent und Schnitt: David Lynch
Sounddesign: David Lynch

2006

INLAND EMPIRE
180 Minuten / Farbe / Realfilm
Produktionsfirma: StudioCanal, Camerimage Festival, Fundacja Kultury,
Asymmetrical Productions, Absurda, Vertrieb durch 518 Media
Regie, Drehbuch, Kamera und Schnitt: David Lynch
Produzenten: David Lynch und Mary Sweeney
Co-Produzenten: Jeremy Alter und Laura Dern
Associate Producers: Jay Aaseng, Erik Crary und Sabrina S. Sutherland

Casting: Johanna Ray
Artdirection: Christina Ann Wilson
Bühnenbild: Melanie Rein
Sounddesign: David Lynch
Production Sound Mixer: Dean Hurley
Kostümdesign: Karen Baird und Heidi Bivens
Music Consultant: Marek Zebrowski
Musik: Krzysztof Penderecki, Marek Zebrowski, David Lynch, Dave Brubeck, Etta James, Little Eva, Nina Simone und andere
Mit: Laura Dern, Jeremy Irons, Harry Dean Stanton, Justin Theroux, Karolina Gruszka, Grace Zabriskie, Jan Hencz, Diane Ladd, William H. Macy, Julia Ormond, Erik Crary, Emily Stofle, Jordan Ladd, Kristen Kerr, Terryn Westbrook, Kat Turner, Mary Steenburgen, Helena Chase, Nae und Terry Crews

2007

Out Yonder: Chicken
17:09 Minuten / Schwarz-Weiß / Realfilm
Regie, Drehbuch, Produzent, Kamera und Schnitt: David Lynch, für Davidlynch.com
Sounddesign: David Lynch
Mit: David Lynch, Austin Lynch und Emily Stofle

Boat
7:15 Minuten / Farbe / Realfilm
Drehbuch, Kamera und Schnitt: David Lynch
Erzähler: Emily Stofle
Mit: David Lynch

Ballerina
12:19 Minuten / Farbe / Realfilm
Regie, Drehbuch, Produzent und Schnitt: David Lynch
Musik: David Lynch

Bug Crawls
5 Minuten / Schwarz-Weiß / Animation
Drehbuch, Produzent, Kamera, Schnitt und Animation: David Lynch
Sounddesign: David Lynch

Absurda / Cannes: Scissors
2:22 Minuten / Farbe / Realfilm und Animation
Regie, Drehbuch, Produzent und Schnitt: David Lynch

HollyShorts Greeting
3:57 Minuten / Schwarz-Weiß / Realfilm
Regie, Drehbuch, Produzent und Schnitt: David Lynch
Sounddesign: David Lynch
Kostümdesign: Emily Stofle
Mit: David Lynch, Emily Stofle, Ariana Delawari und Jenna Green

Industrial Soundscape
10:28 Minuten / Schwarz-Weiß / Animation
Regie, Drehbuch, Produzent, Kamera, Schnitt, Musik und Animation: David Lynch

Intervalometer Experiments: Three Experiments in Time-Lapse Photography, including Steps
3:45 Minuten / Schwarz-Weiß

INLAND EMPIRE: More Things That Happened
76 Minuten / Farbe / Realfilm
Produktionsfirma: Absurda und StudioCanal
Regie, Drehbuch, Kamera und Schnitt: David Lynch
Co-Produzent: Jeremy Alter
Musik: David Lynch
Mit: Karolina Gruszka, Peter J. Lucas, William Maier, Krzysztof Majchrzak, Laura Dern und Nastassja Kinski

2008

Twin Peaks Festival Greeting
4:15 Minuten / Schwarz-Weiß / Realfilm
Regie, Drehbuch, Produzent und Schnitt: David Lynch
Mit: David Lynch

2009

Shot in the Back of the Head
3:15 Minuten / Schwarz-Weiß / Animation
Regie, Drehbuch, Produzent, Schnitt und Animation: David Lynch
Musik: Moby

42 One Dream Rush; Dream #7 (Mystery of the Seeing Hand and the Golden Sphere)
42 Sekunden / Farbe / Animation
Teil von *One Dream Rush,* eine Compilation von 42 Kurzfilmen, die auf den Träumen der Regisseure basieren
Regie, Drehbuch, Produzent und Schnitt: David Lynch

2010

Lady Blue Shanghai
16 Minuten / Farbe / Realfilm
Kurzfilm über Handtaschen von Dior
Regie, Drehbuch und Schnitt: David Lynch
Produzent: Sabrina S. Sutherland
Kamera: Justyn Field
Musik: David Lynch, Dean Hurley und Nathaniel Shilkret
Mit: Marion Cotillard, Gong Tao, Emily Stofle, Nie Fei, Cheng Hong und Lu Yong

2011

The 3 Rs
1 Minute / Schwarz-Weiß / Realfilm
Trailer für das Vienna International Film Festival
Regie, Drehbuch, Produzent und Schnitt: David Lynch
Mit: Mindy Ramaker, Anna Skarbek und Alfredo Ponce

I Touch a Red Button Man
5:42 Minuten / Farbe / Animation
Regie, Drehbuch, Schnitt und Animation: David Lynch
Musik: Interpol

Duran Duran: Unstaged
121 Minuten
Regie und Drehbuch: David Lynch
Produzenten: Sabrina S. Sutherland, Andrew Kelly, Michael Goldfine, Blake W. Morrison und Nick Barrios
Ausführender Produzent: Joe Killian
Kamera: Peter Deming
Schnitt: Noriko Miyakawa
Soundmixer: Dean Hurley
Mit: Duran Duran

Good Day Today
4:41 Minuten / Farbe / Realfilm
Regie, Drehbuch, Produzent und Schnitt: David Lynch
Musik: David Lynch und Dean Hurley

2012

Crazy Clown Time
7:05 Minuten / Farbe / Realfilm
Regie und Drehbuch: David Lynch
Produzent: Sabrina S. Sutherland
Musik: David Lynch und Dean Hurley

Meditation, Creativity, Peace
71 Minuten / Schwarz-Weiß / Realfilm
Dokumentation der Transcendental Meditation Tour (2007–2009) durch Österreich, Belgien, Brasilien, Bulgarien, Dänemark, England, Estland, Finnland, Frankreich, Deutschland, Irland, Israel, Italien, Nordirland, Portugal, Russland, Schottland, Ukraine und die USA
Produzenten: Bob Roth, Adam Pressman und Sam Lieb
Schnitt: Noriko Miyakawa
Sound: Dean Hurley
Mit: David Lynch

Memory Film
4:17 Minuten / Farbe / Realfilm und Animation
Regie, Produzent und Kamera: David Lynch
Schnitt: Noriko Miyakawa
Soundmix: Dean Hurley
Mit: David Lynch

2013

Idem Paris
8:05 Minuten / Schwarz-Weiß / Realfilm
Regie, Produzent und Kamera: David Lynch
Schnitt: Noriko Miyakawa
Soundmix: Dean Hurley
Mit: Christian Charpin, Khindelvert Em, Patrick Pramil und Phaythoune Soukaloun

Came Back Haunted
4:15 Minuten / Farbe / Realfilm und Animation
Regie und Drehbuch: David Lynch
Musik: Nine Inch Nails

2014

Twin Peaks: The Missing Pieces
91 Minuten / Farbe / Realfilm
Produktionsfirma: Absurda und MK2 Diffusion
Regie, Drehbuch und Schnitt: David Lynch
Produzent: Sabrina S. Sutherland
Special Effects: David Lynch und Noriko Miyakawa
Musik: Angelo Badalamenti, David Lynch, Dean Hurley und David Slusser
Mit: Chris Isaak, Kiefer Sutherland, C. H. Evans, Sandra Kinder, Rick Aiello, Elizabeth Ann McCarthy, Steven Beard, Gary Bullock, Kyle MacLachlan, David Bowie, Hirsh Diamant, Stefano Loverso, Jeannie Bonser, Alex Samorano, Michael J. Anderson, Carlton Lee Russell, Calvin Lockhart, Jürgen Prochnow, David Brisbin, Jonathan J. Leppell, Frances Bay, Frank Silva, Sheryl Lee, David Lynch, Miguel Ferrer, Dori Guterson, Gary Hershberger, Dana Ashbrook, Moira Kelly, Grace Zabriskie, Ray Wise, Brian T. Finney, Jack Nance, Joan Chen, Ed Wright, Mädchen Amick, Peggy Lipton, Andrea Hays, Wendy Robie, Everett McGill, Marvin Rosand, Warren Frost, Mary Jo Deschanel, Eric Da Re, Victor Rivers, Chris Pedersen, Dennis E. Roberts, Al Strobel, Pamela Gidley, Phoebe Augustine, Walter Olkewicz, Michael Horse, Harry Goaz, Michael Ontkean, Russ Tamblyn, Don S. Davis, Charlotte Stewart, Kimmy Robertson, James Marshall, Catherine E. Coulson, Heather Graham, Therese Xavier Tinling und Chuck McQuarry

2015

Pozar (Fire)
10:44 Minuten / Schwarz-Weiß / Animation
Regie, Drehbuch und Zeichnungen: David Lynch
Animation: Noriko Miyakawa
Musik: Marek Zebrowski

2017

Twin Peaks: The Return
18 Episoden, jede Folge etwa 60 Minuten / Farbe / Realfilm
Produktionsfirma: Rancho Rose Productions für Showtime
Idee und Drehbuch: David Lynch und Mark Frost
Regie: David Lynch
Ausführende Produzenten: David Lynch und Mark Frost
Produzent: Sabrina S. Sutherland
Associate Producer: Johanna Ray
Line Producer: Christine Larson-Nitzsche

Kamera: Peter Deming
Schnitt: Duwayne Dunham
Artdirection: Cara Brower
Kostümdesign: Nancy Steiner
Produktionsdesign: Ruth De Jong
Casting: Johanna Ray und Krista Husar
Sounddesign: David Lynch
Musik: Angelo Badalamenti
Mit: Kyle MacLachlan, Sheryl Lee, Michael Horse, Chrysta Bell, Miguel Ferrer, David Lynch, Robert Forster, Kimmy Robertson, Naomi Watts, Laura Dern, Pierce Gagnon, Harry Goaz, Al Strobel, John Pirruccello, Don Murray, Mädchen Amick, Dana Ashbrook, Brent Briscoe, David Patrick Kelly, Jane Adams, Jim Belushi, Richard Beymer, Giselle DaMier, Eamon Farren, Patrick Fischler, Jennifer Jason Leigh, Robert Knepper, Andréa Leal, Grace Zabriskie, Amy Shiels, Russ Tamblyn, Tom Sizemore, Catherine E. Coulson, George Griffith, James Marshall, Peggy Lipton, James Morrison, J. R. Starr, Tim Roth, Wendy Robie, Harry Dean Stanton, Larry Clarke, Sherilyn Fenn, Josh Fadem, Jay R. Ferguson, Eric Edelstein, Ashley Judd, Caleb Landry Jones, Matthew Lillard, David Koechner, Sarah Jean Long, Clark Middleton, Carel Struycken, Jake Wardle, Nae, Amanda Seyfried, Christophe Zajac-Denek, Jay Aaseng, Joe Adler, Owain Rhys Davies, Erica Eynon, David Dastmalchian, Balthazar Getty, Nathan Frizzell, Hailey Gates, James Grixoni, Andrea Hays, Linda Porter, Karl Makinen, Jessica Szohr, Jodi Thelen, Adele René, Nafessa Williams, Candy Clark, Charlotte Stewart, Max Perlich, Emily Stofle, Gary Hershberger, John Paulsen, Zoe McLane, Bérénice Marlohe, Warren Frost, Joy Nash, Kathleen Deming, David Duchovny, Don S. Davis, Lisa Coronado, Richard Chamberlain, Michael Cera, Monica Bellucci, Alicia Witt, Riley Lynch, Marvin Rosand, Madeline Zima, Everett McGill, Walter Olkewicz, Sabrina S. Sutherland, Jay Larson, Ray Wise, Nicole LaLiberte und Cornelia Guest

What Did Jack Do?
20 Minuten / Farbe / Realfilm
Regie, Drehbuch und Schnitt: David Lynch
Produzent: Sabrina S. Sutherland, für Absurda / Fondation Cartier
Kamera: Scott Ressler
Special Effects und Assistant Editing: Noriko Miyakawa
Sound und Setdesign: David Lynch
Soundmix: David Lynch und Dean Hurley
Musik: David Lynch und Dean Hurley
Mit: Jack Cruz, David Lynch, Emily Stofle und Toototaban

WERBUNG

1988
Opium, Yves-St.-Laurent-Duft
Obsession, Calvin-Klein-Duft, vier Teile, jeder mit Bezug auf einen Autor:
D. H. Lawrence, F. Scott Fitzgerald, Ernest Hemingway, Gustave Flaubert
Werbespot *We Care About New York* für das New York Department of Sanitation

1991
Georgia Coffee, vier Teile, mit Kyle MacLachlan, Catherine Coulson, Mädchen Amick, Michael Horse, Harry Goaz und Kimmy Robertson

1992
Giò, Giorgio-Armani-Duft

1993
Trésor, Lancôme-Duft
Alka-Seltzer Plus
Barilla Pasta, mit Gérard Depardieu
Adidas »The Wall«-Kampagne
Background von Jil Sander, *The Instinct of Life*
Werbespot für die American Cancer Society: Breast Cancer Awareness-Kampagne
Teaser für Michael Jacksons *Dangerous*-Video-Compilation

1994
Sun Moon Stars, Lagerfeld-Duft

1997
Sci-Fi Channel, vier Werbeclips: *Aunt Droid, Nuclear Winter, Dead Leaves* und *Kiddie Ride*
Clear Blue Easy, Schwangerschaftstest
Mountain Man, Honda

1998
Parisienne cigarettes, »Parisienne People«-Kampagne
Opium, Yves-St.-Laurent-Duft

2000
Welcome to the Third Place, Sony PlayStation 2
JCDecaux, Straßenmöbel und Fahrrad-Leihsysteme, für die Jean-Claude Decaux Group

2002
Do You Speak Micra? Nissan
Bucking Bronco, Citroën

2004
Fahrenheit, Christian-Dior-Duft
Preference: Color Vive, L'Oréal

2007
Gucci, Gucci-Duft
Musik: Blondie

2008
Revital Granas, Shiseido

2011
David Lynch Signature Cup Coffee

2012
David Lynch Signature Cup Coffee, mit Emily Lynch

2014
Rouge, Christian-Louboutin-Nagellack

AUSSTELLUNGEN

1967
Vanderlip Gallery, Philadelphia, Pennsylvania

1968
The Samuel Paley Library at Temple University, Philadelphia, Pennsylvania

1983
Galería Uno, Puerto Vallarta, Mexiko

1987
James Corcoran Gallery, Santa Monica, Kalifornien
Rodger LaPelle Galleries, Philadelphia, Pennsylvania

1989
Leo Castelli Gallery, New York, New York
James Corcoran Gallery, Santa Monica, Kalifornien

1990
N. No. N. Gallery, Dallas, Texas
Tavelli Gallery, Aspen, Colorado

1991
Touko Museum of Contemporary Art, Tokio, Japan
Strange Magic: Early Works, Payne Gallery at Moravian College, Bethlehem, Pennsylvania

1992
Sala Parpalló, Valencia, Spanien

1993
James Corcoran Gallery, Santa Monica, Kalifornien

1995
Kohn/Turner Gallery, Los Angeles, Kalifornien

1996
Painting Pavilion, Open Air Museum, Hakone, Japan
Park Tower Hall, Tokio, Japan
Namba City Hall, Osaka, Japan
Artium, Fukuoka, Japan

1997
Dreams, Otsu Parco Gallery, Osaka, Japan
Galerie Piltzer, Paris, Frankreich
Salone del Mobile, Mailand, Italien (Möbelausstellung)

1998
Sinn und Form, Internationales Design Zentrum, Berlin, Deutschland (Möbelausstellung)

2001
Centre de Cultura Contemporània de Barcelona, Barcelona, Spanien
Printemps de Septembre, Toulouse, Frankreich

2004
Atlas Sztuki, Łódź, Polen

2007
The Air is on Fire: 40 Years of Paintings, Photographs, Drawings, Experimental Films and Sound Creations, Fondation Cartier pour l'art contemporain, Paris, Frankreich; La Triennale di Milano, Mailand, Italien
INLAND EMPIRE, Galerie du Jour agnès b., Paris, Frankreich
Prints in Paris, Item Gallery, Paris, Frankreich
Fetish, Galerie du Passage, Paris, Frankreich

2008
David Lynch: New Photographs, Epson Kunstbetrieb, Düsseldorf, Deutschland

2009

David Lynch and William Eggleston: Photographs, Galerie Karl Pfefferle, München, Germany
Fetish, Garage Center for Contemporary Culture, Moskau, Russland
Dark Night of the Soul, Michael Kohn Gallery, Los Angeles, Kalifornien; OHWOW, Miami, Florida
New Paintings, William Griffin Gallery in Verbindung mit der James Corcoran Gallery, Santa Monica, Kalifornien
I See Myself, Galerie des Galeries, Paris, Frankreich
Hand of Dreams, Item Gallery, Paris, Frankreich
The Air is on Fire, Ekaterina Cultural Foundation, Moskau, Russland
Dark Splendor, Max Ernst Museum, Brühl, Deutschland
Ars Cameralis Culture Institution, Katowice, Polen

2010

Crime and Punishment, From Goya to Picasso, Gruppenausstellung, Musée d'Orsay, Paris, Frankreich
Marilyn Manson and David Lynch: Genealogies of Pain, Kunsthalle Wien, Österreich
David Lynch: Lithos 2007–2009, Musée du Dessin et de l'Estampe Originale, Gravelines, Frankreich
David Lynch: Darkened Room, Six Gallery, Osaka, Japan; Seoul, Korea
David Lynch: I Hold You Tight, Musée Jenisch, Vevey, Schweiz
The Air is on Fire, GL Strand, Kopenhagen, Dänemark
David Lynch, Mönchehaus Museum, Goslar, Deutschland
David Lynch: Photographs, Galerie Karl Pfefferle, München, Deutschland
New Prints and Drawings, Item Gallery, Paris, Frankreich

2011

New Paintings and Sculpture, Kayne Griffin Corcoran Gallery, Santa Monica, Kalifornien
Works on Paper, Item Gallery, Paris, Frankreich
Mathematics: A Beautiful Elsewhere, Gruppenausstellung, Fondation Cartier pour l'art contemporain, Paris, Frankreich

2012

David Lynch: Man Waking From Dream, Fonds Régional d'Art Contemporain Auvergne, Clermont-Ferrand, Frankreich
Tilton Gallery, New York, New York
Dark Images: David Lynch on Sylt, Galerie Chelsea Sylt, Kampen, Deutschland
Tomio Koyama Gallery, Tokio, Japan

Lost Paradise, Gruppenausstellung, Mönchehaus Museum, Goslar, Deutschland
It Happened at Night, Galerie Karl Pfefferle, München, Deutschland
Chaos Theory of Violence and Silence, Laforet Museum Harajuku, Tokio, Japan
David Lynch: Lithographs, Galeria Miejska BWA, Bydgoszcz, Polen

2013

Circle of Dreams, Centre de la Gravure et de l'Image imprimée de la Fédération Wallonie-Bruxelles, La Louvière, Belgien
Hypnotherapy, Gruppenausstellung, Kent Fine Art, New York, New York
David Lynch: Naming, Kayne Griffin Corcoran, Los Angeles, Kalifornien
New Works, Kayne Griffin Corcoran, Los Angeles, Kalifornien

2014

Small Stories, Maison Européenne de la Photographie, Paris, Frankreich; Cinéma Galeries, Brüssel, Belgien
The Factory Photographs, the Photographers' Gallery, London, U.K.; Fondazione MAST, Bologna, Italien
Women and Machines, Item Gallery, Paris, Frankreich
Frank Gehry: Solaris Chronicles, Part 2, Gruppenausstellung, Atelier de la Mécanique, LUMA Arles Campus, Arles, Frankreich
Dark Optimism. L'Inedito Sguardo di Lynch, Palazzo Panichi, Pietrasanta, Italien
The Unified Field, the Pennsylvania Academy of the Fine Arts, Philadelphia, Pennsylvania
David Lynch: Lost Visions, L'Indiscreto Fascino della Sguardo, Archivio di Stato, Lucca, Italien
David Lynch: Naming, Middlesbrough Institute of Modern Art, Middlesbrough, U.K.

2015

David Lynch: Between Two Worlds, Queensland Art Gallery / Gallery of Modern Art, Brisbane, Australien
Stories Tellers, Gruppenausstellung, Bandjoun Station, Bandjoun, Kamerun
Voices of 20 Contemporary Artists at Idem, Gruppenausstellung, Tokyo Station Gallery, Tokio, Japan

2016

Plume of Desire, Item Gallery, Paris, Frankreich
It Was Like Dancing With a Ghost, the Gallery, Antwerpen, Belgien
The Conversation Continues ... Highlights from the James Cottrell + Joseph Lovett Collection, Gruppenausstellung, the Orlando Museum of Art, Orlando, Florida
Arte y Cine: 120 Años de Intercambios, CaixaForum, Gruppenausstellung, Barcelona, Spanien

2017
Arte y Cine: 120 Años de Intercambios, CaixaForum, Gruppenausstellung, Madrid, Spanien
Small Stories, Belgrade Cultural Center, Belgrad, Serbien
One Hour / One Night, Item Gallery, Paris, Frankreich
Highlights, Gruppenausstellung, Seoul Museum of Art, Seoul, Korea
Les Visitants, Gruppenausstellung, Centro Cultural Kirchner, Buenos Aires, Argentinien
Smiling Jack, Galerie Karl Pfefferle, München, Deutschland
Silence and Dynamism, Centre of Contemporary Art, Toruń, Polen

2018
David Lynch: Someone is in My House, Bonnefantenmuseum, Maastricht, Niederlande

QUELLEN

Barney, Richard A., *David Lynch: Interviews*. Jackson: University Press of Mississippi, 2009

Chandes, Herve, *The Air is on Fire*. Göttingen: Steidl, 2007

Cozzolino, Robert, *David Lynch: The Unified Field*. Philadelphia: the Pennsylvania Academy of the Fine Arts in association with University of California Press, 2014

Da Silva, José, *David Lynch: Between Two Worlds*. Queensland: Queensland Art Gallery / Gallery of Modern Art, 2015

Davison, Annette und Erica Sheen, *The Cinema of David Lynch: American Dreams, Nightmare Visions*. London: Wallflower Press, 2004

Forest, Patrice, *David Lynch – Lithos 2007–2009*. Ostfildern: Hatje Cantz Verlag, 2010

Frydman, Julien, *Paris Photo*. Göttingen: Steidl, 2012

Gabel, J. C. und Jessica Hundley, *Beyond the Beyond: Music From the Films of David Lynch*. Los Angeles: Hat & Beard Press, 2016

Giloy-Hirtz, Petra, *David Lynch: The Factory Photographs*. München: Prestel Verlag, 2014

Godwin, Kenneth George, *Eraserhead: The David Lynch Files, Volume 1*. Winnipeg, Manitoba: Cagey Films Books, 2016

Henri, Robert, *The Art Spirit*. Philadelphia: J.B. Lippincott, 1923 (Deutsche Übersetzung: Henri, Robert, *The Art Spirit. Der Weg zur Kunst*. Bern/Wien: Piet Meyer Verlag, 2016)

Heras, Artur, *David Lynch*. Valencia: Sala Parpalló Diputacion Provincial De Valencia, 1992

Lynch, David, *Catching the Big Fish: Meditation, Consciousness, and Creativity*. New York: Jeremy P. Tarcher / Penguin, 2006

Nibuya, Takashi, et.al, *David Lynch: Drawings and Paintings*. Tokyo: Touko Museum of Contemporary Art, 1991

Nieland, Justus, *David Lynch*. Chicago: University of Illinois Press, 2012

Nochimson, Martha P., *The Passion of David Lynch: Wild at Heart in Hollywood.* Austin: University of Texas Press, 1997

Nochimson, Martha P., *David Lynch, Swerves: Uncertainty From Lost Highway to INLAND EMPIRE.* Austin: University of Texas Press, 2013

Panczenko, Paula, *The Prints of David Lynch.* Madison, Wisonsin: Tandem Press, 2000

Rossellini, Isabella, *Some of Me.* New York: Random House, 1997

Spies, Werner, *David Lynch – Dark Splendor, Space Images Sound.* Ostfildern, Deutschland: Hatje Cantz Verlag, 2009

Zebrowski, Mark, *David Lynch.* Bydgoszcz, Polen: Camerimage, the International Film Festival of the Art of Cinematography, 2012

ANMERKUNGEN

AMERIKANISCHES IDYLL
1. Tim Hewitt, aus *David Lynch Interviews*, herausgegeben von Richard A. Barney. Jackson, Mississippi: University Press of Mississippi, 2009.
2. Martha Levacy, sämtliche Zitate aus einem Gespräch mit der Autorin in Riverside, Kalifornien, 30. August 2015, außer anders angegeben.
3. John Lynch, sämtliche Zitate aus einem Gespräch mit der Autorin in Riverside, Kalifornien, 30. August 2015.
4. Mark Smith, sämtliche Zitate aus einem Telefongespräch mit der Autorin, 2. September 2015.
5. Elena Zegarelli, sämtliche Zitate aus einem Telefongespräch mit der Autorin, 3. November 2015.
6. Peggy Reavey, aus einem Gespräch mit der Autorin in San Pedro, Kalifornien, 2. September 2015.
7. Gordon Templeton, sämtliche Zitate aus einem Telefongespräch mit der Autorin, 19. November 2015.
8. Jennifer Lynch, sämtliche Zitate aus einem Gespräch mit der Autorin in Los Feliz, Kalifornien, 22. Dezember 2016.
9. David Lynch, sämtliche Zitate aus Gesprächen mit der Autorin, 1980 bis 2018, außer anders angegeben.

KÜNSTLERLEBEN
1. Toby Keeler, sämtliche Zitate aus einem Telefongespräch mit der Autorin, 19. November 2015, außer anders angegeben.
2. David Keeler, sämtliche Zitate aus einem Telefongespräch mit der Autorin, 11. November 2015.
3. Jack Fisk, sämtliche Zitate aus einem Gespräch mit der Autorin in Brentwood, Kalifornien, 22. July 2015.
4. Clark Fox, sämtliche Zitate aus einem Telefongespräch mit der Autorin, 12. April 2016.

5. Mary Fisk, sämtliche Zitate aus einer Reihe von Telefongesprächen mit der Autorin, Juli 2015.
6. Toby Keeler, Zitat aus *Lynch on Lynch,* herausgegeben von Chris Rodley. London: Faber and Faber Inc., 2005, S. 31.

LÄCHELNDE LEICHENSÄCKE

1. Bruce Samuelson, sämtliche Zitate aus einem Telefongespräch mit der Autorin, 4. Dezember 2015.
2. Eo Omwake, sämtliche Zitate aus einem Telefongespräch mit der Autorin, 24. November 2015.
3. Virginia Maitland, sämtliche Zitate aus einem Telefongespräch mit der Autorin, 19. November 2015.
4. James Havard, sämtliche Zitate aus einem Telefongespräch mit der Autorin, 19. November 2015.
5. Brief von David Lynch, aus den Archiven der Pennsylvania Academy of the Fine Arts.
6. Roger LaPelle, sämtliche Zitate aus einem Telefongespräch mit der Autorin, 3. Dezember 2015.

SPIKE

1. Doreen Small, sämtliche Zitate aus einem Telefongespräch mit der Autorin, 31. Dezember 2015.
2. Charlotte Stewart, sämtliche Zitate aus einem Telefongespräch mit der Autorin, 17. Oktober 2015.
3. Catherine Coulson, sämtliche Zitate aus einem Telefongespräch mit der Autorin, 6. Juli 2015.
4. Fred Elmes, sämtliche Zitate aus einem Telefongespräch mit der Autorin, 10. August 2015.
5. Jack Nance, aus *Eraserhead: The David Lynch Files, Volume 1,* von Kenneth George Godwin. Winnipeg, Manitoba: Cagey Films Books, 2016. Eine unschätzbar wertvolle Quelle über die Entstehung von *Eraserhead.* Godwins Buch enthält Interviews mit den Schauspielern und der Crew aus den Siebzigern, als die Erinnerungen noch frisch waren.
6. Sissy Spacek, sämtliche Zitate aus einem Telefongespräch mit der Autorin, 27. April 2017.
7. Martha Levacy, sämtliche Zitate in diesem Kapitel aus einem Telefongespräch mit der Autorin, 18. Dezember 2015.

DER JUNGE AMERIKANER

1. Stuart Cornfeld, sämtliche Zitate aus einem Gespräch mit der Autorin in Los Angeles, 5. September 2015.

2. Jonathan Sanger, sämtliche Zitate aus Gesprächen mit der Autorin in Beverly Hills, 5. Februar und 3. März 2016.
3. Chris De Vore, sämtliche Zitate aus einem Telefongespräch mit der Autorin, 21. April 2016.
4. Mel Brooks, sämtliche Zitate aus einem Telefongespräch mit der Autorin, 29. September 2015.
5. John Hurt, Interview von Geoff Andrew II für *The Guardian*, 26. April 2000.
6. John Hurt, Interview für *David Lynch: The Lime Green Set*, 25. November 2008.
7. David Lynch, aus *Lynch on Lynch*, S. 110.

WIE HYPNOTISIERT

1. Rick Nicita, aus einem Gespräch mit der Autorin in Century City, Kalifornien, 23. Juni 2015.
2. Raffaella De Laurentiis, sämtliche Zitate aus einem Gespräch mit der Autorin in Bel Air, Kalifornien, 21. September 2017.
3. Kyle MacLachlan, sämtliche Zitate in diesem Kapitel aus einem Telefongespräch mit der Autorin, 25. Juni 2015.
4. Brad Dourif, sämtliche Zitate aus einem Telefongespräch mit der Autorin, 1. Juli 2015.
5. Sting, sämtliche Zitate aus einem Gespräch mit der Autorin in New York City, 17. Mai 2016.
6. Eve Brandstein, sämtliche Zitate aus einem Gespräch mit der Autorin in Beverly Hills, 18. Februar 2017.

EINE VORSTADTROMANZE, NUR ANDERS

1. Fred Caruso, sämtliche Zitate aus einem Gespräch mit der Autorin in Los Angeles, 30. Juni 2015.
2. Isabella Rossellini, sämtliche Zitate aus einem Telefongespräch mit der Autorin, 24. Juli 2015.
3. John Wentworth, sämtliche Zitate aus einem Telefongespräch mit der Autorin, 10. Juli 2015.
4. Johanna Ray, sämtliche Zitate aus einem Gespräch mit der Autorin in Los Angeles, 31. März 2017.
5. Laura Dern, sämtliche Zitate in diesem Kapitel aus einem Telefongespräch mit der Autorin, 4. August 2015.
6. Dennis Hopper, aus einem Gespräch mit der Autorin am Set von *Blue Velvet*, Wilmington, North Carolina, Oktober 1985.
7. Duwayne Dunham, sämtliche Zitate aus einem Gespräch mit der Autorin in Santa Monica, Kalifornien, 30. Juli 2015.
8. Angelo Badalamenti, sämtliche Zitate aus einem Telefongespräch mit der Autorin, 25. Mai 2016.

9. Julee Cruise, sämtliche Zitate aus einem Telefongespräch mit der Autorin, 28. Juni 2015.
10. Pauline Kael, »Blue Velvet: Out There and In Here«, *The New Yorker*, 22. September 1986.

IN PLASTIKFOLIE GEWICKELT

1. Mark Frost, sämtliche Zitate aus einem Telefongespräch mit der Autorin, 12. Juli 2016.
2. Jim Corcoran, sämtliche Zitate aus einem Gespräch mit der Autorin in Los Angeles, 3. Februar 2016.
3. Monty Montgomery, sämtliche Zitate aus Telefongesprächen mit der Autorin, 16. Juni, 18. Juni und 16. Juli 2016.
4. Joni Sighvatsson, sämtliche Zitate aus einem Gespräch mit der Autorin in Los Angeles, 2. Dezember 2016.
5. Harry Dean Stanton, sämtliche Zitate aus einem Telefongespräch mit der Autorin, 11. Mai 2016.
6. Frederic Golchan, sämtliche Zitate aus einem Telefongespräch mit der Autorin, 11. Juli 2016.
7. Cori Glazer, sämtliche Zitate aus einem Telefongespräch mit der Autorin, 8. März 2017.
8. Tony Krantz, sämtliche Zitate aus einem Gespräch mit der Autorin in Los Angeles, 2. August 2016.
9. Ray Wise, sämtliche Zitate aus einem Gespräch mit der Autorin in Los Angeles, 20. Oktober 2016.
10. Grace Zabriskie, sämtliche Zitate aus einem Telefongespräch mit der Autorin, 4. Januar 2018.
11. Sheryl Lee, sämtliche Zitate aus einem Telefongespräch mit der Autorin, 25. August 2016.
12. Wendy Robie, sämtliche Zitate aus einem Telefongespräch mit der Autorin, 26. August 2016.
13. Mädchen Amick, sämtliche Zitate aus einem Gespräch mit der Autorin in Los Angeles, 24. August 2016.
14. Russ Tamblyn, sämtliche Zitate aus einem Gespräch mit der Autorin in Venice, Kalifornien, 14. September 2016.
15. Richard Beymer, sämtliche Zitate aus Telefongesprächen mit der Autorin, 2. und 23. September 2016.
16. Michael Ontkean, sämtliche Zitate aus einem E-Mail-Austausch mit der Autorin, 26. Oktober 2016.
17. Kimmy Robertson, sämtliche Zitate aus einem Gespräch mit der Autorin in Pasadena, Kalifornien, 23. September 2016.
18. Deepak Nayar, sämtliche Zitate aus einem Telefongespräch mit der Autorin, 24. August 2016.

19. Brian Loucks, sämtliche Zitate aus einem Gespräch mit der Autorin in Los Angeles, 17. Februar 2017.

WIE MAN DIE LIEBE IN DER HÖLLE FINDET

1. Laura Dern, sämtliche Zitate in diesem Kapitel aus einem Telefongespräch mit der Autorin, 30. November 2017.
2. Willem Dafoe, sämtliche Zitate aus einem Gespräch mit der Autorin in New York City, 16. Mai 2016.
3. Crispin Glover, sämtliche Zitate aus einem E-Mail-Austausch mit der Autorin, 11. August 2016.
4. Barry Gifford, sämtliche Zitate aus einem Telefongespräch mit der Autorin, 18. August 2016.

LEUTE STEIGEN AUF, UND DANN FALLEN SIE WIEDER HERUNTER

1. Pierre Edelman, sämtliche Zitate aus einem Telefongespräch mit der Autorin, 17. Oktober 2016.
2. Mary Sweeney, sämtliche Zitate aus einem Gespräch mit der Autorin in Los Angeles, 24. September 2016.
3. Alfredo Ponce, sämtliche Zitate aus einem Gespräch mit der Autorin in Los Angeles, 17. November 2017.
4. Sabrina Sutherland, aus einem Telefongespräch mit der Autorin, 13. Juli 2016.
5. Neal Edelstein, sämtliche Zitate aus einem Telefongespräch mit der Autorin, 5. Dezember 2016.

TÜR AN TÜR MIT DER DUNKELHEIT

1. Gary D'Amico, sämtliche Zitate aus einem Telefongespräch mit der Autorin, 9. Februar 2017.
2. Bill Pullman, sämtliche Zitate aus einem Telefongespräch mit der Autorin, 15. März 2017.
3. Balthazar Getty, sämtliche Zitate aus einem Telefongespräch mit der Autorin, 2. März 2017.
4. Jeremy Alter, sämtliche Zitate aus einem Gespräch mit der Autorin in Los Angeles, 15. März 2017.
5. Peter Deming, sämtliche Zitate aus einem Telefongespräch mit der Autorin, 10. März 2017.
6. David Foster Wallace, »David Lynch Keeps His Head«, *Premiere,* September 1996.
7. Chrysta Bell, sämtliche Zitate aus einem Gespräch mit der Autorin in Los Angeles, 25. Februar 2017.

BLITZLICHTGEWITTER UND EIN MÄDCHEN

1. Laura Elena Harring, sämtliche Zitate aus einem Gespräch mit der Autorin in Beverly Hills, 22. Februar 2017.
2. Naomi Watts, sämtliche Zitate aus einem Telefongespräch mit der Autorin, 9. Mai 2017.
3. Justin Theroux, sämtliche Zitate aus einem Telefongespräch mit der Autorin, 31. Dezember 2017.
4. Marek Żydowski, sämtliche Zitate aus einem E-Mail-Austausch mit der Autorin, 15. Mai 2017.
5. Marek Zebrowski, sämtliche Zitate aus einem Gespräch mit der Autorin in Los Angeles, 29. Mai 2017.
6. Jay Aaseng, sämtliche Zitate aus einem Gespräch mit der Autorin in Los Angeles, 2. März 2017.

EINE SCHEIBE IRGENDWAS

1. Richard Farnsworth, aus den Produktionsnotizen für *The Straight Story*, 1999.

DAS GLÜCKLICHSTE HAPPY END VON ALLEN

1. Erik Crary, sämtliche Zitate aus einem Telefongespräch mit der Autorin, 15. März 2017.
2. Emily Stofle Lynch, sämtliche Zitate aus Gesprächen mit der Autorin in Los Angeles, 17. und 27. Mai 2017.
3. Laura Dern, sämtliche Zitate in diesem Kapitel aus einem Telefongespräch mit der Autorin, 30. November 2017.
4. Dean Hurley, sämtliche Zitate aus einem Telefongespräch mit der Autorin, 21. April 2017.
5. Anna Skarbek, sämtliche Zitate aus einem Telefongespräch mit der Autorin, 9. April 2017.
6. Bob Roth, sämtliche Zitate aus einem Telefongespräch mit der Autorin, 19. April 2017.
7. Noriko Miyakawa, sämtliche Zitate aus einem Gespräch mit der Autorin in Los Angeles, 28. April 2017.

IM STUDIO

1. Patrice Forest, sämtliche Zitate aus einem Gespräch mit der Autorin in Los Angeles, 30. April 2017.
2. Michael Barile, sämtliche Zitate aus einem Gespräch mit der Autorin in Los Angeles, 24. Mai 2017.
3. Mindy Ramaker, sämtliche Zitate aus einem Gespräch mit der Autorin in Los Angeles, 21. April 2017.
4. José Da Silva, sämtliche Zitate aus einem Telefongespräch mit der Autorin, 16. Mai 2017.

MEIN SCHEIT VERWANDELT SICH IN GOLD

1. David Nevins, sämtliche Zitate aus einem Telefongespräch mit der Autorin, 19. September 2017.
2. Sabrina Sutherland, sämtliche Zitate in diesem Kapitel aus einem Gespräch mit der Autorin in Los Angeles, 4. September 2017.
3. Dana Ashbrook, sämtliche Zitate aus einem Telefongespräch mit der Autorin, 13. September 2017.
4. Kyle MacLachlan, sämtliche Zitate in diesem Kapitel aus einem Telefongespräch mit der Autorin, 20. September 2017.
5. Michael Horse, sämtliche Zitate aus einem Telefongespräch mit der Autorin, 11. September 2017.
6. James Marshall, sämtliche Zitate aus einem Telefongespräch mit der Autorin, 16. September 2017.
7. Al Strobel, sämtliche Zitate aus einem Telefongespräch mit der Autorin, 5. September 2017.
8. Carel Struycken, sämtliche Zitate aus einem Gespräch mit der Autorin in Los Angeles, 12. September 2017.
9. Peggy Lipton, sämtliche Zitate aus einem Telefongespräch mit der Autorin, 14. September 2017.
10. Everett McGill, sämtliche Zitate aus einem Telefongespräch mit der Autorin, 8. September 2017.
11. James Marshall, aus einem Telefongespräch mit der Autorin, 6. September 2017.
12. Jake Wardle, sämtliche Zitate aus einem Telefongespräch mit der Autorin, 11. September 2017.
13. Don Murray, sämtliche Zitate aus einem Gespräch mit der Autorin in Los Angeles, 15. September 2017.
14. Eric Edelstein, sämtliche Zitate aus einem Telefongespräch mit der Autorin, 28. September 2017.
15. George Griffith, sämtliche Zitate aus einem Telefongespräch mit der Autorin, 28. September 2017.
16. Michael Cera, sämtliche Zitate aus einem Telefongespräch mit der Autorin, 12. September 2017.
17. Matthew Lillard, sämtliche Zitate aus einem Telefongespräch mit der Autorin, 6. September 2017.
18. Robert Forster, sämtliche Zitate aus einem Gespräch mit der Autorin in Los Angeles, 11. September 2017.

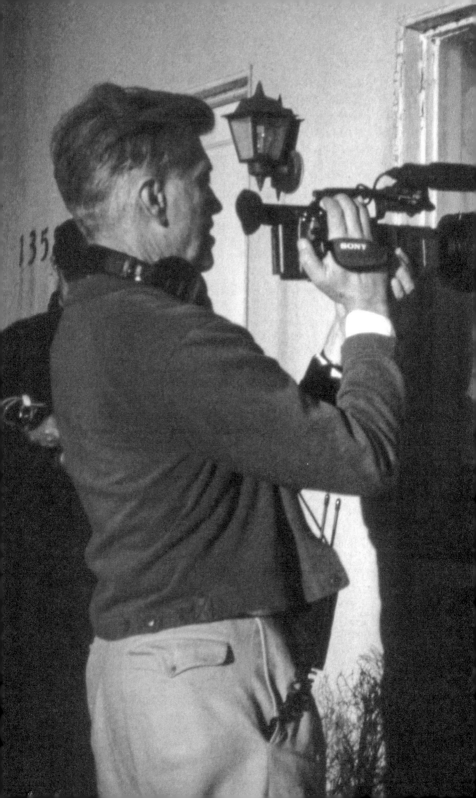

FOTONACHWEISE UND BILDUNTERSCHRIFTEN

Alle Fotografien stammen aus der Sammlung von David Lynch, außer wenn anders angegeben.

I-II: Lynch in Downtown-Los-Angeles am Set von *Eraserhead,* 1972. Fotografie von Catherine Coulson.

Titelseite: Lynch in Pierre Koenigs historischem Stahl Haus #22 in den Hollywood Hills, wo er eine L'Oréal-Werbung drehte, 2004. Fotografie von Scott Ressler.

S. 6: Lynch und Patricia Arquette 1995 bei den Dreharbeiten von *Lost Highway* in Lynchs Haus in Hollywood. Mit freundlicher Genehmigung von mk2 Films. Fotografie von Suzanne Tenner.

S. 11: Lynch und seine Lehrerin in der zweiten Schulklasse, Mrs. Crabtree, in Durham, North Carolina, ca. 1954. »Das einzige Mal, dass ich in allen Fächern die Bestnote A bekam.« Fotografie von Sunny Lynch.

S. 12–13: Lynch mit seinem jüngeren Bruder John in Spokane, Washington, ca. 1953. »Als wir nach Durham zogen, fuhren wir mit diesem Wagen quer durchs ganze Land. Mein Vater hatte seinen Arm in Gips, weil er sich beim Versuch, für meine Schwester einen verrosteten Kinderwagen zu reparieren, die Sehne durchschnitten hatte.« Fotografie von Donald Lynch.

S. 14: Edwina und Donald Lynch, ca. 1944. »Mein Vater diente im Zweiten Weltkrieg im Maschinenraum eines Zerstörers im Pazifik. Er und eine Reihe Kameraden wurden dabei erwischt, wie sie Rauchschleier produzierten. Mein Vater mischte das zu einer Art Cocktail. Alle waren sich einig, dass er den besten Rauch machte.« Fotografie von Arthur Sundholm.

S. 27: John und David Lynch in Sandpoint, Idaho, ca. 1948. Fotografie von Sunny Lynch.

S. 28-29: Von links nach rechts: David, John und Martha Lynch auf den Stufen zuhause bei den Lynchs in Spokane, Washington, ca. 1950. Fotografie von Sunny Lynch.

30: Lynch spielt mit Freunden Trompete auf der Straße, wo die Lynchs in Boise, Idaho, wohnten. »Das war direkt vor unserem Haus, müsste so um 1956 gewesen sein. Ich weiß nicht, wer die Kinder sind, die die Noten halten, aber ich spiele Trompete, während Mike Johnson und Riley Cutler Posaune blasen. Der Junge im Vordergrund ist Randy Smith. Wir nannten ihn Pud.« Fotografie von Mark Smith.

S. 51: Lynch, ca. 1967. »Das Bild wurde in Philadelphia im Father, Son, Holy Ghost house aufgenommen.« Fotografie von C. K. Williams.

S. 52: Lynch 1963 mit einem seiner Gemälde im Haus seiner Eltern in Alexandria, Virginia. »Eine Hafenszene, mit Öl auf Leinwand gemalt. Ich glaube, ich gab das Bild Judy Westerman. Ihre Tochter müsste es heute haben.« Fotografie von Donald Lynch.

S. 67: Dieses Öl-Gemälde ohne Titel malte Lynch vermutlich 1964 während seiner Zeit auf der Boston Museum School. Fotografie von David Lynch.

S. 68-69: Dieses Deckengemälde malte Lynch in seinem Schlafzimmer in Alexandria, ca. 1963. Fotografie von Sunny Lynch.

S. 70: Das Schlafzimmer der Wohnung, in der Lynch als Student in Boston lebte, 1964. Fotografie von David Lynch.

S. 87: Lynch bei der Arbeit am Set von *The Grandmother* in Philadelphia, 1968. Fotografie von Peggy Reavey.

62: Peggy Reavey und Lynch vor Reaveys elterlichem Haus in Philadelphia, ca. 1968. Fotografie von Bernard V. Lentz.

S. 106-107: Reavey und Lynch im Café neben der Pennsylvania Academy of the Fine Arts in Philadelphia, ca. 1967.

76: Lynch und sein Trauzeuge, Jack Fisk, 1968 bei der Party nach der Hochzeit mit Reavey. Der Sektempfang fand im Haus von Reaveys Eltern statt. Fotografie von Peggy Reavey.

S. 127: Lynch und Kameramann Fred Elmes auf einem der Sets für *Eraserhead* beim American Film Institute in Los Angeles, ca. 1973. Fotografie von Catherine Coulson.

S. 128: Oben: Lynch und Sounddesigner Alan Splet jammen im *food room*, der Teil des provisorischen *Eraserhead*-Studio in Los Angeles war, ca. 1972; unten: Lynch, Reavey und Jennifer Lynch vor dem Haus von Catherine Coulson und Jack Nance im Beachwood Canyon bei Los Angeles an Heiligabend, ca. 1972. Fotografien von Catherine Coulson.

S. 158–159: Lynch am Set der Lobby von Henry Spencers Apartment in *Eraserhead,* ca. 1972. Fotografie von Catherine Coulson.

S. 160-161: Charlotte Stewart und Lynch am Hauseingang der Familie X in *Eraserhead,* 1972. Fotografie von Catherine Coulson.

S. 162: Mary Fisk im Haus, das sie sich mit Lynch auf der Rosewood Avenue in Los Angeles teilte, 1977. Fotografie von David Lynch.

S. 187: Anthony Hopkins und Lynch bei der Arbeit zu *Der Elefantenmensch* in London, 1979. Mit freundlicher Genehmigung von Brooksfilms. Fotografie von Frank Connor.

S. 188: Lynch am Set von *Der Elefantenmensch* in London, 1979. Mit freundlicher Genehmigung von Brooksfilms. Fotografie von Frank Connor.

S. 217: Mary Fisk im Louvre, Paris, 1979. Fotografie von David Lynch.

S. 218-219: Bei der Arbeit zu *Der Elefantenmensch* in den Lee International Studios in London, 1979. Hintere Reihe, von links nach rechts: Stuart Craig, Terry Clegg, Bob Cartwright, Eric Bergren und Jonathan Sanger; vorne, von links nach rechts: Lynch, Mel Brooks und Chris De Vore. Mit freundlicher Genehmigung von Brooksfilms. Fotografie von Frank Connor.
S. 220: Mary Fisk und Sparky in London, 1979. »Der Tierarzt meinte, Sparky wäre ein komplizierter Hund und könnte ein Zwitter sein.« Fotografien von David Lynch.
S. 237: Austin und David Lynch in den Churubusco-Studios in Mexico City bei den Dreharbeiten zu *Der Wüstenplanet,* 1983. Fotografie von Mary Fisk.
S. 238: Kameramann Freddie Francis und Lynch City bei den Dreharbeiten zu *Der Wüstenplanet,* 1983. Mit freundlicher Genehmigung von Universal Studios Licensing LLC. Fotografie von George Whitear.
S. 261: Lynch und Schauspielerin Alicia Witt am Set von *Der Wüstenplanet*, 1983. Mit freundlicher Genehmigung von Universal Studios Licensing LLC. Fotografie von George Whitear.
S. 262-263: Kyle MacLachlan, Raffaella De Laurentiis und Lynch in den Churubusco Studios, ca. 1983. Fotografie von Mary Fisk.
S. 264: Lynch bei den Dreharbeiten zu *Der Wüstenplanet*, 1983. »Wir übernachteten in El Paso und fuhren jeden Morgen über die Grenze vorbei an dem verschlafenen Örtchen Juárez hinaus in die Dünen. Wie waren da ganz schon lange. Juárez war damals noch ein kleines gemütliches Dorf.« Mit freundlicher Genehmigung von Universal Studios Licensing LLC. Fotografie von George Whitear.
S. 281: Isabella Rossellini während der Dreharbeiten zu *Blue Velvet* in Wilmington, North Carolina, 1985. Fotografie von David Lynch.
S. 282: Lynch und Dennis Hopper am Set von *Blue Velvet,* 1985. Mit freundlicher Genehmigung von MGM. Fotografien von Melissa Moseley.
S. 315: Dean Stockwell am Set von *Blue Velvet*, 1985. Fotografie von David Lynch.
S. 316-317: Lynch und Schauspieler Fred Pickler während der Dreharbeiten zu *Blue Velvet*, 1985. Mit freundlicher Genehmigung von MGM. Fotografie von Melissa Moseley.
S. 318: Kyle MacLachlan und Lynch am Set von *Blue Velvet,* 1985. Mit freundlicher Genehmigung von MGM. Fotografie von Melissa Moseley.
S. 337: Lynch, Heather Graham und Kyle MacLachlan in Los Angeles während der Dreharbeiten zur letzten Folge der zweiten Staffel von *Twin Peaks,* 1990. Fotografie von Richard Beymer.
S. 338: Lynch und Set Dresser Mike Malone beim Dreh zum *Twin-Peaks*-Kinofilm, 1991. Mit freundlicher Genehmigung von mk2 und Twin Peaks Productions, Inc. Fotografie von Lorey Sebastian.
S. 372-373: Von links nach rechts: Michael J. Anderson, Catherine Coulson, Harry Goaz, Kyle MacLachlan und Piper Laurie am Set von *Twin Peaks*, 1989. Fotografie von Richard Beymer.

S. 374: Lynch und sein Sidekick bei den Dreharbeiten zu *Twin Peaks,* ca. 1989. »Das haben wir extra für *Twin Peaks* entworfen: Tim & Tom's Taxi-Dermy, ein Taxiunternehmen, das auch Tiere ausstopft. Das Foto entstand vor meinem Haus in Los Angeles, ich sitze auf dem Fahrersitz. Ich weiß nicht mehr, ob es das Taxi in die Serie geschafft hat.« Mit freundlicher Genehmigung von CBS und Twin Peaks Productions, Inc. Fotografie von Kimberly Wright.
S. 396-397: Set Dresser Daniel Kuttner und Lynch in Texas bei den Dreharbeiten zu *Wild at Heart,* 1989. Mit freundlicher Genehmigung von MGM. Fotografie von Kimberly Wright.
S. 398: Lynch und Sherilyn Fenn in Lancaster, Kalifornien, bei den Dreharbeiten zu *Wild at Heart,* 1989. Mit freundlicher Genehmigung von MGM. Fotografie von Kimberly Wright.
S. 414-415: Lynch, Fred Elmes, Nicolas Cage, Mary Sweeney und Laura Dern in Downtown Los Angeles bei den Aufnahmen zur letzten Szene von *Wild at Heart,* 1989. Mit freundlicher Genehmigung von MGM. Fotografie von Kimberly Wright.
S. 416: Grace Zabriskie und Lynch in New Orelans während der Dreharbeiten zu *Wild at Heart,* 1989. Mit freundlicher Genehmigung von MGM. Fotografie von Kimberly Wright.
S. 425: Lynch und Sheryl Lee bei den Dreharbeiten zu *Twin Peaks: Der Film,* 1991. Mit freundlicher Genehmigung von mk2 Films and Twin Peaks Productions, Inc. Fotografie von Lorey Sebastian.
S. 426: Kiefer Sutherland, Lynch und Chris Isaak bei der Flughafenszene in Washington zum *Twin-Peaks-*Kinofilm, 1991. Mit freundlicher Genehmigung von mk2 Films und Twin Peaks Productions, Inc. Fotografie von Lorey Sebastian.
S. 445: Sheryl Lee, Grace Zabriskie und Lynch am Set zum *Twin-Peaks-*Kinofilm, 1991. »Das ist das Haus der Palmers in Everett, Washington.« Mit freundlicher Genehmigung von mk2 Films und Twin Peaks Productions, Inc. Fotografie von Lorey Sebastian.
S. 446-447: Sheryl Lee und Lynch im Roten Raum bei den Dreharbeiten zu *Twin Peaks – Der Film,* 1991. Mit freundlicher Genehmigung von mk2 Films und Twin Peaks Productions, Inc. Fotografie von Lorey Sebastian.
S. 448: Sheryl Lee, Lynch und Moira Kelly bei den Dreharbeiten zu *Twin Peaks – Der Film,* 1991. Mit freundlicher Genehmigung von mk2 Films und Twin Peaks Productions, Inc. Fotografie von Lorey Sebastian.
S. 461: Patricia Arquette, Lynch und Bill Pullman im Madison-Haus in Los Angeles bei den Dreharbeiten zu *Lost Highway,* 1996. Mit freundlicher Genehmigung von mk2 Films. Fotografie von Suzanne Tenner.
S. 462: Bill Pullman und Lynch am Set von *Lost Highway*, ca. 1995. Mit freundlicher Genehmigung von mk2 Films. Fotografie von Suzanne Tenner.

FOTONACHWEISE UND BILDUNTERSCHRIFTEN 745

S. 479: Lynch und Jack Nance auf dem La Brea Boulevard in Los Angeles während der Dreharbeiten zu *Lost Highway*, ca. 1995. Mit freundlicher Genehmigung von mk2 Films. Fotografie von Suzanne Tenner.
S. 480-481: Patricia Arquette, Balthazar Getty und Lynch am Set von *Lost Highway*, ca. 1995. Mit freundlicher Genehmigung von mk2 Films. Fotografie von Suzanne Tenner.
S. 482: Richard Pryor und Lynch am Set von *Lost Highway*, ca. 1995. Mit freundlicher Genehmigung von mk2 Films. Fotografie von Suzanne Tenner.
S. 499: Geno Silva, Lynch und Rebekah Del Rio auf der Bühne des Silence während der Dreharbeiten zu *Mulholland Drive*, ca. 1999. Fotografie von Scott Ressler.
S. 500: Laura Elena Harring, Naomi Watts und Lynch am Set von *Mulholland Drive*, ca. 1999. Fotografie von Scott Ressler.
S. 526-527: Naomi Watts, Lynch und Laura Elena Harring am Set zu *Mulholland Drive*, ca. 1999. Fotografie von Scott Ressler.
S. 528: Lynch und Justin Theroux bei den Dreharbeiten zu *Mulholland Drive*, ca. 1999. Fotografie von Scott Ressler.
S. 540-541: Jack Fisk, Lynch und Crew während der Dreharbeiten zu *The Straight Story* in Iowa, ca. 1998. Fotografie von Scott Ressler.
S. 542: Jack Fisk, Lynch, Sean E. Markland, ein Unbekannter und John Churchill während der Arbeit an *The Straight Story*, ca. 1998. Fotografie von Scott Ressler.
S. 550-551: Lynch und Teile des Cast (von links nach rechts: Joseph A. Carpenter, Jack Walsh, Ed Grennan und Donald Wiegert) von *The Straight Story*, ca. 1998. Fotografie von Scott Ressler.
S. 552: Lynch und Richard Farnsworth in Laurens am Set von *The Straight Story*, ca. 1998. Fotografie von Scott Ressler.
S. 561: Lynch und Emily Stofle Lynch in Paris. Fotografie von Jennifer »Greenie« Green.
S. 410: Lynch mit seinem Riley am Set von *Twin Peaks: The Return*, 2015. Mit freundlicher Genehmigung von Rancho Rosa Partnership, Inc. Fotografie von Suzanne Tenner.
S. 587: Lynch und Laura Dern im San Fernando Valley bei den Dreharbeiten zu *INLAND EMPIRE*, ca. 2004. Mit freundlicher Genehmigung von Absurda und StudioCanal. Fotografie von Deverill Weekes.
S. 588-589: Lynch mit Kuh auf dem Hollywood Boulevard im November 2006, bei der PR-Arbeit zu *INLAND EMPIRE*. Fotografie von Jeremy Alter.
S. 590: Lynch und Harry Dean Stanton am Set von Paramount Studios zu *INLAND EMPIRE*, ca. 2004. Mit freundlicher Genehmigung von Absurda und StudioCanal. Fotografie von Michael Roberts.
S. 604-605: Lynch und seine Tochter Lula zeichnen gemeinsam im Restaurant Les Deux Magots in Paris, 2016. Fotografie von Emily Lynch.
S. 606: Lula und David Lynch, ca. 2016. Fotografie von Emily Lynch.

S. 630-631: Lynch in Gary D'Amicos Garten im La Tuna Canyon, Kalifornien, bei den Dreharbeiten zum Musikvideo für »Crazy Clown Time«, 2011. Fotografie von Dean Hurley.

S. 632: Lynch mit Lula, Emily, Jennifer, Austin und Riley Lynch in Lynchs Haus in Hollywood, 2013. »Ich liebe diese kleine Puppe, die Lula in Händen hält. Im Uhrzeigersinn geht es von ganz klein bis groß.« Fotografie von Erin Scabuzzo.

S. 648-649: Lynch und Harry Dean Stanton am Set von *Twin Peaks: The Return*, 2015. Mit freundlicher Genehmigung von Rancho Rosa Partnership, Inc. Fotografie von Suzanne Tenner.

S. 650: Lynch vor dem Krankenhaus in Van Nuys, Kalifornien bei den Dreharbeiten zu *Twin Peaks: The Return*, 2016. Fotografie von Michael Barile.

S. 681: Kyle MacLachlan und Lynch in Los Angeles am Set von *Twin Peaks: The Return*, 2015. Mit freundlicher Genehmigung von Rancho Rosa Partnership, Inc. Fotografie von Suzanne Tenner.

S. 682-683: Anthony Maracci und Lynch in Südkalifornien bei den Dreharbeiten zu *Twin Peaks: The Return*, 2016. »Das war das Letzte, was wir aufgenommen haben.« Fotografie von Michael Barile.

S. 684: Lynch im Studio, ca. 2015. Fotografie von Dean Hurley.

S. 696-697: David und Jennifer Lynch im Bob's Big Boy Restaurant, Los Angeles, ca. 1973. Fotografien von Catherine Coulson.

S. 698-699: Lynch nimmt für den Sci-Fi Channel in Los Angeles einen Werbeclip auf, 1997. Fotografie von Scott Ressler.

S. 700: Lynch und sein Großvater Austin Lynch, in Sandpoint, Idaho. Fotografie von Sunny Lynch.

S. 728: Lynch und Cori Glazer im Silencio bei den Dreharbeiten zu *Mulholland Drive*, ca. 1999. Fotografie von Scott Ressler.

S. 738-739: Lynch und Laura Dern im San Fernando Valley bei den Dreharbeiten zu *INLAND EMPIRE*, ca. 2004. Fotografie von Scott Ressler.

S. 740: »Uncle Pete lässt die Kinder frei«, 1986. Fotografie von David Lynch.

S. 762: Oben: Lynch im Mantel seines Großvaters. Mit diesem Bild bewarb er sich 1965 bei der Pennsylvania Academy of the Fine Arts. Unten: Kristine McKenna, ca. 2012. Fotografie von Ann Summa.

S. 765: Eine Nachricht von Lynch an seine Eltern, 1977. Fotografie von David Lynch.

REGISTER

Aaseng, Jay 522f., 525, 564, 571f., 582, 610f., 613
ABC TV 348-350, 361-363, 366, 368, 370, 388, 392, 439, 503f., 506, 513-516, 518, 530, 536
Die Abenteuer des Marco Polo (Film) 544
Absolute Beginners (Film) 209
Absurda Records 567
Academy Awards 197, 233
Achteinhalb (Film) 376
Achteinhalb – 8½ Souvenirs (Band) 478
Alexandrakis, Eric 626
Alexandria, Va. 23, 45, 53-58, 64f., 77, 82, 84-86
Alien – Das unheimliche Wesen aus einer fremden Welt (Film) 249
Allen, Dede 429
Almodóvar, Pedro 548
Aloca, Michelangelo »Mike« 65, 84f.
The Alphabet (Film) 102, 116f., 120
Alter, Jeremy 471, 571f., 574, 576
Altman, Robert 466, 687
Alvin, Dave 621
American Beauty (Film) 502, 529

American Chronicles (TV-Serie) 367
American Film Institute (AFI) 49, 102, 104, 129
»American Woman« (Song) 620
Amick, Mädchen 353, 355, 358f., 361, 371, 654
The Amputee (Film) 149
Anderson, Michael J. 351, 385, 434
Anderson, Paul Thomas 547
»And Still« (Song, Lynch/Levitt) 477, 491
The Angriest Dog in the World (Cartoon, Lynch) 252, 566
Antelope Don't Run No More (unproduced Skript) 617, 651
Antonioni, Michelangelo 60
Das Apartment (Film) 535
Apogee Productions, Inc. 245
Armer, Andy 643
Arquette, Patricia 468, 471
Art Basel Miami, Lynch/Chalfant Installation 616
Artforum Magazin 62, 342
The Art Spirit (Robert Henri) 58
Ashbrook, Dana 661f.
Asymmetrical production company 430, 466
Auerbach, Randy 19

Auge (Frank Herbert) 257
Australian Cinémathèque 627
Ayeroff, Jeff 381

Bacon, Francis 100, 258
Badalamenti, Angelo 306-309, 363, 433, 522
Badlands (Film) 143
Baker, Chet 488
Baker, Fred 154
Bakley, Bonnie Lee 470
»Ball and Chain« (Song) 576
Ballard, Carroll 209
Bancroft, Anne 191f., 199, 223
Barbarella (Film) 242
Barenholtz, Ben 154f., 184
Barile, Michael 613, 616, 621, 628, 656, 670, 677f.
Bates, Alan 227
Bates, Jeanne 135
Bauer, Alice 36
Baumgarten, Mars 142
Beatles 91, 101, 147, 645
Beatty, Warren 429
Becker, Claudia 126
Bee Entertainment 449
Beethoven, Ludwig von, *Mondschein-Sonate* 171
Bell, Chrysta 478, 568, 613, 618f., 664, 672f., 688
Bell, John 385
Bellmer, Hans 93
Bellows, George 58
Belushi, Jim 669
Bergman, Ingmar 60, 242
Bergman, Ingrid 293, 312
Bergren, Eric 192f., 195f., 201, 240, 243, 269
Bertolucci, Bernardo 408
Beymer, Richard 353f., 357, 389, 614f., 641

The Big Dream (Album, Lynch/Hurley) 625
Bigelow, Kathryn 343
Birkschneider, Jonfried Georg 82
Birney, David 165
Black Dahlia Mord 489
The Black Stallion (Film) s. Der *Schwarze Hengst,*
Blade Runner (Film) 241
Blake, Robert 470f., 492
Blankfield, Peter (Peter Wolf) 80
Blood of the Beasts (Film) s. *Das Blut der Tiere*
Bloomberg, Stu 504, 514
»Blowin' in the Wind« (Dylan) 82
BlueBOB (Lynch/Neff Album) 567f.
»Blue Frank« (Song, Lynch) 644
Blue Velvet (Film) 25, 231, 240, 258-260, 266, 284-288, 290f., 293, 296f., 302-309, 311-313, 320-323, 330-335, 370, 692
»Blue Velvet« (Vinton) 286, 306
Das Blut der Tiere, (Film) 167
Bob's Big Boy, Los Angeles 150f., 153, 182, 193, 566
Bochco, Steven 339
Boise Basin Experimental Forest 36, 679
Bonner, Martha 152, 154, 253
Bonnie und Clyde (Film) 120
Bono 382
Bouygues, Francis 428f., 434, 451-453, 490f.
Bouygues, Monique 452
Bowie, David 408, 431, 454, 493
Boyle, Lara Flynn 431, 662
Brando, Marlon 486f., 497, 669
Brandstein, Eve 251, 254
Brest, Martin 191
The Bride (Gemälde) 93
Briggs, Nancy 61, 75, 83, 117

Briscoe, Brent 663
Brooklyn Academy of Music (BAM) 363f.
Brooks, Mel 192, 194f., 198f., 205, 215, 223, 394, 505, 692
Brooks, Richard, 338
Brzoska, Ewa 521
Buchanan, Ian 439
Buena Vista International 504
Buñuel, Luis 60
Burnett, T Bone 345, 382
Burns, George 450
Burns, Willard »Winks« 19, 43
Burton, Tim 593
Bus Stop (Film) 666
Bydgoszcz, Polen 616
Byrum, John 212

Cabin Fever (Film) 569
Caddy, Peter 148
Cage, Nicolas 363f., 400f., 412, 418, 664
Calvin de Frenes lab 117, 124f.
Camerimage Gang 521f., 581f.
Canby, Vincent 436
Cannes Film Festival 153, 413, 423, 427, 557f., 675
Capitol Records 491, 617, 643
Captain Beefheart 171
Cardwell, Herb 134, 138, 170
Carroll, Diahann 214
Cartier, Maggie 199-201
Cartwright, Bob 201, 205
Caruso, Fred 285f., 289, 296f., 299, 303f., 306, 308, 310, 312, 322, 328
Car Wash (Film) 221
Casanostra company 476
Cassady, Carolyn 212
Castelli, Leo 342, 380
Castle, Diana 569

Catching the Big Fish: Meditation, Consciousness, and Creativity (Lynch) 585, 602, 667
Cera, Michael 668f., 686
Chadwick, Robert 98, 102
Chalfant, John 616
Chandès, Hervé 608, 633
A Change of Seasons (Film) s. *Jahreszeiten einer Ehe*
Chen, Joan 389
Cherokee Studios 644
Childers, Richard 110
Churchill, John 534
Churubusco Studios (Mexico City) 271, 273, 428
Ciby 2000 Film studio 428, 442, 466, 476, 491, 511
Cimino, Michael 196
»City of Dreams« (Lynch, Zeichnung) 505
Clegg, Terry 198
The Cleveland Show (TV-Serie, animiert) 617
Clift, Montgomery 302
Cluff, Carol 38
Coen, Joel 524
Coffey, Scott 531, 567
Cole, Gordon 361, 391
Columbia Pictures 195
Column, Bob 117, 125
Comes a Horseman (Film) s. *Eine Farm in Montana*
Consolidated Film Industries laboratory 148
Conterio, Martyn 436
Conti, Dino 467
Cool Breeze (Film) 134
Copper Penny, Los Angeles 176, 506, 536
Corcoran, James 342
Corcoran School of Art, Washington, D.C. 59

Corliss, Richard 257
Cornfeld, Stuart 191-196, 210, 221, 241
Cotillard, Marion 617
Coulson, Catherine 135f., 138, 141, 149, 152f., 390, 663
Cowboy and the Frenchman The (TV-Serie) 345, 383, 532
Cozzolino, Robert 625
Craig, Stuart 205, 209
Crary, Erik 522, 564-566, 568, 570f., 622
Crazy Clown Time (Album, Lynch) 619
Creative Artists Agency (CAA) 239
Cronenberg, David 558
Cruise, Julee 307, 330, 364, 384
Cruising (Film) 224
Cutler, Riley »Riles« 19, 38
Cyrus, Billy Ray 531

Dafoe, Willem 291, 402, 418
Dalai Lama 349, 389
Dali, Salvador 240
Dallas Theater Center 135
D'Amico, Gary 464, 473, 513, 548
Danger Mouse (Brian Burton) 617, 646f.
Dangerous (Album, Michael Jackson) 441, 457
Daniel, Frank 130f., 165
Danner, Blythe 165
Da Re, Eric 272
Dark Night of the Soul (Danger Mouse/Sparklehorse-Album, Lynch-Buch-Kollaboration) 617, 647
Da Silva, José 627
Dave Brubeck Quartet 41
David Lindeman's Theatergruppe Circus 135
davidlynch.com 708f.
David Lynch Foundation for Consciousness-Based Education and World Peace (DLF) 525, 577
David Lynch Music Company 612
David Lynch Signature Cup Coffee 453, 583
Davis, Don. S. 663
Davis, Stuart 58
Dean, James 553
De Jong, Ruth 656
De Laurentiis, Dino 241-243, 249, 256, 259, 267, 285, 290, 297, 311, 340
De Laurentiis, Federico 270
De Laurentiis, Raffaella 245, 249, 256, 259, 290, 311, 340
Delawari, Ariana 612
Delli Colli, Tonino 459
Del Rio, Rebekah 533
DeMille, Cecil B 544.
Deming, Peter »Pete« 471-473, 506, 520, 533, 571
Demme, Jonathan 585
Deneuve, Catherine 598
Dennis, Gill 131, 165
Depardieu, Gérard 459
Derek, Bo 202
Dern, Bruce 291
Dern, Laura 291, 595f.
Deschanel, Caleb 130f., 164
De Vore, Chris 192f., 195f., 201, 243, 269
Diamonds, Gold, and Dreams (Kunstinstallation, Lynch/Chalfant) 616
Diary of a Country Priest (Bresson) s. Tagebuch eines Landpfarrers
Diddley, Bo 599
Disney Corporation 517
Doheny, Edward 129
Dourif, Brad 247, 277, 299f.
Doyle, Sean 392
Do You Really Want to Know What I Think? (Lynch, Gemälde) 633
The Dream of the Bovine (unproduced Skript) 439, 463, 485f., 593

Drei Frauen (Film) 466
Dreyfus, Thierry 618
Dreyfuss, Richard 165
The Dr. Oz Show (TV-Show) 667
The Duchess and the Dirtwater Fox (Film) s. *Wer schluckt schon gern blaube Bohnen*
Duke University 16, 33
Dumb Numbers (Band) 625
Dune (Film) 240, 242, 256, s. a. *Der Wüstenplanet*,
Dune (Roman, Frank Herbert) 240, 256, 267
Dunham, Duwayne 303, 389, 399, 422, 65
Der dünne Mann (Film) 302
Du-par's, Los Angeles/San Fernando Valley 151
Duvall, Robert 375
Dykstra, John 245, 457
Dylan, Bob 81f., 382

Eames, Charles 476, 494
Eastwood, Clint 429, 451
Ebert, Roger 257, 312, 497
Edelman, Pierre 380, 428, 449, 516f., 520, 537
Edelstein, Eric 667f., 675, 686
Edelstein, Neal 442f., 464, 501f., 504, 529, 564f.
Eine ganz normale Familie (Film) 234
Eisner, Michael 195
Der Elefantenmensch (Film) 192-197, 200, 202, 205, 212—214, 226f., 229, 232f.
The Elephant Man (Film) s. *Der Elefantenmensch*
Eliason, Joyce 504
Ellison, Harlan 257
Elmes, Fred 138f., 149, 152, 174, 286, 292, 302, 304

Empty Space Theatre, Seattle, Wash. 245
Eng, Ron 600
Engels, Robert 363, 430, 434, 439
The English Language in 24 Accents (YouTube-Video) 665
Enia architectural firm 618
Eraserhead (Film) 131-133, 135-137, 139-144, 150-157, 166f., 181, 191-193
E.T. - Der Außerirdische (Film) 249
Everett, Chad 531
»Everybody's Talkin'« (Song) 383
Excalibur Studios 491

Falzone, Don 643
Eine Farm in Montana (Film) 545
Farnsworth, Richard 544, 549, 553, 556
Farrell, James 170
Fatso (Film) 191
Fellini, Federico 376, 422, 459f.
Fenn, Sherilyn 388, 431, 501, 654
Das Fenster zum Hof (Film) 335
Ferrer, José 247
Ferrer, Miguel 663
Fisher, Lucy 322
Fisk, Jack 54-56, 59, 61-63. 65, 90, 94f., 143, 147, 152f., 534, 547f., 656
Fisk, Mary (Ex-Frau) 130, 143, 147, 150-152, 154-156, 183, 197, 208f., 210-212, 214f., 244, 252f., 301, 343
Fleury, Jean-Claude 434, 450
Floating into the Night (Cruise, Album) 364
Flying Bird with Cigarette Butts (Lynch, Gemälde) 101
Fonda, Henry 499
Fondation Cartier pour l'art contemporain, Paris 607, 616, 627
Ford, Betty 79
Foreigner (Band) 478

Forest, Patrice 608f.
Forster, Robert 676, 688
FotoKem 495, 689
Fox, Clark 55, 61
Fox Bat Strategy (Album, Lynch) 643
Fox TV 617
Frances (Film) 240, 265
Francis, Freddie 204, 227, 335, 546, 549, 554
Fraser, Elizabeth 330
Frémaux, Thierry 691
Friedkin, William 224
From the Head (Film) 687
Frost, Mark 171, 339-341, 348-351, 366-370, 438f., 651f.
Frost, Warren 663

Gable, Clark 459, 489
Gans, Gary 19
Garcia, Ron 432
Gardenback (Lynch, Gemälde) 101
Gehry, Frank 522, 615f.
Getty, Balthazar 467-469, 471
»Ghost of Love« (Lynch, Song) 576
Gibbons, Beth 599
Gibon, Jean-Paul 240
Gielgud, Sir John 199, 205-207, 227
Gifford, Barry 399, 404, 417, 440, 465, 487
Giger, H. R. 240
Glazer, Cori 346, 432, 512, 519, 531
Glover, Crispin 403, 418, 440
Goaz, Harry 351
Godard, Jean-Luc 60
Goddess (Anthony Summers) 339
Goddess (unproduced Skript) 340f., 386f,
Golchan, Frederic 345, 382
Golin, Steve 344, 399, 404
Gone with the Wind (Film) s. Vom Winde verweht

Good Times on Our Street (Kinderbuch) 25
Górecki, Henryk 574
Graj, Mateusz 521
Granada Hills, Ca. 215, 234, 244, 253
The Grandmother (Film) 102f., 124, 155, 164
Grant, Cary 214
Grazer, Brian 517
Green, Jenna 612
Greenberg, Alan, *Love in Vain: A Vision of Robert Johnson* 485
Griffith, George 667f., 687
Grossman, Lester 73
Grueneisen, Peter 490
Guru Dev 614, 642

Hagelin, John 578, 600, 602
Hallas, Richard, *You Play the Black and the Red Comes Up* 344
Hamburger Hamlet, Los Angeles 152, 166, 182
Hamel, Chuck 152
Hamilton, George 335
Hamm, Dick 48
Hansen, Tom 394, 428, 450
Harker, Wiley 556
Harring, Laura Elena 508, 513, 518f., 524, 567
Harris, Jessica 626
Havard, James 111
HBO 440f.
Hotel Room (Film) 403, 458
Headly, Glenne 440
Heaven's Gate (Film) 196, 198
Hedges, George 394, 477
Hendrix, Jimi 576, 647
Henri, Robert 58
Herbert, Frank 240, 243, 257, 270
Herr der Fliegen (Film) 467
Hershberger, Gary 654

REGISTER

High Anxiety – Mel Brook's Höhenkoller (Film) 192
Hildegard von Bingen 477, 490
Hiller, Dame Wendy 199, 228
Hill Street Blues (TV-Show) 339, 347
Hitchcock, Alfred 60
Hodges, Steve 643
Hoffman, Dustin 196
Hoffman, Philip Seymour 585
The Hollywood Reporter 524
Hook, Harry 467
Hopkins, Anthony 199, 202, 205-207, 229
Hopper, Dennis 291-294, 312, 324, 360
Hopper, Edward 58
Horn, Edmund 179
Horodecki, Kamil 521
Horowitz, Vladimir 171
Horse, Michael 657, 676
Hotel Room (teleplay) 440, 502
Howard, Ron 517
Huber, Sophie 383
Hunt, Linda 247
Hunter, Tim 130
Hurley, Dean 490, 575, 599, 619
Hurt, John 196f., 202f., 207, 226, 554
Husar, Krista 656
Huston, Anjelica 335
Huston, John 335

Ice Bucket Challenge 625
Idem Lithographie Workshop, Paris 608f., 635
Iger, Robert 362
Iggy Pop 617
Il Giardino restaurant, Beverly Hills, Ca. 412, 450
Imagine Television 503
»I'm Deranged« (Song) 493
Iñárritu, Alejandro 547
In Cold Blood (Film) s. *Kaltblütig*

Independence Day (Film) 470
»In Dreams« (Orbison) 306
Industrial Symphony No. 1: The Dream of the Brokenhearted (Lynch und Badalamenti) 363f., 383
Infusing the Being (Lynch, Zeichnung) 146
INLAND EMPIRE (Film) 228, 394, 413, 437, 571-573, 575-585, 596f.
In Pursuit of Treasure (Film) 133, 165
Intervista (Film) 376
Irons, Jeremy 213, 571
Isaak, Chris 431
It's a Beautiful World (Dokumentation) 614, 641
»I've Been Loving You Too Long« (Song) 576, 647, 661
Ivers, Peter 149

Jackson, Michael 441, 457
Jacob, Gilles 423
Jacobs, Arthur P. 240
Jahreszeiten einer Ehe (Film) 202
Jaurequi, Dave 643f.
J. Geils Band 80
Jodorowsky, Alejandro 240
Jodorowsky's Dune (Film) 240
Johns, Jasper 62
Johnson, Jane 38, 47
Johnson, Robert 485
Johnson, Sam 77
Jones, Freddie 199, 228, 247, 458
Joplin, Janis 576, 647
Joseph, Allen 135
Jules und Jim (Film) 117

Kael, Pauline 195
Kafka, Franz, »Die Verwandlung« 463
Kaltblütig (Film) 470
Karen O. 620

Katzenberg, Jeff 195
Kaye, Stanton 133, 165f.
Keeler, Bushnell 54, 57f., 77, 84, 102, 221, 693
Keeler, David 54, 64f., 75
Keeler, Toby 53f., 64, 76f., 84, 692f.
Kefauver, Russell 72
Kelly, Grace 335
Kennedy, John F. 57, 76, 226
Kerr, Kristen 597
King, Henry 21
King, Larry 486
King, Martin Luther, Jr. 120
Kinski, Nastassja, 572
Knife in the Water (Film) s. *Das Messer im Wasser*
Kokoschka, Oskar 63
Krantz, Tony 347f., 369f., 387, 439, 451, 501, 514, 517, 523, 544
Kroll, Jack 475
Kropiwnicki, Jerzy 615
Kubrick, Stanley 60, 156
Kuhn, Michael 412
Kunsthalle Wien 617
Kwinto, Michał 521

Ladd, Diane 401, 405
»Lady Blue Shanghai« (Dior-Werbung) 617
Laffin, Peter 80
Lake Mendota, Wisc. 436, 456
Lakeshore Entertainment 466
LaPelle, Rodger 100f. 123
The Last Movie Mogul (BBC-Dokumentation) 256
La Strada – Das Lied der Straße (Film) 242, 376
Laszlo, Margit Fellegi 136
Laurens, Iowa 546
Laurie, Piper 353, 388
Lay, Bill 78

Lazar, Swifty 334
Leary, Timothy 123
Le Corbusier 268
Lee, John and Benny 198, 209
Lee, Sheryl 352, 354, 371, 411, 419, 434
Lee Studios, Wembley, England 198
Leigh, Jennifer Jason 687
The Lemurians (unproduced Projekt) 348, 387
Les Films Alain Sarde 523
Lester, Mark 290
Lethem, Jonathan, *Motherless Brooklyn* 502
Leustig, Elisabeth 245
Levacy, Martha Lynch (Schwester) 16, 18, 21, 57f., 145f., 213, 257
Levine, Gary 652, 686
Levinson, Barry 192
Levitt, Estelle 477
Li, Lykke 625
Libra Films 154
Die Lieblosen (Film) 343
Lillard, Matthew 673, 687
Lindeman, David 135, 167
Linkous, Mark 617, 646
Lipton, Peggy, 250, 274, 477, 480–81, 489
Lloyd Wright, Eric 341
Lloyd Wright, Frank, Jr. («Lloyd Wright«) 341, 356, 438
Loggia, Robert 469, 492
Lolita (Film) 60
Lord of the Flies (Film) s. *Herr der Fliegen*
Los Angeles International Film Festival (Filmex) 153, 183f.
L.A. Reader 156, 253
Los Angeles Times, review of *Hotel Room* 342, 440
L.A. Weekly 253

REGISTER 755

Lost Highway (Film) 330, 357, 436, 465f., 470f., 473-475, 487, 490-495, 497
Louboutin, Christian 609f.
Loucks, Brian 365, 478, 532, 568, 620
Louis C. K. 623f.
Love in Vain (Greenberg) 485
Love in Vain (unproduced Projekt) 485
The Loveless (Film) s. *Die Lieblosen*
Lucas, George 240, 265, 303
Lucasfilm 410
Lucky (Film) 678
Lumière and Company (Film) 463f., 483
Lutes, Charlie 145-147, 178, 213, 215, 273, 693
Lutes, Helen 215, 693
Lux Vivens (*Living Light*) (Album) 477, 490
Lynch, Austin Großvater)15f., 33
Lynch, Austin (Sohn) 244, 253, 278f., 566, 636
Lynch, Donald (Vater) 16f., 610
Lynch, Edwina Sundholm »Sunny« (Mutter) 15f., 18
Lynch, Emily Stofle (Frau) 394, 569, 600, 614, 621, 641
Lynch, Jennifer Chambers (Tochter) 19, 98, 142, 201, 207, 250, 366, 410, 436
Lynch, John (Bruder) 18, 21, 25, 56, 58, 129
Lynch, John Carroll 678
Lynch, Lula Boginia (Tochter) 624
Lynch, Maude Sullivan (Großmutter) 16
Lynch, Riley (Sohn) 436, 467, 522, 636, 670
Lynch, Syd (Enkelin) 474
Lynch/Frost Productions 431

MacLachlan, Craig 432
MacLachlan, Kyle 245f., 284, 351, 431
Maclean, Dorothy 148
Mad Magazin 19
Mahaffey, Noel 96
Maharishi Mahesh Yogi 145f., 178, 454, 610, 614f., 635f., 640-642
Maharishi University of Management 578
Majchrzak, Krzysztof 581
Malick, Terrence 130, 547
Malkovich, John 626
Mama Cass 647
Mangano, Silvana 247, 268, 375f.
Manson, Marilyn 474, 493, 617
The Man Who Shot Liberty Valance (Film) s. *Der Mann, der Liberty Valance erschoss*
The Man Who Wasn't There (Film) 524
Der Mann, der Liberty Valance erschoss (Film) 21
Marlborough-Gerson Gallery, N.Y.C. 100
Marshall, James 654, 662
Martin, Erik 626
Martin, Steve 342, 387
Die Maske (Film) 291
Maslin, Janet 466
Masters, Anthony 269, 274
Masters, Jody 44f.
Mastroianni, Marcello 376
McCartney, Paul 645f.
McGill, Everett 660
McGinnis, Christine 100, 123
McGinnis, Dorothy 100f.
McInerney, Jay 440, 458
McMillan, Kenneth 247
Melby, Steen 376
Mendes, Sam 502
Das Messer im Wasser (Film) 581
Metropolis (Film) 249
Michelson, Marty 191, 221

Middlesbrough Institute of Modern Art: Lynch Retrospektive 627
Midnight Express – 12 Uhr nachts (Film) 197
Miller, Ann 508, 510, 531
Miller, Craig 366
Miller, Sandro 626
Mindel, Allan 343
Mirren, Helen 294, 326
Missoula, Mont. 16
Miyakawa, Noriko 580f., 613, 663
The Mod Squad (TV-Serie) 389
Monroe, Marilyn 386, 666
Monterey Pop Festival 576, 647
Montgomery, Monty 343f., 355, 399, 404f., 406f., 411-413, 440f., 458, 511
Monti della Corte, Beatrice 342
Montreal World Film Festival 311
Motherless Brooklyn (Lethem) 502
Muddy, Magnolias 620
Mulholland Drive – Straße der Finsternis (Film) 501-507, 514-517, 519f., 523-525, 529f., 533, 536
Murphy, J. J. 610
Murray, Don 666, 673, 675, 688
Muscarella, Dan 494
Muse Restaurant, Los Angeles 370, 411, 418
Musso & Frank's Restaurant, Los Angeles 344, 489, 622, 651
My Head is Disconnected (Gemälde) 476
»Mysteries of Love« (Song, Lynch) 307, 330

Nabokov, Vladimir 60
Die Nächte der Cabiria (Film) 242
The Naked Civil Servant (Film) s. Wie man sein Leben lebt
Nance, Jack 135-137, 144, 167, 196, 226, 474
Navot, Raphael 618
Nayar, Deepak 356, 405, 432f., 472, 544
NBC TV 348
Near, Laurel 149
Neff, John 477, 568
Nevins, David 652, 654, 674, 686
Newman, Paul 354
Newport, James 134
Newsweek, Kroll's Kritik *Lost Highway* 475
New York *Daily News*, Kritik *Twin Peaks: The Return* 675
New Yorker, Kritik *INLAND EMPIRE* 582
New York Film Festival 183, 582
New York Times 366, 466, 582
Nicita, Rick 239f., 244, 265, 285, 310, 340, 544, 563, 623
Niemczyk, Leon 581
Night People (Gifford) 465, 487
The Nights of Cabiria (Film) s. Die Nächte der Cabiria
Nilsson, Harry 383
Nine Inch Nails (Band) 625
N. No. N. Gallery, Dallas, Tex. 365
»No Hay Banda« (Lynch, Song) 533
Nolan, Barry 274
Norris, Patty 331, 383, 473
Nottingham Goose Fair, England 200
Nouvel, Jean 634
Nunn, Percy 203

October Films 475, 497
Omwake, Eo 90, 92
One Saliva Bubble (unproduced Skript), 342, 387, 438, 485
1,000 Nudes 591
On the Air (TV-Show) 438f., 458, 471, 502
Ontkean, Michael 353f., 360, 370
Orbison, Barbara 382

Orbison, Roy 306, 345, 381f.
Ordinary People (Film) s. Eine ganz normale Familie
Orso Restaurant, Los Angeles 502, 529
Oz, Mehmet 667, 687

Pakula, Alan J 545
Panczenko, Paula 456
Paramount Studios 195, 391, 505
The Paris Suite (Lynch, Litho-Serie) 609
Parker, Alan 194
Parone, Ed 165
Partly Fiction (Dokumentation) 383
Pasolini, Pier Paolo 60
Penderecki, Krzysztof 574
Penn, Sean 546
Pennsylvania Academy of the Fine Arts (PAFA) 63, 90, 625, 651
Perrin, Alain Dominique 633
Perrin, Mathé 633
Persona (Film) 466
Peyton, Harley 363, 369
Peyton Place (TV-Show) 348
Phipps-Wilson, V. 154
Der Pianist (Film) 568
Picture Factory 502, 529, 543
Pink Flamingos (Film) 154
Pink House, Hollywood Hills, Ca. 340, 438, 454
»The Pink Room« (Song, Lynch) 644
»Pinky's Dream« (Song, Lynch) 620
A Place in the Sun – Ein Platz an der Sonne (Film) 137
Plant, Robert 674
Platoon (Film) 334
Playing Lynch (Film), 456
Point Dume, Malibu, Ca., 316
Polanski, Roman 60, 568
Polhemus, Artie 455, 477, 491

Polish Night Music (Lynch/Zebrowski) 612
Pollock, Tom 285
Polygram 399
Ponce, Alfredo 437, 490, 576
Pope, Gaye 431, 442, 508, 510, 571
Portishead 494, 599
Prager, Bud 478
Premonitions Following an Evil Deed (Film) 464
Price, Ken 342
Prilliman, Kathleen 192
Prochnow, Jürgen 276
Propaganda Films 344, 364, 401, 428
Pryor, Richard 470, 493
Pullman, Bill 466, 469-471, 491
Puttnam, Judy 40

Queensland Art Gallery/Gallery of Modern Art, Lynch-Retrospektive 627

Rabbits (Kurzfilm) 593
Rachel Getting Married (Film) s. *Rachels Hochzeit*
Rachels Hochzeit (Film) 585
Raging Bull (Film) s. Wie ein wilder Stier
Ramaker, Mindy 623f., 626
Rambaldi, Carlo 249, 274
Randall, Doug 117
Rathborne, Tina 346, 380
Rauschenberg, Robert 62
Ray, Aldo 272
Ray, Bingham 497
Ray, Johanna 290, 345, 351, 354, 507-511, 656
Reagan, Nancy 257, 278
Reagan, Ronald 257, 278
»A Real Indication« (Song, Lynch/Badalamenti) 433, 454
»Real Love« (Song, Lynch/Bell) 618

Rear Window (Film) s. *Das Fenster zum Hof*
Reavey, Peggy (Ex-Frau) 18, 64, 91-94, 96-98, 101-104, 130f., 147f., 150
Redding, Otis 576, 647, 661
Redford, Robert 233
Reds – Ein Mann kämpft für Gerechtigkeit (Film) 429
Reed, Lou 493
Return of the Jedi (Film) s. *Die Rückkehr der Jedi-Ritter*
The Revenant – Der Rückkehrer (Film) 547, 656
Reznor, Trent 493
»Right Down to You« (Song, Lynch) 478
Ring, The (Film) 502
Roach, John 503
Robb, Bruce 644
Roberts, Judith 135
Robertson, Kimmy 355, 360f., 367f.
Robie, Wendy 352, 358, 654
Robinson, Carol 46
Rock with Seven Eyes (Lynch, Gemälde) 476
Rolling Stone 475, 582
Ronnie Rocket (unproduced Skript) 186, 189-192, 221f., 228, 240f., 428f.
Rosand, Marv 663
Rosenberg, Tom 466
Rossellini, Isabella 287, 293-298, 300f., 306, 312, 342, 346., 401, 409
Rossellini, Roberto 165, 293
Roth, Bobby 578, 602, 636, 641, 687, 693
Roth, Eli 569, 600
Roth, Richard 266, 321f., 577, 614
Roth, Tim 687
Royal London Museum and Archives 202
Die Rückkehr der Jedi-Ritter (Film) 240
Ruscha, Ed 342

St. John, Detective John 488f.
Sala Parpalló, Valencia, Spanien 434
Salcedo, Dawn 484
Salone del Mobile, Milan, Italien 476
Salzburg Internationale Sommerakademie für Bildende Kunst 63
Samuel Goldwyn Company 410f.
Samuelson, Bruce 90, 95
Sanger, Jonathan 192-203, 205f., 209, 215, 223
Sarde, Alain 516, 520, 523, 651
Schied, Uwe 591
Das Schlangenei (Film) 242
Schlappschuss (Film) 354
School of the Museum of Fine Art, Boston 80, 82
Schrader, Paul 130
Schwartz, Bernie 340
Schwartz, Tina 40
Der Schwarze Hengst (Film) 209
Scorsese, Martin 233, 294
Scott, Ridley 241
The Secret Diary of Laura Palmer (J. Lynch) 366
The Secret History of Twin Peaks (Frost) 652
The Serpent's Egg (Film) s. *Das Schlangenei*
Shapiro, Jay 442
Sheppard, Bob 469, 491
Sheppard, W. Morgan 401
Shepperton Studios 198, 209, 231
Shockwave 593
Short, Martin 342, 387
Showtime 628, 652f., 655, 685
Sidewater, Fred 310
Sighvatsson, Joni 344, 361, 399, 404f., 410, 466, 616
Silent Night, Deadly Night 3 (Film) 508
Silva, Frank 392, 663
Simpson, O. J. 436, 467

Siskel, Gene 257, 497
Six Men Getting Sick (Lynch, Gemälde) 95, 115f., 692
Skarbek, Anna 576-578, 608, 610, 613, 618, 625, 637
Slap Shot (Film) s. *Schlappschuss*
Sloan, Phil 484
Slusser, David 433
Small, Doreen 134, 136f., 144, 146, 170, 179
Smith, Charlie 85
Smith, Mark 17, 19f., 24
Smith, Randy »Pud« 19
Smooth Talk (Film) 291
Snowmen (Lynch) 607
Söhne und Liebhaber (Film) 228
Solow, Sid 148
Die Sommerinsel (Film) 60
»Song to the Siren« (This Mortal Coil) 329f.
Sons and Lovers (Film) s. *Söhne und Liebhaber*
Sorvino, Mira 557
Spacek, Sissy 143, 212f., 543, 545, 547
Sparklehorse (Band) 617, 646
Spielberg, Steven 558, 585
Spiritual Regeneration Movement center 145, 187
Splet, Alan 103f., 124, 130, 136, 138 148, 151f., 200, 305, 332
Spokane, Wash. 17, 32f.
Sprocket 429
Squarespace 626
Stanton, Harry Dean 228, 291, 345, 383, 431, 458, 546, 678
Stark, Ray 503
Starr, Ringo 645f.
Steiner, Nancy 664
Sternberg, Tom 472
Stevens, George, Jr. 289, 693
Stewart, Charlotte 134, 137, 140f.

Stewart, Jimmy 335, 459
Sthapatya Veda 454
Die Stimme des Mondes (Film) 422
Sting 248, 250, 252, 258
Stockton, Ca. 452
Stockwell, Dean 228, 247, 300, 325, 353
Stoddard, Brandon 350, 362
Stofle, Emily s. Lynch, Emily Stofle
Stone, Oliver 334f.
Storyville (Film) 367
Straight, Alvin 502f., 545-547, 553-555
The Straight Story – Eine wahre Geschichte (Film) 502, 504, 515, 544-548, 553, 556-559
Strobel, Al 388, 658, 676
Struycken, Carel 659, 671f.
Studio Bau:ton 490, 599
StudioCanal/Canal Plus 516-518, 523, 543, 573, 596
Styles, Linda 53, 74, 692
A Summer Place (Film) s. *Die Sommerinsel*
Summers, Anthony, *Goddess* 339
Sundance Film Festival 347
Sundholm, Ed (Großvater) 18, 33
Sundholm, Lily (Großmutter) 18, 33
Sunset Boulevard (Film) 137, 154, 505, 535
Sutherland, Kiefer 431
Sutherland, Sabrina 440, 533, 579, 652f., 665
Suwała, Kazik 521
Sweeney, Mary 409 429f., 433, 435f., 438, 473f., 476f., 503, 516, 521, 537, 543, 548, 578, 585
Swoińska, Agnieszka 521
Synchronicity (album, The Police) 248

Tagebuch eines Landpfarrers (Film) 362
Talmadge, Herman 147

Tamblyn, Russ 353f., 359, 388
Tandem Press 456
Tannebaum, Ted 466
Tao, Steve 503, 514
Tarantino, Quentin 434, 687
Tarses, Jamie 503f.
Tartikoff, Brandon 348
Tate, Grady 455
Tati, Jacques 439
Taylor, Elizabeth 335
Taylor, KoKo 401
Telluride Film Festival 311
Temple, Julien 209
Templeton, Gordon 18f., 23, 43f.
The Ten Commandments (Film) s. *Die zehn Gebote*
Tender Mercies – Comeback der Liebe (Film) 375
Theater West 135
The Cowboy and the Frenchman (TV-Show) 345, 383, 532
There Will Be Blood (Anderson) 547
Theroux, Justin 511, 515, 523, 531, 572f., 625
The Thin Man (Film) s. *Der dünne Mann*
3 Woman (Film) s. *Drei Frauen*
»This Magic Moment« (Song) 493
This Train (Album, Lynch/Bell) 618
Thorne, John, 366
Thornton, Billy Bob 595
Thurman, Uma 389

Toronto International Film Festival 524
Toscan du Plantier, Daniel 634
Toscan du Plantier, Melita 633
Touchstone Television 504
Touko Museum of Contemporary Art, Tokyo 430
Transzendentale Meditation (TM) 145, 170, 177, 382f., 525, 642, 686

Travers, Peter 582
Treves, Frederick 193
Trouble (Band) 670
Trout Mask Replica (Captain Beefheart) 171
Truffaut, François 60
Trutnik, Debby 341
Tucker, Chris 202f., 227
Twentieth Century Fox 131, 194f., 231
Twin Peaks (TV-Serie) 141, 346, 349-358, 362, 366-369, 387, 392f., 395, 400, 430, 434, 626, 652f., 655, 685
Twin Peaks: Fire Walk with Me – Der Film (Film) 430f., 433-436, 453-455, 463, 475, 485, 598, 675, 690
Twin Peaks: The Return (Showtime-Serie) 440, 579, 611, 623, 625, 628, 651, 659, 666, 671, 678, 691

Uncle John (Film) 622
United Artists 339f.
Universal Pictures 525
Up at the Lake (Projektidee) 340
»Up in Flames« (Song, Lynch/Badalamenti) 401

Vadim, Roger 242
The Valachi Papers (Film) 285
Van Dyke-Nance, Kelly Jean 474
Variety, Eraserhead-Kritik 153
Vega, Suzanne 617
Vellani, Toni 104, 125, 129-131, 138, 165
Venedig Film Festival 582, 597
Versace, Donatella 441
Vietnamkrieg 63
Vincent & Theo (Film) 687
Vinton, Bobby 286, 306
Viot, Pierre 423

Virgin Records 381
The Voice of the Moon (Film) s. *Die Stimme des Mondes*
Vom Winde verweht (Film) 41
von Sydow, Max 247

Wagner, Richard 171
Wait Till the Sun Shines, Nellie (Film) 21
Wallace, David Foster 439, 475
Wardle, Jake 665, 673f., 686
Warner Bros. Records 307, 365
Warner Bros. Studios 169, 259, 265f., 321
Wasserman, H. Barton 96f., 116
Waters, John 154, 156
Watts, Naomi 502, 509f., 518-520, 524, 567
Welch, Frankie 79
Wentworth, John 289f., 292, 300, 364, 384
Wer schluckt schon gern blaue Bohnen (Film) 545
West, Jocelyn (Jocelyn Montgomery) 477, 490f.
Westerman, Judy 61, 75, 117
What Is It? (Film) 403
White, Richard 102, 124
White Nights (Film) 294
Wie ein wilder Stier (Film) 233
Wie man sein Leben lebt (Film) 196
Wild at Heart – Die Geschichte von Sailor und Lula (Film) 363-365, 370, 400-407, 409f., 412f., 418-421, 427
Wilder, Billy 391, 505, 535
»Wild Thing« (Song) 576, 647
Williams, Charlie 120

Wilmington, N.C. 75, 285f., 289f., 297, 299, 322
Wilson, Rob 614
Winters, Shelley 401
Wise, Ray 351, 359, 362, 433-435
»With a Little Help from My Friends« (Song) 645
Witt, Alicia 440
The Wizard of Oz (Film) s. *Der Zauberer von Oz*
Worden, Hank 659
Wrapped in Plastic (Fanzine) 366
Writers Guild 155, 348
Der Wüstenplanet (Film) 240-245, 247-251, 254-259, 269, 278f., 283f., 319, 334
Wurlitzer, Rudy 241
Wyczółkowski, Dariusz 521

Yeah Yeah Yeahs (Band) 620
Yoshiki and X Japan 442, 456f.
»You Can't Judge a Book by the Cover« (Song) 599
You Play the Black and the Red Comes Up (Hallas) 344

Zabriskie, Grace 352, 392, 419, 658
Der Zauberer von Oz (Film) 41, 400, 411
Zdunek, Adam 521
Zebrowski, Marek 521f., 583, 607, 616, 622, 642
Zegarelli, Elena (Cousine) 18, 57
Die zehn Gebote (Film) 544
Zelly and Me (Film) 346, 380
2001: Odyssee im Weltraum 249
Żydowicz, Marek 521, 616
Żydowicz, Pawel 521

ÜBER DIE AUTOREN

DAVID LYNCH avancierte 1977 mit dem Film *Eraserhead* zu einem der international angesehensten Regisseure. Seither wurde er bei den Academy Awards für *Der Elefantenmensch, Blue Velvet* und *Mulholland Drive* dreimal für den Preis für die Beste Regie nominiert, gewann mit *Wild at Heart* die Goldene Palme bei den Filmfestspielen in Cannes, löste in den Neunzigern mit der bis heute stilprägenden TV-Serie *Twin Peaks* eine regelrechte Manie aus und hat sich auch sonst als vielfältiger Künstler auf diversen Tätigkeitsfeldern einen Namen gemacht. Er ist der Autor des Buchs *Catching the Big Fish*, in dem es um transzendentale Meditation geht.

KRISTINE MCKENNA ist eine vielfach publizierte Kritikerin und Journalistin, die von 1977 bis 1998 für die *Los Angeles Times* schrieb und seit 1979 eine enge Freundin von David Lynch ist und ihn auch regelmäßig interviewte. Ihre Artikel erschienen in *Artforum, The New York Times, ARTnews, Vanity Fair, The Washington Post* und dem *Rolling Stone*. Sie hat bereits mehrere Bücher veröffentlicht.

Dear Mom..... and Dad
please don't see the film
Eraserhead...... and Don't
tell anyone I did.